纪念殷墟YH127甲骨坑
南京室内发掘70周年论文集

宋镇豪　唐茂松　主　编
严东篱　徐义华　副主编

文物出版社

封面设计：周小玮

责任印制：陈　杰

责任编辑：何巧珍

图书在版编目（CIP）数据

纪念殷墟 YH127 甲骨坑南京室内发掘 70 周年论文
集/宋镇豪、唐茂松主编，严东篱、徐义华副主编—
北京：文物出版社，2008.10
　ISBN 978-7-5010-2454-4

　Ⅰ.纪…　Ⅱ.①宋②唐③严④徐…　Ⅲ.①殷墟-127
甲骨坑-室内发掘-河南省-商代-纪念文集②甲骨文
-南京-河南省-商代-纪念文集　Ⅳ.K878-53
K877.14-53

中国版本图书馆 CIP 数据核字（2008）第 059154 号

纪念殷墟 YH127 甲骨坑南京室内发掘 70 周年论文集

宋镇豪、唐茂松 主编

严东篱、徐义华 副主编

*

文 物 出 版 社 出 版 发 行

（北京市东直门内北小街 2 号楼）

http：//www. wenwu. com

E-mail: web@wenwu. com

北京美通印刷有限公司印刷

新 华 书 店 经 销

787×1092　1/16　印张：35.25

2008 年 10 月第 1 版　2008 年 10 月第 1 次印刷

ISBN 978-7-5010-2454-4　定价：158.00 元

纪念殷墟 YH127 甲骨坑南京室内发掘 70 周年论文集编辑委员会

目　录

前　言

安阳殷墟科学发掘，1936年发现YH127甲骨坑，是殷墟甲骨文发现一百多年来三次最重大的甲骨发现中的一次，是甲骨学史上空前的大事！为了确保发掘工作万无一失，当时发掘的专家学者创造性地将此甲骨窖穴整体运到南京原中央研究院历史语言研究所室内发掘、整理，成为江苏南京文化史上的一件盛事。

2006年，是发现YH127坑及其在南京室内发掘70周年。江苏省党政领导对此非常重视，特批准并拨款支持江苏省哲学社会科学界联合会、江苏省甲骨文学会，与中国社会科学院甲骨学殷商史研究中心、中国殷商文化学会携手，于2006年10月28至31日在南京博物院，隆重召开纪念YH127甲骨坑南京室内发掘70周年国际学术研讨会暨举办纪念YH127坑发现70周年甲骨文书法展览。开幕仪式由江苏省社科联副主席廖进同志主持，江苏省社科联党组书记孙燕丽致开幕词，江苏省人大常委会副主任李佩佑致祝词。江苏省政协副主席曹卫星、国家文物鉴定委员会副主任史树青，江苏省文联主席顾浩，江苏省文化厅冯锦文，江苏省总工会副主席张鸿生，江苏党政和南京军区老领导戴为然、方祖歧等，江苏省甲骨文学会名誉会长赵绪成，顾问洪家义、王殿和、石学鸿、曹汉如等，以及中国大陆与台湾甲骨文学者，日本、俄罗斯汉学家代表到会庆贺。

国家文化部孙家正部长亲笔为纪念活动题词："甲骨文是中华民族悠久文明的稀世物证，是我们与远古祖先沟通的精神渠道。"

为纪念活动赋诗、题词、贺辞的还有江苏党政军老同志和海内外专家学者：韩培信、方祖歧、顾浩、戴顺智、赵绪成、李学勤、王宇信、宋镇豪、洪家义、宋林飞、常国武、王殿和、曹汉如、田义、陈晓明、安国钧（台湾）、王学勤（台湾）、王建奭（台湾）、成家彻郎（日本）、望月翠山（日本）。

发来贺信的单位有：中国社会科学院历史研究所暨甲骨学殷商史研究中心、中国殷商文化学会、江苏省哲学社会科学界联合会、江苏省社会科学院、江苏省总工会、江苏省教育科技工会。

这次学术纪念活动，在 127 坑遗存室内整理原址——南京召开，具有历史意义。得到海内外学者的热情支持，收到学术论文 70 多篇，内容围绕 127 坑发现回顾、研究现状和相关学术问题，进行了深入探讨和广泛交流，探索了甲骨文与甲骨学未来研究方向。这是新世纪一次比较重要的甲骨学术和甲骨书法的专业研讨会，特将论文选编出版，以推进甲骨学繁荣发展！

编委会

2007 年 10 月

南京与甲骨文

——纪念殷墟 YH127 甲骨坑运抵南京 "室内发掘" 70 周年

徐自学

1936 年 6 月 12 日，在安阳小屯村北张家七亩地中发现甲骨巨窖 YH127 坑。1936 年 7 月 12 日，YH127 甲骨坑整体运抵南京 "史语所" 进行 "室内发掘"。2006 年是 YH127 坑发现、发掘 70 周年！考古界曾有学者惊呼：127 坑是 "空前绝后" 的大发现！70 年来甲骨发掘史上，YH127 坑始终保持着 "空前绝后" 的地位。因此，今天有纪念的意义，有学术探讨的价值。

"南京室内发掘" 是 "殷墟科学发掘" 的继续与发展，因此了解南京发掘，首先要了解殷墟发掘。

"殷墟科学发掘"

"殷墟科学发掘"，是中国 20 世纪自主考古发掘时间最长、规模最大、成果最大、影响最大的惊世盛事！

"殷墟" 宝地闻名中外。它位于河南今安阳市西北郊一带地区，古称北蒙。商代第 20 位国王盘庚，自公元前 1300 年，由奄（今山东曲阜一带）迁都北蒙后，北蒙又称之为殷。盘庚迁殷至帝辛（纣）灭亡，在历时 273 年间，殷是商朝都城所在地。公元前 11 世纪，周武王灭商之后，殷都毁弃，殷民迁散，殷地荒芜。春秋末期，世人称殷商废都为 "殷墟"。

殷墟发掘，是 19 世纪末发现了甲骨文而引发的。当时发现的甲骨文是殷商王室占卜凶吉，契刻在龟甲兽骨上的卜辞和记事的古汉字。由于殷人尊神信鬼，几乎天天祭祀，事事占卜。凡祭祀、征伐、田猎、出入、年成、生育、疾病、风雨、天象等等，都要卜问吉凶，其结果都要铭刻在卜甲、卜骨上。这些具有殷商王室"档案"价值的大量卜甲、卜骨，当初被埋入地下，从而保存了殷商王朝种种活动的第一手"史料"，成为当今研究商朝政治、经济、文化的珍贵的可靠资料。

纵观而言，甲骨出土，在 19 世纪末之前早有发生。据田野考古发现，从隋唐到明清，安阳小屯村一带，民间建房、打井、开渠、耕地、破土墓葬，以及连年不断地发生的盗挖古墓等活动中，时有甲骨出土。只因当时世人"有眼不识泰山"，面对"国宝"，不以为然，视破碎的甲骨小片为"粪土"，因而又被毁弃入土。

殷墟之名，虽在古籍中有出现，但并不为世人重视，不知道它真正的文化内涵。1899 年王懿荣等学者确认甲骨片上契刻符号，属殷商古文字之后，引发古董商、洋人传教士等高价抢购，民间掀起了疯狂挖掘甲骨之风，从而导致了殷墟发掘。

"殷墟发掘"百年来，前三十年（1899—1928 年）为民间私挖盗掘时期，据说这个时期虽然出土了甲骨片约 8 万片以上，但造成殷墟地下遗址严重破坏和甲骨片的大量流失。1928 年殷墟科学发掘以来，形成了中国自己的考古学，造就了大批优秀的考古学家、甲骨学家，获得了综合性的惊世成果：

发现了世界上最著名的古文字之一，至今尚具有生命活力的、自源性的、成体系的汉字"鼻祖"——甲骨文字。百年来出土甲骨片已达 15 万片，甲骨文单字约 4000 个（已考释近 2000 字）。目前世界上有近 20 个国家和地区收藏、研究甲骨文，甲骨学已成为当今国际上一门"显学"。

发现了标志世界古代先进科学技术高峰的结晶——青铜器。百年来已出土具有民族特色和高超艺术水平的青铜礼器、兵器数以万计。证明中国是最早进入青铜器时代的国家之一。

发现了殷商王朝都城——殷墟遗址。已探明的遗址有宫殿、宗庙、王陵、祭祀坑、民居、手工作坊、城邑壕沟等等，面积达 24—30 平方公里。

从发现甲骨文，而引起殷墟的发掘，结果挖出了一个沉睡地下三千多年的殷商都城，挖出了一个辉煌灿烂的高度发达的殷商文明王国！这是世人没有料到的，这项考古发掘的成果震惊了世界，振奋了中华儿女！

殷商文明，在中国历史上有承上启下的特殊地位。她上溯夏代，下续周朝。殷墟出土的遗址、遗物、遗迹，为补证中华五千年信史，消除"疑古派"之弊，澄清"中国文明西来说"，纠正"东周以上无史论"，都提供了重要的科学根据。

中外学者公认：文字、青铜器、城市"三要素"是人类古代文明发达的重要标志。殷墟发掘证明中国古代文明"三要素"高度发达，堪称世界文明古国的佼佼者！殷墟古都是世界上文明古国中最著名的"古典城邦"之一。1961 年，我国政府核定公布殷墟遗址为第一批全国重点文物保护单位。1986 年，殷墟安阳又成为中国七大古都之一。我们深信殷墟安阳不久将会进入世界文化遗产之列。（编者按：2006 年 7 月 13 日安阳殷墟已被列入世界文化遗产录）

"南京室内发掘"

"南京室内发掘"，是民国时期中央研究院历史语言研究所（下简称史语所），坐落南京期间，完成的一项特别重大的殷墟甲骨文发掘工程。

"史语所"1928 年秋成立于广州，曾迁北平、上海，1934 年定居南京，1949 年 4 月迁到台湾。当年"史语所"原址，位于北极阁山下现在的中国科学院南京古生物研究所。当时史语所的任务主要管殷墟发掘工程。1928—1937 年，"史语所"先后组织 15 次殷墟科学发掘。其中第 13 次发掘发现了有殷商王朝甲骨"档案库"之称的 YH127 坑。此"库"窖藏甲骨片一万七千多片，占 15 次发掘出土甲骨片总数（24918 片）的 68.6%，这个名扬四海的 YH127 坑的科学发掘是在南京完成的。"南京室内发掘"在甲骨文发掘史上，居有何等重要的位置不言而喻！她是南京历史名城一道不落的彩虹，是南京人的骄傲！

南京发掘殷墟甲骨文，听起来似乎是神话，多数南京人都不知道有这回事，然而它是千真万确的。在 1999 年，这个"神话"故事里的"主人翁"百岁老人石璋如先生，曾在台湾为我们讲述了他亲身经历的这个神奇的故事——"南京发掘"的由来。

石璋如先生，1931 年起从事殷墟发掘考古工作。1949 年移居台湾。安阳殷墟科学发掘十五次，他亲身参加了十二次。YH127 坑，是他参加第十三次殷墟发掘时发现并主持转运南京发掘的。他回忆往事，如数家珍，讲述南京发掘详实、生动、感人。时隔六十多年的今天，有一位创造历史的人为我们讲述历史，这是具有文献价值的史料，字字值千金。石老先生的回忆录，为我们了解南京发掘提供了珍贵的历史画卷。

石老回忆说："YH127 坑是甲骨学史上的一件大事，让我简单地报告一下这个故事的经过。"（笔者按：第十三次殷墟发掘于 1936 年 3 月 18 日开工，原计划于 6 月 12 日结束。在 6 月 12 日这天中午 12 点，工作人员又发现了一个灰坑。这是发掘所挖的第 127 个窖穴的最后一个，所以编为 YH127 坑。）

"1936 年 6 月 12 日下午 4 时，在坑的东北壁出了一小片字甲。接着向下愈出愈多，天已黑了，不得不停止，计有 760 片。把坑盖好，夜里嘱长工看守，第二天接着发掘，坑径只有 2 公尺左右，其中只能容纳二人工作，因为这是重要发现，特由王湘先生和我亲自发掘。大龟版一片挨一片的满坑都是，简直无法下脚，工作是由前向后退着干，不能容纳二人时，我先退出；最后王湘先生也无立足之地的时候，只好把坑壁打开了一个大口，让他出来；等照相后，把甲骨起出，其下仍有许多，但不知尚有多深。于是 14 日改变办法把甲骨坑变成甲骨柱，从前是挖心，现在是剥皮，并想把甲骨柱装入一个大木箱中运回南京发掘，同时与城内的木匠接洽。他们来一看，即说没有这样大的材料，回去连夜找大树，锯厚板，把材料运到工作地来做。因为箱子太大，正方 2 公尺，高 1 公尺多，无法在坑底转动。于是在空中吊起，由上直向下套；又由于彰德日报宣传，研究院发现一个大龟壳，装一个大箱；惹得附近的人都来看热闹。经过四天四夜艰苦工作，把灰坑甲骨装入大木箱后，向上运，坑深约 5 公尺，因为太重了，两天的工夫才运上来。

下一步是把大箱子运抵火车站，安阳最有运输能力的人叫作李绍虞，是我们办事处的西邻，与董作宾先生是好朋友，曾是安葬袁世凯'大总统'时的杠房灵车总指挥，非常有名气。他愿意帮忙，不过杠房的能力不够，仅能供给材料，要他寻找人力。说定后，他用双杠式把箱子捆扎起来，好象抬轿式，用八八六十四人来抬，并有 6 人帮忙，共 70 人，并在当地训练。他提了一面铜锣，他说：'第一声，各就各位；第二声，杠子上肩；第三声，扶杠挺胸；第四声，开步走。'说了之后即依序执行。第一声，第二声顺利进行，第三声扶杠挺胸的时候只听嘎喳一声，两根红漆大杠被折断了，箱子未动，工人星散，怎么办呢？我们只好把箱子打开，取出一部分土块又把箱子锯去一段以减轻重量。我们的工人们自组团体来运输，他们借了两根榆木大梁，据说榆木只能弯，不会断，改变方法作十字形捆扎，用六八四十八人来抬，再用 22 人协助，也是 70 人。因为十字形抬法有两个缺点：其一，是横面太宽，车路无法容纳，只能走麦田。其二，十字形捆扎，杠在箱顶，抬起来箱底距地面太近，碰到麦根的阻力，更增加它的重量。因为太重，三十、四十步便要休息，距车站不过三里路，整整走两天。第一天的夜里，住宿在薛家庄南地。第二天傍晚箱子抬到铁轨上，工人们的勇气也不知从哪来了，围观的人高呼加油，大箱子一气运上站台了。

运上站台，天下大雨，一连五天，天晴后与车站交涉运输，他们一看这样重大的木箱，他们要请示南京下关车站，下车有无问题，等电报回来，可临上车时又发生问题，车门太窄，箱子太大，非开箱再装不可，经仔细策划，去掉两侧的箱带，勉强可上。由李景聃、魏善臣二位先生押车起运。

郑州、平汉转陇海，顺利成行，徐州、陇海转津浦，因箱子太重压得车轴出了问题，不能过轨，经修复后才可成行。7 月 12 日接到南京史语所电报云，大箱子已运抵本所了，不过出了一个小乱子，撞伤了一名工人，需要赔偿。计从 1936 年 6 月 12 日发现起，到 7 月 12 日运抵南京本所止，中间恰恰一个月。

运到南京后，董作宾、梁思永、胡厚宣诸位先生迫不及待地要看甲骨堆积的情形，于是揭开了室内发掘的序幕。室内发掘从容自在，每发掘一层先照像，再上一层玻璃纸，把每块甲骨的样子都描绘出来，在纸上编上号，在起的时候每号一版，每版装一纸盒，每层放在一个架子上，作得非常仔细，等着发掘完毕再来清洗，把号码写在甲骨上。从七月到九月一连三个月才发掘完毕，总计在安阳只发掘了三天，在南京则作了三个月。在安阳只发掘了一层，在南京则发掘了五层。在安阳出土的不超五千片，在南京却出了一万二千余片，安阳所出不足三分之一，南京所出超过了三分之二，可以说大批甲骨是在南京出土的，也可以说殷墟发掘，转移到南京发掘。"（石璋如口述录音）

惊世"国宝"运达南京室内发掘，这个消息传出以后，引起南京极大的轰动，吸引了各界人士争向前来参观。"当时，不少达官贵人、政府要员也附庸风雅，前来参观。有一次，汪精卫亲临现场'指导'工作。他指着土块说：'哇，好一个大龟呀！'在场的学者先是哑然，继而相视而笑。汪看了半晌，又听介绍，临走时才恍然大悟：'呀！原来是好多龟啊！'一时在南京传为笑谈。"（朱彦明《殷墟甲骨发现记》194 页）

据记载，当年为了永久保存罕见的 YH127 坑的面貌，"史语所"曾经请了一位技艺高超的石匠，选用汉白玉雕琢一个 YH127 坑甲骨埋藏的标本。在标本体上刻着中央研究院院长、史语所所长、考古组主任、第十三次安阳发掘和南京室内发掘的工作人员的名单。为制作这个模型，室内发掘工作推迟了一个月。这个珍贵的模型，为避日寇侵占南京曾埋入地下，现藏北京国家博物馆，安阳殷墟博物苑内展出有一个石膏仿制品。祈望世人关注，有日重返南京！

1937 年日本侵华战争爆发，殷墟发掘中断。史语所学者，视出土甲骨为生命，携运数以万计甲骨片撤离南京，"流浪"内地，经长沙、桂林，取道昆明，后到四川南溪。当时科研环境恶劣，生活异常困难，然而董作宾、胡厚宣等专家学者，矢志不移坚持研究 127 坑甲骨。抗日战争胜利后，史语所返回南京。董作宾以 127 坑出土甲骨研究的成果为主，编著成《殷墟文字乙编》上、中、下三辑，分别于 1948 年、1949 年、1953 年出版。

YH127 坑南京发掘有什么科学价值呢？

中国社科院考古所研究员、毕生从事甲骨文发掘考古研究的专家刘一曼先生在甲骨发现百年纪念之际曾回答了这个发问。

刘一曼说：YH127 坑，共发现刻辞甲骨 17096 片，是殷墟发掘以来最重大的收获，坑中甲骨文的时代属武丁时期。此坑属武丁时代埋藏甲骨的窖穴。YH127 坑甲骨，不但数量多，而且有许多重要的现象：

1. 在一万七千多片甲骨中，牛骨仅八片，其余全部是龟甲，再结合过去出土过单埋卜骨的窖穴,可推出殷代卜甲与卜骨是分处埋放的。

2. 完整的刻辞卜甲数量多,达三百版,其中有一块产地马来半岛的大龟长达44、宽35厘米,这是迄今发现最大的一块卜甲。

3. 发现一些改制的背甲,即将背甲改制成有孔的椭圆片(类似鞋底型),知道殷人可能将甲骨穿成简册。

4. 发现了用墨或朱书写的文字,知道殷代已有书写的毛笔和颜料。

5. 发现了刻划龟甲卜兆的现象。

6. 常见文字中填朱填墨的情况,有的龟甲上大字填朱,小字填墨,黑红互衬,鲜艳夺目。

7. 记龟甲来源的刻辞较多。YH127坑甲骨,刻辞的内容极其广泛,上至天文星象下至人间杂事无所不包,涉及殷代的政治、经济、文化、社会生活各个方面,是研究商代历史的珍贵资料。所以,有的学者称127坑是殷王朝的档案库。(《中国书法》1999年第1期)

当代著名甲骨学专家、江苏省甲骨文学会顾问王宇信研究员指出,"127坑甲骨确实不寻常","127坑整坑甲骨的发现和其它大量科学发掘所得甲骨,大大丰富了学者们对甲骨学的认识。过去,传世所得甲骨大多支离破碎,学者们据此难以确知甲骨的'全豹'。而现在。只此一坑就有完整大龟三百多版,再加上缀合材料就更多了。因此学者们眼界大开,思路开阔了。与分期断代说一起,甲骨学其它方面,诸如卜法文例、记事刻辞、卜辞同文、卜辞杂例等等甲骨学本身规律的研究,也取得了很大进展。"(王宇信《甲骨学通论》89页)

综上所见,"南京室内发掘"是殷墟发掘的一个非常重要的特殊阶段,"南京室内发掘"是甲骨文研究、甲骨学形成的一个非常重要的历史时期。这是南京历史文化名城的一个独特亮点!这一点除安阳以外,是其他历史文化名城所无法相媲美的。

甲骨"三要地"

1999年春,江苏省甲骨文学会在江苏省省委、省政府关怀下,并在主管部门江苏省社科联和学会挂靠单位江苏省教育工会的支持下,在南京举办了纪念甲骨文发现 100 周年庆典活动，隆重召开了"甲骨文与商代文明国际学术研讨会"。这是一百年来，南京第一次召开的甲骨学盛会。消息传到台湾省，被誉为"考古人瑞"的中国第一代考古学泰斗石璋如院士，特地从台湾给我们甲骨文学会送来他的录音带，表示共同庆祝盛会的召开。

石老先生在录音带里兴奋地说：

"现代甲骨文的研究已经国际化了，世界各地均有专家在研究，也就是说世界各地均可举办甲骨出土百年纪念大会，不过其中有三个地点特别值得注意，并应该扩大举行。

第一个地点是安阳，那是甲骨文出土的圣地，是甲骨文老家，在那里不但是要扩大举行，凡研究甲骨文的人，还应该都去朝圣。

第二个地点是在北京，因为北京是甲骨文字发现的地方。1899 年刘鹗在王懿荣家，若王懿荣不害那场病，也不会买龟版煎药，刘鹗若不看龟版，也不会发现其上有文字，王、刘若不是金石学家，有文字，也不相干，恰巧王、刘都是金石学家，机会巧合，甲骨文才得以发现。四年后 1903 年刘鹗出版了《铁云藏龟》一书，是甲骨文的第一本著作，所以北京这个地点，应该扩大举行。

第三个地点就是南京了，因为南京是殷墟科学发掘所得的甲骨集中研究的地点，从 1928—1937 年，十年间十五次发掘所得甲骨文均集中在这里，并在这里还举行过室内甲骨文发掘工作。研究甲骨文的学者，都知道 YH127 坑出有一万七千多片甲骨，恐怕很少有人注意有大部分甲骨是从南京发掘出来的，这是距今（1999 年）六十三年的事情了。"

石老风趣地发问："大家闭目想一想，除了安阳发掘出土大批甲骨文之外，还有什么地方出土过大批甲骨文，恐怕只有南京了。所以在南京这个地方更应该扩大规模来举行庆祝纪念。"（石璋如口述录音）

YH127 坑在南京室内发掘、研究，非同寻常，意义重大。从考古史来看，这是前所未有的创举；以室内发掘的数量而论，它占了百年来殷墟出土甲骨片总量（15 万）的十分之一还多！可见南京在殷墟科学发掘甲骨文的历程中，占有相当重要的历史地位。

改革开放以来，凡来到南京访问的港台和国外的甲骨学者都要到史语所原址"朝拜"（今南京古生物所办公地址）。1997 年，我接待日本甲骨文书法家访华团,有位团长成家先生见面最关心的是询问"史语所"原址是否还存在? 得悉"原址"保存完好,急切地想去看看。当他看到原址房屋完好,环境幽美,非常高兴,并拍了照片带回日本。1998 年,殷墟科学发掘第一人、甲骨学奠基者董作宾之子、台湾著名甲骨学者董玉京先生访问南京时十分关心史语所原址,他拍的有关照片在香港遗失后,特地来函请设法为他补救。同时还探讨了"史语所"遗址今后有否保存开放的前景。

民国时期,甲骨文研究中心在南京。新中国成立以来,甲骨文研究中心移到了北京。目前研究队伍、研究成果较民国时期有了很大的发展。

历史上,南京作为甲骨"三要地"之一,而当今又如何呢?

笔者认为南京目前有两点值得一提:

其一,南京博物院目前收藏甲骨片数量名列全国省市博物院(馆)前茅。据 1934 年从事殷墟科学发掘的大陆最著名的甲骨学权威胡厚宣先生,经过 20 多年普查 25 个省市收藏甲骨的情况,于 1992 年在台湾"史语所"讲演时公布:山东省博物馆藏 5468 片;上海市博物馆藏 5275 片;南京博物院藏 2921 片;天津市历史博物馆藏 1847 片。……2004 年南博举办院藏甲骨片展览,展出藏品 1500 件,这在同类展览中名列前位。

其二,近十年来,南京是中外甲骨文书法交流的"要地"之一。1995 年,江苏省在南京成立了当时大陆唯一的一个省级甲骨学独立法人社团——江苏省甲骨文学会。它先后会同安阳、台湾甲骨学会在南京举办过近 10 次全国性、国际性甲骨文书法专题展览和相应的学术研讨会、座谈会。除出版了多种展品选集、论文集外,近年来会员出版了多种甲骨专题图书,如《自学甲骨文书法选暨甲骨文·甲骨学·甲骨书法论述辑要》、《甲骨拓片精选》、《甲骨文书法鉴真》、《22 家甲骨文书法赏评》和《甲骨文小字典》等,受到社会好评。目前,收藏中外甲骨书法作品达 1000 余幅,这在海内外是收藏数量最多的一家。

南京地区有志于研究甲骨文的朋友为数不少,以往都是各自为战,现在已形成了团体。目前,江苏省甲骨文学会中南京的会员占近 50%。2004 年春,南京市在省、市有关领导支持下,成立了挂靠市老年书画联谊会的南京市甲骨文研究会。这在全国省会城市中是第一个。2005 年冬,经南京市民政局批准又成立了独立法人社团——南京甲骨文学会。

　　南京的甲骨学者、爱好者都继承了甲骨学先贤的优良传统，富有奉献精神，热爱甲骨学事业，热心关注南京甲骨文化事业的发展。

　　几年前，我曾经同南京学者议论过甲骨文化如何为南京建设历史文化名城服务的课题。当时，议论过几件事：一是从历史角度考虑，"史语所"原址有开放的价值，建议政府支持有关部门策划恢复"史语所"原址。并会同台湾甲骨学界共同努力征集有关"南京发掘"甲骨文的史料、实物，逐步发展、形成南京甲骨文陈列馆或博物馆。二是建议南京创建"汉字科学馆"，同江浦的林散之、肖娴、高二适、胡小石（著名甲骨学者）四个名人陈列馆相配套，使江浦四个名人陈列馆充分发挥作用，推进江浦成为南京、江苏的民族传统文化与现代科学文化的"特区"。为汉字、汉文化走向世界，提供学术、艺术和科学的"乐园"。三是创作一部"甲骨文与南京"的文献电视片。脚本初稿已脱稿，只欠东风，缺乏经费。四是出版一套反映当代甲骨文研究新成果的普及读物。为培养青年甲骨学人才，做出文化大省的贡献。如果实现这些项目，对建设南京国际文化名城、建设江苏文化大省，发展海峡两岸学术合作、交流，弘扬中华优秀文化，都有现实意义。

　　从南京、江苏实力来说，办这些事并非难事。说不难也不现实，生活中的难点有两个：一是"共识"；二是要有"保驾护航"的政策，要有政府支持。有人说："钱是第一！"我的实践体会"共识"是第一位，没有共识，有钱也不会向你倾斜！再说民族传统文化，必须要有国家的保护。否则，成功的项目也会消亡。有了"共识"，有了政府"护航"，没有钱可以有钱，没有人才可以有人才。有了"共识"，政府和民间的财力才有扶植的可能。

　　我想，如能"梦想"成真，那是纪念甲骨文"南京室内发掘"的最好礼物！

殷墟 YH127 甲骨窖藏发现在甲骨学史上的意义及新时期面临的课题

王宇信

1936 年 6 月 12 日，在前中央研究院第十三次大规模科学发掘殷墟即将结束的时候，出现了殷墟甲骨文出土的奇迹，即一个编号为 YH127 的窖穴内，出土甲骨 17096 版。如此之多的甲骨一次性面世，不仅是空前的，而且是迄至目前。1973 年小屯南地甲骨和 1991 年花园庄东地 H3 出土成批甲骨之和，也不过其零头。

关于 YH127 坑甲骨的出土情况，董作宾《殷墟文字乙编序》（1948年）、石璋如《殷墟最近之重要发现附论小屯地层》（《中国考古学报》第 2 期）、《小屯后五次的重要发现》（《中国考古学报》第 4 期），《六国别录》（上册 1945 年）、《小屯（第一本）：遗址的发现与发掘丁编甲骨坑层之二：十三次至十五次出土甲骨》（1992 年）、胡厚宣《殷墟发掘》（1955 年）及王宇信《建国以来甲骨文研究》（1981 年）等论著中均有述及并广为国内外学者所熟知。

如此之多发掘的甲骨一次性出土，确实给甲骨学家出了一道大难题。费尽了一番周折以后，1936 年 7 月 12 日才运抵南京前史语所，继续进行了为期 3 个多月的室内发掘。[①]

YH127 甲骨窖藏坑不仅出土甲骨数量多，而且现象复杂，且甲骨内容丰富，这就把甲骨学研究的"发展时期"（1928—1949 年）推向了高峰，

[①] 关于 YH127 坑发掘及运往南京的趣闻轶话，大陆也有学者述及，以近出杨善清等：《中国殷墟》（上海大学出版社 2006 年版）第 91—95 页所述为详，可参看。

并为甲骨学研究的"继续发展时期"（1949—至今）奠定了坚实基础。因此，我们在 YH127 甲骨坑发现 70 周年的时候，在进行室内科学发掘的南京举行隆重的纪念活动，是非常有意义的事情。

一　YH127 坑丰富了甲骨学的研究内容

自 1899 年甲骨文发现以后，历年虽多有出土，但如 YH127 坑之数量大，且时代单纯之一批甲骨如此集中出土所见不多。此坑不少新的现象丰富了学者对甲骨学的认识，并向学者提出了需要研究和解决的不少问题，这就是：

（一）YH127 坑刻划甲骨卜兆的现象。以前发现的甲骨文，一般刻辞都迎兆并尽量避开卜兆，为的是保存并显示卜兆这些"神示"痕迹。卜兆在占卜中的神秘性，在 YH127 坑中已不复存在，即整理者发现，此坑甲骨刻划过卜兆者，竟达万片以上。[①] 为什么刻划卜兆？董作宾认为是"为的美观"。是因为人们据兆判断吉凶后，"觉着裂纹细微，不甚醒豁，于是顺手也在卜兆上加以刻划"。但为什么武丁期以后，又不刻划卜兆了呢？颇费斟酌。

（二）发现了毛笔书写的字迹。虽然在第一次至第九次科学发掘殷墟时，也发现过用毛笔书写的字迹，诸如《甲编》870、2636、2940 等版。但此次几版墨书集中出土一坑，便于学者对当时毛笔书写情形的观察研究。

（三）涂朱、涂墨甲骨的发现。从 YH127 坑出土甲骨可以发现，殷人不仅以朱、墨在甲骨上写字，而且刻字以后，有的还涂以朱（或墨）。虽然涂朱、墨者在武丁时为数不多，但涂朱、墨者应予以充分注意。

（四）改制背甲的使用。在甲骨卜材中。各期都有使用龟背甲占卜并刻辞的，但 YH127 坑发现的使用改制背甲却为新例。

所谓"改制背甲"，即将一种长而两端不甚规整的较小龟背甲，由中间锯开，削掉近脊甲之不平部分，再将两端削、磨成近圆形，中间钻一圆孔供穿绳用。改制背甲呈"鞋底形"，使用时与背甲相同，出土数量不多，如

---

① 胡厚宣：《甲骨六录》，《甲骨学商史论丛》三集，1945 年。

《乙编》5271 即是。

（五）甲桥刻辞的大量发现。所谓"甲桥刻辞"，胡厚宣谓"甲即龟甲，桥即骨桥，谓刻于龟甲骨桥背面之一种记事文字也"[1]。虽然此类刻辞以前著录不少，胡厚宣统计达 273 条之多。但因龟甲出土时残断过甚，已难看出这类刻辞在龟腹甲上的位置（而拓本尤难），因而没有引起甲骨学者的注意。YH127 甲骨坑有大批完整甲骨出土，甲桥刻辞所在位置甚明。据整理者统计，YH127 坑出土甲桥刻辞达 300 例之多。[2] 为记事刻辞研究提供了启示。

（六）武丁大龟的发现。YH127 坑发现一版大龟（《乙编》4330），这是 1899 年甲骨文发现以来，迄至目前所见最大龟板。据鉴定，此龟不产自安阳，而是产自马来半岛，[3] 甲骨的产地向学者提出了值得深思的问题。

（七）成套甲骨的出土。所谓"成套甲骨"，即不同版龟甲或兽骨上，刻有内容相同，但占卜序数（即兆记）不一的几块甲骨。据学者统计，YH127 宾组卜辞成套腹甲有 15 套之多。[4] 而"最初发现成套甲骨与成套卜辞，完全是由于偶然的机缘与一时的灵感"[5]，即整理 YH127 坑甲骨，并缀合出版《丙编》的启示。

（八）殷人甲骨分埋的启示。YH127 坑 17096 版甲骨中，仅出牛骨 8版。这和"大龟四版"、"大龟七版"，只出龟甲；而 1971 年小屯西地只出卜骨，1973 年小屯南地多出牛骨而龟甲极少和 1991 年花东 H3 多为龟甲等现象判断，殷人应甲骨分埋。

（九）与以往出土甲骨不同，YH127 坑如此之多甲骨堆积的北壁倚一人架，"大部分已被埋在甲骨中，仅头及上躯还露出甲骨以外，这个人可能就是当时管理甲骨的人员"[6]。此为何许人也，为一千古之谜。如此等等。YH127 坑如此丰富、复杂的现象和大量甲骨上契刻的信息，推动了甲骨学发展时期研究的前进。

---

① 胡厚宣：《武丁时五种记事刻辞考》，《甲骨学商史论丛》初集上，河北教育出版社 2002 年版。
② 胡厚宣在上文中统计，共得甲核刻辞 573 例，文中公布见于著录者 273 例，余为第 13 次发掘（即 YH127坑）所得，573—273＝300，即 300 余例。
③ 伍献文：《武丁大龟之腹甲》，《动植物研究所集列》第 14 卷，1—6 期，1943 年。
④ 具体片号参见刘学顺：《YH127 坑宾组卜辞研究》，博士学位论文，1998 年。
⑤ 张秉权：《甲骨文与甲骨学》，第 200 页，台湾，1988 年。
⑥ 胡厚宣：《殷墟发掘》，学习生活出版社 1955 年版，第 100 页。

二　YH127 坑甲骨，把甲骨学研究的"发展时期"
（1928～1949 年）推向了高峰

自 1928 年殷墟科学发掘甲骨文开始，出土甲骨文日多。董作宾把田野考古学方法引入甲骨学研究领域中，他"从安阳小屯村殷墟的地面下发掘出来"了"甲骨文字的断代方法"①。他 1933 年《甲骨文断代研究例》的发表，把甲骨学研究纳入了历史考古学范畴，使甲骨学由金石学的附庸，成为了中国考古学的分支学科，从而使甲骨学商代史研究由它的"草创时期"（1899—1928 年）进入了"发展时期"（1928—1937 年），研究有了很大前进。而 YH127 坑甲骨的发现，把研究推向了高峰。这就是：

（一）在甲骨学的自身规律方面，由于 YH127 坑甲骨有许多新的现象，给学者的研究提出了全新的问题。诸如在分期断代方面，董作宾《断代例》原第四期所谓"不录贞人时期"，即武乙、文丁卜辞的区分法就受到了挑战。YH127 坑中有一批贞人与他定为文武丁时代的贞人"扶"（《甲》2356、2907）时代相近并有联系，诸如自、子（13·0·13335）、衕（13·0·11817·11818）、鬴（13·0·1491 等 19 见）、车（13·0·10993 等 2见）、史（13·0·1561）、万（13·0·472）、幸（13·0·52）、祉（13·0·290）等，从而把《断代例》中定为武丁时期的一批卜辞下移至文武丁时代，这就是他乐道的"揭穿了文武丁时代卜辞之谜"②。但是，此问题并未解决，只不过为以后甲骨学界的进一步讨论此问题拉开了序幕。胡厚宣则受 YH127 坑有大量完整龟甲，特别是"甲桥刻辞"部位的启示，搜集更多的证据，写出了《武丁时五种记事刻辞考》，得出了做为武丁时五种记事刻辞之一的"甲桥刻辞"，所记"一为甲骨之来源"，"二为甲骨之祭祀，盖甲骨在卜用之先，必须经过此种礼典也"③。关于商代卜用龟甲之来源，YH127 坑不仅出土马来大龟，而且还有"有来自南氏龟。贞有来自南氏〔龟〕"（《乙》6670）的记载，为学者撰著《殷代卜龟之来源》，④ 提供了有力证据。

① 董作宾：《为书道全集详论卜辞时期之区分》，《董作宾卷》，河北教育出版社 1996 年版，第 528 页。
② 董作宾：《乙编序》，《董作宾卷》，河北教育出版社 1996 年版，第 721—735 页。
③ 载《甲骨学商史论丛》初集上，河北教育出版社 2002 年版，第 452 页。
④ 同上书。

（二）在商史研究方面，YH127 坑也提供了丰富资料。武丁时卜辞中，有一位常见祖先名下乙，但其为何许人，几十年无人涉及。胡厚宣先据 YH127 坑有关下乙的十五六条卜辞，再结合其它著录甲骨及古文献，写出了《卜辞下乙说》名篇，从而得出下乙即为殷王祖乙的不争之论。① 殷代的农业，应较为发达。但不少学者仅据甲骨文"焚"字，就"妄言殷商之社会经济者，几无不以殷人乃使用烧田耕种法者矣"，低估了商代农业发展水平。而胡厚宣从 YH127 坑出土之新材料"其焚，擒。癸卯允焚，获兕十一，豕十五，兔廿五"（《乙》2507），得到"殷人常烧草以猎兽"的"确凿之证明"，得出了"旧籍凡言'焚''烧田'以及'火田'者，无一不指烧草以猎兽而言也"，写出了著名的《殷代焚田说》②。

此外，胡厚宣还使用 YH127 坑甲骨出土的有关"六日［甲］午，月夕有食"（《丙》54）和"下乙宾于帝"、"咸不宾于帝"（《丙》36）、"下乙弗又"、"彭卯鸟星"（《乙》6664）等材料，从而使他的名篇《殷代之天神崇拜》一文更加充实。不仅如此，刘体智善斋所藏著名"四方风"大骨，不少学者疑为伪片，但胡厚宣据字体、文理等方面研究，"独疑其不伪"。并据 YH127 坑所出一版武丁时记四方风卜辞进行辨析和考证，在《甲骨文四方风名考证》一文中，不仅证明了善斋大骨不伪，并指出"在《大荒经》中四方风名尚与甲骨文字略同，至《尧典》则已有蜕变"。因此，《大荒经》"必不能为东汉之伪书也"③。如此等等。

正是由于 YH127 坑甲骨新材料和新现象所提出诸多问题的推动和与已出土甲骨材料的全面整理和触类旁通，胡厚宣自 1944 年出版了《甲骨学商史论丛》初、二、三集。此书是他"十年以来，凡已出版之书，必设法购置；其未出版之材料，知其下落者，必辗转设法，借拓钩摹。国内国外，公私所藏，虽一片不遗，虽千金莫惜。而中央研究院先后发掘所得大版碎片近三万，以工作关系，玩之尤为熟悉"，并在此基础上，"对甲骨文字做一通盘总括之彻底整理"④ 的集当时甲骨文之大成的巨著《甲骨学商史论丛》出

① 载《甲骨学商史论丛》初集上，河北教育出版社 2002 年版，第 299 页。
② 载《甲骨学商史论丛》，第 156 页。
③ 载《甲骨学商史论丛》初集上，河北教育出版社 2002 年版。
④ 胡厚宣：《甲骨学商史论丛自序》，《甲骨学商史论丛》初集上，河北教育出版社 2002 年版，第 14～15 页。

版以后，就被教育部授与"著作发明二等奖"，并获奖金八千大洋。日本著名学者白川静评价此书是"斯学空前的金字塔式论文集，是继董先生《甲骨文研究断代例》之后又一划时代著作"[①]。日本爱知大学教授内藤戊申评价此书"确可称为殷代研究的最高峰"[②]。

三　YH127 坑甲骨，为甲骨学研究的"继续发展时期"的前进奠定了基础（1949 年至今）

虽然 YH127 坑大批甲骨的发现，把"发展时期"的甲骨学研究推向了高峰，但因为这批材料一直未公开发表，其影响毕竟有限。诚如胡厚宣先生在《甲骨学商史论丛》初集的"自序"中所说，"抑余既离中央研究院，则曩作论文，即不便在外间发表。所知材料虽多，中央研究院既未发表，亦自不便引用。故余书颇有未便收入之论文，而忍痛割爱之材料，尤为不少。文中有注明十三次者，系转引自董彦堂先生及厚宣曩在中央研究院所发表之论文者"。

直到 1948 年以后，这批珍贵的材料才得以陆续出版。董作宾编纂之《殷虚文字乙编》上辑，于 1948 年出版。《乙编》中辑，1949 年出版。而《乙编》下辑，1953 年在台湾出版。1956 年科学出版社将《乙编》下辑在大陆重印，从此内地学者才得以见到全部《乙编》的材料。《乙编》上、中、下三辑所收甲骨，主要是殷墟第十三次、第十四次、第十五次科学发掘所得 18405 片甲骨编集而成，其中主要是第十三次发掘 YH127 坑之 17096 片甲骨。此外，1995 年钟柏生出版了《乙编补选》，把全部 YH127 坑甲骨材料公诸于世。

《乙编》公布材料时，未进行缀合复原的工作。大陆学者郭若愚、曾毅公、李学勤进行了缀合工作。1955 年出版的《殷墟文字缀合》中，收有《乙编》缀合 370 版。台湾张秉权经过多年努力，据 YH127 坑甲骨实物进行缀合，共得 623 张图版，实际缀合 323 版，于 1957 年出版了《殷墟文字丙编》上辑一，全书上、中、下三集六册至 1992 年出齐。此外，1978—1982

①　白川静：《胡厚宣氏的商史研究》，《立命馆文学》103 号，1953 年。
②　《古代殷帝国》，第 202 页。

年出齐的《甲骨文合集》，仅此二书"就缀合一千版以上"①。而台湾艺文印书馆 1991 年出版的严一萍遗著《殷虚第十三次发掘所得卜甲缀合集》，共收缀合版 225 号，但除去与《殷虚文字缀合》相重者 147 版和《合集》著录相重者外，新缀材料不是很多。刘学顺在其博士论文《YH127 坑宾组卜辞研究》中，也公布了五例缀合。

《殷虚文字乙编》的出版和有关《乙编》缀合著录的出版，为 1949 年以后的甲骨学研究提供大批而完整的资料。自 1949 年以后，更多的学者才得以利用《乙编》（主要是 YH127 坑出土材料），把甲骨学的研究推向了"继续发展时期"，在甲骨学和殷商史研究方面取得了很大进展。② 我们从 1949—1978 年各项成就的有关著作中，《乙编》材料引用率之高，就可以看出 YH127 坑甲骨为新时期甲骨学研究的发展奠定了坚实的基础。

而 1978 年以后，《甲骨文合集》的陆续出版，把甲骨学商史研究推向一个更新的阶段——全面继续发展阶段。③ 这一时期不少甲骨学和殷商史研究课题之所以取得成就和前进，与《合集》全面系统公布甲骨材料有关，即《合集》所收各片在研究中被广泛研究引用。但需知，《乙编》一书和《丙编》各版基本已被收入《合集》之中，约占《合集》41956 版的三分之一。且《乙编》各版片大、字多，内容也较为重要。因此从这个意义上说，《合集》推动了新时期甲骨学研究的前进，实质上还是 YH127 坑的 17096 版甲骨为 1949 年以后的甲骨学研究"继续发展"和"全面继续发展"奠定了坚实的基础。

四　全方位、多角度研究 YH127 坑甲骨——
新时期甲骨学面临的课题

YH127 坑甲骨堆积 1936 年 6 月发现至今，已经七十多年了。已如前述，此坑甲骨数量大、现象复杂、内容丰富。因此 YH127 坑的发现和室内整理期间，就把甲骨学研究的"发展时间"推向了高峰。自 1948 年 YH127 甲骨

---

① 胡厚宣：《甲骨文合集序》，中华书局 1978 年版。
② 参见《甲骨学通论》（增订本）第十七章第二节，中国社会科学出版社 1999 年版。
③ 王宇信：《论甲骨学研究"全面深入"的新阶段》，《中国历史文物》2002 年第 5 期、第 6 期。

材料在《乙编》上、中、下辑公布以后，使甲骨学殷商史上不少疑点和难点问题得到了全新证据，奠定了 1949 年以后甲骨学商史研究"继续发展"的基础。而 1956 年出版的陈梦家《殷墟卜辞综述》这一甲骨学前七十年成就的总结性著作中，就反映了《乙编》的大批重要材料，为不少重要课题的解决和提出占有不可或缺的地位；而 1978 以后，随着集大成著录《合集》的出版，无论从涌现出的著作数量，还是研究课题之广泛和深入，还是研究者的人数等方面，都大大超过了此前几十年的总和，甲骨学研究进入了"全面深入发展阶段"。我们的世纪总结性著作《甲骨学一百年》，就反映了《合集》在推动甲骨学商史研究所起的重大作用。这一阶段因《合集》将《乙编》和《丙编》的材料收入，鲜有再引用《乙编》、《丙编》者，但只要我们把重大问题研究所需《合集》材料一查《合集》来源表，就可发现不少与《乙编》和《丙编》有关。因此，占《合集》41956 版近三分之一的 YH127 坑甲骨材料，将永远是甲骨学商史研究弥足珍贵的史料。

《乙编》和《丙编》（即 YH127 坑所出甲骨）收入《合集》并按类编排，便于与同类材料相比较并触类旁通，给研究者带来极大方便。但也不容否认，这样一来就把 YH127 坑甲骨的完整材料打散，分门别类地被纳入了八十年出土甲骨的总体之中。再利用 YH127 材料研究甲骨学殷商史，只能从宏观上进行。因而七十多年来，对 YH127 坑的考古现象及 17000 多版进行整体研究却被忽略了。

李学勤教授早就有感于此。他 1979 年 7 月指出，"殷墟甲骨最丰富的发现，应推 YH127 一坑龟甲。这批卜甲在地下本来完整，而且显然是同时的，现在已经缀合了不少，但用排谱的方法进行整理，还没有人着手尝试。我相信，如果花费几年时间，把这一工作做好，必能对甲骨学及商代史的研究有较大的贡献"[①]。这就是说，应从具体的、微观的角度对 YH127 坑及所出甲骨进行个案研究。虽然如此，相当长一段时间仍未有人有意识地进行 YH127 坑甲骨的全面整理工作。

直到 1998 年，中国社会科学院研究生院历史系刘学顺的博士学位论文《YH127 坑宾组卜辞研究》才把 YH127 坑甲骨丰富的内容从宾组卜辞这一

---

① 李学勤：《建国以来甲骨文研究序》，中国社会科学出版社 1981 年版。

个方面进行了较系统研究。全文共分三章，即第一章 YH127 坑卜辞概论，下分四节：第一节发现与整理，第二节著录与缀合，第三节地层与时代，第四节小结；第二章为 YH127 宾组卜辞的性质，下分五节第一节卜辞埋藏情形分析，第二节 YH127 宾组卜辞所记事类分析，第三节 YH127 内外宾组卜辞的联系，第四节同类甲骨储藏穴对比分析，第五节小结；第三章 YH127 宾组卜辞重要史事的排谱，下分六节：第十节妇好娩与征亘方，第二节妇果娩，第三节征下危，第四节征角，第五节征𦞢，第六节小结。此文通过对 YH127 有关宾组卜辞的研究，对 YH127 坑所记两条月蚀，（即癸未月食《合集》11483、《丙》56 和甲午月食《合集》11484、《丙》54）的天文学推断，此坑宾组卜辞的具体年代，"约在公元前 1210 年到公元前 1180 年"前后约 30 年之遗存，这与考古学者从地层上分析的，YH127 坑其"年代不会晚于董作宾所分的甲骨文的第一期"是相合的；与此同时，对 YH127 坑所出宾组卜辞的重要事类进行了排谱，即妇好生育与征亘方谱、妇果生育谱、征下危谱、征角谱、征𦞢谱等，并以妇好生育为界，判断征亘、妇果谱应较早。而征下危时妇好为活跃人物，此谱应较上二谱为晚。征角时，曾有妇好患病的卜问，因而征角谱较年富力强的妇好征下危谱为晚。而征𦞢谱未见妇好的信息，或已死去，此谱应年代最晚。不仅如此，刘学顺还根据自己整理 YH127 坑 30 多年中的宾组卜辞发现，"有些字在同一时期会有不同的字形"，"如占卜征亘方的贞人壳就至少有两种不同字形"。因此他认为，"我们要谨慎地利用字形来对宾组卜辞分组"、"字形的不同并不定意味着时间的不同"、"这是由于契刻者不同造成的不同风格"，等等。如果我们继续对 YH127 坑甲骨文的宾组卜辞和其他卜辞从字体上加以彻底的整理，或许对主张"利用字体对现有的各种卜辞作更细致的分类"的"两系说"学者断代新方案的完善当颇有启示。

　　遗憾的是，自刘学顺此文提出以后（此博士论文迄今来正式出版），在大陆上再也未见专门对 YH127 坑甲骨研究的论文出现。值得注意的是，1991 年花园庄东地 H3 坑甲骨以《殷墟花园庄东地甲骨》（云南人民出版社 2003 年版）为名出版以后，很快就吸引了甲骨学家的目光。不少学者在《花东》部分材料公布时，就开始进行了研究，诸如刘一曼、曹定云、葛英会、赵诚、黄天树、裘锡圭、刘源、杨升南等。而《花东》出版以后，更有不少的学者从不同的角度进行研究，在 2005 年台湾东海大学还召开有台湾、大陆和海外学者参加的专就《花东》研究成果的学术研讨会并出版有会议论文的专集。与此同时，姚萱完成了《花东卜辞初步研究》（2005 年）的博士论文，对《花东》甲骨卜辞中的文字多有考证，并重作了《花东》释文。而韩江苏完成了《殷墟花东 H3 卜辞主人"子"研究》（2006 年）的博士论文，从商史和商代新制方面，对"子"的身份、地位及商王和王卜辞人物的关系等方面进行了研究。此外，还有不少系统研究《花东》H3 甲骨的课题正在进行或即将完成。

与《花东》H3 研究的系统、深入和成为当前甲骨学商史研究的热门课题相比，YH127 坑的全部内容学者们至今仍不甚了了。而且迄至现在，仍没有较系统的研究成果在国内面世。是 YH127 坑甲骨的现象、版数、内容等方面的重要性比不上花东 H3 吗？谁都会说：非也。花东 H3 甲骨与 YH127 来说，是小巫见大巫。但是，为什么 YH127 坑甲骨却多年不能吸引学者专注研究的热情呢？

我们认为，YH127 坑甲骨的著录出版较早（1948 年），且其下辑是在我国台湾出版，由于种种原因，大陆学者很难见到《乙编》上、中、下全套及《丙编》、《乙编补遗》等书，这就使学者对 YH127 甲骨的全面进行研究的条件受到了局限。自 1978 年《甲骨文合集》出版以后，虽然因《乙编》、《丙编》的材料收入，使学者得以方便地见到和使用这批仅耳闻而不能目睹的重要材料，推动了甲骨学商史研究的发展。YH127 坑的一批甲骨材料，只能放到宏观的甲骨学商史中去加以研究。一律冠以《合集》编号，且《合集》来源表直到 1999 年才出版，因而在《合集》41956 版甲骨中，何者为 YH127 坑所出甲骨，一般学者是难以分出的。因而也不能从《合集》中将 YH127 坑甲骨全部集中，进行 YH127 坑甲骨的微观研究。即使 1999 年《合集》来源表出版以后，从《合集》中再将 YH127 坑甲骨全部集中，也存有相当大的难度。如此等等，学者较难见到 YH127 坑甲骨的全部材料，当是鲜有人专对 YH127 甲骨坑进行全方位、多角度的微观研究的原因。

YH127 坑甲骨，是一座商代历史文化的宝库。YH127 坑甲骨的丰富内涵，已在甲骨学商史研究的宏观研究上，起到了和正在发挥着重大作用。但多年来，我们对 YH127 甲骨坑从整体上进行个案的多角度、全方位研究还很不够，我们从微观上对 YH127 坑的认识还不甚了了，这里面还有很多课题需要我们去认识、去发现、去提出、去解决。因此在纪念 YH127 甲骨坑发现七十周年的时候，甲骨学界应把李学勤教授在 1979 年 12 月呼吁的对 YH127 坑"用排谱的方法进行整理"并"花费几年时间，把这一工作做好"的提示和呼吁落实！

因此我也建议：有识之士和有支持学术事业发展的出版社，把 YH127 坑甲骨的著录书《乙编》和《丙编》在中国大陆重印。在这一研究材料紧缺的情况改变以后，YH127 坑的整体研究必将大大推进，并将产生和解决推动新时期甲骨学和商史研究的重大成果！

YH127 坑的发现对甲骨学研究的意义

蔡哲茂

（台湾中研院史语所）

关于 YH127 坑的专门论述，目前有刘学顺的《YH127 坑宾组卜辞研究》及魏慈德的《殷墟 YH127 坑甲骨卜辞研究》两本博士学位论文，其它则有胡厚宣的《殷墟 127 坑甲骨文的发现和特点》（《中国历史博物馆馆刊》1989 年第 13、14 期）、《纪念殷墟甲骨文发现 90 周年，想到 127 坑》（《文物天地》1989 年第 6 期）。

由于本人任职于中研院史语所，这批甲骨材料在前辈董作宾、张秉权等人的研究之外，仍旧大有所为，自 1999 年 7 月至 2002 年 6 月进行中研院主题计划，共完成了以下几点：

1. 查对张秉权先生已缀合而未发表之甲骨缀合计一六八组，间对其中几片有所加缀并完成摹本及释文即《丙编补遗》。

2. 发表多篇甲骨缀合，并将其中为出自 YH127 坑甲骨之缀合汇成一册，共计一九七组。

3. 完成《殷虚文字乙编》释文初稿（乙编释文最早见于日本甲骨学会，乙编之部分释文参酌张秉权《殷虚文字丙编》的释文）

4. 完成《殷虚文字乙编》缀合号码索引—由于大陆出版之《甲骨文合集》缀合不少《乙编》，《合集》之后亦有学者作出新缀合，本表作出对照表。

5. 对《甲骨文合集》的误缀，利用本所实物检验其正确与否，作出误缀号码表。

6. 魏慈德之博士论文——《殷墟 YH127 坑甲骨卜辞研究》

魏慈德是我指导的学生，现在在东华大学任教，这是他在 2001 年 6 月提出的博士论文，论文题目是《殷墟 YH127 坑甲骨卜辞研究》。他将 YH127 坑的甲骨分成宾组、子组、午组、子组附属、以及自组卜辞，并将可能的卜辞以排谱的方式进行研究。

甲骨分类可说是排谱的前题，利用同类的甲骨来排谱才能得正确的事件序列。而这一工作目前甲骨学者已经作得非常完备了，从陈梦家《殷墟卜辞综述》到李学勤、彭裕商的《殷墟甲骨分期研究》、黄天树的《殷墟王卜辞的分类与断代》等，已近乎把目前可见的甲骨材料能分类的都分类了，而魏慈德的论文在分类方面就依上述学者对各类组甲骨所立的定义来将这一批甲骨作进一步的归并。

排谱工作的前题是要有一个连续完整的殷历，如此才能将推算出的可能商年放入商代的纪年当中，而一个连续完整的殷历若配合一个确切的时间定点就很容易将某王在世的年月给排列出来。

7. 林宏明君之甲骨缀合

林宏明君在当我助理，整理 YH127 坑甲骨时，缀合了相当多的甲骨，约有 170 余组，其中有一些相当大片的缀合，试举其例：

合集	乙编	加缀合号码	丙编
合 11018 正	2844	3134＋3888＋3889＋4080＋4084	丙 201（不全）
林宏明加缀		乙补 2471	
合 01106	6011	6027＋6046＋6052＋6054＋6479＋6550＋6555	
林宏明加缀		乙 8141＋乙补 5337＋乙补 5719	
合 14129	529	乙补 357	65
林宏明加缀		乙补 4950	
合 06949	0759	0781＋0782＋0783＋1113＋1863＋1865＋2187＋2202＋2213＋2315＋2318＋2322＋2341＋2343＋6709＋7959＋8009	丙 485、丙 486
林宏明加缀		乙补 954	
合 00032 正	1873	1884＋1925＋1986＋2615＋2616＋6859＋6888＋7237＋7275＋7486	丙 22

合集	乙编	加缀合号码	丙编
林宏明加缀		乙补1653 + 乙补6022	
合00248正	2139	6719 + 7016 + 7201 + 7509	丙41
林宏明加缀		乙补2089 + 乙补5853	
合22063（部分）	7512	8413	
林宏明加缀	合22088（乙4549）＋合22113（乙8435＋乙8441）＋合22186（乙8406）＋乙8455＋乙8443＋乙8384＋乙8454		

目前正进行中对YH127甲骨的研究，一为林宏明君的国科会计划，陆续缀合了二三十组；另一为蒋玉斌的博士论文《殷墟子卜辞的整理与研究》，附录三有各类子卜辞新缀八十组。[①]另外，我的学生林胜祥君在担任我的助理期间，缀合了一百多组（尚未发表）。

1936年春季在河南安阳小屯村的第十三次发掘，有着比前几次发掘更丰硕的成果，不但有字甲骨的数量超过前几次总和的四倍之外，材料的完整、坑位的明晰，内容的多样等，更非《殷虚文字甲编》所能比拟的。以下便分别陈述此坑甲骨在甲骨学研究上的意义：

一　材料的完整

前面提到，在科学发掘前著录的诸多甲骨，大多都是残片。虽然数量多、内容丰富，但是研究不易，最主要的原因是残断的太厉害了，研究的学者只能就断片的内容作探讨，不能够对整片甲骨作完整的比对与研究。此中更有许多不肖商人，制造伪品来欺瞒收藏者。YH127坑的甲骨，刚出土时多半是完整的龟版，最少有三百版，出土后在南京经过细心的整理。可惜不久后抗战开始，这批古物随着政府颠沛流离，到四川之后，这些甲骨许多都已相互混杂。经过整理之后，虽无法回复旧观，但还是拼合了许多完整的龟甲。先不讨论这些甲骨在内容上的丰富，光是材料上的完整，就能研究出前人无以发现的成果，如胡厚宣发现的记事刻辞，他在《武丁时五种记事刻

[①]　先秦史研究室网站上有论文大纲、各章节目录的介绍。

辞考》中有详细的讨论。这是在龟甲上五种地方所出现的特别刻辞，与一般的卜辞内容不一样，如果不从完整的龟甲来看，是无法发现这类现象。另外又如张秉权的《论成套卜辞》，这也是利用完整甲骨的兆序，所得出来的结论。

二　坑位的明晰

董作宾在做甲骨分期断代时，曾提出十种分期的标准，其中一项就是坑层。YH127 坑的情况比较特殊，不过与其相临的 B112、123、125、126、130 以及 YH017 坑等，坑内都是同一期的卜辞。这在分期断代的研究上，有许多贡献。

三　内容的多样

此批甲骨的出土，在内容是相当丰富而多元的，试举以下诸例：

（一）卜辞下乙即祖乙的提出

胡厚宣《卜辞下乙说》：

武丁时卜辞中，有一常见之祖先，曰下乙，在早期祀典中，占一极重要之地位。四十年来，研契诸家，曾无一言及之者。最近金君祖同著《殷契遗珠》一书，于发凡第九，谓下乙为地名……下乙者，既非小乙、大乙、匸乙，则殷先王以乙名者，仅余一祖乙，是必为下乙无疑矣。其尤可以确证者，前引二三辞言"桒于 甲 咸大丁、大甲、下乙"以世次观之，下乙在大甲之后，既不为小乙，则非祖乙莫当。他辞曰："屮于 囬 屮于咸，屮于大丁，屮于大甲，屮 于且乙"（一三一），世次与此全同，大甲之后正为祖乙。他辞又曰："贞来乙亥酒且乙，十伐屮五，卯十宰"（一三二），大字涂朱，与前引十四、十五、十六三辞明明为同时一事之贞卜，而一称下乙，一称祖乙，则下乙者，非祖乙而谁耶？

胡厚宣所引的两条卜辞，丙 41："翌乙酉屮伐于五示，上甲、咸、大丁、大甲、祖乙。"乙 5303："桒于上甲、咸、大丁、大甲、下乙。"张秉权在《丙编》上（一）说："胡厚宣说下乙就是祖乙，增加了这二条证据，可成为不易的定论。"

（二）殷代焚田说的提出

武丁时卜辞中屡见"焚"字，历来学者多解释成幼稚的农业民族所常用的火耕，即耕种之时，烧草辟田，并用草灰做肥料。胡厚宣由《乙编》2507（《丙编》102、《合》10408）提出《殷代焚田说》：

> 故由卜辞之焚字，与其谓殷人使用烧田耕作法，尚不如谓殷人常烧草以田猎之为愈。余之怀此念也久矣，终以所见卜辞过于残缺，不敢遽为定说。顷者翻阅研究院第十三次发掘殷墟所新获之甲文，见有辞曰：其焚，毕（禽）？癸卯允焚，隻（获）鹿十一豕十五兔廿五。"其焚毕"者，盖贞焚草以猎，能否有禽也。"癸卯"以后，则记征验，言癸卯之日，果焚草以猎，果擒获鹿十一豕十五兔廿五。然则殷人常烧草以猎兽者，乃得有确凿之证明矣。

裘锡圭《甲骨文中所见的商代农业》引用张政烺先生的说法：

> 张先生对甲骨卜辞作了具体考察，指出卜辞中的"田"既可以当耕种或所耕种的田地讲，也可以当打猎或打猎之地讲，而且从第三期以后，把打猎几乎完全改称"田"。此外从卜辞还可以看出，田猎区往往就是重要的农业区，例如卜辞中常常提到的盂这个地方就是这样的。所以他认为商代的农田有很多是由猎场改成的，"耕田和打猎本来是两回事，在焚山烧泽这一点上统一了，许多猎区终于不免变成农田"。这些意见是很精辟的。很可能在卜辞所提到的田猎活动里，有一些活动的真正目的就在于为开垦农田作准备，擒获野兽只是附带的收获。[①]

（三）甲骨文四方风名考证

最早发现甲骨文中四方及四方风名的是胡厚宣，这是他看到刘体智所藏一片甲骨而发现的，他在《甲骨文四方风名考证》中有说明始末，当初郭沫若整理刘体智这批甲骨而编撰《殷契粹编》时，并没有收录此片甲骨，胡厚宣以为郭沫若认为是伪刻。（近来贾双喜在《刘体智和他的甲骨旧藏》[②]研究指出，金祖同赴日所带的《书契丛编》，当中那一页刘体智所藏的这片

---

① 裘锡圭：《甲骨文中所见的商代农业》，《古文字论集》，中华书局 1992 年版，第 169 页。
② 贾双喜：《刘体智和他的甲骨旧藏》，《文献》2005 年第 4 期，第 50 页。

拓片是空白，因此郭沫若当时并没有看到此片甲骨，而不是以为伪刻）这片甲骨的内容如下：

> 东方曰析，凤曰劦。
>
> 南方曰夹，凤曰凷。
>
> 西方曰彞，凤曰彝。
>
> □□□□，凤曰段。

这片甲骨中提到了四方与四方风名，之前都没有类似词例，直到胡厚宣看到 YH127 坑的一片甲骨：

> 贞：帝于东方曰析，凤曰劦。叒□。
>
> 贞：帝于西方曰彝，凤□。
>
> □亥〔卜〕，内〔贞〕：帝〔于〕北□。

这片甲骨比起刘体智所藏那片，四方与风名大体相同，由于 YH127 坑的甲骨是科学发掘，因此真伪不用怀疑。胡厚宣还引古籍来证明，商代已经有四方与四方风之名，如《山海经》曰：

> 东方曰折，来风曰俊，处东极以出入风。（《大荒东经》）
>
> 南方曰因，乎夸风曰乎民，处南极以出入风。（《大荒南经》）
>
> 有人曰石夷，来风曰韦，处西北隅以司日月长短。（《大荒西经》）
>
> 北方曰鵷，来之风曰狄，是处东极隅以止日月，使无相间出没，司其短长。（《大荒东经》）

胡厚宣在文后提到：

> 故尧典曰宅某方曰某者，袭甲骨文山海经之某方曰某也。厥民某者，袭甲骨文山海经之四方名也。鸟兽某某，由甲骨文之凤曰某讹变者也。在甲骨文仅为四方名某风名某，山海经文略同，惟已将四方之名神人化，至尧典则演为尧命羲和四子，掌四时星历教民耕作之事，开夏小正与月令之先声矣。

此版四方风名的甲骨（乙 4548）后来几经缀合，兹整理号码如下：

> 乙 4548 + 京津 428（胡厚宣：《五十年甲骨文发现的总结》）（郭若愚先生在《殷契拾掇》的序中也同时注意到）
>
> + 乙 4794、4876、5161（郭若愚：《殷虚文字缀合》）
>
> + 乙 6533（胡厚宣：《释殷代求年于四方和四方风的祭祀》），

　　　　　+ 乙 4883（张秉权：《殷虚文字丙编》）

　　　　　+ 考文（考古研究所精拓契文）53（曾毅公：《论甲骨文缀合》）

　　　　　+ 乙 5047（张秉权：未刊稿《丙编补遗》）

　　　　　+ 乙 4890、4882、5012（林宏明：《殷虚甲骨文字缀合四十例》，

《政治大学八十九学年度研究生研究成果发表会》）林君缀合之后认为

这片卜辞并没有瞽听协风之事。

至此，四方风大归中关於四方及四方风的完整记载为：

　　　　　贞：帝于东方曰析，凤曰劦。萃年。

　　　　　贞：帝于西方曰彝，凤曰鼻。萃年。

　　　　　辛亥卜，内贞：帝于南方曰兕，凤夷。萃年。一月。

　　　　　辛亥卜，内贞：帝于北方曰夗，凤曰役。萃年。一月。

如果说王国维对"王亥"的考证把商人建国前传说的英雄人物证实为真人
真事，间接地证明了夏王朝的存在，而四方风名的考证更是将由瞽者司协风
的掌故，推延到夏王朝之前的虞舜也非传说，而是确有此一朝代的存在，而
在四千年前生活在鲁、豫、冀、晋、陕等地的夷夏族，已了解季节风的更迭
来作农业生产的指标。

　　（四）成套卜辞的提出

　　史语所搬迁来台后，由于研究环境较为安定，甲骨缀合的工作才能顺利
展开，并由张秉权先生主导。张先生最大的贡献可以《殷虚文字丙编》上、
中、下三辑为代表，以及收于《丙编补遗》（未刊稿）中未发表之缀合成
果。另外，张先生在《庆祝董作宾先生六十五岁论文集》中发表了一篇重
要的文章《论成套卜辞》，为其最得意的研究成果之一。

　　所谓成套卜辞，是指甲骨上的那些可以结合数条而成为一套的卜辞。换
句话说，成套卜辞是由甲骨上的一些在同一天内占卜同一事件而连续契刻在
若干兆之旁的若干条辞义相同而叙述相连的正问或反问卜辞组合而成的。以
《丙编》为例，拓片五的第（1）、（3）、（5）、（7）、（9）辞是一套正问的
卜辞；第（2）、（4）、（6）、（8）、（10）辞是一套反问的卜辞，这两套合起
来可以说是一组对贞的成套卜辞。成套卜辞的发现对甲骨学研究是一大贡
献，其价值张先生归纳为以下六点：

　　1. 纠正以统计为基础研究卜辞中某些问题技术上的基本错误。如统计

下雨次数若以贞雨卜辞的条数与片数作为研究和统计的基础，则大有问题。《乙编》3090 版有一组对贞卜辞，问"四月雨"。以卜辞计算，正反二条，以序数计算，正反共计九次，但这只是一个问题的正反二面卜问而已。

2. 可以校勘异文。如《丙编》七一与七三是一套小腹甲的第二、第四两版，每版均有六辞，其中除了第（6）辞中的一个字之外，余均相同。比对结果七三（6）的"戈"字应是七一（6）的"我"字漏刻三短横而误。

3. 可以分别章句，剖判混沌。如胡厚宣先生《卜辞中所见之殷代农业》引用的（四〇一）辞"薅采叡甫耤于姠受年"，由《乙编》3212 的成套卜辞可知，胡氏将甲套右边第（2）辞"㞷耤于姠受㞷年? 二三上吉"与乙套第（2）辞，"薅采叡"误合为一辞。

4. 可以由繁知简，观微知著。如《丙编》九八第（16）、（18）和（17）、（19）是一组对贞的成套卜辞，（18）"示左王? 三"与（19）"示弗左? 三"意义不显，找出与（16）"贞：王不禂示左? 一上吉二"与（17）"贞：示弗左王不禂? 一上吉二"的成套关系后则知其省去部分。

5. 可以辨明缺笔。甲骨卜辞常有漏刻笔划的情形，有修养的甲骨学者一望可知，而在成套卜辞中则能更加确定。如《乙编》3389 第（3）辞的"贞"、"其"、"吕"三字，都只有直画而无横画，从成套卜辞可知，此三字是没有刻完全的"贞"、"其"、"吕"三字。

6. 可以考察殷代占卜制度。第一，可知殷人有贞一事于成套甲骨的实例，如《丙编》一二至二一。第二，可知成套甲骨通常由五块（或少于五块）大小相似的甲骨所组成。第三，可知殷代已有数人共贞一事的实例，如《甲编》1274。又从《丙编》七六与七八（是一套大龟腹甲中残存两版）可知，所谓共贞是由二人（或数人）分任其中的若干次贞卜的。

（五）咸为大乙另一名称的提出

"叽"字被误认为"咸戊"之省称，最早见于罗振玉《增订殷虚书契考释》"亦曰咸"条之下。在罗说之后，王国维在其《古史新证》中的"咸戊"下，将卜辞中的"咸"与"咸戊"放在一起讨论，认为"咸"乃是"咸戊"的省称。陈梦家在《综述》中把"咸"认为是"戊咸"的单称，即文献上的"巫咸"。虽然岛邦男、张秉权已经正确地指出了卜辞中的"咸"指的就是成汤，但严一萍仍坚持罗说。晚近一些学者也都受到罗说以来的影响，即使是近出《甲骨文字诂林》仍坚持陈梦家的说法。

　　最早提出卜辞的"𠙻"为"咸"即为大乙另一名称的是岛邦男。他在《论卜辞中先王的称谓》一文中说：

　　　　大乙在第一期一般称作唐，又称作"𠙻"。

　　　　乙 5305 𥄢𠙻大丁大甲下乙（同片有贞人名争）

　　　　粹 173 贞𠂤……卜用自……𠙻大丁大甲大庚……

　　　　这和藏 214.4……卜田𠙻大丁大甲……此片比较，就可以知道唐就是𠙻，从𠙻的祭日清楚记载的七片（续 1.48.3，前 5.5.7，佚 849，乙 1761，卜 11，粹 426，文 361）中为乙日有四例，丁、戊、庚、辛的祭日各一，因此从乙日祭名乙的先王，可以知道此王名乙是很清楚的，大丁之前的，𠙻，除了大乙之外，没有别人，然而大乙称作𠙻，是因为大乙是兴隆殷室的大王之故，盖𠙻即咸，其字音 Kam 即"汗"，Kam 是大王的意义（君 Kum 即 Kam 的音转），又𠙻从𠙼从口，斧（武力的表现）和口（号令的表现），即成其字义，君从尹从口，尹（武力）和口（号令）即咸其字义，也是同样的构形，也是有大王的意义。

张秉权在《小屯·第二本·殷虚文字·丙编》的《序》中也已明确指出"咸"为成汤，他在《丙》41 的释文云：

　　　　（16）贞：咸允左王？一二三四〔五〕六

　　　　（17）贞：咸弗左王？一二三四五〔六〕

　　　　（18）羽乙酉业伐自咸若？一二

　　　　（19）羽乙酉业伐于五示：上甲、咸、大丁、大甲、祖乙？一二

他在考证中说：

　　　　在（19）辞中，明明白白地记载着咸是"五示"之中的一示，他的世次，在大丁以前，上甲以后。而在这二人中间的先公先王，有报乙、报丙、报丁、示壬、示癸、大乙（成汤、唐）等六人，其中只有大乙是先王，而且是开国的元首，其余五人则为先公，在这六人之中，谁最有资格，相当于咸呢？我们知道咸是和大甲、下乙一样地"宾于帝"，的，而且在"大甲宾于咸"和"下乙宾于咸"的时候，他的地位俨然代替了上帝。至少他的地位是高于大甲和下乙的，这由"父乙宾

于祖乙"及"父乙不宾于祖乙"（《乙编》896：2977）等辞可以证明的。有时，他和太宗大甲一样，可以有威力"保我田"：

□□（卜），宁贞：大甲保〔我〕〔田〕？

贞：咸（保）我田？（《乙编》6389）

有时，又和祖乙一样，可以令王害病：

王疾不隹咸？

王疾不隹祖乙？

而且卜辞所载对于咸的祀典，亦非常隆重，今略举数例如下……像这样享受隆重的祀典，具有作威作福的权力，在那六人之中，只有大乙（成汤、唐）是最有资格的，而且从卜辞里也可以看出这五示中的咸所处的地位，正相当于其他记载世系的卜辞中的大乙（成汤、唐）。

此外，张秉权又说：

从这几条卜辞中的世系，可以看出五示中的咸，正相当于大乙（唐）。

现在我们再看看卜辞中，其他的三示或五示合祭的情形：

三示：□亥卜，贞：☑三示钐大乙，大甲，祖乙五牢？（佚917）

五示：已丑卜，大贞：于五示告丁，祖乙，祖丁，羌甲，祖辛？

（佚536）

那些"示"都是先王，决没有在若干先王的中间，忽然加进一个"先臣"的现象，这也可以反证五示中的咸是先王，是大乙，而不是先臣巫咸。况且巫咸在大戊之世，与本版及乙编5303卜辞的世次也不相合，……又《礼记·缁衣》篇引尚书逸文《尹吉》曰："惟尹躬及汤咸，有壹德"，假使我们不照传统的断句法，而在"咸"字断句，则汤咸岂不成了一个名词而和成汤、成唐、咸父乙等一样？不过这些旁证，却没有卜辞自身的证据来得直接而有力，本版就是一个最有力的直接例证。

在字形的解释上，张秉权与孙诒让的看法相同，指出卜辞中不管从口或从丁，都应该是"咸"字，他在《丙》39的考证上说：

及至最近，有人认为成就是成汤，但是却把卜辞中的，"成"字，分解为从丁的"成"和从口的"咸"字，以为"咸"是巫咸，"成"

是成汤，这种说法，虽则新异，但只是根据一些零星碎片而立论的，不能解释所有的卜辞，譬如，在这一版上，咸是从口的，但是如果把他当作巫咸，那就错了，他的地位应该是相当于一个先王，世次则在下乙和大甲之前的大乙（成汤），我们知道卜辞中如霝、霸等字所从的凵有时就作"口（丁）"形，凵口二形相近，原就容易相混，而且在卜辞中，一个字有好几种不同的写法，亦是常事。……明乎此，则咸字的不必强分从口与从丁，也就（案：原文作"说"误，今正）无须多加说明的了。

甲文的呫字所从口事实上应是凵的异体，因为卜辞上从凵的偏旁，也可以从口，如薾，可作商。（《合》13024、《花东》86、87）也就是说卜辞从凵的咸字和从丁的咸字是同一字，不可读作"成"。

咸字可以指成汤，在文献上除了张文所引的《礼记·缁衣》的说法之外，尚有《尚书》的例子可以补充证明。胡厚宣曾引《丙》39、《通》237、《乙》3797、《续补》1938、《粹》173、《乙》5303、《丙》41 等片甲骨，赞同岛邦男及张秉权之说，而且最早怀疑《酒诰》的"咸"是指卜辞的"咸"：

> 《书·酒诰》说："自成汤咸至于帝乙"，又《多士》说："自成汤至于帝乙"，句法相同，而《酒诰》称成汤为成汤咸。《太平御览》八三引古本《竹书纪年》说："汤有七名而九征"，《金楼子》也说："汤有七号"，疑咸者当为汤之一名。

《酒诰》中的"自成汤咸至于帝乙"在《尚书》中尚有类似的句子，如《多士》：

> 自成汤至于帝乙，罔不明德恤祀。

《多方》：

> 乃惟成汤，克以尔多方……以至于帝乙，罔不明德慎罚。

如果将《酒诰》中咸解作皆，再释作徧，则语意重复，将咸读作罩是用假借，这些解释，俱不如将"咸"解为和《缁衣》中的"汤咸"的"咸"，也就是卜辞唐的另一名称，来得文从字顺。即使《酒诰》与《缁衣》的"咸"，将来也许证明另有它解，但卜辞本身的证据不容抹杀，即张秉权提出五示中的咸，不可能不是先王，从世次来看，只能指成汤。大甲、下乙能宾于咸的咸，绝不可能是巫咸；咸是汤的另一名称，这是无法动摇的。

（六）对商王世系的研究，提供了一些新的证据

武丁王位的继承，在历史上没有任何人探讨过这个问题，如果稍做仔细的思考，便可以推测武丁的王位得来不易。根据《史记·殷本纪》所记载他是继承其父小乙而立，而在武丁的上一代阳甲、盘庚、小辛、小乙四个兄弟依序相传之后，照前代祖辛传位弟羌甲，羌甲传位祖辛之子祖丁，祖丁再传位羌甲子南庚，南庚传位祖丁之子兔甲这种现象来看：

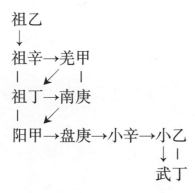

小乙应传位阳甲之子才对，但却传位自己的儿子武丁，则无可避免地将引发继承纷争。春秋时代的吴国也有类似的状况：《史记·吴世家》：

> 吴王寿梦有子四人，长曰诸樊，次曰余祭，次曰余眜，次曰季札。季札贤，而寿梦欲立之，季札让不可，于是乃立长子诸樊，诸樊又让位李札，季札不肯，弃其室而耕。……王诸樊卒，有命授弟余祭，欲传以次，必致国于季札而止，以称先王寿梦之意，且嘉季札之义，兄弟皆欲致国，令以渐至焉。王余祭卒，弟余眜立……王余眜卒，欲授弟季札，季札让，逃去，于是吴人曰："先王有命，兄卒弟代立，必致季子，季子今逃位，则王余眜后立，今卒，其子当代。"乃立余眜之子僚为王。……公子光者，王诸樊之子也，常以为吾父兄弟四人当传至季子，季子不受，光父先立，若既不传季子，光当立，遂杀王僚，光代立为王。

《公羊传》襄公二十九年（阖闾公子光）说：

> 　　将从先君之命与，则国宜之季子者也，如不从先君之命与，则我宜
> 立者也，僚恶得为君乎！

　　在兄弟相传的场合，传到幼弟之后，应该谁继立为王，王国维在"殷
周制度论"上已看出此问题的徵结，他说：

> 　　由传子之制而嫡庶之制生焉，夫舍弟而传子者，所以息争也。兄弟
> 之亲本不如父子，而兄之尊又不如父，故兄弟间常不免有争位之事。特
> 如传弟既尽之后，则嗣立者当为兄之子欤？弟之子欤？以理论言之，自
> 当立兄子，以事实言之，则所立者，往往为弟之子。①

岛邦男博士也指出：

> 　　武丁在祀序表上是继小乙而受祀，在前举列记直系先王的卜辞上为
> 继小乙之后的直系。所以为小乙之子。以弟之子的身份继承王位的例
> 子，从武丁开始。②

　　因此，在小乙殁后，在宗法制度下，从嫡长有优先的继承权来看，王位
的继承权应属于阳甲之子，但结果却不是如此，很可能是王室的内部，阳甲
之子与武丁有一番继承的纷争，最后武丁获胜，这在卜辞上尚有一些蛛丝马
迹可寻，如：

> 　　贞：㞢于兔甲、父庚、父辛，一牛？
> 　　贞：勿㞢于兔甲、父庚、父辛，一牛？　　　合 6647 正（乙 7767）
> 　　父乙隹伐求？
> 　　父乙不隹伐求？
> 　　兔甲害王？
> 　　父庚害王？
> 　　父庚弗害王？
> 　　父辛害王？
> 　　父辛弗害王？　　　合 903（丙 197）

　　卜辞中武丁称阳甲、盘庚、小辛为父甲、父庚、父辛，如合 2131（后
上 25、9）"父甲一羋？父庚一羋？父辛一羋？"他处又有称"三父（合
14412）"或"三介父（合 2348）"者，但为何上举二例称"兔甲"而不称

　　① 王国维：《殷周制度论》，《观堂集林》，台北河洛图书出版社 1975 年版，第 456 页。
　　② 温天河、李寿林译，岛邦男著：《殷墟卜辞研究》，台北鼎文书局 1975 年版，第 76 页。

"父甲"？甲骨学者如白川静及金祥恒先生都已注意到此一现象，白川氏说：

此辞不称"父甲"而称"象甲"，既然同属武丁期卜辞，何以这里会改变称呼，或许有什么道理吧。①

金先生说：

此父庚、父辛即盘庚、小辛，兔甲即阳甲，依照前例，兔甲为武丁之诸父阳甲，当称父甲，而此称阳甲，何耶？②

也有人尝试解释此一不协调的现象，如严一萍先生说：

何以武丁不称阳甲为父甲，我想也许与盘庚不立阳甲之庙有关，《通典》卷五十一引贺循议礼说："殷之盘庚不序阳甲之庙而上继先君，以弟不继兄故也。"或者武丁早年即以阳甲无庙而称之为"象甲"，后来立了庙，才称为父甲，这是我的一种推想。③

但此说相当可疑，贺循为晋代人，《晋书》本传说他"朝廷疑滞皆谘之于循，循辄依经礼而对，为当世儒宗"。但贺循上距殷代已一千多年，盘庚是否不立阳甲之庙，他是无法知道的。即使是兄弟相传，合祭先王以至父祢，对于先立之兄长，也应在祭典之中，如二期卜辞"贞：夙蓁至于丁于兄庚"（合2920正、邺上38.4）

此蓁祭始于上甲或大乙，至于丁指父丁即武丁，兄庚指祖庚，此为祖甲之祭祀卜辞，④卜辞中只有直系先王才有宗，未见旁系先王而立宗者，因此，即使武丁早年，不可能因阳甲无庙而称为"兔甲"，立庙才称"父甲"。在甲骨分五期的断代标准，贞人是一个很重要的根据，松丸道雄先生以为"时代不同，贞人也随之更换"⑤，即当新王继立，贞人可能也随着进退，因为国之大事一向取决于贞人的占卜，所以贞人集团随着王的继立而进退，是极可能之事。而阳甲之子必然会和春秋时代吴国的公子光一样，认为自己有王位继承权，所以和武丁有一番争夺王位的内斗是可以想像的，但最后失败了，因此卜辞上才会有武丁期的贞人直称其名"兔甲"，而不称"父甲"的

① 白川静：《甲骨文的世界》，东京平凡社东洋文库，第85页。又中译本，台北巨流出版社1977年版，第73页。

② 金祥恒：《甲骨卜辞中殷先王上乙下乙考》，国科会论文未刊稿。

③ 严一萍：《甲骨断代问题》，台北艺文印书馆1982年版，第141页。

④ 详裘锡圭：《历组卜辞的时代》，《古文字研究》第六辑第308页。

⑤ 《殷周国家的构造》，岩波讲座世界历史，第483页。

不敬现象。否则史上阳甲并无恶德的记载，卜辞不应有此贞人直呼其名的特殊现象。

最近花园庄甲骨出土，子究竟是谁的后代有多种推测，若花园庄中的祖甲是指阳甲，则花园庄的主人子很可能是阳甲的孙子，因为他的父亲可能跟武丁有王位之争，所以祭祀时皆未提及其父。

（七）羌甲、南庚在武丁时的祭祀系统特别受重视

在《丙编》中经常可以看到羌甲、南庚受到重视。由于武丁是小乙之子，那么羌甲、南庚应该是旁系先王。其例如下：

贞隹羌甲。

贞不隹羌甲。

贞隹南庚。

贞不隹南庚。　　　丙 43

南庚钐圙。

勿于南庚。

于羌甲钐圙。

勿于羌甲钐。　　　丙 47

壬申卜，争贞：父乙艹（先）羌甲。

父乙艹（先）南庚。　　　丙 49

在丙 162 上羌甲还被称为大示，固然我们对卜辞中的大小示的确实内涵还不清楚，但是羌甲的地位高于南庚。而此一支王族的后代很可能在武丁的争王位过程起了决定性的作用，所以他们在宾组卜辞受到相当高的重视；与旁系先王比较，他们的地位高可能是基于此一原因。

（八）卜辞中的"它"是"其它"，"它示"是其它的神主

胡厚宣《殷代的蚕桑和丝织》一文从叶玉森、郭沫若、陈邦怀及《续甲骨文编》，释它为蚕。

张政烺《释它示——论卜辞中没有蚕神》①，他把《合》32033 与《合》25025、《合》14822 三片作比较，以为它示和二示相当，那么元示就和蠹示相当，因此把蠹读成元，以为即说文的黿字，但《合》14822 已由裘锡圭氏

---

① 张政烺：《释它示——论卜辞中没有蚕神》，《古文字研究》第一辑，中华书局 1979 年版，第 63—70 页。

缀合成一较完整卜辞，他同时还缀合了一条与之同文较为完整的卜辞。① 如下：

　　（1）辛巳卜☒元示☒十三月。

　　　己卯卜。

　　　贞：勾岁曰酒。十三月。

　　　贞：元示五牛？二示三牛。

　　　壬午？

　　　贞：勾岁酒。十三月。

　　　贞：元示五牛？它示三牛。合集 14824 + 合集 14822 + 合集 14354

　　（2）辛巳 卜 大 贞 凷自上甲元示三牛。二示二牛。十三月。

　　　己未。

　　　贞：元示五牛？二示三牛。

　　　贞：曰酒？

　　　□午？合集 1159 + 合集 14825 + 合集 14863

由（1）的缀合来看，元示、二示、它示并见于一版，引发了一个问题，即它示是否等于二示。前举张氏"释它示"文以为"它示即二示"，其云：

　　前文曾引前 3·22·6 及哲庵两片，说明元示与二示并称，犹大示和它示并称，前者指直系先王，后者指旁系先王。按卜辞亦称示壬、示癸为"二示"（见《综述》460—461 页），应当注意区别，其与元并称之二示，如：

　　壬寅卜：𥅪其伐归，惠北𢦏用。廿示一牛，二示羊，以四戈黾。（粹 221，粹 222）

　　殷契粹编考释说："廿示者，自上甲以下至武乙，父子相承共二十世。此辞盖文丁所卜。知自上甲起算者，戬寿堂 1·9 有一骨，其中有辞与此大同小异。其辞云：

　　癸卯卜，贞：酒𥅪，乙巳自上甲廿示一牛，二示羊。四戈黾，四方豕。

---

① 裘锡圭：《甲骨缀合拾遗》，《古文字论集》，中华书局 1992 年版。

壬寅、癸卯日辰相联，盖亦同时所卜。"根据这两条卜辞，知道"自上甲廿示"是从上甲到武乙全部的商代直系先王，数目恰合，不多不少，那么"二示"绝对不会是示壬、示癸，只可能是旁系先王了，前者相当于"自上甲元示"，而后者即它示，以下两条卜辞可以为证：

　　贞：元示五牛，它示三牛。（《文物》1972 年 11 期，图版三七）

　　这条卜辞非常重要，以前不为人注意，直到近年才被学者发现并登载出来。这和前引的：

　　贞：元示五牛，二示三牛？（《哲庵》85）

内容相同，仅一字之异，而这一字之异却是功不可没的，它正好把问题串联起来，说明二示即是它示。

李学勤氏在《关于自组卜辞的一些问题》一文赞成张说，[①] 他说：

　　最近张政烺同志指出"二示"意同"它示"，是很对的。"二"应读为"贰"，意思是次。"它示"即其他的示，"二示"即其次的示。

由（1）片的缀合，元示、二示、它示，三者所指显然不同，而且屯南1115 片中，有大示、下示、小示并列一版。

　　乙卯贞：卯于大，其十牢。下示五牢。小示三牢。

　　庚子贞：伐卯于大示五牢？下示三牢。屯南 1115

类似的卜辞，大示、小示、小示并列的又见于？

　　大 示三牢？下示二牢？小示牢？文 255（真 5·27）

　　乙巳贞：又勺岁自上甲大□三牢？下 示 三牢？小示牢？怀 B1555

《小屯南地甲骨下册》1115 片释文云：

　　卯于大，应为"卯于大示"，陈梦家认为上示与下示相对，和大示与小示相对是相当的，上示指大示，下示指小示。（《综述》467 页），在此段卜辞中大示、下示、小示并列，说明下示与小示不是一个概念，同样上示与大示也不是一个概念，从此段辞看，下示低于大示，而高于小示。

杨升南氏在《从殷墟卜辞中的示、宗说到商代的宗法制度》一文也指出：

---

① 《古文字研究》第 3 辑。

　　　　大示是指直系先王，小示是指旁系先王，在同一辞中受祭的下示显然不是二者之一。下示既不可能是大小示所包括的先王，而它又同大小示一起受祭，故下示所指，只能从与王室有关的成员中探求。在下一版中提供了"下示"之所指的线索：丁亥卜，侑岁于下示：父丙眔戊？（乙3521）

　　　　这是属于武丁晚期的午组卜辞，该辞指明"下示"中有父丙、父戊，此二人当是武丁的父辈，亦即阳甲、盘庚、小辛、小乙的兄弟行而未即位者，据此可知卜辞的"下示"当是指未曾即位的诸王之兄弟行。

又说：

　　　　很可能上揭粹221与戬1·9两辞中二示的二应释作下字，细审拓本，二示之二两笔的上面一笔稍长于下面而带弯曲，这与乙3521一版上"下示"之下字的上面一笔契刻的刀法相近，过去一般读为二，通观全辞及字体结构，应读为下字，辞义才顺适。

　　它示既然不是下示（旧释二示），那么元示也就不能说成和鼂示相当，因此要把鼂读成元，以为即《说文》的電字，显然无法成立。

　　至于合32033卜辞内容的解读，张氏把它读成"丙寅贞：惠亏以羌冎，它于鼂示用？"把冎当作动词，以为是祭之所及，把于当作连接词的与，把它当作它示，即旁系先王。又说"用自上甲"是祭以上甲为首的一系的大示。非指上甲一人。按"它示"可以省称作"它"，在卜辞是确有其证的，如：

　　　　庚申卜：酒，自上甲一牛至示癸一牛，自大乙九示一牢，秕示一牛？　　　合集22159（人2979）

　　　　屮于成、大丁、大甲、大庚、大戊、中丁、且乙、且辛、且丁一牛！它羊？　　　合集672正＋合集1403＋合集15453＋合集7176＋乙2462

　　比较两条卜辞，就可以知道"大乙九示"指就是成至且丁的九示，就是第一期卜辞常见的"九示"①或"大乙至且丁"的九示（见粹149和掇

---

　　①　见卜辞综述463页"七、九示"条下，又张政烺氏在《释它示》文以续3.1.1与林1.11.5两条的九示是它示之误，这个看法是错误的，据本人目验林1.11.5，即东文研B0358是"九示"而非"它示"。

2·166），"它"就是"它示"的省掉了示。①《京都大学人文科学研究所藏甲骨文字》2979 片的考释上曾引合 25025 卜辞作比较，以为"直系的祖神是元示的话，旁系的祖神想必就是二示，祐示与二示相当，或指与大示相对的小示"。先于张氏作出相同的推论，张氏大概没有注意到。

卜辞的它及它示，它皆作"其它"的意义，这在睡虎地秦简有"它物"、"它县"、"它人"、"它器"皆作"其它"意义解，②可证卜辞的"它"即其它的意思。

（九）肩凡有疾的正确解释

殷卜辞第一期武丁时代宾组和自组有一句常见的成语"肩凡有疾"，有时也可把"有疾"两字省略只作"肩凡"，由于此一成语的出现相当频繁，约有六十余见，因此历来古文字学家都曾提出解释，目前所见约有十四种（不含外国人）："肩凡"两字郭沫若释为"𦣞凡"，意义是"游盘"，即"游乐"；唐兰释为"攸同"，即"维同"；严一萍释作"祸风"；饶宗颐以为是"祸重"；李孝定认为是"骨痛"；丁骕以为是"风湿痛"；柯昌济认为是"笃重"；刘桓认为是"恫疾"，是因疼痛而致疾；沈宝春释成"骨骹"；姚孝遂以为该释为"骨凡"，指某种动作或行为，但并非"骨痛"；张玉金释为"骨凡"，即"毁坏安康而有了病"；裘锡圭释为"肩同有疾"，意义是"能分担王疾"；宋镇豪说是"骨凡有疾"，意指各式各样的骨性疾病；林小安释为"果犯有疾"，乃卜问"果真犯有疾吗？"。

本文从字形字义出发，提出呂释为"肩"才是正确的，它的意义是"克"，"凡"为"兴"之省体，意义是"起"，"肩凡有疾"的意义是"克兴有疾"，也就是说疾病状况有起色，即病情好转，所以也可以省略作"肩凡"，即"克起"之意。由于它可和卜问疾病"昌"（蠲）否在同一版占卜，可知"肩凡有疾"只是指疾病能否好转，并不是完全痊愈，如此解释也许才能契合卜辞的原义，

殷卜辞的"肩凡有疾"，意义分别来说："肩"，是象牛的肩胛骨之形，释成"肩"，裘先生训为"克"，是正确的。"凡"字的另一体，作凨其下从

---

① 胡厚宣氏在《记故宫博物院新收的两片甲骨卜辞》一文（《中华文史论丛》1981 年第 1 辑）以为（26）条卜辞的它"疑㲋之省，㲋读为施，义为杀"是不对的，卜辞的兹未见省作它，此处成至祖丁九示用一牛，它用羊即反映礼的隆杀。

② 详见张世超、张玉春：《秦简文字编》，京都中文出版社，1990 年版，第 906 – 907 页。

廾，也可直接写成"兴"，此字应为"兴"的异体。兴则训作"起"。裘先生曾指出本文所引《合》709 正（丙 334）卜问妇好"肩凡有疾"与"弗其肩凡有疾"对贞，而所引《合》709 反（丙 335）之"王固曰：吉，肩凡"是属于它们的占辞，以妇好"肩凡有疾"为吉，可见"肩凡有疾"一定是好的事情。[①] 前引姚孝遂先生也认为"骨凡"若是骨痛，则不能称之曰吉。李孝定先生在《甲骨文字集释》曾说："契文之兴亦当训起，辞云：'□□卜，出〔贞〕：见岁不兴用，'言不起用之也（后下 11.1），又云'疒□兴口事'（前 5.21.8）盖言疾有起色也。"[②] 按李先生在读《前》5.21.8 行款虽有误，不过他指出卜辞"兴"可以当作"起"，也就是有起色的意思，是正确的。《论语·卫灵公》："在陈绝粮，从者病，莫能兴"，何晏集解云，"兴，起也"，也就是本文"肩兴有疾"中"兴"字所代表的意思。至于"有疾"这个词汇，应是指一种疾病的状况。此四字组合起来的词义，是"从某种疾病状况好转起来"，所以它可以省略为"肩凡"，而前所引的合集 709 正卜问妇好"肩凡有疾"又同时占卜妇"肙"（镯），这两者所占卜的应是同一件事，但是占卜的语义略有不同。前者是指从疾病中好转起来，后者则是卜问疾病能否痊愈，而卜辞中卜问疾病痊愈的字是"慧（羽）"、"蠲（肙）"、"瘳（啾）"及"（瘥）"[③] 等字。武丁卜辞常见妇好、子不、子𠂤、雀、子渔、子犾、、𡿦、或子妥等人被卜问是否"肩凡有疾"，然他们在卜辞中显示的地位都属于殷王身边的重臣，不可能常常要去分担王的疾病。而卜问他们的患病是否会好转，这才是较为合理的解释。

（十）排谱的继续整理

排谱的问题是很复杂的，但若能排出正确的时间，对于甲骨的释读是很有帮助的，随着文字考订得到确定之后，对于 YH127 坑甲骨的相对时间可因此确定。如在 YH127 坑出土的《丙》100 与《丙》112 俱有用圭与戚[④]来致祭王亥。[⑤] 丙 100 "圭"字的考释，劳榦指出吉的上半部是圭的象形，最近殷墟花园庄东地甲骨公布之后可以确定劳说正确。

---

① 裘锡圭：《说𠂤凡有疾》，《故宫博物院院刊》2000 年第 1 期，第 4 页。
② 李孝定：《甲骨文字集释》（台北：中央研究院历史语言研究所，1965），卷三，页 0832。
③ 姚萱：《殷墟花园庄东地甲骨卜辞的初步研究》，首都师范大学博士论文，2005 年 4 月，第 159 页。
④ 陈剑：《说殷墟甲骨文中的"玉戚"》，未刊稿。
⑤ 蔡哲茂：《说殷卜辞的圭字》，《汉字研究》第一辑，学苑出版社 2005 年版，第 310 页。

　　丙戌卜，㱿贞：竟王亥△？一

　　贞：弓♦十牛？一　［上］［吉］　　合11006（丙100）

　　甲申卜，争贞：竟于王亥其戚？一

　　甲申卜，争贞：勿戚？一

　　贞：竟于王亥十牛？一

　　贞：十牛？

　　贞：勿⊕三牛？［一］二三

　　贞：竟十牛？一　　　丙112

　　《丙》112此处的"戚"与《丙》100有关，因为从《花》490来看子见暗以"△"与子见暗以"⊡"（戚）二者并列，那么丙112所说，甲申占卜燎祭王亥用戚以及用十牛与否，在三天之后丙戌再由另一个贞人㱿来占卜燎祭王亥用圭与十牛，很明显的。此为祭祀有关，可能是祭王亥用不同玉器在不同日子；也可能祭王亥前面用戚不果，再次占卜用圭。

　　还有丙47："贞：翌乙卯酚我宫伐于宰"、"贞：☐乙卯勿酚我宫伐于宰"，它的验辞是"乙卯允酚明阴"。张秉权先生在《殷虚文字丙编考释》中说："是乙卯日所记的验辞以及那时的气象，在甲骨上，常常可以看到当时气象的记录，这与祭祀的举行也许有着相当关系，或者气象的变化，可以影响到祭祀典礼的举行与否，所以贞卜的人也常常关心到气象方面的情况。"我们从乙6385"甲寅卜，㱿贞：翌乙卯易日"，"贞：翌乙卯乙卯（衍文）不其易日"，"贞：有疾自唯有害"，"贞：有疾自不唯有害。"反面的6386的验辞"王固曰，之⚡弓雨，乙卯允明阴。三卣，食日大星（晴）"。这里面的正面干支是乙卯，而从丙47和乙6386来看，两者的天象都指出乙卯当天"明"的时段，是个阴天，乙6385的贞人是㱿，丙47的贞人是宁，那么可以将丙47出现的干支乙未、乙亥、乙卯、癸酉与乙6385的甲寅、乙卯作一系联，这应该是在六个天内发生的事情。

　　再以丙334与丙513为例，丙334有干支庚戌及贞人亘，但有占卜帚好"肩凡⊥疾"及"帚肙"、"不其肙"并且"于羌甲卯""弓于羌甲卯"。而丙513在壬午贞人㱿占卜帚"肩凡"，又有"帚好肙"、"不其肙"以及"肙甲弗咎帚"、"咎帚"和"于肙甲咎帚"。两者比较，对帚好占卜"肩凡⊥疾"及"羌甲"似乎是指同一件事：换言之卜辞的"羌甲"很可能和

"肙甲"是同一人，① 那么，丙 334 的庚戌在前，而和二十一天后丙 513 的辛未卜问受年，以及再十一天后贞人殻壬午占卜帚好"肩凡"及"帚好肙"，而且丙 334 有"乎子龠色父乙晋及燮卯宰"，而丙 513 也有"于父乙及舞"，由此可知丙 334 与丙 513 的相对时间，二者似为同一事，在不同时间不同的贞人陆续地占卜记录。

---

① 　详见岛邦男《殷墟卜辞研究》，日本东京汲古书院，昭和 55 年 8 月影印本，第 278 页。中译本见台北鼎文书局，页 276。

小屯北 HY127 坑与花东 H3 坑之比较

刘一曼

　　1936 年 6 月 12 日，在殷墟第十三次发掘期间，在殷墟小屯北发现了 YH127 坑，坑内出土刻辞甲骨 17096 片，震动了中外学术界，这是殷墟甲骨文的第一次重大发现，[①] 1991 年 10 月 20 日，在殷墟花园庄东地的发掘中，发现了 H3 坑，出土了刻辞甲骨 689 片，[②] 以完整的大版的卜甲为主，该坑被评为 1991 年全国考古十大发现，这是殷墟甲骨文的第三次重大发现。这两个甲骨坑，对商代甲骨文及商代史的研究均有重大价值。今年是 H127 坑发现 70 周年，花东 H3 坑发现 15 周年，在这样的日子里，将这两个甲骨坑作一比较，会加深我们对其学术价值的认识。

一　小屯 H127 坑与花东 H3 坑之相同点

　　（一）集中埋藏甲骨的窖穴。H127 坑，甲骨堆积层厚达 2.3 米，花东 H3 坑，甲骨层厚 0.8 米，这两个坑，在甲骨堆积中其他遗物甚少。可见此二坑都是有意埋藏甲骨的。

　　（二）甲多骨少。H127 坑出刻辞甲骨 17096 片，其中刻辞卜骨只 8 片，其余全为龟甲，刻辞卜骨占甲骨总数的 0.047%（万分之四点七），花东 H3 出土甲骨 1583 片，卜骨 25 片，卜骨占甲骨总数的 1.6%（百分之一点六），H3 出刻辞甲骨 689 片，其中刻辞卜骨只 5 片，其余全为刻辞卜甲，刻辞卜

　　① A. 石璋如：《小屯后五次发掘的重要发现》，《六同别录》（上册），1945 年；B. 董作宾：《殷墟文字乙编序》，《中国考古学报》第四册，1949 年。
　　② A. 中国社会科学院考古研究所安阳工作队：《1991 年安阳花园庄东地·南地发掘简报》，《考古》1993 年第 6 期；B. 中国社会科学院考研究所：《殷墟花园庄东地甲骨》，云南人民出版社 2003 年版。

骨占甲骨总数的 0.725%（千分之七点二五）。

（三）完整的、大版的卜甲数量多。笔者从发表《乙》、《丙》两书的 H127 坑的拓片统计（扣除重出的卜甲号），完整的和基本完整的卜甲 292 版，占刻辞卜甲总数的 1.7%，长度在 30 厘米以上的大卜甲四十多版。花东 H3，完整的和基本完整的刻辞卜甲 345 版，占刻辞卜甲总数的 50%，长度在 30 厘米以上的大卜甲二十多版。若以大版卜甲（即完整卜甲加上大半甲）计算，H127 坑的大版卜甲大概在 514 片以上，而花东 H3 大版卜甲为 431 片，比 H127 坑少些。[①]

（四）字中填朱、填墨和刻划卜兆的现象较常见。H127 坑多见大字填朱、小字填墨，如《乙》6664 等；花东 H3，见有小字填朱、大字填墨的情况，如《花东》215、288 等。

（五）龟腹甲与卜骨的整治以及甲骨反面凿、钻、灼排列的方式相似。如：两坑所出的龟腹甲，甲首反面均铲平，不留边缘，甲桥与腹甲连接处成钝角或直角，边缘呈弧线状；腹甲反面左右两部分钻与灼的方向均指向中缝，背甲反面钻与灼的方向均指向中脊，很有规律。[②]

（六）发现记录龟甲来源的记事刻辞。H127 坑，记龟甲来源的刻辞有数百片，包括甲桥刻辞、甲尾刻辞与背甲刻辞三种。[③] 花东 H3，只有前二种，甲桥刻辞有五十多片，甲尾刻辞只 2 片。[④]

（七）二坑之时代大致相近，均在武丁时期，但花东 H3 以武丁前期的卜辞为主，而 H127 坑则以武丁中晚期的卜辞为主。

二　H127 坑与花东 H3 坑之不同点

（一）坑之形状及坑内堆积不同。H127 坑，坑口呈圆形，上口距地表深 1.7 米，直径 1.8—2 米，坑内堆积分三层，上层灰土，厚 0.5 米；中层

---

① 曹定云、刘一曼：《1991 年殷墟花园庄东地甲骨的发现与整理》，《东海大学中国文学系中华文化与文学学术研讨会论文集》，台湾东海人学中国文学系，2005 年。

② 刘一曼：《安阳殷墟甲骨出土地及相关问题》，《考古》1997 年第 5 期。

③ 胡厚宣：《武丁时五种记事刻辞考》，《甲骨学商史论丛初集》第 3 册，1944 年。

④ 刘一曼、曹定云：《论殷墟花园庄东地 H3 的记事刻辞》，《2004 年安阳殷商文明国际学术研讨会论文集》，社会科学文献出版社 2004 年版。

灰土与龟甲，厚 2.3 米；下层灰绿土，厚 1.6 米（图一）。因灰绿土中含有陶片、兽骨，表明该坑在埋放甲骨之前已经使用过一段时间，即人们利用一个已使用过的坑来埋放甲骨。坑内的灰土与甲骨层呈北高南低的斜坡，可以推测，当时的人们是从北边将废弃物及甲骨倒入坑内。

花东 H3，坑口呈长方形，距地表深 1.2 米、边长 2 米、宽 1 米。坑内堆积分四层：第一层浅灰土，厚 0.6 米；第二层黄色夯土，厚 0.6 米；第三层深灰土，厚 0.9 米；第四层黄土，厚 0.4 米（图二）。甲骨出于第三层中部及第四层，甲骨层厚 0.8 米。也就是说，此坑是专门为埋放甲骨而挖成的，所以从坑底开始就堆放甲骨。H3 坑的坑壁整齐，在坑之东两二壁各有三个对称的脚窝。当时人们在放置甲骨时，是从坑边的脚窝下至坑底，先将一些完整的卜甲竖放于坑之东北角与西北角，然后再将大量甲骨倒入坑内，放置甲骨完毕后用土加以掩埋。当填土至坑的中部时，便倒入细黄土，并加以夯打。在殷墟发掘中，灰坑（包括甲骨坑）的填土大多较松软，很少夯打的；而墓葬的填土大多经过夯打，其目的是保护墓主遗骨与墓中随葬品的安全。H3 坑上部的填土被夯打，其用意是甲骨坑的主人，希望这些神圣之物，永远安宁地长眠于地下，免遭他人亵渎。

（二）H127 坑的卜甲中，发现了毛笔书写的文字。花东 H3 的卜辞全是契刻的，未见书辞。

（三）两坑均出过一些有孔卜甲，但孔在卜甲的位置及孔之大小有异。H127 坑的有孔卜甲数量很少，孔的位置在改制成椭圆形（或称鞋底形）的背甲的中部，孔径 0.8—1 厘米。花东 H3 的有孔卜甲主要见于腹甲。这又可分两类：其一，在腹甲甲桥的中部各有一孔，孔的直径多在 0.6—0.8 厘米；其二，孔的位置不大固定，在甲桥、前甲、后甲、尾甲均有。均处于断裂处的边缘。数目成偶数，4、6、8、10 不等，对应排列，孔径 0.2—0.4 厘米。第一类甲桥穿孔腹甲和 H127 坑的穿孔背甲，孔的位置较固定，这是便于用绳子将数版或多版卜甲串联、捆扎在一起，目的是为了携带或保存。第二类孔，有的打破了卜甲反面的钻、凿、灼，有的打破了正面的刻辞。说明这些小孔是在占卜或刻辞之后才制作的。小孔的作用是将一些经过占卜刻辞后，不慎断裂的卜甲，用细绳加以连缀。可见 H3 的某些重要卜甲，占卜之后要保存一段时间才舍弃的。

（四）两坑均发现了被刮削的卜辞。H127 坑，常见刮削后重刻的例子。这样的例子，在花东 H3 只有数片；而刮削之后未刻卜辞，则比比皆是。据朱歧祥的统计，花东 H3，刮后不刻，有 126 片，占全部刻辞甲骨的 23%。他认为，"刮削的背后是殷墟花园庄甲骨的主人'子'因贤能而受武丁或妇好的猜忌，遂遭放逐疏远，失却继承王位的机会。子或其家族后人为免遭祸患，遂将子卜辞中许多记录子主持政事和祭祀的事例删除，这是我们所见花东甲骨被刻意刮削的主要原因"①。这一看法，可备一说。但仔细推敲，又感到尚有疑问。即为什么 H3 大多数卜辞，包括子参与重大政治活动，记子与武丁、妇好关系等的卜辞，保存完好？是否刮削卜辞并不带政治色彩？它只是花东 H3 "子"占卜机关的一种习惯，占卜刻辞之后的一段时间，又将一些内容不大重要的无保留价值的卜辞刮去。

（五）两坑与宫殿基址的距离不同。H127 坑距离小屯宫殿基址较近。它东距乙十二基址十五六米，东北距乙七基址三十多米，可能王的占卜机关（如宾组卜辞的占卜地）就在 H127 坑附近的宫殿基址内。花东 H3，北距乙组基址四百多米，其周围八九十米未发现大的夯土基址，只在 H3 坑西北一百多米处，发现一些稍大的夯上基址。估计"子"的占卜机关离 H3 坑稍远。

（六）在 H127 坑的甲骨堆中，紧靠坑之北壁，出土一具蜷曲的人架，大部分压在龟甲之上，头及上躯在龟甲层以外（图三）。发掘者石璋如先生认为，此人可能是保管甲骨者，因甲骨被埋藏，随之殉职，乃一跃而入。②花东 H3 甲骨堆中未见人骨或兽骨。

（七）H127 坑虽以大版的龟甲为多，但卜甲大小相处较悬殊。最大的龟甲《丙》184（《乙》4330 + 4773），长 44 厘米、宽 35 厘米。最小的龟甲《丙》95，长 11.5 厘米、宽 6.5 厘米。花东 H3，未见长度大于 35 厘米或长度小于 13 厘米的卜甲，此坑所用卜龟，要求较严格。

（八）H127 坑的卜甲记事刻辞记载外地一次入贡龟甲的数量，从一至一千不等。如：《乙》2684 "我以千"，《丙》168 "雀入五百"，《乙》7490

---

① 朱歧祥：《殷墟花东甲骨文刮削考》，《东海大学中国文学系中华文化与文学学术研讨系列第十二次会议：甲骨学国际学术研讨会论文集》，台湾东海大学中国文学系，2005 年。

② 石璋如：《小屯后五次发掘的重要发现》，《六同别录》（上册），1945 年。

"雀入百",《乙》7782"妇好入五十"等。花东 H3 卜甲记事刻辞,记一次贡龟数量为一、二、三、四、五、六、十、三十,未见三十以上者。

（九）H127 坑的刻辞卜甲,类型复杂、内容丰富。全坑卜辞以王的卜辞（绝大多数是宾组卜辞）为主,坑的主人应是王。但坑内还有部分非王卜辞,包含以下几类:1. 子组卜辞,计 153 片；2. 午组卜辞,计 170 片；3. 劣体类子卜辞,计 220 片；4. 圆体类子卜辞,计 72 片。① 由于该坑刻辞甲骨属于几个卜辞组,所以字体风格多样,有雄浑遒劲的大字,陡峭规整的中型字,还有秀润柔弱的小字。全坑卜辞内容极其广泛,如该坑所出宾组卜辞,内容包括祭祀、世系、战争、军队、方国、农业、渔猎、畜牧、建筑、贡纳、天文、历法、气象、疾病、生育、旬夕、交通、鬼神崇拜、吉凶梦幻、卜法、文字等,涉及到商代的政治、经济、文化、社会生活各个方面,是研究商代历史的珍贵资料。

花东 H3,全坑同属一类子卜辞,即非王卜辞。刻辞的字体较规范,异体字少,字的风格大多细小、工整、秀丽。卜辞内容较集中,主要有祭祀、气象、田猎、疾病、吉凶梦幻等。

三　两坑同、异原因之探讨

两坑相同之处有七点,在殷墟甲骨坑中,是相同因素较多的两个坑。在相同点中,又以两坑所出的大版龟甲多,卜甲的整治、占卜、卜后对卜兆及刻辞的处理相似为突出。究其原因是与花东 H3 的主人—"子",是一位地位很高、权力很大的人有关。这位"子"不仅是一位族长,还可能是沃甲之后这一支的宗子,而且又是朝中重臣,其地位远在目前所见的其他非王卜辞主人之上。② 所以他才可能拥有较多的大卜龟。据研究,"殷代遗址所出的大卜龟,大概与青铜礼器一样,也是等级、权力、地位的标示物"③,殷代的中小贵族,也进行占卜,但占卜材料是以卜骨和尺寸较小的卜甲为主的。花东 H3"子"有相当规模的占卜机关,有贞人十多名。在他的占卜机

---

①　蒋玉斌:《殷墟子卜辞的整理与研究》,吉林大学博士学位论文,2006 年。

②　刘一曼、曹定云:《殷墟花园庄东地甲骨卜辞选释与初步研究》,《考古学报》1999 年第 3 期。

③　刘一曼:《安阳殷墟甲骨出土土地及相关问题》,《考古》1997 年第 5 期。

关内，有一定的分工及工作程序，甲骨的整治、钻凿灼的排列、刻辞、占卜后对卜兆与刻辞的处理等，都遵循着王的占卜机关所规定的具体操作规程。因而花东 H3 的甲骨才可能与 H127 坑甲骨有较多的相同点。

两坑相异之处有九点，尤其是 H127 坑有不少显著的特点，最重要的是全坑以宾组卜辞（王卜辞）占绝大多数，卜辞的主人是王。商代晚期，特别是武丁时期，国力强盛，王权得到加强，商王有至高无上的权力。当时的王权是与神权相结合的。王的行动，要通过甲骨占卜，得到神的认可。他是代神行事的。商王拥有强大的占卜机构，在他的占卜机构中，既要占卜国家大事，也要占卜王的日常生活中的各种杂事，且一事多卜，从正面、反面反复卜问，卜事极其频繁。这样对甲骨的需求量大，在选材上，既有表示其权力的大龟，亦有数量相当多的小龟。H127 坑的卜甲记事刻辞记载，卜甲产地广泛，有山东、山西、陕西、河北、河南、湖北、安徽等地，[①] 甚至还有海外地区。如 H127 坑的《丙》184 大龟，经专家鉴定，与现在马来半岛的龟同种。[②]

在 H127 坑中除王卜辞外，还出有数百片非王卜辞，这在殷墟出刻辞甲骨的窖穴中是仅有的。有的学者感到不大好理解。我们认为，这正说明了商王与非王卜辞主人关系之密切。据近年来的研究，一些学者已认识到在王的卜辞中存在着少量占卜主体为"子"的非王卜辞。而在非王卜辞中也存在着少量占卜主体为王的卜辞。特别是像花东 H3 卜辞的命辞中，提到时王武丁的多达 210 条。[③] 这些现象说明商王与一些同宗的大家族的族长之间有频繁交往。像 H127 坑中的"子组卜辞"、"午组卜辞"的主人，身份较高，与王同族、同宗（"午组卜辞"主人可能是武丁的堂兄弟），有独立的占卜机关。但从这两组卜辞的资料看，可能占卜机关的规模不大，人员不多。在甲骨的来源、卜后甲骨的处理等问题上，对王的占卜机关有一定的依附性。所以在 H127 坑就发现了它们的卜辞。

H127 坑中出土一具人骨。长期以来，从事甲骨文或商代考古研究的学者都同意石璋如先生的"卜人殉职"的说法。笔者在 1973 年之前对此深信不疑。但 1973 年小屯南地发掘，在一些埋藏甲骨数量较多的灰坑中，与甲

① 王宇信、杨升南主编：《甲骨学一百年》，社会科学文献出版社 1999 年版，第 231—235 页。
② 伍献文：《"武丁大龟"之腹甲》，中央研究院《动植物研究集刊》第 14 卷 1—6 期，1943 年。
③ 黄天树：《重论关于非王卜辞的一些问题》，《东海大学中国中文系中华文化与文学学术研讨系列第十二次会议：甲骨学国际学术研讨会论文集》，台湾东海大学中国文学系，2005 年。

骨同出的也有完整的人骨和兽骨，引起了我们的注意。

小屯南地出土刻辞甲骨较多并出人骨、兽骨的灰坑有 H23、H103、H50，其中以 H23 的例子为典型。H23，坑口为长方形，长 1.64—1.86 米，坑内填土呈黄灰色，从坑口至 8.7 米处，不断有甲骨出土，但其中有七层甲骨出土较集中，大版的较多。全坑出甲骨 405 片，上有刻辞的 181 片，[①] 在坑深 3.45 米（距地表深 4.3 米）时，出土卜骨 13 片，在坑之东部靠近坑壁处，发现一具侧身屈肢的人架，在人架髋骨前方，有一只完整的狗骨架（图四），据发掘者鉴定，人骨为男性，年龄在 20 岁以下，坑中的人与狗是处死以后埋入的。

H23 的人骨、狗骨，出于坑之中部。在殷墟一些带墓道的大墓及某些较大的中型墓，在墓道或墓室中部、上部的填土中，常见埋人、埋动物（大多是犬）的现象。学术界一般认为，这些填土中的人与兽，不是殉人、殉牲，而是埋葬过程中进行祭祀活动时被杀害的人牲、兽牲。由此我们认为，小屯南地 H23 等坑的人骨、兽骨，H127 坑的人骨，可能也属于这一性质。小屯南地 H23 坑中的人骨较年轻，不会是卜人，H127 坑的人骨年龄不明，但当时的卜人地位高，是不会充当人牲的。所以"卜人殉职"说，尚难成立。

小屯南地 H23 等三个甲骨坑出的卜辞属王的卜辞（无名组卜辞、历组卜辞）。从这三个坑及 H127 坑的情况可以推测，当时王的占卜机关，在埋藏一些很重要的甲骨时，是要进行祭祀活动的。

以上我们简论了小屯 H127 坑与花东 H3 坑的异同点。这两个甲骨坑以甲骨数量大、整龟多、内容丰富，一直受到学术界的高度重视。迄今，对这两坑卜辞的研究，学者们已经取得丰硕的成果，但是这两坑卜辞还有许多奥秘尚未揭开，等待我们继续探求。我们相信，这种探索、研究，必将推动殷墟甲骨文和商代史的研究向纵深发展。

---

① 中国社会科学院考古研究所：《小屯南地甲骨·前言》，中华书局 1980 年版。

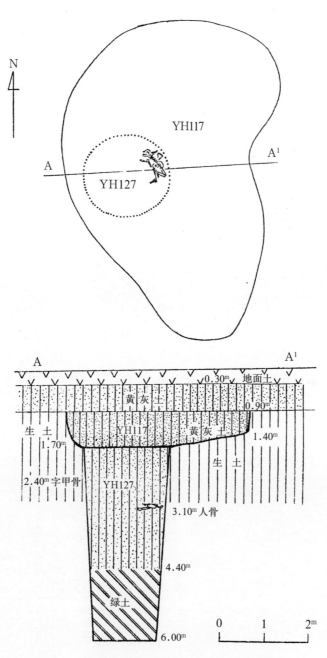

图一　小屯北地 YH127 坑平剖面图
（H117 坑打破 H127 坑）

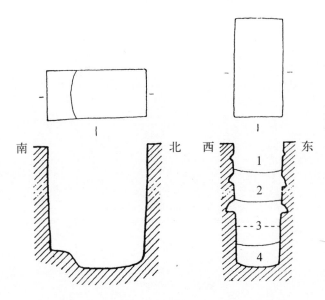

图二　花园庄东地 H3 平、剖面图

1.浅灰土　2.黄色夯土　3.深灰土（虚线下为龟甲层）4.黄土

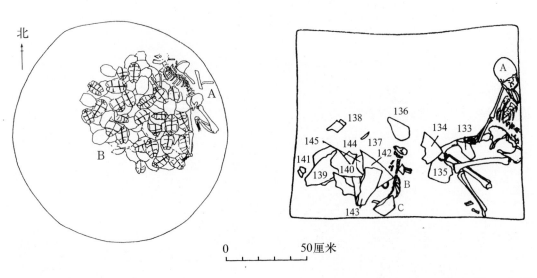

图三　小屯北 YH127 坑的人骨　　　　图四　小屯南地 H23 坑的人骨、犬骨

　　　A.人骨　B.龟骨　　　　　　　　　　A.人骨　B.犬骨

YH127 坑和花园庄东甲骨

赵　诚

　　YH127 坑和花园庄东所出甲骨意义重大，且可相互补充、证明，故放在一起加以简述。由于内容太丰富、不能面面俱到，只能略言其一二。说明一点，YH127 坑所出甲骨，基本上已收入《殷墟文字乙编》。张秉权《殷墟文字丙编·序》云："在《乙编》编到下辑的时候，我们已经发现其中尚有若干甲骨，还可以拼兑复原，但是《乙编》的图版和拓本的次序已经排定，不易更动，上中两辑，且已打印，更是无法重排重编的了……为了想使这一批复原了的甲骨，能够早日贡献给国内外的学者，作为研究的资料，所以我们决定将它们另编一部《殷墟文字丙编》，选择一些比较大的，比较完整的，比较有特殊意义的甲骨优先传拓，依类编次，分期付印，陆续出版。"张氏又云："《丙编》，是由《乙编》及其编余的甲骨，拼兑、复原、重新传拓、重新传辑、加以考释而成。所以，这一编，也可以说是一部《殷墟文字乙编甲骨复原选集》。"可知，论述 YH127 坑甲骨，不宜只根据《乙编》，还必须参考《丙编》，有时甚至以更为完整的《丙编》为主。

　　一、殷墟卜辞有"大示"、"小示"之称有别。商代人根据什么把某些先王归于大示，而把另一些先王归于小示，至今学术界无定论。有学者如陈梦家先生在《殷墟卜辞综述》374 页认定商代先王大乙至祖丁的大示为：大乙、大丁、大甲、大庚、大戊、中丁、祖乙、祖辛、祖丁。而将羌甲列为小示（陈氏以大示为直系，以小示为旁系，可商）。

　　张秉权先生于1965 年4 月出版的《殷墟文字丙编》中辑（二）的《考释》辨认出属于一期的 395 第二辞有"南庚壱，祖丁壱；大示祖乙、祖辛、羌甲壱"之语，证明殷商武丁时代确实是以羌甲为大示，因而几十年的疑案得以判定。这是 127 坑出土甲骨的一大贡献。

殷墟花园庄东地甲骨，据该书《前言》考证其时代"当属殷墟文化一期晚段"，约当武丁早期或其前后；所祭祀的近祖，"多为南庚以前先王，且以祖乙、祖甲（沃甲）为主"，在一定意义上可以说明当时的祭祀者确认羌甲（沃甲）为大示，也可作为旁证。

二、127 坑甲骨的第二大贡献是首先证明当时有成套卜辞和成套甲骨，而成套卜辞与同文卜辞有别；也有成套卜辞和不成套卜辞在同一版的现象。关于这一些现象，学术界在之前不太认识张秉权先生在《殷虚文字丙编》上辑（一）的《序》中指出"成套卜辞与同文卜辞的性质是不同的，'同文'的着眼点，在求卜辞的相同，不管序数的能否联系，而成套的关系，则完全建立在序数上。在一套中有些卜辞，可以省简到仅存一二个字，这是无法用同文的关系来加以解释的，也不是用同文的观点，所能发现的，所以成套卜辞，未必同文，同文卜辞，也未必成套"，张氏继续指出"只有从成套的卜辞中，才能看出卜辞省简的由来，进而研究卜辞省简的语法。从成套卜辞的辞例中，可以了解另一些零碎的、省简的卜辞的真义，进而了解那些像谜一样难解的卜辞的意义"。张氏另又指出"占卜的时候，如果同时用几块不同的甲骨，来贞问同一的事件，便须将成套的卜辞、分别刻在几块不同的甲骨之上，这就是成套的甲骨了"。关于成套卜辞、成套甲骨、成套卜辞和不成套卜辞同版者，127 坑出土花园庄东 H3 出土的甲骨也有成套关系的刻辞。

《殷墟花园庄东地甲骨》第六册《释文》1695 页 333（H3∶1032）下指出："本书 6（H3∶19）第 2 辞与本版卜辞同文，且序数为一、二、三、四，知此两条卜辞为成套卜辞。"本版卜辞序数为五六七八，两者正好衔接，故知为成套卜辞。可见有成套关系的卜辞并非仅见于 127 坑所出甲骨，而是当时存在的一种实际现象。

三、主要是由于 YH127 坑出土的甲骨，学术界认识到殷墟甲骨有"王卜辞"和"非王卜辞"。陈梦家先生于《殷墟卜辞综述》156 页云："1936年春季第十三次的发掘，在 C 区 C113 的 M156 墓葬之下发现了一个未经扰乱满储龟甲的圆坑，就是 YH127……这一大批龟甲，十分之九是宾组卜辞，十分之一是子组、午组和其它。我们根据这批材料，来研究宾、子、午三组和其它少数一群龟甲，并论其时代。"所谓宾组被认为是王卜辞，子组和午组被认为是非王卜辞。陈氏又云："下述宾组称谓，以出于 YH127 者为主。"并于 158 页指出："既然 YH127 大多数都是宾组卜辞，掺合在这坑之中的子组、午组和其它少数卜辞是否也属于武丁时代的？我们认为子组、自组和宾组常常出于一坑，而同坑中很少武丁以后（可能有祖庚）的卜辞，则子组、自组应该是武丁时代的，YH127 坑中的午组及其它少数卜辞也是属于这一时代的。"YH127 坑出土的甲骨，对认识、研究非王卜辞意义重大。

在非王卜辞中有一种所谓的"子组卜辞"值得注意。"子组卜辞"的主体是"子"而不是商王，所以被称为"非王卜辞"，或称为"子组卜辞"。"子组卜辞"的"子"究竟是什么身份呢？陈梦家先生以为"子是武丁卜人"。贝塚茂树先生《甲骨学概论》推断子是武丁之子。林沄先生《从武丁时代的几种"子卜辞"试论商代的家族形态》一文中，认为"子在商代是对子商那样的男性贵族所通用的尊称"，又推测"'多子'最有可能是指和商王同姓的贵族"，"而'子'则是这些家庭的首脑们通用的尊称"。在林氏之前岛邦男先生所著的《殷墟卜辞研究》亦认为"子某与殷室有着特别亲近的关系"，子"乃是称与殷为同姓氏的一族"。对于林、岛邦二氏的看法，受到多数学者的支持，如裘锡圭先生《关于商代的宗族组织与贵族和平民两个阶段的初步研究》、彭裕商先生《非王卜辞研究》、朱凤瀚先生《商周家族形态研究》、黄天树先生《关于非王卜辞的一些问题》。学术界能够得到如此的认识，在一定意义上可以说得益于 YH127 坑所出甲骨。有了这种认识，充分说明殷墟甲骨文研究进到了一个新的境界。

1991 年 10 月，中国社会科学院考古研究所安阳工作队在殷墟花园庄东地发掘的一个甲骨坑，编号为花东 H3，出土有字甲骨 689 片，以大块和完整的卜甲为多，这一批卜辞的"占卜主体是'子'而不是王"，属于非王卜辞"。但是，"这个'子'同 YH127 坑'子组'卜辞之'子'是不同的两个人"。据发掘者研究，"H3 卜辞主人'子'很可能是沃甲之后，而原子组卜辞主人'子'则可能是祖辛之后，祖丁之孙，是武丁的兄弟或堂兄弟"。"H3 卜辞的主人'子'……不仅是族长，可能是沃甲之后这一支的宗子"。需要补充的是：以前将所有的殷墟卜辞分为王卜辞和非王卜辞两类。但所谓的王卜辞，并非均是王卜；而所卜内容相当一部分是国家大事，有的仅是例行公事，也属于国家事务之类，似可称之为国家卜辞。也可称之为王室卜辞，因为当时的王室代表国家。而其中相当一些祭祀卜辞明显属于王室或商王世系之事，比较起来以称为王室卜辞为好。

　　所谓非王卜辞，并非没有商王贞卜之辞，如：

　　　　丁未卜，王贞：盅不唯丧羊由若。　　　　《合集》20676

这是一条公认的子组卜辞。既然子组卜辞的主体可能是祖辛这一宗族之后的宗子，因与商王武丁为兄弟行，武丁偶尔来宗族参与贞卜，完全是自然现象。为了区别，将有宗子身份为主体的子卜辞称之为宗族卜辞，似乎更为合适。如此，H3 卜辞也可称为宗族卜辞。

　　非王卜辞中，尚有所谓午组卜辞和非王无名组卜辞。这两组卜辞中不具有宗子身份者，不宜称为宗族卜辞。但这两组所祭先祖、先妣、先父、先母有与王室卜辞同者，也有与宗族卜辞同者，详见《殷墟花园庄东地甲骨·前言》之《表三　男性祖先称谓比较表》和《表四　女性祖先称谓比较表》，可见其关系密切。既然不宜称为宗族卜辞，则以成为家族卜辞为宜，以便于区别。

　　殷墟花园庄东地甲骨出土之后，学术界对殷墟卜辞内容的认识又深入了一步。虽然这种认识的发展是在 YH127 坑甲骨出土的基础上的进步，但是没有 H3 卜辞的发现，也不会有这种进步。

记中国国家博物馆所藏与YH127坑有关的大龟六版

宋镇豪

中国国家博物馆（原中国历史博物馆，以下简称"国博"）所藏的殷墟甲骨文，据陈梦家先生说有250片。[①] 但胡厚宣师另有一说云：

> 中国历史博物馆：所藏包括徐梦华藏（原戬寿堂藏）55片，罗福颐藏（原端方藏）7片，原姚鉴藏237片，原罗伯昭藏10片，原雷振鋆藏6片，原唐兰藏二小龟，原于省吾藏小龟半龟，文物局拨4片，高教局拨4片，北图拨192片（原何遂藏），其他2片，原振寰阁藏328片。借来陈列有：清华大学藏6片（原于省吾藏，《双图》著录），故宫1片（宰丰骨，为顾鳌以二仟圆所购，《佚》著录），旅顺博物馆2片（原罗振玉藏，内容为"施肥"），辽宁博物馆1片（原罗振玉藏，《殷图》大骨），考古研究所2片（原罗继祖藏，《菁华》大骨），河南队2片（郑州出土），天津历史博物馆藏2片（原王襄藏，内容为"协田""日月又食"）。[②]

此说国博搜藏殷墟甲骨文有848片，再包括20世纪50年代及文革中征调国内数家单位的甲骨藏品16 - 2（郑州出土）= 14片，总计862片。陈、胡两说不同。

数年前，史树青先生主编《中国历史博物馆藏法书大观·第一卷·甲骨文金文一》，选该馆甲骨藏品230片，以黑白照片和拓本对照形式刊布，

---

① 陈梦家：《殷虚卜辞综述》，科学出版社1956年版，第656页。以下简称《综述》。

② 胡厚宣：《大陆现藏之甲骨文字》，《中央研究院历史语言研究所集刊》第67本4分，1996年。

部分甲骨还放大字迹以应书法临摹之需，由许青松先生等撰《甲骨文说明》，分类分期，叙次释文及著录简况。① 经我翻阅查核，《法书大观》收入原戬寿堂藏 46 片，为所谓"徐梦华藏（原戬寿堂藏）55 片"② 的 84%；原叙圃何遂藏 76 片（书中说明"依照胡厚宣惠借之《叙圃甲骨释要》进行编号，予以发表"的何遂原藏为 21 片。笔者另据《殷契佚存》③ 著录的何氏原藏又找出 55 片），占所谓"北图拨 192 片（原何遂藏）"的 40% 不到；标注为 1959 年购自振寰阁的只有 1 片，却仅仅占所谓"原振寰阁藏 328 片"的 0.3%（镇豪案，原振寰阁甲骨现藏上海博物馆）；三者选片数差异甚大，恐非入选标准之限，而是近于实际收藏甲骨数。

　　近朱凤瀚先生扩选刊印国博所藏殷墟甲骨文 262 片（清大 2A；国博 60C8.656 上下两个半龟不能缀合，应析为 2 片，实选 263 片），又收入河南省辉县琉璃阁出土无字卜骨两片（国博 265K5208、266K5209），郑州二里冈出土无字卜骨 1 片（国博 267Y720），济南大辛庄出土无字卜龟背甲 1 片（国博 268，鲁博 32），陕西省长安县张家坡出土西周卦画卜骨 1 片（国博 264Y706），共计 268 片。承朱先生相告，此已经是几乎尽该馆收藏甲骨之全部了，其中姚鉴和振寰阁原藏，数量也有限，尽管馆里还有少量零星细碎片未选，但根本与 862 片之数相差甚遥。

　　细揽国博甲骨文藏品，胡师提到的征自旅顺博物馆的罗振玉旧藏半小龟"庚申卜贞翌癸未肖西单田受有年十三月"卜辞（《甲骨续存》下 166；《甲骨文合集》9572），内容涉及胡师说的"施肥"问题，今国博不见。所谓"借来陈列"的征自天津历史博物馆的王襄原藏"日月又食"卜骨，亦属记忆之误。此片实系今已归国博的于省吾先生原藏品（国博 139；编号 Y1956；《法书大观》89、彩版 I），拓本最早著录在《佚存》第 374 片，照片和拓本同见于省吾先生编《双剑誃古器物图录》④ 卷下第 34 页，已收入《合集》33694。天津王襄先生原确有一骨，与此同文，见王襄编著《簠

　　① 史树青主编：《中国历史博物馆藏法书大观·第一卷·甲骨文金文一》，上海教育出版社，2001 年 3 月。以下简称《法书大观》。此书先前有日本版，1994 年 12 月由京都柳原书店出版。
　　② 沈之瑜《〈戬寿堂所藏殷墟文字〉补正》一文说，戬寿堂甲骨"经查核其中有五十四片藏于中国历史博物馆"（见《沈之瑜文博论集》，上海古籍出版社，2003 年 6 月，第 125 页）。较胡说 55 片少 1 片。
　　③ 商承祚：《殷契佚存》，金陵大学中国文化研究所丛刊甲种影印本，1933 年 10 月。以下简称《佚存》。
　　④ 于省吾：《双剑誃古器物图录》，北京函雅堂影印本，1940 年 8 月。以下简称《双古》。

天》1 +《簠人》1，^① 今藏天津历史博物馆，《合集》失收。^② 两者不能相混。胡师说的"河南队 2 片（郑州出土）"，指 1953 年郑州商城二里冈出土的一片刻了"乙丑贞比受十月。又土羊"10 个字的牛肋骨（《文物参考资料》1954 – 5，p. 10 图四。^③《综述》图版拾伍上），一片刻有一"⿱⿱"字的牛胁骨骨臼（《文物参考资料》1954 – 5，p. 10 图五。《综述》图版拾肆下），也是下落不明，国博藏的只是郑州二里冈出土无字卜骨 1 片（国博 267；编号 Y720。《综述》图版伍）。诸如此类，原因何在，今不得其知，且当年多数征调的甲骨现大都仍藏国博，862 片的统计数，与实际恐怕有出入，倒是当年陈梦家先生所说 250 片似更接近现藏甲骨数。

这里，我要着重讲的是国博甲骨藏品中，至少有大龟六版，与殷墟小屯 C 区 YH127 坑出土甲骨有关。

YH127 坑是民国期间 1936 年 6 月 12 日中央研究院历史语言研究所殷虚发掘团于第十三次发掘中的最重大发现，坑中甲骨 17096 片，数量空前，当时因田野发掘清理费时费力，又不安全，故把整坑甲骨原封不动框入大木箱，搬运回南京北极阁史语所，进行室内剔剥清洗，登记编号，绘图和初步拼合。从事此顶室内考古发掘工作的，有董作宾、梁思永、胡厚宣、李光宇、魏善臣、关德儒、徐禄、杨廷宾、李连春等先生。1937 年史语所为避战乱先搬迁到云南昆明城内靛花巷，又搬到城北龙泉镇棕皮营龙头村，1940 年又迁到四川南溪县李庄板栗坳，期间又先后有高去寻、潘愨、屈万里、李孝定、张秉权、杨若芝等先生分别负责传拓、编号粘贴和编辑工作。^④ 全坑甲骨文基本都已著录于《殷虚文字乙编》（上中下三辑，1948、1949、1953 年；又 1994 年重版本。以下简称《乙》）和《殷虚文字乙编补遗》（1995 年，以下简称《乙补》），有关甲骨缀合见张秉权编纂《殷虚文字丙编》（上辑一二、中辑一二、下辑一二，1957、1959、1962、1965、1967、1972 年。以下简称《丙编》）等。

YH127 坑是经史语所科学发掘且未遭盗掘的生坑，坑口上距地表 1.7

---

① 王襄：《簠室殷契征文》，天津博物院石印本，1925 年 9 月。

② 《甲骨文合集材料来源表》（中国社会科学出版社 1999 年 8 月版）上编二第 862 页 33694 片，下编第 82 页《簠天》1 和第 87 页《簠人》1，亦均将此片误为现归天津历史博物馆的王襄旧藏品。

③ 陈梦家：《解放后甲骨的新资料和整理研究》，《文物参考资料》1954 年第 5 期。

④ 参见石璋如：《小屯·遗址的发现与发掘·丁编·甲骨坑层之二·十三次至十五次出土甲骨》上，中央研究院历史语言研究所 1992 年 9 月版，第 71—90 页。

米，整坑甲骨应该没有流落在外的，但事实非也，此点最早为胡厚宣师揭出。1945 年胡氏编著《甲骨六录》出版，书中收 1940 年于省吾《双剑誃古器物图录》中以照片与拓本对照著录的三版龟腹甲的摹本，考释说，"此三甲与中央研究院十三次发掘所得大部分龟甲，其相同点如下：（一）时代相同，皆属于武丁时期。（二）大小相同，多在长二十至二八公分之间。（三）文例相同，多自上而下。（四）大半完整。（五）契刻卜兆。（六）卜序井然。（七）事类相同。（八）可相缀合"。他推测"此三甲必与中央研究院十三次发掘者有关，至少当为同时同类之物，或径系同坑出土为中央研究院所遗者"①。同年抗战胜利，胡氏到北京采访搜集散落民间甲骨，从李泰棻处购得甲骨 448 片，大片得 300 片，其中"有完整大龟三版，卜兆刻过，背面有用朱书写的'甲桥刻辞'"，他怀疑"和前中央研究院第十三次发掘所得的一批，似为同时之物"②，1947 年胡氏将此三龟与上述于氏三龟，再合于氏的另一龟，撰成《战后殷虚出土的新大龟七版》，连续刊登在上海《中央日报文物周刊》，明确指出此批"在北平所得武丁时的大龟甲，其特点又恰与中央研究院十三次发掘所得的一坑，完全相同"③。胡氏当年在北京庆云堂还购得"半块记着四方风名的大龟，和前中央研究院十三次发掘所得的半块，正相接合"④。1955 年胡氏在《甲骨续存》序中，又揭出下编 388 正、389 反和下编 442 正、443 反两龟，也认为和 127 坑龟甲"作风相同，疑为同时所卜，或即为同坑所出之物"⑤。如此，胡氏前后揭出大龟十版与 YH127 坑出土发甲骨有关。严一萍先生对于胡氏所揭十龟持相同意见，毫无悬念地指出应是 YH127 坑"同坑出土，至于如何'遗失'，那就不得而

---

　　① 胡厚宣：《甲骨六录·双剑誃所藏龟甲文字释文》，成都齐鲁大学国学研究所专刊之一，1945 年 7 月，第 5 页下。以下简称《六双》。

　　② 胡厚宣：《五十年甲骨文发现的总结》，商务印书馆 1951 年 3 月版，第 48 页。

　　③ 胡厚宣：《战后殷虚出土的新大龟七版》上海《中央日报文物周刊》第 22—25、27—31 期，1947 年 2 月 19、26 日，3 月 5、12、26 日，4 月 2、9、16、23 日。

　　④ 胡厚宣：《五十年甲骨文发现的总结》，第 49 页。又此版收入胡厚宣《战后京津新获甲骨集》（以下简称《京津》），上海群联出版社 1954 年 3 月版，第 428 号。他在《释殷代求年于四方和四方风的祭祀》，《复旦学报》（人文科学）1956 年第 1 期，将《京津》428 与《乙编》4548、4794、4876、5161、6533 五片相缀。

　　⑤ 胡厚宣：《甲骨续存》，上海群联出版社 1955 年 12 月版（以下简称《续存》）。下编 388 正、389 反和下编 442 正、443 反两龟，为唐兰先生原藏，拓本又见陈梦家先生《殷虚卜辞综述》图版拾玖。曾毅公《论甲骨缀合》（《华学》第四辑，北京紫禁城出版社 2000 年 8 月版），记唐兰购买此两龟的始末云，"北京解放前夕，笔者在工作之暇，访唐兰同志于米粮库寓所，适书贾白某来，持整龟二版求售，索价甚低。时在围城中，唐颇犹豫，余劝勉收之。白去后，余谓此二版兆经复刻，颇似乙编所录"。

知了"，他还认为称"战后殷墟出土"不符事实，当改为"战前第十三次发掘一二七坑出土的大龟十版"①。

今知 YH127 坑甲骨遗失在外的，何止十龟。比如，据曾毅公《论甲骨缀合》一文记述，1958 年文化部文物局拨交北京图书馆保管的一批甲骨文中，"有布匣三函，为'献字 13738—13740'，计 73 小残片，北图编号为5200—5272"，其中 5252"曰风"一片，可与上述庆云堂"四方风"半龟及 YH127 坑出土"四方风"半龟缀合，"再详细细审这三匣 73 片甲面的纹理、色泽，都是黄色，疑它们可能是一批一坑所出，也可能与 YH127 坑有关"。此三匣中的 5213、5214、5215、5221、5225、5227、5235、5239、5245、5248 十小残片可补拼于《丙编》627 大龟之左右尾甲部位而成完龟（见《合集》10171）。匣中的 5251、5232、5237 三小片卜龟可以和《乙》4810 拼缀成一完整大龟版。②

再如，北京师范大学藏原黄濬通古斋《邺中片羽》的甲骨，有的也与YH127 坑出土甲骨有关，《邺》三③下 34·6 可以与《乙》8713 相缀成大龟一版（见《合集》22249），《邺》三下 34·7（《合集》21555）可以与《乙》9029（《合集》)）21537）拼接成半龟（常耀华君缀合④），《邺》三下 34·10（《合集》21566）、《邺》三下 34，11（《合集》21523）等当也是同批一坑之物。台湾花莲东华大学魏慈德先生对 YH127 坑甲骨与遗失甲骨缀合的情况，有较深入的考述，指出遗失甲骨的出现，都是在 127 坑发掘之后，"故这些甲骨不太可能因坑浅而被盗掘，唯一的可能就是发掘到著录的过程中间遗失了"⑤。

胡氏揭出的与 YH127 坑出土甲骨有关的大龟十版，经过藏家转手，今已分归北京国家图书馆和国家博物馆珍藏。现就这十龟的著录、缀合及现藏情况制成一览表如下：

---

① 严一萍：《关于"战后殷墟出土的新大龟七版"》，《中国文字》第 50 册，1973 年。又《补述新大龟七版中的双剑誃藏甲》，《中国文字》第 51 册，1974 年。两文均收入《甲骨古文字研究》第一辑，台北艺文印书馆1976 年 6 月版。

② 参见蔡哲茂：《〈殷虚文字乙编〉4810 号考释》，《第十四届中国文字学全国学术研讨会论文集》，台湾中山大学中国文学系，2003 年 3 月。

③ 黄濬：《邺中片羽》（三集），北京通古斋影印本，1942 年 3 月。以下简称《邺》。

④ 常耀华：《子组卜辞人物研究》，中国社会科学院研究生院硕士学位论文，2002 年 5 月，第 12 页。

⑤ 魏慈德：《殷墟 YH 一二七坑甲骨卜辞研究》，台湾台北政治大学中国文学系博士学位论文，2001 年 6 月，第 41—52 页。

序号		双古	六双	拾掇①	京津	续存	殷缀②	丙编	合集	国博	现藏
1	新大一正缺反版			二·1正	1正有反版摹本，甲桥朱书"画来卅"				12628 缺反版		北京国家图书馆 原胡厚宣藏
2	新大二正			二·7正	899 正				15556 正		北京图家图书馆 原胡厚宣藏
3	新大三正有反版摹本				1266 正缺反版			+24 正（乙 5340 + 5343 + 5385）缺背拓	6476 正（即丙 24 正 + 京津 1266 正）缺反版		北京国家图书馆 原胡厚宣藏
4	新大四正	下 33·1正		1正	648 正				10125 正	25 正反 法书大观 12 正	北京国家博物馆 原于省吾藏，后归清华大学
5	新大五正	下 32·1正		2正			253（双古下 32·1 + 乙 4630 + 乙 4473）	丙补 130（+乙补 4143 + 乙补 4161 + 乙补 4191 + 乙补 4232）（据魏慈德 P.43 说）双古 32·1正，严氏加缀乙 4473、4475 林宏明加缀乙补 4192	5776 正反	45 正反 法书大观 24 正反	北京国家博物馆 原于省吾藏，后归清华大学
6	新大六正	下 32·2		3正			269（+乙 4630）		14019 正反（+乙 4480 + 4630）林宏明加缀合集 930（即乙 4687）和 15127 正，反版加缀乙补 4460、乙 4352 反 按：乙 4630 反版见乙补 4460	60 正反 法书大观 29 正反	北京国家博物馆 原于省吾藏，后归清华大学

---

① 即郭若愚编著《殷契拾掇二编》，上海来薰阁书店影印本 1953 年 3 月版。

② 即郭若愚、曾毅公、李学勤编著《殷虚文字缀合》，科学出版社 1955 年 4 月版。

序号		双古	六双	拾掇	京津	续存	殷缀	丙编	合集	国博	现藏
7	新大七正					下 224			3187 正	28 正反 法书大观 11 正	北京国家博物馆 原于省吾藏
8	综述图版 19 上					下 442 正、下马 43 反			4264 正反	62 正反 法书大观 17 正反	北京国家博物馆 唐兰原藏
9	综述图版 19 下					下 388 正、下 389 反			3945 正反	68 正反 法书大观 18 正反	北京国家博物馆 唐兰原藏
10	四方风半龟				二·6 正（+乙 4548、4794、4876、5161）	428 正（胡加缀乙 4548、4794、4876、5161、6533）	261 正（京津 428 + 乙 5161 + 乙 1794 + 乙 6533）	216 正（+乙 4548 + 4794 + 4876 + 4883 + 5161 + 6533） 张秉权又加缀乙 5047 林宏明加缀乙 4882、4890、5012①	14295 正（+北图 5252）		北京国家图书馆 原胡厚宣藏

上表所列与 YH127 同坑出土有关的十龟，今藏北京国家图书馆的序号 1、2、3、10 四龟，不在本文讨论范围，从略。下面，来谈谈表中序号 4～9 国博所藏与 YH127 同坑出土有关的六龟。本次国博六龟得以结集于一编，既是机缘，也提供了反顾过去，深入了解六龟具体形态，包括以往难以知悉或知之不详的一些龟卜内容。

第一片序号 4（附图一），为胡氏新大龟七版之第四版，又见《合集》10125 和《法书大观》12，国博 25 编号 Y1955 正反。正面有卜辞十条，释文作：

（1）己亥卜，宾，业于上甲五牛。一

（2）业于上甲五牛。一　二告

（3）十牛。

（4）勿羞十牛。

（5）庚子卜，殻，贞年业害。五月。一二三四　一告

（6）庚子卜……年……一二三四

---

① 参见魏慈德：《中国古代风神崇拜》，台湾古籍出版有限公司 2002 年 4 月版，第 56—59 页。

（7）贞令雀西祉吕。一　二

（8）贞雀叶王事。一　　二告　　二

（9）宁（贾）十。

（10）又青。

　　一二三四等纪数字是序数，指灼龟时的占卜次序。[①] "年屮害"即"禾有害"，指禾稼年成收获有害。己亥日由贞人宾卜问屮（侑）祭殷先公上甲用五牛还是十牛，次日庚子由贞人㱿卜问"年屮害"，属于"同版异史贞卜"。吕字旧释恂、龙或虯，不确，说见下文第四片。

　　左右前甲之"己亥卜，宾，屮于上甲五牛"和"屮于上甲五牛"，与YH127 坑出土之《乙》4747（《合集》1144）"庚戌卜，宾，贞来甲寅屮于上甲五牛"，为异日"习卜"之例。此版过去著录均失录背面钻凿形态，国博反版存钻凿 29 组，左右各 14 组对贞，中甲部位独立一组，分布俨然，这是过去所不清楚的。

　　第二片序号 5（附图二），为新大龟七版之第五版，原脱背拓，严一萍先生加缀《乙》4473、4475 两小片，《乙》4473 有背拓，见《乙》4474，残存一"册"的甲桥刻辞，严氏据《乙》4696 背拓甲桥刻辞"禽入册"，补"禽入"二字，认为"当为同时所贡纳的四十版龟甲中的两版"[②]。此版即国博 45 编号 C8.656B 正反和《法书大观》24，有反版，已收入《合集》5776 正反。承蔡哲茂先生相告，林宏明又在左边两片之间缀入《乙补》4192 一小片。[③] 正面卜辞六条，释文为：

（1）戊辰卜，内，贞肇屮射。一二三四

（2）勿肇屮射。一二三四　　二告

（3）贞肇屮射三百。一二三　　二告　　四五六〔七〕八

（4）勿肇屮射三百。

（5）王往入。一二三

（6）王勿往入。一二三

　　① 宋镇豪：《论古代甲骨占卜的"三卜"制》，《殷墟博物苑创刊号》，中国社会科学出版社 1989 年 8 月版。

　　② 严一萍《关于"战后殷墟出土的新大龟七版"》，《甲骨古文字研究》第一辑，台北艺文印书馆 1976 年 6 月版，第 355 页。下引不再另注。

　　③ 林宏明：《殷墟甲骨文字缀合四十例》第 24 组，台湾政治大学 89 学年度研究生成果发表会论文，2000 年。

六条卜辞，两两对贞。肇有开启、启动、出动、出发、开拔义。屵，旁字倒书，族地名。旁射或旁射三百，可能指握有某种武备射技的一类族人。反版甲桥刻辞为"唐来卌"，来贡者是唐而不是禽，可知严氏补"禽入卌"不确。

第三片序号 6，为新大龟七版之第六版，原失背拓，卜兆经刻过。又见《法书大观》29 正反，即国博 60 编号 C8.656A 正反。全版正面有很多人为的小浅穴，胡师说是"刻字又复挖去之痕迹"。《合集》14019 著录此半龟时，在左右甲桥处加辍了《乙》4630、4480 两小片。《乙》4630 有背拓，见《乙补》4460。承蔡哲茂先生相告，林宏明又加缀《合集》930、《合集》15127 正，反版加缀了《乙补》4460、《乙》4352 反，成一全龟[①]（附图三）。正面释文作：

(1) 贞御于三父三伐。一二三四

(2)〔贞〕勿御于三父三伐。一二　二告　三四

(3) 贞王其屵匄于祖丁。一二

(4) 祖丁弗其孽王。一二

(5) 一二三

(6) 一二三

(7) 丙戌卜争，贞妇媟娩妫。七月。一二三四　二告

(8) 贞妇媟娩妫。不其妫。七月。一二三　二告　四

(9) 贞妇媟娩妫，佳卒。一二三四　二告

(10) 一二三四　二告

(11) 屵父庚。一

(12) 勿屵，一

(13) 屵兄戊。一

(14) 勿屵。一

娩指临盆分娩产子。妫读如嘉，指生男婴，不妫谓不嘉，指生女婴。"贞妇媟娩妫。不其妫。"预卜妇媟生男还是生女。卒从裘锡圭先生释，有

①　林宏明：《殷墟文字乙编补遗新缀四十六例》第 46 组，台湾政治大学 90 学年度研究生成果发表会论文，2001 年。

"终卒"、"完成"之义。① "贞妇㛯娩㚤，佳卒"，大意是贞卜妇㛯分娩能否最终顺利生男婴。这反映了殷商重男轻女的陋俗。

一二三四的纪数字是序数，指灼龟时的占卜次序。（5）（6）（10）只有序数，没有贞辞，当年因不见背拓照片，对于（10）几个序数，胡师"疑心卜辞一定是在背面，因为龟版背面粗涩，年代久了，字迹就看不清楚了"。严一萍先生则以为，（10）是（9）辞的对贞，"省略了刻辞"。今见国博拓本照片及《合集》14019 背拓，字迹并没有磨灭，还是清楚的，有卜辞六条，如下：

（1）壬寅卜，殻。

（2）妇□其来。

（3）贞□□示

（4）示子画父庚。

（5）王固曰：其佳丁。用。二月。

（6）其㞢疾，亡口。

可知，昔日推测此片卜龟背面有刻辞，是说中了，但面背卜辞并不相承，严氏谓正面（10）省略了（9）的对贞辞，应是正确的。

第四片序号 7（附图四），为新大龟七版之第七版，又见《合集》3187 和《法书大观》11，原脱背拓，国博 28 编号 Y1954，有反版照片，存有钻凿 11 组，左右五五对贞，中甲部位独立一组，井然有序。正面卜兆经刻过，卜辞四条，释文为：

（1）丁□卜，殻，贞勿御子烑……王固曰：吉。烑亡……　一

（2）于妣己裸子烑❸。

（3）贞裸于母庚❸。一

（4）于母……　一　二告

❸字，胡氏释旬，读如恂，乃字形误识。一释龙或虬，均不确。陈邦怀先生释❸为肙若蜎的初文，引《说文》"肙，小虫也"，"蜎，肙也"，谓"以辞义求之，当用为捐，其义为弃，为除"。② 蔡哲茂先生从之，又进而指出，肙

① 裘锡圭：《释殷墟卜辞中的"卒"和"裨"》，《中原文物》1990 年第 3 期（殷墟甲骨文发现 90 周年国际学术讨论会专辑）。

② 陈邦怀：《殷代社会史料征存》，天津人民出版社 1959 年 9 月版，第 19—20 页。

象蚊子幼虫孑孓的形状，证以《一切经音义》卷三引《通俗文》云："蜎化为蚊，案到蚑虫，今止水中多生之，其形，首大而尾锐，行则掉尾至首，左右回环，止则尾浮水面，首反在下，故谓之到蚑虫"，读作疾愈意义的"蠲"。① 可从。此片收入《法书大观》11，但（2）辞**3**字漏释，（3）辞把**3**字误释为"告"。四辞同卜，御除子**犾**病殃之减轻而裸祭于妣己、母庚等。

第五片序号 8（附图五），为唐兰先生旧藏，国博 62 编号 Y1951 正反，龟板保存完好。照片最早著录于陈梦家先生《综述》图版拾玖上，拓本见《续存》442、443，又见《合集》4264 正反。《法书大观》17 有正反放大照片和墨拓本。卜兆刻过，正面卜辞两条左右对贞，分列龟板两侧，作一行直书，释文为：

　　戊午卜，吉，贞般其**屮**囚。一二三四五六

　　戊午卜，吉，贞般亡囚。一二三四五六　二告　七

反版钻凿 13 组，左右为对，右半 7 组钻凿以中甲首起为序，自上而下，皆与正面序数相对应。正中千里路刻辞一条，作直行书，为正面卜辞的占辞，面背相承，释文为：

　　王固曰：吉。亡囚。

屮（有）囚与亡（无）囚对贞，囚，一般通释咼，读为祸，裘锡圭从唐兰先生释"繇"，引《左传·闵公二年》"成风闻成季之繇"，杜注"繇，卦兆之占辞。"并谓繇"疑当读为'忧'，'忧'与'繇'，古音更相近。《尔雅·释诂》训'繇'为'忧'"②。甚是。般一称"师般"（《合集》5468），商王武丁时重要臣正。此正反卜问般是否有祸忧。

第六片序号 9（附图六），也为唐兰先生旧藏，国博 68 编号 Y1952 正反，龟板保存完整无缺。著录书籍同上版。收入《合集》3945 正反和《法书大观》18 正反。卜兆也经刻过，卜辞四条，两两左右对贞，分列龟板两侧，面背相承，释文为：

　　（1）戊寅卜，殷，贞辻戢其来。二（正版）王固曰：戢其出，更庚。先戢至。（反版）

　　（2）贞辻戢不其来。二

---

① 吴匡、蔡哲茂：《释冐》，《古文字学论文集》，台北，1999 年 8 月版，第 15—36 页。
② 裘锡圭：《说"囚"》，《古文字论集》，中华书局 1992 年 8 月版，第 105 页。

（3）戊寅卜，㲉，贞雷🔣其来。二（正版）王固曰：🔣其出，其隹丁。丁不出，其𡆥疾。（反版）

（4）雷🔣不其来。二（正版）

沚𢦔与雷🔣，也是商王武丁时重要臣正。🔣，或释风。

此版所署数字"二"属于"卜数"，与上一龟板标示灼龟次序的"序数"性质不同，是用来表明同次卜用了多少块甲骨，该甲骨属于第二块卜龟。《合集》3946 正反（《丙》28/29）、3947 正反（《丙》30/31）著录两龟板，与此版同文，分别署"三""四"，是知当时至少卜用了四龟以上（可能是卜用五龟），唯第一卜未见。两龟板正是 YH127 坑出土品，可知国博此卜龟当也是同坑出土之物。

中国国家博物馆据其在全国的重要地位，聚藏了众多的文物瑰宝，不少流落在外史料价值或观赏价值极高的甲骨精品，有了理想的归属和面向社会的展示，其中也包括了当年从 YH127 坑"遗失"出去的一批珍贵大龟板，透过封尘的沧桑与已逝的时代伤感，也微微唤起了学人无限的沉思，更多少有着饱含苦涩的庆幸。

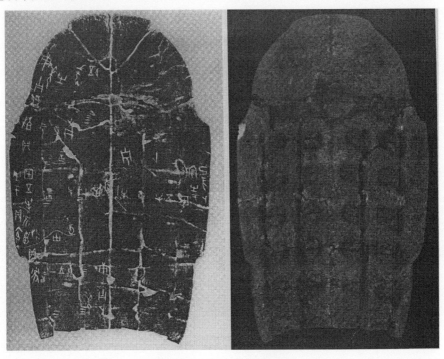

附图一　左正版、右反版

附图二　上正版，下反版

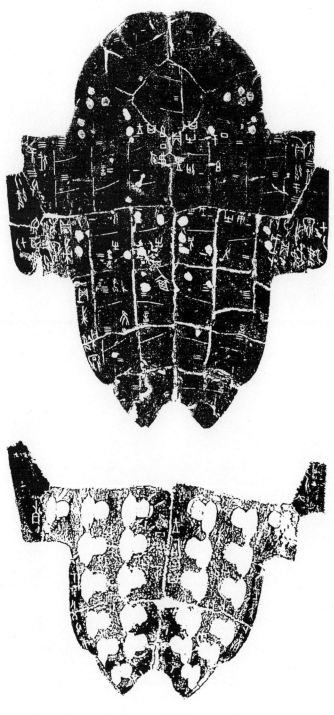

附图三　上正版、下反版

附图四　左正版，右反版

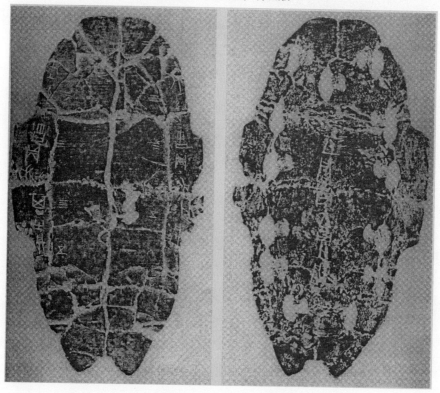

附图五　左正版，右反版

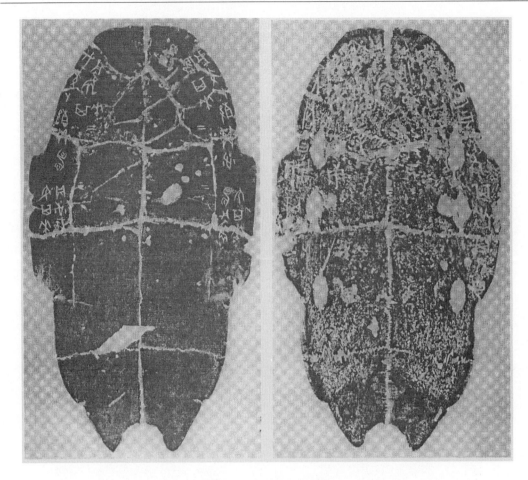

附图六　左正版，右反版

（追记：此文已收入上海古籍出版社 2007 年 7 月版中国国家博物馆编《中国国家博物馆馆藏文物研究丛书·甲骨卷》，但为读者了解本次学术研讨会论文交流情况，故论文集仍予入选。）

谈一二七坑甲骨与其它
著录甲骨相缀合的现象

魏慈德

（台湾花莲东华大学）

　　1936 年出土于河南安阳小屯村北 YH127 坑的甲骨，今天绝大部分都已经著录于《殷虚文字乙编》（以下简称《乙》）中，这乃是经由科学发掘，且是整坑出土、未经盗掘的生坑，照理说坑中的断甲应当只能与同坑出土的甲骨缀合，正如严一萍先生在发现《殷虚文字甲编》（以下简称《甲》）的 959、962、963、964、2042 五片碎甲居然可以和《乙》的 5379 缀合时，[①]感到诧异与不解。其后又在石璋如先生没有详查的情况下，错误地推论出 127 坑封坑很晚，几乎包含了一到五期甲骨的不实结论。[②] 后来又因该版甲骨又可加缀《甲》的 1880，才使得石璋如先生又再次去查证《乙》5379，证实《乙》的 5379 乃是从《甲》1880 上脱落，应该是一片当初编错号码的字甲。[③] 所以《乙》甲骨和《甲》甲骨可以相缀合的现象，本是不可能的事。从这个例子也说明了 YH127 坑的严整性，它只能与同坑的甲骨缀合。然而我们今天却发现了许多《乙》甲骨可以和其它著录甲骨缀合的例子，对于这种现象，严一萍先生曾说：

---

　　① 该版可参见蔡哲茂：《甲骨缀合集》第 97 组，乐学书局 1999 年版。缀合号为合 21332 + 合 22400 + 甲释 48。

　　② 严一萍：《YH127 坑的使用时期》，《中国文字》新三期，艺文印书馆 1981 年版，第 277 页。

　　③ 甲 959 加甲 963 为《殷合》338 组。加缀乙 5379 为刘渊临所缀，其后蔡哲茂又加上了甲 1880。石璋如的说法见《两片迷途归宗的字甲》，《大陆杂志》七十二卷六期，其在《丁编》序言中也说"乙 5379 系殷虚第三次发掘大连坑所出土，由甲 1880 脱落而成无号，误认为 YH127 坑出土者"。

　　说来话长，当安阳小屯第十三次发掘，发见 YH 一二七坑的甲骨时，是整坑移到南京的史语所去整理的，照理这是完整的一个坑，所包含的甲骨是不应当分散的，但是四十多年来，在外面流传的甲骨中，可与十三次发掘所得的甲骨缀合的已经不少，这证明十三次发掘的甲骨有遗散，如何遗散，就不得而知了。①

曾毅公先生也说到：

　　第十三次到第十五次的坑位，算是公开出来了，我们也知道十三、十五次（十四次只出了二片甲骨），大多是"生坑"，没经过盗掘，地层多数是没经过扰乱（如 YH127 坑的甲骨是整个一个几吨重的甲骨块），但也有一部分材料流出，这当然是少数，如董氏在《殷契佚存》序言中所说当第三次殷墟发掘时，前中央研究院和河南民族博物馆，因争掘甲骨发生纠纷时，在"B"区"大连坑"和"E"区附近，河南博物馆有一批甲骨被盗（下略）……②

　　后来李学勤先生也曾提到 YH127 坑卜甲有与《乙》以外碎片拼合的事例，如胡厚宣先生缀合的"四方风名"腹甲上半部，《殷墟文字缀合》中收录的于省吾先生旧藏腹甲等。唐兰先生旧藏的两版刻兆整龟，很像此坑所出。20 世纪 50 年代初，由文化部拨交北京图书馆的一匣甲骨，也有可与 YH127 坑卜甲缀合的。这些材料的出现都较晚。③

　　以下就将今日所能见的《乙》甲骨和它书著录甲骨可缀合者及疑为出自 127 坑甲骨的它书著录甲骨整理如下。

一　《乙编》甲骨和它书著录甲骨可缀合者

　　最早指出 YH127 坑甲骨可以和它书著录甲骨缀合者是胡厚宣先生。他曾于 1947 年起，在上海《中央日报文物周刊》上连载七期的《战后殷虚出土的新大龟七版》，④ 文中分别指出了京津 1（合 12628）、京津 899（合

　　① 严一萍：《再评〈甲骨文合集〉》，《中国文字》新二期，艺文印书馆 1980 年版，第 316 页。
　　② 曾毅公：《论甲骨缀合》，《华学》第四辑，紫禁城出版社 2000 年版，第 32 页。
　　③ 李学勤：《甲骨学的七个课题》，《李学勤文集》，上海辞书出版社 2005 年版，第 136 页。
　　④ 分别是二月十九日的第廿二期，二月十六日的第廿三期，三月五日的第廿四期，三月十二日的第廿五期，三月十六日的第廿七期，四月二日的第廿八期和四月九日的第廿九期。

15556)、京津 1266（合 6476 = 丙 24 + 京津 1266）、京津 648（合 10125）、双下 32.1（合 5776 正 = 乙 4473 + 乙 4775 + 双下 32.1）、双下 32.2（合 14019 正 = 乙 4480 + 乙 4630 + 双下 32.2）、续存下 224（合 3187）这七版龟甲的特点都和中央研究院十三次发掘所得的一坑甲骨，完全相同。尔后，严一萍先生发表《关于"战后殷虚出土的新大龟七版"》指出这七版龟甲都应该是出自 127 坑之物，[①] 也就是说这七版龟甲除整甲外，都可和《乙》的甲骨缀合。以下就依《甲骨文合集》（本文简称《合》）号码的顺序，将今所见可和《乙》甲骨缀合的非《乙》著录甲条述于下：

（一）合 672 正

丙 117（乙 2452 + 乙 2508 + 乙 2631 + 乙 3094 + 乙 3357 + 乙 3064 + 乙 7258 + 乙 8064 + 乙 8479 + 无号碎甲） + 北图 5246 + 北图 5207，今可再加缀乙 2862 + 合 1403（故宫博物院藏甲新 74177） + 乙 713 + 乙 2462（图一）

关于这一整版的缀合过程最早见于《殷虚文字缀合》（本文简称《殷合》）一九五组上，[②] 其将乙 2508 和乙 3094 缀合成一块，后来张秉权先生在《殷虚文字丙篇》（本文简称《丙》）中又缀上了乙 2452、乙 2631、乙 3064、乙 3357、乙 7258、乙 8064、乙 8479 七片，著录号为丙 117。之后桂琼英先生又加上了乙 2862 和文物局旧藏甲，文物局旧藏甲后来拨交北京图书馆，编号为 5246。[③]（今《合》将丙 117 加北京图书馆 5246 列为 672 号，尚未将乙 2862 缀入）又北京故宫博物院于琉璃厂文物商店购得一片甲骨，编号为新 74177（合 1403），也可与丙 117 版缀合，使得这版甲骨的拼合片累积至十二片。而今《甲骨文合集材料来源表》在属于本版的拼合号中又多了北图 5207 一号。

之后严一萍先生在《经过三十年缀合的一版大龟甲》中又缀上了乙 713 和乙 2462，[④] 使得这一片龟甲的缀合版数增至十四片。然在 1999 年出版的《甲骨文合集补编》中，此版被列为 100 号，却仍未将桂琼英先生缀合的乙 2826 和严一萍缀的乙 713 和乙 2462 补上。

---

① 严一萍：《关于〈战后殷墟出土的新大龟七版〉》，《中国文字》50 期，台湾大学中国文学系，1973 年版，第 9 页。

② 曾毅公、郭若愚、李学勤：《殷虚文字缀合》，科学出版社 1944 年版，第 101 页。

③ 胡厚宣：《记故宫博物院新收的两片甲骨卜辞》，《中华文史论丛》1981 年第 1 辑。

④ 严一萍：《经过三十年缀合的一版大腹甲》，《中国文字》新十一期，艺文印书馆 1986 年版，第 145 页。

（二）合 5776 正

乙 4473 + 乙 4475 + 双下 32.1

《双》为于省吾先生编的《双剑誃古器物图录》①，其中下卷收有商契龟二，此为第一片。此缀合最早见于胡厚宣先生发表于 1947 年 2 月 16 日上海中央日报文物周刊第廿七期上的《战后殷虚出土的新大龟七版》中的第五版。此组亦见于《殷合》的二五三组，为郭若愚先生所缀；以及严一萍先生《殷虚第十三次发掘所得卜甲缀合集》中的第十组。其后张秉权先生又加上了《殷虚文字乙篇补遗》（以下简称《乙补》）的 4143、4161、4180、4191、4232 五片。②

关于本版和合 14019 正（乙 4630 加双下 32.2）的缀合，曾毅公先生曾说到：

> 于省吾先生，在华北沦陷时期，也从古玩店中购到三片比较完整的大半龟版和一片牛骨刻辞，三片龟甲收在他的著作《双剑誃古器物图录》卷下 32、33 两页上，第一片是腹甲，存在右首甲、中甲和左右腹甲和左右珥甲的上端，第二片是腹甲的后甲、尾甲和珥甲下端一部分，也是刻兆，同于 YH127 所出。1954 年在考古研究所校补《殷虚文字缀合》稿时，发现郭若愚把乙编 4473 一片右珥甲下端，和右后甲及右珥甲下部，4630 一片右珥甲下部，和这二半龟缀合，左右珥甲卜辞，正是对贞。北京解放后双剑誃所藏甲骨，经陈梦家介绍，全部让与清华大学。③

（三）合 6476

丙 24（乙 5340 + 乙 5343 + 乙 5385）+ 京津 1266

此版亦为胡厚宣先生《战后殷虚出土的新大龟七版》中的第三版（民国三十六年三月五日上海《中央日报文物周刊》廿四期）。此版为某成套卜

---

① 于省吾：《双剑誃古器物图录》，台联国风出版社 1976 年版。

② 严一萍：《关于〈战后殷墟出土的新大龟七版〉》，《中国文字》第 50 期，台湾大学中国文学系，1973 年。

③ 曾毅公：《论甲骨缀合》，《华学》第四辑，33 页，2000 年。关于于省吾所收藏的大龟三版，严一萍以为从《甲骨六录》的序中可推知于氏收藏这三片大龟，当早在民国廿六年以前，而针对双下 32.2 一版，严一萍说："我曾说上面有许多'人为的小孔'，现据胡氏释文，知道是'刻字又复挖去之痕迹'，此点也应加以更正。而根据这一点，更可证明胡氏在战前确已目睹这三版龟甲的实物，才能得此仔细。那么称之为战后殷虚出土，总觉有些不妥"（《补述新大龟七版中的双剑誃藏甲》，《中国文字》51 期）。又于省吾让与清华大学的甲骨片总数，据陈梦家在《殷虚卜辞综述》第二十章附录中所言是 697 片，而胡厚宣在《五十年甲骨文发现的总结》中却说是一千片，并云是陈梦家先生告（47 页，商务印书馆，1951 年版）。

辞中的第一版，第五版则见乙3797。^① 曾毅公先生曾说到"当北京图书馆采访部移交胡售甲骨于金石组时，又发现一大半龟，珥甲上部，已缺其一，因破碎待修复。1954年《战后京津新获甲骨集》收此版全拓于1266，我以乙5340、5343、5383三残片和京津1266缀成一整龟（《殷虚文字丙编》上辑，在1962年左右，北京图书馆从香港购到此书，知张秉权亦已缀合）。"^②

（四）合6945

丙177（乙4684+乙6111）+北图5238（考文39）

《殷合》二七二组为郭若愚所拼合，乃将乙4684缀上乙6111，其后张秉权先生将之收录于丙177。尔后曾毅公先生又在《殷合》二七二组的基础上加缀了北图5238，可见《合集》6945版。

（五）合10171正

丙627（乙7629+乙7677+乙7793+乙7872+乙7919）+北图5213（考文14）+北图5214（考文15）+北图5215（考文16）+北图5221（考文22）+北图5225（考文26）+北图5227（考文28）+北图5235（考文36）+北图5239（考文40）+北图5245（考文46）+北图5248（考文49）

丙627为一大龟甲，缺尾甲部分，而《北图》的10块残甲正是此龟的尾甲。《考文》为中国社会科学院考古研究所精拓契文，《北图》为北京图书馆藏甲，考古所精拓契文的原骨后来归于北图，所以在此同时出现《考文》和《北图》的编号。

（六）合10951

乙3208+乙3214+乙7680+北图5206（考文7）+北图5211（考文12）+北图5216（考文17）+北图5217（考文18）+北图5231（考文32）

此版北图的三片残甲位于龟版左甲桥位置，然乙3214与乙7680+乙3208+北图5206+北图5211+北图5216+北图5217+北图5231不能拼合，张秉权先生已将乙3214与无号碎甲拼合，拼合后成为一龟版的上半甲，而这五片北图残甲的位置正与无号碎甲重叠，故此版（合10951）实当分为

---

① 裘锡圭：《论历组卜辞的时代》，《古文字研究》第六辑，290页。
② 曾毅公：《论甲骨缀合》，《华学》第四辑，33页，2000年。

两组，一组为 3214 ＋ 无号甲；一组为乙 3208 ＋ 乙 7680 ＋ 北图 5206 ＋ 北图 521 ＋ 北图 5216 ＋ 北图 5217 ＋ 北图 5231，《合集》此版实为误缀。

（七）合 12623

甲（乙 290 ＋ 乙 460 ＋ 乙 464 ＋ 京 348〔掇二 4〕）—乙（乙 461）—丙（乙 465）

合 12623 为一版遥缀的龟甲，由甲、乙、丙三块遥缀，而其中甲部分的左上一甲（即乙 290）实际上无法与右上甲（即乙 460）拼合，故知合 12623 的左上乙 290 部分为误缀。

（八）合 12973

乙 5278 ＋ 乙 5987 ＋ 乙 6001 ＋ 乙 6014 ＋ 京津 396，今可再加缀台湾某收藏家藏品、乙 621、乙补 229、乙补 5318（图二）

乙 5987 加乙 6001 加乙 6014 的缀合，除《合》所缀外，又可见《殷虚十三次发掘所得卜甲缀合集》的第 106 组，而《合》更多缀了不属于乙编的京津 396，之后锺柏生先生在《台湾地区所藏甲骨概况及合集 12973 之新缀合》① 中又加缀了台湾某收藏家所藏的甲骨，据云该甲今已断裂为十五片。后来张秉权先生又加缀了乙 621、乙补 5318、乙补 229 三块。

从此版的缀合可知这原是十三次发掘所得的一版龟甲，后来有一块著录在《京津》中，而位于龟腹部位的一大块甲今竟辗转落到私人手中。

（九）合 13666 正

丙 473（乙 2071 ＋ 乙 2591 ＋ 乙 2678 ＋ 乙补 605 ＋ 无号碎甲）＋ 北图 5219 ＋ 北图 5240 ＋ 北图 5247

曾毅公先生以为乙 2678 ＋ 乙 2071 ＋ 乙 2591 ＋ 乙 6344 ＋ 乙 5839 可以缀上北图 5219 ＋ 北图 5240 ＋ 北图 5247 三残片，② 然乙 2071 ＋ 乙 2678 ＋ 乙 2591 已被张秉权先生缀入丙 473 中，且乙 6344 和乙 5839 无法与乙 2678 ＋ 乙 2071 ＋ 乙 2591 缀合，故这版龟甲的正确缀合为丙 473 ＋ 北图 5219 即北图 5240 ＋ 北图 5247，也即是合 13666 正。

（十）合 13931

丙 190（乙 4703 ＋ 乙 4786 ＋ 乙 5073 ＋ 乙 5192）＋ 北图 5241

---

① 锺柏生：《台湾地区所藏甲骨概况及合集 12973 版之新缀合》，《中国古文字研究会第九届学术讨论会论文集》，南京，1992 年。

② 曾毅公：《论甲骨缀合》，《华学》第四辑，34 页，2000 年。

合 13931 是一块龟腹甲，原是《丙》190 版，丙 190 乃是由四块碎甲拼合而成（乙 4703 + 乙 4786 + 乙 5073 + 乙 5192），但是缺少了右尾甲，而《合》出版后，在合 13931 中的此版已经被拼上了右尾甲，这一片右尾甲来源不详，[①] 今《甲骨文合集材料来源表》出版后，始知其为北图 5241。

（十一）合 14019 正

乙 4480 + 乙 4630 + 双下 32.2

本组为郭若愚先生所缀，最早见于上海中央日报 1947 年 4 月 2 日《文物周刊》第廿八期上所刊的《战后殷虚出土的新大龟七版》，此为第六版。其后收入《殷合》二六九组。前文第（二）组（合 5776 正）是将双下 32 页龟甲的上半与乙 4473、乙 4475 缀合，此组则是将双下 32 页龟甲的下半与乙 4630 缀合。内容为卜问帚媒娩妫之事。

（十二）合 14295

丙 216（乙 4548 + 乙 4794 + 乙 4876 + 乙 4883 + 乙 5161 + 乙 6533） + 乙 4872 + 乙 4924 + 京津 428（掇二·6） + 北图 5252（考文 53），今可再加缀乙 4882、乙 4890、乙 5012、乙 5047

《战后京津新获甲骨集》（本文简称《京津》）为胡厚宣先生所编，乃作者于 1945 年以后，在京津地区收购所得甲骨编次而成。关于京津 428 可与乙 4548 缀合一事，胡先生在《京津·序要》中说到 428 片适与《殷虚文字乙编》4548 相接，系购自北京庆云堂者。而在其所著的《五十年甲骨文发现的总结》中更详细地记载了这件事。[②] 其后郭若愚在《殷虚文字缀合》261 组的基础上又加拼了乙 5161、乙 1794 和乙 4876。张秉权先生在《丙》中又加上了乙 6553，后来在《合》中又多缀了北图 5252，使得全甲成为一整片的龟版，今《合》著录为 14295 号。其中考文 53 原为北图 5252，来源为 1958 年文化部文物局拨入北京图书馆之甲骨，这一小片的缀合者为曾毅公。[③] 而今又可缀上乙 4882、乙 4890、乙 5012 和乙 5047，前三片为林宏明

[①] 严一萍：《再评〈甲骨文合集〉》，《中国文字》新二期，艺文印书馆 1980 年版，第 316 页。

[②] 胡厚宣：《五十年甲骨文发现的总结》，上海商务印书馆 1951 年版，第 48 页上说："庆云堂碑帖铺有一千多片甲骨，假的占一半多，索价奇昂。我因其中有一片人头刻辞，一片牛肋骨刻辞，相当重要。又有半块骨版，记四方风名，和我所作《甲骨文四方风名考证》一文有关，思之再三，终不愿把机会放过。请赵斐云、谢刚主、陈济川几位先生同他商量多次，结果是出高价钱，许我选择五百片。但因伪品和小片太多，只选四百片，就不再要了。回到成都知那块记着四方风名的大龟，和中央研究院十三次发掘所得的半块，正相接合，非常高兴。"

[③] 曾毅公：《论甲骨缀合》，《华学》第四辑，33 页，2000 年。

所缀，后为张秉权先生缀。①

（十三）乙 4810 可与合 22491（北图 5237）②、北图 5251 及北图 5232 缀合（图三）

乙 4810 为一大龟版，《合集》漏收。此版后来收入《甲骨文合集补编》第 6925 号，曾毅公先生曾将之与《北图》5232、《北图》5237、《北图》5251 缀合，③ 其中北图 5237 已著录于合 22491，其余两片未公布、而缀合后多了乙未、丁酉、戊戌三个干支。

对于《乙》著录甲骨可以和北京图书馆藏甲骨拓片缀合的情形，胡厚宣先生说到，"北京图书馆藏甲骨文字拓本，六册，5403 片。此乃北京图书馆自拓所藏除善斋以外的各种甲骨拓本。重要的有罗振玉、张仁蠡、孟定生、罗伯昭、郭若愚、何遂、胡厚宣等所旧藏，又有文物局拨交部分，有的可与《殷虚文字乙篇》相拼合。"④ 而今日参与整理国家图书馆（北京图书馆）甲骨馆藏的胡辉平先生也提到 "（国家图书馆）馆藏甲骨大体是依原收藏家为主线进行连续编号，自 1 号至 5403 号依次为沐园（罗伯昭）、庆云堂、孟定生、罗振玉，胡厚宣等各家小批量的旧藏甲骨，5403 号至 33853 号为善斋旧藏甲骨。"⑤

二　疑出于一二七坑的它书著录甲骨

（十四）合 1401（京津 674）

此版为一龟的残甲，卜辞为 "贞：大甲不宾于咸"，和丙 39（合 1402 正）可能有成套的关系。

（十五）合 3187（《甲骨续存》下 224）

此版为《战后殷虚出土的新大龟七版》系列中的第七版。卜辞内容为

---

① 林宏明：《殷虚甲骨文字缀合四十则》第四十组。政治大学八十九学年度研究生研究成果发表会，2001 年 5 月 26 日。

② 北图 5237 乃依曾毅公在《论甲骨缀合》中所言，而此版缀合经蔡哲茂先生商请黄天树先生至北京图书馆核对拓片后无误，而《甲骨文合集补编》第七册则误作北图 5257。

③ 这一版的缀合，据李学勤先生面告，乃李先生所缀。他说到当年在得到北图这些甲骨拓片后，曾毅公曾要他和 127 坑甲骨拼拼看，后来他发现了这一版的缀合。不过，当时北图这三块是整个的一片甲，今却已断裂为三片。

④ 胡厚宣：《大陆现藏之甲骨文字》，《史语所集刊》67 本 4 分，1996 年，859 页。

⑤ 胡辉平：《国家图书馆藏甲骨整理札记》，《文献季刊》2005 年 10 月第 4 期，第 30 页。

"祼于母庚冎"、"丁□卜，㱿贞：勿御子犾☒"、"于妣己祼子犾冎"。

（十六）合 4264 正（《殷虚卜辞综述》图版十九）

合 4264 为唐兰先生旧藏的两版刻兆整龟之一（见《殷虚卜辞综述》图版十九），李学勤先生曾怀疑其可能是出自 127 坑。曾毅公先生论及此甲来源时，说到"北京解放前夕，笔者在工作之暇，访唐兰同志于米粮库寓所，适书贾白某来，持整龟二版求售，索价甚低。时在围城中，唐颇犹豫，余劝勉收之。白去后，余谓此二版兆经复刻，颇似《乙编》所录，后唐以此二版，贡献国家，并蒙以拓本见惠，现藏于历史博物馆"[1]。

（十七）合 3945（《甲骨续存》下 388）

此版为唐兰旧藏刻兆整龟之另一版，曾著录于《甲骨续存》下 388，为某成套卜辞中的第二版，第三版为丙 28（合 3946），第四版为丙 30（合 3947）。[2] 上有卜辞"戊寅卜，㱿贞：沚馘其来。戊寅卜，㱿贞：雷凤其来"。

（十八）合 10125（京津 648）

此为《战后殷虚出土的新大龟七版》中的第四版（1947 年 3 月 12 日上海《中央日报文物周刊》廿五期）。此版内容为"庚子卜，㱿贞：年㞢耆。五月"、"贞雀叶王史"、"贞令雀西延冎"、"己亥卜，宾：㞢于上甲五牛"。其中同文例见乙 4747，内容为"庚戌卜，宾贞：来甲寅㞢于上甲五牛"。

（十九）合 21310

乙 8523 缀合外 224

外 224 为《殷虚文字外编》（以下简称《外》）的 224 号甲，《合》收录为 20964 号，其可以和乙 8523 缀合（合 21310），缀合后出现"ᚼ"和"既"两个字，[3]《外编》拓片来源依其序言所说，乃"（史语所）发掘而外，公私购藏，时有所获，则借拓汇集，成此一书，故曰外编"，其中外 224 为出自陈锺凡氏所藏。[4]

① 曾毅公：《论甲骨缀合》，《华学》第四辑，33 页，2000 年。
② 张秉权：《殷虚文字丙篇》上（一）56 页，中央研究院历史语言研究所，1957 年 8 月。
③ 此版为黄天树所缀，见《甲骨新缀 11 例》，《考古与文物》1996 年第 4 期。
④ 关于陈锺凡的甲骨收藏，胡厚宣在《殷虚发掘》（学习生活出版社 1955 年版）中曾说到刘鹗所藏的甲骨，在其死后有一小部分归于陈锺凡，曾由董作宾编入《殷虚文字外编》，然此版外 224 当非刘鹗藏骨。今《殷虚文字外编》（台北艺文印书馆 1956 年版）中所收陈氏甲骨从 197－201 及 228－418 号，共 178 版。

（二十）合 12628（京津 1）

此版即《战后殷虚出土的新大龟七版》中的第一版（1947 年 2 月 19 日上海《中央日报文物周刊》廿二期）。对于此版的来源，曾毅公先生回忆道，"前师大历史系教授李泰棻，著有《癥厂藏金》、《癥厂藏契》，《藏金》两集已出版，大多出于殷墟，《藏契》未出版。胜利后，胡厚宣先生自川飞京，收购甲骨。《癥厂藏契》大部分为胡所得，时笔者蒙胡先生不弃，以癥厂所藏二整龟见示（即《战后京津新获甲骨集》1、2 及 899，2 是反面，因用浆糊纸条黏着，不能施拓，故为摹本），兆纹也经重刻，同于 13 次 YH127 坑所出"[1]。

京津 1 的内容为"丙午卜，韦贞：生十月雨其佳🌧。丙午卜，韦贞：生十月不其佳🌧雨"，复见录于郭若愚《殷契拾掇二编》第一版，今为北京图书馆藏。其中🌧字，李学勤先生以为是雨的异体字，"🌧（雨）雨"，前一字当动词，动词用的🌧（雨）字特别用三点勾勒来表现，使其更像雨水。[2]

（廿一）合 15556（京津 899）

此版为《战后殷虚出土的新大龟七版》中的第二版（1947 年 2 月 26 日上海《中央日报文物周刊》廿三期）。京津 899 的卜辞为"癸未卜，宾贞：今日燎"，其同文例可见合 1280（乙 3336），合 1280 还可加上乙补 3183，为林宏明所缀。

（廿二）合 9738（北图 5220 + 北图 5228 + 北图 5230 + 北图 5244）

北图四片残甲缀合后的卜辞为"甲午卜，亘贞：南土受年?三四五甲午☐"，今已收录为合 9738。关于这一版缀合，曾毅公以为北图 5244 + 北图 5228 + 北图 5220 + 北图 5230 可以再加上乙 7970、8327、8322，[3] 然今乙 8327 + 乙 8322 已被张秉权先生与乙 7912 + 乙 8167 + 乙 8320 拼合，列于丙 278 组。

关于甲午这一天占卜四土受年者，我们在《乙编》可以找到三版，分别是：

甲午卜，征贞：东土受年。一二三四五六七　　　乙 3287（合 9735）

① 曾毅公：《论甲骨缀合》，《华学》第四辑，2000 年，33 页。
② 李学勤：《甲骨文同辞同字异构例》，《江汉考古》2000 年第 1 期。
③ 曾毅公：《论甲骨缀合》，《华学》第四辑，2000 年，34 页。

甲午卜，韋贞：西土受年。一二三四五六　　丙 278（合 9743）①

甲午卜，宁贞：北土受年。二三四五六　　乙 3925（合 9745）

此外，又有一版为：

甲午卜，𦀚贞：✚受年。一二三四五　　丙 10（合 9788）

从字体上来看可知这五版必是同一书手所为，而其上的贞人征、韋、亘、宁、𦀚五人可以证明其必为同时。这五版亦可视为不同贞人问卜的一套同文卜辞。②

（廿三）北图 5248 + 北图 5215 + 北图 5245 + 北图 5221 + 北图 5214 + 北图 5239 + 北图 5213 + 北图 5225 + 北图 5227

这九块北图残甲可以缀合成一个比较完整的尾甲，而这一片腹甲的尾甲，曾毅公先生以为其和乙 2327 + 乙 7799 可能原是一个整甲。然乙 2327 + 乙 7799 已为张秉权先生与乙 2323 + 乙 4590 + 乙补 407 + 乙补 763 + 乙补 1918 + 乙补 1901 缀合，列于丙 317 组，故知曾说非。然北图这九片残甲上的卜辞和丙 317 上的卜辞可以看作是干支不同的同文卜辞，则是肯定的。

以上关于北京图书馆藏甲可以和一二七坑甲骨缀合的有第（一）、（四）、（五）、（六）、（九）、（十）、（十二）组，北京图书馆的藏甲根据胡厚宣先生在《大陆现藏之甲骨文字》中所言，计有 34512 片，其来源为：

> 北京图书馆所藏较多的一批为原刘体智藏，共 28292 片。拓本题为《善斋所藏甲骨拓本》，共 28 本，1341 页，其中缺号 2，无字甲骨 4，伪片 112，可以缀合者 51，拼合成 24 版，实际刘氏藏 28147 片。所藏较早的一批原为孟定生藏，有 400 片，已选 360 片著录。所藏较精的一批为原罗振玉藏，共 32 盒 420 片，张仁蠡藏 292 片。抗战期间的一批为原胡厚宣藏 2148 片，《京津》选 1900 片著录。其他为原罗伯昭、张珩、徐炳昶、郭若愚、何遂、曾毅公、邵伯炯及庆云堂、通古斋、祥雅堂藏和文化部拨。所藏甲骨曾著录于《京津》、《粹》、《掇》。曾毅公

---

① 关于这二版的序数有二个二而缺少三，张秉权在考释中以为这一版的序数很特别，右边的二与四之间，应该是三，但是那里却重了一个序数二，那可能是误刻。（《殷虚文字丙编考释》中一，346 页。）

② 关于这几版卜四土受年的卜辞，饶宗颐在《殷代贞卜人物通考》542 页中说到"此（乙 8167 + 乙 8320）与征卜东土受年，宁卜北土受年，盖同为甲午日卜东西南北土受年，其东土（原文误，当作南土）为何人所卜，惜原片向未觅到。又𦀚卜亚受年亦在甲午日；此四龟者，其贞人之时间同，字体同，直行分刻于甲心之款式亦同，左右分记'出'字亦同，此实为成套之龟版：其文字锲刻应出同一人之手，乃由不同之卜官，分贞其事"，香港大学出版社 1959 年版。然𦀚卜之地名，实作"✚"，或不当释为"亚"。

告共藏 35651 片，除去伪片、无字甲等，实藏 34512 片。①

而这一批甲骨中的北图编号 5200 至 5272 的七十三片，为同一来源，其中多有可与《乙》著录甲骨缀合者，如上面的第（四）合 6945、（五）合 10171 正、（六）合 10951、（十二）合 14295、（十三）乙 4810。关于这一点曾毅公曾说：

　　　　1958 年北京图书馆，承文化部文物局拨来大批甲骨保管，其中包括善斋（刘体智）、沐园（罗伯昭）、智厂（郭若愚）、天津孟氏（孟广慧）、南阳徐氏（炳昶）……等家旧藏。其中有布匣三函，为"献字 13738－13740"，计 73 小残片，北图编号为 5200－5272。其中 5252 一残片存"日风"二字，是右上腹甲的一部分，并且尚有一小段盾纹，再从字体比较，似与"四方风名"相同，试以北图 5396 一片相较，正可补充"辛亥卜，内贞：帝于北方［曰］夷［风］曰役，桼年"两个残文……证明它们确系同版。因受"日风"残片的启示，再详细审视这三匣 73 片甲面的纹理、色泽，都是玉黄色，疑它们可能是一批一坑所出，也可能与 YH127 坑有关。②

所以北图编号 5200－5272 这七三片残甲极可能是出自 127 坑，而何以流落在外，其原因不详。

《乙》甲骨和它书著录甲骨可拼合例子，同样发生在《甲》上。董作宾先生在《甲》的序中曾经举了三例子。一是第 9 坑出土甲 297 可以和《库方》的 1661 片拼合，董先生以为这是因为"按第 9 坑附近，是光绪三十年及民国九年地主朱坤曾大举发掘，所得甲骨甚多，库方两氏所藏，与朱氏所得有关，这个地区出土的甲骨且与罗振玉《前编》、《后编》、《续编》、《菁华》，林泰辅的《龟甲兽骨文字》，金祖同的《龟卜》等都有关系，我们所得乃是残余"。

二是第一次发掘 36 坑中出土的甲 264，可与《粹编》425 缀合（今《合》已缀，即合 20098），董先生认为是按"宣统元年及民十二至十七年地主张学献及村人在村内及其菜园中挖掘也得到不少甲骨，36 坑上层被扰乱部分，就是他们所挖的坑。《殷契粹编》所载大都为村中的出土品，并且

---

①　胡厚宣：《大陆现藏之甲骨文字》，《史语所集刊》67 本 4 分，页 859，1996 年。
②　曾毅公：《论甲骨缀合》，《华学》第四辑，2000 年，33 页。

罗振玉《殷虚书契后编》及金祖同《龟卜》上也有一部"。

三是第三次大连坑的甲 2282 可和《佚存》256 缀合（见合 32385），此版董先生没有说明，而石璋如先生解释说："按大连坑系在张学献的十八亩地内，张氏的姑丈刘连，自清宣统以来即在该地内挖掘，掘后并不填坑，张氏则于耕种时平填，数十年来亦有所得，故《佚存》外，如刘鹗的《铁云藏龟》、罗振玉的《铁云藏龟之余》、姬佛陀的《戬寿堂所藏殷虚文字》、叶玉森的《铁云藏龟拾遗》等，都与该处出土的甲骨有关"。[①]

这三例都是因为所出土甲骨的坑层较浅，在科学发掘以前，坑层就已经过盗掘，所以会有可和其它著录书中甲骨缀合的例子，然而 127 坑位在地层下 1.7—6 公尺之间，其坑未经盗掘，和《甲》所出甲骨可与其它旧著录甲骨缀合的情形可说是大不相同。

何以 127 坑出土的甲骨可以和其它来源不明的甲骨缀合？这个问题同样也发生在 YH251 坑上，常耀华先生指出 251 坑中的乙 8710 可以和思泊藏契缀合，乙 8713 可以和邺三下 34.6 缀合，乙 8809 可以和北大 1 号第二片（合 21418）缀合，而提出"我们推想，三千多年前，殷代埋卜时，把相同的一批材料至少分作三次处理，其中的一部，分别埋在 YH251、330 两坑中，埋卜之前龟甲就已破碎，这批卜辞应是作为垃圾来处理的"。也就是说他认为可能是有些甲骨在埋入窖穴之前就已经破裂，所以才有这种情形发生。之后石璋如先生又补充了"那三片卜辞可能是安阳民间盗掘的掘获物，再由古董商转卖给收藏者"的说法。[②]

但是同样的理由可不可以用来解释 127 坑甲骨能与来源不明甲骨缀合的原因？一是将之解释成 127 坑的甲骨在入土前就已破碎，且分别弃置于不同的坑穴，所以能和本坑缀合的甲骨可以是出自不同的坑穴；二是本坑的甲骨有部分被民间盗掘。然而我们认为这二种说法都是行不通的。第一，127 坑深达地面 1.7 公尺以下，远深于 251 坑的 0.9 公尺，若说是民间盗掘似乎不可能，且石璋如先生在《丁编》中也说到 127 坑于 6 月 12 日发现，13 日起土，之后四天内装箱完毕，其间有卫兵守备，不会有遗失的可能。那是否是

① 石璋如：《遗址的发现与发掘·丁编·序》，中央研究院历史语言研究所，1992 年。
② 石璋如：《殷墟地上建筑复原第八例兼论乙十一后期及其有关基址与 YH251、330 的卜辞》《中央研究院历史语言研究所集刊》第七十本四分，1999 年 12 月。

同批的甲骨被弃于不同的坑穴中？对于这种假设我们只要从可以缀合的版数和所与之缀合的甲片大小与位置来看，也知其不可能，如第（一）组丙 117 与故宫藏甲缀合版，入土前断不可能仅将千里路与右甲桥中的一小块腹甲，特别弃置于他坑。

　　然而甲骨在入灰坑前就已断裂却是个事实，我们再以第（一）组为例，该组可缀合的骨片分别是乙 713、乙 2452、乙 2462、乙 2508、乙 2631、乙 2862、乙 3064、乙 3094、乙 3357、乙 7258、乙 8064，其中乙 713 为 127 坑的 1.4—1.7 米间出土，乙 2452、乙 2462、乙 2508、乙 2631 出土于 1.7—2.2 米处，乙 2862、乙 3064、乙 3094、乙 3357 坑位为南京第一层，乙 7258、乙 8064 出土于 3—4.5 米处，所以我们可说这整版可缀合的甲片大致分为四组，即出土于 1.4—1.7 米处与 1.7—2.2 米处、南京第一层骨及 3—4.5 米处骨，[①] 故似乎可以假设说原骨断成四大块，后丢到坑中时又因碰撞而裂成了今日的十四块。

　　我们若从以上所列甲骨的出处来看，和乙编甲骨缀合的甲片出处如《京津》、《双剑誃古器物图录》、《殷虚文字外编》、《续存》、《卜辞同文例》都是在 127 坑发掘之后成书，故这些甲骨不太可能因坑浅而被盗掘，唯一的可能就是发掘到著录的过程中间遗失了。然如何遗失，今日恐怕已无由得知了。[②]

---

　　① 　127 坑甲骨乃依其出土位置加以编号，殷虚出土部分甲骨分为 1.4—1.7 米及 1.7—2.2 米二层，室内发掘部分甲骨分为南京一、二、三、四、五及 3—4.5 米六层。

　　② 　严一萍亦认为"这坑甲骨所得的一大块甲骨堆积，太坚硬，太大；当时无法在田野整理，因此是整块运到南京史语所后才整理的。《甲骨学六十年》的附图廿四，便是这一堆甲骨运到后的形状。这当然是战前的事，所以胡氏题称'战后殷墟出土'就有些不符事实，我想应当改题为'战前殷墟十三次发掘 YH127 坑同坑出土的大龟十版'才算合理"。见严一萍：《关于〈战后殷墟出土的新大龟七版〉》，《中国文字》50 期，9 页，台湾大学中国文学系，1973 年。而张秉权曾提出他的解释，其在丙编考释第一六八组的释文中说到"我发现了胡氏（厚宣）的《甲骨学商史论丛》中有很多的材料其来源仅著'卢'、'善斋藏'、'甲'等字而未注明编号者，大多是史语所第十三次发掘所得的甲骨，那时《殷虚文字乙编》还没发表，所以胡氏用了种种的化名，来使用这批材料，十多年来国内外的学人，一被蒙在鼓里呢"。中央研究院历史语言研究所，1957 年。

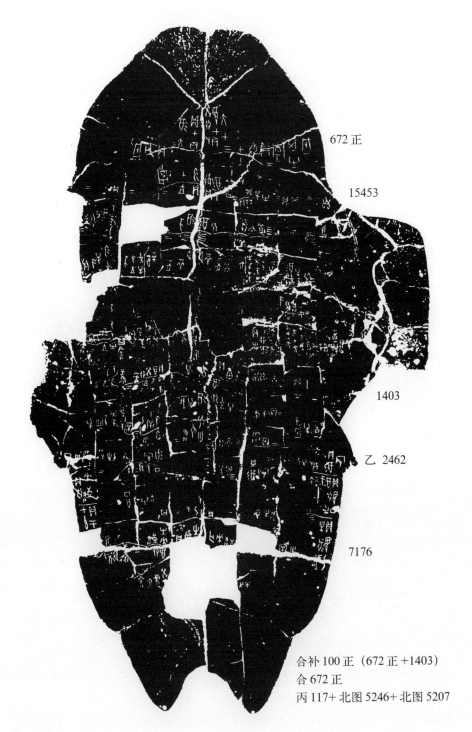

672 正

15453

1403

乙 2462

7176

合补 100 正（672 正 +1403）
合 672 正
丙 117+ 北图 5246+ 北图 5207

图一

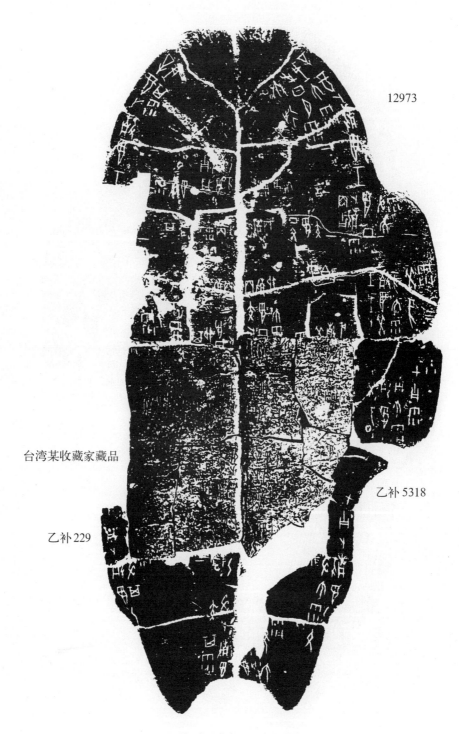

12973

台湾某收藏家藏品

乙补 5318

乙补 229

图二

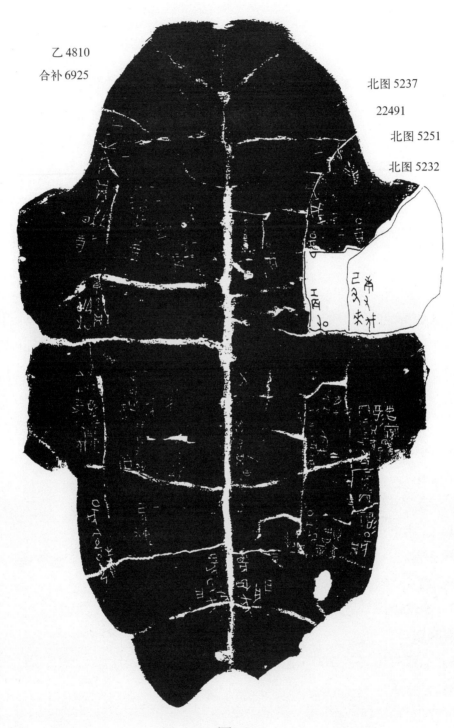

乙 4810

合补 6925

北图 5237

22491

北图 5251

北图 5232

图三

史语所殷墟第十三次发掘甲骨缀合新例

林宏明

（台湾政治大学）

本文收录笔者九组甲骨缀合。图文中分别依序以英文字母 A、B⋯表示。每个字母呈现出就笔者所知目前学界的最新缀合成果，字母之间则为笔者的缀合①。

第一组

A：合 19863（乙 82 + 乙 146 + 乙 176）

B：合 20476（乙 111 + 乙 8497）

第二组

A：合 20475（乙 121 + 乙 229）

B：乙补 84

第三组

A：合 21863（乙 180）

B：合 21012（乙 186）

第四组

A：合 20710（乙 200 + 乙 427）

B：乙 235

第五组

① 本文为 94 年度殷墟 YH127 坑甲骨缀合整理研究计划 SC94 –2411 –H –004 –050 –部分成果。

A：合 21622（乙 324）

B：合 20962（乙 388）

C：合 19941（乙 405）

第六组

A：合 21053（乙 383）

B：乙 395

第七组

A：合 21564（乙 1001）＋合 21856（乙 1302）

B：合 21626（乙 1004＋乙 1786）

第八组

A：合 1040（乙 5672＋乙 5673）

B：乙补 5131＋乙补 5134

说明：B 版为笔者所缀，① 今再加缀合 1040。

第九组

A：丙编补遗 126（乙 770＋乙 937＋乙 939＋乙 960＋乙补 688＋乙补 690＋乙补 693）

调整位置

B：《甲骨缀合续集》② 411

说明：A 丙编补遗 126 将 "乙丑" 上方直接和上半背甲缀合是错误的。

①　林宏明：《殷虚甲骨文字缀合四十六例》，政治大学 90 学年度研究生论文发表会，2002 年 6 月。

②　蔡哲茂：《甲骨缀合续集》，台北文津出版社 2004 年 8 月版。

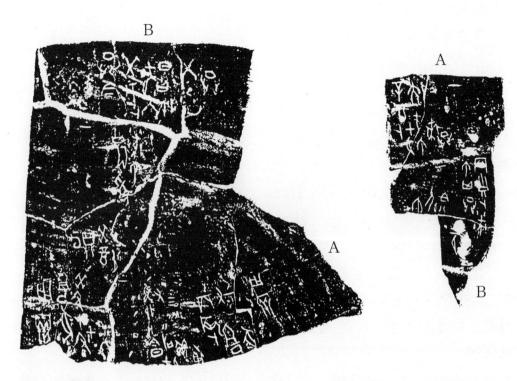

第一组
A：合 19863（乙 82+ 乙 146+ 乙 176）
B：合 20476（乙 111+ 乙 8497）

第二组
A：合 20475（乙 121+ 乙 229）
B：乙补 84

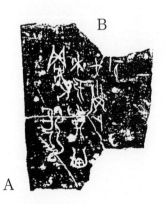

第三组
A：合 21863（乙 180）
B：合 21012（乙 186）

第四组
A：合 20710（乙 200+ 乙 427）
B：乙 235

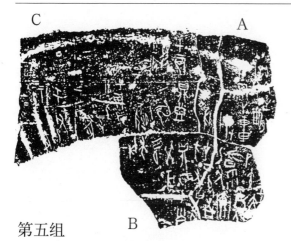

第五组

A：合 21622（乙 324）

B：合 20962（乙 388）

C：合 19941（乙 405）

第六组

A：合 21053（乙 383）

B：乙 395

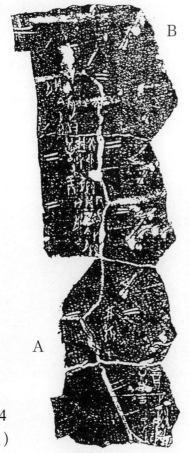

第七组

A：合 21564

　　（乙 1001）

　　＋合 21856（乙 1302）

B：合 21626（乙 1004＋乙 1786）

第八组

A：合 1040

　　（乙 5672＋乙 5673）

B：乙补 5131＋乙补 5134

第九组

A：丙遗 126（乙 770＋乙 937＋乙 939＋
乙 960 ＋乙补 688 ＋乙补 690 ＋乙
补 693）

B：《甲骨缀合续集》411

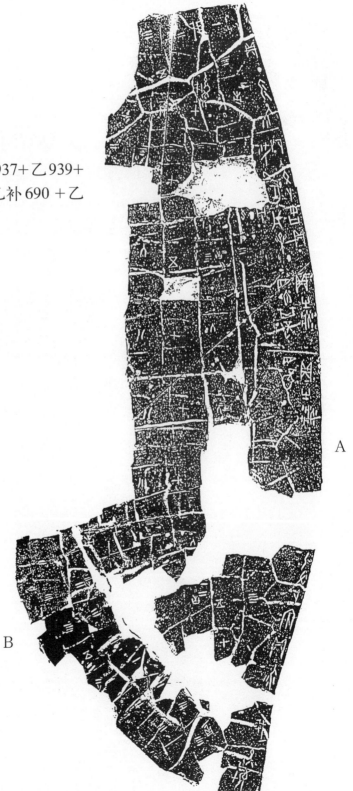

历组卜辞新缀续

周忠兵

甲骨缀合是甲骨文研究的一项基础工作，我们在整理历组卜辞时新缀了几组，现将之发表出来，以供学界研究时参考。不妥之处，还请大家指正。

第一组：A 合集 33707（山东 1364）＋B 英 2464。同文例参看合集 33706。

第二组：A 合集 34715（撷续 231，河南队 165－3，南上 99）＋B 合集 34167（粹 72，善 994）。按合集 34715 拓片已看不出"丁丑陲"三字，而南上所作的摹本是有这三字的，我们能将合集 34715 与 34167 相缀，正是因为看到南上这一摹本，并联想到同文例合集 34168 正，才将之缀合。由此我们可以看到早期摹本的价值。

第三组：A 合集 32067（山东 1411）＋B 合集 32105（宁 2·116，历拓 2939）。

第四组：A 合集 35142（续存下 784）＋B 合集 32075（宁 1·287，历拓 3867）。

第五组：A 屯南 4120＋B 合集 34490（邺三下 39·4，历拓 1374）。屯南与旧著录书所著录的甲骨相缀的例子已多达十来例，据我们统计，屯南主要与宁、南明及邺三这几种旧著录书所著录的甲骨相缀。屯南与邺三相缀的例子我们还可举屯南 732＋合集 33323（邺三下 46·16）。

第六组：A 合集 32782（甲 786）＋B 合补 6625（怀 1640）。

第七组：A 掇三 129＋B 合集 34565（上博 73）。

第八组：A 合集 32301（撷续 3，宁 1·118，掇一 549）＋B 撷续 92。

第九组：A 屯南 2417＋B 合集 32464（南明 435，历拓 5041）。屯南与

南明相缀的例子还可举屯南 2951 ＋合集 32458（南明 536）。曾毅公先生曾将合集 32464 与粹 729 相缀，[①] 现由我们所缀可知合集 32464 与粹 729 为误缀。同文例可参看合集 34349（南南 2）＋合集 33927（佚 409）＋合集 33576（京人 2267）[②]。

第十组：A 合集 32435 ＋B 合补 10226（日天 490）＋C 合集 31004（京人 2336）。合集 31004 拓片不清晰，我们根据《甲骨文字研究》本文篇所作的摹本可知合补 10226 与合集 31004 相缀后可将"即"字补足。同文例可参看屯南 1078。

第十一组：A 合集 664（善 24561）＋B 掇三 214（京 2454）。按合集 664 即合集 32163（京 4143），但 32163 的拓片没 664 全且清晰，故我们所作摹本是据 664 摹录的。

第十二组：合集 33135（珠 211）＋合集 16801（京人 2477）。这两版皆为贞旬辞，且辞与辞之间皆有界划，应可缀合。缀合后此版共有七条卜辞，除第七辞（最上癸酉一辞）是残辞，我们不好判断其字体风格外，其余的六条卜辞很明显有几种不同的风格。癸酉、癸未、癸巳三辞的前四字与后四字应是由两个不同的刻手刻成。第四、第五辞为历一类刻手所为，而第六辞历二类刻手所为。这种多名刻手共刻一版的现象值得我们作进一步的研究。

（本文蒙林沄师提出修改意见，谨致谢忱！）

---

① 见《甲骨缀合编》第 332 组。
② 合集 34349 与合集 33927 为我们所缀，参看拙文《历组卜辞新缀三十例》第十八组，合集 33576 为林宏明先生加缀。

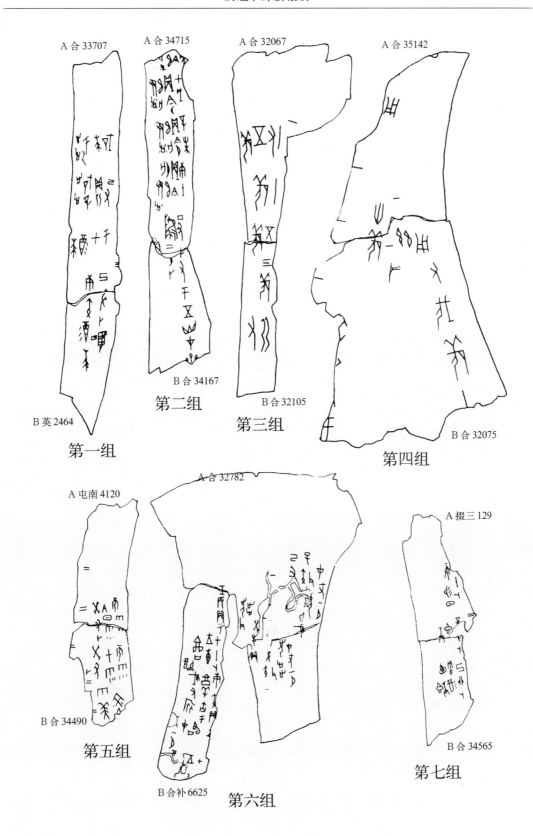

A 合 33707

A 合 34715

A 合 32067

A 合 35142

B 英 2464

B 合 34167

第二组

B 合 32105

第三组

B 合 32075

第四组

第一组

A 屯南 4120

A 合 32782

A 掇三 129

B 合 34490

第五组

B 合补 6625

第六组

B 合 34565

第七组

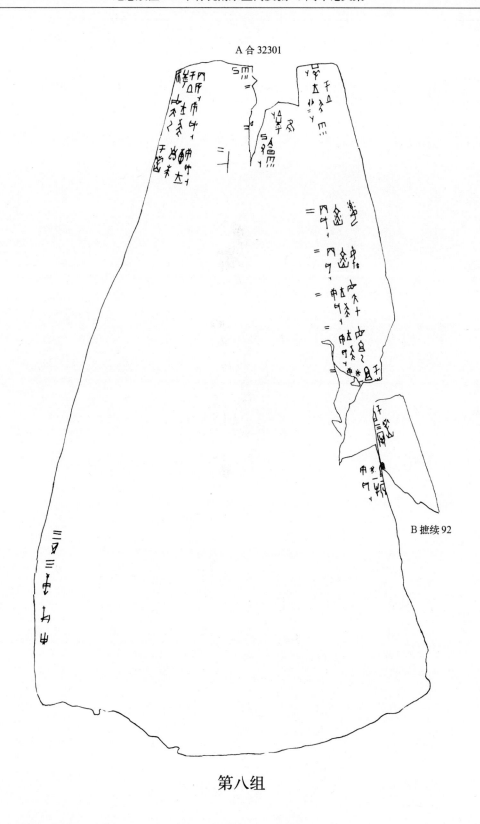

第八组

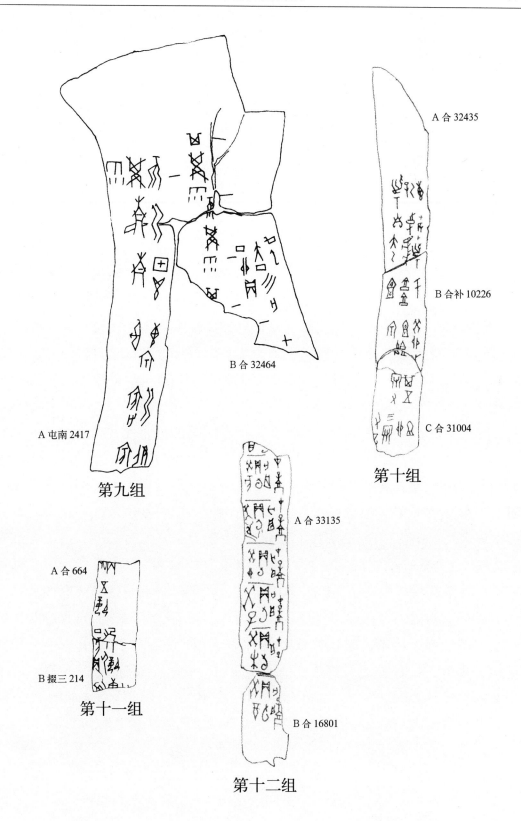

A 屯南 2417

第九组

B 合 32464

A 合 32435

B 合补 10226

C 合 31004

第十组

A 合 664

B 掇三 214

第十一组

A 合 33135

B 合 16801

第十二组

罗振玉与淮安

罗　琨　张永山

　　罗振玉字叔蕴、叔言，号雪堂，又称永丰乡人、仇亭老民，晚年号贞松老人。清同治五年（1866 年）六月二十八日生于江苏淮安，原籍浙江上虞。

　　上虞罗氏是一个大族，据说其先世居河南阌乡，即今灵宝故县。北宋末南迁至今浙江慈溪，南宋时再迁上虞永丰乡，即今小越镇。世代务农。其上虞本支在科举时代，仅八世出一贡生，十一世出一举人，做官最高不过七品知县。

　　罗振玉的曾祖名敦贤，号希斋。是迁上虞后的第十九代，兄弟五人，生齿繁衍，其本人又是庶出，在祖产难以维持大家庭生计的情况下，出外谋生。先至扬州投靠亲戚芜湖缪镕，经缪氏介绍作了盐司、河督的幕客。晚年回乡，用做数十年"绍兴师爷"的俸入，经营商业获得成功，据《上虞罗氏枝分谱》[①] 所记，"遂致产数十万金"，由于其子"服官江苏，遂侨居淮安之清河"，这是迁淮安的第一世。咸丰四年（1854 年）80 岁卒，葬上虞何家隩。有子鹤松、鹤龄、鹤翔、鹤畴，鹤云、鹤轩、鹤昇等，还有四女。

　　罗振玉的祖父名鹤翔，号翼云，排行第三。青少年时随父寄食缪家佐其家政，得到缪镕器重，又代捐江苏候补布政司理问。道光二十二年（1842 年）英军进犯长江，以防海有劳，保知州衔。冬，任淮安军捕通判，后又任泰兴县知县等职。他做官以干练著称，咸丰二年（1852 年）四十三岁卒于任上，葬山阳[②]东南乡张桥南西黄庄。有二子树勋、树棠和一女。

　　鹤翔初娶于陈，不足一年而亡；继娶于缪，遗一女而卒；再娶于方。方

---

① 罗氏晚年所著《上虞罗氏枝分谱》，收入《辽居杂著乙编》，见《罗雪堂先生全集初编》。
② 即今江苏淮安市。

氏祖母籍安徽桐城，桐城方氏是个大家，明清两代出了不少名人，方氏的父亲虽不过是县丞，但她自幼受到很好的家庭教育，素有贤淑之名。婚后不仅把家政安排得井井有条，抚养继女有如亲生，而且对丈夫的事业也有很大帮助。鹤翔任淮安通判时，一次因公务外出，下属乘机营私舞弊，她察明事实密函以告，鹤翔回来加以惩处，引起震动，从此再没有发生类似的事。高淳水灾，她也撤簪珥助赈济，给丈夫很大支持。1852年鹤翔逝世，方氏年轻居孀，带着幼子回上虞奉养翁姑，以十余年积蓄一万五千金进于堂上，翁姑不受，说"此汝夫妇辛勤所积，为两孤读书之资可也"。

咸丰四年（1854年），罗振玉的曾祖父敦贤过世，大家族瓦解。面对六十万金祖产的剖分，族人说兄弟无异产，唯三房有私蓄，无权继承族产，并告到官府。方氏得知，说万五千金俸余乃堂上所赐不敢辞，公产则可让，告诫二子说：他们的父亲"以只身羁旅，并此万五千金者亦无之，徒以忠信勤俭得有今日。汝曹异日能自立者，何必籍祖产。使不年自立，则祖产适长汝曹罪恶，终亦不能保也"。在清河县立案放弃公产，并按照族人要求，让两个儿子也立了字据："推产虽禀庭训，然异日即贫无立锥，亦无悔"。从此，方氏携子女，告别老宅至淮安，买宅于河下的罗家桥，"时值黄河北徙，后当道设局招垦滩地，乃认领二十顷治之"，并为十岁、十二岁的两个幼子延师读书。

孤儿寡母的生活是不容易的，尤其是随着子女长大，人口日多，以薄产维持生活日益艰难。光绪初年与同乡聚资在清河县经营典当之业——恒益典，由于受委托的经办人不善经营，两年亏损二万金，典当闭歇，这时罗振玉的叔父树棠适选浙江遂昌教谕，于是析产赴任。父亲树勋是长子，继承了淮安家产，据《枝分谱》有子振鋆、振镛、振玉、振常、振銮、振铎、振钧、振钺等，除了振镛出继、振銮早殇，子女还很多，债务日重。光绪七年（1881年）接到署江宁县丞通知，前往就职避债，命十六岁罗振玉协助母亲主家政，承担起接待债家，奔走衣食的责任。[①]

父亲就职前将债单交给他，还让他与司田租者接洽。这时的田产，只能偿还债务的一半，而母亲则因为田产是祖母辛苦置办，无论如何不肯出售。

① 见《贞松老人遗稿甲集·集蓼编》，见《罗雪堂先生全集续编》，又罗振玉著《雪堂自述》（中国学人自述丛书），江苏人民出版社1999年版。

但每年的田租收入还不够欠债利息的一半，以至债主日日来催，有的携家坐索，累月不去。这一切不能不使这平日足不逾书塾的少年，常常"汗出如浆"了。

不仅如此，父亲外出避债时，兄弟们渐次到了婚嫁的年龄。先是长兄、仲兄均自幼聘清河王氏女，光绪八年，即协助母亲主家政的第二年，媒人催娶。冬天，典当筹款办定喜事，生活费都用尽了，除夕之晨，母亲来告诉他，岁暮祀祖还无从筹办，急出奔走借贷，傍晚，借得四千钱（制钱四吊），才算过了年。次年，长姊出嫁，以后，嫁娶之事，一两年就有一次。除了婚嫁还有丧葬。光绪十二年，二十四岁的长兄病殁，由于经济窘迫，难以入殓，罗振玉的妻子范氏拿出陪嫁的金饰，易六万钱，才算办了丧事。光绪十六年，祖母方氏卒；光绪十八年，妻子范氏也因为产后褥劳而卒。这一切更使家庭经济状况雪上加霜。

这段经历对罗振玉一生有很深的影响。1916 年，在淮安的庶母、庶弟因家产发生纠葛，原拟次年亲自回乡处理，因病未能成行，手疏处分条例派长子福成回乡传达。在"处理淮安家务谕福成"①的手书中，首先回顾当他的父亲避债出门时，长兄在勤修举业，仲兄随侍父亲，四弟六弟皆幼，七弟八弟未生，16 岁的他就开始协助母亲管理家务，面对债主。今诸弟已长大，自己"余生况瘁，久思息肩"，因派长子"将历年帐目送诸父核阅，由诸父公议如何接管"。还说"我平生极恶人分家析产"，"此次办理仍是公共维持，并非析产"。家务的解决办法是留出祭田，准备改建老屋为祠堂，其余田产"岁入租石，公平摊付汝诸父，除我（三房）应得租数仍充公外，汝所应得（即指承嗣长房的一份）由汝自己酌量"，"然我先太淑人让产事，汝得知悉；我平生以让为得，亦汝所悉；汝倘有人心者，当能自知推让，无待我命"。还着重指出"子孙之对先人，权利、义务当双方交尽，食遗产，权利也；守家风、勉祭扫、保产业，义务也。权利以推让为美，义务以交尽为上"，但遗产推让了，"应尽的义务仍义不容辞，我老矣，对家门负责三十余年，今日弛肩，此责任即归汝诸弟承任之，汝承长房宗祧，责任尤重，应如何兢兢业业免力图维，汝勉之，勉之！至汝弟等，除家门义务外，有以

---

① 《贞松老人外集》（卷三），1945 年。

权利为言者，非我子孙"。最后还谆谆告诫长子，"汝年逾三十，初次任事，应和平谦虚传达我意"，使"汝诸父能知我对家庭之苦心，日后接管，必能敦睦推让，汝诸父不致因此有所争执，则我之所至盼也"。

罗氏在《集蓼编》回忆说：自佐母主家政"毕生忧患自此始矣"。然而忧患、艰辛也能锤炼坚韧，培养才干、开启智能。例如在淮安时，罗氏为补助家用曾为人刻印，订有"陆庵仿秦汉篆刻润例"。[①] 其后人继之，渐成一派。又如罗氏于1896年"出门谋食，一肩行李，他无长物"。开始是与蒋伯斧创建农报馆和东文学社，后来举私债"一身兼报、社两事，财力之穷，一如予之理家，同辈赞予果毅，且为予危，其实此境予所惯经也"。[②] 以后，经济情况好转，却有搜集古物的癖好，每每节衣缩食购置古器物和书画、碑帖，遇到印书、抢救大库史料等大宗急用，往往要举债或出卖藏品，正如王国维所说："国家与群力所不能为者，竟以一人之力成之。"有人猜测这是因为他有莫大的财力，而当时朝夕共处的王国维却写道：在"流寓海外，鬻长物以自给"之时，"旅食八年，印书之费以钜万计。家无旬月之蓄而先生安之。自编次、校写、选工、监役，下至装潢之款式、纸墨之料量，诸零杂烦辱之事，为古学人所不屑为者，而先生亲为之"。[③] 道出罗氏成就取得的一个重要原因，其形成正植根于艰辛的少年时代。

咸丰四年方氏携子定居淮安，居于河下的罗家桥后，咸丰十年（1860年）捻军至盐城，"罗家桥宅毁于兵，乃至郡城（即淮安府山阳县城）别购更楼东赵姓宅，鬻河滩垦地，治山阳田产"。这个山阳县南门更楼东老宅是罗振玉出生的地方，也是他1896年到上海创办"学农社"、"东文学社"、"农学报"、"教育世界"以前，居住了30年地方，不过离家后，年年都要回淮安省亲，直到1903年他的母亲去世。后来，除了1905年营葬父亲、1915年祭扫祖坟，再没有回淮安了。不过老屋一直有罗氏后人居住，只是数十年来，经过翻盖更新，面貌已经完全改观了。[④]

罗振玉的母亲范氏，是山阳副榜范咏春（以煦）之长女，出身淮安城

①　见罗继祖：《庭闻忆略》第10页。
②　见《贞松老人外集》卷三，《甲子岁谕儿辈》。
③　王国维：《观堂集林·缀林一·雪堂校刊群书叙录序》
④　参见罗继祖：《鲁诗堂谈往录·家乘别录·我家与淮安的关系》，上海书店出版社2001年版。

内的书香门第。① 出嫁后，生育了十个子女，主持着一个家道中落、负债累累的家庭，终日操劳，常以他人为重。《枝分谱》记述，"先妣秉操坚贞"，"有疾隐忍不言，但假寐须臾即起操作如故，有健丈夫所不能堪者"。光绪二十年（1894 年）罗氏正在邱于蕃家作私塾的塾师，母亲病疟，不让告诉儿子，"一日归省乃知，留侍疾，先妣斥之曰：'疟非大病，速趋馆，愈即以告。'"过了几天派人告知已愈，令勿归。罗氏不放心，回去一看，母亲病势已愈加沉重，"犹以勿荒馆务误人子弟，令趋返馆"。《集蓼编》中还有一段记述，说在甲午战后，"我国兵事新挫，海内人心沸腾，予欲稍知外事，乃从友人借江南制造局译本书读之。先妣曰：'汝曹读圣贤书岂不足，何必是？且我幼年闻长老言五口通商事，至今愤痛，我实不愿汝曹观此等书也。'"此说是否正确姑且不论，但它真切地反映出一百多年前一位淮安妇女关心国家命运的情怀。

罗振玉同母兄弟五人，排行第三，上还有长姊。他生而体弱，三岁始免乳，四岁始从长姊学字，次年入家塾前已识字千余。塾师山阳李泯江（导源）是一位老拔贡，也是他父亲的业师。五岁开始读《诗经》，六岁开始读四子书，从七岁开始常发扁桃腺炎，十三岁才读完《诗经》、《易经》和《尚书》，十五岁读《礼记》、《春秋》以及唐宋诗词、学作诗文短论，同时开始自学篆刻，没有老师，用百枚制钱从旧货商手中买下一方汉铜私印，反复摹刻，已显露出对古文物广泛的兴趣。

虽然由于多病，塾师授读进度慢，但当时祖母家教很严，只要能够起床，就得入塾随诸兄读书，所以对诸兄的功课倒往往能默记、理解，而且能勤于思考提出疑问。如塾师讲《诗经·小雅·四月》"先祖匪人，胡宁忍予"，说诗句反映古人的质朴，如果现在直斥先祖不是人，是不可以的。他提出质疑，以为和《庸风·柏舟》的"母也天只，不谅人只"相近，是说先祖也是人，人莫慈于祖父，怎么会忍见子孙苦厄呢？老师大惊，认为这个七岁孩子的理解，确实比自己照字面的解释更为贴切。一些类似的例子每每使长辈惊异，觉得他聪颖过人，祖母分外看重他，父亲更对他抱以更大的期望，希望他能通过科举走上仕途，老师说他的前途必然远大，只是体质太

---

① 王汉义：《〈淮壖小记〉作者范以煦》，见《淮安古今人物》第一辑。

弱，督课不能太严，所以把课程进度放慢，让他多自学。这种自学习惯的养成，对他一生治学也是不无益处的。

光绪七年（1881 年），罗振玉十六岁，开始学做八股文，随返上虞县应童子试，不意入县学第七名，次年与兄同赴乡试不中。光绪十四年（1888年），遵父命从山阳杜宾谷（秉寅）学作八股文，由于自认为得意之作，文字之佳深得老师赞许，却说不合制法，从而对科举丧失信心。这一年勉强应试，又不中，此后，再不曾下场了。

十六岁，童子试的顺利通过，并没有打开他通向仕途之门，但杭州之行却大大开阔了他的眼界，是远比考中第七名秀才更为重大的收获，为日后的学术活动奠定了第一块基石。

在杭州，他参观了郡庠，看到宋高宗写的《孝经》刻石，堂壁上还刻着清代经学和金石学家阮元摹勒的《石鼓文》，这些都深深吸引了他，还手拓了一份《石鼓文》。游西湖，看到山上更多的唐宋题刻，摩挲流连不忍离去，第二年，他就开始赁碑校读。杭州之行还使他得识前辈学者，在郡醉经堂书肆，得遇乌程汪谢城，这是一位饱学知名的老者，能诗且精通历算，当时为会稽教谕。在书肆谈了几句就很投契，老者对少年罗振玉大加勉励推重，还把自己辑刻的《荔墙丛刻》送给了他。在旅舍，又遇当时以收藏古砖而著名的桐城吴康甫（延康），获赠四幅古琴拓本。①

在杭州北归的路上，父亲的挚友萧山单棣华（恩溥）与他们同行。一日，谈到读杜甫、陆游诗，被问及喜好哪些诗句？罗振玉答杜甫的"致君尧舜上，再使风俗淳"，陆游的"外物不移方是学，百家屏尽独穷经"。单棣华赞扬说："此子异日未可以儒生限之。"很多年以后，他还把陆游的这一诗句写成篆书联，送给他的弟子柯昌泗，遗墨今发表于台湾版《罗雪堂先生全集》第一编，题给"燕聆仁弟"。

在淮安的那些年代，十六七岁的罗振玉，白天应付债主，奔走衣食，夜晚读书。每天准备好满满两盏灯的油，总要用尽才睡。由于睡眠不足，一年后，患了严重的失眠症。后来迎娶了比他大一岁的范氏入门，生活比较有规律了，失眠症才渐愈，但在贤淑妻子的支持下仍经常夜读。《集蓼编》中

① 参见罗继祖：《永丰乡人行年录》，江苏人民出版社 1980 年版。又罗继祖辑述、罗昌霖校补：《罗振玉年谱》，台湾行素堂发行，1986 年版。

写：当时小仅方丈的书斋，别置小榻，每夕夜读，妻子总要先帮他整理书案，自己持衣在旁缝纫，"儿啼则往抚之，予丙夜就寝，淑人必为予整书卷、理衾枕，始伴儿眠，往往匝月不通一语，恐妨予读也"。

当时读的书大多是借来的，而引他入门的一部书，却是父亲以三十千钱给他买的《皇清经解》。光绪八年，他与兄长同赴乡试，归途绕道江宁省视父亲，于书肆见到《皇清经解》，产生很大兴趣，却无钱购买，父亲知道后，满足了他的愿望。书到手，他如获至宝，归后，按计划每天读三册，一年间一字一句地将书读了三遍。他在《集蓼编》中回忆说"闻先辈言，读书当一字不遗"，所以"虽观象授时、畴人诸书读之不能解，亦强解之。予今日得稍知读书门径，盖植于是时也。"

在读经史的同时，他深感古碑刻对经史考订的意义很大，十七岁乡试之行的另一项重要收获，就是在扬州买到仪征张氏榕园藏石拓本十余纸，这是他一生收藏墓志拓本的开始，对碑刻资料的收集、整理，用于经史考订之学，就是从这里起步的。

首先校勘《金石萃编》，这是清代重要金石著作，收录秦至宋、辽、金碑刻达千五百种，还有一些铜器和其它铭刻，铭文、考释内容丰富，但有一些讹文、误字、漏字。当时家无碑刻拓本，又无力购买，就赁碑校读。当时山东碑帖商人刘金科常带山东、河南、陕西碑刻拓本到淮安贩卖，租赁每份二十钱。从光绪九年到十一年（1882—1885 年）共赁碑八百余通，与长兄振銮共同研读，罗氏后来回忆说：当时兄弟二人各居东西二舍，每夜在青油灯下疾读，煤染于手，十指尽黑，摩挲倦眼，面目亦黝然而墨，二人相顾不禁哑然失笑，就这样涤荡了平日的抑郁忧愁。在长兄去世的第五个周年，他曾请人画《赁碑图》，自己写了《赁碑图记》，编入《面城精舍杂文》甲集，追忆这一段生活经历，寄托对长兄的怀念，"且以志寒士为学之非易也"。

在这几年中，长兄完成了《碑别字》五卷。长兄去世后，随着所见碑志的增多，罗氏又一再对此书进行校补，而他自己，通过赁碑校读完成了《金石萃编校字记》，对照碑文将《金石萃编》失录的字补上，讹文误字予以补正。又作《寰宇访碑录刊缪》一卷，廿八岁再作《补寰宇访碑录刊缪》一卷，和《再续寰宇访碑录》二卷，以后还有学者不断续补、校勘，使

《寰宇访碑录》逐步得到丰富和完善。

罗氏通过赁碑校读，还著有《读碑小笺》《存拙斋札疏》各一卷，均成于十九岁（光绪十年）。《读碑小笺》主要是以碑刻证经史，收笔记九十九条，除了订正《金石萃编》十九条外，订正涉及的书有《段氏说文解字注》、《集古录》、《金石录》、《中州金石记》、《字汇》、《正字通》、《宝刻类编》、《授堂金石跋》、《关中金石记》、《曲阜志》等二十余种书，反映他当时确已读了很多书，而且能融会贯通。《存拙斋札疏》是集小小考订，如证《论语》"温故而知新"的"温"即"蕴"字，《礼记·中庸》"素隐行怪"《汉书》引作"索隐"，乃"素"、"索"古字通用。清代经学大师俞樾曾将其中的一些考证摘入《茶香室笔记》，就像应童子试时学使张霁亭怀疑试卷并非出于少年之手一样，《存拙斋札疏》再次被误认为出于名宿。后来，有人把该书送给著名学者汪梅村看，汪梅村为之作《跋》，称"其书不盈一卷，而考证极多精核"，"君贫笃行，敏于著述，年才弱冠，斐然有成，后来之彦，非君莫属"。这两本小书是罗氏著书之始，由妻子范氏脱簪珥刻行。

从十九岁开始著书，到二十九岁十年间著作近二十种，这些成就中，还凝聚了淮安友人支持。《集蓼编》中记述"予家无藏书，淮安亦无书肆，每学使案试，则江南书坊多列肆试院前，予力不能购，时时就肆中阅之。平时则就人借书，阅后还之，日必夹册出入"。还一一记下"当日所从借书者"，有姐夫何益三、丹徒刘渭清、蔆屋路山夫、清河王寿蘐、山阳邱于蕃、吴县蒋伯斧。

最年长的是路山夫，他出身翰苑世家，少承家学，以荫子得官做到知县，由于不肯逢迎上司，被劾罢官，流寓淮安，筑屋于郡城东北隅，因在边高士（寿民）苇间书屋之西，就称"苇西草堂"。光绪九年（1883年）冬天，十八岁的罗振玉与他结识，二人年龄相差一倍，谈起金石考订之学却很投契，从而订忘年之交。"遂晨夕过从，无间寒暑"。后来常会刘梦熊、刘铁云兄弟、邱于蕃、蒋伯斧等，"每就君园林，各出金石书画，相娱乐或剧谈，痛饮抽毫赋诗"。①

----

① 《路府君墓志铭》，《永丰乡人甲稿》，又《永丰乡人行年录》。

与山阳邱于蕃（崧生）订交是在光绪十四年（1888 年）二十三岁时。邱氏出身诗礼世家，家境也不错，有先世的遗产足以自赡，但因不善治家，随着子女婚嫁，日益衰落了。① 在淮安时代，他们不仅一起谈学，邱氏对罗氏经济困境的解脱，也给予过帮助。例如罗氏自长兄病逝，家计愈加艰难。祖母说：死守祖产不忍割舍，志虽可佳却未免太愚，应割产一半还去急债，得脱身出门谋生才能打破僵局，使家庭有复兴的希望。但当时米价极贱，田更难卖，想在外谋职，也未找到门路。后来，还是邱于蕃推荐，应山阳刘氏馆为童子师，每年酬脩二万钱（约合白银二十两）。三年后，移馆邱于蕃家，再一年又移馆刘家，教授刘梦熊、刘铁云兄弟之子，岁脩增至八万钱。由于当时的物价贱，这笔收入对一个债务重压下的家庭是不小的帮助。罗氏家庭困境的缓解，第一步是在邱氏帮助下迈出的，这是事实，然而有一种说法流传颇广，如溥仪在《我的前半生》中就说罗氏在邱家教书时，将其百数十件唐人写经及五百多件唐、宋、元、明字画席卷而去，因此发了家，却是无稽之谈。罗继祖在《永丰乡人行年录》中进行了剖析，特别指出：唐人写经是光绪二十六年（1900 年）在甘肃敦煌始被发现，光绪三十三（1907 年）年以后，大量流出国外才逐渐被国人所知。罗振玉于邱家为童子师是在光绪十九年（1893 年），初见敦煌卷轴是在宣统元年（1909 年）赴日本考察农学归国返京，与伯希和相见时，伯氏告知石室尚有卷轴约八千，以写经为多，由此罗氏奔走于学部和京师大学堂，致力于将"唐人写经"等购至京师。而邱于蕃卒于光绪三十一年（1905 年），完全不可能家藏"唐人写经"。可见这种说法缺乏基本的历史常识。而且从《永丰乡人行年录》中可以看到，罗、邱的关系决不仅仅是西席与东家，而有终其一生的友谊和交往。

蒋伯斧，家境小康，中乡试后父丧，定居淮安读书养亲。他和罗氏同庚，关系更为密切，交谊"垂二十年，出入与共，方在淮安寓居，过从无虚日"。后来一起在上海办农学社，一起到广东参议学务，到苏州办师范学堂，同在学部授二等谘议官。因而是"在上海居比舍日数见"，"客粤中、客吴下皆与君偕，出则连轸，居则接席"。② 罗氏在《题伯斧小像》中写道：

---

① 《邱君墓志铭》，《永丰乡人甲稿》。

② 《蒋君墓志铭》，《永丰乡人甲稿》。

"淮浦申江共卜居，倩人为画偶耕图，而今岭南重携手，又是年华十余载。"①

在刘氏兄弟中，较早熟识的是刘谓清（梦熊），他懂法文，醉心西学，不愿为官而闲居淮安。1895 年邑中拟开西学书院，曾聘他教授外文、算学。同刘铁云的交谊始于光绪七年（1891 年），当时山东河患频繁，山东巡抚的幕僚中，多援引贾让不与河争地说，主张放宽河身。上海筹账绅士施少卿，更拟用海内赈灾之款收购河边民地。罗振玉以为不可，作《治河论》五千余言，拟投报社以警当世。刘谓清得见文稿，寄给在山东的刘铁云，铁云读后大喜，将自己所作《治河七说》送给罗氏，附信说"君之说与予合者十八九，群盲方竞，不意当世尚有明目如公者也"。② 1894 年，刘铁云回乡守丧，二人才相见。当时正值甲午战前，友朋相聚常论及时事，1915 年罗振玉在《五十日梦痕录》中回忆道：

> 时诸军皆扼守山海关，以拱京师，予谓东人知我国事至熟，恐阳趋关门而阴持旅大，以覆我海军，则我全局败矣。侪辈闻知皆相非难，君之兄且引法越之役法将语，谓旅大难拔以为证。独君意与予合，忧旅大且旦夕陷也。乃未久竟验，于是同侪皆举予与君齿，谓二人者智相等，狂亦相将也。

尽管罗、刘二人性格不同，但不少见解一致，特别是都有"好古癖"。刘铁云对古文物有相当高的鉴赏力，收藏范围广、数量多，罗振玉在同一篇回忆中，曾念念不忘地说"予之知有殷虚文字，实因丹徒刘君铁云"。也许正因为这些共同语言，使他们有较深的交谊，并成为儿女亲家。

淮安时代的交游在罗振玉一生中是难忘的，后来在己酉《题小像五首》③ 之一中深情地回顾道：

> 少年意气正纵横，何事呼朋共耦耕。
>
> 种树书成谁乞稿，海滨回首不胜情。

"读破它，利用它，打开它的秘密"

——郭沫若研究甲骨文的路径与贡献

谢保成

殷墟自 1928 年开始科学发掘，至 1937 年中止，正是郭沫若集中精力研究甲骨文的年代。当他在日本东京上野图书馆查阅罗振玉《殷墟书契前编》，面对"毫无考释的一些拓片"时，迫切想"读破它，利用它，打开它的秘密"。[①] 这 12 个字，正好概括出郭沫若研究甲骨文的路径和贡献。十个年头，他相继推出专门论著《卜辞中的古代社会》、《甲骨文字研究》、《卜辞通纂》、《殷契余论》、《殷契粹编》，论证商代的社会、经济、政治、思想文化，考释甲骨文 520 字，提出"卜辞本身的研究已达到能够断代的地步"[②] 的认识。

急于"利用"的曲折之路

经过一年时间的努力，1929 年 8 月郭沫若写成《甲骨文字研究》一书初稿。从《燕京学报》得知王国维称许的青年古文字学者容庚在燕京大学任教，未经介绍便致函联络，两位"未知友"建立起"文字交"。8 月 27 日致容庚函表示："因欲探讨中国古代社会，近亦颇用心于甲骨文字及金文之学"，希望得到帮助。9 月 19 日将部分初稿寄容庚"相商"，容庚回复可以在自己主编的《燕京学报》刊行。因郭沫若要"以手稿影印"，《燕京

---

① 《海涛集·我是中国人》，《郭沫若全集·文学编》第 13 卷。

② 《先秦天道观之进展》，《郭沫若全集·历史编》第 1 卷。

学报》未能实现。后经李一氓交涉，1931 年 5 月由上海大东书局根据手迹影印出版。

《甲骨文字研究》一书，体现郭沫若初始阶段研治卜辞的实践——"读破它、利用它"。1929 年 8 月自序称："余之研究卜辞，志在探讨中国社会之起源，本非拘拘于文字史地之学。然识字乃一切探讨之第一步，故于此亦不能不有所注意。且文字乃社会文化之一要征，于社会生产状况与组织关系略有所得，欲进而追求其文化之大凡，尤舍此而莫由。"书中的文字考释，大多根据字的原始形义，结合文献中对其字的解释，再参以民俗学资料，置于对古代社会的基本认识之中，综合研究，得出结论。因此，学术界的基本评价是"不落窠臼，不受拘束，多有创获"，但因为是在"对古代社会总的认识下解释卜辞，因而可能说字不尽是对的，而其大体上是正确的"。[①]

当郭沫若开始"打开"甲骨文的"秘密"，对甲骨文自身特点进行考察之际，发现先前的"读破它，利用它"存在着"很错误的看法"，并逐步进行纠正。

《甲骨文字研究》与《中国古代社会研究》把商代看作是"金石并用时代"和"氏族社会末期"，认为商代产业以"牧畜最盛"、"农业尚未发达"。《卜辞通纂》通过"食货"类甲骨文的研究，肯定"殷人产业以农艺牧畜为主"（第 474 片考释），在《古代研究的自我批判》中进一步认定"农业已经成为了主要生产"。

其次，《释臣宰》、《释支干》曾说到商代某些奴隶的身份，《卜辞通纂》进一步指出商代"且已驱使奴隶以从事于此等生产事项，已远远超越所谓渔猎时代矣"（第 474 片考释）。第 475—480 片有"多臣"和"多射"，以"多臣多射从事征伐"，知"商人以奴隶服兵役"，认为"此事与古希腊罗马同"。第 485 片有"奚"，考释指出："以字形而言，乃所拘者跪地反剪二手之形"，"然谓当以罪隶为本义，则固明白如昼也。此字足征奴隶之来源"。

再次，《卜辞中的古代社会》、《释祖妣》根据摩尔根《古代社会》的发现，认为商代保存着"亚血族群婚之遗习"以及"母权中心之痕迹"。

① 陈梦家：《殷虚卜辞综述》，科学出版社 1956 年版。

《卜辞通纂》"世系"指出："殷世于先妣特祭，兄终弟及之制，犹保存母系时代之孑遗，然其父权制度确已成立。"强调"有一极可注意之事项，即自示壬以下，凡所自出之祖，其妣必见于祀典，非所自出之祖，其妣则不见"，说明商代立长立嫡之制已然确立。

还有一个重要方面，郭沫若根据王国维《殷周制度论》中关于殷周之际"剧变"的观点，在《卜辞中的古代社会》中把殷周之际视为"突变"时期，称"殷周礼制固大有不同"。《卜辞通纂》第440、443 片"受黍年"，卜以二月三月，亦卜以十月十一月，乃受来年之黍，表明周人祈年实"自殷代以来"。第442、444 片"受酉年"，以周人祈年岁有三社，即春社、秋社、冬社，称"三社之礼盖自殷代以来矣"。通过考释总结说："于礼有告刍、告麦、祈年、观耤之事，多与周人同。孔子所谓'周因于殷礼'者也。"后来，在《卜辞中的古代社会》"补注九"又一次指出，王国维的殷周"剧变"说"实言之过甚"，"殷末与西周并看不出有何剧变"。

在未"打开"甲骨"秘密"的情况下，先"利用它"以"探讨中国社会之起源"，虽然考释文字可以"多所创获"，但用起来则往往出错，以至几次改变对商代社会性质的认识。当他作古代研究的自我批判时，总结"利用"卜辞"一开始便把路引错了"的教训时说"有好些新史学家爱引用卜辞，而却没有追踪它的整个研究过程"，[①] 正是郭沫若对自己最初研究甲骨文路径的一种反思。

打开"秘密"的贡献

在《甲骨文字研究》寻找出版机会的两年多时间里，郭沫若翻译了德国学者米海里斯《美术考古发现史》，得到了"关于考古学上的智识"，从而"把殷墟卜辞和殷周青铜器整理得出一个头绪来"[②]。

在这一领域，郭沫若取得与罗振玉、王国维、董作宾并驾齐驱的成就，是其为"打开"卜辞"秘密"所作的贡献，即其所谓"卜辞本身的研究"。

1932 年夏秋之交，郭沫若以殷墟出土甲骨多流入日本，自己"寄寓此

---

① 《古代研究的自我批判》，《郭沫若全集·历史编》第 2 卷。
② 《序〈美术考古一世纪〉》，《郭沫若全集·考古编》第 10 卷。

邦"，有便"征集诸家所藏以为一书"。先后从东京大学考古学教室、上野博物馆、东洋文库以及林泰辅博士、中村不折、中岛蠔山、田中子祥氏等处得见甲骨 2000 余片，又于京都大学考古学教室于内藤湖南博士、富冈君撝等处得见甲骨 800 片左右。1933 年 5 月《卜辞通纂》由日本东京文求堂书店据手迹影印出版，1937 年 5 月《殷契粹编》由日本东京文求堂书店据手迹影印出版。《殷契粹编》虽然只是刘体智"一家藏品"，但"分类大抵与《卜辞通纂》相同"。① 因此，《卜辞通纂》集中体现郭沫若打开甲骨文"秘密"的成就与贡献。

《卜辞通纂》正编录入甲骨 800 片，"所据资料多采自刘、罗、王、林诸氏之书"。别录一著录 42 片，既有中央研究院历史语言研究所新获大龟四版的拓本和董作宾《新获卜辞写本》中的精品，也有"未经著录"的何叙甫所藏拓墨。别录二日本所藏甲骨择尤，著录 87 片，为"于此间所得公私家藏品"，"选尤择异而著录"者。书序这样写：

> 本书之目的，在选辑传世卜辞之菁粹者，依余所怀抱之系统而排比之，并一一加以考释，以便观览。

通过传世精品确立起认识卜辞的"系统"，再作考释，标志着甲骨文研究进入一个新的阶段。

先来看郭沫若所"怀抱之系统"。《述例》写道："卜辞每卜几均有日辰"，故首出干支表；数字"同为判读卜辞之基础智识，故以数字次于干支"；世系"在定夺卜辞之年代与历史性"，"排比即由文丁以至于夒，倒溯而上以入于神祇之域"，"故以天象次于世系"；而"天时之风雨晦冥与牧畜种植有关，故以食货次之"；"殷时已驱使奴隶从事生产事业，奴隶得自俘虏，故以征伐次之"；而"征伐与畋游每相同，卜辞中尤多不别，故以畋游次之"；杂纂"殿于后，大抵以属于抽象事项者为多"。不仅将甲骨卜辞各项内容的内在联系交待得一清二楚，而且为初涉这一领域者指明入门的路径，即先从判读卜辞的干支、数字、世系入手，进后再探其所显示的重要社会内容。正编著录的 800 片甲骨卜辞，分为 8 类：干支（1—8）、数字（9—36）、世系（37—362）、天象（363—436）、食货（437—474）、征伐

---

① 《〈殷契粹编〉述例》，《郭沫若全集·考古编》第 3 卷。

（475—613）、畋游（614—751）、杂纂（752—800）。

由于这一"系统"建立，不仅使其得以纠正罗、王二家所误释，识罗、王二家所未识，更使其得以洞悉甲骨卜辞本身的诸多奥秘，开始系统地进行"再发掘"。

纠正罗、王误释，识罗、王未识方面，突出的例证是：考释"世系"类卜辞之后，列出一个基本完整的殷先公先王先妣世系表。第 40—44 片"后祖乙"，王国维释为武乙，郭沫若考释认为是祖甲时所卜，"后祖乙决非武乙"。41 片补上残辞，同版又有祖乙、后祖乙，因此断定"后祖乙即小乙"。第 118 片，有两个字罗、王均未识，有两个字罗、王均误释，考定罗、王所未识者为阳甲，罗、王所误释者为沃甲。第 176 片考释，又以罗振玉未识、误释之"戋甲"为河亶甲。《后记》指出："殷人于甲日祭某甲而合祭某甲时，二甲于先世中必相次。所祭者在后，所合祭者在前。"根据这一"通例"排列，以阳甲、沃甲、河亶甲为次，解决了殷先王世系中一个争执不休的问题。对于"殷之世系"，由于确立起"系统"，除仲壬、廪辛而外，"其为罗、王诸家所未知或遗误者，遂得有所揭发"。至于不少"罗、王诸家所未识，即余纂述此书以前亦所未预料"的收获，就更与其确立起的"系统"直接相关。

前面提到改变殷代产业以"牧畜最盛"的看法，与其建立卜辞"系统"紧密相联。书中关于"殷人产业以农艺牧畜为主"的说法，是在总结了"食货"类的卜辞之后得出的论断。"食货"类共著录 38 片甲骨，是从 7 部书和一些私藏中选编在一起的，第 437—461 片为受年、受禾、观耤、告麦等内容，第 462—467 片为刍牧的内容，第 468—471 片为有关贝的内容，第 472—474 片为众黍的内容。农业在"食货"类占有很重要的地位，因此改变了先前"牧畜为主"的看法。

对于甲骨卜辞自身奥秘的探索，分两个基本方面，一是当时如何占卜记事，包括占卜、刻辞、用辞、行文；二是后人如何科学利用，包括区分时代、断片缀合、残辞互足以及校对去重等。

第一个方面，为打开当时如何占卜记事的"秘密"。

甲骨文作为商王占卜记事的文字，在被发现之后的二三十年，人们很少知道在当时是怎么回事，只是在与文献互证史事时，间或进行一些猜测而已。科学发掘殷墟之后，董作宾在《商代龟卜之推测》一文中初步摸清当时整治甲骨和进行占卜的过程。郭沫若没有亲身发掘的经历，只是凭着对传世甲骨的细心观察和认真研究，获得了与董作宾差不多是殊途同归的成就，共同为甲骨学的发展做出瞩目的贡献，

《卜辞通纂》中，对"兆序"及其作用已经有了很精辟的论述。第9片考释指出："一、二、三、四等数字乃纪卜之次数，数止于十，周而复始。"第15片之后归纳："以上由第九片至第一五片，均刻有纪卜之数字，由一至十之基数十字具备。"此外，还有关于卜兆性质的术语的考察。第9片考释，"'二告'二小字乃标示卜问次数之术语"。第640片考释指出"于'于宫亡灾'之兆文系一'吉'字，盖谓四卜之中，此卜协吉也。此乃标示兆文性质之术语，有'吉'、'大吉'等之分"。在第18片，发现一个后来称作"用辞"的情况，指出："御者用也。'兹御'殆犹它辞言'兹用'矣。"

占卜用骨和卜后如何刻写，郭沫若提出具有一定预见性的合理探索。"卜用三骨"，是在《卜辞通纂》中最先明确提出来的。"别录一"何叙甫第12片有"习一卜"、"习二卜"。考释"疑古人以三龟为一习，每卜用三龟（《洪范》言'三人占'，亦一证据）。一卜不吉，则再用三龟。其用骨者，当亦同然。言'习一卜'、'习二卜'者，疑前后共卜六骨也。"1971年在安阳小屯西地发掘21片甲骨，分为三组，均以三为公约数。据此，郭沫若发表《安阳新出土的牛胛骨及其刻辞》，说"我四十年前的揣测，似乎已由出土实物而得到证明了。即是卜骨或卜龟甲是以三枚为一组。一次卜用三龟或三骨，卜毕后储存"。

至于卜辞如何刻写到甲骨上，1933年董作宾在《断代例》中提出先刻竖划，然后横转过来，一一补足横划。与此同时，郭沫若注意到缺刻横划的现象。第6片、第233片、第270片考释均指出有缺刻横划的情况，后来专门写有一篇《缺刻横划二例》。《殷契粹编》第114片、第118片，也涉及到这一问题。直到1972年发表《古代文字之辩证的发展》一文时，仍然以《卜辞通纂》第6片为例，大体上追述着董作宾"先刻竖划，再转移骨片补刻横划"的意见，但不同意董作宾"先写后刻"的说法，认为"甲骨文是信手刻上去的，并不是先书后刻"的。这项研究除开了解当时刻写卜辞的

情况外，更有意义的是通过补足缺刻横划，又发掘出一些珍贵的资料。第 6 片补足缺刻横划后，恢复了卜辞中罕见的"食麦"，即《月令》中"孟春之月食麦与羊"。第 270 片中，有王国维释为"小癸"的人名，通过补足缺刻横划乃为"示癸"，纠正了王国维的失误。《殷契粹编》第 114 片，原辞凡有横划之字均缺刻横划，补足之后虽然仅有 11 个字，"上甲之次为报乙"，由此"前后共得三证"，足可以纠正《史记》中所记上甲之次为报丁、报丙、报乙之误。

大致弄清占卜刻辞基本情况的同时，郭沫若更致力于研究的是刻辞在甲骨上的刻写部位、行款顺序等，即所谓甲骨文例。经过几代学者的不断努力，甲骨文例日渐清晰，看来杂乱无章的刻辞被化为条缕井然、关连清楚的记事文。郭沫若的甲骨文例研究，被誉为有"发其辞例"之功。

董作宾以其著名的"龟板定位法"判明甲骨文例，郭沫若大体与董作宾同时窥破"龟卜文例"的奥秘，并走到了董作宾的前面。《卜辞通纂》对于甲骨文例阐发尤多，纠正了前人不少错误。书中约有一小半甲骨是按原大摹画片形，在相应位置作出隶定，可补的字补上，不可补的字用□符号表示，各辞以虚线隔开。随文点出文例者不在少数，如第 7 片，为一大肩胛骨，"其次序乃先下而上。卜辞刻次往往如是。"又如第 16 片，以其刻文由下而上、由右而左断定："凡卜辞分段契刻者，文如左行，则单行在右。文如右行，则单行在左。"第 37 片，考释指出："殷人命龟使用腹甲，凡卜多一事二贞。以腹甲之正中线为轴，取左右对称之形。此片乃腹甲右半之残，逸其左半，故此中辞例均缺其对称辞。"第 64 片，较为完整，"其卜以中线为轴，一事在二卜以上，左右对称，先右后左（其卜兆右书一，左书二，即示其先后之次）。由下而上（由 A1、B1 二辞之干支可知），此可确知者。"第 75 片，凡卜辞成段者均先下后上，左行则全体左行，右行则全体右行。第 259 片、第 786 片，均为"左右对贞之例"。

第二个方面，为打开如何科学利用卜辞的"秘密"。

科学利用甲骨卜辞，首先在判明其时代。1933 年以前，甲骨学者中罗、王二家虽有零星尝试，却未能系统起来，大部分学者仍然笼统地视之为"殷商书契"。董作宾综合科学发掘实践和大批甲骨材料，以一篇划时代之作——《甲骨文断代研究例》凿开盘庚迁殷以后近 300 年甲骨卜辞之"浑沌"。郭沫若在篡录《卜辞通纂》之初，原拟"编中所列，就其世代可知者，一一表出之"。当从董作宾来信中得知《甲骨文断代研究例》分世系、称谓、贞人、坑位、方国、人物、事类、文法、字形、书体等 10 项以求其时代后，便决定"不复论列"。《卜辞通纂》付印后，收到董作宾寄赠的《甲骨文断代研究例》三校稿本，"既感纫其高谊，复惊佩其卓识"，称赞说："如是有系统之综合研究，实自甲骨文出土以来所未有。"同时尤私自庆幸，"所见多相暗合"。其中，既有郭沫若"期其然而苦无实证者，已由董氏由坑位、贞人等证实"之处，也有根据《卜辞通纂》第 723、725 片为董作宾补充祖庚、祖甲时一位贞人尹之处。当然，不排除"大相背驰者"，特录出与之"商榷"处。《卜辞通纂》中甲骨文分期断代的标准，一是"称谓"，如第 40 片根据辞中称谓"父丁乃武丁"，判其时代为"祖庚若祖甲时所卜"；二是"贞人"，如第 87 片"因卜人名即可知，祖庚、祖甲时物"；三是"字迹"，如第 39 片"与上二片（即 37、38 片）字迹同出于一人，且均有文丁，乃帝乙迁沬时所卜。此可为辨别时代之标准。凡同此手笔者，均帝乙时物也"。郭沫若虽然没有将其断代分期的探索系统化，但《卜辞通纂》中所录甲骨文，在董作宾《甲骨文断代研究例》之前已基本分在不同王世，且"多相暗合"，可见其与董作宾又是殊途而同归。

书序第一段末有这样一段话：

> 其已见著录者，由二片以上之断片经余所复合，亦在三十事以上。中有合四而成整简（本书第九六片）、合三而成整简（第二五九片）、合二而成整简者（第七三〇片），均为本书所独有。故仅就资料而言，本书似已可要求其独立之存在矣。

断片缀合，在郭沫若看来，是《卜辞通纂》的一大重要创获。

早在 1917 年，王国维曾经拼合过 1 片，发现上甲至示癸的世次与《史记·殷本纪》不合，纠正了《史记》记载的失误。此后的十五六年间，再无拼合问世。直至《卜辞通纂》才开始有意识地进行拼合，多达 34 片，并自视为"独有"。1933 年秋完成的《殷契余论》中专有《断片缀合八例》一篇，强调"甲骨断片多可复合，余曩于《通纂》获得三十余事，今复得数例，揭之于次"，① 刊出新缀合的 8 版。

断片缀合，使残破、分散的甲骨片得以恢复原貌，片断的记事因而得以完整，无异于史料的"再发掘"，受到极大的重视，甚至出现专门从事断片缀合的学者和著述。郭沫若主编《甲骨文合集》录入甲骨 41956 片，为"甲骨学史上的里程碑"，其"总拼合不下两千余版"，② 是对 1928 年以来缀合甲骨的一个总结。

在缀合的同时，发现有些残辞已无法找到可以缀合的对象，便联想到一事多卜造成"同文卜辞"的情况。集中"同文卜辞"作分析比较，又可使一些残损严重、不能属读的卜辞被补足，成为较完整的史料。书中第 430 片"中行及尾行下端均损去一字"，郭沫若以其与罗振玉《殷虚书契续编》第 5·32·1 片、王襄《簠室殷契征文》地望第 27 片"左辞"乃一事，"今可补足之"。《殷契余论》中《残辞互足二例》一篇有云：

> 卜辞记卜或记卜之应，每一事数书，因之骨片各有坏损时，而残辞每互相补足。

《殷契粹编》第 362 片，是"据《通》38 片补"。在这两部著录中，随释文尽可能补足各片的残缺，实无例可鉴者便用□符号表示所缺文字。经过这样处理，不少原先仅为只言片语、事义不明的甲骨卜辞，成为较完整的史料。

缀合、互足当中，遇到不少内容全同的卜辞。与《卜辞通纂》同时出版的罗振玉《殷虚书契续编》，与其他著录重复及自重者"多至全书的五分之四以上"，足见当时尚无人注意这一问题。《卜辞通纂》中校对重片 18 片，是通过书中编号下注明该片曾经著录过的书名、片号得出来的。

"知我罪我，付之悠悠。"③ 甲骨学发展史的 80 余年间，有整整 50 年取得的成就与郭沫若的创造性探索密不可分，亦因此甲骨学由草创走向成熟。

署名"鼎堂"的遗闻趣事

甲骨"四堂"，郭、董、罗、王。不同的是，彦堂、雪堂、观堂分别为

---

① 《郭沫若全集·考古编》第 1 卷。
② 胡厚宣：《〈甲骨文合集〉序》，《甲骨文合集》第 1 册，中华书局 1982 年版。
③ 《〈卜辞通纂〉序》，《郭沫若全集·考古编》第 2 卷。

董作宾、罗振玉、王国维三人的字号，而鼎堂却是郭沫若使用率最高的笔名，最先用于翻译作品，1925 年 6 月翻译出版俄国作家屠格涅甫小说《新时代》，署郭鼎堂译；1926 年 2 月翻译出版爱尔兰作家约翰·沁孤《约翰沁孤戏曲集》，署郭鼎堂译述；1926 年 5 月翻译出版德国作家霍普特曼小说《异端》，署郭鼎堂译。其后用于金文研究，1931 年 6 月在《燕京学报》发表《汤盘孔鼎之扬榷》以及出版单行本，署名郭鼎堂。再后用于回忆录，1935 年 10—11 月发表《幻灭的北征》、《北京城头的月》、《世间最难得者》，均署鼎堂。史学方面，1936 年 5 月出版《先秦天道观之进展》，篇末有 1935 年 12 月 23 日《追记》，署郭鼎堂。唯独在甲骨学方面，没有用过鼎堂或郭鼎堂的署名。

《甲骨文字研究》因《燕京学报》不能"以手稿影印"，经容庚推荐，傅斯年希望在《历史语言研究所集刊》分期发表，而后由中央研究院出版单行本，稿酬从优，条件是发表时不用郭沫若本名，须得"更名"。郭沫若在致容庚函中表示"更名事本无足轻重，特仆之别著《中国古代社会研究》一书不日即将出版，该书于《甲骨文释》（按：《甲骨文字研究》出版前书稿名）屡有征引，该书采用本名，此书复事更改，则徒贻世人以掩耳盗铃之诮耳。近日之官家粟亦雅不愿食。"① 其后，《殷契余论》、《卜辞通纂》、《殷契粹编》，均署郭沫若本名。

1935 年 11 月 21 日，在于稿箧内存放《殷周青铜器铭文研究》一帙二册，《两周金文辞大系》初版原稿一帙一册，《两周金文辞大系图录》一帙四册，《两周金文辞大系考释》一帙三册，《古代铭刻汇考》一帙三册，《古代铭刻汇考续编》一帙一册，《金文丛考》一帙四册，《金文余释之余》一帙一册，《卜辞通纂》一帙四册。箧盖内侧"沫若自识"云："右鼎堂十种之九共九帙廿三册。余甲骨文字研究一帙二册，又废稿一帙三册，因箧小未能装入。"② 唯此一处，将"鼎堂"之名与《甲骨文字研究》、《卜辞通纂》联在一起。

---

① 《郭沫若书简（致容庚）》，（1930 年 2 月 6 日）广东人民出版社 1981 年版。

② 手迹见《郭沫若全集·考古编》第 1 卷卷首。

风景依稀似去年

——胡厚宣先生与殷墟一二七坑甲骨

胡振宇

　　《殷墟一二七坑甲骨文的发现和特点》一文，是该甲骨的室内发掘者胡厚宣先生"根据 1937 年旧作《殷墟第十三次发掘所得龟甲文字举例》一文的未刊稿"[①] 写成，并于 1988 年 7 月，在长春举行的中国古文字研究会成立十周年纪念学术讨论会上宣读。"对 127 坑的甲骨，又作了更详细的叙述。"

　　关于 127 坑甲骨的特点，胡先生 1937 年在《举例》一文，曾列出 12 条。1945 年作《甲骨六录》一书，在《释双剑诊所藏龟甲文字》一节，又列为 4 条。1955 年作《殷墟发掘》一书，又列为 10 条。1948 年董作宾先生作《殷虚文字乙编序》（见《殷虚文字乙编》一书，1948 年。又刊《中国考古学报》第四册，1949 年），1977 年李济先生作英文本《安阳》（Li-Chi，Anyang，University of Washington Press，1977）一书，都曾有所采摘征引。

　　更早，1945 年抗战胜利后，任岭南大学中文系主任的容庚先生，"在 1947 年 7 月出版的《岭南学报》7 卷 2 期上，第一篇文章就是容先生的《甲骨学概况》，共分发现、作家、著作三章，长篇巨制，非常翔实。其作家一章，共举孙诒让、罗振玉、王国维、王襄、叶玉森、商承祚、董作宾、郭沫若、唐兰、孙海波、于省吾、胡厚宣 12 人。……容先生说，'胡氏二

――――――――――
　　① 胡厚宣：《纪念殷墟甲骨文发现 90 周年，想到 127 坑》，《文物天地》1989 年第 6 期。

十九年（1940）以后之文，皆未得见。去年春，与胡氏复相见于北平，其于甲骨断代与辞例，精熟如流，留平逾月，即成《战后平津新获甲骨集》。董氏之后，钜子谁属，其在斯人。'"又说'胡氏尚有卜辞成语考例，第十三次发掘殷墟所得龟甲文字举例二文，想更精采，均恨未得见耳。'"①

就在当年的"中国古文字研讨会"上，文章同样很引起学人的注意。吉林大学的陈世辉教授就曾对胡先生说，文章给我们提出了许多新问题。只是会议论文无法集结，恰逢北京中国历史博物馆新馆建成三十周年，准备出版"纪念专号"，并且先于1987年在安阳建成的"殷墟博物苑"，这年准备在苑内再成立"殷墟甲骨文展厅，"并以一二七坑甲骨文为重点，这是一件非常有意义的事情。这样一来文章就给了《中国历史博物馆馆刊》在总第十三至十四期上发表了。

今年，离殷墟一二七坑甲骨文的发现整整过去了七十年。吾生也晚，对一个尚不及"知天命"之年的人，却要其"回头七十年前事"，当然令人生疑。但是吾家大人时时讲述殷墟发掘的往事，个人对于殷墟甲骨文更象是生于斯长于斯，念兹在兹的也是古文字的种种，回想胡先生此文写作时，抄写校对自不必说，在旁帮助统计的种种情景恍如昨日，当然有责任加以述说。思及于此，就也顾不得许多了。

我的父亲胡厚宣先生，幼名福林，1911年12月20日生于河北省望都县一个半耕半读的家庭。父乃前清秀才，家中收入不多，土地又少，生活还是比较困难。胡先生没有上过私塾，6岁进农村的国民小学，后至保定第二模范小学就读。小学毕业，考入培德中学。在培德，幸遇国文老师缪钺先生，缪先生在培德四年，先后开国文、国学概论及中国文学史三门课程，又指导同学课外读书，根据梁任公所开书目，凡先秦经子，说文解字，四史通鉴，昭明文选和诗词选集等等，无不研习。中学四年在国学方面就打下了一定的基础。四年中，胡先生各科成绩都还不错，每期发榜，总名列第一。因此毕业时学校破格发给一笔奖金：帮助上大学预科本科，六年毕业。

1928年，胡先生考入北京大学预科，这年刚好是中央研究院和历史语言研究所成立，董作宾先生奉命发掘殷墟，出土了一批甲骨文字。

① 胡厚宣：《深切怀念容希白先生》，《容庚先生百年诞辰纪念文集》（古文字研究专号），广东人民出版社1998年4月版。

1930 年，胡先生从预科升入史学系。史语所从广州迁到北京，在北海静心斋和蚕坛办公。这时北大校长是蒋孟麟，文学院长是胡适，史语所所长傅斯年兼代史学系主任。史学系名教授本来已经很多，傅先生还请史语所的专家们和他自己在史学系教课。傅斯年教"中国上古史择题研究"，李济、梁思永合开"考古学人类学导论"，徐中舒开"殷周史料考订"，董作宾开"甲骨文字研究"。董先生去发掘的时候，则由唐兰先生代课，除了"甲骨文字研究"之外，还教过"先秦文化史"和"古籍新证"等课。讲课内容均由史料结合考古发掘所得，即王静安"二重证据法"，使学生们耳目一新。

1934 年北大毕业后，胡先生在傅斯年"拔尖主义"的政策下，进入中央研究院历史语言研究所的考古组。是年中研院安阳殷墟发掘团已驻安阳，殷墟发掘已进入第 6 个年头，发掘工作开展了 9 次。23 岁的先生意气风发、踌躇满志地开赴安阳，加入了田野考古工作的行列，开始了他 60 年的甲骨学、考古学、古代史研究的人生历程。"先到安阳住过一年多，在梁思永先生带队下，先发掘同乐寨的三层文化，又主持西北冈 1004 号大墓的发掘。大墓中出土了大型豪华的牛鼎和鹿鼎，还发现了一层带把的青铜戈，一层成捆的青铜矛和一层各种兽头形的青铜盔，在当时曾轰动一时，引起了法国伯希和日本梅原末治的前来参观，并拍了电影。"[①]

从 1931 到 1935 年侯家庄西北冈殷代王陵发掘共三次，共发掘大墓十座，由梁思永主持，年轻的有李景聃、石璋如、李光宇、尹达、尹焕章、祁延霈、胡厚宣、王湘、高去寻、潘愨共十人，号称"十兄弟"。夏鼐先生清华毕业，于留学英国前亦特来殷墟实习，他们受到严格的田野发掘和实物整理、撰写报告的训练，日后成为大陆和台湾考古学界的著名专家。

胡先生 1935 年回到南京本所，整理研究殷墟出土的甲骨。先协助董作宾先生编辑《殷虚文字甲编》，然后根据拓本，对照实物，撰写《殷虚文字甲编释文》，并有简单的考证。抗战结束，回到南京，夏鼐代理所长，曾计划付印，后来研究所迁到台湾，因为先生已经离开，就由屈万里以考释名义

---

① 胡厚宣：《李济〈安阳〉中译本序言》，《中原文物》1989 年第 1 期。

出版了。①

127 坑运回南京本所做室内发掘，胡先生谈到"甲骨起出后，每片都轻轻地用清水及火酒浸润而洗去其粘土。其一版碎为多片者，则初步加以拼合。然后涂上胶水，使其牢固。如是者工作又逾半年，还没有来得及编号照像及墨拓，而'七七事变'起。1937 年 8 月 13 日敌机轰炸上海，14 日轰炸杭州，15 日轰炸南京。乃仓猝装箱，先运长沙，后运桂林，再运昆明。先在昆明城内青云街靛花巷 3 号，因敌机仍有轰炸，乃又迁至城北 15 里龙泉镇棕皮营之龙头书屋。生活稍定，乃由胡厚宣、高去寻担任登记编号。1940 年研究所迁四川宜宾李庄，遂逐渐墨拓编排，由董作宾主编，先后编辑出版为《殷虚文字乙编》上中下三辑（1948 年—1953 年）"。

"127 坑甲骨，17096 片，被著录于《殷虚文字乙编》的，自 486 片至 8500 片，共 8015 片。……至于断片拼合之例，先有郭若愚等所编辑的《殷虚文字缀合》一书（1955 年），后有张秉权《殷虚文字丙编》上中下三辑（1957—1972 年），我们编辑的《甲骨文合集》（1979—1983 年）也拼了不少。最近有好多位学者写文章时也补充拼合了一些。但拼合并未净尽，还有待补充。"

"关于殷墟第 13 次发掘 127 坑甲骨发现的情况，详见董作宾胡厚宣合编《甲骨年表》一书（1937 年），胡厚宣著《甲骨文发现之历史及其材料之统计》一文（收入《甲骨学商史论丛》初集第四册，1944 年），又《五十年甲骨文发现的总结》一书（1951 年），又《殷墟发掘》一书（1955 年）；石璋如著《小屯后五次发掘的重要发现》一文（刊《六同别录》上册，1945 年），又《殷墟最近之重要发现附论小屯地层》一文（刊《中国考古

---

① 1986 年 7 月至 1988 年 6 月台北中央研究院"六十周年院庆"出版有《中央研究院概况》乙册，于"甲、简史"中称，1948 年"本院决定迁台时，因运输工具及经费的双重困难，结果只将历史语言及数学两研究所人员、古物、图书设备等抢救了出来。而历史语言研究所较为完整。"

1998 年历史语言研究所"七十周年所庆"出版有"中央研究院历史语言研究所七十周年纪念文集"《新学术之路》上下两册，下册中收有屈万里夫人屈费海瑾《屈万里先生的治学与史语所》一文，于"四、主要的工作与成果"之"（一）殷虚文字甲编考释"一节页下有"编按"作"《殷虚文字甲编考释》在屈先生整理研究前，胡厚宣先生已做了若干基础工作，屈先生是在此基础工作上再继续努力才告完成。"这是有证据才说的话。而到了 2002 年 9 月，山东省图书馆、鱼台县政协编，齐鲁书社出版的《屈万里书信集·纪念文集》，在转载此文时，却删掉"编按"！可见还历史真相之形势严峻以及任重而道远。文天祥《正气歌》称赞"在齐太史简，在晋董狐笔"，为天地正气的表现之一，这种"良史精神"，实事求是的态度对今天人们来说极具现实意义。

学报》第二册，1948 年）及《考古年表》一书（1952 年）。"①

"关于这个 127 坑的甲骨"，胡先生也谈到一个故事，"抗战时期，我们疏散到昆明，西南联大在昆明城区，中央研究院史语所在昆明城北十五里的龙泉镇。每当星期天，我们常约几个年轻的同事，去到昆明城里才盛巷二号联大教员宿舍，看望唐兰先生，我们问，'唐先生还在研究甲骨么？'唐先生说，'你们那里发掘出那么多甲骨文材料，迟不发表，我还怎么能研究甲骨文呢？你们材料一公布，我的学说说不定就不能成立，我又何必再写文章呢？'他又说郭沫若先生写信给他，说'秘而不宣，与藏之地下何异？'言外之意，很是不满。"②

也是由于这一坑甲骨太出名了，就在发掘当年的八月间，就找了河北曲阳的石匠，取其坑东南角原大的四分之一仿制成石雕模型。1989 年 9 月河南安阳"殷墟博物苑"内布置"殷墟甲骨文展厅"，也还复制了 127 坑甲骨的石雕模型。

1992 年，石璋如先生著《中国考古报告集之二·小屯·第一本·遗址的发现与发掘：丁编·甲骨坑层之二》一书，关于这个著名的"石雕模型"，还找到北京历史博物馆相关人员，将"石雕模型"拍照墨拓。而这个著名的"石雕模型"的故事，也如同安阳所出著名的"司母戊鼎"一样，因为本身巨大沉重，先是为躲避日寇而埋入地下，又没有同其他文物一道运往台湾，最后由南京辗转至北京，安放在天安门广场旁的中国国家博物馆内。

1992 年 12 月，振宇随父亲访台，就在台北中央研究院历史语言研究所"历史文物陈列馆"中，由史语所管东贵所长及石璋如先生陪同再次观看当年在安阳发掘并经由胡先生一一亲加摩挲的甲骨。

1998 年 5 月，振宇三访宝岛，参加台湾师范大学国文系主办，中央研究院历史语言研究所协办的"甲骨文发现一百周年学术研讨会"，③ 于会议当中前往位于"历史文物陈列馆"楼上的办公室内拜望石璋如老伯。也聆听石老伯关于一二七坑甲骨的"老少对谈"。

---

① 胡厚宣：《纪念殷墟甲骨文发现 90 周年，想到 127 坑》，《文物天地》1989 年第 6 期。
② 胡厚宣：《八九述怀》，《瞭望周刊海外版》1990 年 1 月 1 日，特稿。
③ 关于"为什么称做'百年'纪念"，参看胡振宇：《甲骨文发现百年的总结与思考，台湾高雄义守大学《人文与社会》学报第二期，2003 年 6 月。

一年后，1999 年 4 月，江苏南京 – 淮安召开"纪念甲骨文发现一百周年甲骨文与商代文明国际学术研讨会"，会议期间在南京大学范毓周教授指引下，振宇与董作宾先生哲嗣董玉京一同前往中央研究院旧址，在史语所南京所址门前留影。振宇曾想，假如那张著名的、被多次引用的史语所南京所址门前留影中诸前辈的后代，能在 70 年后再集合在同一地点拍下合影，将是何等有意义之事。

参加殷墟发掘的台湾学者

郭胜强

1928 年至 1937 年，中央研究院历史语言研究所对安阳殷墟的十五次科学发掘，是我国学者首次在独立自主的基础上，对古文化遗址的大规模发掘。其时间之久、规模之大、收获之丰富，在我国考古学史上是空前的，在世界考古史上也不多见。国外有学者成这样评论："安阳殷墟发掘工作堪与苏利曼（Heinrieh Schliemam）的特洛伊（Troy）遗址发现媲美。因为这一不朽的发掘所得到的证据，使传说中的商朝成为信而可证的史实，正如苏利曼使希腊神话中的人物由虚构成为真实。"[①] 殷墟发掘不仅标志着中国传统的金石学向近代考古学转轨、奠定了我国现代考古学基础，也使甲骨学建立在科学的基础上，为甲骨学的发展，从而为新史学的发展奠定了坚实基础。因此，中共中央政治局委员、原中国社会科学院院长李铁映曾指出："安阳殷墟是中国考古学的发祥地。70 年前开始的殷墟发掘，是我国学术机关第一次独立进行的考古发掘，标志着中国近代考古学的兴起，在我国学术史上具有划时代意义。它并且证实，早在 3000 多年前的商代，已经存在高度发达的青铜文明，为因疑古思潮而陷入迷茫的中国古史研究开辟了广阔天地。"[②]

自 1899 年殷墟甲骨文被人们发现后，其身价倍增，古董商人大肆收购贩卖，小屯村民都争相挖掘出售甲骨，这样不仅造成了殷墟遗址的破坏，也使国宝甲骨文大量流失国外，据胡厚宣先生统计，到 1928 年殷墟科学发掘

---

① 米勒·罗杰斯：《中国文明的开始·前言》，台湾商务印书馆 1980 年版。
② 李铁映：《殷墟发掘 70 周年纪念会贺信》，《安阳日报》，1998 年 10 月 20 日。

前，外国人收购的甲骨文达 5 万 5 千片之多。①

1928 年以蔡元培先生为院长的中央研究院成立，积极创设专门研究机构，罗致专家学者，使研究院在短期内取得若干引起世界瞩目的成绩，发掘安阳殷墟就是其中重要一项。研究院下设历史语言研究所，聘傅斯年为所长。史语所开展的第一项工作，就是科学发掘安阳殷墟。

据胡厚宣《殷墟发掘》、石璋如《殷墟发掘简表》、王宇信、杨升南《甲骨学一百年》等资料统计，从 1928 年至 1937 年十五次殷墟发掘中，先后参加的人员有董作宾、郭宝钧、李济、斐文中、梁思永、石璋如、尹达、许敬参、马非百、胡厚宣、夏鼐、高去寻等共 40 多人。十年之中大家沐雨栉风工作在殷墟发掘的第一线，为我国的考古事业作出不朽贡献，同时他们之间也结下深厚友谊。后来，他们大都成为我国著名的考古学家。

抗战爆发后，殷墟发掘被迫中断，从此史语所发生了二次分化。第一次是在南京沦陷后史语所向西南大后方迁徙转移，当途经长沙时遭日军飞机狂轰滥炸，激起人们的极大义愤，一部分考古学家投笔从戎，直接参加抗战，史语所考古组主任李济曾回忆："1937 年 12 月的一天，历史语言研究所考古组的绝大多数成员聚集在长沙路旁一个小客店里，每人都说了自己在战争期间的打算，尔后一些人离开研究所参加了抗战工作。"② 尹达就是在这时奔赴延安的。

第二次分化是在 1948 年底，中央研究院迁往台湾时，李济、董作宾、石璋如、高去寻、许敬参等到了台湾，郭宝钧、斐文中、梁思永、马非百、夏鼐、胡厚宣等留在了祖国大陆。从此一水之隔，天各一方，分别了半个多世纪，至今当年参加殷墟发掘的老一代考古学家已都离开了人世。

二十世纪五十年代以后，常见有专门文章对留在祖国大陆的梁思永、尹达、郭宝钧等考古学家进行介绍，③ 对到台湾去的考古学家我们则知之甚少。八十年代我国实行改革开放后，开始出现了介绍在台考古学家的文章。胡厚宣先生的《纪念殷墟发掘六十周年怀李济先生》和《追怀史语所前辈师友考古学与历史学整和的先进经验》，在海峡两岸的学术界产生较大

---

① 胡厚宣：《五十年甲骨文发现的总结》，商务印书馆 1951 年版。
② 李济：《安阳》（中译本），中国社会科学出版社 1990 年版，第 90 页。
③ 尹达：《悼念梁思永先生》，《文物参考资料》1954 年第 4 期。夏鼐：《悼念尹达同志》，《考古》1983 年第 11 期。郭寓珉：《郭宝钧生平及传略》，《中国当代社会科学家》第一辑，书目文献出版社 1982 年版。

影响,① 王宇信的《甲骨学通论》第十二章、胡振宇的《石璋如先生与商代文化研究》则对董作宾和石璋如作了介绍。② 本文拟在前人研究成果基础上全面总结介绍参加殷墟发掘的去台学者。

中国考古学的奠基人,殷墟发掘的领导者李济(1896—1979 年),湖北省钟祥县人,1918 年毕业于清华学堂,后留学美国,获心理学学士、社会学硕士,1923 年在哈佛大学获人类学博士。回国后先后在南开大学、清华大学任教,曾在河南省新郑县作考古调查并参加了山西夏县西阴村仰韶文化遗址考古发掘。1929 年被聘为历史语言研究所考古组主任,具体领导安阳殷墟的发掘。殷墟十五次发掘中,他主持参加了其中的第 2、3、4、6 次发掘,以后由于忙于其它地区的考古发掘和史语所的搬迁及出国讲学等工作,就没有常驻安阳,但仍在发掘期间前去视察,作关键性的指导。

为探寻殷商文化的来龙去脉,史语所考古组在李济的领导下,还分别与山东、河南省政府联合组成了山东古迹研究会,河南古迹研究会,在山东的历城、滕县、日照,河南的浚县、卫辉、辉县、巩县等地开展考古发掘,均取得显著成绩。

抗战爆发后,李济率领史语所考古组的部分同仁提心护卫着发掘资料和出土文物,辗转万里由南京、长沙、桂林、昆明进行迁移,最后到达四川南溪李庄,保证了资料和大部分文物的完好无损,并在极为困难的条件下,开展整理和研究,取得不少成果。

抗战结束后,李济曾参加中国政府驻日代表团为顾问,以专家身份调查并收回抗战时期被日劫走的包括殷墟青铜器、甲骨文在内的大量珍贵文物,维护了国家的尊严。但他最为抱恨的是,虽经多般努力,珍珠港事件前后在北平协和医院失踪的"北京人"头骨始终没能查到下落!对日本侵华战争给世界人类文化事业造成无法弥补的重大损失,李济直到晚年仍是深恶痛绝的。

到台湾后,1949 年 8 月李济创办了台湾大学考古人类学系,并主持系务 10 年;1955 年至 1972 年担任史语所所长;1957 年和 1962 年两度代理中

---

① 《中国文物报》1988 年 9 月 9 日。臧振华编《中央研究院历史语言研究所会议论文集之四》,1997 年 7 月。

② 《甲骨学通论》,中国社会科学出版社 1989 年版。《史学月刊》1999 年第 1 期。

央研究院院长；1959 年当选为东亚学术计划委员会主任委员。获得中央研究院院士、史语所终身研究员，英国皇家人类学会名誉会员等荣誉称号。1979 年因心脏病猝发，逝世于台北。

殷墟发掘的开创人，甲骨学一代宗师董作宾（1895—1963 年），河南省南阳市人。1922 年入北京大学研究所国学门，师从王国维学习古文字学。1925 年后，相继在福建协和大学、河南大学、北京大学、广州中山大学任教授。1928 年应聘到中央研究院历史语言研究所，走上了殷墟发掘和甲骨学研究的道路。是年他受命到殷墟作先期调查，得出"甲骨挖掘之确犹未尽"的结论，才促成了历时十年之久的殷墟发掘。在十五次发掘中他主持、参加或视察、监察多达 11 次。故石璋如指出："董作宾先生是殷墟发掘的开山，是殷墟发掘的台柱。前七次发掘每次必与，后八次的发掘，也常往参加。他向前走一步，殷墟发掘则向前迈进一步，并且扩大一次。"[①] 还总结出董在殷墟发掘中的四个第一：主持第一次发掘；第一次到洹北大规模发掘，奠定了西北岗殷陵发掘的基础；第一次租用民房作团址，保证了发掘顺利进行；第一次任古物保管委员会监察委员，促成了古物监察制度的建立。

董作宾与李济密切合作，合理分工，董作宾负责对出土甲骨文的整理研究，李济负责其它出土遗物的整理研究。这不仅保证了殷墟发掘工作的顺利进行，也促进了中国传统学术与西方近代学术的进一步结合。董作宾从十五次殷墟发掘全部所得 24918 片甲骨文中，经过精心整理研究，先后选出 13047 片分别编为《殷虚文字甲编》、《殷虚文字乙编》，陆续出版，公布于世。这个数字约占甲骨文总数的十分之一强，且有甲骨出土的考古记录，具有重要的学术价值。这种考古学方法著录甲骨文的新体例是甲骨学上的创举，为以后著录科学发掘甲骨文提供了范例。1933 年董作宾发表《甲骨文断代研究例》，按"十项标准"把甲骨文分为"五期"，将甲骨学研究推向一个新时代。中国古史年代学是中国历史上一个至关重要的问题，董作宾在完成《甲骨文断代研究例》以后，开始把主要精力放在攻克"殷周疑案"难题上，在抗日战争流亡迁徙的艰苦岁月里，倾注近十年心血完成鸿篇巨制《殷历谱》，为我国古史年代学的研究作出了贡献。

---

① 石璋如：《董作宾先生与殷墟发掘》，台北《大陆杂志》第二十九卷第十、十一合期，1964 年。

　　1947 年至 1948 年董作宾赴美国讲学。1948 年被选为中央研究院院士。史语所迁往台湾时他负责监运甲骨文,他曾说:"责无旁贷啊!自己离不开它们。"① 1951—1956 年任历史语言研究所所长,兼台湾大学文学院教授。1956—1958 年移居香港,任东方研究院研究员兼荣誉历史教授,崇基书院教授、珠海学院教授。1958 年返台,任历史语言研究所甲骨学研究室主任兼台湾大学考古人类学系教授。1963 年病逝于台湾大学附属医院。

　　殷墟发掘的"活档案"石璋如,1902 年出生于河南省偃师县。1931 年当他还是河南大学史学系的学生时,就以实习生的身份和同学尹达、许敬参等一道参加了殷墟发掘。从此,他与殷墟结下了不解之缘,十五次殷墟发掘,他参加了十二次,在老一代考古学家中,他参加的次数最多。他自己曾回忆:"自民国二十年我开始参加殷墟发掘,直到民国二十六年,我从没离开安阳田野第一线。"②

　　河南大学毕业后,石璋如进入中研院史语所为研究生,完成研究生学业后留所任助理研究员、副研究员,研究员,在实践锻炼中成为一个优秀的考古学家。他和尹达负责后岗的发掘,几次发现仰韶、龙山、小屯"三叠层文化",成为解决我国新石器时代文化分期的重要依据。他们发掘的后岗大墓,为寻找殷王陵奠定了基础。在殷墟最后三次发掘中,石璋如已成为发掘团的负责人,不仅发掘了著名的 YH127 甲骨坑,还发掘了大量的建筑基址、墓葬群和车马坑,初步搞清了殷墟的布局。

　　石璋如随历史语言研究所搬迁到台湾后,当选为中央研究院院士,任历史语言研究所终身研究员、史语所考古组主任,并在台湾大学考古人类学系作兼职教授。

　　高去寻,河北人,他参加殷墟发掘工作较晚,是 1935 年 9 月殷墟第十次发掘时始加入的,但以后几次发掘他都全部参加,并始终没有离开历史语言研究所。到台后任中央研究院院士,历史语言研究所研究员,台湾大学兼职教授。

　　许敬参,1903 年出生于河南省开封市,1932 年河南大学国文系毕业后,参加了殷墟第四次科学发掘。之后,他到河南省博物馆工作,从事殷墟甲骨

---

① 萧鲁阳:《要重视对董作宾的研究》,《黄河文化》1999 年第 2、3 期合刊。
② 石璋如:《殷墟建筑遗存·自序》。

文研究，完成了《契文卜王释例》、《殷墟文字存真第一卷考释》、《铁云藏龟释文补正》等论著，取得了不少成果。到台后他在台湾大学等高等学校任教授，并继续从事学术研究。

史语所到台湾后，立即开展了在台湾各地的考古工作，使得因日本人撤离而濒临中断的台湾考古事业重新得到生机。在短短的数年间，李济、董作宾、石璋如、高去寻等走遍了台湾的山山水水，在台北、桃园、新竹、台中、南投、台南、高雄、屏东等地调查和发掘了许多重要遗址，给台湾史前文化的年代学建立了良好的基础，初步揭示了台湾史前文化的百貌，证明其与祖国大陆有着不可分割的历史渊源。根据调查和发掘资料，石璋如撰写出的《从笾豆看台湾与大陆》（《大陆杂志》第一卷 5 期）、《先史时代的台湾与大陆》（《第二届亚洲史学会论文集》台北历史学会 1962 年）等论文、对台湾与大陆不可分割的关系作了有力的论证。

老一代考古学家在台湾的考古活动不仅揭示了台湾史前文化面貌，还培养出张光直、宋文薰、刘斌雄等一批考古学家界的新生力量。20 世纪 50 年代中叶，当这批新的考古学家已能独立工作以后，李济等一批老考古学家开始把主要精力放在室内考古即对殷墟十五次发掘资料进行全面整理和研究上。以李济为总编辑，董作宾、石璋如、高去寻为编辑，编辑出版《中国考古报告集之二·小屯》、《中国考古报告集之三·侯家庄》，分别就殷墟建筑遗址、墓葬、青铜器、陶器和甲骨文等进行专题研究。

按照分工，董作宾和屈万里、张秉权、李孝定负责整理研究十五次发掘所获得的全部甲骨文；高去寻承担侯家庄西北岗殷王陵发掘报告的整理编纂；石璋如负责审核小屯田野纪录，对小屯田野发掘包括建筑遗址和墓葬作总结研究；杨希枚负责对殷墟人骨的整理研究；李济负责全局并与万家保共同对殷墟出土陶器和青铜器进行整理研究。

这是一项十分艰巨的任务，殷墟发掘经历的时间长、次数多，发掘的主持人和参加人员中间变动大，田野记录经众人之手各有特色，客观上造成了资料的混乱。如西北岗殷王陵大墓是在梁思永主持下进行发掘的，早年梁曾写出了报告的初稿，高去寻就在在此基础上进行的，但实际上必须进行比最初更艰苦的工作，李济曾指出六项操作程序：

①认真阅读原稿和原始记录；

②核对照片；

③绘制精确图；

④描述每座墓的结构和出土物；

⑤对照出土的登记表、田野记录和梁的原稿；

⑥注意盗掘记录。①

高去寻以"对学术事业的献身精神和信心、耐心及恒心"，日以继夜努力工作，在完成任务大半后，因心脏病猝发而逝世。石璋如先生曾指出："高先生是 1991 年 10 月 29 日逝世的，生前的辑补工作大费苦心，报告的草稿是梁思永先生用钢笔尖蘸瓦特门墨水在薄打字纸上写成的，幸而墨水尚未褪色，但纸张陈旧，尤其他的草书另成一格，颇难认识，抄写他的草稿，必须反复思索才可找出门径，高先生再来校对抄稿与原稿，比单独阅读原稿更困难。"②

功夫不负有心人，经过数年不断的努力，终于取得丰硕成果，董作宾的《殷虚文字乙编》下辑，屈万里的《殷虚文字甲编考释》，张秉权的《殷虚文字丙编》，李济、万家保的《殷虚出土青铜觚形器之研究》、《殷虚出土青铜爵形器之研究》、《殷虚出土青铜斝形器之研究》等，石璋如的《殷代建筑遗存》、《北组墓葬》、《中组墓葬》、《甲骨坑层》等，梁思永、高去寻的《1001号大墓》、《1002 号大墓》、《1550 号大墓》等相继出版。据统计，李济专著和论文共有 142 种，董作宾有 210 余种，石璋如共有 130 余种，其中属于考古学的占全部论著的半数以上，并多数属于殷墟考古的篇章。

到台湾后的李济、董作宾等人，对孕育了中华民族优秀文化的神州大地，对长期工作和生活过的安阳殷墟，对故乡亲人和同事都十分怀念。祖国大陆甲骨学研究的进展，安阳殷墟和河南及全国各地商周考古的新发现，他们尤为关注，在 20 世纪 50 至 70 年代海峡两岸隔绝的情况下，凡大陆有关这方面新的成果问世，他们总是千方百计通过多种途径收集资料。70 年代，石璋如联络在台的河大校友，在台北组织了"河南大学校友会"，并编撰《河南大学校志》，亲自撰写了《河南大学与考古事业》一章，对河南大学的考古工作进行回忆总结，对 20 世纪 30 年代的河大师生为主体组成的"河

---

① 李济：《安阳》，第 110 页。

② 石璋如：《侯家庄 1129、1400、1443 号大墓·序》。

南古迹研究会"参加安阳殷墟发掘和在河南各地开展的考古工作，给予了充分肯定和高度评价。

1982 年 9 月，在美国夏威夷召开商文明国际学术讨论会，台湾中央研究员历史语言研究所的高去寻、张秉权等先生应邀参加，与出席会议的中国社会科学院的胡厚宣、夏鼐、张政烺、郑振香、杨锡璋等先生不期而遇。这是海峡两岸学术界在隔绝 30 多年后的较早的接触，大家亲切握手，互相问候，并希望在今后的学术研究中加强交流与合作。石璋如因年岁已高未能出席，特让出席会议的高去寻向胡厚宣、夏鼐等先生致意，表达了对家乡、对殷墟的怀念之情。

1994 年 1 月，台湾中央研究院历史语言研究所举办海峡两岸考古学与历史学学术交流研讨会，中国社会科学院历史研究所研究员胡厚宣先生和十余位大陆著名学者应邀赴台参加。分别六十年后又重逢的老同事、老朋友分外激动，他们追怀往事，谈昔论今，共话离别之情。参加学术研讨会后，石璋如还亲自陪同胡厚宣等到史语所文物陈列馆参观，在当年亲手发掘出来的珍贵文物前，他们站立良久再度陷入深思，回忆当年在安阳侯家庄西北岗发掘时紧张的一幕，好久才对大家说：当时又喜又愁的紧张心情，现在回想起来觉得好像又恢复到二十多岁的青春。

到 20 世纪 90 年代中期以后，除石璋如先生外，当年参加殷墟发掘的老一代考古学家都已相继过世。石璋如对他们十分怀念，写出《董作宾先生和殷墟发掘》、《刘照林（尹达）先生的考古工作》、《高去寻先生与殷墟发掘》、《胡厚宣先生与侯家庄 1004 大墓发掘》等文章，寄托了无限的思念和深厚真挚的情谊。尹达不仅是石璋如的老同事，又是老乡老同学，石璋如先后写了二篇怀念尹达的文章。1994 年，中国历史博物馆馆长俞伟超出访台北，石璋如特请俞将文稿带回北京，转交尹达夫人存念。俞伟超将文稿整理后，发表在《中国历史博物馆馆刊》上（1995 年第 1 期）。

改革开放使我国文化学术事业迅速发展，晚年的石璋如对殷墟的发掘和研究更加关注。1992 年中国社会科学院考古研究所安阳工作队在殷墟花园庄东地发现一个甲骨坑 H3，出土大龟版近 300 片，主持 H3 甲骨坑发掘的研究员刘一曼女士撰写文章《殷墟花园庄东地甲骨坑发掘记》发表在《文物天地》上，石璋如看到后非常重视，马上撰写文章《殷墟大龟版五次三地出土小记》(《安阳文献》11，1995 年) 在台湾予以介绍。1998 年 5 月刘一曼研究员应邀赴台参加中央研究院主办的纪念甲骨文发现 100 周年学术研讨会。大会安排刘一曼宣读论文《殷墟花园庄东地甲骨坑的发现及主要收获》，石璋如亲自做这篇论文的评论员。刘宣读完论文后，石璋如发言评论，对刘的论文给予很高的评价，说论文写得好，是一篇考古文章。①

1999 年大陆各学术机关，大专院校纪念甲骨文发现 100 周年，甲骨文的故乡河南省历史学会，河南大学主办的历史专业刊物《史学月刊》特设了 "纪念甲骨文发现 100 周年" 专栏。石璋如应邀为母校河南大学和《史学月刊》题词：

> 甲骨出土已百年　研究遍布国际间
> 今后成果竞赛看　开封河大应领先②

1999 年 8 月，中国社会科学院、安阳师范学院、安阳市人民政府等单位联合在安阳举办 "纪念甲骨文发现 100 年国际学术研讨会"，年近百岁的石老特让出席会义的台湾学者带来了讲话录音。他以浓厚的河南乡音首先祝贺大会的成功召开，并对当年从事殷墟科学发掘的老同事表示无限怀念。接着高度评价了甲骨文发现和殷墟发掘的重大意义，盛赞了近年甲骨学研究和殷墟发掘所取得的丰硕成果，对今后的甲骨学研究和殷墟发掘工作提出了希望和要求。

在新世纪到来之际，在回顾总结百年来甲骨学成就时，我们对石老等老一代的学者更加怀念，他们为弘扬中华民族优秀文化做出的贡献将永远载入史册，正如解放后长期从事殷墟发掘和研究的中国社会科学院考古所安阳工作站的学者们所说："我们研究殷墟文化的后学们绝不会忘记李济、梁思永、董作宾、石璋如、郭宝钧、高去寻等老一辈考古学家，在艰苦岁月中所付出的辛勤劳动与作出的卓越贡献，他们不仅为殷墟考古研究奠定了基础，而且通过殷墟发掘，在国内外引起轰动，使中国考古学这一新兴学科，取得应有的地位。"③

---

① 刘一曼 2000 年 9 月 14 日《给郭胜强的复信》。
② 《史学月刊》1999 年第 1 期。
③ 中国社会科学院考古研究所：《殷墟的发现与研究》，科学出版社 1994 年版。

"史语所"与甲骨文发掘

陈来源

自 1899 年王懿荣发现并收藏甲骨文，刘鹗著《铁云藏龟》以来，到 1928 年民国政府正式成立中央研究院历史语言研究所，殷商甲骨文字经历了近 30 年的风风雨雨。在这 30 年中，小屯村被近乎疯狂的掠夺式挖掘，对殷墟甲骨及其它文物都造成了极大的摧残和破坏。大量的甲骨被卖往国外，使甲骨的储量损失很大。有学者多次呼吁，应由政府出面组织，正式对殷墟进行发掘，不要再让文物外流，不要再让甲骨遭到破坏。

（一）成立史语所

在众多学者和专家的呼吁下，1928 年 10 月，民国政府在广州正式成立了中央研究院历史语言研究所。当时由著名学者傅斯年任所长，不久又聘请了留美归国的人类学博士李济先生出任史语所考古组主任，主持殷墟发掘事宜。

1928 年 8 月，史语所派考古组通讯员（秋被聘为编辑员）董作宾到安阳小屯村调查殷墟甲骨文的出土情况。8 月 12 日，董作宾受命来到安阳，经拜访少年时老同学张尚德先生（张是河南省立第十一中学校长），了解了许多关于甲骨文出土的情况。董作宾到街镇上古董店向老板询问有关甲骨文的出土地及最近出土情况时，古董商们都是笑而不答，摇头不谈，不肯告知实情。8 月 14 日，董作宾请他的好朋友徐静轩做向导，去小屯村实地察访调查，结论是"甲骨挖掘之确犹未尽"，"甲骨既尚有留遗，而近年之出土者又源源不绝，长此以往，关系吾国古代文化至巨之瑰宝，将为无知土人私掘盗卖以尽"。殷墟还有继续发掘的价值，而"迟之一日，即有一日之损失，是则由国家学术机关以科学方法发掘之，实为刻不容缓之图。"

中央研究院接到董作宾的调查报告后，也认为"如不由政府收其余地，别采文字以外之知识，恐以后损失更大矣。"于是决定由史语所负责，正式对小屯村殷墟进行发掘。经院长蔡元培支持，特批一千银元的充裕经费，购置器材，调配人员作好了充分的准备。1928 年 10 月 7 日，殷墟发掘正式开始，由此拉开了殷墟科学发掘的序幕，也奏响了我国现代考古科学重大实践的灿烂乐章。

（二）开展科学有序的发掘工作

第一次正式发掘，1928 年 10 月 7 日，董作宾与河南省派出的张锡晋、郭宝钧以及聘请的李春昱、赵芝庭、王湘等人同时来到安阳，住在离小屯村较近的洹上村的彰德高级中学校园中。

10 月 12 日，董作宾，郭宝钧、王湘等数人全部来到小屯村，先到村长张学献家，商量招工开工事宜。工人当天招齐，共廿一人，大都是小屯村的村民。当时，县政府也派委员一人，警察二人和人民自卫军官员十一人来小屯村协助工作，保护安全。

从 1928 年 10 月 13 日至 1929 年 12 月 12 日，共发掘了三次。

第一次发掘，董作宾为主持人，负责发掘的全面工作，参加者张锡晋、郭宝钧、王湘、李春昱、赵芝庭等。收获字甲 555 片、字骨 299 片，共计 854 片。第二次发掘，收获字甲 55 片、字骨 685 片，共计 740 片。第三次发掘，收获字甲 2050 片、字骨 962 片，共计甲骨 3012 片。著名的"大龟四版"即是这次发现的。第二、第三次发掘，由李济主持，工作人员有董作宾、董光忠、王庆昌、王湘、斐文中等人参加。

第四次发掘，于 1931 年 2 月 21 日进行至 5 月 12 日结束，发掘团仍由考古组主任李济主持，董作宾、王湘等人辅助，还有梁思永，郭宝钧、吴金鼎、刘屿霞、李光宇、周学英等人。同时，河南省政府还派来了罗振玉的学生关百益以及许敬参、马元材、谷重轮、冯进贤等协助工作。河南大学也送来了实习生刘耀、石璋如。这样，共计有工作人员 16 人，每天雇用民工一百名左右。第四次发掘共收获字甲 751 片，字骨 31 片，共计 782 片。其中又有一鹿头刻辞出土。

第五次发掘，由董作宾主持，成员有梁恩永、郭宝钧、刘屿霞、王湘以及河南省政府代表马元材。安阳县教育局李英百、郝升霖、河南大学实习生刘耀、石璋如、清华大学实习生张善共十一人。又雇用民工四十人。11 月 7 日至 12 月 19 日共工作了 43 天，收获字甲 275 片、字骨 106 片，总计 381 片，其中包括一版牛肋骨刻辞。

第六次发掘，从 1932 年 4 月 1 日至 5 月 31 日，共工作 61 天，考古组由李济主持，董作宾、吴金鼎、刘耀、石璋如，王湘、李光宇、周学英共七人参加，雇用民工六十人。遗址、遗迹方面收获很大。甲骨只发现一片牛肩胛骨。

第七次发掘，从 1932 年 10 月 19 日至 12 月 15 日共 58 天，由董作宾主持，参加人员有马元材、李光宇、石璋如等，雇用民工六十人。发掘收获字甲 23 片、字骨 6 片，总计甲骨 29 片。同时还出土了不少古器物。尤其值得一提的是，在一片白陶残片上，发现了一个用毛笔墨书的"祀"字。

第八次发掘，从 1933 年 10 月 20 日至 12 月 25 日，共工作 67 天，由郭宝钧主持，石璋如，刘耀、李景聃、李光宇及河南代表马元材，雇用民工 49 名，收获字甲 256 片、字骨 1 片，共计 257 片。

第九次发掘，从 1934 年 3 月 9 日至 4 月 1 日，工作了 24 天。董作宾主持，石璋如，刘耀、李景聃、祁延霈、尹焕章及河南代表冯进贤等人。收获字甲 438 片，字骨 3 片，共计 441 片。

第十、十一、十二次发掘，没有发现有字甲骨片。

第十三次发掘，1936 年 3 月 18 日开工至 6 月 24 日结束，共 99 天。共出土字甲 17756 片，字骨 48 片，共计甲骨 17804 片。由郭宝钧，石璋如主持，参加工作人员有李景聃、祁延霈、王湘、高去寻、尹焕章、潘愨，魏善臣、王作宾、孙文青等人。保安队十余人前来维持秩序，保护安全。共雇用长工廿名，短工一百廿名。尤其重要的是，这次发掘，无意中发现了一个未经翻扰，蕴藏丰富的甲骨宝藏——YH127 坑。此外，其余坑中也发掘出土了甲骨片，其中字甲 668 片、字骨 40 片。YH127 坑的发现纯属意外，原计划发掘于 6 月 12 日结束。这天下午四点多钟，大家都在作收工清理准备，突然王湘一声惊呼："哎，这儿还有大片甲骨！"这时大家闻声都围扰过来，一看确实是有许多甲骨。原本打算收工的负责人郭宝钧，立即改变了主意，决定延长一个半钟头，让石璋如、王湘二人负责从中一块块地揭取。可一个半钟头很快过去了，他们在不到半立方米的土里竟然出土了 376 片龟版，这时大家都非常兴奋，决定再延长一会儿，可天越来越黑，坑的边缘还没有找到，只好先收工，明天再延长一天工期，争取取完。

为安全起见，收工前他们又让民工把挖出的松土回填进坑，考古组的魏善臣还用石灰粉在土层上面写了几个蒙古文字，作为记号。又命几个民工住在工地看守，以防万一。

第二天一早，考古组成员全部都来到 127 坑，掏出浮土，挖出坑形。石璋如、王湘二人又继续在坑中清理土层中的甲骨，其他人在旁帮忙，整理、装筐。石璋如，王湘二人整整干了一天，腰酸背痛，手脚发麻，但也只是清理了一层不到，取出的龟版已装满了四大箩筐。再看看下面，还有一米多厚的甲骨层，沿南壁再向下探 40 厘米，仍有龟版。照这样的速度，再有几天也干不完。127 坑的实际情况完全超出了考古家们的想象和预期。

当时正值六月中旬，骄阳似火，暑气蒸人。新出土的龟甲，本来极其脆弱，容易剥碎，哪里还经受得起炎炎烈日的烤灼。因此，必须改变方法，方能保全所剩的龟版完好无损。经过大家反复商量，负责人郭宝钧决定做一个大木箱子，把出甲骨的一段灰土整个儿装进箱中，运回南京史语所，在室内进行发掘。

当天晚上，王湘，高去寻、魏善臣，李治国，靳九发。石璋如六位年轻的考古人员，邀同十几名村中民工，再加上十名荷枪实弹的士兵，露宿在坑边，保护现场，防止被人盗窃，破坏遗迹。

14 日早晨，如期开工。依照商定计划，以 127 坑为中心，把四周生土挖空，把灰坑孤立成一个大灰柱。又从村中雇用木工，做大木箱子。大木箱做好了，高约一米，长、宽各 1.7 米，但怎样把大灰柱装入箱子，又颇费脑筋。人们想了各种办法，做了各种试验，在 18 日这天，将大灰柱装入大木箱中，并抬到了坑外地面。

考古学家们为了 127 坑的发掘，连续工作了四天四夜，李济主任听到这个消息，特地从南京赶到安阳小屯村，并现场指挥 127 坑的发掘和运输工作。克服重重困难，127坑的甲骨箱子终于在7月12日安全顺利地运到了南京史语所。至此，127坑甲骨的发掘由田野揭取，转入了漫长的室内清理阶段。

127坑运回南京史语所后，由董作宾、胡厚宣二人负责此项光荣而艰巨的重任。关德儒，魏善臣、张秉权等协同，一起在室内进行发掘甲骨工作。在董作宾的指导下，胡厚宣等人进行了甲骨剔剥、绘图、清洗、拼合、编号等工作。经过极其艰难的三个月奋斗，至十月中旬，终于将127坑的甲骨全部清理完毕，共清理出甲骨16720片，其中字甲16712片，字骨8片，完整的龟甲有三百廿余版。

127坑的甲骨，有些字是用毛笔写的，有些卜辞刻道内涂朱或涂墨。这对于了解殷商时期的书写、用笔、刻字程序都有很大的启示。127坑的甲骨，最大的一版达1尺2寸，被董作宾称为"武丁大龟"。据著名生物学家伍献文说，此种大龟是来自马来半岛，是进贡而来的。

127坑成批的甲骨出土和其他大量科学发掘所得甲骨文，大大开阔了学者们研究甲骨文的视野，并使研究的思路更为开阔。与分期断代研究一起，甲骨学其他方面的课题，诸如卜法、文例、记事刻辞、卜辞同文、卜辞杂例等有关甲骨学的知识和自身规律的探索、研究也获得了有利条件，并由此取得了很大进展。

第十四次发掘，1936年9月20日开工，12月31日止，共103天。这次发掘由梁思永、石璋如主持，王湘、高去寻、尹焕章、潘悫、王建勋、魏鸿纯、李永淦、石伟以及河南省政府的王思睿共11人，参加了工作。雇用民工一百余名。有字甲骨只发现了两片。

第十五次发掘，是抗战前最后一次发掘。1937年3月16日开工，6月19日止，共工作96天。这次由石璋如主持，王湘，高去寻、尹焕章、潘悫、王建勋、魏鸿纯、李永淦、石伟以及河南省政府派出的张光毅，共10人参加工作，雇用民工一百廿名。这次发掘出土甲骨599片，其中字甲549片、字骨50片。这次发掘，董作宾先生在百忙中，抽出时间到现场进行视察。

自1928年史语所成立后，开始了殷墟甲骨正式科学发掘，到1937年6月19日共发掘了15次，历时10年。可谓千辛万苦，历经曲折磨难，但收获颇丰。从第一次正式发掘到第九次发掘结束，共获得甲骨 6513 版。第十三次到第十五次发掘共获 18405 版。总计得有字甲骨 24918 片。如此数量的甲骨出土，为甲骨学研究的全面发展奠定了基础并提供了充足的材料。

（三）开展编辑出版工作，推动甲骨学研究向前发展

历时 10 年的 15 次大规模科学发掘，为甲骨学的研究提供了大批第一手甲骨文实物资料。董作宾决定，将第一到第九次发掘的殷墟甲骨文编辑出版成书，作为一段落之结束。对此，所长傅斯年非常支持，并研究确定为《殷虚文字甲编》。

编辑工作从 1935 年的春天开始，一直到《殷虚文字甲编》正式出版，历时 13 年，1948 年 4 月由商务印书馆正式出版发行。《殷虚文字甲编》共收甲骨 3942 片，其中包括字甲 2513 片、字骨 1425 片、牛头刻辞 1 片、鹿头刻辞 2 片，鹿角器 1 片。书前有董作宾的《自序》和李济的《跋彦堂自序》，分别对《甲编》材料的出土经过，编辑历程及其中的种种艰难作了追述。

董作宾在参加殷墟发掘工作过程中，不仅发掘出大量珍贵的甲骨文，而且发掘出了"甲骨文字的断代方法"。1933 年他的《甲骨文断代研究例》正式发表。这是一篇甲骨学史上划时代的名著，将甲骨学研究推向了一个全新的阶段。"从此凿破鸿濛，有可能探索甲骨文所记载的史实、礼制、祭祀，文例发展变化，把对晚商各朝的历史研究建立在科学的基础上。"此文将罗振玉、王国维以来把甲骨文作为晚商 273 年史料的一团"浑沌"，犁然为早晚不同的五期。50 多年来，一直行用不衰，证明它的体系缜密科学和具有强大的生命力。

董作宾虽然在甲骨文分期断代研究方面取得了巨大成功，但他并不就此止步，他还"搜集材料，写了一部《殷历谱》。在这 10 多年研究中，又找到了分派新法。"

很多学者经过苦苦追索，使这一时期的甲骨学研究有了很大的拓展，取得了一系列突破性的成就。

1929 年 8 月，董作宾《商代龟卜之推测》发表。

1930 年 8 月，郭沫若《甲骨文字研究》出版。

1933 年 4 月，商承祚《福氏所藏甲骨文字》由金陵大学中国文化研究所出版。

1933 年 9 月，罗振玉《殷虚书契续编》出版。

1933 年 10 月，叶玉森《殷虚书契前编集释》出版。

同年 10 月，商承祚《殷契佚序》由金陵大学中国文化研究所出版。

11 月，陈晋《龟甲文字概论》出版。

12 月，朱芳圃《甲骨学文字编》出版。

12 月，郭沫若《殷契余论》出版。

1934 年 10 月，孙海波《甲骨文编》出版。

1937 年 4 月，董作宾、胡厚宣《甲骨年表》出版。

1937 年夏，第十五次发掘结束。董作宾负责，开始编辑著录《殷虚文字乙编》。高去寻、胡厚宣、屈万里、张秉权、李孝定等也都先后参加了《乙编》的整理与编纂工作。《乙编》共收录甲骨 9105 片，数量超过《甲编》三倍。《乙编》分上、中、下三辑。上辑于 1948 年 10 月、中辑于 1949 年 3 月，下辑于 1953 年 12 月出版。

《甲编》和《乙编》的出版发行，为我们科学地研究殷商历史和甲骨学提供了很有价值的资料，从而"开创了甲骨学与考古学相结合"的著录新体例，为以后的殷墟科学发掘所得甲骨的著录提供了范例。

正如董作宾在《序言》中所说："这真是一块尚未开发的新园地。这里奇花异苑，满目琳琅，足供研究甲骨文字的人们探讨，欣赏。"

在甲骨学史上，甲骨最大发现的 YH127 坑，胡厚宣是室内发掘和整理的主要参与人。胡厚宣经过艰苦的搜集和努力，于 1944—1946 年三年间，编成享誉海内外的甲骨学名著《甲骨学商史论丛》共四集 9 册，收入论文 32 篇，被誉为是"空前的金字塔式"论文集，是继董作宾《甲骨文断代研究例》之后又一划时代的著作。

1939 年 4 月，唐兰《天壤阁甲骨文存》出版。唐兰在序言中高度评价了对甲骨贡献最大的四位学者，他们是罗振玉、王国维、董作宾、郭沫若。序中说"卜辞研究，自雪堂导夫先路，观堂继以考史，彦堂区其时代，鼎堂发其辞例，固已极一时之盛"，指出甲骨"四堂"的研究，是站在他们所处时代研究的最前沿。因此，可以说"罗，王是甲骨草创时期的奠基者，郭、董则是转向系统科学整理和研究时期的巨匠"。

1940 年至 1944 年，于省吾编辑出版了《双剑誃殷契骈枝》、《续编》、《三编》。35 年后又将其增删和修订，于 1979 年出版了总结他自己考释文字成果的专著《甲骨文字释林》，并主编了总结九十多年甲骨文字考释成果的大型专著《甲骨文字诂林》，于 1996 年出版。

甲骨文自 1899 年发现至今，虽然只有百余年，但甲骨学的研究、考证、发展却是非常迅速的，成果巨大。甲骨学的发展，能有今天，完全是和前辈们辛勤耕耘以及几代人的努力分不开的。前辈们不畏艰难险阻，克服重重困难，为我们留下了严谨的、科学的治学精神和忘我的无私奉献精神，是永远值得我们学习和弘扬光大的。

叶玉森与甲骨文研究[①]

叶正渤

叶玉森，字燕渔，号中泠亭长，原是满族旗人，后入汉籍，自称丹徒或镇江人。生于晚清，卒于20世纪30年代早期。叶玉森虽然不是专业研究甲骨文字的学者，但却写出了五部甲骨文专著，可谓硕果累累。他在甲骨文研究方面的著述主要有：

一、《殷契钩沉》二卷，1923年刊于《学衡》24期。叶氏根据各家著录，就一些疑难文字作出说解。全文分为甲、乙两卷，甲卷57条，乙卷85条，计考释甲骨文字142个，文前有柳诒徵作的序。

二、《说契》，1924年刊于《学衡》31期。此篇所释之字均以类相从，自日月风雨以下，共83条，以补《钩沉》所未及。

三、《研契枝谭》，1924年刊于《学衡》31期。此篇写明为卷甲，却无卷乙，当是未竟之作，计29则。所论以文化、典制为多，如方国、农林、渔猎、古兵、古刑、官制、征伐等，或补罗、王之阙遗，或阐述自己的见解。

四、《铁云藏龟拾遗附考释》，1925年由五凤砚斋石印，一册。本书著录甲骨拓片共240版。所录各版均未编号，仅存页数，每页10余片不等。考释主要征引罗振玉、王国维等人之说，间有自己的见解。

五、《殷虚书契前编集释》八卷，1933年10月上海大东书局石印出版，共8册，乃集各家之说而成。书中在征引诸家说法的同时，对自己先前的著作也多所引用，或阐述己说驳斥他人，或据他人成说修正己说。

---

① 本文是2004年度江苏省高校哲学社会科学研究基金项目研究成果之一，项目编号为04SJB740008。

此外，叶玉森在《殷虚书契前编集释》自序里提到他曾纂《殷虚书契后编集释》。据说手稿被他的仆人盗卖，故未能刊印问世。目前，我们正在极尽全力访求他的《殷虚书契后编集释》手稿。

在甲骨文发现后的数十年里，即涌现出像孙诒让、罗振玉、王国维等一批知名学者，他们的研究取得了显著的成绩。叶玉森作为一个业余爱好者和研究者，所取得的成绩虽不能和他们相比，但认真阅读他的著作，发现他的研究成果仍有很大的价值，给人们许多启发和教益。叶玉森的甲骨文研究，成果斐然。主要表现在两方面，一是文字考释，二是综合研究。

一　文字考释

叶玉森于甲骨文研究，用功最勤者是文字考释。他的五部甲骨学著作《钩沉》、《拾考》、《说契》为考释文字之作，《枝谭》虽是综合研究性质的，但其中也不乏文字考释，《集释》资料详尽，在采纳他人考释成果的基础上，对自己先前的考释结论，或加以引述，或加以修正，颇多涉及文字考释方面，其中有许多仍是可取的。本文主要以叶氏著作为依据，参照李孝定先生《甲骨文字集释》和于省吾先生主编的《甲骨文字诂林》，拟从以下三个方面对叶氏的文字考释成果进行分析研究。

学术界历来重视首创之功，虽然在文字考释上难免出现"闭门造车，出则合辙"的情况，但是，能够确知某字是某学者首先考释出的，应当尽量予以说明，以肯定其首创之功。叶氏作为业余研究者，首先考释出的甲骨文字虽说不多，但功不可没。经他考释出的文字有：

（一）考释单字

释辻。《钩沉》10 页 3 行，又《后编》卷下第 8 叶之𠂤，从小，即土。从屮，乃屮省，殆即辻字。《说文》："辻，步行也。"李孝定先生按："叶释可从。"[1] 姚孝遂先生按："字当释'辻'，即'徒'。"[2] 叶玉森之释，得到了二位先生的认可。

释进。《集释》2.27 下："从隹从止乃进，进骏即献骏也。"李按：

---

① 李孝定：《甲骨文字集释》，台北，中央研究院历史语言研究所 1970 年版。

② 于省吾主编：《甲骨文字诂林》，北京，中华书局 1996 年版。

"《说文》进，登也。叶氏释此字为进，可从。第一形《文编》失录，金氏《续文编》收第二形作进，殆从叶说。"

释循。《钩沉》17 页第 110 条："林药园释……为循道，至确。……各辞中之𦥑字，诸家释德。寻绎辞义，未能融通，当即循字。《礼记·月令》：循行国邑，即巡。《左庄二一年传》注：'巡者，循也。'知循、巡古通。卜辞云循土，即循土方。"李按 0568："惟叶君释循于字形辞义均优有可说。"姚按 2256："字当释循，读作巡。"叶氏释循，被后来诸家认可，确为正解。刘桓《甲骨征史·殷代德方说》认为"德方"即"陟方"，为"巡"义。但并未注明是采用叶说，欠妥。①

释竹。《说契》𠬞，诸家释𠬞为森。森疑即竹之古文，篆文作竹，分为二个。契文象二小枝相连，上有个叶形。从竹之字，契文不多见，如……竹，国名，言归妹于竹国，犹他辞言"帚（归）羊妻。"（《前编》卷五第十七叶）羊亦指羊方也。李按 1568："叶氏释此为竹是也。"姚按 3130："叶玉森以𠬞为'竹之象形'是对的，字在卜辞为人名及地名。"

释栅。《钩沉》此字从三直木一横木，疑栅字之象形文，《说文》："栅，编树木也，从木从册，册亦声。"按册非声，乃象栅形，契文册作𠕋，象回札二编，𠕋则象三木一编。李按 1985："《说文》栅，编树木也，从木从册，册亦声。树或作竖，此正象编树木之形，字形近册，故篆文变作从册也，叶说可从。"《诂林》1395："释栅仅可备一说，辞残，其义不详。"

释昃。《说契》2 页𣅊，《说文》："𣅊，日在西方时侧也。从日，仄声。《易》曰：'日𣅊之离。'臣铉等曰：'今俗作昃，非是。'"罗雪堂释契文𣅊为昃，谓"从日在人侧，象日昃之形，作昃正为古文。"森按：罗氏释昃是也，惟说仍未彻。予谓昃之初文为……象人影侧，日昃则人影侧也，非日在人侧之意。变作𣅊、𣅊，古意失矣。

此字历来争论颇多，正是叶玉森对此字构形作出正确说解。赵诚先生说："叶氏说此构形，十分精巧，也相当重要。……现在人们能够把昃字的演化发展看得清清楚楚，一是因为甲骨文有了此字的初文，其次则是叶氏准确地释出了此字初文的构形，可见其可贵。"②

---

① 刘桓：《甲骨征史》，黑龙江教育出版社 2002 年版，第 55 页。
② 赵诚：《重新认识叶玉森》，《古文字研究》第 24 辑，第 48—49 页。

释昔。《说契》2 页 ᖇ、⿱灬，《说文》："昔，干肉也，从残肉，日以晞之，与俎同意。籀文作 ⿱灬。"森按：籀文乃腊字。古必先有昔，乃孳乳腊。契文昔作 ᖇ、⿱灬，从 〰、⿱灬，乃象洪水，即古 巛 字：从日，古人殆不忘洪水之 巛，故制昔字取谊于洪水之日。舀鼎作 ⿱灬，上亦从 巛。奚度青曰：昔从 巛 日说至精。扬子《法言》所云"洪荒之世"，即古昔谊。

叶氏从文字构形指出昔、腊非一字，又从汉字演化规律肯定腊是由昔孳乳而成，最后根据偏旁分析断定昔字从日从 ⿱灬 会意，并引金文昔字为证。李按 2209："昔为今古义之本字，乃从日从 ⿱灬 会意，叶说是也。"叶正渤《〈说契〉整理与研究》指出："叶玉森释昔字字形至确，已成定论。巛，甲骨文灾字，像河川中泥沙淤积之形，因而有泛滥成灾之义。"（待发）

释保。《钩沉》按：予曩疑卜辞之 ⿱ 与 ⿰ 为一字。……《释名》：抱，保也。是俘、保古谊相通。……卜辞亦假作俘。李按 2614："上出诸形，叶、孙释为保是也，唐氏说其字形尤确不可易。"孙海波《甲骨文编》于 1934 年成书时也收入。唐兰先生在《殷虚文字记》中指出孙释保是对的，并认为"⿱"象人反手负于背，即保字古文。后因'书之不便'，则更省为 ⿰。[①] 甲骨文保字，确是叶氏首先释出。

释狐。《钩沉》15 页第 96 条：甲骨文有一个从犬从亡的字，叶氏考释说："卜辞之亡，均读为无，如亡艰亡尤无它……可证。则从犬从亡，疑即初文狐字。狐，妖兽也，鬼之所乘，有时而亡。……其音当为无，后世转为狐，乃循弧、瓠之例制字。《易·解·九二》：'田获三狐。'古人以获狐为贵，以其皮可制裘也。"罗振玉释为狼，以为"从犬从良即狼字……许君谓良从亡声，故知亦狼字。"王襄亦释为狼字。唐兰说："卜辞于狼字，往往以犾为之。"郭沫若说："叶说为是……他辞有言'获犾鹿'者，自是狐鹿，狼与鹿不能时获得也。亡音古读无，与瓜音同在鱼部，即读阳部音，亦与瓜为对转也。"陈梦家说："犾，或释狼，或释狐，由于出土骨骼没有狼，故暂定为狐。"《诂林》1582 页按："字当释狐，卜辞多见田猎获狐之记载，而其繇词皆曰'吉''弘吉''大吉'，此不得为狼。"叶氏从甲骨文谐声系统出发，利用古音学知识释出此字，结论确不可易。

---

① 唐兰：《殷虚文字记》，中华书局 1981 年版，第 58 页。

释酹。《钩沉》10页：卜辞屡见㣿字，别作……诸形。孙仲颂释酒，罗雪堂从之，谓从酉从彡，象酒由尊中挹出状，即许书之酒字。卜辞诸酒字为祭名。森按：酉即古文酒字。从彡，疑卜辞彡（肜）日之彡。酹盖彡日酒祭之专名。《前编》卷三第二十七叶……酹祭与彡祭并举，可知酹祭之日，即彡祭之日。故酹从彡，古当有此字。姚按："字当隶定作酹，乃祭名，释酒非是。"

释䣄。《钩沉》9页：叶氏据偏旁分析，释出䣄字，即虞字，卜辞用为地名。其结论正确无疑，为后之学者所认可。

释鼠。《钩沉》15页：甲骨文有一个从鼠从数点的字，叶氏考释说："谛察字形，细腹修尾，首之却顾，当即鼠字，……数点并象米粒形。""鼠性多善疑，将食米仍却顾疑怯，古人造字，既象其形，并状其性，加小点者仍为鼠。"吴其昌说："惟叶氏释'鼠'窃谓近之，何则？尖喙，屖身，修尾，皆鼠象也。"《诂林》1617按："释鼠可从，卜辞'妇鼠'为人名。"

释羁。《钩沉》16页第107条：甲骨文有一个从网从糸从马的字，叶氏说："《说文》：'羁，马络头也。'张迁碑有'西羁之戎'一语，其中羁不从'革'而从'糸'。《后编》卷上第23页有此字，与汉碑合。乃知隶文易革为糸，犹得古意。"《诂林》2977按："当以释羁为是，象羁维之形。"叶氏引汉碑以说甲骨文，指出汉碑羁字从糸不从革最早可溯源至甲骨文。

释鼍。《钩沉》15页：甲骨文有一个从单从黾的字，非常罕见。叶氏说："似从龟，从单省。"从黾一类的字，"古文或亦从龟"。唐兰在《殷虚文字记》中也指出："龟黾易乱。"（第8页）李按3947："叶说可从。"孙海波增订《甲骨文编》1582号收入此字。[1]

释雝。《钩沉》9页按：予旧释𦥑为雝，卜辞宫作𦥑，……象列屋参差衔接形，确非玄字。《前编》卷二第二十八叶之上……为同字，当释雝，省巛。李按1277："叶说是也。"姚按1687："字当释雝，从吕声，即宫之初文，或省作从口，……实亦雝字，典籍通作'雍'。"

（二）考释合文

1. 释赍泉。《钩沉》9页：《前编》卷二第十五页第六版有𧶜字，叶氏据

---

① 孙海波：《甲骨文编》，北京，中华书局1965年版，第515页。

偏旁分析以为上￼即古贲字，下￼即古泉字，断定此字实"贲泉二字合文"。并引仲惠父篹"馈字偏旁作￼为证。"陈梦家指出"卜辞、金文￼即贲字。"（《综述》265 页）可见叶氏的考释是正确的。

　　2. 释益龟。《钩沉》8 页：甲骨文有个字，叶氏"疑即益龟二字合文"。饶宗颐在《贞卜人物通考》中补云："益龟一语见于《易》。《损卦》六五爻辞：'或益之十朋之龟，弗克违，元吉。'殷周行卜，每多用龟，增益卜龟之数，故曰益龟。"（36 页）有文献依据。《诂林》2666 姚按："益龟二字合文是对的。"可见叶释是正确的。

　　3. 释亯京。《前》3.65 背。按：金文师兑敦，师事敦，散盘并有此字，卜辞为地名，契法或离为二，或合为一，颇疑为亯京二字合文。《诂林》1937 姚按："此乃亯京二字合文，亦有分书者，在卜辞均为地名。"此字朱德熙《古文字论集》第一篇释为就。

　　4. 释有乇。《钩沉》9 页。甲骨文有乇字，叶玉森指出为"有乇"合文，并提出"卜辞文字"有"或分或合"的现象。唐兰先生在《古文字学导论》159 页指出："古时书法，对于分布方面，不象后世的整齐，学者常把一字误为两字"，"又把两或三字的合文误为一字。"所举事例中，就有这个字，可见唐先生也是把这个字看作合文的。

　　5. 释敝录。卜辞中所载……雇录，并地名，蔾为正字，蘱为繁文，录省文，乃古麓字。《前编》卷六第 11 叶之￼，亦地名。王篹室释敝，予疑敝录二字之合文。叶正渤先生在《说契整理与研究》中说："蔾诸体，叶玉森释麓之古文是也。￼，其疑为敝录之合文，亦近是。"

（三）提出考释意见，对甲骨文字形、字义、字音等作出较为正确的说解

　　1.《钩沉》10 页，《说文》："￼，辨别，象兽指爪分别也。"又"番，兽足谓之番，从￼田象其掌。￼，古文番。"森按：￼即象兽番指爪分别，从田，乃后起字，辨别为引申义。卜辞亦有￼字。如《后编》卷上第 22 叶"￼于岳亡从在雨"，"丁卯贞于庚午酌￼于兕"，……辞中诸￼，即番。疑并叚为燔柴之燔。惟同页别载"有米于六旬六豕卯羊六"一辞，与上癸酉卜有￼于六旬一辞相似。……疑￼仍米之变体，或燔与寮义本相同，￼、米形亦相近。故古人通用之欤？叶玉森指出￼与寮义近通用，是正确的。

　　2.《前编》卷二第 39 叶，"癸亥卜在（缺）次王在￼妹其￼往正王"，罗雪堂谓妹为地名，殆即妹邦。森按：𦰩乃地名。同叶及第四十叶并数见，妹似应训昧爽。《释名》："妹，昧也，犹日始出，历时少，尚昧也。"盂鼎昧辰亦作妹辰，古文盖以妹为昧。观同书第 42 叶"戊辰卜贞今日王田𤔌妹不菁大雨"辞中之妹，益可证明。……曰妹其餔，盖王于昧爽赐醣也。罗振玉《增订殷虚书契考释》23 页妹字补"又借为昧爽字"，似是吸收了叶氏的意见。

3. ⟨……⟩：月之初文必为⟨⟨，象新月。因日作正方长方或多角形，乃亦变作⟨⟨。后又沿日注小直之讹，变为⟩⟨……等形。篆文作ℓ，更由⟩⟨⟩蜕化者也。叶氏对月字形体的演变作了明确的剖析，《集释》2256 按："叶说字形演变之迹是也。"

4. ⫲……霝：《说文》："雨，水从云下也。一象天，冂象云，水霝其间也。"森按：契文雨字，别构孔繁。疑⫴为初文，象雨霝形。⫲⫲为准初文。增从一，象天，丨状之小直线，或平列，或参差，上下两层或三层，当同状一物。厥后上半渐变为冂，……仍误会。《集释》3424："叶氏说字形衍变之故至确，惟许云上一象云亦不误也。"《诂林》154："叶玉森释'雨'之形是对的，殷人以为'雨'为帝执掌，故多称'帝令雨'。此外惟见'河令雨'。"

5. 𢆶𢆶𢆶𢆶：《说文》："妻，妇与夫齐者也。从女从屮。又，持事，妻职也。"森按：契文作……从女首戴发，从又或二又，盖手总女发，即妻之初谊。总发者，使成髻施簪也。渤按：甲骨文妻字从女从又，就象一只手给女子头上戴簪之形。女儿长大，其母为之戴簪，以示待嫁将为人妻，因曰妻也。《集释》3607 按："故知此字当从叶说释妻也。"

6. 余余余：《说文》："余，语之舒也，从八舍省声。"林药园谓"即予之或体，本义为赐予。"森按：《礼·曲礼下》注："予、余，古今字。"契文有余无予，似予、余为古今字。……金文盂鼎作余，通录钟作余，与契文同。渤按：叶玉森释甲骨文余字"上为倒口，下从手形。手指口为余，犹指鼻为自也"，较有启发性。下部所从的屮，似为口气向下舒出的象征符号。

7. 释觳。森按：从角从殳，象持物击角形。《说文》殳部"从下击上也，从殳𣪊声。"……𣪊觳为古今字，初谊为击角。《集释》1564 按："叶谓𣪊觳古今字是也。"《诂林》1833："𣪊、觳为古今字，可备一说。"叶氏说解殻、觳为古今字，为后之学者所认同。

8. 说电。《说文》："电，阴阳激耀也。"古人制电字从申，申象电耀屈折形，乃初文电字，许书虹下出籀文申，谓申，电也，可证。叶氏指出甲骨文申为电字象形，其说可从。

9.《钩沉》2页背，王襄释为比，为从，实则同为从字。……伐土方，辞同可证。叶氏通过分析字形，指出从字正反无别。《诂林》按："《说文》以二人为从，反从为比，而金甲文反正无别，实为同字。"可见叶说足上正确的。

10.《钩沉》1页，南宫方鼎之𝌆旧释原，钱献之释"对扬"二字合文。森疑即《前编》卷二第三十页"其菁大𝌆"之𝌆，乃古文凤，卜辞叚作风。王襄《征文考释天象》第2页也说："古凤字假为风。"罗振玉在增订本《殷虚书契考释》卷32中引王国维云："其遘大凤即其遘大风。"凤假作风，终成定论。叶玉森此条是对假借的说解。

（四）提出考释意见，可与其他学者相互参证，促进对文字的理解

1.《前》2.27上，森按：从止从辰，或古趁字。……《集释》0637按："叶释趁是也，屈氏证成其说……，又详为之辨，尤为审谛，又引经传说趁为警动惊趁，说无可易。"此字首先由叶氏释出，屈万里对字义加以说解，遂至完备。

2.《前》1.78下，《钩沉》云：卜辞屡见"王固曰吉"之文，固或作𝌆，作𝌆，更变作𝌆、𝌆。王簠室谓即《书·金腾》"启籥见书"之启，然卜辞固别有启字。森疑即《书·洪范》"明用稽疑"之稽。……《诂林》2177占字下姚按："'固''𝌆'乃甲晚不同时期之字形，当释'占'，读若'稽'，陈梦家说其形义关系甚详，其说可从。"叶释占，字形分析正确。

3.《拾考》二十六页，……为晋之古文，卜辞仅见。（《甲骨文编》卷七第2页收为晋，无说）李按："叶氏释此为晋可从。"

4.《说契》。𝌆𝌆……𝌆：雪之初文，疑为𝌆𝌆，诸家释羽，非是。象雪片凝华形。变作𝌆，从雨为繁文。复变作……，即𝌆之讹。罗雪堂谓象手可掇取，似非朔谊。再变作𝌆，古意益晦。许书霝字训水音，疑即误认雪之古文制篆者。《诂林》1360："叶玉森疑为许慎'误认雪之古文以制篆者'，其说可从。"叶氏既分析雪之形体，又指出许书霝字的由来。

二 综合研究

叶玉森甲骨文研究，立足点并不完全限于考释文字，而是在考释文字的基础上对商代的社会生活诸多方面作进一步的探索，主要表现在《研契枝谭》一书中。胡厚宣先生在《五十年甲骨学论著目录》一书的序言中说："第三个十年中又增加了王襄、商承祚、叶玉森、胡光炜、容庚、闻宥、程憬、丁山、董作宾。——叶玉森开始对甲骨文字，作了综合的研究。"胡先生所指叶氏的综合研究，主要也是指《研契枝谭》。叶氏此文，对甲骨文进行分类，从方国、渔猎、农林、古刑、官制、征伐、循行、马政、田狩、用牲之数、有事、帝方方、年、孚年、祭神用矛斧、名谥用干支、口匸、侯伯族、妻妾、发形、风疾、夏、冬、龙、蚕、归、质疑等方面来进行论述，涉及商代政治、经济、文化等诸多方面。

最早对甲骨文进行分类研究的是孙诒让的《契文举例》。孙诒让将甲骨文字分为 10 类，其后罗振玉在《殷虚书契考释》中分为 8 类，王襄的《簠室殷契征文》是最早对甲骨文进行分类著录的著作，共分为 12 类。首先对甲骨文进行分类，再在分类的基础上做进一步深入研究，表明研究已超出单纯的文字考释这一层面，而进入到更深层次。正如《甲骨学一百年》所说："虽然有的类别不完全准确，但可以看出 20 年间对甲骨文的研究从单字、单词的分类，到罗王的考字证史以至叶玉森的考字探史，作细致分类的全面研究，是在罗王已有的成果基础上又有所前进。如是不是对甲骨卜辞有所了解，读懂较多的内容，就不可能有如此较详的分类研究。总之，考释文字、分类研究虽说仍是见仁见智，但研究还是日渐向全面、深入方向发展。"（72 页）

叶玉森的《研契枝谭》一书对甲骨文进行分类研究，清晰地表明叶氏的甲骨文研究已不局限于单字的考释，而是进入到"以字探史"这一更深层面。在甲骨文研究草创初期，叶氏的开创之功是不可否定的。下面略举数例，以见一斑。

（一）关于日月食的论述

《钩沉》：殷代卜日月食，或专卜，或合卜，如《藏龟》第 239 页"卜月食我其（缺）"（末字上微缺，似吉字），此专卜月食也。又《类纂》西字下引"癸酉贞日月又（有）食隹吉"，日字下引"癸酉贞日月又（有）食𡿮若"，此合卜日月食也。孙仲颂训卜辞之若为顺，似含吉祥意。𡿮，疑并字。并若与《书·金滕》《大诰》并吉谊同。这是首先指出商代有日月食之卜辞。1940年董作宾的《殷代之天文》一文中也引用了此三条卜辞。后来董氏作《殷历谱》，于下篇《交食谱》一《殷代之日月食》也用的是这三条卜辞。从董作宾开始，后来学者研究日月食所用材料也是叶氏所提到的这几条。胡厚宣先生曾撰《卜辞日月有食说》进行专题研究，引用的是后两条卜辞，但文中并未指出此是何人最先引用。赵诚先生说："董氏引叶氏释春夏秋冬之说，肯定见过叶氏关于'殷代卜日月食'之说，因为在同书同一页，董氏所引也正有叶氏所指出的那三条卜辞。由此可见，叶说对商代日月食的研究是有贡献的，而且是首功。"[1]

（二）关于"献俘"礼

"告执"条云："殷代献俘之礼，于传无征，考卜辞云：贞告（执）于南室三牢（《殷虚卜辞》第二百三十九版），执从乩象人形，O为梏形，即古文执。曰告执，当即后世之献俘。《前编》卷三第33叶：乙酉卜兄重今月告于南室。亦告祭之辞，或亦告执也。"叶玉森是较早研究献俘仪式的学者，他据甲骨文字形立说，对献俘仪式作了初步的说解。陈梦家在《西周铜器断代》一书中对此有详细的论述，则主要是据铭文立说。[2]陈梦家对"献俘"的论述，言之有据，且以出土文献与传世文献相印证，其结论是可信的。而叶玉森对"献俘"的结论，来自于字形分析，虽是初步的说解，但基于当时的材料，其结论也确有可取之处。

（三）关于蚕

蚕字条云："故书相传，伏羲氏化蚕为丝，黄帝元妃西陵氏始养蚕。其说未可征信，然蚕之发明，必在远古。迄于商代，应有祀蚕之典，卜辞中应有蚕字，暨卜蚕之吉凶之辞。爰乃体察象形，绅绎文义，猎获三则，姑妄言之。考《后编》卷二第二十八页：'（缺）牢𧖴，五牢；𧖴示，三牢。八月。'𧖴象蚕形，即蚕之初文。蚕示乃祀蚕神，礼用三牢。又《前编》卷六

---

① 赵诚：《重新认识叶玉森》，《古文字研究》第24辑，第48—49页。
② 陈梦家：《西周铜器断代》，北京：中华书局2001年版，第165、212、215页。

第十七页……古殆以蚕为虫王。又《藏龟》第五页：……予疑亦蚕之别构。"对此说后之学者多有争论。胡厚宣赞同叶说，并在《殷商史》一书中加以申述，且援引更多例句，证明此说可信。郭沫若、闻一多、陈邦怀及《续甲骨文编》都认为甲骨文中有蚕字。当然，持不同意见者亦有之。我们认为，叶玉森的研究思路是可取的，且他本人也说"姑妄言之"。关于蚕字的讨论还可以继续，但叶玉森的研究涉及到农业生产领域是没有异议的。

（四）关于古刑

《枝谭》3 页 13 行：古代之刑，见于经传者，曰鞭扑，曰锥、凿，曰墨、劓、荆、宫、大辟，以贼刑为极刑。征之契文，亦可得其想象。当释讯，象罪人临讯去其索置于侧面而鞠之也。姚按 491："讯本作，象人反缚其手，临之以口，讯鞠之谊。晚期卜辞增系作，更加突出缚系之象形，是为之繁体。"叶玉森据甲骨文字形对古刑作出说解，有可取之处。

叶氏对甲骨文研究属于草创。值得注意的是他"以字探史"的研究方法和思路，对后之学者系统研究甲骨文有很大启迪。目前我们正在整理研究叶氏的甲骨文著作，准备重新出版。

日本人第一篇有关甲骨文的论作

——林泰辅著《中国古代史上的文字源流》

（日）成家彻郎

　　林泰辅，1854 年出生于千叶县香取郡多古町（原名常盘村），十七八岁时，入邻村设有朱子学的并木要水私塾。他为走上学问之路又进入东京大学古典讲习科汉学课学习，毕业后就职于山口高等中学、东京帝国大学文科大学、东京高等师范大学等。

　　甲骨文发现前后，正值日本文字学兴盛的时期。翻阅那时有关支那学的杂志，可知那个时期到处都在举行文字学和金石学研究会，且让人难以置信的是，当时竟出版了那么多水平很高的古文字学著作，即使在日本的全部历史中，也没有像那样活跃地进行文字学学术活动的时代。可以说，当时甲骨文的发现，对日本而言也恰是个好的契机。对青铜器铭文的研究在中国兴盛于宋代，经历一段低潮之后，迎来了清朝的全盛期。清朝的金石学也对日本产生影响，1907 年前后，日本的古文字研究者，对古文字有很好的研究。林泰辅自然也研究了金文、《说文解字》，恰好在这一时期，以往全然不知的甲骨文被发现了。现在我们回想起来可以说，当时对这一新资料持怀疑态度的学者，皆纯属对金石学缺乏素养的人。

　　林氏大作《中国古代史上的文字源流》中有对甲骨的考察，但是没有著述的日期。我根据其内容判断为 1906 年至 1907 年的著作。这个时期，他还没见过甲骨的实物，只是看了第一部甲骨拓本集《铁云藏龟》而进行考察写作的。这是林氏研究甲骨的第一篇论著，也是日本人研究甲骨的第一篇论作。

用毛笔写的手稿本，线装一共有五本，今天藏于东京都立中央图书馆"诸桥文库"里。"诸桥文库"原是诸桥辙次（MOROHASHI Tetsuji，1883—1982，中国古典专家，以《大汉和辞典》的编者而闻名）所藏的图书。1945 年，为了躲避空袭的战火，东京都图书馆购买了几家藏书家的藏书，"诸桥文库"就是其中之一。诸桥辙次是林氏在东京高等师范学校时代的学生，但是《中国古代史上的文字源流》什么时候，因什么缘故纳入诸桥氏的藏书，不得而知。

图一表示《中国古代史上的文字源流》的目录。

目录中有几条仅存题目，在正文中没有内容。如"第五章古文之变迁（第一期）"，在正文中没有相应内容。又，"附录一至三"在目录中有题目，然而在正文中都没有。

林泰辅去世后，1927 年其哲嗣林直敬出版了《支那上代之研究》。在这本论文集中有井上哲次郎的序，他在序中记述：林氏写了大著《上代文字之研究》八卷（据《支那上代之研究》"年谱"为《上代汉字之研究》），1914 年以这本大著取得了文学博士学位。我想，在《中国古代史上的文字源流》中没有的章节，可能被林氏转移到《上代文字之研究》中使用并完成了博士论文。在没有复印机的时代，经常有这种手法。另外，那个时代，因影印出版经费很贵，林氏的博士论文没有印刷出版。现在，我不知道手稿本《上代文字之研究》在哪里。

在《中国古代史上的文字源流》第六章中有对甲骨的考察，这里译成中文加以介绍。图二表示原稿。

节译

林泰辅《中国古代史上的文字源流》第六章"古文的变迁（第二期）"。

我们要了解第二期即殷代的文字状况，须寻求产生于那个时代的文字资料。但是，殷代距今三千年左右，我们当然不能收集足够的资料。这里暂且依靠钟鼎文、龟文、书籍三种来考察文字状况。

（有关钟鼎文的一段，从略）

虽然同在殷代，但因殷初与殷末的文化水平一定有很大的差异，故上层社会中的文章一定不是像青铜器铭文那样的简略。日常的通信记录跟铭文会有所不同。铸造彝器记录铭文这种行为，殷末与殷初都几乎一样，而且在样式上跟第一期的文字没有大的差异，看钟鼎文我们就可以了解殷代字体文辞之一斑，但是不能断言在当时社会上通用的文字都是这样的。于是我们应该寻求其它方面的资料。要是于其它方面寻求确凿的资料，龟文正是最有力者。

龟文就是清光绪二十五年（明治 32 年）在河南汤阴县古羑里城发现的龟板上的文字，也是《铁云藏龟》所收录的。据刘铁云《自序》，当发掘的初期，龟文为农民各人所有，后几年铁云收集了大部分，所藏一共五千余片。《藏龟》一书是选择其中一千片精拓、石印成的。除龟板外，出土的还有牛胛骨，占十之一、二。牛骨很坚致，龟板一种色黄者稍坚，色白者脆弱，略用力即碎。其刻文，龟板、牛骨之间没有大的差别。

我还没有看过龟板、牛骨的实物。仅就《藏龟》这一本书籍进行研究，因此不能不说觉得有点遗憾。但是我的看法一定不至于有大的错误。有些人怀疑这些是伪造的，我第一次听到的时候，也想这些是难以置信的。然而其后，我一直在做研究并确信这些不是伪造。那位刘铁云所藏的，据《藏龟》自序有五千余片，其中十分之一、二是牛骨。但是，据说合并铁云其后得到的甲骨，一共超过一万余片。收集一万余片是很不容易的事，何况上面都刻有文字。更何况在脆弱易坏的东西上试刻，难度之大不言而喻。伪造者怎么不惜心手的劳苦，技巧也应该不至于成功。因其文字跟钟鼎文对照，有相同的也有不相同的，所以我们不能解读刻文的全部。但是两者之间自然有条理贯通的情况，刻文决不是漫不经心地创作的，是属于上代的遗物几乎没有怀疑。

龟板一定不是伪造的，接下来的问题是其时代为何时？因其上象形字很多，也有"祖乙"、"祖辛"、"母庚"等包含天干的人名，刘铁云就认为属于殷代。我再加上一个佐证，就是地理上的关系。甲骨发现的河南汤阴县古牖里城，离殷旧都河南卫辉府淇县不远。殷代开始，在黄河的南边营建王都，武乙时代第一次迁都到河北。其后一百余年一直在河南省卫辉府淇县，牖里就是文王被囚的羑里，同殷都的关系很紧密。如果发现的龟板只有十片二十片，也许是从外地带来的。可是实际上有一万余片，我们不能认为那些是跟当地没有关系的。这些龟板应该都属于殷代王室卜人掌管。殷人习俗迷信非常多，无论他们如何尊重龟卜，一万余片如果都是迁都河北以后一百余年用的，就使人怀疑起其数量过多。或者也有可能带着以前用的，迁都后仍保存的。还有"祖乙"、"祖辛"、"祖丁"等名屡见，属于离其时代很近的缘故，或者因为那位君主跟龟卜关系密切，也在后世向他们卜问的，都还不能究明。

当时占卜用了多种东西，见于《史记·武帝纪》：

祠天神上帝百鬼而以鸡卜。上信之。越祠鸡卜始用焉。

《汉书·郊祀志》也有类似的记述，李奇注说："持鸡骨卜如鼠卜。"因此我们知道在汉代南方用过鸡卜。还有《番禺杂编》有关记述：

岭表凡小事必卜，名鸡卜、鼠卜、米卜、牛骨卜、鸡卵卜、田螺卜、筊竹卜。（《佩文韵府》卷九十上所引）

还有《契丹国志》记述：

契丹行军不择日，用艾和马粪于白羊琵琶骨上炙，炙破便出行，不破即不出。（卷二十七）

这条记述说的是羊骨卜。本邦（即日本国）也在上代有用鹿肩骨的占卜。上述都是比殷代晚很多的事。这种风俗，世界上各地都施行，理所当然殷代也用牛胛骨占卜。不能说世上没有人怀疑殷代的龟甲、牛骨为何能保存到今日？可是欧洲发现过大冰原时代（冰川时代）的象骨、鲸骨、人骨，本邦也发现过石器时代的人骨及骨器，因此不足为怪。

笔者据《藏龟》观察甲骨文，其字体大约可分为两种。其一是小字而瘦劲的，其二是稍大而丰润的。后者是跟钟鼎文非常接近的书体，但是数量不多。前者有跟货币文字相似的笔法，十之八、九属于这种。由于是用刀笔刻的，字体成为瘦劲是当然的。所以，字体上存在两种差异的原因在于刻手的不同，一定不是时代上先后的不同。

所刻的内容都是很简单的。文字，同一的很多。综合分类，如果把字体略有差异的看作一字来计算，一共有五百三十余字。其中能解读的有一百五十余字，不能解读的有三百八十余字。其中一看就明白的是干支和月名。例如："今日"、"今月"、"今一月"、"今二月"、"今三月"、"今八月"、"一牢"、"二牢"、"三牢"、"四牢"、"五牢"、"十牢"、"十五牢"、"小牢"等，我们都容易看得懂。

　　"癸亥卜"、"壬申卜"这样记录占卜日期的甲骨，《藏龟》从头到尾都有，数不尽数。这里举个例子，如图（参看图二 15 甲骨摹本）：

　　图中文字属于第一种字体。一定是关于"雨旸"占卜的，记有"今月己子不雨"。干支写作"乙子"、"丁子"、"辛子"、"癸子"，在本书（即《藏龟》）中有二十余个地方。钟鼎文也有，"叔娟匜"（筠），"戠敦"（薛）有"乙子"，"史颂鼎"（西），"丁子鼎"（西），"兄癸卣"（啸）有"丁子"，"史伯硕父鼎"（积）有"己子"，"鲁公鼎"（荆）有"辛子"，"格伯簋"（积），"格伯敦"（筠）有"癸子"。这些在古代是记载干支的一种方法。"乙子"是合并乙亥和丙子两天，"丁子"是丁亥和戊子两天，"己子"是己亥和庚子两天，"辛子"是辛亥和壬子两天，"癸子"是癸亥和甲子两天记载的。

　　右边的三字，在图中左行，本书中有九处类似，还有右行的八处。应该是有关卜问的词语，但都不能解读。

　　再看图二 16 甲骨摹本：

　　该图属于第二种字体。刘铁云把"戠贞"看作"初问"的意思。𣅴是在本书中最多的字，乃是"鼎"字。"贞"是从卜从鼎省声的。这儿省掉"卜"，只记"鼎"而意味着"贞"。这就是"类型假借"。

　　龟文一般笔画繁杂的少，简略的多，大概是刀笔不适应于繁杂的笔画的缘故吧。然而从 ∀ 的字有近二十字，从 𩏂 的字有二十字以上。此外，可看到如⺊、如𢎞、如𠂆、如∩等，分别属于一个部首的字的情况不少，就明白当时以会意、谐声的方法增值文字。

　　记述的方式，虽然上面介绍的都是从左边读的，但是龟文左行右行似乎没有规则。还有，在一片龟板上有一半是左行、一半是右行。钟鼎文一般是右行，但是有时候左行也看见的，我看在上代不拘泥于左行右行。

　　龟文和钟鼎文都是殷代的，然而在字体上有差异，是什么缘故呢？这里略作推测。这个差异一定是由一种用漆书、一种用刀笔的不同而造成。刘铁云说，在毛锥（羽毛笔）前用的是漆书，在漆书前用的是刀笔。虽然刀笔起源应该在漆书之前，但在殷代漆书和刀笔一定一起并行，钟鼎文当然不是漆书，但是按照漆书的书体铸造的。

　　不用说，龟文是用刀笔刻的，但是属于第二种书体者也是模仿漆书。因为漆书写得时候比刀笔要郑重一点，所以铸造彝器传到后世时也模仿了漆书。我推测龟板也应该是郑重地制造的，但是有时候刻字后火灼（林氏原注：龟板有先刻字后火灼、先火灼后刻字的两种可能。我看在占兆纵横坼裂的线条之内的字属于前者，在其外的字属于后者），由于其特性，用漆书不适合，终于采用刀笔了。因采用刀笔，成为异于漆书的书体是必然之势。漆书和刀笔两者分开如上述，殷代日常的通信记录之类，常常用刀笔，其字体与龟文类似，但是一定是在日常的通信记录之类中用更简略的书体。

这只是推测而已，但观察后世的状况，即使不确切也离实情不远吧。

龟卜只是当时记录的一部分，在这里被记录的都是极端简单的。收入《藏龟》的甲骨是采拓五千片中的一千片，字数有五百三十余字。如果计算其它的，一定会增多十百。依据这一推测，殷代一般使用的字数，超过一千是几乎无可置疑的。可是，若要考察当时实际上的字数，我们应该考察属于殷代的书籍中的字数。

支那古代史上に於ける文字の源流に就て

目次

緒論

第一篇　古文

　第一章　古文總論

　第二章　古文の創始

　第三章　古文と六書

　第四章　古文と八卦

　第五章　古文の變遷（第一期）

　第六章　古文の變遷（第二期）

　第七章　古文の變遷（第三期）

　　　附　古文變遷表

　第八章　古文の地方的異同

　第九章　古文の種類

第二篇　籀文

　第十章　籀文總論

　第十一章　籀文の製作

　第十二章　籀文の字體

　第十三章　籀文使用の範圍

第三篇　小篆

　第十四章　小篆總論

　第十五章　小篆の制定

　第十六章　說文の小篆と秦代の金石文

图一—1，2

图一3、4

图二（1-20）

1

第六

古文の變遷（第二期）

ち殷代に於ける古文の狀況を知らんと欲せば
その時期に生出せる古文の材料を求めざるべからずき
れども殷代は今を距ること概略三千年以前なれば固よ
り十分に之を蒐集すること能はず余は姑く鐘鼎文龜文
及び書籍の三種よりて之を論ずべし
鐘鼎彝器の類として考古圖博古圖嘯堂集古錄王氏薛氏
の鐘鼎款識西清古鑑積古齋鐘鼎款識筠清館金文その他
諸家の書に於て殷代に出でたりと稱するもの甚だ多し
されどもその中まには眞僞殆ど辨じ難きものあり又僞贋
のものはあらずと雖も必ずしも殷代に出でざるものな
り古森十干の字を記せしものを以て殷器となせども博

2

古圖には飯に之を辨じて
世人但知十干為商名遇款識有十干者皆歸之商蓋誤矣
　　　卷十
　　　九
といへり薛雅釋天又は高日祀周日年と云れども師遽敦
掘吳彝掘虎錞刖曾羨鍾復の如きは明らかに周器として
祀と稱すればこれ亦證となすに足らず辛父辛爵に於て
玩元は之と說明して
辛為父辛作此爵也父子同日辛者猶湯為天乙後有祖乙
蓋諱始於周商人不諱子生之日與父同名字不嫌同也
　　　齋鐘鼎款識卷二
といひたればこれ殷器の證となすべきが如くなれども
上の辛の字といへるものこれに作れば恐らくは子の泐文

3

して辛の字又は非ざるべしされば字句の上より殷器
の證を求めんとするは殆ど不可能のことなるが如し且
その器の眞贋に至りては實物に就きて十分玫嚴する
非ずれば之を定むべからずと雖も今は悉くこの法に依
ること能ざれば原器の搨本及び考古圖博古圖以下の
書に就きて比較的來歷の確實なるものとして文字の信憑すべき
ものを取るの外ほさるなり是に於て余は姑く古人つ
推定と余が肌測とを以て之を論ず此は周初の器物は幾
分かその時代を徵すべきものあれば之と比較してその
字體辭句の上に於て必ず之より以上のものなるべしと
推測せらるゝものを以て殷器となさば中たらずと雖も遠か
らざるべし蓋し銘辭の如きは多く古代の制を模倣する

4

ものなるべければ縦令その器物は周代に成れりとする
もその辭句の簡略にして字體の古樸なるものは大概殷
代の風なるべし且十干は必ず殷器となすこと能はず
雖も十干を記せるもの、中、は殷器の多きことも亦爭
ふべからざるなり今これ等の理由、よりて殷代の鐘鼎
文なるべしと思はる、ものは就きてその特徴を舉ぐれ
ば

（い）象形字の多きこと

（ろ）字體の甚だ整頓せざること

（は）文辭の簡略なること

の如きたるの尤も見易きものなり蓋し

象□は象なり

□は集なり

兄丁　□□祖丁は□なり

父癸は難なり

5

これ皆象形字にしてこの種類に屬するもの頗る多し又
その初は象形を本づきたるものなれどもその後變化甚
だしきもの、斟かとず子孫寶奏などの如き鐘鼎文まて多
く用ひられたる文字を見るに十種率ね十樣にして殆と
一定の體なきもの、如しその放縦自在なること真に常
規を以て律すること能はざるなり銘辭の書法は一樣な
らずと雖も一字を銘じてその意既に足るも
のあり冊の一字は冊命の形と刻するに因ってこの器を作る
ことを表するなり戈の形と刻するは武功を勤する所以
あり父壬と書するは子その父の爲めに作るなり祖丁と
書するは孫その祖の爲めに作るなり叔父辛といへるは
その字叔なるものその父辛の爲めに作るなり乍且乙と

6

あり

若し□董武鐘蛟篆鐘蛟篆壺商鐘の類は古來往ニ殷代
の器となすれども是等は所謂鳥蟲書まて後世修飾を加へ
たる一種別體の文字なれは決して殷代のものには非ざ
るなり

（二）父癸匜

（三）母乙卣

蓋し同じく殷代にありと雖も殷初と殷末とはその文化
の程度に於て非常に差異あるべければ殷の中葉以後に
属したる文字なれは所謂鳥蟲書まて後世修飾を加へ

7

ありて上流社會に行はれし文章は銘辭の簡略なるが如
きものまあらざるべし字體も亦日常の通信記録の用に
供せしものは銘文とは聊か同じからざることあるべし
さればとも奏器を鑄造して銘辭を勤するが如きことは殷
末に成りしものと殷初のものとは大抵同一なるべく又第
一期の文字とその體裁上に於ては甚だしき差異あ
ぎるべければ鐘鼎文まては殷代の字體文辭の一斑を窺
ふことを得ると雖も當時世間に通行せしものは悉く皆
此の如くなりといふに非ず是に於て更にその他の
方面に於てその材料を求めざるべからずしてその他に
於て之を求めば龜文は實にこれが材料として尤も有力な
るものなり

龜文は即ち清の光緒廿五年　明治三十二年　河南湯陰縣の古牖里城を於て發見せられたる龜板の文字にて鐵雲藏龜冊六に錄せし所のものなり劉鐵雲の自序を據れば其の發掘せられたる龜板は初め各人の所有となりしがその後鐵雲は大概之を蒐集してその藏する所五千餘片あり藏龜の一篇はその中千片を精拓して石印に付せしものなり又龜板と共に牛腿骨も十が一二は淆雜しあり牛骨は頗る堅緻なれども龜板は一種色黄なるものは稍堅く色白きものは脆弱にして破碎し易しその刻文は龜板牛骨共に異同なしといふ

余は未だ龜板牛骨の實物を一見せず縱か其に藏龜の書に就きて攷究したるを過ぎざれば聊か遺憾なきに非ず

8

難も亦その梗概を失はざるべし世人或は之に就きてその僞贋ならんことを疑ふものあり余も亦始めて之を耳にせし時には頗る之を怪しみたりしがその後攷究の步を進むるに及びて必ずしもその僞贋ならざることを信ずるに至れりそれ此劉鐵雲の收むる所藏龜の自序に五千餘片ありといふ此れ更に其後之を收めたるものを合すれば所よれば此鐵雲がその爲し得べきことにあらず況や悉く一萬餘片ありといふこれ一萬餘片の龜板を蒐集するこそこれ豈輕なる爲し得べきことならんや況や悉くを進むるを以て文字を刻するをや又況やその脆弱にして破碎し易きものに向って刀筆を試むるをやその手を下し難きことは明らかなり偏造者いかに心手を勞することを厭はざ

9

も恐らくはこの技巧を再するに至らざるべし且々その文字は之を鐘鼎文と對照するに合するものあり亦合せざるものもありて悉く解すべからずと雖もその間自ら條理の貫通するものありて決して漫然として作爲せしものに非ざれば上代の遺物たることは殆ど疑なかるべし

龜板は既に僞物に非ずとせばその時代の何れにあるかは直ちに起るべき問題なり劉鐵雲は象形字の多きこと祖乙祖辛毋庚等の如き十干を以て名とするものある以て殷代の物となせり余は更に一の證左を加へん地理上の關係是なりその發見せられたる河南湯陰縣の古牖里城は殷の舊都河南衛輝府淇縣と相去ること甚だ遠

10

からざるものなり殷はその初黃河の南に都せしが武乙の時始めて河北に遷り是より後百有餘年間は衛輝府淇縣まありて牖里は即ち文王の囚はれたる羑里なればこの殷の都とは極めて關係ある土地なりもしこの發見せられたる龜板は十片二十片のものなりしめばその河北より攜へ來りしやも知るべからずも一萬餘片の存在は決してその地に關係なしといふべからずすれば此の龜板蓋し殷代王室に屬せしト人の掌りしものなるべし殷人の習俗は迷信尤も多きものなればその龜卜を尚びしことは勿論なれどもこの一萬餘片は河北に徙りし後の數百餘年間に於て用ひしものとすれば其だ多きに過ぐるの疑あり或はそれより以前のものをも遷都の際運び來

11

りて保存せしものは非ざるか又祖乙祖辛祖丁等の名
の屢見えたるはその時代を去ること近きものなるか或
はこれ等の君は亀卜と關係ありて後世まても之を問ふ
ことありしか皆未た考ふべからざるなり
卜と種その物を用ふることは史記武帝紀よ
祠天神上帝百鬼而以難卜越祠雞卜始用焉
とあり漢書郊祀志よも之と同じき文ありて李奇の注よ
は漢代よ於て南方の雞卜を用ひ
しことありあり番禺編よは
嶺表凡小事必卜名雞卜鼠卜米卜牛骨卜雞卵卜田螺卜
茇竹卜九十上所引
といへることありあり又契丹國志よ

12

契丹行軍不擇日用艾和馬糞於白羊琵琶骨上炙に破便
出行不破卽不出　卷二十七
とあるは羊骨卜なり本邦よても赤上代に於て鹿の肩骨
を以て卜することありこれ等は幸れ後世の事なれども
かる風俗は各地に行はれたるものなれよ殷代よて牛胛
骨を以て卜することあるしことあるも固より然るべきなり
世人或は殷代の龜甲牛骨の今日に存在するを疑ふもの
なきよ非ずと雖も歐洲まては大氷原時代の象骨鯨骨人骨
の發見せられしものあり本邦よても石器時代の人骨及
び骨器の發見せられしものあれば殷代の龜甲牛骨の存
在することは毫も怪しむよ足さざるなり
今鐵雲藏龜よ就きて之を撿するよその字體は概略二種

13

ありてその一は小よして瘦勁なるものその二は稍大よ
して豐潤なるものなり後者は頗る鐘鼎文よ近きもの
てその數甚た多からず前者はやゝ刀布文字の筆法よ似
たるものありて十が八九は之よ屬せりこれ小益し刀筆よ
て刻せるものなるが故よその字體の瘦勁となれるは誠よ
然るべきこととなりこの二種の別を生じたるは畢竟筆者
の同じからざるよて必ずしも時代の先後よはあらざる
が如し
その記する所は極めて簡單なることよして文字は同一
つもの甚た多けれども之を綜合分類して字體の少しく
異同あるものも皆一字としてその字數を計算すれば凡
そ五百三十餘字ありてその中讀み得べきもの百五十餘

14

字あり讀むべからざるもの三百八十餘字ありその尤も
明瞭なるものは干支月數なり而して今日今月今一月今
二月今三月今八月一宰二宰三宰四宰五宰十宰十五宰小
宰等の文字は皆理會すべく癸亥卜壬申卜といへるが如
く卜日を記せしことは初より終よ至るまて殆ど數やべ
からざる程なりその字體及び文例を擧ぐれば左の如し

雨
月不
今己子

右は第一種よ屬するものなり蓋し雨暘を卜せしも
つよて今月己子不雨といへるなり干支をと乙子丁子
辛子癸子などと書することは本書よは二十餘箇所

15

16

あり鐘鼎文ミても叔嫄匜筍誐敦辞ミ乙子あり史頌

鼎西丁子鼎西兄癸卣嘯ミ丁子あり史伯碩父鼎ミ

己子あり魯公鼎ミ辛子あり格伯簋梅格伯敦簋ミ

癸子ありて古代ミ於ける干支紀載の一法なりなり

は乙亥丙子丁子は癸亥甲子の両日を合せ言へるなり

辛亥壬子癸子は丁亥戊子己子は己亥庚子辛子は

右旁の三字はこの處の如く左よりすするもの九箇

所又右よりすするもの八箇所あり益ミ下問ミ關する

辞左るべけれども悉く讀むべからず

哉貞　戊辰卜

右は第二種ミ屬するものなり劉鐵雲は哉貞を初問

17

の義とす益し閃は本書中ミ於て最も多き文字ミて

即ち鼎の字なり貞の字はトミ从ひ鼎省聲ミ从ミ故

コトを省きて鼎のみを書して貞の義となすことミ

即ち類形假借たり

大抵龜文は字畫の繁雜なるもの少くして簡略なるもの

多し益し刀筆は繁文を書するミ過せざるを以てなりさ

れどもこは从ふ字は二十字ミ近く口ミ从ふ字は二十字

以上ありその他月己の如きひの如き又の如き

同部門ミ屬すべき文字の勘からざるを見れば會意諧聲

等の法ミよりて文字を增殖すること頗る當時ミ行は

れたるを知るべし

又その記載の法ミ於ても前ミ擧げたるものは皆左より

18

鐘鼎文は固より漆書ミは非ざれども漆書の體ミ本づき

雖も殷代ミ於ては益し漆書刀筆並び行はれしものを

といへりその初ミ潮はば刀筆は漆書の前為刀筆

または非ざるか劉鐵雲は毛錐之前為漆書漆書之前為刀筆

測すれば漆書と刀筆とよりてこの區別を生ぜしもの

ミ於て差異あるは如何なる理由なるか今試みるミ之ミ肌

龜文と鐘鼎文と同じく殷代ミあるものミしてその字體

とざりしものなるべし

聞左行のものもあれば上代ミては左行右行必ずしも拘

行半ばは右行なるものあり鐘鼎文は大概右行ミして左

たることなきが如し或は一片の龜板ミてその半ばは左

讀むべきものなれども龜文ミては左右孰れミとも定まり

19

然のことなり刀筆を用ふれば漆書と刀筆の體との分るミことを得ざるは當

れば遂ミ刀筆を用ふることとなりしなるべし既

しその物の性質上ミ於て漆書を用ふること適當ならざ

その縱横ミ坼裂せし螺の中ミ文字あるものは後者ミ屬せしものなる

れば龜板ミは文字を刻して後ミ之を灼きしものと灼きしものとの両様あるが如し占兆

ミ倣ひしものなるべし漆書は刀筆ミ比すれば幾分か鄭

重ミ書する場合ミ用ふるものなれば彝器を作りて後世

ミ傳ふるが如きことミは之ミ倣ひ龜板ミも勿論鄭重なる

べきものなれば文字を刻して後ミ之を灼くこともち

しものなれどもこの第二種ミ屬するものは赤漆書の體

しものなるべく龜板は言ふ迄もなく刀筆を以て刻畫せ

ば殷代に於ける日常の通信記録の類は往々刀筆を用ふ
ること行はれその字體は龜文に彷彿たるものにてなほ
一層これより省略せしものにはあらざりしかこれ全く肌
想に過ぎずと雖も後世の事情より察すれば中らずと雖
も遠からざるものならん

龜卜は或一部分のことなりその記する所は極めて簡單
なるものなり藏龜に載する所は五千餘片の中に於て一
千片と粗せしものなり然るまたその字數は五百三十餘字
あり若しその餘のものを悉く計算せば更に十百を加ふ
べしこの一端を以て殷代一般に行はれたる文字の數を
推測すれば益々千を以て數ふるに至るべきことは殆ど
疑なきものなれども必ず之を事實上に徵せんとせば殷

20

代に出でたる書籍の文字はその數凡そ幾何ありしかを
考査せざるべからず

抑、殷代の書籍は尚書の湯誓盤庚 三 高宗肜日西伯戡黎微
子の七篇及び詩の商頌は殷人の手に成りしことは古來
の傳ふる所なりたゞ商頌は或は宋人の作なるべきと疑
ふものあれども舊說を打破すべき程の確證あるに非で
はばその說從ふこと能はざるなり

虞夏書の堯典舜典皐陶謨益稷禹貢甘誓は古來虞史夏史
の作となせども余は頗る之を疑ふ何となれば堯典の粵
若稽古は鄭玄は之を解して
稽同古天也言能順天而行之與之同功
といひ王肅は

21

甲骨文断代研究的回顾与展望

（俄）刘克甫

甲骨文之见于世，至今百年有余矣。而对甲骨卜辞进行分期断代以提升其史料价值，是近百年以来甲骨卜辞研究上极其重要的工作之一。其先后进展程序，或可分为五个不同时期。其中每个时期均有重大发现与创见，同时也有经不起时间考验的说法，必须加以澄清。

一 甲骨文断代研究的五个时期

第一个时期（20 世纪初至 20 年代）

1917 年王国维《殷卜辞中所见先公先王考》据《后》上 25.9 "父甲一牡，父庚一牡，父辛一牡" 而推测 "此当为武丁时所卜"。[①] 又发现《后》上 7.7、7.9、19.14 有父丁、兄己、兄庚，从而断定 "此条乃祖甲时所卜"。[②] 此即甲骨断代之发端，且经数十年研究证明，王说准确无误。此后殷王称谓成为甲骨断代最可靠标准之一。

1928 年明义士（J. M. Menzies）整理在小屯所获甲骨三百余片，拟据称谓及字体探讨其年代，明氏《殷虚卜辞后编》叙言中就其所用方法略加说明，可惜语焉不详，难以了解其全意。而且该书叙言当时未行发表，明氏所论鲜为人知，对学术界影响极微。

第二个时期（30 至 40 年代）

20 世纪 20 年代末，中央研究院开始发掘殷墟，这在中国考古学史上是

---

① 王国维：《观堂集林》9.13。
② 王国维：《观堂集林》9.12。

一个重要里程碑，就甲骨卜辞研究而言，也是一条明显的分界线。甲骨学大师董作宾先生以1928年殷墟发掘以后为甲骨研究后期，今天看来，此说颇有道理。

殷墟发掘新获资料，为探讨甲骨文深层意义奠定了坚固的基础，而甲骨断代研究自"史前"阶段始入其真正的"历史"时期了。

1913年董作宾先生发表《甲骨文断代研究例》一文，提出了可以用于卜辞断代的世系、称谓、贞人、坑位、方国、人物、事类、文法、字形、书体等十项标准，将当时所知全部甲骨分为五期。[①]

董氏创立甲骨文"五期分法"，学者从之。其后几十年来，某一批甲骨应属于其中何期问题，研究者虽然有所争论，但对五期体系本身却未曾提出怀疑。而个别学者先后有两次否定"五期分法"的企图，终于未能获得广泛认同。

董先生所述十项标准，由今日眼光观之，确有不少可商之处。比如，其中"世系"不能算为断代标准，仅仅为运用"称谓"等标准之基础而已等等。后来居上的甲骨学者以董氏断代十项标准为蓝本，精益求精，至今仍未超出其原先范围。

第三个时期（50至60年代）

40年代末、50年代初在甲骨断代研究方面贡献最显著的学者无疑属陈梦家先生。陈氏从1949年起撰写《甲骨断代学》四篇论文，后收入大著《殷虚卜辞综述》，以世系、称谓、贞人为最重要"第一标准"，[②]并在"五期分法"之基础上，进一步提出自武丁至帝辛七世三期、五期、九期综合断代分期法。[③]

陈氏另外一种重要创见是，以董作宾所提出"贞人同版关系"为依据，将见于卜辞之贞人（陈氏称为"卜人"）分为"宾组"、"自组"、"子组"、"出组"、"何组"等五组。以"宾组"为武丁，"出组"为祖庚、祖甲，"何组"为廪辛时期，而视"自组"与"子组"为武丁晚期卜辞。

属于甲骨卜辞断代第三个时期的一种值得注意的新说法是，饶宗颐先生

---

① 董作宾：《甲骨文断代研究例》，《庆祝蔡元培先生六十五岁论文集》，1933年。
② 陈梦家：《殷虚卜辞综述》，1956年北京科学出版社版，第137页。
③ 陈梦家：《殷虚卜辞综述》，1956年北京科学出版社版，第138页。

提出的"卜人同辞关系"。

董作宾先生所发现的"同版关系",是他归纳各贞人集团的主要手段。到了 1959 年,饶宗颐教授除了"同版关系"以外,提出所谓"同辞关系",即"甲之卜辞中言及乙或丙者,可知甲、乙、丙必同时"。[①] 举例来说,"何"为廪辛、康丁时贞人,饶氏发现《乙》3174 一辞云:"丁巳卜争贞:乎取何刍","争"为"宾组"贞人之一,其结论即"由此可知何之年代,可上及武丁"。[②]

饶书中不止一次地强调,其推知卜人时代,对此特加注意。[③] 结果,与以往视为比较共认的说法颇有出入。

以武丁时代的卜人为例,陈梦家所举一百二十名卜人之中,只四十二名为武丁时人;岛邦男共列一百一十名,其中系武丁之时的有三十六名等等;饶宗颐所发现的卜人比陈书仅增加了十七名,而定为武丁卜人的总数却达到七十二名之多,可见变动之大矣!

饶先生又从卜人"同辞关系"着眼,发现武丁时期之人与祖庚、祖甲乃至廪辛、康丁时人每每互见,认为"卜人之高寿者,何尝不可绵历数世"。[④] 如"泳自武丁晚期任卜官,至武乙时尚存,其人必享大年"。[⑤] 又"何……其人盖为武丁老臣,历祖庚、祖甲以至廪辛,乃为老年硕德之三朝元臣"[⑥] 等等。所举七十二名卜人当中,生年可下至武乙时者一名,至廪康时者八名,祖庚、祖甲时者十七名矣!此说如果正确不误,则以卜人名为卜辞断代的标准,失去其可靠性。幸而所谓卜人"同辞关系"的说法,根本不能成立。甲骨文中之卜人名,如同其他各种人名,为族名而非私名,因此同一人名屡见于不同时期的卜辞。

饶著《殷代贞卜人物通考》问世之后,引起甲骨学界广泛反应,[⑦] 评论者认为全书主旨在于"推翻断代",饶氏新说并未获得认同。作者虽然著文

---

① 饶宗颐:《殷代贞卜人物通考》,香港大学出版社 1959 年版,第 1187 页。
② 饶宗颐:《殷代贞卜人物通考》,香港大学出版社 1959 年版,第 1076 页。
③ 饶宗颐:《殷代贞卜人物通考》,香港大学出版社 1959 年版,第 1187 页。
④ 饶宗颐:《殷代贞卜人物通考》,香港大学出版社 1959 年版,第 3 页。
⑤ 饶宗颐:《殷代贞卜人物通考》,香港大学出版社 1959 年版,第 610 页。
⑥ 饶宗颐:《殷代贞卜人物通考》,香港大学出版社 1959 年版,第 1076 页。
⑦ 岛邦男:《评饶宗颐著〈殷代贞卜人物通考〉》,《大陆杂志》1960 年第 22 卷 12 第期;松丸道雄:《评饶宗颐著〈殷代贞卜人物通考〉》,《甲骨学》第 8 号,1960 年;严一萍:《略论饶著〈贞卜人物通考〉的基础问题》,《大陆杂志》1961 年第 13 卷第 10 期等。

反驳各家批评，① 但藉以"卜人同辞关系"向董作宾创立的甲骨断代原理提出挑战的企图，终于宣告失败。

综观甲骨卜辞断代研究的第三个时期，当时学者意见最不一致的，莫过于董作宾先生认出的"文武丁卜辞"。②

关于董氏所谓"文武丁卜辞"，贝塚茂树原先发现"子卜贞"卜辞，后来又将董作宾认为第四期的"多子族"与"王族"卜辞，改定为武丁时物。③ 陈梦家先生称之为"自组卜辞"，认为属于武丁晚期。

李学勤先生在 1957 年批判陈梦家的看法而仍然坚持董说，并举出四条理由，以明之。④ 唯据李先生自言，仅过三年，他"逐渐改正了这个错误意见"。⑤ 而到 1976 年则提出，属于自组的贞人扶的卜辞"在殷墟甲骨中时代是最早的"。⑥

胡厚宣先生原来推测董氏所谓"文武丁卜辞"属于武丁以前⑦，后经反复推敲，终于同意陈说，在《甲骨文合集》中将自组、午组、子组卜辞列为"一期附"。

甲骨断代研究第三个时期的一种令人注目的特点在于，在当时大气候之下，学术研究往往以政治口号为出发点，不可避免走了不少弯路。为了附和"政治挂帅"需要，学者或以扣帽子、随口漫骂替代学术论证。

郭沫若先生曾开其先河，出于其政治立场，因董大师不同意殷代为奴隶社会而污辱大师说："董先生却仅仅抓到一个字，根据自己敌忾来随便逻辑一下，便想把臣民是奴隶的本质否定了，把殷代是奴隶社会的说法否定了，这根本就不是学者的态度。就是这种非学者的态度，逼得董先生在今天跑到台湾去准备殉葬"。⑧ 董氏对此置之度外，安之若素，而有的台湾学者替老师抱不平，即还手报复。

受到攻击的另外一个对象是陈梦家先生。因为陈先生留在大陆，所以有

---

① 饶宗颐：《答岛邦男先生论卜辞断代问题》，《东洋学》1961 年第 5 期。

② 董作宾：《殷墟文字乙编序》，1948 年。

③ 贝塚茂树、伊藤道治：《甲骨文断代研究法再检讨》，《东方学》第 23 册，1953 年。

④ 李学勤：《评陈梦家殷虚卜辞综述》，《考古学报》1957 年第 3 期，第 126 页。

⑤ 李学勤：《小屯南地甲骨与甲骨分期》，《文物》1981 年第 5 期，第 28 页。

⑥ 江鸿：《盘龙城与商朝的南土》，《文物》1976 年第 1 期，第 45 页。

⑦ 胡厚宣：《战后京津新获甲骨集》，1954 年。

⑧ 郭沫若：《奴隶制时代》，北京人民出版社 1954 年版，第 66 页。

的台湾学者含血喷人，对他大肆进行污蔑，根本否认他在学术上的重大贡献。一方面未经陈氏同意在台湾重版《殷虚卜辞综述》时未注明作者的正式姓名，并对原文随意更改（如凡是遇到郭沫若名字，改为"近代某"），①而另一方面著文声称"在甲骨研究者中间，最会袭取前人成说，改头换面，称作自己创见，要算陈梦家"等等。②

大陆学者则出于"反右"运动的政治需要，也批判陈梦家先生，尽力否定其在甲骨学研究方面的硕果。欲加之罪，何患无辞！在陈氏大作《殷虚卜辞综述》一书中找不出一点可以肯定的东西，却无理指责作者"只罗列了庞杂的现象，不能提高到理论的阶段，同时对若干现象也不能有满意的解释，这和马列主义的历史科学相距是很远的"。③ 到了文革时期，在恶毒围攻之下，陈先生竟含冤而死，这对甲骨学来说是莫大损失。

第四个时期（70 至 80 年代）

60 年代以后，旨在推翻断代的"卜人同辞关系"一说，未获得甲骨学界认同，无人问津了。可到 70 年代，有人对董作宾断代体系提出新的挑战，那就是轰动一时的所谓甲骨卜辞"两系说"。

1977 年李学勤先生讨论安阳"妇好墓"年代，提出了多出自小屯村中的一批甲骨，字较大而细劲，只有一个卜人"历"，应称之为"历组卜辞"。至于其年代，李先生认为"传统的五期分法把历组卜辞的时代断错了"，从字体、署辞、人名、所卜事项、亲属称谓等五方面分析，将原定为第四期的历组卜辞说成武丁晚年至祖庚时期之物。并明确提出，董作宾五期分法"早已陈旧了"。④

基于以上考量，李先生在 1978 年第一届中国古文字学术讨论会上首次公开提出，殷墟卜辞在其演变上可以分为两系的说法。

1977 年安阳小屯"妇好"墓座谈会上，裘锡圭先生主张历组卜辞属于第三四期，之后改从李说，并加以进一步发挥。裘氏尚提起早在 1928 年明义士将李学勤所谓历组卜辞之"父丁"定为武丁，"父乙"为小乙，虽然承认明义士"并没有对自己的说法作有力的论证"，仍引以为李说足以成立的

---

① 陈丁合著：《卜辞综述》，1971 年台湾大通书局版。

② 严一萍：《略论饶著〈贞卜人物通考〉的基础问题》，《大陆杂志》1961 年第 23 卷第 10 期，第 23 页。

③ 李学勤：《评陈梦家殷虚卜辞综述》，《考古学报》1957 年第 3 期，第 119 页。

④ 李学勤：《论"妇好"墓的年代及有关问题》，《文物》1977 年第 11 期，第 35 - 37 页。

旁证。另外，因为李学勤指自组卜辞为殷墟甲骨文最早者，而提出有自具特色的"历自间组"。①

之后，林沄先生又加以进一步论证。他同意李氏有关自组卜辞为目前所知殷墟最早的一批甲骨一说，也同意裘氏有关"历自间组"的假设，仅仅对后者作了如下补充说明："裘锡圭是从讨论历组的角度出发，在命名时把'历'放在前；我则认为按时代先后的次序称为'自历间组'更妥当"。另外，林先生又提出"发现自组和宾组之间的无法否认的过渡现象"，将有关卜辞列为"自宾间组"。② 林沄将李氏有关甲骨两系的看法，表达得更加具体，即视自组大字类卜辞为两系共同起点，自组大字类→自组小字类→自宾间组→典型宾组→出组→何组为其中一系之演变程式，而另一系则经自历间组再变为历组等等。③

林著发表后，彭裕商先生对自组卜辞进行了更细致的分类，就甲骨文两系形成的途径提出了己见，并且说"自组小字（2）类一系出在村北，我们将其称为'北系'；自组小字（3）类一系出在村中村南，我们将其称为'南系'"。④ 如此，"甲骨卜辞南北两系说"又见于世。

大陆学者反对"两系说"者不乏其人。如 1973 年主持小屯南地发掘的萧楠先生一直坚持所谓"历组"属于武乙、文丁之旧说，⑤ 张永山、罗琨二位先生亦就历组与武丁、祖庚卜辞同时加以反驳，⑥ 曹定云、张政烺、陈炜湛、林小安亦陆续发表文章，不同意"历组卜辞时代非移前不可"。

大陆学术界对"两系说"意见不一致，而台湾甲骨学专家，无一表示赞同。其中最值得吾人注意者，是从新的角度观察"两系说"的研究成果。

例如朱歧祥先生研究卜辞文法论卜辞所见否定词的演变，选择各期对贞卜辞，就"不"、"亡"、"弗"、"勿"、"毋"等否定词的句例，逐一分期比较，考流变，统计各期各词出现率。据此，作者着重讨论《甲骨文合集》

---

① 裘锡圭：《论"历组卜辞"年代》，《古文字研究》第 6 辑，1981 年，第 263－321 页。
② 林沄：《小屯南地发掘与殷墟甲骨断代》，《古文字研究》第 9 辑，1984 年，第 114，127 页。
③ 林沄：《小屯南地发掘与殷墟甲骨断代》，《古文字研究》第 9 辑，1984 年，第 124 页。
④ 彭裕商：《论自组卜辞分类研究及其他》，《古文字研究》第 18 辑，1992 年，第 112 页。
⑤ 《小屯南地甲骨》，1979 年，北京中华书局，上册第一分册，第 31－45 页；萧楠：《论武乙、文丁卜辞》，《古文字研究》第 3 辑，1980 年；萧楠：《关于〈小屯南地甲骨〉之体例及其相关的问题——答裘锡圭同志》，《书品》1989 年第 2 期。
⑥ 张永山、罗琨：《论历组卜辞的年代》，《古文字研究》第 3 辑，1980 年；张永山：《论小屯南地一版卜骨时代辨析》，《考古与文物》1989 年第 1 期。

所谓"一期附"卜辞的年代问题。① 朱氏主要发现有二：首先，从不同否定词的出现率观察，可以肯定"一期附"的时限是接近第一期武丁卜辞，而并非第四期文丁卜辞。其次，"一期附"的断代宜置第一期末，或第一期与第二期之间。

由朱先生所首创新的断代标准来看，自组一类卜辞是殷墟甲骨中最早的这种说法，是站不住脚的。

遗憾的是，台湾有些学者发现了大陆同行所提出的证据有问题，即声称"这班新作者没有经过深入的研究，就轻率的下结论，于是林林总总，种种谬识，不一而足。他们没有读懂卜辞，是非常普遍的现象"。②

而大陆甲骨学界政治挂帅风气仍然相当浓厚，难怪李先生在提出"卜人扶的卜辞在殷墟甲骨中时代是最早的"这种论点时，非得要揭露"苏修社会帝国主义的御用'学者'"如何如何心怀叵测。③

第五个时期（90 年代开始）

以往讨论甲骨断代的著作固然不少，但大部分是有关个别问题的专论，缺少宏观研究。至 80 年代末叶，情况才开始转化，有了几部甲骨断代研究通论，与前一时期相比，大莫与京。

宏观通论问世，有助于读者能够全面了解作者思路的逻辑性及其所提供证据的可信性。以"两系说"立论的专著，正是如此。

另外，可以清楚地看到，主张"两系说"学者反对"五期分法"的口气比以前逐渐变得不那么果断。

举例来说，1977 年"历组卜辞时代非移前不可"的说法初次公布于众之时，李学勤先生断言董氏五期分法"早已陈旧了"；而 1985 年李氏主编《英国所藏甲骨集》，却以五期分法为安排全书资料之总则；1990 年谓董作宾学说"即使在半个多世纪以后的今天来看，在多数方面仍然是正确而不可动摇的"④；至 1996 年承认"五期分法也仍然是适用的"。⑤

"两系说"的动摇，自然而然使"五期分法"再度显示其固有道理。就

---

① 朱歧祥：《殷墟卜辞句法论稿》，台北学生书局 1990 年版，第 85－86 页。
② 严一萍：《甲骨断代问题》，1982 年台北艺文印书馆版，第 1 页。
③ 江鸿：《盘龙城与商朝的南土》，《文物》1976 年第 2 期，第 46 页。
④ 李学勤：《序》/黄天树《殷墟王卜辞的分期与断代》。
⑤ 李学勤、彭裕商：《殷墟甲骨分期研究》，第 25 页。

学术研究状况而言，这就是甲骨断代研究第五个时期的主要特点之一。

与此同时，日以频繁的两岸学术交流无疑有助于消除排他性心理，资料交换可使学者有机会了解彼岸同行的研究成果。长期以来形成的政治气候逐渐有所转变，但仍然不够彻底。李、彭二位先生提出，台湾学者严一萍维护董说，其错误的原因在于"他缺乏考古学知识"。① 这莫非是过去以扣帽子替代立论证据的余波。世道不同了，而一时风尚毕竟难改矣！说陈梦家先生不懂马列主义，严一萍先生缺乏考古学知识等等，这种争论方法，为君子所不取，本来早就应该放弃了。王宇信先生说得对："学术界不同意见的争论和分歧，是正常的，是有利于学术发展和繁荣的大好事。争论的各方，在断代讨论中应抱董作宾在《甲骨文断代研究例》中所倡导的'平心静气'的态度。大师董作宾虚怀若谷，为我们后世学人树立了榜样"。② 笔者相信，进入了新世纪之后，在甲骨断代研究的若干关键问题上，尽管会继续展开争论，但一定会逐渐出现意见相互接近的局面。

二　有待于获得共识的两个方法论问题

在目前各家意见仍然有分歧的情况之下，想要甲骨断代研究取得新的进展，必须要从全面检讨卜辞断代理论做起。笔者认为，如下两个问题首先应该获得共识。

（一）断代与分类之关系

甲骨卜辞研究早已成为一门独立学科，因为研究对象特殊，所以研究方法上也有独特之处。尽管如此，研究甲骨卜辞断代，对其他类型的史料（如金文等）分期断代研究成果不可不问。另外，探讨甲骨分期断代问题时，必须参考国际学术界所认同的分类学及类型学方面的一般理论。

40年多前李学勤先生批判陈氏大作，认为"卜辞的分类与断代是两个不同的步骤，我们应先根据字体、字形等特征分卜辞为若干类，然后分别判定各类所属时代……《综述》没有分别这两个步骤，就造成一些错误"。③

---

① 李学勤、彭裕商：《殷墟甲骨分期研究》，第15页。
② 王宇信：《甲骨学通论》，1989年北京中国社会科学出版社版，第214页。
③ 李学勤：《评陈梦家殷虚卜辞综述》，《考古学报》1957年第3期，第124页。

　　李先生指出分类与断代是两个不同的步骤，千真万确。唯断言《殷虚卜辞综述》没有分别这两个步骤，则失之。其实董作宾、陈梦家等先哲，对分类与断代虽然确实没有明文交代，但在具体的程序上则加以区别，董氏根据贞人同版关系分出"贞人集团"，将记有属于不同集团的贞人名的卜辞分为五批，再用其称谓、事类、文法、字形等断代标准，断定每一批甲骨的时代。陈先生将见于卜辞的贞人分为"宾组"、"自组"、"出组"等，此种分组的办法，连日前主张"两系说"的学者，仍然利用之。所以《殷虚卜辞综述》没有分别分类与断代的说法，与事实不符。

　　至于应该先分类后断代，抑或可以先断代后分类，这倒是值得探讨的问题。李先生认为非先分类后断代不可，在《殷墟甲骨分期研究》一书中仍然以为"在分类的基础上，才能对甲骨的时代进行区分"，[①] 主张"两系说"的学者亦异口同声支援此说，而实际上情况并非如此简单。

　　陈梦家先生认为，以上两种作法都是可行的。他所运用的基本方法属于前者，但书中对后者也有所提及，其所谓"标准片"运用的问题即属此类。

　　陈氏有云："此三者（世系、称谓、占卜者）乃是甲骨断代的首先条件，我们姑名之为第一标准……根据第一标准，我们可以有两种标准片：一种是不具卜人名而可由称谓决定年代者，属于此者不很多；一种是具有可定年代的卜人名字者，属于此者为数甚多。从上述两种标准片，我们便有足够数量的断代材料来研究不同时代的（甲）字体，包括字形的构造和书法、风格等；（乙）辞汇，包括常用词、术语、合文等；（丙）文例，包括行款、卜辞形式、文法等。如此排列为表，可知某一时代字体、辞汇与文例的特征，用此特征可以判定不具卜人的卜辞的年代"。[②]

　　陈氏所论述确定若干卜辞的年代，再用之作为"标准片"去对照其他卜辞，将其归纳为一类的方法，确实是可行的。郭沫若先生编纂《两周金文辞大系》，创立"标准器断代法"，国内学者至今视之法宝，从未见因其采用先断代后分类之程序而加以否定者。

　　先断代后分类及先分类后断代两种基本方法，均有利有弊，研究者本来可以根据自己的经验作出选择。回顾以往研究情况，笔者认为，先对卜辞进

---

　① 李学勤、彭裕商：《殷墟甲骨分期研究》，第21页。

　② 陈梦家：《殷虚卜辞综述》，1956年北京科学出版社版，第137页。

行周密的分类，再确定各类的年代，比较符合现代学术界在史料断代方面所取得的经验。问题在于，对甲骨卜辞进行分类，其标准究竟为何。

（二）分类标准与断代标准

40年前李学勤先生曾经认为，甲骨卜辞分类，应据字体、字形来进行的，并且说"我们依卜辞的字体、字形等，至少可把小屯所出卜辞分为24类"。[①] 可惜的是，对这24类的范围、特征等并未明确交待，以后再也不提这24类卜辞了。

林沄先生在1984年发表的论文中提出，甲骨卜辞的分类标准只有卜人与字体两种："卜人及同版关系是正确分类的基本依据，但同一卜人集团所卜诸片要进一步分成细类，卜人组之间互相交错过渡现象的区划界线，以及不见卜人诸片的归类，字体（即书体风格、字形特征和用字习惯三个方面）是起很重要的作用的"。[②]

过了两年以后，林教授改变己说，称其"显然是不够周密的"，并声称"科学分类的唯一标准是字体"。[③]

林先生又认为，分类与断代既然属于两种不同范畴，用于分类的标准不可用于断代，字体即其一例。林先生说："过去有些研究者未能把分类和确定年代者这两件事情分开，不知道字体只能作为分类的标准，而把字的写法径直当作定年代的标准……这种把分类标准与确定年代的标准混为一谈的做法，是今后甲骨断代研究中应该坚决摈弃的"。[④]

其实，在林先生的大作中，可以发现作者自己否定此说之处。

例如，林先生谈论分类与断代问题时指出一种新见解说，"从分类到确定年代之间，还要注意一个非常重要的中间环节，就是尽可能弄清各类卜辞之间的互相关系"，[⑤] 而确定诸类卜辞在纵向上接续关系的有效方法，则是"型式学上的演变序列"。[⑥] 林先生以上创见，包含两个问题值得探讨。

其一，确定各类卜辞之间的互相关系，莫非指确定其中孰早孰晚，亦即

---

① 李学勤：《评陈梦家殷虚卜辞综述》，《考古学报》1957年第3期，第125页。
② 林沄：《小屯南地发掘与殷墟甲骨断代》，《古文字研究》，第9辑，1984年，第131页。
③ 林沄：《无名组卜辞中父丁称谓的研究》，第30—31页。
④ 林沄：《小屯南地发掘与殷墟甲骨断代》，《古文字研究》，第9辑，1957年，第147－148页。
⑤ 林沄：《小屯南地发掘与殷墟甲骨断代》，《古文字研究》，第9辑，1957年，第148页。
⑥ 林沄：《小屯南地发掘与殷墟甲骨断代》，《古文字研究》，第9辑，1957年，第149页。

论定其相对年代。何况林先生解释说，"在考古学上，要确定出土文物的相对早晚关系，层位学的研究的确非常重要，但不能视为唯一的手段。型式学（typology）的研究方法同样有很大的意义"。① 确定各类卜辞之间的互相关系，安能视为接在分类与断代之间的中间环节？

其二，林先生所常用且特别强调的"型式学"一词的内涵，亦不甚明了。他说应"仅取与占卜内容无关的方面作为型式学的研究物件"。② 与"内容"相对的是"形式"而不是"型式"，则林先生所谓"型式学"是否即"形式分析"（formal analysis），亦不得而知。

林先生所用"型式学"标准，包括字体在内。所以他作出结论，"从字体上说，历组一类和历组二类字体之间有过渡的关系"，③ "利用型式学的方法推定自组比宾组早"④ 云云。这不就是根据字体来确定数类卜辞之间的相对年代吗？

林先生说，采用此种与占卜内容无关的"型式学"（形式学）研究，非要作全面排比不可，绝不能以个别举例式的方法来代替。⑤ 对此，笔者举双手赞成。但一言九鼎，既然是"全面排比"，则不能像林先生那样，将排比范围局限于自组与宾组或自组与历组，并宣称比较自、黄两组之间有些字的写法是"可笑的"。⑥ 实则，林先生之所以觉得好笑，只是因为"自组卜辞之属于武丁时代已成为定论"。⑦ 这实际上等于说，林先生先断代后分类，与其所宣称"从分类到确定年代"的原则自相矛盾。如此种种，不一而足。

彭裕商先生如同林沄先生一样，认为断代标准与分类标准绝不相同，前者不能当作后者，并对此进一步提出理论根据，即"两种属性说"：

"对任何出土器物的时代进行考察的时候，都会发现两种截然不同的属性。

第一种属性可以告诉我们某些器物是同时代的，即可以展示出这些器物在时代上的横向联系，根据这种属性，就可以把若干器物联系起来，但只是

---

① 林沄：《小屯南地发掘与殷墟甲骨断代》，《古文字研究》，第 9 辑，1957 年，第 113 页。
② 林沄：《小屯南地发掘与殷墟甲骨断代》，《古文字研究》，第 9 辑，1957 年，第 120 页。
③ 林沄：《小屯南地发掘与殷墟甲骨断代》，《古文字研究》，第 9 辑，1957 年，第 133 页。
④ 林沄：《小屯南地发掘与殷墟甲骨断代》，《古文字研究》，第 9 辑，1957 年，第 122 页。
⑤ 林沄：《小屯南地发掘与殷墟甲骨断代》，《古文字研究》，第 9 辑，1957 年，第 122 页。
⑥ 林沄：《小屯南地发掘与殷墟甲骨断代》，《古文字研究》，第 9 辑，1957 年，第 121 页。
⑦ 林沄：《小屯南地发掘与殷墟甲骨断代》，《古文字研究》，第 9 辑，1957 年，第 112 页。

如此而已，至于这些器物究竟应存在于什么时代则仍然不得而知。

第二种属性则可以告诉我们某些器物的绝对年代或相对早晚，即可以展示出其在时代上的纵向联系，根据这些属性，我们才得以知道某些器物的准确或大致的时代。由此可见，第一种属性实际上就是对器物进行分类的依据，凡是具有这种属性的因素都是分类的标准。第二种属性实际上就是对器物进行断代的依据，凡是具有这种属性的因素都是断代的标准。

比如铜器、陶器等，具有第一种属性的因素都有器形、纹饰、胎质等，考古工作者根据这些因素可以把铜器、陶器分为若干类，即'型、式'：具有第二种属性的因素有铭文内容、出土层位等，根据有确切年代或其他有关内容的铭文资料和考古学地层关系，就可以知道某个型式的器物的绝对或大致的年代"。①

彭先生有关"两种属性"的理论，重见于李、彭著《殷墟甲骨分期研究》第一章《甲骨分期的理论方法》，仅仅在文字上作了个别变动。②

二位作者声称，"甲骨分期研究的成功是由于这项工作中充分利用了当时所能获得的各种考古资料，而其失误，也与背离考古学密切相关。因此，甲骨分期工作必须以殷墟考古为基础，要想在甲骨分期工作中取得好的成绩，考古学知识是必不可少的。"③ 这显然是无可非议的道理。问题在于《殷墟甲骨分期研究》一书中所运用的理论与考古学常识有相当的距离。

先看李、彭先生所举有关考古发掘品具有"两种属性"例证。据称，铜器、陶器等器物的器形、纹饰等因其属性所定而只能作为分出若干型、式的依据。实则同出于某一层的器物未必完全是同时的。因此，考古工作者进行室内整理、"器物排队"的目的之一，是要从器形、纹饰等方面推断各型式器物的早晚关系。这是田野考古的一般知识，凡是参加过发掘的人，对此有自身的经验。

另外，该书第三章《关于殷墟考古》亦每每出现与考古器物"两种属性"一说背道而驰的论述。

随便举例来说，作者讨论属于殷墟早期的几组器物，说其中"第二组

① 彭裕商：《自组卜辞分类研究及其它》，《古文字研究》第 18 辑，1992 年，第 95 页。
② 李学勤、彭裕商：《殷墟甲骨分期研究》，第 17 页。
③ 李学勤、彭裕商：《殷墟甲骨分期研究》，第 15 页。

陶器有爵、觚、鬲和浅腹盆。爵长流、鼓腹、高锥足，近于二里冈期的陶爵，觚体既粗且矮，鬲的体、裆及足都高于一期的陶鬲，发掘者认为这几件陶器都早于殷墟一期"。[1] 以上陶器与二里冈期或殷墟一期毫无地层关系可言，也没有铭文。发掘者推断其相对年代，始终凭其器形特征。李、彭二位先生既然同意发掘者作出的结论，不就等于否定了自己有关陶器器形仅能作为分类标准，而无法藉以论定时代的说法吗？前后两说，二者不可得兼。

陶器器形既可用于分类又可作为判断其相对年代的标准，其他所谓只具第一属性的因素亦无不如此。以甲骨卜辞字体而论，二位作者声明"两种不同的属性是我们确定分类标准与断代标准的理论依据"，确定字体具有第一种属性，因此宣称"凡是字体相同的都大致是同时的，它指出了某些甲骨在时代上的横向关系，所以它无疑是分类的依据"。[2]

字体相同的卜辞如此，字体不相同的如何？二位先生认为，"依据字体作进一步的划分，则可了解同一卜人集团卜辞的相对早晚"，[3]"发展演变脉络清楚的字体等，由此也可推定各类卜辞之间的相对早晚，属断代标准"。[4]两种说法究竟孰是孰非，成为难以破解的疑案。其实，如同考古发掘品的器形、花纹一样，卜辞字体既可作为分类依据，亦可当作断代标准。同样，称谓或地层关系不只是断代标准，藉以分类亦未尝不可。

原来林先生说"科学分类的唯一标准是字体"。既然谈及分类标准"科学"与否，不妨了解一下，将分类研究当作专门学科的学者对分类标准的看法。

专攻人文科学方法论的图尔勤斯基（Г. Л. Тульчинский）与斯崴特洛夫（В. А. Светлов）强调说："一批事物的任何一种特征，无论其重要性程度如何，均可作为其分类标准。比如说，构成人群的人可以按头发颜色、身高、体重、性别、教育程度、年龄等等特征来分类。换言之，分类标准与被分类事物的实质内涵并不相连"。[5] 考古分类理论家希尔（J. N. Hill）与爱万

① 李学勤、彭裕商：《殷墟甲骨分期研究》，第44页。
② 李学勤、彭裕商：《殷墟甲骨分期研究》，第18页。
③ 李学勤、彭裕商：《殷墟甲骨分期研究》，第19页。
④ 李学勤、彭裕商：《殷墟甲骨分期研究》，第21页。
⑤ Г. Л. Тульчинский, В. А. Светлов. Логико-семантические основания классификции（图尔勒斯基、斯崴特洛夫：〈分类法之逻辑依据〉），《文化类型学》，1979年列宁格勒大学出版社版，第25页。

斯（R. K. Evans）早就得出的结论十分明确："对某种资料进行分类，因为分类标准不同，分类结果也会有几种不同的系统，而且每一种系统都是'正确'的。到底选择其中何种标准，始终取决于分类的目的，而要建立一套万能分类系统的企图，实属幻想而已"。① 考古学家科累恩（Л. С. Клейн）讨论分类学方法论，强调此为分类工作中应该遵守的原则立场。②

由此观之，"科学分类的唯一标准是字体"一说本身是缺乏科学根据的，某一批资料的任何一种因素均可以作为其分类标准。而分类标准与断代标准亦非"两种不同属性"的反映，彼此之间毫无鸿沟可言，凡是有时代特征的分类标准均可藉以断代。

可见，目前甲骨学界运用的卜辞分类断代理论确实存在不少问题，有进一步全盘检讨的必要。

① J. N. Hill and R. K. Evans. A model for classification and typology. – In: D. L. Clarke (ed.). Models in archeology. London, 1972.

② Л. С. Клейн. Понятие типа в современной археологии（科累恩：〈现代考古类型学〉），《文化类型学》第 55 页。

夏商周断代工程的意义及其前景

刘　正

序

　　一般人大都认为：在众多人文学科中，只有考古学才是一门与世无争的学科。在文艺作品中甚至出现了以当考古学家的妻子就可以取得婚姻安全和稳定（自己的妻子越老就越可爱）的话题，因为据说考古学家是一群只钟情于"年老"物品的怪物。当然，这些都是对考古学和考古学家的误解。在相当长的时间内，国外的考古学界对中国考古学的成果乃至于对中国考古学家是持有很深的偏见的。一部分原因是由于第一批西方考古学家来到我国时，当时我们的考古工作者曾经有过石头和化石分不清的幼稚时期，一部分原因又是和当时对出土的层位记载和区域划分的混乱有关。但是，更主要的原因还是盘据在西方考古学家脑海中的"欧洲中心论"在作怪。他们提出了"中国文化西来说"、"中国人种是埃及人种的移民说"、"埃及象形文字是中国象形文字的始祖说"……如此等等，不胜枚举。因此，考古学和一个民族的政治和文化是密切相关的。

一　艰难的起步

　　当我们的考古学家根据西安半坡遗址的骨骼化石复原出半坡人的头像时，日本著名的历史学家和汉学家贝塚茂树教授在他的名著三卷本《中国史》中却得出了"那个头像更像是现代日本人的祖先"的结论。当周武王率领三千战车讨伐商纣王时，美国著名的历史学家和汉学家夏含夷

（EDWARD L. SHAUGHNESSY）教授在他的名著《商周文化史管见》中却得出了"中国的战车起源于中东"的结论……世界皆知我国是四大文明古国之一，但是，我们这个国家的历史究竟有多古老，却成了个大难题。有说三千年的，有说五千年的，也有说六千年和七千年的。于是，在有关领导同志的倡导下，以李学勤、李伯谦、仇士华、席泽宗四人为首，带领国内的各学科的专家，开始了对中国远古文明和历史起源的年代学研究和考察——"夏商周断代工程"就此拉开了序幕。应当说，这一工作既是前无古人的，也是极其富有现实意义的。自北宋开始，我们就形成了疑古的传统。到了现代学术史上古史辨学派的出现，更把对上古历史的研究推到了前所未有的高度。但是，那是在没有考古学、历史年代学和天文学参与下的研究，只是对现有的文字史料进行的分析和审查后所得出的结论。这些结论的进步意义是彻底打碎了统治在上古史研究领域上的种种神话和传说，为历史和神话的划分指出了一条比较明确的方向。但是，毋庸讳言的是，这一千多年的疑古传统，却助长了民族虚无主义倾向，给我们研究和宣传中国远古文明和上古文化的起源与发展增添了巨大的麻烦和困惑。因此，在当前这一时候进行夏商周断代工程的研究，是十分及时和必要的。

正是在这一意义上，我虽然并不完全赞同夏商周断代工程（阶段性成果）所公布的历史年代表，但是，并不等于我反对或我否定这项史无前例的科研专案。而且，我对李学勤先生所主张的"走出疑古时代"的观点是十分支援和肯定的。

二 断代工程所遇到的难度

历史年代学又被称为年历学，时髦的叫法是天文考古学。要想对中国上古社会的历史进行准确的断代，就必须能读懂古人所留下的历法记录。六十甲子是祖先贡献出来的绝世法宝。相传它是黄帝的史官大挠创立的。但是，历法的创立者相传却是黄帝的史官容成。《世本》中的"容成作历"和"大挠作甲子"是一起说的。我们现在知道没有六十甲子，就不可能有历法。可实际上，远古时代的历法未必都是采用的六十甲子计日法。比如，当时曾广泛使用过的"火历"，就不是使用六十甲子计日法的。（见《武汉大学学报》2002 年第 2 期上拙文《火历新探》）因此，容成作历之时可能并没有使用大挠的六十甲子计日法。

商代的甲骨文中已经出现了成熟和完整的以甲子计日的历法系统。为此，杰出的甲骨学家董作宾先生穷毕生之心力，为构筑上古历法作出了重大贡献。《殷历谱》就是他的代表作之一。他晚年却专心于夏商周三代的历法研究，其结果却是费力不讨好。从此，对商代历法的研究就成了绝学。

商代尚且如此，那对西周铜器的断代研究（亦即对西周年代学的研究）也就更加困难了。六七十年来，先后有董作宾、吴其昌、刘师培、陈梦家、郑天杰、丁骕、刘启益、张长寿、王世民、陈公柔、谢元震、何幼琦等先生，留下了研究专著或研究论文。因为西周历法主要是记录在青铜器铭文上，而记录的方式义是以"唯王某年" ＋ "某月" ＋ "月相" ＋ "干支计日"的形式出现的。这就和商代甲骨文中的只是干支记日的记录方式有了质的飞跃。这一记录法的关键是月相（月亮圆缺的运动）。金文中常用"既生霸"、"既死霸"、"既望"、"初吉"四个术语来指代月相。怎么解释这四个术语，就有"定点月相说"和"四分一月说"两大观点。但是，审查金文，并不光只有这四种月相术语，而是多至十几种（如所谓"哉生霸"，"哉死魄"等等）。这就为理解月相增加了难度。对于这一问题，金文学界至今并没有形成定论。而西周王年的确定也是个历史谜案。《史记》等书中多语焉不详。《世本》、《路史》、《竹书纪年》、《皇极经世》等书的记载又多前后矛盾，不能尽信。因此，只靠"唯王某年"根本不断定这里的"王"是哪一位周王。

三　多样的古代历法

古代中国，先后曾经有过的历法种类从"黄帝历"到洪秀全太平天国的"天历"，共有 102 种。加上西历和火历，就有 104 种历法。被称为"古历"的有七种：黄帝历、颛顼历、夏历、殷历、周历、鲁历和火历。《汉书·律历志》上记载的只是前六种。在已经出土的西周大量青铜器铭文中出现的作器时间记录，并不能百分之百的肯定都是出自周历。特别是记载鲁国和宋国内容的铜器铭文，因为鲁历·殷历和周历的换算，我们对此最难把握的是置闰问题。大家知道，闰月是为了维持历法的准确性而产生的一种调解方法，"十九年七闰"的定规是否为周历以外的所有历法所采用，这是不易断定的。因此，在假定所有作器时间都是出于周历的基础上，才能开始夏商周断代工程的研究。这是第一个假定。

使用六十甲子计日法之后，对于新王的改元和置闰过程中是否存在着更改甲子计日的问题，这也是千古之谜！古代中国（特别是西周诸王）王权的过分膨胀，是否会在六十甲子计日的连贯性这一"天道"面前低头呢？我们不得而知。因此，在假定六十甲子计日法在改元和置闰过程中永远处于不变的前提下，才能开始夏商周断代工程的研究。这是第二个假定。

有了这两个假定，为夏商周断代工程提供了最为基本的立脚点。验证这两个立脚点的基础是在甲骨文和金文以及先秦史料中的有关夏商周日食和月食问题的记录。因此十八世纪中期，理论天文学在西方的发展，使我们可以了解地球和月球诞生以来和今后地球上所有日食和月食的准确发生日期。比如，根据《（伪）古文尚书》的记载，在夏代少康时代发生过一次日食。1889年，MULLER 博士根据理论天文学所得出的地球上所有日食和月食的准确发生日期，得出结论：夏代少康时代的那次日食发生在公元前2165年5月7日的日出后一小时左右。结论的准确无误为我们重新判定《（伪）古文尚书》的史料价值提供了证据。也为夏代少康的在位时间给出了答案：西元前2165年前后。

因此，对传统古历和天象记录进行古天文学的审查和对位，应该是今后值得重视的科研课题。

四　考古学上的民族主义之争

正如本文开始时所说的那样，考古学和一个民族的政治和文化是密切相关的。从夏商周断代工程的阶段性成果公布之日起，国外部分汉学家对这一工程的评价并不完全处于学术性质的。比如，美国有的学者就声称："中共发动此项工程的目的因此非常值得怀疑"，"这是一种沙文主义的愿望，企图把中国历史记载推到公元前3000年，把中国推到和埃及一样的水平上"，"在美国人眼里由委员会制作的东西是委员们互相谈判的结果，因此一般都包含很多的矛盾"。……其实，当贝塚茂树教授得出了"那个头像更像是现代日本人的祖先"的结论时，当夏含夷（EDWARD L. SHAUGHNESSY）教授得出了"中国的战车起源于中东"的结论时，就已经把考古学带到了狭隘的民族主义立场（即欧洲中心论）上来了。

我在拙著《海外汉学研究》一书（武汉大学出版社，2002 年 9 月）中就曾批判过这一洋学者身上狭隘的民族主义问题，即："建立一种合理的、符合实际的、科学的汉学史观是件相当困难的事情。因为汉学史观被汉学家们的工具理性所操纵。工具理性又和对中国思想和文化的感情问题连在一起。但是，工具理性究竟在多大程度上能够进入洋汉学家们的感情世界？进入的程度又有多少？它对洋汉学家们的汉学史观将产生怎样的影响？我们不能象古代中国的士阶层那样寄希望于有志洋人来'以夏变夷'，也不能寄希望在东西方各国会出现一个'六经注我、我注六经'的汉学世界，因为我们自己也常常说不清研究国学对现代中国学者来说究竟意味着什么这样一个基本问题。在自己涉足于异民族的文化和思想的研究活动中，如何把握工具理性和感情世界的矛盾是一种科学的学术史观产生的先决条件。同样，对于现代中国学者来谈，在自己涉足于对中国古代文化和思想的研究活动中，也存在着工具理性和感情世界的矛盾问题。洋汉学家们也不想变成中国古代社会里的正宗的、传统知识人，他们或许只是对'文化的中国'或说对'中国的文化'感兴趣。因为生活在不同的社会环境、社会制度和历史条件下的洋汉学家们并不想实现古代中国人的那种内圣外王之道的理想。因为他们是在研究汉学，而不是在弘扬儒教。而我们现代中国学者因为时代和社会的变化也根本不可能把自己复原成替天行道的孔子门徒。"

前景展望

夏商周断代工程的阶段性成果的问世，为我们走出疑古时代准备了理论基础。但是，我也希望她能日臻完善。有些十分明显的技术上或学术上的不当还是有必要加以改进的。如，夏商周断代工程所公布的年表中定夏商之交为公元前 1600 年。可是连夏商周断代工程专家组成员都知道：那是公元前 1598 年，"为了便于记忆才改为公元前 1600 年"的。我不知道若干年后出

于"为了便于记忆"的理由，是否会把中华人民共和国的建国日期改为
1950 年？专家组的成员下了那么大的力量才解决铜器铭文是上一年还是下
一年的问题，现在一下子就改了两年！因为有四件铜器铭文记载的作器时间
表和夏商周断代工程所得出的西周王年的历谱不相符，就对《庚嬴鼎》、
《晋侯苏钟》、《克盨》、《伊簋》这四件铜器铭文进行修改，这显然不是严
谨和严肃的科研行为。其实，解决这四器的作器时间问题还是应该回到置闰
问题上，而不是采取现在的以"前人铸错了"为借口加以改动。以上两点
是我对夏商周断代工程最大的期望！

南京盛会献芜辞

（台湾）陈克长

殷墟甲骨出土已逾百年，何以现在独就殷墟甲骨文 YH127 坑南京室内发掘 70 周年纪念为本次盛会的主题要旨？此举意义何在？笔者默忖：专精甲骨文史学者，必有深度了解，专治甲骨文字者或可略知其义。擅长甲骨文书法、篆刻名家，可能不须关注乎？因此，不揣冒昧，试就浅识提供节略介说，作为参考。

一、缘自清末光绪廿五年（公元 1899 年）国子监祭酒王懿荣、名士刘鹗，始于北京见中药材内的所谓龟版龙骨片上刻有笔画文字疑即古籍所载：纪元前十六世纪（按为商代初期）刻在龟甲、兽骨上的汉文字。几经访问知系出自河南安阳小屯者，考证该处为殷代盘庚朝之故都，知此殷墟甲骨卜辞为我最古老的文字。此一重大发现，开启中国文字与古代史研究之领域！将中华文化向前推进一千余年。因此甲骨文成为显学！

二、当此讯息盛传于世后，引起国人名士及外国传教人士竞相蒐购，视为瑰宝！致使安阳地区农民猛行私掘出售（传说最贵价码每字二两五钱白银，每一银元可买到三个字）。据甲骨资料，近百年来，殷墟发掘甲骨计有六个时期及其出土片数概略情形于次：

第一时期——民间私人发掘出售期：光绪廿五年（1899 年）—民国 17 年（1928 年）先后共计九次约有 80000 片以上为中外机构人士所收藏。

第二时期——公家中央研究院历史语言研究所组团发掘时期：民国 17 年（1928 年）—26 年（1937 年）抗日战争前先后十五次，嗣经整理，确定获得 24918 片。

第三时期——地方单位：河南安阳博物馆于民国 18 年（1929 年）自行

发掘获得 3656 片。

第四时期——抗战期间日人擅自盗掘甲骨全部运去日本者，其数不详。

第五时期——抗战期间安阳农民私行盗掘甲骨出售与私人收藏，约有 8890 片。此数待研究。

第六时期——自公元 1949 年后迄至 1982 年间，陆续于安阳及其他省份地区发现甲骨约有 21908。

按上列六个时期，发掘甲骨全部计有 143372 片。此与甲骨学者胡厚宣先生统计为 161989 片，张秉权先生统计为 138682 片，及与文献指出近百年来出土甲骨约有 15 万片之论俱相接近。董作宾师早年统计亦有 109617 片之纪录。

三、按此次研讨会主题要旨，系属前列第二时期公家发掘殷墟甲骨史事范围。

四、十五次发掘工作，按其起止时间似分三个梯次进行：

第（1）梯次——1—9 次发掘，获得甲 4411 片，骨 2102 片，共计 6513 片，刊入董作宾先生编著《殷墟文字甲编》。

第（2）梯次——10—12 次发掘则未获甲骨片。

第（3）梯次——13—15 次发掘获得甲 18307 片，骨 98 片，共计 18405 片。刊入董作宾先生编著《殷墟文字乙编》。此次研讨会内容则属于此项。

前列三个梯次，实际只有（1）、（3）两个梯次在小屯发掘获得甲 22718 片、骨 2200 片，总计 24918 片。

五、第三梯次之第 13 次发掘殷墟至最后一个坑，即所谓 YH127 坑获得甲 17088 片，骨 8 片，共计 17096 片。乃为此次研讨会主题。

六、基于前列各项所获甲骨数，便可分析比较看出各种所占比重。例如：

（1）公家 1—15 次发掘总获甲骨数 24918 片，在近百年来总获数 109617、161989 片中所占比例大。

（2）第 13—15 次总获甲骨数 18405 片，在 1—15 次十五次总获数 24918 片所占比例大。

（3）YH127 一个坑获得甲骨数 17096 片，在第 13 次一全次获得 17804 片所占比例大。

（4）第 13 次一次获得龟甲 17756 片，在第 13—15 三次获得数 18307 片所占比例大。

（5）YH127 坑一个获得龟甲 17088 片，在第 13 次全一次获得数 17756 片所占比例大。

由上列各项比较可以概见公家发掘殷墟甲骨之重要。

七、关于 YH127 坑发掘出土甲骨片共计 17096 片，其中龟甲一种即有 17088 片为最多，获骨仅有 8 片。据研究，此坑藏殷代卜辞，内容至为广泛，有世系、地域、文字、社会、律法、祭祀、农业、兵事、气象、历法、田猎、医学等有关资料。所以被誉为最老大丰富的档案库，此外尚有若干特点：

（1）此坑所藏甲骨井然有序，并非乱堆。

（2）堆藏甲骨片上见有一蜷曲倒置的人体骨骸，疑为管理库藏之人，以身殉职。可想而知亡国埋卜之痛！

（3）此坑所藏龟版最多，其中约有大龟版三百余块。且有一最大龟版称为武丁大龟，全长 440 厘米、宽 350 厘米。此品视为近百年来出土十万片以上甲骨片中唯一的一块海外腹甲。据考：安阳出土的龟版，均是诸侯方国进贡的。此龟可能产于马来半岛。该版刻辞八段，均横列，左半左行，右半右行。

（4）此坑所藏龟版，显有卜兆灼痕，轮廓清楚。有大版、小版、有字、无字、完整、残缺、坚硬、腐朽、腹甲、背甲等，互相枕籍。

（5）由甲骨上卜辞的字形、书体、方国、事类、文法各种标准研判可知属于武丁时代。也有武丁早年先世，包含在甲骨五期分法的第一期时代之中。

（6）殷代风行卜灼龟版以现兆纹，史官据此判定吉凶祸福。但此坑却发现一种例外，在卜兆龟版上，用刀加以刻兆，此为武丁之世特殊风气，以前大家均不知此事。惟此行之不久，即行革除。

（7）卜兆记数字，自一至十，有正反两面至二十。顺次先上后下，先内后外。卜兆数字涂朱，有的只记数字刻画卜兆而不记卜辞。

（8）卜辞尝有书契大字作一直行或一横行。

（9）卜辞通常避免刻在卜兆上。但此类龟版卜辞则刻在卜兆上。

（10）有刻卜辞于龟甲的反面。

（11）好用曲线界卜辞于卜兆。

（12）腹甲甲桥反面常记贡纳龟版人及数量。

（13）此坑甲骨文字，显见为《殷纪》政事纪录之卜辞。

（14）毛笔书写字迹，在《殷墟文字甲编》中已见有书写而未刻的文字三版，先写后刻之例，是武丁时代的遗物。此批用笔由上而下，由左而右；与现代书写的笔顺无异，其契刻方法先直后横，也有写了未刻，书体甚粗，似涂朱墨。

（15）文字有朱书与墨书，或卜辞涂朱墨。所以认为是史官爱美而作，并非制度。

（16）此坑新发现一种改制过的背甲，中间穿孔，上面刻辞。

（17）此坑龟版只有三种记事刻辞——甲桥刻辞、背甲刻辞、甲尾刻辞。

八、关于公家十五次发掘殷墟甲骨获得重要史事，节略于次：

（1）据甲骨学者严一萍先生著《殷商史记》考证：商殷王朝纪年，乃自商汤至殷纣（即大乙—帝辛），总计640年（按自公元前17世纪至11世纪，亦即自公元前1751—1112年），总计为二十八代。前十六代自汤至阳甲计367年（即自公元前1751—1384年），称为商纪。后十二代自盘庚十五年至帝辛（纣）41年亡国只计八世十二王，共计273年（即公元前1384—1112年）称为殷纪。

另按历史学者文献指出：中国历史年表，自汤至纣世系间，在汤之后增列外丙、仲壬二朝，商纪为三十一世，而其纪年则自公元前1766至前1122年，显见提前与延后。似与前表稍有不符？有待研究！

（2）复按中华历史文化，历经春秋、战国之乱，秦火焚书之厄……古籍散失毁灭，何止千类万卷?! 故三代史实简略。据知殷墟出土甲骨契刻卜辞文字，乃距今三千三百八十年前珍贵历史文物。由于其中涵润商殷王朝政事纪录，经过九十余年名家学者阐扬，使历史文化更加充实。尤其文字本源，向前推进一千余年，确有提升"小学"导向，补充古史之失，用校《说文》之缺！并见甲骨契刻文字，由粗放至精美，显分"五期"之形态成为甲骨文字书法、篆刻艺术之式范，不致流于"涂鸦"之哂！

走笔至此，尤为奉闻者：

此次南京盛会回顾中研院史语所，早年十五次，尤其最后三次发掘殷墟到 YH127 坑甲骨，因 1937 年 8 月抗日战争起，历经困难辗转迁运至四川南溪李庄，胜利后复运回南京公所室内进行整理、拓录、考释，获得许多完整资料，名家学者据为历史文化著作佐证基础。为此举行 70 周年纪念，此一高尚情操理念值得赞扬，此外对于当年参与十五次发掘殷墟甲骨工作人士先后在安阳地区工作近十年，为国辛劳应申感佩！思及七十年前菁英往事，不免有"月落星沉"之伤怀！

甲骨文中的舟和商代的
水上交通运输工具

杨升南

利用河湖水道进行交通和运输，是最为便利的，所以我们的祖先很早就加以采用。在距今约七千年左右的新石器时代早期的浙江余姚河姆渡文化里，就有船及划船的木桨发现，可见我国利用水上交通运输，已有七千年的历史。河姆渡在南方，而在北方地区，据司马迁说，大禹治水时"水行乘船"，[①] 但在商周前，北方还未见有关舟船实物发现的报导。不过，在商代的甲骨文中，舟船的构造已较完备，舟船的使用也较为普遍。本文的目的，是利用商代甲骨卜辞中，有关舟的内容作一检讨，以了解商代（主要是殷墟时期）舟及舟船的使用情况。

甲骨文中有关舟船的卜辞，特别是较为完整的甲骨卜辞，多出自著名的H127坑。此坑共出土甲骨一万七千多片，其丰富的内容，大大提高了对甲骨文的研究和对商代历史文化的认识。今年时值H127坑发现70周年，特撰此小文，以纪念甲骨文学史上这一重要发现和对发现此坑甲骨的前辈学者。

一　甲骨文中的舟字所反映出商代舟的构造

殷墟甲骨文中的"舟"字，是一个象形字，其字形作：

---

① 《史记·夏本纪》。

　　ᘔ《合集》13758 正

　　ᘔ《合集》6073

　　ᘔ《合集》795 正

或直书或横书，两长笔为舟船的船梆，两长笔间的横画表示舟的首尾，首尾略上翘，其构造与今日仍航行于河流中的木船相同。

二　甲骨文中作为人名、国族名的舟

　　舟字在卜辞中有两种用法：一是人名（或族名或地名），如卜辞云：

　　　　□卯卜，宾贞：舟称册商若。十一月。《合集》7415 正

　　　　贞：勿令舟从母ᘔ。《合集》4924

　　　　贞：勿令舟。《合集》4925

　　卜辞里常见"称册"一辞，于省吾先生说云："称谓述说也，册谓册命也。"[①] 而"称册"者毫无例外都是人名，占卜某人"称册"，如卜辞中常见的"沚臧称册"（《合集》6087、6143 等）、"侯告称册"（《7408、7410》)、"望称册"（《合集》28089）等，沚臧、侯告、望（多作望乘）等都是人名，这已是甲骨学界的共识，所以上引卜辞中"令舟"的"舟"是人名。

　　舟还作为地名，如卜辞：

　　　　于舟焚雨。《合集》34483

　　　　贞：呼往于舟。《英藏》749

"焚雨"是求雨。甲骨卜辞"于"后接地名。"舟"是人名，又是地名，张秉权先生已指出过，甲骨卜辞中人名、族名、地名同名这一现象。[②]

　　甲骨文里还有殳舟，殳字作ᘔ形。卜辞云：

　　　　丁卯卜，王令皋莫殳舟。《合集》32850、32861、32852

于省吾先生说"殳当为设之异文"。[③] 从下面的一片残辞看，"殳舟"应与祭祀有关：

---

　　①　于省吾主编：《甲骨文字诂林》，第 3138 页，中华书局 1996 年出版。

　　②　张秉权：《甲骨文中所见人地同名考》，载《庆祝李济先生七十岁论文集》（下册），台北清华学报社 1976 年出版。

　　③　于省吾：《甲骨文字释林》，第 285 页。

……殳舟自上甲……祖乙牛一、父丁……《合集》32389

但"殳舟"的舟，是舟船的舟，亦或是舟族人的舟人。舟人曾一度受到商王朝的讨伐：

贞：勿呼伐舟，惟夕用。《合集》5684

被商讨伐的舟，当是族或国，虽然是占卜"勿呼伐"即不要去征伐舟，也反映出舟人曾是被讨伐的对象。商人又往往将俘虏作为祭神的牺牲，所以"殳舟"的"舟"可能是作为牺牲献神的舟人。

三 作为舟船的舟

"舟"字的第二个含义是在水上航行的舟船。甲骨文中有舟在河中航行的字，作：

㼸《合集》11478、11479

㼿《合集》11477

㘝《合集》20272、20273

㘝形字，郭沫若释为般，谓"象舟楫之形，疑是般之古字。《说文》般，辟也，象舟之旋。从舟从殳，殳令舟旋者也。此所从之乁亦正殳之象形也。"[1]杨树达释为盘，说云："余谓乁字象水形，乃水字，甲文恒见。水字多在字旁，而此水字横截舟上者，示舟浮行水上之形也。后世字作洀，见于《管子·小问》篇，其文云：'意者君乘骏马而洀桓，迎日而驰乎？'尹知章注：'洀古盘字'是也。"[2] 有关三字的卜辞云：

甲戌卜，争贞：来辛巳其旬㼿。《合集》11477

……王……㼸……若。《合集》11478

庚寅卜，王㘝，辛巳易日。《合集》20272

辛未卜，今日王㘝，不风。《合集》20273

上三字所示商王的洀（盘）游，字虽从舟从水作，可能是乘舟出游，也可能是乘车出游。《合集》11477 辞中的"旬洀"，于省吾先生说应为

① 郭沫若：《殷契粹编》，第565页，科学出版社1965年版。
② 杨树达：《释㘝》，《积微居甲文说》卷上，第45页，《杨树达文集》之五，上海古籍出版社1986年版。

"徇盘"即巡盘，"谓即巡行盘游"。①

四　商王室舟船的来源

商王使用的舟，是由王家作坊建造的，卜辞有云：

己巳卜，争贞：作王舟……《合集》13758

主持舟的建造者，可能是著名的重臣𠦪（禽）。卜辞有关他得舟、来舟
与否的占卜：

□□卜，争贞：𠦪得舟。《合集》11460乙正

贞：𠦪不其得舟。《合集》11460甲正

贞：𠦪来舟。

贞：𠦪不其来舟。《合集》11462正

"得舟"是𠦪主持建造舟而成之称，也可能是𠦪从他处获得舟。"来舟"是
指建造成舟后送达于所，或是𠦪向商王贡纳舟。从下面卜辞看，商时舟的建
造不只王家作坊：

贞羊畀舟。《合集》795

贞而任霍畀舟。《合集》10989正

羊是卜辞里常见的国族名，"而任霍"之"任"是一种身份或职官名称。
而任霍即而地或而族任名霍者。畀即付与。② 上两辞是羊、而任霍"付
与"舟。付给谁，对象被省略，卜辞是商王室行事前的占卜，其付与的对
象就应是商王朝。在卜辞里上级付与下级物，下级付与上级物皆可用畀，
如卜辞：

丁丑贞：□畀丁□羌八□□□牛一。《合集》32084

"丁"是商王先祖的庙号，此"畀"是时王献给先祖的祭品。古文献中也有
相同的用法，《诗·周颂·丰年》"为酒为醴，烝畀祖妣。"诗意为周王举行
燕祭而献给祖妣的酒及醴。醴是带有渣的一种甜酒。羊与而任霍皆"畀舟"
于王朝，应是他们向商王室献纳的贡物。商代的贵族、诸侯是要向中央王朝

---

① 于省吾：《甲骨文字释林》，第93、94页。

② 裘锡圭：《畀字补释》，载北京大学中文系编《语言学论丛》第六辑，1980年。又见所著《古文字论
集》，第90—98页，中华书局1992年版。

交纳各种贡物的。①

　　舟是商代的重要交通运输工具，在进行水战时又是军队的重要装备，是战略物资。所以商王对舟的管理也注意，卜辞云：

　　　　　王其省舟……《怀特》1456

"省舟"是视察舟的情况：舟的数量或舟的维护状况等，以不使其在用时有缺。商代舟的使用应是较为普遍的，甲骨文字中有一个"受"字，其字形作或，中间是一只舟，两侧或上下各一只手把着舟。罗振玉说受字"象授受之形。"② 杨树达云："卜辞受字作，从两又从舟，盖象甲以一手授舟，乙以一手受之，故字兼授受而义。"③ 这是一个形声字，两只手表示的意思是授予与接受的关系，是表意的形，舟是此字的声，舟、受是同声字。以舟的授受关系来造一字，反映出舟已是当时生活中的常见之物。所以舟在当时已成为向王室献纳的贡物之一种。

五　舟船的驾驶技术

　　从有关舟的甲骨文字的字形结构分析，商时人们驾驶舟船，应有以下三种方式：

　　一是使用桨。木桨在七千年前的河姆渡文化里就有发现，但在北方的商时期遗址中，还没有见到相关的报导（也可能是已有发现而笔者未见到）。甲骨文里有一个"般"字，其字的构形有五种：

　　　　1. 《合集》8840
　　　　2. 《合集》32900
　　　　3. 《合集》22037
　　　　4. 《合集》24173
　　　　5. 《合集》9471

以第1种字形为主，其余4形出现较少，第五形仅一见，其字前为"师"字，应即卜辞常见的人物"师般"，故为般字的异构。从3、4种字形看，

---

　　① 杨升南：《卜辞中所见诸侯对商王室的臣属关系》，载胡厚宣主编《甲骨文与殷商史》第一辑，上海古籍出版社1983年版。
　　② 罗振玉：《增订殷虚书契考释》（中），第62页下。
　　③ 杨树达：《卜辞琐义》，第19页，《杨树达文集》之五，上海古籍出版社1986年版。

甲骨文"般"字是从舟。《说文》"般，辟也。象舟之旋。从舟，从殳，殳以旋也。""殳以旋"的"殳"，实是手执桨。而"手执桨"这一形符都在舟外，是因划船时人是坐着的，故桨和执桨的手最易被人看见。故甲骨文"般"字，是表示用桨划船的一个字。甲骨文"般"字大都为人名或国族名的名词，即师般。下面几条卜辞中的"般"字，应是动词：

　　　　辛巳卜，亚，来乙酉般。《合集》22037

　　　　辛未，王卜曰：余告多君曰：般。卜有祟。《合集》24135

　　　　贞：弜般。八月。《合集》26825

上引第 2 条卜辞的"般"是动词，指舟船出航。"多君"是指朝臣。[①]"余告多君曰：般"辞意为：商王告诉朝臣说：出舟。也可理解为名词，指师般。师般是商王朝一位十分重要的人物，常执行王朝的重大使命，如战争等，所以商王把占卜有灾祸的结果让多君告诉他，以停止行动。或释此辞中的般字为"朕"，但此般字即上举（《合集》24173）的第 4 形，而甲骨文"朕"字作屮屮形，均作两手捧一殳，与般字一手执殳有别。

上引 1、3 两辞都是完整卜辞，"弜"字是一否定词。卜辞凡干支、否定词后均接动词，故此两辞中的"般"确应为动词，意为舟船出航。

二用篙杆撑。此种驾船方法，在甲骨文中的字形作人手执篙杆站立于舟上之形，作：

　　　　凸《合集》20619

　　　　凸《合集》11468

　　　　凸《合集》655

这是极为象形的用篙杆撑舟船动作。凸、凸、凸形，是取人的正面或侧面形，为同一字的不同写法。字象人在舟上使用篙竿撑舟而行状，郭沫若释般，"象一人操舟之形"。[②] 张秉权释服，义为用。[③] 张亚初释为舣，字作一人撑船而行之状，"训为舟行"。[④]

三是船工下水去用双手推，甲骨文字形作：

　　　　阴《合集》33691

① 李学勤：《释多君、多子》，载胡厚宣主编《甲骨文与殷商史》第一辑，上海古籍出版社 1983 年版。

② 郭沫若：《殷契粹编》，第 643 页，科学出版社 1965 年版。

③ 张秉权：《殷虚文字丙编考释》第 470—471 页。

④ 张亚初：《古文字分类考释论稿》，《古文字研究》第十七辑。

其卜辞云：

　　　弜⿱⿰舟。《合集》33691

此字在卜辞中为一动词。需船工下河用手推舟而行，当然是在水浅的河里逆水而上行船。这样的行船，岸上应还有人拉着纤绳助力。正如现今有歌词里唱的"妹妹坐船头，哥哥在岸上走"的形象。

六　舟是商代的水上交通运输工具

　　甲骨文里有商王乘舟在河中巡游的卜辞，云：

　　　乙亥卜，行贞：王其寻舟于河，无灾。《合集》24609

　　　□丑卜，宾贞：王其寻舟于滴，无灾。在八月。《合集》24608

"河"指今日的黄河，"滴"或说是指今日的沁水，或说是指今日漳河，它是商时一条重要的河流。"寻舟"的"寻"字，于省吾先生释为"率"，他说"率舟"即循舟，指舟在水中顺流而行之意。[①]

　　商王在"河"与"滴"两条河中所"寻"的"舟"，即是古人称为"舟"今日称作"船"的水上的交通工具。

　　商王在河中"循舟"，一是游玩，一是巡视国家领土，是实施统治权的一种手段。甲骨文时期商代的王都在今安阳市内的小屯村，其遗址"殷墟"在 2006 年 7 月 13 日已正式列入世界文化遗产名录，成为全世界人民共同的文化遗产。遗址北紧临洹水，古时洹水是直接汇入黄河的。商时洹水是能通舟船航行的。卜辞有在"商"地"⿰舟（縠）舟"：

　　　癸丑卜，宾贞：今纛（春）商縠舟，古。《续存》下 286

于省吾先生说"縠舟"即系舟，"今纛（春）商縠舟，当指商都附近的洹河言之"。[②] 商王要在"河"中泛舟，只有从洹水乘舟方能入"河"。

　　商王泛舟于"河"、"滴"，当然不是独行而是前呼后拥的一支船队，上引《合集》11477 辞中的⿰舟字，作两只舟在河中前后行进状。字形中的两条船，并不是仅有两只船之意，而应是表示有多只舟船的船队。

　　甲骨文中舟字作动词用，成为动名词，表示乘舟出行：

---

　　① 于省吾：《甲骨文字释林》，第 281—283 页。
　　② 于省吾：《甲骨文字释林》，第 285 页。

惟丁舟。

惟乙舟。《合集》30757

此辞里的"舟"即舟出航，是占卜丁日乘舟出航还是乙日乘舟出航。从卜辞看，是在舟前省略了动词"出"字：

惟壬出舟。

惟癸出舟。《屯南》4547

"出舟"即乘舟出行，是大事，河中风浪大有危险，故要通过占卜，选个吉利的日子，如：

其出舟，惟今日癸，无灾。吉《英藏》2322

"出舟"的意思明白，就是舟船从停泊地起航出发。舟停泊时要以缆绳系于岸边牢固的物体上，以免飘失，这种行为我们在上面已指出，称为"縠舟"。

要"出舟"，则先要解缆绳，此种行动在卜辞中称为"析舟"，卜辞云：

庚午卜，惟大使析舟。

惟小使析舟。

惟吴令析舟。

惟介令。

惟戈令。《合集》32834

癸巳卜，🐦析舟。《合集》33690

弜从析舟。《合集》32555

大使、小使是职官名，吴、🐦、介、戈是人名。"惟吴令"即令吴，辞中"惟"使宾词前置，以加强语气。下面两辞是省去"析舟"二字，此种省略法卜辞常见。于省吾先生说，古文"训析为解，古代系舟以索，后世谓之缆"，"析舟即解舟，是说解缆以行舟，吴是商王的臣僚，这是说叫吴令人解舟以待用。"① 从上举对"析舟"占卜的卜辞看，商王使用舟是比较频繁的。

七　商代的舟师

商代有以舟从事征战的，如卜辞有"方其🚣于东"：

---

① 于省吾：《甲骨文字释林》，第284页。

辛酉卜，方其⚶于东。二告《合集》11467

□申卜，方其⚶于东。《合集》11468

甲戌卜，扶贞：方其⚶于东。九月。《合集》20619

卜辞中的"⚶"字有征伐、侵犯之意。"方"在卜辞中是泛指商王国周边的方国，他们与商于朝处于叛服无常的关系，商与这些方国间时有战事发生，如：

□丑卜，方其征于商。十月。《合集》6677

贞其有来艰自方。《合集》24150

□亥卜，争贞：王循，伐方，[受有佑]。《合集》6733

戊戌卜，扶：步，今日追方。《合集》20460

故"⚶于东"的"方"，是地处商王国东部地区的一个方国。卜辞言征伐、侵犯时常用"伐"、"征"、"御""重"、"出"、"追"等字，此处用⚶、⚶字，应表示"方"的军队是乘着舟船来侵犯商王国。"东"是指商王国的东境地区，或称为"东土"。商王朝的"东"土，大致在今日河南省东部及山东省地区。这一带古时也是水乡泽国，有济水、泗水、汶水及荷泽等水系，故"方"得"⚶于东"——驾着舟船来侵犯。显然来犯的敌军是一支水军，或称为"舟师"。方"⚶于东"的占卜还有几条残辞，而上举三条完整的卜辞中，商王在三个不同的日子里都占卜此事，可见其紧张程度。

商王朝有以舟师迎击来犯之敌，卜辞云：

戊□卜，㱿贞：令吴⚶⚶古取舟，不若。

贞：勿令吴⚶⚶古取舟，不若。《合集》655

⚶字不识，或释为丘，或说是重字之省，为"捍"字。[①]《合集》655 两条卜辞，是令吴去执行捍卫或征伐事。"⚶古取舟"是此次进军要乘船，故要"取舟"以载运士卒。辞中的"古"字即"故"字。郭沫若在《卜辞通纂》"别录之一"大龟第三版的第 61、62 辞的考释中说，"'隹凵古'者其有故"也。[②]从《合集》655 片的这两条卜辞看，吴这次军事行动是乘舟前往，也应是具有"舟师"性质。据古文献记载，只有到春秋时期，地处南方的楚、

---

① 于省吾主编：《甲骨文字诂林》，第 3350 页。

② 郭沫若：《卜辞通纂》，第 570 页，科学出版社 1983 年版。

吴国才建有"舟师",① 但从甲骨卜辞看，早在商代后期，商王国及其周边的某些方国，就已在利用舟船运送军队或在水上交战了。"方"的来犯和商朝将领吴的出御卜辞，均为武丁时期，很有可能吴就是以舟师去抵御"方"对商东境的侵犯。

　　水上战争也与陆战相同，有先头部队，如卜辞：

　　　　□丑卜，宾贞：羌舟启，王𠂤。《合集》7345

"羌舟"当是名为羌的将领率领部队所乘的舟。甲骨文中的羌，多指商的敌对方国"羌方"。但也有以"羌"为名的商朝职宫，如卜辞中的"多马羌"、"小多马羌臣"（见《合集》6762、6763、5715 等）。"多马羌"是一武将，如：

　　　　□寅卜，宾贞，多马羌御方。《合集》6761

"御方"即是抵御"方"对商朝的侵犯：商代青铜器中有"亚羌"做的礼器：

　　　　亚羌作旅彝。《集成》9544

"亚"是商代的武职官之称。羌职为亚，所以卜辞的"羌舟"，应理解为"亚羌"率领的船队。

　　卜辞"启"字的一种重要用法是与军事行动相关，如卜辞：

　　　　贞：戡启王其幸（执）舌方。《合集》6332

　　　　辛卯卜，宾贞：沚戡启巴，王惟之从。

　　　　辛卯卜，宾贞：沚戡启巴，王勿惟之从。《合集》6461

　　　　贞：沚戡启巴，王从。《合集》13490

舌方、巴方都是商的劲敌，商多次征伐。武丁时期，他们之间的战争不断。于省吾先生说：征伐言启，是启有在前之义，"甲骨文的征伐方国，往往用联盟方国的将领率军在前，而商王或妇好则比次往后以督阵，因而称前军为启。"②

　　上引《合集》7345 版上，尚存有二条卜辞，今全部移录于下：

　　　　□寅卜，𦥔贞：𢦏人三千伐。

　　　　□酉卜，殷贞：翌乙亥不其易日。

---

①　见《左传》襄公二十四年、哀公十年。
②　于省吾：《甲骨文字释林》，第 289 页。

□亥卜，宾贞：羌舟启，王🐾。《合集》7345

第一辞中"🐾人三千伐"是调动三千人的军队出征。第二辞是为出征选择天气。与第三辞的"羌舟启"相关联。这次战争是以将军"亚羌"所率领的舟师为军队的前锋。第三辞中的王后一字不识，其右旁所从的🐾，为次字，意为军队宿营。《左传》庄公三年"凡师（出），一宿为舍，再宿为信，过信为次。"此辞是羌率舟师为前锋，商王率大军扎营于后，进行指挥、督促。

通过上面对甲骨文中有关舟字卜辞的分析，我们了解到甲骨文"舟"字有两种含义：人名（国族名）和舟船。从对甲骨文舟字的结构和对有关舟船的舟字卜辞分析，了解到商代舟的构造、来源、驾驶技术及作为水上交通工具的的使用情况。对商代经济史的研究具重要参考价值。

商代的铜路

孙亚冰

　　"铜路"是指商代青铜原料输入中原的道路。商代是中国青铜器发展的鼎盛时期，商王都（郑洛地区和安阳）是青铜器的铸造中心，这里铸造的青铜器数量巨大，铸造青铜器所需的铜、锡、铅原料也必须来源充足，那么这些青铜原料取自哪里？青铜原料是以什么方式、通过哪条道路运抵中原的呢？

　　安阳殷墟发现铜器后，有些学者就开始探索这些问题，如李济认为黄河流域无锡矿，青铜原料来自南方[①]；郭沫若认为青铜原料来自南方江淮流域[②]；国外学者如梅原末治、关野雄[③]、E. M. жукоъ ред[④] 也持类似看法。上述观点都未经详细论证，只是考虑到南方矿产储备比中原丰富得多（如长江流域的铜矿、西南和岭南地区的锡矿储量非常丰富）这一事实而推测出来的。鉴于此种情况，天野元之助、石璋如、闻广[⑤]提出了不同意见，即北方说。天野元之助研究发现北方四省也都有充足的铜锡矿资源：河南有6个铜矿点和6个锡矿点、山东有2个铜矿点和2个锡矿点、山西有15个铜矿点和6个锡矿点、河北有4个铜矿点和1个锡矿点[⑥]。石璋如根据地质调

[①]　李济：《殷墟铜器五种及其相关问题》，《中央研究院历史语言研究所集刊外编第一种：庆祝蔡元培先生六十五岁论文集》，1933年。

[②]　郭沫若：《青铜器时代》，《青铜时代》，人民出版社1954年版（笔者注：此文写于1945年）。

[③]　转引自张光直：《商文明》137页注〔38〕，辽宁教育出版社2002年版。

[④]　他认为"商代自扬子江上游及华南输入铜和锡以冶炼青铜。"转引自闻广：《中原找锡论》注〔8〕，《中国地质》1983年第1期。

[⑤]　闻广：《中国古代青铜与锡矿》（续），《地质评论》第26卷第5期，1980年9月；《中原找锡论》，《中国地质》1983年第1期。童恩正对闻广的观点提出过反驳意见，见童恩正等：《〈中原找锡论＞质疑》，《四川大学学报》1984年第4期。

[⑥]　转引自张光直：《商文明》138页，辽宁教育出版社2002年版。

查和志乘的记载，发现距离安阳直线距离 100 公里以内的有 3 个铜矿点和 4 个锡矿点，距安阳 100—200 公里的环形带内有 6 个铜矿点和 3 个锡矿点，200—300 公里的环形带内有 11 个铜矿点和 4 个锡矿点，300—400 公里的环形带内有 6 个铜矿点和 6 个锡矿点，这些矿点在今河南、河北、山西、山东西部和江苏北部，距殷都越近采取的可能性就越大，"……殷代铜矿砂之来源，可以不必在长江流域去找，甚至不必过黄河以南，由济源而垣曲，而绛县，而闻喜，在这中条山脉中，铜矿的蕴藏比较丰富……"，锡矿也可能取自黄河北岸[①]。对于天野元之助和石璋如的研究，张光直客观评介道："上述二位的研究结果，令人信服地证明了，铜和锡对于商的采矿工人来说是可以得到的，但却不能证明它们确实是由商人自己开采的。要证明这一点，我们必须找到从矿井中得到的考古学证据，或者找到将安阳发现的矿石与其矿产地联系起来的科学依据。迄今为止，我们没有找到任何证据。"[②] 不过，随着长江中下游地区商代采矿、冶铜遗址的发现，学界越来越倾向于南方说。到目前为止，共找到了三处商代采矿、冶铜遗址：

一、江西瑞昌铜岭，此地发现了相当于二里岗上层时期、与中原陶器风格类似的陶斝、陶鬲和陶罐，木样碳十四测年 J11 为距今 3330 ± 60 年，J74 为距今 3220 ± 90 年，X1 为距今 3220 ± 70 年，X12 为距今 3120 ± 90 年（J：竖井：X：平巷），木滑车为距今 3240 ± 80 年[③]，据此推定铜岭铜矿始采于商代中期[④]。最新的碳十四测年结果表明铜岭铜矿的始采年代可以早到商代早期（树轮校正年代为公元前 1530 年左右）[⑤]。铜岭商代矿区的井巷遗存遍布整个发掘区，竖井共 48 口，平巷 6 条[⑥]，可见当时的开采规模不小。

二、湖北大冶铜绿山。铜绿山铜矿始采年代的判定主要根据碳十四年代，Ⅶ号矿体 2 号点的 J4 为公元前 1530—1352 年（树轮校正年代，下同），J3 为公元前 1424—1225 年，J23 为公元前 1420—1220 年，X3 为公元前

① 石璋如：《殷代的铸铜工艺》，《中央研究院历史语言研究所集刊》第 26 本，1955 年 6 月。
② 张光直：《商文明》，139—140 页，辽宁教育出版社 2002 年版。
③ 《铜岭铜矿遗址 C[14] 年代测定数据表》，《铜岭古铜矿遗址的发现与研究》，江西科学技术出版社 1997 年版。
④ 刘诗中等：《瑞昌市铜岭铜矿遗址发掘报告》，《铜岭古铜矿遗址的发现与研究》，江西科学技术出版社 1997 年版；周卫健等：《瑞昌铜岭古矿冶遗址的断代及其科学价值》，《江西文物》1990 年第 3 期。
⑤ 周卫健等：《江西瑞昌铜岭古矿冶遗址的 14C—AMS 研究》，《地球化学》第 33 卷第 5 期，2004 年 9 月。
⑥ 刘诗中等：《瑞昌市铜岭铜矿遗址发掘报告》，《铜岭古铜矿遗址的发现与研究》，江西科学技术出版社 1997 年版。

1422—1263 年，故铜绿山铜矿始采于商代晚期①。

　　三、皖南地区。长江南岸的铜陵木鱼山所出木炭的碳十四年代已到商代晚期，遗址的起始年代早于两周是可能的②。

　　从碳十四年代看，江西瑞昌铜岭的始采年代最早，湖北大冶铜绿山和皖南地区在商代晚期也开始采铜。这三处铜矿都在长江中下游沿江地带，交通便利，铜矿在当地冶炼成铜锭运到王都铸铜中心，应是可能的。江汉地区属于商朝南土③，商代早期，长江中游盘龙城商城出现，具有重要的政治和经济意义，它很可能是为了保护江南青铜原料的运输安全而建立的城邑④。商代晚期，长江中游的土著势力兴起，商朝对该地的控制减弱，《诗·殷武》描述武丁的事迹云："挞彼殷武，奋伐荆楚，罙入其阻，裒荆之旅，有截其所，汤孙之绪。淮汝荆楚，居南国乡。"就是商王感到威胁，·用兵南方的反映。武丁时代的卜辞：

　　（1）……贞：令望乘罙舆兴途虎方？十一月。《合集》6667

　　（2）乙未［卜］，贞：立事于南，右从囗，中从舆，左从曾？

　　《合集》5504

这两条都涉及商王对南方敌国的战争，"虎方"在今汉水以北，安陆、京山以南的地区，"曾"在汉水以东，今枣阳、随县、京山、新野一带，"舆"通"举"，即麻城东的举水，从地理位置分析舆在东，曾在西，曾在左位，故例（2）右、中、左当是武丁班师北上的军阵排列方式⑤。武丁对南方江汉地区的虎方发动战争，目的是为了打击土著，确保南铜北输道路的畅通。中原王朝为了获取铜资源用兵长江流域的现象一直持续到周朝，昭王伐楚荆是为了想贯通从南方掠夺铜的道路⑥，春秋初年的《曾伯霥簠》说："克逖

---

　　① 黄石市博物馆：《铜绿山古矿冶遗址》，183—192 页，文物出版社 1999 年版。

　　② 周卫健等：《瑞昌铜岭古矿冶遗址的断代及其科学价值》，《江西文物》1990 年第 3 期；刘平生：《安徽南陵大工山古代铜矿遗址发现和研究》，《东南文化》1988 年第 6 期。

　　③ 江鸿：《盘龙城与商朝的南土》，《文物》，1976 年第 2 期。

　　④ 彭明瀚：《铜与青铜时代中原王朝的南侵》，《江汉考古》1992 年第 3 期；万全文：《商周王朝南进掠铜论》，《江汉考古》1992 年第 3 期；张永山：《武丁南征与江南"铜路"》，《南方文物》1994 年第 1 期；后德俊：《商王朝势力的南下与江南铜矿》，《南方文物》1996 年第 1 期；刘诗中等：《铜岭古铜矿性质探讨》，《华夏考古》1997 年第 3 期；刘莉等：《城：夏商时期对自然资源的控制问题》，《东南文化》2000 年第 3 期。

　　⑤ 张永山：《武丁南征与江南"铜路"》，《南方文物》1994 年第 1 期。

　　⑥ 唐兰：《西周铜器断代中的"康宫"问题》，《考古学报》1962 年第 1 期；裘锡圭：《史墙盘铭文解释》，《文物》1978 年第 3 期。

淮夷，抑燮繇汤，金道锡行，俱既俾方"，与其同时的《晋姜鼎》："俾贯通□，征繇汤□，取厥吉金，用作宝尊鼎"，郭沫若释"金道锡行"为金锡入贡或交易之路，并指出这两件铭文所说的是同一件事情①，晋、曾同伐淮夷，目的也是为了打通"铜路"②。

上述所有研究主要是运用传统的历史学和考古学方法。从上个世纪八十年代，中国科学界开始尝试利用自然科学的方法考察商周青铜原料的来源问题，自然科学方法的介入为我们的研究开阔了思路，使青铜原料来源问题的研究更加深入，越来越接近于历史真相，同时也使之更加复杂化。自然科学方法是指铅同位素示踪法和微量元素分析法，其代表人物有金正耀、彭子成、朱炳泉、常向阳、李晓岑、孙淑云③、秦颖等。

铅同位素示踪法的原理是："自然界的铅都是由四种稳定同位素铅_204、铅_206、铅_207 和铅_208 组成的。除了铅_204 外，其它三种都与铀钍的几种放射性同位素衰变有关。铅_206 是铀_238 放射性衰变的最终产物；铅_207 是铀_235 放射性衰变的最终产物；铅_208 是钍_232 放射性衰变的最终产物。地球上各个地区的金属矿体所含有的铅由两部分组成，一部分是地球刚形成时本来所有的，称之为始源铅；另外一部分是在地球形成以后到矿山形成这一地质年代区间，由铀和钍放射衰变增加的，称之为放射成因铅。由于成矿年代以及成矿过程中环境物质的铀钍浓度这两个因素的影响，各处金属矿山所含的铅中放射成因铅部分也就存在数量差异。各处金属矿山的铅同位素组成数据的不同，反映的即是这种差异。就古代青铜生产而言，在采矿、冶炼及铸造过程中，其铅同位素组成一般不发生改变；在不同来源的铅发生混合的情形下，其同位素组成发生变化也有规律可循。所以，古代青铜器物所含铅的同位素组成，保留了当时开采利用的金属原料产地的铅同位素组成特征的信息。因此，通过研究古代青铜生产遗物，包括器物制品、矿冶遗物遗存等所含铅的同位素组成，可以追踪原料产地，了解原料或器物制品的流通情况，同时也能探寻不同时代矿山开采利用的迁移变化。"④

---

① 郭沫若：《两周金文辞大系图录考释》，186、229 页，上海书店出版社 1999 年版。
② 裘锡圭：《史墙盘铭文解释》，《文物》1978 年第 3 期。
③ 孙淑云等：《盘龙城出土青铜器的铅同位素比测定报告》，《盘龙城》附录三，文物出版社 2001 年版。
④ 金正耀：《跨入新世纪的中国铅同位素考古》，《中国文物报》2000 年 11 月 22 日。也可参考彭子成等：《铅同位素比值法在考古研究中的应用》，《考古》1985 年第 11 期。

微量元素分析法是利用矿物产地的微量元素组成特征判断青铜器的原料来源[①]。由于成果不多，且集中在南方铜器上，故略去不谈。

目前，使用较多的是铅同位素示踪法，它在研究商代青铜原料来源问题上，主要取得了以下三个成果：第一，证明了中原地区铸造青铜器所用的原料只有部分来自长江中下游[②]；第二，证明商代矿料来源多样性；第三，发现"无论是黄河流域的中原地区，还是长江流域的赣中，抑或西南巴蜀地区，商代的青铜铸造都相当普遍地使用了一种高放射性成因的独特来源的铅料"[③]，这种铅料的来源可能相同。

根据已公布的材料，商代中原地区所出铜器的铅同位素比值分布在三个区域：（一）高比值区，铅_207/铅_206 > 0.9；（二）中比值区，铅_207/铅_206 > 0.8；（三）低比值区，铅_207/铅_206 < 0.8（表一）。

表一显示郑州（含荥阳）早商铜器有 7 个数据处于高比值区，安阳晚商铜器也有处在高比值区的，但为数很少[④]。已发表的矿石铅数据表明，河北省宣化庞家堡和兴隆、辽宁铁岭柴河的矿石铅，都在铅_207/铅_206 > 0.9 的范围[⑤]，山东半岛也分布有高比值矿石铅[⑥]，说明早商时期矿料有取自这些地区的可能，7 个数据的铅含量都大于 0.1%，因此北方或东方来的矿料应是铅料[⑦]。

郑州早商铜器、当地出土的孔雀石、炼渣以及安阳晚商部分铜器（含

---

①　陈建立等：《盘龙城遗址出土铜器的微量元素分析报告》，《盘龙城》附录五，文物出版社 2001 年版；秦颖等：《安徽省南陵县江木冲古铜矿冶炼遗物自然科学研究及意义》，《东南文化》2002 年第 1 期；《皖南古铜矿冶炼产物的输入路线》，《文物》2002 年第 5 期；《安徽淮北部分地区出土青铜器的铜矿来源分析》，《东南文化》2004 年第 1 期；《皖南沿江地区部分出土青铜器的铜矿料来源初步研究》，《文物保护与考古科学》，2004 年 2 月，第 16 卷第 1 期；《利用微量元素示踪青铜器矿料来源的实验研究》，《东南文化》2004 年第 5 期。

②　金正耀：《晚商中原青铜的矿料来源研究》，《科学史论集》，中国科技大学出版社 1987 年版。

③　金正耀等：《江西新干大洋洲商墓青铜器的铅同位素比值研究》，《考古》1994 年第 8 期。

④　金正耀等：《中国两河流域青铜文明之间的联系》，《中国商文化国际学术讨论会论文集》，中国大百科全书出版社 1998 年版；彭子成等：《赣鄂豫地区商代青铜器和部分铜铅矿料来源的初探》，《自然科学史研究》第 18 卷第 3 期（1999 年）。

⑤　彭子成等：《赣鄂豫地区商代青铜器和部分铜铅矿料来源的初探》，《自然科学史研究》第 18 卷第 3 期（1999 年）。

⑥　金正耀：《二里头青铜器的自然科学研究与夏文明探索》，《文物》2000 年第 1 期。

⑦　学界曾以 3%、2% 为界，区分铜器中的铅和锡是有意识加入的合金成分还是杂质，不过研究古铜矿的专家发现古铜锭中的铅和锡含量几乎都小于 0.1%，因此凡是铅含量大于 0.1% 的，铅都是作为合金成分有意加入的，铅同位素比值反映的是铅矿的来源。反之，则是铜锡料带的杂质铅或污染铅，铅同位素比值反映的是铜锡矿各自所带入的微量铅同位素比值的权重和。见秦颖等：《皖南古铜矿冶炼产物的输入路线》，《文物》2002 年第 5 期。

铅器①）处在中比值区，数据与江西瑞昌、湖北大冶、安徽铜陵和南陵等地的矿样、炼渣数据部分重叠（表二）。铜器铅含量都大于 0.1%，反映了铅料的来源情况，但孔雀石和炼渣的比值应反映的是铜料的来源信息。江西铜岭、湖北大冶铜绿山和安徽铜陵的铜矿分别始采于早商、晚商阶段，因此商代中原地区的部分铜料、铅料很可能来自江西、湖北或安徽。

郑州（含荥阳）早商铜器有 2 个数据处在低比值区，偃师早商铜器也有处在该区的②，安阳晚商铜器（含一件铅锭）有一半数据落在低比值区③。郑州铜刀的铅含量为 0.1%，所反映的可能是铜料的来源情况，也不排除是污染铅或锡料中的杂质铅；郑州出土的一块孔雀石，铅同位素比值在低比值区④，证明低比值铅有来自铜料的。除此之外，其余铜器的铅含量都大于 0.1%。学界对于低比值铅，也就是所谓的高放射性成因铅的来源讨论的比较多，迄今为止，基本上形成了三种观点：

1. 金正耀的西南说。金正耀发表了一系列文章⑤，考证含高放射性成因铅器物的时间和空间分布情况以及这种特殊铅的来源问题，他认为"黄河和长江两个流域的所有商代遗址出土的青铜器，其中的特殊铅无论它是来自铅料还是来自铜锡料杂质，根据它们的同位素组成特征，它们应该来自同一地区，该地区属于多金属共生矿产地。""这种特殊铅的金属矿床从偃师和郑州商城时期直到殷墟三期一直在供应商代的青铜生产，它是一处具有相当规模经济性矿床。""根据现有的地质资料和金属矿山的铅同位素数据资料，该产地位于西南地区的滇东川南一带的可能性很大。"⑥ 同时他也注意到，"黄河流域虽然缺乏锡矿资源，铜矿资源也有限，但铅矿资源却很丰富，如果这种高放射成因铅铅料来自黄河流域以外地区，那么，它一定是随着该地

① 金正耀等：《中国两河流域青铜文明之间的联系》，《中国商文化国际学术讨论会论文集》，中国大百科全书出版社 1998 年版。

② 金正耀：《跨入新世纪的中国铅同位素考古》，《中国文物报》2000 年 11 月 22 日。

③ 金正耀等：《中国两河流域青铜文明之间的联系》，《中国商文化国际学术讨论会论文集》，中国大百全书出版社 1998 年版。

④ 金正耀：《论商代青铜器中的高放射性成因铅》，《考古学集刊》第 15 集，文物出版社 2004 年版。

⑤ 比如，金正耀等：《江西新干大洋洲商墓青铜器的铅同位素比值研究》，《考古》1994 年第 8 期；《广汉三星堆遗物坑青铜器的铅同位素比值研究》，《文物》1995 年第 2 期；《成都金沙遗址铜器研究》，《文物》2004 年第 7 期。

⑥ 金正耀：《论商代青铜器中的高放射性成因铅》，《考古学集刊》第 15 集，文物出版社 2004 年版。

区的锡铜原料一起进入中原的。"[1] 李晓岑也主西南说[2]。

2. 彭子成的多源说。彭子成认为"这批商代低比值青铜器的矿源有可能来自江西、湖南等地区的浅成多金属铀矿床。由于规模不大，经大量的开采和冶炼或已耗尽，或经长期的变迁而破坏，致使当今的人们难以发现……"[3]。此外，湖南长沙出土的战国白玻璃璧、江苏徐州出土的 2 件西汉白玻璃璧、河北易县出土的 2 枚战国古币的铅同位素比值都落在低比值区，它们的矿源可能在当地，即湖南、江苏和河北，这些地区也有可能为商代青铜器提供低比值矿料。又，中条山铜矿峪的铅比值铅_207/铅_206 为 0.7，也值得注意[4]。要之，彭认为中原地区的低比值矿料可能取自江西、湖南、江苏或河北、山西。而川滇地区的低比值矿源主要供给四川三星堆青铜器的铸造[5]。

3. 朱炳泉、常向阳的不明说。朱、常是地球化学方面的专家，他们认为商代青铜器的高放射成因铅应是来自由铅矿石提炼出的铅金属，这种铅矿石可以来自与铜矿石不同的矿床，或来自同一铜铅锌多金属矿床。商代青铜器这种特殊的铅同位素组成数据具有三个明显的特征：①高放射成因铅特征铅_206/铅_204 高达 20—24；②铅_207/铅_204—铅_206/铅_204 具有近 25 亿年的等时线关系；③具有高的铅含量（0.3%—30%）。而目前中国大陆上所发现的铜、锡、铅、锌古矿与新矿数据似乎都不具备这些特征。滇东北永善等地的铅锌矿的铅同位素组成虽然最接近于商代青铜器的高放射成因铅，但它们不具有 25 亿年的等时线分布趋向。不过，朱、常仍然认为滇东北是商代青铜器高放射成因铅矿产地的首选地，永善等地铅锌矿的上部已开采部分，其中有可能存在具有商代青铜器高放射成因铅同位素组成特征的矿石。同时，也不排除商代青铜器原料来自地球外资源的可能性，即陨石落下

　　① 金正耀：《商代青铜器高放射成因铅原料的产地问题》，《中国文物报》2003 年 1 月 17 日。

　　② 李晓岑：《从铅同位素比值试析商周时期青铜器的矿料来源》，《考古与文物》2002 年第 2 期。

　　③ 彭子成等：《赣鄂豫地区商代青铜器和部分铜铅矿料来源的初探》，《自然科学史研究》第 18 卷第 3 期（1999 年）。

　　④ 彭子成等：《盘龙城商代青铜器铅同位素示踪研究》，《盘龙城》附录四，文物出版社 2001 年版。

　　⑤ 彭子成等：《赣鄂皖诸地古代矿料去向的初步研究》，《考古》1997 年第 7 期；《赣鄂豫地区商代青铜器和部分铜铅矿料来源的初探》，《自然科学史研究》第 18 卷第 3 期（1999 年）。后文对前文的部分论证有所修改，如前文认为郑州发现的孔雀石应来自郑州地区的铜矿，安阳出土的部分青铜器的矿料也取自郑州地区的铜矿，后文则推测郑州的孔雀石和安阳部分青铜器的矿料可能来自湖北或江西。

形成的矿床。总之，朱、常认为高放射成因铅的矿产地还是一个谜[①]。

综述以上三种观点，尽管大家比较倾向于把滇东川南作为商代青铜器高放射成因铅的来源地，但也不否认有其他来源。

笔者认为，目前只有铅同位素比值能证明滇东川南的铅锌矿与中原地区的铜器（包括其他地区含高放射成因铅的铜器）有联系，但也不能完全证明，因为二者的铅同位素比值之间还有差异，再加上滇东川南既未发现商代采冶遗存，也未发现任何与中原地区或其邻近地区有联系的遗存，所以我们目前还不能肯定地说，商代青铜器的高放射成因铅来自滇东川南。

同样，对于铅同位素处在高比值区的青铜器而言，其铅料来源也并不十分肯定，原因是河北、辽宁和山东的铅矿虽然铅同位素是高比值、当地有与中原地区相关的遗存，但也未发现任何商代采冶遗存。

铅同位素处在中比值区的青铜器，其铜、铅料是否都来自长江中下游地区呢？有学者已经指出，长江中下游地区的铜矿都是采冶联营，在当地炼成铜锭后，才外运到中原等地的[②]（郑州出土的一块孔雀石来自南方，说明南方也有少量铜矿入中原），也就是说，如果王都的青铜器矿料全部取自外地的话，那么在王都只会见到铜锭、锡锭和铅锭，而不会发现大量的铜矿石，事实相反：郑州商城的紫荆山铸铜作坊就发现了40余块铜矿石，有人推测这是一处集冶炼和铸造为一体的作坊[③]；郑州小双桥遗址发现的孔雀石数量丰富[④]；而殷墟也发现过重18.8公斤的孔雀石[⑤]，这些情况证明王都的铜器也就近取材。实际上，除王都外，商代北方地区就近取材、冶铸合一的例子还有，如陕曲蓝田怀珍坊[⑥]、西安老牛坡[⑦]。就近取材的现象在当时广泛存在。又，从殷墟纯铅器多出自小墓看，铅在商代是"贱金属"，据地质资料，黄河中下游富含铅

① 朱炳泉等：《评"商代青铜器高放射性成因铅"的发现》，《古代文明》第1卷，文物出版社2002年版；常向阳等：《殷商青铜器矿料来源与铅同位素示踪研究》，《广州大学学报》（自然科学版）第2卷第4期，2003年8月。

② 华觉明等：《长江中下游铜矿带的早期开发与中国青铜文明》，《自然科学史研究》第15卷第1期（1996年）。

③ 杨肇清：《略论商代二里岗期青铜铸造业及其相关问题》，《郑州商城考古新发现与研究》，中州古籍出版社1993年版。

④ 河南省文物考古研究所等：《1995年郑州小双桥遗址的发掘》，《华夏考古》1996年第3期。

⑤ 石璋如：《殷代的铸铜工艺》，《中央研究院历史语言研究所集刊》第26本，1955年6月。

⑥ 西安半坡博物馆等：《陕西蓝田怀珍坊商代遗址试掘简报》，《考古与文物》1981年第3期。

⑦ 刘士莪编著：《老牛坡》，161页，陕西人民出版社2002年版。

矿，故商代用铅主要取自中原及附近地区①。那么王都近区的矿源在哪里？答案是就在上文天野元之助和石璋如提供的矿点中。在这些矿点中，晋南中条山矿区的蕴藏最丰富，有学者认为中条山矿区在商代已被开采②，东下冯商城和垣曲商城的建立就是为了控制当地的铜、铅和盐资源③。但中条山矿区目前还未发现商代开采的证据，因此王都近区的矿源是否在此，不敢定论。

锡在商代属于"贵金属"，中原地区虽然有锡矿点，但具有工业开发价值的锡矿主要分布在湖南南部、江西南部、广东、广西和云南，因此申斌认为商代开采锡矿可能性最大的地点在江西赣州和广东汕头一带④。金正耀则推测："在武丁、妇好晚商最强盛的时期，中原大规模青铜铸造所用锡料可能来自云南地区。当然这一看法并不排斥这一时期中原也可能采用其它来源的锡（如甘肃地区的部分锡产和南方其它地区的锡产），甚至包括中原地区的零星锡产……"⑤。这些论述还需要进一步考证。

综上所述，商代青铜器的原料一部分为就地取材（供铜、铅料和部分锡料），具体地点不详；一部分可能来自滇东川南（供铜、锡、铅料）；一部分可能来自河北、辽宁和山东（供铅料）；另一部分，也是目前唯一能确定产地的，来自长江中下游的湖北大冶、江西瑞昌和安徽铜陵（供铜、铅料）。所谓的"铜路"，也主要指中原与长江中下游之间的三条交通道路：

一、沿熊耳山东麓，通过南阳盆地，穿越随枣走廊，抵达长江中游，再顺江到下游；

二、基本与现在的京广铁路线平行，越过大别山、桐柏山隘口，然后沿溠水、澴水，抵达长江中游，再顺江到下游；

三、到皖南的道路也可以走：安阳—原阳—商丘—永城、宿州—淮河流域—皖南。

①　中国社会科学院考古研究所：《中国考古学·夏商卷》，378 页，中国社会科学出版社 2003 年版。

②　华觉明等：《长江中下游铜矿带的早期开发与中国青铜文明》，《自然科学史研究》第 15 卷第 1 期（1996 年）。

③　刘莉等：《城：夏商时期对自然资源的控制问题》，《东南文化》2000 年第 3 期。

④　申斌：《商代科学技术的精华》，《全国商史学术讨论会论文集》，《殷都学刊》增刊，1985 年 2 月。

⑤　金正耀：《晚商中原青铜的锡料问题》，《自然辩证法通讯》第九卷总 50 期，1987 年第 4 期。

表一　商代中原地区出土青铜器及矿样的铅同位素比值

时代	实验号	样品名称	出土地	铅（%）	铅-207/铅-206	铅-208/铅-206	数据来源
早商时期	9485	铜刀	郑州	0.1	0.73	1.78	[1]
	94213	铜盘	同上	0.6	0.91	2.20	
	94214-1	同上	同上	4.7	0.86	2.11	
	94214-2	同上	同上	8.8	0.86	2.11	
	94215	同上	同上	0.6	0.91	2.19	
	94216	同上	同上	13.3	0.90	2.18	
	94217	铜斝	同上	2.4	0.92	2.21	
	94220	铜鼎	同上	9.4	0.92	2.22	
	94221	铜斝	同上	1.2	0.92	2.21	
	9486	孔雀石	同上		0.82	2.05	
	9487	炼渣	同上		0.83	2.09	
	94222	铜斝	荥阳	11.9	0.93	2.23	
	94223	同上	同上	4.4	0.73	1.91	
晚商时期	9488	铜泡	安阳	2.6	0.84	2.08	
	9489	铜戈	同上	11.9	0.85	2.10	
	9490	铜觯	同上	0.5	0.70	1.88	
	9491	铜爵足	同上	0.6	0.73	1.93	
	9492	铜残片	同上	0.9	0.72	1.91	
		铜矛	同上		0.96		[2]
		铅锭	同上		0.72		[3]

注：[1] 彭子成等：《赣鄂豫地区商代青铜器和部分铜铅矿料来源的初探》，《自然科学史研究》第
　　　18 卷第 3 期，1999 年。

　　　[2] 金正耀等：《中国两河流域青铜文明之间的联系》，《中国商文化国际学术讨论会论文集》，
　　　中国大百科全书出版社 1998 年版。

　　　[3] 彭子成等：《赣鄂皖诸地古代矿料去向的初步研究》，《考古》1997 年第 7 期。

表二　赣、鄂、皖地区矿样的铅同位素比值

时代	实验号	样品名称	出土地	铅-207/铅-206	铅-208/铅-206	数据来源
西周	94171	铜渣	江西九江	0.86	2.12	
商周	94145	孔雀石	江西德安	0.86	2.11	
古矿区地层	94144	同上	江西瑞昌	0.86	2.11	
同上	94140	同上	同上	0.87	2.14	
现代	9417	同上	江西瑞昌铜岭	0.81	2.02	
古代	94138	炼渣	同上	0.86	2.11	
春秋	94142	同上	江西瑞昌	0.84	2.06	
春秋	94143	同上	同上	0.83	2.05	
东周	94152	铜锭	湖北大冶	0.85	2.09	[1]
现代	94153	自然铜	湖北大冶铜绿山	0.86	2.10	
东周	94154	粗铜	同上	0.89	2.19	
商周	94151	孔雀石	同上	0.85	2.09	
现代	94148	同上	同上	0.85	2.10	
东周	94149	炼渣	同上	0.85	2.10	
古代	94150	同上	湖北大冶	0.85	2.11	
	94147-1	孔雀石	湖北大冶铜绿山	0.85	2.14	
	94147-2	同上	同上	0.86	2.12	
西汉	940135	氧化铜矿	安徽铜陵	0.85	2.11	
西周至春秋	940136	矿石	安徽南陵	0.86	2.11	
商周	940137	矿渣	安徽铜陵	0.84	2.08	
春秋	94025	铅锭	安徽南陵	0.84	2.09	[2]
同上	94024	同上	同上	0.85	2.10	
同上	94026	铅锌矿	同上	0.87	2.13	

注：［1］彭子成等：《赣鄂豫地区商代青铜器和部分铜铅矿料来源的初探》，《自然科学史研究》第
　　　18卷第3期，1999年。

　　　［2］彭子成等：《赣鄂皖诸地古代矿料去向的初步研究》，《考古》1997年第7期。

论商代贸易问题

何　崝

长期以来，学术界都认为商代是以农业为经济基础的社会，虽然已有一些关于商代贸易的研究成果，但对商代贸易的发生、发展过程的探讨还不够深入，同时对商代贸易在商代经济中占有的重要性和对商代社会发展的促进作用还估价不足。对商代贸易的研究较为滞后的原因，似乎是资料的欠缺所致。笔者在接触到这个问题时也深有所感，但在学者们已经取得的成果基础上，把现有的材料进行整合、梳理，笔者觉得还是可以看出商代贸易的大致脉络。现在把这些不成熟的看法陈述出来，希望能得到专家学者的指正。

一　考古材料中所见的商民族的贸易

关于商代贸易问题，张光直说：

> 关于谁从事运输货物这一职业的问题，目前我们还不太清楚。因为有些族是专职的商人（professional traders），贝壳作为交换的货币参与流通，因此，"商人"在商代社会无疑扮演着重要角色；事实上，商王国的臣民都精于商品贸易，他们的后人大多以商品贸易为职业，时至今日"商"字仍有"商人"（merchant）之意，和当时所指的商人（Shang people）为同一个词。遗憾的是，我们没有任何关于商代贸易和商代"商人"的可靠资料①。

张光直肯定了商代贸易的存在，但他说"没有任何关于商代贸易和商代

---

① 张光直：《商文明》，236页，辽宁教育出版社2002年版。

'商人' 的可靠资料"。其实我们应该看到，已有一些学者对商代贸易进行了研究，并取得不少成果，特别是已有不少考古材料可以说明商民族的贸易行为。

学者指出，在早商时期，商民族的手工业如青铜铸造业与制陶业之间已形成分工，此外，同一部门之间也有分工，如郑州铭功路西侧的制陶作坊发现的陶器如盆、甑、簋、瓮等，其中尤以盆、甑为多，而缺乏鬲、甗等夹沙陶。1965 年 2 月，郑州市博物馆在 1955 年发掘的制陶窑场以南发掘墓葬时，发现了一座灰坑（H21），坑内出土的陶器主要是盆和甑。"这种大规模制作单一品种的生产，显然不是为了某些人自己的需求，其中的绝大部分产品应是用于交换的商品"。郑州南关外铸铜作坊里的工具和武器范以镈为最多，镞、刀次之，另有斧、戈等；而紫荆山北铸铜作坊里的工具和武器范则仅有刀、镞两种①。这些铜器也可能主要用于交易。

学者还指出，晚商时期可能还有一定量的远程贸易。殷墟发现的许多遗物都非本地所造或所产，而有其自身的源流。如铸铜用的原料，大部分可能系长江中下游地区输入，青铜中的另两种原料锡和铅，据最近的研究，可能来自云南、湖南一带。玉料，大多来自新疆和田。而作为货币的贝，本身即产自遥远的中国南部沿海。占卜用的灵龟既有内陆龟，也有海龟。殷墟还发现过鲸鱼骨。这些物品，"主要是通过交换的方式获得的"②。

商代已存在货币贸易，这货币就是贝。在殷墟出土的甲骨文中，常见"赐贝"、"取贝"的记录。晚商时期的青铜铭文中，记赏贝之事甚多。在殷商墓葬中，以贝随葬十分普遍，贵族墓葬中往往有大量贝随葬。除自然海贝外，还有用铜、骨、蚌、石等材料作的仿制品。这些情况说明在殷商晚期是以贝作为流通货币③。而早在二里头遗址已多次发现海贝、骨贝、石贝和蚌贝。在其他二里头文化遗址，如陕西七里铺遗址出土一件骨贝，渑池郑窑、巩县稍柴、洛阳矬李、和荥阳西史村皆有蚌贝出土。学者指出，这些贝在当时仅仅作为装饰品还是已具有一般等价物的社会功能，尚待研究④。但笔者认为，殷商人在夏代就已有贸易行为，文献记载商汤与夏王朝曾经进行过贸

---

① 中国社会科学院考古研究所：《中国考古学·夏商卷》421 页，中国社会科学出版社 2003 年 12 月版。
② 中国社会科学院考古研究所：《中国考古学·夏商卷》422 页，中国社会科学出版社 2003 年 12 月版。
③ 中国社会科学院考古研究所：《中国考古学·夏商卷》422 页，中国社会科学出版社 2003 年 12 月版。
④ 中国社会科学院考古研究所：《中国考古学·夏商卷》123 页，中国社会科学出版社 2003 年 12 月版。

易（见下文），故这些贝和仿制的贝作为货币的可能性更大。

考古资料表明，商民族可能与中亚草原民族进行过贸易。林沄认为，北方地区存在着"与中原地区有别而自成一系的青铜器"，他称之为"北方系青铜器"，"北方系青铜器至少在商代后期就已分布在现时中国国境以外很大的一片地域"。他认为，"商文化青铜器和商代北方系青铜器是彼此独立的两个系统，但又互相渗透，彼此丰富了各自的内容，推进了各自的发展"。他所谓的"北方地区"大致是指中原地区以北地区至中央亚细亚的草原地带。而"中央亚细亚的开阔草原地带，是一个奇妙的历史漩涡所在。它把不同起源的成分在这里逐渐融合成一种相当一致的综合体，又把这种综合体中的成分像飞沫一样或先或后地溅湿着四周地区"。他认为，在北方地区活动着使用北方系青铜器而主要采取游动的生活方式（例如流动的牧羊业）的人群，"越来越频繁地往来穿插于邑落尚颇稀疏的农业居民之间，并与定居者发生战争、交易等接触，以及征服、同化等融合过程，才使北方系青铜器在颇大的范围内出现普遍的一致性"①。林沄所指虽然主要是北方地区采取游动方式的人群与这一地区的定居者的战争、交易等接触，当然也不排斥与中原地区的商民族发生同样的接触。

与商代贸易有关的是家畜的驯化与车的使用。最重要的家畜是马、牛、羊。我国虽然有不少新石器时代遗址发现了牛、羊的骨骼②，但可以确定为家畜的牛、羊骨骼的年代则比较晚，袁靖认为，中国作为家畜的牛、羊约出现在距今 4000 年左右，家马则可能出现在殷代晚期③，而作为家畜的牛、羊，在西亚的出现则要早得多，大约比中国早 3、4 千年④。国外学者一般认为家马的驯养是在公元前 4 千纪的中亚草原地区开始的⑤，也比中国家马的出现早 2 千多年。

关于马、牛、羊的起源，徐中舒先生早有论述：

---

① 林沄：《商文化青铜器与北方地区青铜器关系之再研究》，载李伯谦编：《商文化论集》514—515 页，文物出版社 2003 年 9 月版。原载：《考古学文化论集》（一），文物出版社 1987 年版。

② 任式楠：《公元前五千年前中国新石器文化的几项主要成就》，《考古》1995 年第 1 期。

③ 袁靖：《中国新石器时代家畜起源问题》，《文物》2001 年第 5 期。

④ 见《中国大百科全书·考古卷》"西亚新石器时代和铜石并用时代文化"，中国大百科全书出版社 1986 年版。

⑤ A·H·丹尼、V·M·马松主编，芮传明译：《中亚文明史》第一卷，5 页，中国对外翻译出版公司 2001 年 1 月版。

　　　　马牛羊原来不是东亚大陆上所驯牧的牲畜。我们看《晋书·肃慎
　　传》、《魏书·失韦传》都说其地无牛羊，或无羊少马：又《后汉书·
　　东夷传》说倭（日本）无牛马虎豹羊鹊，《隋书·流求传》说流求
　　（今台湾）多猪鸡，无牛羊驴马，为什么东亚大陆这许多地方在汉、隋
　　以后还没有马牛羊呢？我们晓得日本与台湾在上新纪的末期还是和大陆
　　相联的，当其未与大陆断绝以前，大陆上如果有马牛羊等家畜，这两个
　　岛上也应该有：汉、隋时代大陆边上和这两个岛上既是都没有马牛羊，
　　这就是史前东亚大陆不畜马牛羊的明证。①

应该强调的是，徐中舒先生指出的这些材料并不是说东亚大陆没有野生的
马、牛、羊，而是没有家养的马、牛、羊。关于中国家养的马、牛、羊的起
源问题，我国当代学者一般采取谨慎态度。即使大都承认西亚地区马、牛、
羊的驯养远远早于中国，却似乎仍未见有人明确承认中国家养的马、牛、羊
是由域外传入。但我们若将西亚地区马、牛、羊的驯养远远早于中国的事实
和徐中舒先生的分析结合起来看，似乎不得不接受中国家养的马、牛、羊是
从域外传入的事实。而下一章将要提出的对文献资料的分析，也容易引导出
中国家养的马、牛、羊从域外传入的结论。

　　关于车子，徐中舒先生说：

　　　　殷商时代之两轮大车，就文字及遗物而言，其形制与巴比伦遗物图
　　绘四马或二马之车，无不相同。且服牛乘马并非简易之事，即谓东西两
　　土皆可独立发明，但亦不能相似如此。故殷商之有两轮大车，必为自西
　　土输入之物。其为之传播者，则为居中国极北之森林地带，东自黑龙江
　　土拉河以北，西迄黑海之滨之北狄也。②

当代学者一般认为车子起源于美索不达米亚，或两河流域至高加索一带，其
出现年代，不晚于公元前 3500 年。公元前 2 千纪前半，马开始被普遍地用
于驾系③。王巍在将两河流域与商代的马车的形制进行比较后指出，"商代
晚期的马车与西亚和南高加索地区的马车之间存在的诸多相似因素，令人不

　　①　徐中舒：《论东亚大陆牛耕的起源》，《徐中舒历史论文选辑》，825 页，中华书局 1998 年 9 月版。
　　②　徐中舒：《北狄在前殷文化上之贡献》，载《中国文字研究》第一辑，11 页，广西教育出版社 1999 年 7 月
版。
　　③　王巍：《商代马车渊源蠡测》，载李伯谦编：《商文化论集》，395—396 页、398 页，文物出版社 2003 年 9
月版。原载《中国商文化国际学术讨论会论文集》，中国大百科全书出版社 1998 年版。

能不考虑商代马车的出现与来自西亚的影响有关的可能性"[①]。

土库曼学者马松（V. M. Masson）指出：

（在苏联中亚的草原地区），公元前二千纪，这里的狩猎者和渔捕者（他们从事某种形式的生产性经济）的文化，被来自草原和半沙漠地区的畜牧者的文化所取代，后者给后世留下了所谓的"草原青铜器"的文化遗物。这在根本上改变了整个历史形势。机动、精力充沛和资源丰富的畜牧者，利用马拉的轻便战车，向四面八方进军。我们有毋庸置疑的证据，表明他们曾与南方建立定居文明的居民进行积极的接触交流，并对后者的命运发挥了重要作用。[②]

由此看来，至少是马拉的战车，很有可能是由这些来自草原和半沙漠地区的畜牧者带来的。按照徐中舒先生的说法，北狄"居中国极北地区的森林地带，东自黑龙江土拉河以北，西迄黑海之滨"，就是马松所说的来自草原和半沙漠地区的畜牧者，也就是林沄所说的在北方地区活动的、使用北方系青铜器、主要采取游动方式的人群。

而近年来我国考古发掘的有关车子的新材料主要有以下这些：

1994 年，在二里头遗址XII区北部发现一段二里头文化三期的双轮车的辙印，轨距约 1.2 米[③]。1996 年春至 1997 年春，在河南偃师商城东北隅城内道路第 4 层路土面上也发现两道与城墙并行的车辙印，轨距也大约是 1.2 米。在车辙附近路土面上布满不规则小坑，发掘者估计这可能是驾车动物踩踏所致，但未能据以判断留下蹄印的动物的属性[④]。

在郑州商城遗址，曾出土两块用以浇铸青铜车軎的陶范[⑤]。但作为实物的整车，仅在晚商时的殷墟等地有发现[⑥]。

这些材料皆不足以说明车子或马车是在中国本土发明的，因为即使是二里头遗址发现的二里头三期的双轮车辙印确实是一种车子压成的，这车子也

① 王巍：《商代马车渊源蠡测》，载李伯谦编：《商文化论集》402 页，文物出版社 2003 年 9 月版。原载《中国商文化国际学术讨论会论文集》，中国大百科全书出版社 1998 年版。

② A. H. 丹尼、V. M. 马松：《中亚文明史》第一卷，250 页，中国对外翻译出版公司 2001 年 1 月版。

③ 中国社会科学院考古研究所：《中国考古学·夏商卷》，122—123 页，中国社会科学出版社 2003 年 12 月版。

④ 中国社会科学院考古研究所河南第二工作队：《河南偃师商城东北隅发掘简报》，《考古》1998 年第 6 期。

⑤ 河南文物研究所：《郑州商代二里冈期铸铜基址》，《考古学集刊》第 6 集，中国社会科学出版社 1989 年版。

⑥ A. H. 丹尼、V. M. 马松：《中亚文明史》第一卷，411 页，中国对外翻译出版公司 2001 年 1 月版。

比两河流域的车子晚了差不多两千年。袁靖说中国的家马可能出现在商代晚期，故属早期商文化的偃师商城的车子，即使有驾车动物，恐怕也不会是马。有些学者仅据文献"黄帝作车"，"禹作舟车"，"奚仲作车"等记载，说："如果上述记载可信，则显然不宜将晚商马车之源头直接追寻到西亚去。①"这些文献各说不一，黄帝、禹、奚仲，我们到底相信是谁作车呢？显然，没有考古资料的印证，我们不能轻易相信这些说法。

如果我们承认中国家养的马、牛、羊是由域外传入，承认商代的车子和马车是受域外影响（或谓由域外传入），那么我们就会比较容易明白商民族为何在中国最先具有贸易行为。这是由于家畜的驯养，特别是马、牛、羊这三种家畜的驯养，是当时的新兴产业。马、牛可以提供畜力，而羊可以较大规模地放牧，其经济效益很大。而车子的使用，又可以大大提高运输能力，特别是马和马车的使用，可以大幅度增加活动空间。显然，在商民族的时代，在中国域内，谁先具备了马、牛、羊的驯养，谁就会获得较大的经济实力，谁先掌握了车马的使用能力，谁就能获得广阔的空间，在贸易活动中占据绝对的优势。而商民族在先商时期主要活动在华北平原一带，其最北达涞水、易县一带②，《路史·国名纪丙》："易，所谓朔易，古有易之地（商上甲微伐有易者）。"王国维云："有狄亦即有易也，古狄易二字同音，故互相通假。"③ 商民族在此自能与北狄接触，那么北狄带来的马、牛、羊和车子，他们能最先得到，这大致是没有什么疑问的。

二　文献中所见殷商人的贸易

文献中有不少记载都可以与殷商人的贸易行为联系起来。从文献看，殷商人最早的贸易对象是有易。我们相信这些文献记载，是因为这些文献记载大致可得到考古材料的印证。

商人与狄人关系密切，应有婚姻关系。《史记·殷本纪》："殷契，母曰简狄，有娀氏之女。"《淮南子·地形训》："有娀在不周之北。"又《天文

---

① 杜金鹏、王学荣、张良仁、谷飞：《试论偃师商城东北隅考古新收获》，《考古》1998 年第 6 期。
② A. H. 丹尼、V. M. 马松：《中亚文明史》第一卷，155 页，中国对外翻译出版公司 2001 年 1 月版。
③ 王国维：《殷卜辞中所见先公先王考》，《观堂集林》卷九。

训》："昔者共工与颛顼争为帝，怒而触不周之山。"注："不周山在西北也。"故有娀氏应是西北民族。娀当同戎，《左传》中戎狄每每连称，有娀氏当是狄人之一种。简狄之名中有狄，亦可见其为狄人。

狄人与殷商人既关系密切，也有争斗。关于殷商人与有易的关系，散见于一些先秦古籍，而以楚辞《天问》中的叙述较连贯：

> 该秉季德，厥父是臧。胡终弊于有扈，牧夫牛羊？干协时舞，何以怀之？平胁曼肤，何以肥之？有扈牧竖，云何而逢？击床先出，其何所从？恒秉季德，焉得夫朴牛？何往营班禄，不但还来？昏微遵迹，有狄不宁。何繁鸟萃棘，负子肆情？

这一段话所记史事及有关人物，亦散见于《山海经》、《竹书纪年》、《世本》、《大戴礼·帝系》、《淮南子·地形训》、《史记·殷本纪》、《汉书·古今人表》等，王国维、顾颉刚、徐中舒、闻一多、陈梦家等学者多有论及，已为大家所熟知，兹将诸家所说加以综述，并间出己意加以说明，其不可解者则略之，以免枝蔓。"该秉季德"、"恒秉季德"，王国维谓该、恒即殷之先公王亥、王恒，季为王亥之父冥[①]。"弊于有扈"之"弊"，闻一多读为"庇"，谓同于《竹书纪年》"殷王子亥宾于有易"之"宾"，《山海经》"王亥托于有易"之"托"，《易·旅》上九"旅人先笑后号咷，丧牛于易"之"旅"[②]。此处"有扈"乃"有易"之误，已为诸家指出。"焉得夫朴牛"，朴牛即服牛，即服劳役之牛，诸家亦已说明。"何往营班禄"，《尔雅·释言》："班，赋也。"郭注："谓布与。"又《国语·周语中》："（戎、狄）其适来班贡。"韦昭注："班，赋也。"又，《尔雅·释言》："谷，禄也。"《周礼·天府》注："禄之言谷也。"据此观之，"班禄"之义应略同于"班贡"。戎、狄向周班贡，周应有回赐，故应视作一种交易行为，故班禄也应是交易行为，有可能是贩运谷物。"昏微"王国维谓即上甲微[③]，甚是。《尚书·盘庚上》"不昏作劳"，传："昏，强也。"郑玄云："昏读为敏，敏，勉也。"郑说较优，故"昏微"乃谓勤勉之上甲微也。

王国维谓《天问》此段"似记王亥被杀之事，其云'恒秉季德，焉得

①　王国维：《殷卜辞中所见先公先王考》，《观堂集林》卷九。
②　闻一多：《天问疏证》83—85页，上海古籍出版社1985年12月版。
③　王国维：《殷卜辞中所见先公先王考》，《观堂集林》卷九。

夫朴牛'者，恒盖该弟，与该同秉季德，复得该所失服牛也。所云'昏微遵迹，有狄不宁'者，谓上甲微能率循其先人之迹，有易与之有杀父之仇，故为之不宁也"①。王说大体近是，但尚有未尽处，今试更加以申说。结合其他典籍的记载，可以理解到此段记载的是王亥以其父之事业为善（其父冥的事业很有可能是放牧牛羊），故继承其父业，寄居于有易，盖商民族与有易有婚姻关系，故王亥能寄居其地。王亥寄居有易，主要是学习放牧牛羊之技能，因当时有易长于牧牛羊，而此一技能对于中原地区的居民而言，是一门全新的技艺，非用较长时间，亲临其地学习不可。《世本·作篇》谓"胲作服牛"，"相土作乘马"，但据《史记·殷本纪》，相土为王亥的四世祖。大约在相土之时，西亚一带才开始用于驾系，商民族掌握驾马不应如是之早。而《管子·轻重戊》："殷人之王，立皂牢，服牛马，以为民利。"说得笼统，反而不违事实，因为他只说商民族在中原地区最先学会服牛马，却不曾说具体时间。但王亥作服牛倒是较为近真，因为他曾到有易学习过放牧牛羊。

《竹书纪年》云："殷王子亥宾于有易而淫焉，有易之君绵臣杀而放之。"此"淫"不一定是指非分追求女色，而可能是滥、乱、邪等意。大概是王亥不遵有易之俗，故被杀。《易·大壮》六五谓王亥"丧羊于易"，《旅》上九谓王亥"旅人先笑后号咷，丧牛于易"，《山海经·大荒东经》谓"有易杀王亥，取仆牛"。王亥之牛羊，或因其掌握放牧技能后繁殖所得，或与有易交易所得，皆有可能。而王恒复得王亥之服牛，有可能是王恒与有易关系良好之故。王恒"往营班禄，不但还来"，是说他与有易进行贸易（贩运谷物），故多次往来于有易。贸易使双方皆有利可图，故王恒能与有易建立较长期的良好关系。而据《史记·殷本纪》上甲微为王亥之子，其父被杀，故为父报仇，而致"有狄不宁"也。

综上可知，殷商人与有易关于至为密切，相互间有婚姻关系，殷商人的首领多次向有易学习放牧牛羊的技能，并相互贸易，但他们之间也会产生利害冲突而导致战争。文献中记载了殷商人的多次迁徙，其迁徙原因，我认为是殷商人与狄人既有贸易又有战争之故。据《史记·殷本纪》，殷商人自契

---

① 王国维：《殷卜辞中所见先公先王考》，《观堂集林》卷九。

至汤八迁，汤至盘庚五迁。即张衡《西京赋》所云："殷人屡迁，前八后五。"但我们应看到，所谓殷人屡迁，实际上只是商先公先王所在部族的迁徙，从文献看，最初主要是这个部族在进行贸易。贸易本是互利的，但也会或因利益分配不合理，或因对财富的觊觎之类的原因，而造成冲突乃至发生战争，王亥与有易的冲突事件就是一例。王国维云："《今本竹书纪年》云：'帝芬三十三年，商侯迁于殷。'《山海经》郭璞注引《真本纪年》，有殷王子亥、殷主甲微。则《今本纪年》此事或可信。"① 故《今本竹书纪年》所载之商侯有可能是上甲微，他因其父王亥的原因，与有易发生冲突，遂至迁都。由此看来，商先公先王所在的部族迁徙的原因，也应有当冲突发生后寻找更合适的贸易对象和更好的贸易环境的可能。金景芳认为，"盘庚迁殷，很可能是抱有进取的雄心。殷虚卜辞武丁时代所征伐的方国，多在豫北、晋南，可作为间接的佐证。"② 邹衡认为成汤以后选择王都的地点，是为了"考虑作战的方便"，迁都是"从军事的角度考虑"，因为"通过战争可以掠夺士女牛羊"以供祭祀③。现在看来，还应将贸易的因素考虑进去。

《管子·地数》云：

> 昔者桀霸有天下而用不足。汤有七十里之薄而用有余。天非独为汤雨菽粟，而地非独为汤出财物也。伊尹善通移轻重，开阖决塞，通于高下徐疾之策，坐起之费时也。

"薄"就是成汤之都亳，"通移轻重，开阖决塞"，就是指货物流通，进行贸易。进行贸易是商王朝的国策，伊尹不过是一个精明的执行者。《洪范》中的"八政"的前三政是："一曰食，二曰货，三曰祀"。《汉书·食货志》云："《洪范》'八政'：一曰食，二曰货。食谓农殖嘉谷可食之物，货谓布帛可衣，及金刀龟贝，所以分财利通有无者也"。可见"货"就是贸易。《洪范》是商旧臣箕子在回答周武王咨询时，对商王朝的施政纲领作出的全面介绍。通常人们据《左传》成公十三年刘康公所云"国之大事，在祀与戎"，往往以为商王朝也将祭祀作为国家头等大事，其实这是个错觉，《洪范》明明白白地将食与货置于祀之前，食与货才是国家的头等大事。这个

---

① 王国维：《说自契至于成汤八迁》，《观堂集林》卷十二。
② 金景芳：《中国奴隶社会史》，67 页，上海人民出版社 1993 年 10 月版。
③ 邹衡：《夏商周考古学论文集》，209—210 页，文物出版社 1980 年 10 月版。

道理也很简单，要有食与货，才能进行祀。

《管子》一书还记载了伊尹为商汤主持的对夏王朝的贸易，《轻重甲》
云：

> 昔者桀之时，女乐三万人，端噪晨乐闻于三衢，是无不服文绣衣裳
> 者。伊尹以薄之游女工文绣，篡组一纯，得粟百钟于桀之国。夫桀之国
> 者，天子之国也。桀无天下忧，饰妇女钟鼓之乐，故伊尹得其粟而夺之
> 流，此之谓来天下之财。

伊尹通过生产具有高附加值工艺品去换得关系国计民生的重要物资粮食，这
充分体现了贸易的重要作用。故生产技艺精巧而经济价值很高的产品，就成
了殷商人的特长。如殷商的青铜器的铸造技艺无疑是最精湛的，故能通过贸
易方式和其他方式传播到广大地区。春秋战国时期长于技艺者，多是作为殷
商遗民的宋、卫人。《韩非子·解老》："宋人有为其君以象为楮叶者，三年而
成，……乱之楮叶之中，而不可别也"。《外储说左上》："宋人有请为燕王以
棘之端为母猴者。"又："客有为周君画策者，三年而成，……望见其状，尽
成龙蛇禽兽车马，万物之状备具。"如果我们考虑到殷商是以其产品的精美来
保持其在贸易中的优势，那么殷遗民之长于技艺就是在情理之中了。

考古资料显示，无论是先商文化和商代的早、中、晚期商文化，农业都
占了很大的比重，因此我们应该认识到，并不是商文化的所有居民都在进行
贸易，进行贸易的可能主要是直属商先公先王的部族，这个部族有相土、
冥、王亥、王恒、成汤等先公先王，我们已确知他们能畜养牛羊，长于贸
易。这个部族多次迁徙，说明这个部族与商文化的其他主要从事农业的部族
有所不同，这个部族主要从事贸易，农业是他们较次要的产业。由于这个部
族靠贸易积累了财富，故成为商民族中最强大的一个部族，商先公先王就是
这个部族的首领。郑州商城、偃师商城、郑州小双桥等遗址学者认为是几位
商王所迁之都①，这些遗址都有规模较大的青铜铸造、制陶、玉石器制造、
骨角牙器制造、蚌器制造、酿酒的作坊。在郑州商城已发现青铜车𫐓的陶

---

① 郑州商城，或认为是仲丁所迁之隞（或写作嚣），见安金槐：《试论郑州商代城址——隞都》，《文物》
1961年4、5合期。或认为是成汤之都，见邹衡：《郑州商城即汤都亳说》，《文物》1978年第2期。偃师商城，或
认为是汤都西亳，见方酉生：《论偃师商城为汤都西亳》，《江汉考古》1987年第1期。或认为是盘庚之亳殷，见
郑光：《试论偃师商城即盘庚之亳殷》，《故宫学术季刊》第八卷第四期。或认为小双桥商代遗址是仲丁所迁的隞，
见陈旭：《郑州小双桥商代遗址即隞都说》，《中原文物》1997年第2期。

范，因此当时应已有制车业。这些遗址出土的漆器，纺织品残片，芦、竹编织的工艺品，说明这些手工业也出现了①。这些情况完全可以说明商先公先王所直属的部族为什么会成为商民族的政治、经济和文化的核心。

在讨论殷商人的贸易时，我觉得盘庚的迁殷应引起我们足够的重视。我认为，如果说殷商人在盘庚以前的迁徙主要是由于贸易和军事的因素，那么盘庚的迁殷，除了军事因素外，可能带有较多发展农业的因素，即盘庚是要将经济的重点放到农业上来。但尽管如此，盘庚以后商王朝的贸易在经济中仍占据重要地位。

自两汉以来，学者以盘庚迁殷是为了"去奢行俭"②。从《尚书·盘庚》的内容看，盘庚所强调的是农业，农业虽能提供作为生活必需品的粮食，但其经济效益显然逊于手工业和贸易业，这大概是两汉以来学者认为盘庚迁殷是"去奢行俭"的原因。但历史的实际可能是商王直属的部族受到其他民族的沉重打击，非徒贸易受到极大影响，连粮食来源也受到极大威胁，故必须迁都。《盘庚上》云：

> 乃不畏戎毒于远迩，惰农自安，不昏作劳，不服田亩，越其罔有黍稷。

"戎"伪孔传训"大"，则戎毒为大毒，学者相沿其说。曾运乾谓："戎读为壬，实为妊，戎毒犹言包藏祸心也。"③ 我认为上文未提及此毒的具体由来，以戎毒为大毒或谓包藏祸心皆不妥。例如，假设上文提到水溢为患，这里的"戎毒"指水患，方可理解为"大毒"。但上文并未提及何种具体的毒害，故解"戎毒"为"大毒"则不知何所指。同样，"包藏祸心"者不知指何许人。故我认为伪孔传训"戎"为"大"不可从，此"戎"就是戎狄之戎。盘庚时代戎狄的侵害虽然史无明文，但戎狄对中原地区的侵扰，从远古时期以来就一直存在，故盘庚时代遭受戎狄侵害是完全有可能的，由于盘庚的部族长期以来是以贸易为主，未能发展农业，故在戎狄的侵扰下，粮食来源可能不稳定，这时就要加强农业生产。"不昏作劳，不服田亩，越其罔有黍稷"，"若农服田力穑，乃亦有秋"（《盘庚上》），把农业生产提高到极重

---

① 见中国社会科学院考古研究所：《中国考古学·夏商卷》第七章"商代的经济、技术、文字和艺术"，中国社会科学出版社 2003 年 12 月版。

② 《后汉书·杜笃传》引《奏论都赋》。

③ 曾运乾：《尚书正读》，101 页，中华书局 1964 年 5 月版。

要的地位。既要加强农业，就要对贸易有所抑制。《盘庚中》云：

> 兹予有乱政同位，具乃贝玉，乃祖乃父丕乃告我高后曰：作丕刑于
> 朕子孙。迪高后丕乃崇降弗祥。

这是盘庚警告他的大臣，若聚敛贝玉等财物，其父祖就会请求先王给予惩罚，先王就会降下不祥。这里聚敛财物，并非指接受贿赂，而是指通过贸易而积聚财富。《盘庚下》云：

> 朕不肩好货，敢恭生生，鞠人谋人之保居，叙钦。……无总于宝
> 货，生生自庸。

盘庚这是说他不任用喜欢财物的人，只任用那些自营其生的人，对那些能供养人又为人考虑使其安居的人，他要表示赞赏。并再次强调不要聚敛财富，要努力于自营其生。这里的自营其生，应是从事农业。

　　盘庚的这些主张，可以说是重农抑商思想的萌芽。商卜辞中有大量关于农业的占卜资料[①]。正可印证盘庚的这些主张。《洪范》"八政"：一曰食，二曰货，三曰祀。把"食"——就是农业排在首位，大概也是遵循了盘庚制定的基本国策。《史记·殷本纪〈正义〉》引《括地志》云："《竹书纪年》：自盘庚徙殷至纣之灭二百七十三年，更不徙都。"恐怕在很大程度上是为了发展农业，因为农业需要定居的生活。

　　盘庚首重农业的主张虽然后来得到遵循，但在后王时，贸易并未被禁止，"货"被排在商王朝施政纲领的第二位，就说明贸易仍是重要的，殷墟出土的大量来自远方的物品，说明商晚期的贸易仍是十分活跃的。《尚书·酒诰》：

> 妹土，嗣尔股肱，纯其艺黍稷，奔走事厥考厥长，肇牵车牛，远服
> 贾用，孝养厥父母。

妹土属卫国，为殷遗民居住的一个地方，靠近商纣的都城。由《酒诰》这一段文字可以知道，居住在妹土的殷遗民首先要种植黍稷，然后要用牛车到远处进行贸易。这一情况也是和《洪范》一致的。

　　远途贸易，必然要依靠道路交通和运输工具。彭邦炯根据商代遗址的分布和甲骨文材料指出，商代道路交通已相当发达。殷商王邑通往四面八方的

---

① 许多甲骨学的著作都对这个问题有阐述，而集中研究商卜辞中的农业资料的著作是彭邦炯的《甲骨文农业资料研究与考辨》，吉林文史出版社 1997 年 12 月版。

道路主要有六条：一、东南行，是通往徐淮地区的大道；二、东北行，是通往今卢龙及其以远辽宁朝阳等地的交通要道；三、东行，与山东益都古蒲姑有要道相通，另有水道可沿古黄河或济水而下；四、南行，与今湖北、湖南、江西等当时的国族之间有干道相连；五、西行，通往陕西，沿渭水可直至周邑丰镐或别的方国部落；六、西北行，为逾太行的要衢①。宋镇豪根据甲骨文材料对殷商道路交通制度进行了研究。他指出，武丁王朝之后，设立了常设性的军事据点"葉陲"、旅舍"羁"，建立了驿传之制②。旅舍的设置和驿传之制可以对贸易提供方便，葉陲虽主要用于军事，也可能在一定程度上保证贸易的安全。宋镇豪还根据甲骨文资料和考古材料全面地探讨了商代的交通运输方式。过河有津渡，行舟有用舟制度。交通工具主要是舟、车。车有马车，主要用于交通和作战。牛车能服重致远，故主要用于运输。除了前辈学者已经探讨过的商代已能服象用于作战和乘象出行外，宋镇豪并认为商代已有乘马出行③。道路的四通八达和有关设施，无疑对贸易有促进作用，而交通运输工具马车和牛年的广泛运用，是商代晚期贸易活跃的重要因素。

三　余论

通过以上讨论，对商代的贸易，我们大体上可以形成这样一个认识，即：虽然商文化—无论是先商文化，还是商代早、中、晚期文化—基本上是农业文化，但商文化中的一个部族，即商先公先王直属的部族，却大大地发展了贸易，并且通过贸易而强大，终于成为商民族政治、经济的核心。这个部族与北狄关系密切，其始祖契之母简狄就是狄人，北狄先后把驯养牛羊和马以及制造车子的技艺带到华北平原附近。商先公先王直属的部族很早就与北狄的一支有易进行贸易，因而能在中原地区最先掌握驯养牛羊和马以及制造车子的技能，而这样的技能不仅让这个部族发展了新兴产业——畜牧业，并且让这个部族掌握了当时最先进的交通和运输工具——马车和牛车。与此

---

① 彭邦炯：《商史探微》269 页，转引自宋镇豪：《夏商社会生活史》205—206 页，中国社会科学出版社 1994 年 9 月版。
② 宋镇豪：《夏商社会生活史》207—215 页，中国社会科学出版社 1994 年 9 月版。
③ 宋镇豪：《夏商社会生活史》215—246 页，中国社会科学出版社 1994 年 9 月版。

同时，这个部族还发展了自己的手工业。由于拥有了这些条件，这支部族把中原地区的贸易水平提高到一个空前的高度，其贸易的规模和范围都远远超过前代。

但在盘庚时代，商王直属的部族却把经济的重点放到农业上，其原因大约是这支部族受到戎狄的侵扰，粮食来源受到威胁。盘庚为了发展农业，就要对贸易有所抑制——这似乎可以看作对中国后来的经济思想产生重要影响的重农抑商思想的萌芽。但殷商的贸易并未因此被禁止，它只是退居于农业之后，在商晚期的施政纲领中仍居第二位的重要地位，殷商的贸易仍得到继续发展。

如前所引考古材料表明，殷商人可能有远程贸易。《史记·宋微子世家》："纣始为象箸，箕子叹曰：'彼为象箸，必为玉杯，为杯，则必思远方珍怪之物而御之矣。'"箕子的这番话，也说明了商代有远程贸易。在商代有一些远离政治中心的要塞、据点，如湖北黄陂盘龙城、山西垣曲商城、西安老牛坡遗址和其他一些商文化遗址，除了是商王朝对边远地区居民进行控制的政治、军事中心外，也是商王朝对其直接控制范围之外的周边地区进行贸易的中心。例如，湖北、湖南、广西、四川、汉中地区、晋陕高原一带都出土不少商式的青铜器，这些商式青铜器中应有部分是通过贸易流入的。但殷商人是否有范围更大的远程贸易，我们却知之甚少。如来自南海的贝、海龟，来自新疆的玉等，这些来自远方的物品是殷商人通过自身直接的远程贸易得到，还是通过接力传递式的贸易得到？换句话说，殷商人是仅仅在边境与域外居民进行交易，还是自己也到域外直接进行贸易？

王巍认为，商代马车来自西亚的影响可能有两条路线，一条路线是"由西亚经北高加索进入草原地带，由乌拉尔山脉以南进入西伯利亚平原，再由阿尔泰山脉以北进入外贝加尔地区，然后南下，经蒙古草原至长城一带，最后进入华北平原"；"另一条可能的途径是，由两河流域经伊朗、阿富汗、天山山脉南麓进入新疆，再由羌人聚居的甘肃、青海或内蒙古中西部经晋北、陕北传入中原地区"[①]。马车"影响"中原地区的路线，可能也就是当时的商道。问题在于殷商人是否通过这样的商道直接到域外进行贸易，

---

① 王巍：《商代马车渊源蠡测》，载李伯谦编《商文化论集》，402页，文物出版社2003年9月版。

根据现有的材料，我们无从知道。

但汲冢书《穆天子传》似乎可以说明中原地区的居民亦有可能到域外进行贸易。《穆天子传》一书，近年来学者逐渐肯定其史料价值，认为其所记载的周穆王西征史迹具有真实性。杨宽认为，"周穆王在几个游牧部族的引导下带着所谓'六师之人'，沿着黄河上游西行，穿越戎、狄地区，经历许多戎狄部族，相互赠送礼品，做安抚工作，都是真实的故事"①。其实，杨宽所谓"互赠礼品"，其数量都相当大，似乎不应仅仅看作互赠礼品，应是一种以互赠礼品为名义的贸易行为。如《穆天子传》卷二：

> 乃献白玉□只，□角之一□三……因献食马三百，牛羊三千。天子□昆仑，以守黄帝之宫。……天子乃赐□之人□吾黄金之环三五，朱带贝饰三十，工布之四，□吾乃膜拜而受。

> 壬申，天子西征，甲戌，至于赤乌之人其。献酒千斛于天子，食马九百，羊牛三千，穄麦百载。……天子乃赐赤乌之人□其，墨乘四，黄金四十镒，贝带五十，朱三百裹，其乃膜拜而受。

> 癸巳，至于群玉之山。……天子于是……取玉版三乘，玉器服物，载玉万只。天子四日休群玉之山，乃命邢侯待攻玉者。

《穆天子传》载周穆于最远到达西王母，《尔雅·释地》："觚竹、北户、西王母、日下谓之四荒。"西王母是后来什么民族，有不同说法，可置不论，但应是当时所知的最西地区。《大戴礼·少间篇》："昔舜以天德继尧，西王母来献其白琯。"有可能西王母很早就与中原地区有交往。

由《穆天子传》的记载可知，中原地区的居民并不总是与戎狄处于战争状态，他们完全可以友好来往，进行贸易，甚至中原地区的居民也可以深入到戎狄地区进行贸易。但具体到殷商人，是否曾深入到戎狄地区进行过贸易，由于资料不足，我们仍不能确知。

殷商的贸易传统在后世一直保持其影响，在春秋战国时期这种影响仍比较明显。如殷商后人宋、卫人善于经商的很多，如孔子弟子子贡为卫人，《史记·货殖列传》谓子贡"退而仕于卫，废著鬻财于曹鲁之间。七十子之徒，赐最饶益"。《仲尼弟子列传》："子贡好废举，与时转货赀。……家累

---

① 杨宽：《西周史》，609 页，上海人民出版社 1999 年 11 月版。

千金。"《集解》:"废举谓停贮也,与时谓逐时也。夫物贱则买而停贮,值贵即逐时转易,货卖取资利也。"而吕不韦也是卫人①,"往来贩贱卖贵,家累千金"。春秋末的计然为葵丘濮上人,也是卫人②,他较系统地提出了贸易理论,主张"旱则资舟,水则资车",要预测商机;"积著之理,务完物,无停币",谓积贮货物,要保管完好,并及时售出;"贵出如粪土,贱取如珠玉",谓当价高时大量售出勿吝惜,价贱时要尽量购入勿失时机;"财币欲其行如流水",谓让货币不停地周转。范蠡后来运用计然的理论,经商致富,说明计然的贸易理论是符合当时实际的。战国初的周人白圭也靠经商致富,他也提出了一套理论,与计然的理论较接近,很可能是受计然的影响③。

宋、卫人经商,非常注意货物质量,《韩非子·外储说右上》:

> 宋人有酤酒者,升概甚平,遇客甚谨,为酒甚美,悬帜甚高。

> 吴起,卫左氏中人也。使其妻织组而幅狭于度,吴子使更之,……复度之,果不中度,……吴子出之。

《史记·吴起列传》谓吴起"其少时,家累千金",足说他经商而获利,则他让其妻织组是作为商品而非自用。其妻织组质量不合要求,竟被吴起休掉,看起来是吴起过于"猜忍",但这正表现了殷商贸易重视商品质量的传统。上文提到的宋、卫人精于技艺,也是殷商人注意货物质量的遗风。

总之,是殷商人通过与北狄的贸易,为中国引进了先进的马、牛、羊畜牧业,引进了车子,并为中国开启了贸易的传统,大大地加快了当时中原地区经济、文化的历史进程,对此我们给予应有的评价。

---

① 《史记·吕不韦传》:"吕不韦者,阳翟大贾人也。"《索隐》:"按:《战国策》以不韦为濮阳人。"阳翟即河南禹县,春秋时属郑,战国时属韩。濮阳,在今河南濮阳县西南,春秋属卫,名帝丘。《史记》谓吕不韦为阳翟大贾人,未直言他为阳翟人。有可能是他生于濮阳,而贾于阳翟。

② 《史记·货殖列传〈集解〉》:"骃案:《范子》曰:'计然者,葵丘濮上人,姓辛氏,字文子,其先晋国亡公子也。尝南游于越,范蠡师事之。'"葵丘为春秋时地名,在今河南兰考东 30 里。濮上谓濮水之上。《礼记·乐记》:"桑间濮上之音,亡国之音也。"郑注:"濮水之上地有桑间者,亡国之音于此水出也。昔殷纣使师延作靡靡之乐,已而自沉于濮水。后师涓过焉,夜闻而写之,为晋平公鼓之,是之谓也。桑间在濮阳南。"由此观之,葵丘濮上应属卫。

③ 《史记·货殖列传》。

甲骨文所见商代晚期分封途径考

李雪山

周代有授民授疆土的分封制度，这是学术界所共识的。"殷因于夏礼，周因于殷礼。"而被周朝所"因"的商朝究竟有无分封制度，长期以来，史学界一直存在不同意见，一种观点认为存在封建诸侯的制度，代表人物是董作宾[①]、胡厚宣[②]、张秉权[③]、岛邦男[④]、杨升南[⑤]等；持相左意见的则以陈梦家[⑥]、黄中业[⑦]等为代表。澄清这一问题，对于认识三代政治制度的演变至关重要。通过对甲骨文、古代文献和考古资料的分析，我们看到：殷商时期内、外服制的统治形式是实行分封制度的政治动因，而商代直辖区域（王畿）的扩大为实行分封制度创造了前提条件，从甲骨文材料可以看出，卜辞中的册封、奠置、作邑正是商代分封建树的具体环节。

一　作册与称册

甲骨文"册"作"⿰"形。《说文》："册，符命也，诸侯进受于王也。象其札一长一短，中有二编之形。"《尚书·周书·多士》称"惟尔知，惟殷先人有册有典"，说明商代确曾有册书。

---

① 董作宾：《五等爵在殷商》，《中央研究院历史语言研究所集刊》第 6 本 3 分，1936 年。
② 胡厚宣：《殷代封建制度考》，《甲骨学商史论丛初集》，1994 年。
③ 张秉权：《卜辞所见殷商政治统一的力量及其达到的范围》，《中央研究院历史语言研究所集刊》第 50 本 1 分，1979 年。
④ 岛邦男：《殷墟卜辞研究》，台北鼎文书局 1975 年版。
⑤ 杨升南：《卜辞所见诸侯对商王室的臣属关系》，《甲骨文与殷商史》，上海古籍出版社 1983 年版。
⑥ 陈梦家：《殷虚卜辞综述》，中华书局 1988 年版。
⑦ 黄中业：《商代分封说质疑》，《学术月刊》1986 年第 5 期。

　　商代文字材料中有"作册"这一职官名称：

　　（1）作册。《合集》1724 反

　　（2）作册西。《合集》5658 反

　　（3）作册吾。（玉戈铭）《文物》1979 年 2 期

　　（4）王宜夷（人）方无敄，咸，王赏作册般贝，用作父己尊，来册。（作册般甗）《三代》5.11.1

　　（5）乙亥，邶其锡作册夒瑞一玎，用作祖癸尊彝，在六月，惟王六祀，翌日，亚貘。（邶其卣）《录遗》273.1

"西"、"吾"、"般"、"夒"均作册官的名字；"宜"，动词，祭名；"无敄"，人方首领私名，"咸"，副词，有"尽"、"皆"、"已经"之义。"邶其"一般释为作器者姓名，因此，第 4 条金文商王用人方首领的头颅祭祀祖先后，对作册般进行赏赐（贝），师般用来作父己尊彝以示纪念。可见，作册官参与指挥了对人方的战争，由于战功卓著而受到赏赐。第 5 条金文大意是王赏锡作册夒玉瑞，作册夒用来铸尊彝祭祀祖先祖癸，以示纪念。尽管这条金文未透露是缘何进行赏赐，但作册官地位不低则可以肯定。

　　作册职官的性质，我们再通过西周初年的金文作进一步的考察。

　　（6）王姜令作册睘安夷（人）伯，夷（人）伯宾睘贝布，扬王姜休，用作文考癸宝尊彝。（作册睘卣）《三代》13.40.3—4

　　（7）惟五月，王在斥，戊子。令作册折祝望土于相侯，锡金、锡臣，扬王休，惟王十又九祀，用作父乙尊，其永宝。（折尊）《文物》1978 年第 3 期

　　（8）惟王于伐楚伯，在炎，惟九月既死霸，丁丑，作册矢令尊宜于王姜，姜赏令贝十册，臣十家，鬲百人……（令簋）《三代》9.26.2

　　（9）显考于井侯，作册麦锡金于辟侯。（麦方尊）《西清》8.33

　　（10）王呼作册尹册令厘。（师厘簋）《考古学报》1958 年 2 期

　　（11）王呼作册尹册命柳。（南宫柳鼎）《录遗》98

　　（12）王呼作册尹册令师晨。（师晨鼎）《据古》2.2.21

"睘"、"折"、"矢"、"麦"均系作册官的名字，"作册尹"即作册的首领；"金"，名词，指青铜而言，"臣"、"鬲"皆指一种身份。那么，第 6 条金文的意思是王姜命令作册睘去安抚夷方伯，夷方伯给作册贝和布，作册

以此做宝尊作为纪念。第 7 条大意是王命令作册在相侯境内对望进行赏赐土地的活动，王姜为此赏给作册折金和臣。第 8 条则是周王征伐楚方伯后，在炎地驻扎，九月丁丑日，周王命令作册夨把祭肉进献于王姜，王姜赏赐作册贝十朋，臣十家和鬲百人。第 9 条则是作册麦赏赐于辟侯的内容，而第 10、11、12 条都是周王命令作册首领尹册命显贵大臣的记载。下面我们把作册的职责加以归类：

第一，助王征伐和安抚敌国诸侯（夷方伯）。

第二，助王及王后祭祀、并受指派赏赐物品和人民。

第三，对功臣贵族进行册命。

王国维曾对作册进行研究，他受古代文献的影响，认为作册即内史，也即史官，此说影响甚大，迄今仍为多数人信从。从上面我们的分析来看，作册地位显然高出史官之上，其职责应是主掌册命并负有武职。我们再结合上举商代卜辞、金文等，作册的职责也与此相类，只是由于卜辞的简约，册命时往往只见册命主角（商王）和被册命者。

商代甲骨文中，作册往往助王册命，册命的仪式叫"冉（称）册"，为此，胡厚宣先生认为是冉（称）册受命之意[1]。那时，诸侯或臣下受册命时，两手举册，以示尊敬，卜辞有的"冉（称）册"之"册"，写作双手举册状（即典字），即是明证。

商代册命地点一般在宗庙：

（13）贞：沚馘冉（称）册告于大甲。《合集》6134

卜辞有一"䛃"字，《说文》："䛃，告也，从曰，从册，册亦声。"从甲骨卜辞看"䛃"的用法有两种，一是祭祀的杀牲之法，另一用法即如许慎所说训为"䛃告"。也即册命时的用语。正因为册命时伴有册命语，有时卜辞中称册径写成"冉（称）䛃"。

（14）癸巳卜，贞：商冉（称）䛃。《合集》557

（15）贞：兴冉（称）䛃呼归。《合集》7426

商代册命时一般有赏赐的物品和城邑：

（16）己巳卜，争贞：侯告冉（称）册，王勿衣钺。《合集》7408

①　胡厚宣：《殷代封建制度考》，《甲骨学商史论丛初集》一册，成都：齐鲁大学国学研究专刊，1944 年，又《甲骨学商史论丛初集》上册，河北教育出版社 2002 年版。

（17）□□卜，殻贞：侯告再（称）册，王钺。《英藏》197

（18）□卯卜，宾贞：舟再（称）册，赏，若，十一月。《合集》
7415 正

"衣"即衣物，"钺"，兵器的一种，拥有兵权的标志，第 16、17 条卜
辞占卜册封侯告时是否赏赐给衣物和兵器。第 18 条卜辞则记载了舟受册封
赏赐时非常顺利。

（19）呼比臣沚有晢三十邑。《合集》707 正

卜辞中，单称册或晢也表示册封之义，第 19 条卜辞是册封给臣沚或三
十个城邑的内容，再如：

（20）乙丑王卜，贞……今骨巫九备，余作尊□侯田册戠方、羌
方、羞方、繐方，余其从侯田屮捍四封国。《合集》36528 反

"四封方"指戠方、羌方、羞方、繐方四个分封的方国，因此这条卜辞
是商王命令侯田去册封这四个方国，而且要侯田协助商王去慰问并保卫这四
个分封的国家。这里的"册"即用册封之义。

受册封的诸侯往往要协助商王讨伐敌人。有的则先要册告敌方于宗庙，
这在卜辞中往往用"再（称）册晢某方"一类句型，例如：

（21）……沚戠再（称）册晢舌方……王从下上若，受我［祐］。
《合集》6160

（22）□戌［卜］，殻贞：［沚］戠再（称）册晢土［方］……王
从……《合集》6405 正

"下上"，卜辞成语，指地祇人鬼和上帝天神，"从"，动词，卜辞常见
"王从"、"王从伐"这类句型，有"带领、率领"之义①。林沄先生改释为
"比"，有亲密联合含意②，揆诸卜辞上下文及其它辞例，我们仍信从前说。
第 21、22 条卜辞都是沚戠受册命征伐舌方、土方时，先告敌于宗庙，希望
受到天地神祇的助佑。

同样内容，多见下面这类句型：

（23）乙卯卜，争贞：沚戠再（称）册，王从伐土方，受有祐。
《合集》6087 正

---

① 杨树达：《释从犬》，《积微居甲文说》，上海古籍出版社 1986 年版，33 页。

② 林沄：《甲骨文中的商代方国联盟》，《林沄学术文集》，中国大百科全书出版社 1998 年版。

（24）丁酉卜，殼贞：沚𢀛冉（称）册王从。《合集》7381 正

（25）丙申卜，殼贞：沚𢀛冉（称）册，……呼从伐巴。《合集》6468

这三条卜辞也是沚𢀛受到册命时，要他助王征土方和巴方，系同一内容反复占卜贞问。受到册命后往往都有爵称，如沚𢀛的爵称为伯。

二　奠——对受册命者及臣属者的安置

"奠"字在甲骨文作"🏺"形，像置酒尊于地上，本意是祭奠神祖。"奠"在卜辞中有四种用法。

其一，作郑族、郑地讲：

（1）贞：今日勿步于奠（郑）。《合集》7876

（2）……在奠（郑）……王田师东往来亡灾？兹御，获鹿六，狐十。《合集》37410

其二，假为郊外之甸：

（3）师般以人于北奠（甸）次。《合集》32277

（4）贞：勿遣在南奠（甸）。《合集》7884

其三，动词作"祭奠"讲：

（5）贞：勿于宜奠。《合集》2137

（6）……奠𡆥、卯牢，王受有祐。《屯南》2983

其四，裘锡圭先生撰文认为奠是商人处置服属者的一种方法，商统治者往往将战败的国族或其它臣服国族的一部或全部，奠置在控制的地区内[①]，我们认为这种奠置办法的实质是将受册命的诸侯、叛而复降的诸侯及臣服方国安置在某地，也就是后世"授土"的过程。试看下举四例。

1. 微伯

"微"乃国族名，曾经与商为敌：

（7）贞：雀弗其获征微。《合集》6986

（8）丁卯卜，戍允出弗伐微。《合集》28029

---

① 裘锡圭：《说殷墟卜辞的"奠"——试论商人处置服属者的一种办法》，《中央研究院历史语言研究所集刊》第 64 本 3 分，1996 年。

"戍"，名词，商代军队的一种编制，"雀"乃商王的得力干将，这两条卜辞表明微受到了雀和戍的征伐。

后微族的首领被封为伯爵：

（9）壬子卜，贞：微伯□亡疾。《合集》20084

这是占卜微伯的病情，显示出商王对他的关心。

卜辞中有"取微伯"的记载，准备把他奠置于某地：

（10）贞：呼取微伯。

　　　贞：勿取微伯。《合集》6987 正

（11）贞：微人于涧奠。《英藏》547 正

这是占卜把诸侯微伯从原来封地迁出分封于涧地。微人被改封的原因同一条卜辞记载了原因：

（12）告舌方于示壬。

　　　呼师般取。

　　　贞：微人于涧奠。

　　　勿于涧奠。

　　　于涧。

　　　于涧。《英藏》547 正

这条卜辞大意是微族受到舌方的侵扰，在宗庙中向祖先祈祷后，占卜是否命师般把微人重新奠置于涧地。

2. 旍侯

"旍"字从饶宗颐先生释①。

"旍"系国族名，卜辞有商王对其分封的内容：

（13）……取旍。《合集》20601

（14）癸亥贞：王其奠旍。《屯南》862

（15）丙寅贞：王其奠旍侯告祖乙。《合集》32811

（16）乙丑贞：王其奠旍侯商（商）于父庚，告。《屯南》1059

"祖乙"、"父庚"指商王祖乙、父庚的宗庙。第 13 条卜辞是把旍族首领取来授以封地，后面几条卜辞是分封前告祭于宗庙并对旍有所赏赐的

---

① 饶宗颐：《甲骨文通检》（地名），香港中文大学出版社 1994 年版，9 页。

内容。

至于把该族奠置于何地，上举卜辞没有明确记录，从下举卜辞看，可能仍在原来区域内：

（17）庚午卜，行贞：王宾夕奠亡祸，在旅卜。《合集》24362

（18）丁卯卜，行贞：今夕亡祸在旅。《合集》24361

这两条卜辞记录了商王在旅地占卜祭祀的内容。

3. 子方

（19）辛丑贞：王令𣦻以子方奠于并。《合集》32107

（20）□亥贞：王令𣦻以子方乃奠于并。《合集》32833

"𣦻"，人名，商王的封侯和宠信大臣，"并"，名词地名，彭邦炯推测在今山西太原一带①。

这两条卜辞告诉我们，商王命令𣦻把子方分封到了今山西太原一带。

对子方的奠置要先告祭于宗庙：

（21）辛亥贞：王令𣦻以子方奠并在父丁宗彝。《屯南》4366

4. 危方

危方又称下危，是商王朝的劲敌，多次受到征伐：

（22）乙卯卜，㱿贞：王从望乘伐下危受有祐。

乙卯卜，㱿贞：王勿从望乘伐下危弗其受祐。《合集》32

其后，归顺商王廷，受到册封：

（23）于公坛其祝，于危方奠。《合集》27999

（24）其奠危方，其祝至于大乙，于止若。《屯南》3001

"公坛"、"大乙"，祖先名，这里指公坛和大乙的宗庙，册封危方之前，告祝于宗庙，以求先人的护佑。

值得特别指出的是，商统治者对册命十分重视，有一套固定的礼仪制度，其中之一就是奠置时往往伴以音乐：

（25）奠其奏庸惟旧庸，大京，必丁……《屯南》4343

"庸"，从裘锡圭释，古代一种乐器——大钟②。这条卜辞大意是册命时是否要演奏旧的乐器大钟，古代文献《逸周书·世俘篇》记载："王入，奏

---

① 彭邦炯：《竝器、竝氏与并州》，《考古与文物》，1981 年第 2 期。
② 裘锡圭：《甲骨文中的几种乐器名称》，《古文字论集》，中华书局 1992 年版，196—209 页。

庸，""王定，奏庸"，正和卜辞相吻合。

三　作邑——为诸侯显贵建立城邑

关于"作邑"的材料，卜辞有 46 条之多，从这些材料我们得出如下认识：

其一，作邑主要是商王的行为。

卜辞"邑"的原始字形是在口的旁边加一个跪坐的人形，强调邑乃人住的地方。《释名·释州国》谓："邑……邑人聚会之称也。"《左传》庄公二十八年有："凡邑有宗庙之主曰都，无曰邑"，从甲骨文来看，凡人居住之地皆曰邑，未见这一区分，卜辞无论是王邑、诸侯之邑还是众多的小乡邑，都表示人的居所。

卜辞"作"字，呈"丩""丩"等形，该字以带"丰"者居多，对此，郭沫若认为是封字的异文①，可隶定作"丰"，我认为郭沫若先生出了"作"字的真谛，应是与封建有关的一个字，所以才用斜写的"丰"为标识。

从总共有关"作邑"的 46 条卜辞内容看，作邑者有"王作邑"、"我作邑"、"余作邑"以及众多没有人称代词的作邑。"王"指商王，"我"和"余"和"朕"作为人称代词一般也指商王。在为数甚少的所谓非王卜辞中，卜者为"子"，他是商王分封的诸侯在朝充当贞人者。因此，我们认为"作邑"主要是商王的行为。

其二，作邑的性质——建立军事性质的封邑。

下面我们从作邑的过程来窥测这些邑的性质。

商人在作邑之前要进行祭祀

（1）庚午卜，内贞：王勿作邑兹帝，若。

庚午卜，内贞：王作邑帝若，八月。《合集》14201

（2）壬子卜，争贞：我其作邑帝弗佐，若，三月。《合集》14206 正

"帝"，研究者指出，卜辞中既是至上神，又是祖宗神。"佐"，动词，

---

① 郭沫若：《释封》，《甲骨文字研究》，人民出版社 1982 年版。

保佑之意。这两条卜辞是反复占卜商王作邑是否会受到帝的保佑。

商代统治者作邑往往利用山麓地利，卜辞有：

（3）王侑石在麓北东，作邑于之。

作邑于麓。

己亥卜，内贞：王侑石，在麓北东，作邑于之。《合》13505

"麓"，指山麓，"石"，指建筑用石材，"侑石"，指以石为祭奠。这条卜辞大意是讲商王在山麓的东北方位，用石作奠基，建立城邑。在山麓边建立城邑，除了方便取材以外，一个主要目的是为了军事的需要。

建邑必有城郭，卜辞记载：

（4）辛卯卜，㱿贞：基方、［缶］作墉不祟弗云，四月。

辛卯卜，㱿贞：基方，缶作墉不祟弗云……

辛卯卜，㱿贞：勿鼍，基方，缶作墉子商［戈］……

辛卯卜，㱿贞：勿鼍，基方，缶作墉子商戈，四月。《合集》13514

"墉"，《说文》："墉，城垣也，从上庸声"，"作墉" 即构筑城垣之义。"云"指云气。古代占卜要看云气，军旅的胜负、年岁之丰歉，皆要兆于云气。"弗云"，指不祥之云气。"鼍"，动词，其意不明。"子商"指爵称为"子"的商姓封国首领。这条卜辞内容一致，都是基方和缶方建立城垣对商是否不利，并命令子商去攻打它。卜辞记载子商为此在封邑中建立了军事要塞：

（5）贞曰：子商至于侑丁作山戈。

勿曰：子商至于侑丁作山戈。《合集》6571

"山"，名词，卜辞呈山峦起伏状，"作山"和具有战争性质的"戈"字相连，因而推测"作山"是构筑军事要塞，故这条卜辞是占卜子商到祖先丁的祖庙中祭祀，构筑军事要塞以打击敌人。

商代封国城邑中也有城垣：

（6）癸丑卜，宾贞：雀墉。《合集》13515

（7）癸卯卜，宾贞：□雀墉于京。《前》5.8.4

（8）……墉……戬……亦……《合集》4862

古代往往名动相因，这里的墉是动词，筑城之义，这三条卜辞是讲雀侯、伯戥修筑城垣的内容。

卜辞显示出在城邑周围还建有要塞：

（9）王其作儋于旅邑……其受祐。《合集》30267

（10）其作儋于北杏。《合集》27796

（11）于葡作儋，宿戋，大吉。《屯南》2152

"旅邑"，旅族或旅地之邑，"北杏"、"葡"，地名。"儋"，郭沫若释为"城塞之塞"①，兹从之。以上这几条卜辞是占卜在某地建筑要塞的记载，其中，"作儋于旅邑"，说明要塞是建在城邑周围。

有些卜辞有作邑地点：

（12）己卯卜，争贞：王作邑，帝若，我从之唐。《合集》14200正

（13）贞：作大邑于唐土。《英藏》1105 正

"我"，在卜辞中有两种用法，一是代指商王，一指国族名，显然这里指受封的"我"国。"我从唐"指我族就封于唐。"唐"即唐土，张秉权《丙编考释》指出是唐叔所封的大夏之地，在今山西南部夏县一带。山西南部，据上面考证在王畿的周边地区，在此作封邑，其作用显然与军事战争有关。

有封邑必有封疆，其职掌者为封人：

（14）……畜封人。

　　　　……畜封人。《屯南》3398

（15）……畜封（人）。《屯南》121

"畜"，动词，畜养之意。"封人"，职官名，其职责《周礼·地官》云："封人掌诏王之社壝，为畿封而树之，凡封国设其社稷之壝，封其四疆，造都邑之封域者亦如之。"可见"封人"的职责是管理社稷之坛和边界封疆事宜。

1976 年，安阳小屯出土了朱书玉戈，铭文曰："在泚执守封人在人"。"封人"两字是一字之合文，刘钊首先释出②。"泚"，乃水名，指泚水之滨。"人"，指贡纳而言，这与 1976 年殷墟妇好墓出土的一件玉戈铭文："卢方

---

① 郭沫若：《卜辞通纂》，科学出版社 1983 年版，10 页。

② 刘钊：《殷有"封人"说》，《殷都学刊》1989 年第 4 期。

皆入戈五"应属同一辞例。因此，条朱书玉戈铭文大意是在沘水岸滨执守的封人向商王进贡的物品，这一物品即朱书玉戈。

综上，通过对甲骨材料的再发掘，我们认为，商朝确有分封制度，当时的分封要经过册封、奠置和建立封邑这三个环节。对分封途径的这一新发现，有助于对商周两代分封制度之间因袭、继承和发展这一实质的了解，从而更加深了我们对商代社会政治制度的认识。

商代的"戍"

严志斌

商代已有专门的武装力量，常见于商代甲骨刻辞与青铜器铭文中的"戍"，便是一种这样的军事类职官。对于商代的"戍"，陈梦家、张亚初等先生已做过研究，但过于简略。下文稍增益之。

商代青铜器铭文所见戍有四，年代均为殷墟四期：

戍嗣："丙午，王赏戍嗣贝二朋，在阑宗，用作父癸宝鼎。唯王飨阑大室，在九月。犬鱼。"（戍嗣鼎，见《殷周金文集成》2708，下文简称"集成"）

戍铃："己酉，戍铃尊宜于召，置庚，肃九律，肃赏贝十朋、丏狄，用室丁宗彝。在九月，佳王十祀乡日，五，佳来束。"（戍铃方彝，见集成9894）

戍室："戍室无寿作祖戊彝。"（无寿瓠，见《近出殷周金文集录》757）

戍甬："亚印。丁卯，王令宜子会西方于眚（省），唯返，王赏戍甬贝二朋，用作父乙。"（戍甬鼎，见集成2694）

甲骨刻辞中的戍某有：戍朱、戍囚、戍屰、戍何、戍逐、戍肃、戍鼻、戍卫、戍倗、戍辟、戍鼎、戍马、戍胄、戍失、戍盾、戍鼎、戍甾、戍官、戍危、戍杏（戍永）、戍冓、戍齐、戍武、戍徹、戍值、戍得、戍允、戍次、戍岳、戍甲。

（1）丁酉卜，宾贞：唯戍朱令比龟王。

贞：唯戍朱令比龟王，六月。（《甲骨文合集》6，下文简称"合"）

（2）戍囚弗雉王众。

戍庐弗雉王众。

戍何弗雉王众。

戍逐弗雉王众。

戍肃弗雉王众。

戍庐其雉王众。（合 26879）

（3）戍肃其雉……（合 28035）

（4）癸丑卜，狄贞：戍逐其雉王众。（合 26881）

（5）戍鼻弗雉王众。（合 26883）

（6）戍衛不雉众。（合 26888）

（7）……戍佣于宁。（合 26892）

（8）……戍辟立于 卅，兴之邰羌方，不雉人。

唯入戍辟，立于大乙，［兴］之邰羌方……（合 26895）

（9）王其呼众戍凷受人，叀亩土眔托人有戋。（合 26898）

（10）叀戍马冒呼，允王受有佑。（合 27881）

（11）叀戍马呼眔往。（合 27966）

（12）叀王以戍冒毕。

叀戍冒毕。（合 27968）

（13）叀戍失往，有戋。

叀戍盾往，有戋。（合 27975）

（14）……及羌……戍墨弗戋。（合 27987）

（15）……丑卜，戍邰及羌方……

戍及叡方。（合 27997）

（16）于戍官入……（合 28033）

（17）戍𩵋……（合 28038）

（18）戍辟遷之戋。（合 28034）

（19）戍咎其遴戋。（合 28038）

（20）叀戍永令，王弗每。（屯 1008）

（21）戍禺其遴戋。（合 28044）

（22）丁未卜，王其呼戍帝在……（合 28043）

（23）……戍武……戋。（合 28047）

（24）戊……戌敫……嗳界。（合 28052）

（25）戌值往于来取酉鬲淹卫有戋。（合 28058）

（26）叀戌射有正。（合 28080）

（27）叀戌得令……（合 28094）

（28）……卯卜，戌允微御……（屯 463）

（29）丁卯卜，戌允出弗伐微。（合 28029）

（30）王叀戌祃令比……（屯 942）

（31）……王其呼戌岳……（屯 3107）

（32）戌甲伐，戋戫方祫。

戌及祫于有襄。

戌及戫方，戋。

戌弗及戫方。（合 27995）

上举 31 个戌某之某，部分又在甲骨刻辞中用作地名、族名、人名；部分也出现在商代青铜器铭文中，多用作族氏名。例如：

戌。商代青铜器中，戌器共 12 件，时代可断者为殷墟二期。甲骨刻辞中，武丁至乙辛时皆可见到戌的活动。戌是商王朝的重要与国，常参与征伐龙方（合 6593）、舌方（合 6079）、召方（合 31973）的战事。戌当与舌方较为接近。戌还担负瞭望警戒与告警之责（合 6063 正），戌还常与商王或其它族氏联合组成军事组织进行军事活动，如屯南 190："庚辰卜，令王族比戌"。戌还向商王朝奉献马（合 8797 正）、龟甲（合 9279）等，以尽贡纳义务。羌人则是戌供纳的主要内容（合 32017），用作祭祀的牺牲。商王还要求戌进行一些与战事有关的杂务，或充当贞人（合 24462）。商王对戌地极为重视，常派官员与军队进入该地，如合 31981："呼多尹往戌。"商王对戌的福祉也比较关注。关于戌的地望，钟柏生推测在山西西南角平原区。[①] 郑杰祥先生释戌为雷，认为与凿相通，即后世之凿台，位于今山西榆次县西。[②] 从甲骨刻辞来看，戌地必在殷都之西，与龙、舌、𠦪、亘等方接壤，地当在山西中部一带。戌地的物产除马之外，还有龟甲，表明戌地当有较丰富的地表水资源。金文中还有隽卣（集成 5397），铭曰："丁巳，王赐

---

① 钟柏生：《殷商卜辞地理论丛》，艺文印书馆 1989 年版，第 198 页。
② 郑杰祥：《商代地理概论》，中州古籍出版社 1994 年版，第 298 页。

巂宙贝，在寒，用作兄癸彝，在九月，唯王九祀肜日，丙"，表明宙地还产贝，名叫"宙贝"。巂所在的族氏名为"丙"，在山西灵石一带，可能与宙地也接近。

马。商代青铜器中见马族器共 22 件，时代为殷墟二期到四期。武丁时期甲骨刻辞中，马方似与商王朝为敌对方国，如合 6664："甲辰卜，争贞：我伐马方，帝受我佑。一月。"但马方终于还是臣服于商王朝，如合 14735："王往马。"部分马族铜器也出于殷都安阳，如河南安阳 M1：21 的庚豕马父乙簋（集成 3418）、河南安阳大司空村 M267：2 的马何觚（集成 6998）。这些青铜器当是服事于王都者所制。郑杰祥先生以为马地所在当在后世的马陵，今河北大名县东北 10 公里。① 岛邦男以为马方所侵河东即后世安邑，在今山西夏县西北。② 钟柏生以为马方在山西石楼县。③ 卜辞中马方伐沚方，沚方是殷西边地的一个重要方国，马方距此不远。山西灵石县旌介村 M1：35 的马簋底部铭有马的形象，与马方有关。

衛。商代青铜衛器有 30 件（另外有 13 件"子衛"器），时代为殷墟一期到四期。甲骨刻辞中，衛是地名，如合 19852："癸亥卜，往衛，祝于祖辛。"衛也是族氏名，如屯南 4521："……衛来。"而"衛妇"（合 18700）之称说明衛族与商王朝有婚姻关系。

盾。此字以往多释冊，林沄先生认为是盾字象形，④ 笔者从之。商代金文盾器共 53 件，时代为殷墟三、四期，也可能早到殷墟二期。甲骨刻辞中，盾是一方国名，出现于武丁到廪、康时期。武丁时期，盾似与商王朝为敌，如合 6971："丁巳……贞：盾弗戋雀……五月。"盾还对周（合 6825）、疌（合 6974）等方国发动过战事。但同在武丁时期，盾归顺于商王朝，商王对盾进行册命（合 7427 正）。其后，盾称"侯盾"，如合 32813"……卜，王比侯盾……"。盾作为商之臣属，为商尽戍守疆土等义务，合 6665 正："三日乙酉，虫来自东，妻呼盾告井方虫。"商王也关心盾的情况，如合 16347："……丙子卜，贞：盾亡不若，六月。"由甲骨刻辞中盾曾杀伐周，并与井方有关，盾地所在可能在殷之西或西偏北一带。

① 郑杰祥：《商代地理概论》，中州古籍出版社 1994 年版，第 207 页。
② 岛邦男：《殷墟卜辞研究》（温天河、李寿林译），台北鼎文书局 1975 年版，第 405 页。
③ 钟柏生：《殷商卜辞地理论丛》，艺文印书馆 1989 年版，第 201 页。
④ 林沄：《说干、盾》，《古文字研究》第 22 辑，中华书局 2000 年 7 月版，第 93—95 页。

失。此字以往多释为“先”，但金文与甲骨刻辞中皆有“先”宇，字从止从人，与失的字形分别甚明。姚孝遂已指出其间的区分。[①] 西周的谏簋中有[illegible]，即作人名。强运开释为“失”。[②] 何琳仪先生的《战国古文字典》释臣辰卣中此字为“失”。[③] 笔者从“失”释。商代失族铜器共32件，时代为殷墟二期到四期。甲骨刻辞中。失主要见于武丁到廪辛时期，是商代一个重要的方国。在武丁时期，失曾与商王朝为敌，商王朝曾征伐失国（合19773），参与伐失国的有我、雀、弜、[illegible]、𠂤、雩。雀与𠂤都是武丁时的重要将领，如此多的人被投入到对失国的战争中，可见失国的势力较强。经过征战，失国臣服于商，并向商王进贡羌人（合227）。失还是一地名，供弜师驻扎，如合5810：“丙戌卜，贞：弜自在失，不水。”失国的地望，岛邦男以为近于羌方。[④] 而近年山西临汾曾破获盗墓案，缴获7件“先”（即本文所谓失字）族铜器。[⑤] 其中有成套的青铜觚，这些器出于浮山桥北村，发掘表明墓葬的规格较高，有5座带墓道的大型墓。[⑥] 山西浮山当是商代晚期失族的领地，[⑦] 位于殷都之西，地近羌方。西周后，失族可能迁至河南洛阳马坡一带。

何。商代何器共35件，时代为殷墟二期到四期。有出土地点的器中，七件出在安阳，另有一件簋传出陕西岐山。甲骨刻辞中还有“何方”（合7001），或与“子何”有关。其须向商王朝提供羌人（合274正）、刍（合113）、婞（合22246），表明何的臣属地位，并常接受商王或臣属的指令。

屰。商代金文中屰器共27件，其中有一件爵（集成7339）作“逆”，其余皆作“屰”，时代为殷墟二期到四期。甲骨刻辞中，屰是一地名，如合10961：“乙卯卜，韋贞：呼田于屰”，为商王田猎地；也是一族氏名，向商贡纳，承担服事义务，受商王朝辖制与差遣，如花东20：“屰入六”。屰器出土地，传有四件出于河南安阳（集成9854、9910、10632、10634）。有明

---

① 姚孝遂：《商代的俘虏》，《古文字研究》第1辑，中华书局1979年版，第347页。

② 见杨伯峻：《春秋左传注》，中华书局1986年版。

③ 何琳仪：《战国古文字典》，中华书局1998年9月版，第1090页。

④ 〔日〕岛邦男：《殷墟卜辞研究》（温天河、李寿林译），台北鼎文书局1975年版，第425页。

⑤ 《山西临汾破获文物案缴获商晚期“先”族青铜器》，见《中国文物报》2001年6月3日。

⑥ 《山西浮山桥北商周墓》，《2004中国重要考古发现》，文物出版社2005年5月版，第61—64页。

⑦ 自从临汾铜器公布以后，论者基本都认为山西临汾为失（或称为先）族之地。如：林欢《甲骨文诸“牧”》，《殷商文明暨三星堆遗址发现七十周年国际学术研讨会论文集》，社会科学文献出版社2003年版，第52页。韩炳华《先族考》，《中国历史文物》2005年第4期，第34页。

确出土地点的仅一件方罍（集成9771），时代为商末周初，出于辽宁喀左县小波汰沟。可能也非苫族原始所在。

得。商代金文中得器共23件，时代为殷墟二期到四期。"亚得"、"盾得"为其出现的主要形式。笔者以为"盾得"一名，是"盾"与"得"两族短期联系的结果。

戍甬鼎中的戍甬之甬，也有学者认为是族氏名。[①] 关于这些戍某，陈梦家以为戍当是官名，戍某之某乃是族邦之名。[②] 但就目前材料看，这些"戍某"是"某"族的人任"戍"职者还是一般的戍官所戍守之地域名"某"，尚不能充分断定。但由上举几例也可以看出，这些与"戍"相关的族所在的地域都与安阳殷都有较大的空间距离。甾、马等地所在的晋中地区，一直是商文化势力与北方文化相胶着的区域。这一带的考古学文化也是商文化特征与北方文化特征并存。商王朝在这一带设立"戍"官，自然是为了加强边地军力。有学者认为"有些戍卒队伍很可能由被征服族组成的，戍官就是被征服的族长"[③]，大体是可信的。但有些地方的戍官所属之族，也不一定是被征服之族。而一些商代的贵族首领也常被商王派遣去执行戍守任务，如：

（33）唯龚戍。（合28022）

（34）贞：勿呼雀戍。（合3227）

龚与雀都是商王朝的高层人物。高层人物执行戍守也许是战事吃紧的权宜之举。但由此也可推论，以上所举32例戍某中，不能排除有留守一方的商人本族力量。商王对去戍守时经过路线的安全也很关心：

（35）戍叀义行用邋羌方，有戋。

弜用义行弗邋方。（合27979）

（36）戍叀齛行……

叀亩行用，戋羌方。（合27978）

"行"指道路。[④] 辞中的义行、齛行、亩行即是选择戍守行军路线。以上两辞卜问经由义行、齛行、亩行时是否会遭遇羌方。义地一带也是羌方常出没

---

① 张亚初：《两周铭文所见某生考》，《考古与文物》1983年第5期，第89页。
② 陈梦家：《殷虚卜辞综述》，科学出版社，1956年7月，第516页。
③ 赵佩馨：《安阳后岗圆形葬坑性质的讨论》，《考古》1960年第6期。
④ 连劭名：《殷墟卜辞中的戍和奠》，《殷都学刊》1997年第1期，第3页。

之地，卜辞又有：

> （37）其呼戍御羌方于义，則戋羌方，不丧众。
>
> 戍其归呼骆，王弗每。
>
> 戍其迟，毋归，于之若，戋羌方。（合 27972）

即是让戍在义地抗击羌方，并且长时间留守而不得返回。这也表明戍的主要职责是守卫，并且驻防时间较长。估计义地处在商与羌方的边界地带。戍长时间在外戍守，其戍守之地就有一定的防卫与居住设施。[①]

> （38）方其至于戍𠂤。（屯 728）

"𠂤"或读为次，为军队的驻留地。"戍𠂤"即是戍卒行军驻留戍守的军营。

戍官的卒众是以族为单位组成的，有时也以联军的形式来增强军事力量共同对付敌患。卜辞中有"五族戍"，即部署于同一地域内的五个戍的统称。

> （39）……丑卜，五族戍弗雉王［众］。（合 26880）
>
> （40）王叀次令五族戍羌方。（合 28053）
>
> （41）癸巳卜，王其令五族戍𢆶……伐，戋。（合 28054）

此五族戍之五族，由前揭第（2）辞可知，是戍囚、戍𡩋、戍何、戍逐、戍䒹五个戍的集合。但戍不止五族，由甲骨刻辞及商代青铜器铭文可知，有商一代至少有 36 个戍某。戍某多数当部署在边界地区，但也有的戍某可能也在王畿附近，如河南安阳后岗殉葬坑出土鼎铭中的戍嗣子，可能是商之贵族，而居留于"阑宗"。

戍作为一种军事编制，又有右、中、左之分。如：

> （42）右戍不雉众。
>
> 中戍不雉众。
>
> 左戍不雉众。
>
> 癸酉卜，戍伐右牧𦤶启人方，戍有戋。（屯 2320）

这一分法是基于同一戍之内部区分，还是不同戍某之间的统一规划，目前尚难断定。如果参照右牧、中牧、左牧的情况，估计还是以后者的可能性为大。右戍、中戍、左戍之称与五族戍一样，可能也是一种军事配置上与作战

---

① 王宇信：《山东桓台史家"戍宁觚"的再认识及其启示》，载《夏商周文明研究—97′山东桓台中国殷商文明国际学术研讨会论文集》，中国文联出版社 1999 年版，第 21 页。文中释戍𠂤为戍𦤶。

有关的单位。

戍的职责除戍守与征伐之外，还有管理众与王众之职，如上引第（2）、（3）、（4）、（5）、（6）、（32）、（42）辞。"雉众"与"雉王众"即是将"众"编入戍队中。① 由此可知，戍的构成人员的身份是"众"。雉众其实也就是戍的兵员补充的重要手段，亦即是戍的军事职能的组成部分。上引（8）、（9）两辞中不称众而称人，可能是一泛称，其性质还是众。（9）辞中有"受人"一词，"受"当是"授"，授人与雉众都是为戍编收兵员之意。

除此之外，戍事还有一项内容似乎与战事无关，那就是进行祭祀活动"霖"（舞雩）及"射"（田猎）。②

　　（43）叀田罘戍舞。（合 27891）

　　（44）王其呼戍霖盂有雨。（合 28180）

　　（45）叀戍呼舞，有大雨。（合 30028）

　　（46）叀戍呼射，毕。（合 27970）

进行求雨之祭与田猎，笔者推测这都与戍众的生业有关。戍守一地时间较长，必须生活自给。除进行狩猎外，戍自之地可能还有农业生产活动，故时而进行求雨之祭，以求军粮之用。

戍铃方彝铭中的戍铃也要"尊宜于召置庶"，即在宗庙中进行宜祭。《尔雅·释天》："起大事，动大众，必先有事乎社而后出，谓之宜。"可知戍铃进行宜祭活动当与进行军事行动有关。

① 王宇信、杨升南主编：《甲骨学一百年》，社会科学文献出版社 1999 年 9 月版，第 494 页。
② 陈梦家：《殷虚卜辞综述》，科学出版社 1956 年 7 月版，第 516 页。

由花东子的活动论子的身份

朱歧祥

（台湾东海大学）

　　1991 年秋殷墟花园庄东地出土 H3 坑甲骨。整理者由整治、钻凿形态、字体风格等方面考量，判断全坑都属同一类卜辞，而这种状况"在殷墟出土的大型甲骨坑中尚属仅见"①。花东 H3 坑甲骨的占卜主人是武丁早期的"子"，是属于非王卜辞的一类，但又与 YH127 坑一般所谓"子组卜辞"的"子"又有不同②。我由《阿丁考》、《花东甲骨刮削考》、《花东妇好传》等文章的撰写，反复思考花东子和丁（武丁）、妇好、姚庚等人的关系，研判花东子应该是武丁的子辈。③ 有关花东子的功业，刘一曼和曹定云两位先生曾归纳四项：

　　　　（1）"子"主持祭祀
　　　　（2）"子"作占辞
　　　　（3）"子"有呼、令他人的权力
　　　　（4）"子"拥有相当规模的占卜机关④

韩江苏《殷墟花东 H3 卜辞主人"子"研究》一书的第四、五章复有系统地整理花东子的官吏、经济和礼仪等活动。⑤ 以下我们尝试就子的活动与王

---

　　① 详参《殷墟花园庄东地甲骨》第一册"前言"，19—26 页（中国社会科学院考古所编，云南人出版社印行，2003 年 12 月）。
　　② 参《殷墟花园庄东地甲骨》第一册"前言"页 27 表三"男性祖先称谓比较表"。
　　③ 《阿丁考》，《殷都学刊》2005 年第 2 期；《花东甲骨刮削考》，参 2005 年东海大学主办《甲骨学国际学术研讨会》；《花东妇好传》，参 2006 年安阳商文明会议。
　　④ 参《殷墟花园庄东地甲骨》第一册"前言"，30 ~ 32 页。
　　⑤ 参韩著北京师范大学博士论文，2004 年 4 月。

室的关系，尝试判断子的可能身份。

一　花东子主持祭祀

花东子有大量主祭祖先的活动，其中以持兵戈以祭的岁祭最为普遍，花东 206 版"子舞戈"一词可以作为岁祭内容的参考，其次是持酒祭的福祭，花东甲骨的福、禳同字，而禳祭恐怕亦是与献酒以祭有关，偶有献肉的祭祀。由命辞观察，花东子祭祖的活动多是先举行专祭，再由子亲自祷告求吉或献牲，如：

岁—祝 （7）（13）（67）（161）（179）（392）

岁—祝—召 （6）

岁—飨 （321）

禳—酯 （459）

福—告 （395）

祭—祝 （267）

祝—酯 （409）

禳—启 （178）

彳—岁 （142）①

或只单独标示子进行祭仪的名称，而省略后句"子祝"、"子告"等询问语，如：

子—舞 （53）（206）

子—辈 （5）

子—俎 （297）

子—往俎 （338）

子—禳 （376）（459）

子—隩 （26）（34）

子—钘 （176）

前一种情况命辞前句多省主语"子"，"子"都见于后句；后者则相反，"子"都出现在命辞的句首。

---

① 本文括弧号码，为《殷墟花园庄东地甲骨》甲骨号。

花东子祭祀祖先的对象，主要是妣庚，其次是祖甲、祖乙，再其次是殷先公上甲，其他如祖丁、妣丁、母戊等只有少数的例子，他们都可以理解为商先王和直系先王的配偶。由花东子所祭拜的对象多寡，可以在某种程度上反映花东子的身世之谜。

花东祭祀类卜辞的询问句多以"子祝"、"子告，若"的方式出现，可见作为花东甲骨的主人"子"一直担任主祭者的位置，而祷告求祖先先王和时王保佑的对象亦是针对"子"本人。如 149 版卜问的"祖甲永子"一例可证。

（6）庚戌卜：□钔俎，翌日壬子征酓，若？用。

（7）庚戌卜：子于辛亥告亚休，若？

本版第（6）辞的"子征酓，若"例，卜问花东子在庚戌日举行俎祭后，接着在次日壬子延续进行酓祭的仪式，顺利否。在语意上十分完满。但第（7）辞同日卜的"子告亚休"例，在理解上却有问题。休字如作一般休美、休止的用法，均不可通。原释文在此并没有任何的注解。比较 181 版（1）（2）辞，我们发现有可能解读。

（1）甲卜：子其征休，翌日乙，若？

（2）甲卜：子其征休，翌日乙，若？

原释文对此片的"子其征休"，亦没有进一步的解释。我们对比 149 版（6）辞的"翌日壬子征酓，若"和 181 版"子其征休，翌日乙，若"的内容，我们有理由怀疑"子其征休"的"休"字，可能是"酓"字的借字。同时 53 版（8）辞的"戊卜：翌日己征休于丁"一辞的"征休"，亦应是指"征酓"。"征酓"是说接着举行酓祭，"告某祖休"即"告某祖酓"，是指禀告于某祖，进行酓祭的意思。

花东甲骨多祭祀卜辞，祭祀的对象都是花东子的直系祖先为主。相对于王卜辞，花东卜辞缺乏祭祀上帝、自然神的记录。显然，早在殷武丁时期，祭祀上帝、自然神以至殷始祖的权责，已是殷王一人所拥有的特权，其他诸子贵族不能僭越的。

二　花东子作占辞

花东甲骨多见"子贞"单独成句，如 12、131、143、145、164、216、

224、232、247、268、306、317、326、339、349、414、418、499、514 等版，其后都没有刻写任何贞问的内容，其前亦没有"干支卜"的记录。这一现象十分怪异。相对于花东大量常态的"干支卜"、"干支卜贞"、"天干卜"下记录命辞内容的例子，如：

> 53（23）癸卜贞：子耳鸣，亡它？

> 181（19）庚卜：子心疾，亡征？

> 293（3）辛未卜：子其告舞？

花东"子贞"的独立记录和一般的"干支卜某贞"句例不同。我们有理由怀疑花东卜辞中进行占卜和贞问的，可能不是花东子，而是专职的卜官和贞人。相对于 295 版（4）辞的"壬戌奠卜：单？子占曰：其一鹿。"花东甲骨应有特定的卜人，为子进行占卜的服务，是无可置疑的。花东甲骨中"子贞"独立出现，而又多单独地刻在一块完整的龟甲上，前后并没有其它文字，目的是要将"子"的贞问与其他卜人的贞问加以区隔，以强调花东子亲自贞问的特殊性。花东甲骨不将"子贞"的内容刻写出来，原因不详，但作为花东甲骨的主人身份，花东子将平常的贞问工作都交由一专门的占卜机构处理，有关子个人公私行事和祭祀的吉凶，都是让卜人负责，以公开的形式问神占卜。唯有特定的事宜，才以"子贞"形式亲自秘密问卜。

花东子不主动负责占卜和刻写卜辞的工作，但由命辞后所出现的大量"子占曰"、"子曰"的占辞例，可见花东子掌握有花东甲骨占卜卜兆的解释权。子有权责根据花东甲骨爆裂的卜纹而作出吉凶的判断，表示他拥有神人沟通、代神灵发言的实权。在殷人尚鬼的迷信时代，这种特权一般只属于王权和教主混一的殷王所有。花东子当时的政治和宗教地位，和常见的王卜辞中"王占曰"的殷王似乎完全一致。

花东甲骨的"子占曰"例，如 10、14、59、61、103、159、173、226、227、234、241、288、289、295、303、316 版。

> 227 癸亥夕卜：日征雨？子占曰：其征雨。用。

> 234（3）辛未卜：单？子占曰：其单。用。

> 241（1）壬寅卜：子又单？子占曰：其又单。

> 316（3）癸丑卜：翌甲寅往田？子占曰：其往。用。从西。

花东甲骨的"子占曰"又省作"子曰"，如 5、113、125、157、271 版。

157（7）己卯卜贞：黽不死？子曰：其死。

271（1）甲夕卜：日雨？子曰：其雨。用。

花东甲骨的占辞，都是用"子占曰：其 V"、"子曰：其 V"的句式呈现。值得注意的是，"子占曰"、"子曰"形式的占辞，内容都由"其"字带出。其，将然之词①。例外的只有三四例：

181（3）甲卜：子其往田？曰：又𤮴，非楼。

247（6）癸亥卜：弜𠦪子□疾，告姚庚？曰：瘥，告。

286（5）壬卜：子又𤮴？曰：□贮。

（6）壬卜：子又𤮴？曰：取纻曼。

（7）壬子：子又𤮴？曰：见剢官。

（8）壬于：子又𤮴？曰：往罻。

以上例子的占辞直接由一"曰"字带出，占辞内容前却不添加虚字"其"。这隐隐指出所省略的主语应非花东子。

　　花东子的占辞内容比"王占曰"的内容广泛而琐碎。王卜辞的"王占曰"，一般只是简单的"有艰"、"有祟"或"吉"等空泛的判断语，但花东"子占曰"的内容却十分具体和繁杂，似乎仍没有一个固定的模式。花东"子占曰"的判断内容，包括吉凶、田狩、天气、占卜、迎神、祭牲、疾病、进贡、礼仪，以至上及武丁的活动。花东子的表现，简直就是武丁的代言人。花东子的占辞内容如下表：

版号	子占曰的内容
336	子有艰
487	子有祟
316	子往田
288	子往田有事
14	子往田遇兽

① 这种"其 + V"的用法，应该是花东子占辞的特色。其，虚字，一般只有增强语气的功能，但在花东"子占曰"、"子曰"的占辞后却有不可取代的习惯用法。由 303 版一辞的占辞省动词而不省"其"的刻写内容，可证。303："癸酉夕卜：乙，丁出？子占曰：丙其。"

版号	子占曰的内容
352	子狩猎弗遇兽
227、234、295	子狩猎擒兽
59	缺水
227	延续下雨
61、289、378、380、381	卜兆的取舍
173	宾迎鬼神
125	判断用牲的时间
226	用牲的来源
113	某人患病的原因
157	某人死亡
227	用牲羌人的死亡
369	动物死亡
498	外邦进贡
159	有至
312	子立的位置
303	武丁出巡时间

以上"子占曰"的内容，除了征伐类外，可谓应有尽有。当时花东子掌控的权事之广，几乎与武丁等量齐观。

三　花东子有呼令的权力

花东子复有号令的权力，由大量呼、令等兼语句可证。花东子呼令的对象有：尹（196）、多尹（352）、多臣（454）、多宁（37）、多卲（37）、射（416）等官名和大、弹、剧、剶等殷臣属专名，这些官员应该都是殷王朝廷中的部属。换言之，花东子有驱策殷朝廷命官的权力。权力之大，自是武丁一人之下，万人之上的位置。花东子号令众官员的内容，包括安内和攘外两方面。有进贡：

　　34（14）己酉卜：翌日庚，子乎多臣燕见丁？

　　37（21）壬子卜：…，子乎多宁见于妇好，…？

　　196（1）丙午卜，在麗：子其乎尹入璧□，丁永？

有田狩：

　　85（3）终小甲日，子乎狩？

　　352（2）壬辰：子夕乎多尹□阽南，豕弗冓？

有饮宴：

　　454（1）庚戌卜：子乎多臣燕，见？

有夺取物品：

　　416（11）癸巳卜：子叀大令乎从弹取又车，若？

有安排进攻：

　　125（1）丁卜：子令庚又，又女，乎禼西剌子人？

有关花东子执掌兵权，对外征伐，花东甲骨还有以下较具体的记录：

　　39（17）戊卜：子其取吴于凤，丁弗乍？

　　264（4）己未卜，在🦌：子其乎射告罙我伐南征，隹仄若？

　　275（3）辛未卜：丁唯子令从白或伐邵？

　　290（12）乙未卜：子其使壴，往西哭，子媚，若？

由以上命辞的子攻取某地、子乎令某南征、子从某伐邵方、子派遣附庸往某地的许多记录，清楚地印证花东子在武丁时期权力之大，不但能命令武官，掌握兵权，而且可以驱使附庸外族，进行开疆辟土。特别是 275 版（3）辞卜问的"丁令子伐邵"一辞，丁（武丁）对子直接施令征伐外族，可见丁对于花东子委以重任。"丁令子"相关的辞例，并不是孤证。如：

　　410（2）壬卜，在麗：丁曰：余其启子臣？允。

　　475（9）辛亥卜，子曰：余丙壴：丁令子曰：往罙妇好于受麦，
子壴。

启，有赠予意。410 版见丁送子以臣。臣应该是可以转送授受的奴隶单位。丁对子的宠幸，自然非比寻常。475 版卜问的内容不详，但由丁号令子与宠妃妇好一起去某地从事麦的工作一句，显见丁与子的关系密切，并非单纯外臣可比。

四 花东子侍奉丁的活动

花东子有祈求祖先降福，亦多见求丁（武丁）的赐福，两两相对，可见子对在位的丁崇敬和戒慎小心。例：

449（5）癸酉卜：祖甲永子？

487（1）甲寅卜：乙卯子其学商，丁永？

花东子曾主动的为武丁建筑行宫于狀地，此亦为子效忠武丁的功业一种。花东子对武丁讨好关切之情，溢于言表。例：

294（1）壬子卜：…子其乍丁宫于狀。

花东甲骨复多见于入贡的记录，入贡的对象亦只有丁和妇好。于此足见花东子虽居于外而实得宠于殷内朝的史实。子献丁的句例众多，有：

26（6）甲申卜：子叀豕殳罘鱼见丁？用。

37（3）己卯卜：子见暗以玉丁？

38（4）壬卜：子其入膚、牛于丁？

180（2）甲子卜：乙，子启丁璧罘玉？

198（11）子启丁璧？用。

202（8）庚卜：子其见丁卤以？

203（1）丙卜：叀子见♙用罘绅，再丁？用。

223（1）戊卜：于己入黄♙于丁？

320（7）庚寅卜：子入四♙于丁？在麓。

409（28）壬卜：子其屮匿丁？

427（2）戊寅卜：翌己子其见玉于丁，永？用。

子献妇好的句例：

26（5）甲申卜：子其见妇好☒？

265（1）戊辰卜：子其以磬、妾于妇好，若？

子入贡的其他句例：

124（7）戊卜：子入二弓？

288（11）乙未卜：子其入三弓，若永？

114（3）己卯卜，在䴕：子其入旬，若？

492 壬寅卜：子炅，子其屰□于帚，若？

花东子进贡于时王武丁，进贡的动词用见（献）、入、启、屰；进贡于武丁的后妃妇好，所用的动词则只有见、以。花东子纳贡于武丁的，有用为祭牲鹿、牛、豕、魚，有作为礼器的璧、卣、玉、□、绢，有视为奴隶的匽等。花东子贡献给妇好的，则只有玉器的磬和人牲的妾，无论质或量上都远低于献于武丁的贡物。

五　花东子的田猎活动

花东甲骨除展示大量祭祀卜辞、纳贡卜辞外，亦有许多卜问子田狩吉凶的记录，内容与殷王田猎卜辞相类。可见花东子的生活奢华，与帝王无异。如：

14（1）乙酉卜：子又之阺南小丘，其罬，获？

35（1）壬申卜：子往于田，从昔斮？用。毕四鹿。

37（6）甲午卜，在麗：子其射，若？

（10）己亥卜，在吕：子其射，若？

50（5）乙未卜：子其往田，叀鹿求，冓？

108（1）子妹其获狐？

花东子田猎的地区，明确点出的有：吕、麓和阺南小丘。阺南应即沁水附近的山麓地带。花东子用射的方式狩猎，猎物则只有野豕、鹿、狐等寻常走兽，猎获的量也不多，可见花东子狩猎的面积不大，进行狩猎的时间亦不算长。花东子的田猎只呈现其悠游自主的生活，并不像殷王有计划的寓狩于征、宣示武力和版图的战略意味。

六　花东子的其它活动

花东子权倾一时，与殷时王武丁复有紧密的血亲关系。我们由以上几项主要的花东子活动，似乎只能锁定这一角色除了武丁宠幸的亲子辈外，实不足以通盘解释花东子和丁的对应关系。在这五百多版花东有字甲骨中，复看见在花东子的其它较细微的动作，也能帮助我们了解此人的具体生活特征。如：

    3（1）子其告于妇好

    5（2）子配史于妇好

    5（16）子梦，𢀛告，非艰

    10（1）子宿在𠭯

    16（1）子其往吕

    23（2）子燕

  *28（1）佳亚奠乍子齿

    28（4）丁楳于子

    34（9）丁各，子再

    37（15）子弜得彝弓

    37（20）子以妇好入于𢆶

    38（3）其钔子骨疾妣庚

    38（5）子乎见戒

    39（21）子耳鸣，亡小艰

    50（1）子立于右

    50（2）子立于左

    53（7）子其㳽雪舞

    69（6）丁终，楳于子疾

  *75（2）丁臣中，弗乍子艰

  *75（9）丁臣中

    80（1）子告官于丁

    88（2）子入

    108（1）子妹其获狐

    108（6）子其以中周于𢆶

    113（23）子亡不若

  *114（1）子其魃于岁

    114（3）子其入旬

    122（1）子亦佳永于仆

    123（3）子其饮黑牝

125（1）子令庚又

130（1）子用我㪇

149（3）叔见子玉

*150（3）子其学商

157（1）子其告钛

160（2）子亡壴

163（1）钔子齿于妣庚

176（1）子钔于妣甲

180（1）子再玉

*180（4）子弜壅丁

181（14）子其疫

181（19）子心疾亡征

181（23）子其舞叉

193 子叀白♤再用

197（3）子钔屮妣庚

198（2）子障俎

198（11）子启丁璧

206（1）子其叀舞戊

209 子屍钔

211（1）子其告行于帝

*215（1）子其以羌嗅嘈于帝

220（2）子钔又□疾于妣庚

*223（2）子弜入黄𠂤

*234（1）子又言在宗

*236（28）子弗取骨

240（7）子腹疾

*247（7）子弗臣

248（2）子福新凼于祖甲

259（2）子叀宁见

262（3）子弜执

275 （7） 子亡启丁

＊286 （27） 子弜猷

＊286 （29） 子弗条

290 （1） 子从壨

293 （3） 子其告舞

＊294 （8） 子其自弜盉

295 （1） 子又乎逐鹿

297 子其寻俎

304 （1） 子疾首

312 （3） 子立于录中🗆

321 （4） 子鄉

336 （3） 于妣己钔子屄

338 （4） 子往俎上甲

349 （14） 子亡囚

349 （19） 子梦丁

349 （20） 子又鬼梦

352 （2） 子夕乎多尹口阰南

＊355 （1） 子其口多尹卩酓

361 （1） 子既祝

＊363 （4） 子🗆丁

367 （4） 新马子用左

372 （1） 叀子萧

372 （8） 子乍用

378 （1） 子叀豕菁

379 （1） 子其勾糅于帚

＊380 子于辛亥妖

381 （1） 子其田

＊391 （1） 子氲燕

391 （10） 子乍玉

391 （11） 子弜告丁

　　395（7）　告子齿疾

　　401（13）　子其往罿

　　409（9）　子其权妣庚

　　409（18）　子令由心

　　409（28）　子其卢匚丁

　　410（1）　丁昇子 執 臣

　　416（1）　子弜示

　　416（6）　子弜往福

＊416（7）　子心不吉

　　416（8）　子乎从射弹旋

　　446（3）　子又心饮妣庚

　　446（6）　子首亡征

　　446（12）　子目既疾

　　450（2）　子弜卬

＊450（4）　子其入学

　　454（3）　子其自畲

　　459（3）　子福新罝于祖甲

　　474（8）　子舞权

＊480（4）　子又令繄

＊490（5）　子卬

＊493（6）　子用吾

以上大量花东子的生活实录，十分琐碎，但却充分而灵活地把花东子在某一阶段的行事客观地呈现出来。这种独立的一坑甲骨，只针对个人生活的占卜状况，在过去所见的甲骨文中是绝无仅有的。它的重要性自是无庸置疑。以上辞例点滴的缀合花东子的种种事例，以至心灵投射，对于学界要全面了解花东子其人，有直接的帮助。特别是若干 ＊ 记号的命辞句例，都是迄今无法通读的句子。这许多句子应是今后花东甲骨研究攻坚的重要桥梁。本文只是对花东子的活动建构出一基本框架，对于花东子作为殷太子一角色更深入的研究，仍有待甲骨学界的持续努力。

花东卜辞中的"延祭"

张世超

在殷墟花园庄东地甲骨卜辞中，关于祭祀的占卜中有一些值得注意的现象，① 例如：

196.4　己酉：岁祖甲牝一，岁［祖乙］牝一，入自麗？

196.6　庚戌：岁妣庚牝一，入自麗？

上举前一辞第二"岁"字后原释文补"祖乙"二字是正确的；后一辞有同文见于 428＋561 号的第 5 辞和 490 号的第 10 辞。统观上辞，有以下几个特点：（1）连续地分别对祖甲、祖乙、妣庚进行祭祀，（2）所用牺牲相同，（3）祖甲、祖乙并未在正日致祭。② 类似的情况还见于以下两处卜辞：

261.1　甲午：岁妣甲祀一，又旻？

261.2　乙未：岁妣庚祀一，又旻？③

228.4　甲申卜：岁祖甲牝一？用。

228.5　乙酉：岁祖乙牝一？

根据祭祀的时间和内容，我们可以将第 7、37 和 463 号甲骨上的卜辞系联起来，它们同属于姚萱所归纳出来的"花园庄东地甲骨卜辞最大系联组"④。谨从其中拣出同样性质的一组：

37.8　丁酉：岁祖甲牝一，叔邑一，在麗？

463.1　癸卯：岁祖乙牝一，叔邑一，在麗，子祝？

---

①　本文所引花园庄东地甲骨材料见中国社会科学院考古研究所编《殷墟花园庄东地甲骨》（简称《花东》），云南人民出版社 2003 年版，不引书名，直接标片号，"196.4"表示第 196 号甲骨中之第 4 辞，释文采用宽式。

②　"正日"指与受祭者名号日干相同的日子，详见拙文《商代的卜日与祭日》，《古文字研究》第二十四辑。

③　二辞中之"祀"字原释文作"戕"，不确，详另文。

④　详姚萱《殷墟花园庄东地甲骨卜辞的初步研究》附录 140 页，首都师范大学博士学位论文，2005 年。

463.2　甲辰：岁祖庚羝一，𢀖𠂤一，在麗？

这种以相同的祭物持续进行的祭祀是一种什么祭祀？《花东》卜辞为我们提供了答案，在《花东》4 号龟版上，有如下数辞：

4.1　甲寅：岁祖甲白羖一，𢀖𠂤一，𠂤自西祭？

4.2　甲寅：岁祖甲白犯一？

4.3　乙卯：岁祖乙白羖一，𠂤自西祭，祖甲征（延）？

4.4　乙卯：岁祖乙白羖一，𠂤自西祭，祖甲征（延）？①

"甲寅"二辞是一组选贞辞，贞问岁祭祖甲以"白羖"好还是"白犯"好。看来终于选择了以"白羖"为牺牲的祭祀，第二天（乙卯日）便准备以同样的祭品对祖乙进行祭祀了。这种祭祀方式应该称作"延祭"。4.3 和 4.4 辞中的"祖甲延"，意思就是延祭祖甲之祭。

限于卜辞的材料，有时我们看不到对所延祭之祭的占卜记录，如：

321.4　庚申：岁妣庚小宰，𢀖𠂤一，祖乙征（延），子鬯？

"祖乙延"的意思是延祭祖乙之祭，则在"庚申"日前尚有"岁祖乙小宰，𢀖𠂤一"之祭。

有时候，在表明延祭时还说明用牲之法：

311　庚午：岁妣庚牢、牝，祖乙征（延）饮，在［𨻮］？

有时候，仅表明将祭祀延祭至某一受祭者：

237.8　甲戌：岁祖甲牢、幽鷹、白羖，𢀖二𠂤？

237.9　乙亥：岁祖乙牢、幽鷹、白羖，𢀖二𠂤？

237.11　乙：岁征（延）祖乙？用。

"岁延祖乙"即将对祖甲之岁祭延祭至祖乙。

"延祭"不仅要求几次祭祀的祭牲相同，祭祀的时间似乎也要相同：

267.4　甲辰：叉（早）祭祖甲友羝一？

267.6　乙巳：叉（早）祭祖乙友羝一？

267.10　庚戌：叉（早）祭妣庚友白羝一？

因为所延祭的祖甲之祭是早上举行的，所以祖乙、妣庚之祭也在早上举行。其它延祭的例子未记时间，可能是在白天常规的时段范围内进行的，但

---

①　上述四辞中之"羖"原释文作"牡"，"犯"原释文作"牝"。

前后相延之祭祀保持在一个相同的时段内，也是可以推知的。

有时候，后续的延祭中要增加一种祭物：

　　291.1　庚辰：岁妣庚小宰，子祝，在麓？

　　291.2　甲申：岁祖甲小宰，祋乚一，子祝，在麓？

　　291.4　乙酉：岁祖乙小宰、犰，祋乚一，泵祝，在麓？①

"甲申"的祭祀比"庚辰"的祭祀多供奉了"乚"；"乙酉"的祭祀又比"甲申"的祭祀多出了"犰"。这种增加祭物的做法表明"延祭"不是一种例行的祭祀，而是只有功利性的。我们不妨就以上所列的材料对"延祭"的性质进行分析：祭物和时间相同，表明几次祭祀的目的相同；有时不在正日致祭，表明它不是例行祭祀，而是为即时所遇之事祈求福佑。上举第267版上有辞曰"乙巳卜：出，子亡启（肇）"②，第321版上有辞曰"丙辰卜：妫又（有）取，弗死"，可能是这两次延祭的原因。延祭中的"子祝"、"泵祝"，是为此类事情进行祈祷的记录。

总之，"延祭"是殷人为了同一件事情持续地向不同祖先进行祭祀的方式，之所以如此，其用意在于取得祖先更有效的福佑。就花东子家族而言，祭祀的对象局限在祖甲、祖乙、妣庚三位祖先中。

"延祭"在殷墟王卜辞中也有记录，姚孝遂先生谓"祭而复祭乃谓之祉"③是正确的，惟因当时材料的限制，关于"延祭"的方式语焉不详，今举数例，加以申论④：

　　《合》22609　　己酉卜，旅，贞：伐，其祉（延）伐于兄己？

　　《合》23097　　甲戌卜，行，贞：岁，其祉（延）于祖甲？

　　《合》23326　　己巳卜，行，贞：翌庚午岁，其祉（延）于羌甲爽妣庚？

　　《合》27424　　己亥卜，何，贞：翌庚子彡岁，其祉（延）于父庚？

"延于XX"与花东卜辞中的"延XX"同，意思是延祭至XX，即用以前同样的祭物，按同样的时间来祭祀XX。

---

① "犰"字原释文作"牡"。

② 原释文作"乙巳卜，出：子亡启？"此从姚萱标点，见其博士论文第46页。

③ 于省吾主编《甲骨文字诂林》按语，见《甲骨文字诂林》，中华书局1996年版，第2234页。

④ 以上所引卜辞均见于《甲骨文合集》，简称《合》。

　　《合》23231　　　癸巳卜，□，贞：父丁岁其延？

　　"父丁岁其延"与花东卜辞的"XX 延"相同，意思是延祭父丁之祭，即用与父丁同样的祭物，按其同样的时间进行祭祀，祭祀对象可能仍是父丁。

　　《合》23545　　　辛丑卜，大，贞：仲子岁其延（延）酚？

　　此辞是贞问是否以前此岁祭同样的祭物、时间继续酚祭仲子。

殷之飨礼设豊及其它

——兼释《屯南》二二七六

徐伯鸿

大飨之礼不见经典，《仪礼》的《注》与《疏》多处说飨礼亡佚，故礼家千古聚讼。所幸百余年来出土了大批甲骨，涉及飨礼者甚夥，故可据之推考其一二。

何谓飨礼？请先论飨字。

卜辞中有字作⦿，此字在卜辞中两用。一为南向、北向之向，一为飨食、飨祭之飨。

飨作飨食解。《说文》："飨，乡人饮酒也。"《玉篇》："设盛礼以饭宾也。"《诗·小雅》："一朝飨之"，《笺》："大饭宾曰飨。"《周礼·秋官·掌客》："三飨三食三燕。"《礼记·郊特牲》："大飨尚腶修而已矣。"注："此大飨之诸侯也。"《仪礼·士昏礼》："舅始共飨妇人以一献之礼。"注："以酒食劳人曰飨。"《公羊传·庄公四年》："夫人姜氏飨齐侯于祝丘。"注："牛酒曰犒，加羹饭曰飨。"

飨作飨祭解。《礼记·礼器》："大飨之礼"，疏："大飨谓祫祭宗庙也。"《礼记·礼器》："郊血，大飨腥，三献焰，一献孰。"注："大飨，祫祭先王也。"《礼记·礼器》："大飨，其王事欤。"注："祫祭先王也。"疏："大飨之事，诸侯各贡其方物，奉助祭之礼。大飨其王事欤者，飨谓飨祭先王，飨中之大谓祫也，其王家之事欤。"《书·顾命》："王三祭上宗曰飨"注："宗伯曰飨者，传神命以飨告也。"《诗·周颂》："伊嘏古文王既右飨之。"笺："文王既右而飨之，言受而福之。"疏："乃大文王之德既佑助而歆飨之。"又"谓神受其德故降与之福。"

饗又作亯。《左传·成公十二年》：“享以训恭俭，宴以示慈惠。”注："享同饗，宴同燕。"《说文》段注："《豳风》：'朋酒斯饗，曰杀羔羊。'《传》曰：'饗，乡人饮酒也。其牲，乡人以狗，大夫加以羔羊。'此传各本伪夺，依《正义》考定如是。许君所本也。饗字之本义也……亯，燕亯之亯正作亯。亯，献也。《左传》作'亯'为正字。《周礼》、《礼记》作'饗'为同音假借字，犹之《左传》作'宴'为正字。宴，安也。《礼经》、《周礼》作'燕'为同音假借字也。……至若《毛诗》云'我将我亯'，下文云'既右饗之'。云'以亯以祀'，下文云'神保是饗'。云'亯以骍牺'，下文云'是饗是宜'。《毛诗》之例，凡献于上曰亯，凡食其献曰饗。《左传》用正字同。凡左氏'亯燕'字皆作'亯'，惟用'人其谁饗之'，字作'饗'。"

从上引文献资料可知，亯饗本为一字，施受同词。献于上曰亯，神食其献为饗。"饭宾"之说当是后起之义。饗乃其王事，祭宗传神命以饗告也。

《甲骨文字典》：乡，🅱，亦释饗。①祭名。宴饗。饗为享之假借。《说文》："享，献也。象执物形。《孝经》曰：'祭则鬼享之。'"武丁卜辞有："贞：其延御于大戊饗。"（《甲》2689）廪辛、康丁卜辞有："贞：大乙、祖乙、祖丁罙饗。"（《缀合》46）卜辞"王饗"（《续存》上549）、"王自饗"（《前》4·22·5）或即《左传·宣公十六年》："王享有体荐，宴有折俎，公当享，卿当宴，王室之礼也。"为王室宴饗之礼。②通"向"，为阶名。《尔雅·释宫》："向，两阶间。"卜辞有"东向"、"西向"（《粹》1252）、"北向"（《掇一》106）的记载。③卜辞中有"乡史"（《掇一》202）"乡王史"（《甲》427），史即事，或说即史书中的"乡士"（李孝定《甲骨文字集释》）。

卜辞恒曰"王其饗"，乃"大饗其王事"之证。

　　1. 王其饗于🅱（庭）。（《屯南》2276）（甲骨文中🅱字的写法多种，这里皆以🅱字替代）

　　2. 王其饗在🅱（庭）。（《佚》220）

　　3. 叀王自饗。（《库》1685）

卜辞曰"于宗饗"，乃"祭宗曰饗"之证。

　　1. 于宗饗。（《屯南》341）

2. 已丑卜，告于父丁，其飨宗。（《后》上 5·5）

3. 贞：飨史（事）于尞北宗，不大雨。（《前》4·21，7）

卜辞曰"王飨受又（佑）"乃"既右而飨之，言受而福之"之证。

1. 叀王飨受又（佑）。（《粹》486）

2. ……飨王受〔又〕（佑）。（《甲》1041）

卜辞中飨祭的对象为先王先妣，并无自然神祇，这正是与文献所称"大飨谓袷祭宗庙也"、"袷祭先王也"相合。

1. 壬子卜，方（何）贞：翌癸丑其又妣癸飨。

　　癸巳卜，方贞：翌甲午登于父甲飨。

　　丁未卜，方贞：御于小乙奭妣庚其寝飨。（《甲》2799）

2. 庚戌卜，方贞：翌辛亥其又毓（后）妣辛飨。

　　癸酉卜，方贞：翌甲午登于父甲飨。（《佚》266）

3. 庚子卜，方贞：翌辛丑其又妣辛飨。

　　癸卯卜，方贞：翌甲辰其又□于父甲宰飨。

　　丙午卜，方贞：翌丁未其又人岁毓（后）祖丁飨。（《合》41）

4. 贞：大乙、祖丁眔飨。

　　癸亥卜，彭贞：大乙、祖乙、祖丁众飨。

　　癸亥卜，贞：隹大乙眔祖乙飨。

　　□亥卜，……祖丁其……曰飨。（《合》46）

5. 贞：其征御于大戊飨。（《甲》2689）

6. 贞：其征登……飨父庚父甲……。（《甲》2779）

7. 其飨祖乙史（事）。（《粹》242）

8. 大乙史（事），王飨于庭。（《粹》142）

卜辞中的"叀多尹飨"、"叀多生（姓）飨"、"叀多子飨"与文献所称"大飨之事，诸侯各贡其方物，奉助祭之礼"相类，多尹、多姓、多子是参与祭祀活动的，只是诸侯不独贡献其方物而已。

1. 元殽叀多尹飨。弜不飨，叀多尹飨。（《甲》752）

2. 叀多生（姓）飨。叀多子飨。（《甲》380）

"叀多尹飨"、"叀多生飨"、"叀多子飨"盖指多尹、多姓、多子飨祭殷之先王，非商王飨祭多尹、多姓、多子。

卜辞中飨祭处所：在宗、在庭、在寝。

1. 甲戌卜，于宗飨？于⊡（庭）飨？（《屯南》341）

2. 告于父乙，其飨宗？（《后》上 5·5）

3. 飨史（事），于寮北宗？（《前》4·21·7）

4. 王其飨于⊡（庭）？（《屯南》2276）

5. 王其飨于⊡（庭）？（《佚》220）

6. 大乙史（事），王飨于⊡（庭）？（《粹》142）

7. 御于小乙爽妣庚，其寝飨？（《甲》2799）

⊡，于省吾先生释"庭"。他在《甲骨文字释林》里说："⊡为廷或庭之初文，有时也省作耵。⊡从宀耵声，耵古聽字，聽从壬声，与廷庭之从壬声声符同。金文有廷无庭，庭为后起字。《说文》：'廷，朝中也。'又：'廷，宫中也。'乃后世分别之文。……古代太室中央谓之廷，……甲骨文称：'⊡小乙于⊡'（《粹》281）当谓祭小乙于廷也。"（《甲骨文字释林》第 85 页）

《说文》："庭，宫中也。"段注："攴部曰廷，中朝也。朝不屋，故不从广。宫者，室也。室之中曰庭。《诗》曰殖殖其庭，曰子有廷内，曰洒扫庭内。《檀弓》孔子哭子路于中庭。注曰：寝中庭也。凡《经》有谓堂下为庭者，如三分庭一在南。正当作廷。"戴震《三朝三门考》："古体庭本作廷。"

商代的宗庙建筑，目前尚未发现，其结构自然也就不清楚了，但西周的宗庙建筑可资参考。1999 年秋至 2000 年，在陕西扶风云塘发掘出两组西周晚期的建筑基址，且初步认定 A 组建筑为宗庙建筑（参看《考古》2002 年第 9 期）。这组建筑的布局如下：北为宗庙的主体建筑（F1），由堂、室、房、夹室、阶等组成。西为"西厢"（F2），东为"东厢"（F3），南为"门塾"（F8）。在宗庙的主体建筑、西厢、东厢、门塾的中间为"中庭"。有一建筑位于"西厢"的西边，这个建筑（F5），发掘者推测它的性质相当于"寝"。《仪礼·释宫》云："周礼，建国之神位，右社稷，左宗庙，宫南向而庙居左，则庙在寝东也。"《尚书·顾命》有"翼室"之名，清孙星衍疏曰："翼室者，左路寝也。"

宗，《说文》："尊祖庙也。"段注："宗尊双声。按：当云尊也，祖庙也。"宗即祖庙。

宗庙在路寝。《别录》:"社稷宗庙在路寝之西。"戴震云:"宗庙社稷属路寝,言得之。以为俱在西,不知何所据。"戴震《三朝三门考》称:"断狱蔽讼及询非常之朝,谓之外朝,在中门外庭。以燕以射及图宗人嘉事之朝,谓之燕朝,在路寝庭。"

寝,《说文》:"寝,卧也。"段注:"李善引《论语》郑注:'寝,卧息也。'卧必于室,故其字从宀。引伸为宫室之称。《周礼·宫人》:'掌王之六寝之修。'《释宫》曰:'室有东西箱曰庙,无东西箱曰寝。'"《周礼·方相氏》:"大丧,复于小寝、大寝。"注:"小寝,高祖以下庙之寝也。始祖曰大寝。"《礼记·月令》:"寝庙毕备。"郑注:"凡庙,前曰庙,后曰寝。"孔疏:"庙是接神之处,其处尊,故在前。寝,衣冠所藏之所,对庙为卑,故在后。"李孝定认为:"卜辞用'寝'之义为时王燕居之所,乃名词,犹今之言寝室也。"(《集释》2467 页)丁山认为,"卜辞有寝、小寝,都该作大寝或路寝解,小寝当是武丁食息之所。"(《甲骨文所见氏族及其制度考》)

有关"寝"的制度,礼家聚讼,莫衷一是。杨宽先生曾撰文论述先秦墓上建筑和陵寝制度。他认为"寝"有三种,"一是宫殿里的寝,这是君主及其家族饮食起居之所;二是宗庙的寝,这是已故君主及其家族的灵魂的饮食起居之所,是模仿宫殿的寝的;三是陵墓的寝,这是墓主灵魂的饮食起居之所,也是模仿宫殿的寝的。"(《文物》1983 年第 1 期)杨宽先生后来又在《先秦墓上建筑问题的再探讨》一文中说:"宫中的寝,设有正寝,亦称路寝,是有殿堂的……路寝有廷有堂。"(《考古》1983 年第 7 期)

至于《周礼》所说:"飨在庙,燕在寝。"这里的"寝"应是时王燕居之所。《周礼》:"以飨燕之礼亲四方之宾客。"疏:"《大行人》云:'上公三飨三燕,侯伯再飨再燕,子男一飨一燕。'飨,享大牢以饮宾献依命数在庙行之;燕者,其牲狗,行一献四举,旅隆脱屦,升坐,无算爵,以醉为度,行之在寝。"燕礼行之在寝,且以醉为度,恐怕周人不会在祭祀列祖列宗的宗庙时开怀畅饮吧!此处的寝应是燕居之寝,即宫中的寝,决非宗庙之寝。

卜辞中的"寝"是祭祀的处所,乃宗庙的一部分。例如:

辛巳贞:其𡡞(即)于祖乙寝?弱𡡞(即)于寝?(《屯南》1050)

㓆（刞），《甲骨文字典》："象刀砍于俎上之形"，疑此字与俎同义（该书 477 页），祭名。这条卜辞里的"寝"非时王燕居之所，乃是宗庙建筑里的"寝"。

卜辞说宗是浑言，说寝、说庭是析言。飨在宗，是泛指在宗庙举行飨祭，当包括在庭在寝；飨在庭，是确指在宗庙的中庭举行飨祭。总之，飨祭是在宗庙里举行的。

以上，讨论了飨祭的参加者、飨祭的对象、飨祭是处所。那么，什么是飨礼呢？

我们认为：飨礼是王在宗庙里举行的，由多尹、多生、多子参加的；或者只是王独自参加的，对先公、先王的献食大祭。

现在，我们再来讨论飨礼设豊及飨礼的其它一些细枝末节。

豊，甲骨文作豐。《甲骨文字典》："豐，从玤在凵中，从豆，象盛玉以奉神祇之器，引伸之奉神祇之酒醴谓之醴，奉神祇之事谓之礼。初皆用豊，后世渐分化。"（该书 523 页）《说文·豐部》："豐，行礼之器也。"王国维在《释礼》一文中说："故《说文》曰豐行礼之器，其说古矣。惟许君不知玤字即珏字故，但以从豆象形解之，实则豐从玤在凵中，从豆乃会意字而非象形字也。盛玉以奉神人之器，谓之豐若豊。"（《观堂集林》291 页）甲骨文中的豐，从文句的意思推敲应是祭祀时所用的一种器皿。

《说文》："豊，豆之丰满者也。从豆象形。一曰乡饮酒有豊侯者。"《仪礼·聘礼》："醴尊于东箱，瓦大一，有豊。"郑注："豊，承尊器，如豆而卑。"《仪礼·公食大夫礼》："饮酒实于觯，加于豊。宰夫右执觯，左执豊，进设于豆东。"《仪礼·大射仪》："厥明，司宫尊于东楹之西，两方壶，膳尊，两甒在南，有豊。"郑注："豊以承尊也。说者以为若井鹿卢。其为字，从豆曲声，近似豆大而卑矣。"《仪礼·乡饮酒礼》："天子、诸侯承尊之物谓之豊，上有舟。"

承尊之物，天子诸侯、大夫、士有别。天子诸侯承尊用豊，大夫侧尊用棜，士侧尊用禁。《仪礼·乡饮酒礼》中"斯禁"疏："云斯禁，禁，切地无足者。斯，澌也。澌，尽之名，故知切地无足。《昏礼》、《冠礼》皆云：禁者，士礼以禁戒为名。乡大夫、士并有禁名，故郑以大夫、士双言也。是以《玉藻》云：大夫侧尊用棜，士侧尊用禁。注云：棜，斯禁也。大夫、士之礼异也。《礼器》云：大夫、士棜禁。注云：棜，斯禁也。谓之棜者无足有似於，棜或因名云耳。大夫用斯禁，士用棜禁，然则禁是定名，言棜者是其义称，故《礼器》大夫、士总名为棜禁。案：《特牲礼》云：实兽于棜。注云：棜之制如今之大木舆矣。则棜是舆，非承尊之物，以禁与斯禁无足似舆，故世人名为棜。若然周公制，《礼·少牢》名为棜，则以周公为世人，或有本无世人字者，是以《少牢》不名斯禁，谓之为棜，取不为酒戒。士之棜禁，大夫之斯禁，名虽异其形同，是以《礼器》同名棜禁也。其余《士冠》、《昏礼》礼宾用醴不缺，故无禁，不为酒戒。若天子诸侯承尊之物谓之豐，上有舟，是尊与卑异号也。"

"禁"这种器物，曾有传世品流落美国。七十年代陕西宝鸡斗鸡台再次出土，其形方似舆，切地无足，是一种方形的器座。宝鸡斗鸡台铜禁上放置三件酒器，"据当年曾经见到此禁出土情况的人回忆，禁上面中间放的是卣，右边放的是觥，左边放的一器因残甚，器形已不明"（《文物》1975年第3期）。后来又出土过楚铜禁（《文物》1980年第10期、《考古》1987年第5期）。总之，文献中的豐与禁皆为承尊之物。

卜辞中豐也为器皿。请看下面的卜辞：

丙戌卜，戊亚，其闤（尊）？其豐？（《南明》443）

闤（尊）字在卜辞中名动两用，此处名词用如动词。卜辞言"其闤（尊）？其豐？"豐与尊并列，语法结构相同，豐也应是名词，在这里用为动词。"其"字，《诗集传·卫风·伯兮》："其者，冀其将然之辞。""其尊？其豐？"是卜问祖神是希望用尊来祭他，还是希望设豐来祭他？可见豐是祭祀器皿。

卜辞中豐作祭器讲的还有：

1. 其品亚，叀王豐用？毋用？吉。（《屯南》2346）

2. 丙戌卜，叀新豐用？叀旧豐用？（《粹》232）（郭沫若释为"新醴"、"旧醴"，这里不从郭说。）

3. 叀兹豐用？叀用兹豐？叀兹豐用，王受又（佑）。（《佚》241）

《仪礼》的很多礼中记载有"设豐"之事。《公食大夫礼》："饮酒，实于觯加于豐，宰夫右执觯，左执豐，进设于豆东。""宰夫执觯浆饮与其豐以进，宾挩手兴受。宰夫设其豐于稻西。庭实设，宾坐祭，遂饮，奠于豐上。"《大射礼》："司射命设豊实觯如初……退豊与觯如初。"《乡射礼》："司射适堂西命弟子设豊。"注："将饮不胜者，设豊所以承其爵也。"疏："按：燕礼君尊有豊，此言承爵，豊则两用之。"

何以要"设豊"？

唐兰先生以为"设豊"的目的是为了罚酒。他说："（设豊）是用来放罚酒的爵和觯的。"（《作册麦尊考释》，见《古文字研究》（二）第 59 页）"设豊"是否为了罚酒？《乡射礼》说："弟子奉豊升，设于西楹之西，乃降。胜者之弟子，洗觯升酌，南面坐，奠于豊上。……不胜者进北面，坐，取豊上之觯，兴，少退，立，卒觯，进，坐，奠于豊下。"《公食大夫礼》：说"……宾坐，祭，遂饮，奠于豊上。"这两段记载说明"设豊"的目的是为了承觯。《公食大夫礼》："饮酒，实于觯，加于豊。"注："豊所以承觯者也。如豆而卑。"另外，《公食大夫礼》通篇没有提到罚酒的事，而且，"公食大夫礼"乃"主国君以礼食小聘大夫之礼。""聘"的意思是相问。《聘礼》疏云："大问曰聘。诸侯相于久无事，使卿相问之礼。小聘使大夫。《周礼》曰：凡诸侯之邦交，岁相问，殷相聘也。"公食大夫乃礼尚之事，怎么会罚酒呢？是以，"设豊"的目的是承觯、承尊，也就很明白了。饮酒的具体过程是：先将酒注入觯，再将觯置于豊上。"设豊"是为了放置酒器的。"豊"与"禁"应是同类器物。从"禁"出土时的情况看，"禁"的上面放置着三器，一卣，一觥，另一器残。卣与觥俱是酒器，"禁"是放置酒器的。"禁"的出土时的状况正好印证了文献里记载的"设豊"的目的是为了放置酒器。"豊"的用途，有点类似后世汉代盛瓒的瓒盘。《周礼·春官·宗伯·典瑞》）："裸圭有瓒，以肆先王，以裸宾客。"注："汉礼：瓒盘大五升，口径八寸，下有盘，口径一尺。"（《十三经注疏》）

殷之飨礼是否有"设豊"一端？试论之。《小屯南地甲骨》2276 片，辞云：

> 已未卜，且（祖）丁大𠂤王其［征］父甲？……弜征？𢛳𢆶。王其飨于𡬊（庭）？弜飨于𡬊（庭）？其乍（作）豊？又（有）正。弜乍（作）豊？……

此辞中的"征"字，据《南明》588："……且（祖）丁大𠂤王征父甲"补。"祖丁大𠂤王其征父甲"犹言"王大𠂤祖丁征父甲"。"𠂤祖丁"见

《屯南》2340："……其又△祖丁，王……伐卯牢，王受又。"征，郭沫若先生说即"延"字。"征父甲"即"至于父甲"，这里是说以父甲合食祖丁。𥛠，于省吾先生以为"应读作征釐，即延长福祉之义"（《甲骨文字释林》51 页）。我以为"𥛠"是占卜专用语。"又正"之"正"即《诗》"维龟正之"之"正"。"正，决也"，也是龟卜专用语。"乍（作）豊"即是"设豊"（详下文）。此辞应是殷之裧礼有"设豊"一端的明证，可补典籍之不足。

卜辞习见"乍（作）豊"一词。例如：

1. 叀△公乍（作）豊？（《甲》2546）

2. 贞：日于祖乙，其乍（作）豊？（《粹》236）

3. 其乍（作）豊？又正。［王］受又（佑）？弜乍（作）豊？（《人》1881）

4. 其豊？弜乍（作）豊？（《人》1882）

卜辞中的"作豊"当是金文中的"为豊"。"为大豊"一辞见于《作册麦尊》。铭为："迨（合）王饗（裸）荐京，酌祀。粤若翌日才（在）辟雍，王乘于舟，为大豊。王射大龚（鸿）禽。侯乘于赤旃舟，叔咸。"

"为大豊"即"设豊"。唐兰先生说："为大豊是举行射礼，……《乡射礼》和《大射仪》都有'设豊'一段，是用来放罚酒的爵和觯的。"（《古文字研究》第二辑 59 页）铭文中的"为大豊"即"乍（作）豊"，也就是"设豊"。作，为也。《诗·郑风》："敝，予又改作兮。"另本又作"敝，予又改为兮。"《释言》："作，为也。"《榖梁传》也说："作，为也。"是知，"为大豊"即"作大豊"。日本学者白川静先生以为："大豊是本祭中举行的奠醴或裸鬯之仪礼，大概是因为在主祭中举行的，所以附上一个'大'字。"（《金文通释》一）白川氏指出，"大豊是本祭中举行的奠醴或裸鬯之仪礼"，其说至确。"设豊"是为了置放酒器，置放酒器又是为了什么？这是不言而喻的，是为了便于奠醴或裸鬯。卜辞中裧礼设豊，其目的无疑是为了举行奠醴或裸鬯之礼仪。"豊"中有玉，以之裸鬯以祀先王而降神，这种礼仪在《周礼》中尚可见一斑。《周礼·春官·宗伯·典瑞》说："裸圭有瓒，以肆先王，以裸宾客。""大豊"一辞另见于《大豊簋》，铭为："［乙］亥，王又大豊。王凡（汎）三方，王祀于天［大］室。……丁丑，王裸大俎（宜）……"。金文中记载裸礼"设豐"的还有《大鼎》、《长由杯》等。

由于《屯南》2276 的出现，其辞先言"王大彳祖丁征父甲"，次言"王其裸"，末言"作豐"，始悟卜辞中的"乍豐"乃文献中的"设豐"之事，也才知道裸礼中有"设豐"一端。

以下，再讨论一下与裸礼相关的一些细节。

裸礼"设豐"的时间在"日中"。《易·豐卦》："豐，亨。王假之，勿忧，宜日中。"高亨先生注："亨即享字，祭也。"亨即享，乃裸字。《左传·僖公》二十五年："筮之遇《大有》之《睽》，曰：吉，遇'公用亨于天子'之卦。战克而王裸，吉孰大焉，……"，卜偃就读"亨"为"裸"。高亨先生同时指出："享祭之时间宜在正午。"（《周易大传今注》）甲骨文、金文中关于"裸礼设豐"在日中的记载也非鲜见。《卫盉》："王禹中于豐。"《周原卜甲》112 号（H11：112）："彝文武一（□）灵贞：王翌日乙酉其祩左，禹中，文武一（□）丰，□□□卯□□□，左（佐）王。"

"灵"字，于省吾先生释为"必"字，指出"'必'为'祀神之室'"，"豐"即指"设豐"事。禹即称字，训宜。《诗·郑风》："缁衣之宜兮"，《集传》注："宜，称。"《易系辞》："巽称而隐"，注："称，适物之宜也。"称训宜，"禹中"即"宜中"。"中"就是卜辞里常言的"中日"，《屯南》624："食日至中日其雨"，"中"字的古义正是"正午"。杨雄《太玄》："周植中枢"，注："中，正午为中。""禹中"的意思是"宜在日中时"。并不是如一些学者所说的"举旗也"或"王举行祭祀典礼时用六游之形的熊旗"。（参看徐锡台《周原卜辞十篇选释及断代》、陈全方《陕西歧山凤雏村西周甲骨文概论》）

裸礼设豐的时间何以要在日中呢？这与裸礼本身有关，裸礼是裸祭先王的大事。殷人的祭祀制度，凡大祭祀均在日中时举行。这点可以从《周礼》、《仪礼》、《礼记》的记载中得到启示。《礼记·祭义》："郊之祭，大报天而主日，配以月。夏后氏祭其闇，殷人祭其阳，周人祭日，以朝以闇。"注："阳读为曰雨曰旸之旸，谓日中时也。……殷人大事以日中。"疏："殷人祭其阳者，以尚白故祭在日中时。"殷人祭其阳，礼书称之为"阳祀"。阳祀的对象是天帝及祖神。《周礼·牧人》："凡阳祀"，注："玄谓阳祀祭天於南郊及宗庙。"从上述记载中，我们可以看出几点：1、殷人大的祭祀在日中时举行。说者以殷人尚白解之，这是从后世的五行观点出发的，当初的本意或许不如此。2、阳祀的对象是殷之先王及天帝。据此，我们可以推知缩礼是在日中时举行的。理由有三：1、缩礼的祭祀对象是先公先王。2、缩礼是殷人的大事。闻一多先生说："《周礼注》皆谓群臣之礼为小礼，则人君之礼为大礼，可知缩射亦大礼之一也。"3、殷人的祭祀制度是大事以日中。是故，缩礼设豊的时间在日中。

另外，缩礼是在肜日之前举行的。《存》1.185 记载："……缩……翌日劦彡（肜）日。王弗每（晦）。"文献记载有一段与此相仿。《春秋·宣公八年》："辛巳有事于太庙，……壬午犹绎。"杜注："有事，祭也。……绎，又祭。"《尔雅·释天》："绎，又祭也。周曰绎，商曰肜。"辛巳有事于太庙，指合祭先王于太庙。《春秋·宣》八年疏："有事，祭也者，谓禘祭也。《释例》以《昭》十五年'有事于武官'，《传》称'禘于武公'，则知此言有事也是禘也。"《说文》段注："禘者，王制春曰礿、夏曰禘、秋曰尝、冬曰蒸是也。夏商之礼也。……禘与祫皆合群庙之主祭于太祖庙也。"《春秋·宣》八年这段记载说，辛巳日合祭先王于太庙，翌日壬午又复祭群先王。大缩，《礼器》疏说："大缩谓祫祭宗庙也。"卜辞《存》1.185 说：前一日合祭先王于太庙，翌日又复祭先王们。由此观之，缩礼在肜日前举行。

本文讨论了缩礼、缩礼中的设豊及其它与缩礼相涉的内容。我们再回过头来看《屯南》2276 这版卜辞，这段卜辞开头说"王大彡祖丁祉父甲"，是说将父甲升上去合食于祖丁，这种现象符合缩礼制度。缩，祫祭先王也。《说文》段注祫字下说："祫者何？合祭也。毁庙之主陈於大祖，未毁庙之主皆升，合食於太祖。"《屯南》2276 辞中有"父甲"称谓和兆辞"彬彬"，应属廪辛、康丁时期的卜辞，该辞的前辞是"干支卜"，它就只能是康丁卜辞了（谢济《甲骨断代研究与康丁文丁卜辞》）。父甲乃康丁之父祖甲。康丁之父祖甲，祖甲之父武丁，武丁之父小乙，小乙之父祖丁。祖丁是康丁太祖，故卜辞说康丁将父甲升上去合食于太祖祖丁。

《屯南》2276 辞的大意是：康丁拜手稽首晋谒祖丁之庙，卜问将父甲升上去合食于太祖祖丁是否合适，再问祭祀的地点放在宗庙之庭可不可以，最后卜问设豊裸鬯是否有当。

金文与典籍中有"飨醴"一辞，当与卜辞中的"作豐"无涉。《师遽方彝》："王才（在）周康寝，飨醴，师遽蔑历詈（侑）。"《穆公簋盖》："王夕卿（飨）醴于大室，穆公詈（侑）。"《左传·庄公》十八年："虢公、晋侯朝王。王飨醴，命之宥，皆赐玉五瑴，马三（四）匹。"裘锡圭先生解释说，"周天子设盛礼飨宾，用醴而不用酒，就叫'飨醴'"（《应侯视工簋补释》，《文物》2002 年第 7 期）。

商代王权与神权的融合

徐义华

神权是一种特殊的权力，具有较强的独立性，很容易成为与世俗政权相对立的权力。商代王权成功地控制和利用了神权为世俗政权服务。商王控制和利用神权的方式主要有代上帝行事、提高祖先神地位、建立国家神体系、以祖先祭祀日期作为纪日方式等。

一　王权与上帝崇拜的结合

商朝始终都没有出现真正独立的神权，王权始终是商代的核心权力。王权一直成功地控制和利用神权为王权服务。王权不仅包括了世俗的行政、司法等权力，而且包括神权。神权既是王权的理论来源，也是王权的重要内容，又是加强王权的重要手段。

王权作为一种社会权力，要取得社会的认同，必须为自身确立存在的依据，王权的合理性是通过神权实现的。

"天命玄鸟，降而生商"，"有娀方将，帝立子生商"①，商王通过对出身的神化，把所掌握的权力与天和上帝联系起来，宣称商王的权力来源于神灵的授予，是接受上帝的命令而统治下民。《墨子·非命》称，"于仲虺之诰曰：'我闻于夏人，矫天命，布命于下，帝伐之恶，龚丧厥师。'"使其权力具备了天然的合理性。

甲骨文的帝具有多方面的权能，对于自然现象和人间事物都有掌控和干

---

① 《诗经·商颂·玄鸟》。

涉的能力：

> 丙寅卜，争，贞今十一月帝令雨。　　　《合集》5658
>
> 帝令雨足年。
>
> 贞帝令雨弗其足年。　　　《合集》10139
>
> 贞帝其及今十三月令雷。
>
> 帝其于生一月令雷。　　　《合集》14127 正
>
> 贞翌癸卯帝其令风。
>
> 翌癸卯帝不令风。夕雾。　　　《合集》672 正
>
> 丁丑卜，争，贞不霉，帝佳其。
>
> 丁丑卜，争，贞不霉，帝不佳。　　　《合集》14156

从上引卜辞可以看出，帝有权掌握风、雨、雷、雾、霉等多种自然现象，可以根据自己的意志控制这些自然现象的发生或停止。帝的权能不仅掌握涉及风雨雷等自然现象，而且还干涉和影响人世间的生活：

> 贞不惟帝令作我祸。　　　《合集》6746
>
> 庚戌卜，贞帝降暵（旱）。　　　《合集》10168
>
> 贞佳帝壱我年。二月。
>
> 贞不佳帝壱我年。　　　《合集》10124
>
> 戊戌卜，争，贞帝扶兹邑。　　　《合集》14211 正

帝可以对生人降祸、降旱，破坏农作物的收成，还能对城镇或邑落产生不利影响。此外，帝还干涉商人的军政事务：

> 伐呂方，帝受我佑。　　　《合集》6273
>
> 贞佳戚比，伐巴方，帝受我佑。　　　《合集》6473 正
>
> 今载王省方，帝受我佑。　　　《合集》6736

可见，帝积极介入生人世界的各个方面。帝不仅行施各种权能影响生人，还建有自己的朝廷，拥有自己的下属：

> 乙巳卜，贞王宾帝史，亡尤。　　　《合集》35931
>
> 燎帝史风一牛。　　　《合集》14226
>
> 于帝史风，二犬。　　　《合集》14225
>
> 佳帝臣令。　　　《合集》217
>
> 王侑岁于帝五臣，正，佳无雨。　　　《合集》30391

　　……求侑于帝五臣，有大雨。　　　　《合集》30391

　　癸酉，贞帝五工臣其三百四十宰。　　　《合集》34149

　　贞其宁秋于帝五工臣，于日告。　　　　《屯南》930

即上帝在另一个世界拥有与人间一样的权力机构，通过自己的臣属对人间的各项事物进行周详的管理。在商人的心目中，上帝具有无上的地位。①

　　通过对帝的崇拜，商人建立了一个由至上神帝为主的权力体系，这个神的体系掌握着影响自然演变和人间祸福的权力。最高神上帝是万事万物的主宰者，作为精神领域最高主宰，上帝对于人间的影响是通过王权实现的，王即是这个神权体系在人间的代表和执行者。商王的行为以代天行事为名，把自己的意志转化为上帝的意志，《尚书·汤誓》云，"有夏多罪，天命殛之"，"夏氏有罪，天命殛之，予畏上帝，不敢不正"，商王通过直接禀命于天，实现了自己权力的神圣化和合理化。

二　祖先神地位的上升

　　商人强调王权来自上帝，但在实际的政治实践和祭祀中则强调祖先神的功能，王与上帝的关系最初是通过祖先中介进行的。商代先王具有侍于上帝身边的特权，如甲骨文中有：

　　贞咸宾于帝。

　　贞大甲不宾于帝。

　　贞大甲宾于帝。

　　贞下乙不宾于帝。

　　贞下乙宾于帝。　　　　《合集》1402

《叔夷镈》亦有"虩虩成唐，有严在帝所，専受天命，翦伐夏祀"。商王的祖先聚集在作为最高主宰的帝的周围，代表自己的子孙与上帝沟通，影响着上帝对事物的决断。商王通过对上帝沟通的垄断，为王权加强提供了有力的支持。

　　在崇拜上帝的同时，商人也努力把商王的祖先神化，商王祖先逐渐掌握

---

① 参胡厚宣：《殷卜辞中的上帝和王帝》（上），《历史研究》1959 年第 9 期。

了各项权能。而且随着现实社会中王权的加强，商王祖先的权力也日益加强，其职能日益扩大，越来越具有独立于上帝的趋势，甚至出现了取代上帝的倾向。至盘庚时期，已经出现商王祖先在实际生活中影响超过上帝的迹象，《尚书·盘庚》中可以看出，天命依然被商王作为推行自己意志的依据，"天其永命我于兹新邑"，"肆上帝将复我高祖之德，乱越我家"；但在恐吓臣下如果不服从命令时，对不服从命令者降祸治罪的则是商王的祖先，"汝万民乃不生生，暨予一人猷同心，先后丕降与汝罪疾，曰：'曷不暨朕幼孙有比'"，"迪高后丕乃崇降弗祥"，商王祖先表现出惩治人间不臣的独立性。虽然此时帝的主宰地位依然存在，商王祖先尚未能离开帝的权威的支持，依然以"鲜以不浮于天时"标榜，但"古我前后，罔不惟民主承，保后胥戚"，已然显示出具有相对独立的主导性意义，并在实际影响人间的行为起到主要作用，表明了祖先地位的上升。至文丁之后，商王对逝去的父亲也称帝，卜辞有：

　　　　□子卜，贞王其又彡于文武帝升，其去夕又省，于来丁丑卣羞，王弗每。

　　　　乙丑卜，贞王其又彡于文武帝升，其以羌其五人正王受有佑。《合集》35356

　　　　丙戌卜，贞翌日丁亥王其又彡于文武帝正，王受有佑。《合集》36168

　　　　□□卜，贞翌日□□其又彡于文武帝升正，王受有佑。　　《合集》36169

　　　　□□卜，贞……丁卯……文武帝……鼻姅……　　《合集》36175
　　　　……姅，其……（文）武帝，呼鼻姅于癸宗若，王弗每。《合集》36176

文武帝，即是文丁。[①] 另商代青铜器有四祀邲其卣铭曰：

　　　　乙巳，王曰：障文武帝乙宜，在召大庭，遘乙翌日，丙午馨，丁未煮。己酉王在梌，邲其赐贝。在四月，佳王四祀翌日。　　《录遗》275

文武帝乙即是帝乙[②]。文武帝乙的称谓也出现在西周甲骨中：

---

①　参胡厚宣：《殷卜辞中的上帝和王帝》（下），《历史研究》1959 年第 10 期。
②　陈梦家：《殷虚卜辞综述》，科学出版社 1956 年版，第 422 页。

癸巳，彝文武帝乙宗，贞王其邵成唐？鼎御，服二女，其彝，血羊

三，豚三，囟有正。　　　西周甲骨 H11∶1

彝文武丁必，贞王翌日乙酉其求，再中，□武丁醴。□□汎，卯

……左，王……　　　西周甲骨 H11∶112

在卜辞中，殷末商王文丁、帝乙都冠以帝称，"可见帝的称号，在殷代

末年兼摄到了人王上来"[1]。商王有时候又被称为"王帝"：

□□王卜曰，兹下若，兹佳王帝……见。　　　《合集》24980

贞佳王帝□不若。　　　《合集》24978

胡厚宣先生认为上引卜辞的王帝分别指武丁和祖甲，是时王的父亲。[2]

而帝则被称为"上帝"：

□□卜，争（贞）上帝降暵。　　　《合集》10166

惟五鼓……上帝若王（受）有佑。　　　《合集》30388

胡厚宣先生认为，"既然天神称帝，人王也可以称帝，于是就在天帝的

帝上加了一个'上'字，在人帝的帝上加了一个王字，以示区别"[3]。虽然

胡先生的论断尚没有更坚实的证据，但商王对死去的父亲称以帝号则是肯定

的。祖先称帝，说明祖先的地位和权能上升，逐渐与上帝相似。

商人先王对人间掌控的权能日益扩大，开始具有影响自然现象的能力：

贞翌辛卯燊雨，夒昪雨。　　　《合集》63 正

佳王亥壱雨。　　　《合集》32064

佳上甲壱雨。

不佳上甲。　　　《合集》12648

丁未卜，伊尹壱雨。　　　《合集》32881

壬申，贞其燊雨于示壬一羊。　　　《屯南》2584

乙丑卜，于大乙燊雨。十二月。　　　《英藏》1757

庚午，贞于大示燊禾雨。　　　《合集》33320

可以看出，商人祖先部分地具有上帝和自然神的功能。与此同时，先王在干

预生人世界方面的权力大为加强，在求年、求生、禳灾、战争等与现实世界

① 郭沫若：《先秦天道观之进展》，《青铜时代》，人民出版社 1954 年版，第 5 页。

② 胡厚宣：《殷卜辞中的上帝和王帝》，《历史研究》1959 年第 9、10 期。

③ 胡厚宣：《殷卜辞中的上帝和王帝》，《历史研究》1959 年第 9、10 期。

相关的事务方面权能尤著。

向祖先求禾：

乙巳，贞燊禾高祖。　　　　《合集》33298

壬申，贞燊禾于夒，燎三牛卯三牛。　　　　《合集》33277

癸亥，贞其燊禾自上甲。

戊辰，贞燊禾自上甲其燎。　　　《合集》33029

燊禾大乙。　　　《合集》33319

庚午，燊禾于父丁。　　　《合集》33320

己卯，贞燊禾于示壬三牢。　　　《合集》28271

丁未，贞燊自上甲六示，牛，小示，汎羊。　　　《合集》33296

向祖先求年：

己酉卜，祝，贞燊年于高祖。四月。　　　《合集》23717

甲子卜，争，贞燊年于夒，燎六牛。　　　《合集》10067

贞于王亥燊年。　　　《合集》10105

（贞于）上甲燊年。　　　《合集》12858 反

燊年于大甲十宰，祖乙十宰。　　　《合集》672 正

贞于示壬燊年。　　　《合集》10113

贞侑于大甲燊年。　　　《合集》10114

其燊年祖丁先酚，有雨。　　　《合集》28275

贞燊年于丁空三勹牛曹三十勹牛。九月。　　　《合集》10117

雨水、收成等实际上是一种自然过程，本来应该是上帝和自然神所掌执的权能，但祖先神也介入其中。求雨、求年、求禾等除向先公、先王等祖先祈求外，还有相当一部分是向河、岳等神灵祈求的：

甲辰卜，其燊禾于河。

甲辰卜，（其）于岳燊禾。　　　《合集》33281

戊寅卜，争，贞燊年于河，燎三小宰，沉三牛。

辛口卜，㞢，贞燊年于岳，燎三小宰，沉三牛。二月。　　　《合集》10084

关于河岳的属性，学者有不同意见，有的认为是自然神，有的认为是祖先神。但从卜辞看，河、岳的权能与祖先神有许多相似之处，而且与夒、高

祖、示壬等祖先对贞：

> 壬申卜，耏禾于河。
>
> 壬申卜，耏禾于䰠。　　　《合集》33273
>
> 癸未，贞耏禾于䰠。
>
> 癸未，贞耏禾于河。
>
> 癸未，贞耏禾于岳。　　　《合集》33274
>
> 壬申，贞耏禾于䰠。
>
> 壬申，贞耏禾于河。　　　《合集》33273
>
> ……其耏年于𡧘，燎小宰卯……
>
> 壬寅，贞其耏年于岳，燎三……
>
> 壬寅，贞其耏年于岳，燎……
>
> 贞其耏年于䰠，燎三……
>
> 戊辰，贞其耏年于示壬。
>
> 戊辰，贞其耏年于示壬。
>
> ……耏年于示壬。　　　《合集》33293
>
> 乙巳，贞耏年于岳。
>
> 乙巳，贞耏年于高祖。　　　《合集》33298
>
> 于岳耏禾。
>
> 于高祖亥耏禾。　　　《屯南》2105

在上述卜辞中，河、岳、䰠、高祖、示壬相对贞，他们应该是具有相同性质
的神灵。尤其是河，有迳称高祖河者：

> 辛□，贞求禾高祖河于辛巳。　　　《合集》32028

也有河与祖先更有合祭的现象：

> 辛巳卜，贞来辛卯酒河十牛，卯十牢，王夐燎十牛，卯十牢，上甲
> 燎十牛，卯十牢。　　　《屯南》1116

河、岳等显示与祖先神相似的情况，带有强烈的祖先神特征，杨升南先生甚
至认为甲骨文中作为神名的河即是文献中所载的商人的先祖冥。[①] 朱凤瀚先

---

① 杨升南：《殷墟甲骨文中的"河"》，《殷墟博物苑苑刊》（创刊号），中国社会科学出版社 1989 年版。

生把河、岳等定为"由自然神人神化而形成的故有明显自然神色彩的祖神"①，即河、岳等已经被商人认同为祖先神。而由人王转化成的祖先神的的权能也日益强化，尤其是《合集》33320："贞于大示蓁禾雨"、《合集》33296："贞蓁禾自上甲六示，牛，小示，汎羊"等卜辞的出现，说明祖先神已经作为一个整体都具有了影响自然过程的权能。而其它与自然过程关系较弱的事项中，祖先神的决定性作用就更加明显。

向祖先求生：

　　　　乙卯卜，殼，贞⅃父乙妇好生保。　　　《合集》2646

　　　　癸未，贞其求生于高妣丙。　　　《合集》30487

　　　　戊辰，贞求生于妣庚妣丙，在祖乙宗卜。　　　《合集》30482

　　　　□辰，贞其求生于祖丁母妣己。　　　《合集》30483

　　　　乙未卜，于妣壬求生。　　　《乙》4678

祈求祖先保佑生育之事，皆是向祖先尤其是女性祖先祈求。

另外，卜辞有：

　　　　弜蓁，其告于十示又四。　　　《屯南》601

当是在决定不举行蓁求的仪式后，向十四示报告。可见，蓁是一种常规性的仪式，而最常受到祈求的对象是祖先。

请求祖先禳除灾祸：

　　　　贞有疾告羌甲。　　　《合集》868

　　　　□未卜，争，贞告王目于祖丁。　　　《合集》13626

　　　　贞疾齿，告于丁。　　　《英藏》1122

　　　　贞小疾，勿告于祖乙。　　　《合集》6120 正

　　　　贞勿于父乙告疾膝。　　　《合集》13670

　　　　贞作告疾于祖辛，正。　　　《合集》13852

　　　　贞告疾于祖丁。　　　《合集》13853

请求祖先保佑战争顺利进行：

　　　　壬辰，于大示告方。　　　《合集》33060

　　　　壬午卜，亘，贞告呂方于上甲。　　　《合集》6131 正

　　① 朱凤瀚：《商人诸神之权能与其类型》，《尽心集——张政烺先生八十大寿论文集》，中国社会科学出版社 1996 年版。

癸巳卜，争，贞告土方于上甲。四月。　　　《合集》6385 正

贞于报乙告呂方。　　　《合集》6132

贞于大甲告呂方。　　　《合集》6141

乙巳卜，争，贞告方出于祖甲大乙。　　　《合集》651

壬申卜，殼，于唐告呂方。　　　《合集》6301

贞告呂方于祖乙。　　　《合集》6145

乙酉卜，殼，贞呂方帯率伐不王，其征，勿告于祖乙。　　　《合集》6345

……殼，贞呂方帯率伐，不王，告于祖乙，其征。勾佑。《合集》6347

贞呂方帯，勿告于祖乙。

贞告呂方于祖乙。　　　《合集》6349

向祖先报告王朝的各种日常事务：

贞王其往出省从西，告于祖乙。　　　《合集》5113 反

贞沚戜再册，告于大甲。　　　《合集》6134

辛未，于大甲告牧。　　　《屯南》1024

于大甲告望乘。　　　《屯南》135

王去𣥚，弗其告于祖乙，其有祸。　　　《英藏》30 正

丁未，贞王其令望乘妇，其告于祖乙一牛，父丁一口。　　　《合集》32896

己酉卜，召方来，告于父丁。　　　《合集》33015

弜桒，其告于十示又四。　　　《屯南》601

弜祀，告小乙。　　　《屯南》656

于父甲告，卫有灾，以王禽。　　　《屯南》3666

己酉卜，告于母辛，佳蓑。十月。　　　《合集》23419

己丑卜，犨众，告于父丁一牛。　　　《合集》31995

丁卯卜，告于父丁，其狩，一牛。　　　《合集》32680

贞燎告众步于丁。　　　《合集》39

这类卜辞几乎全部集中于祖先神，尤其是出现了把祖先作为一个整体加以祈告的现象：

　　　　戊戌卜，壹，贞告自丁陟。

　　　　……贞告自唐降。　　　　《合集》22747

此辞中，"自唐降"与"自丁陟"相对贞，把自大乙至丁的祖先作为求告的对象。丁为先王之称，或为名丁先王，也或如裘锡圭先生在研究花园庄东地甲骨得到的推论，认为丁读为帝，称父为帝有区分嫡庶之义。① 如果裘说成立，那么"自唐降"到"自丁陟"实际是指自大乙至时王父亲的所有商先王，即商人建国以后的所有先王都是求告的对象。

　　随着祖先地位的上升，祖先成为影响商人祸福的主要力量，到商朝末年，这种现象更为明显。《尚书·西伯勘黎》中祖伊劝谏纣王，"天既讫我殷命。格人元龟，罔敢知吉。非先王不相我后人，惟王淫戏用自绝"，在这里归纳商人致祸的原因为"非我先王不相我后人，惟王淫戏用自绝"，可见在天命体系中，祖先的佑助是最主要的因素，而上帝逐渐弱化为一个单纯的仲裁者。

　　从上面的分析可以看出，商人先王的权能至于各个方面，对生人的影响具有决定性的作用。可以说，商人的生存、安全、祸福都掌握在祖先手里，祖先也几乎独占了所有关乎人间祸福的权能。②

　　可以说，随着祖先地位的逐步提高，祖先逐渐取得了各方面的职权，尤其在与现实世界相关的事务方面，其实际职能的行施已经取代了帝的地位，帝的至上性逐实际化为一种概念上的至尊，具体职权也受到局限，特别是决定王朝行为的权能几乎全则由祖先执掌。祖先神的地位在现实生活中的影响实际已经超过了上帝，表现出至上性，上帝和自然神的地位和下降，对现实世界的影响日益减小。这在甲骨文中表现也非常明显，武丁之后，出现卜辞的非祖先神越来越少，逐渐为祖先神所淹没。到帝乙时，祖先神已经完成取代了上帝的地位，上帝甚至甚至遭到贬抑。《史记·殷本纪》中"帝武乙无道，为偶人，谓之天神，与之搏，令人为行，天神不胜，乃戮辱之。为革囊，盛血，卬而射之，命曰'射天'"，是祖先神在上升过程中对上帝神的否定。到帝辛时，祖先神已经成为绝对的至上神，周密的周祭制度表明商人

---

　　① 裘锡圭：《花东"子卜辞"和"子组卜辞"中指称武丁的"丁"的可能应该读为"帝"》，《黄盛璋先生八秩华诞纪念文集》，中国教育文化出版社 2005 年版。

　　② 朱凤瀚：《商人诸神之权能与其类型》，《尽心集——张政烺先生八十庆寿论文集》，中国社会科学出版社 1996 年版。

的祭祀经常而频繁，而对帝辛"慢于鬼神"①、"昏弃厥肆祀"② 的指责也不绝于书，与帝辛祭祀祖先的隆重和频繁情况不符，所以这种指责这应当是对于其怠慢上帝与其他自然神而言的，帝辛"我生不有命在天"③，或许只是对天与上帝实际影响能力的一种轻视。

血缘关系是一种天然的和排他的社会关系，祖先神地位的至上性及其对上帝权能的取代，使得商王完全掌握了宗教领域的资源，把政权自然地垄断在王族手中，而将其他部族或方国完全排除在最高权力之外。从宗教理论上而言，各部族和方国不仅不可能取得政权，甚至连机会都没有。周人灭商之后，极力强调天命，并非只是为了强调取得政权的合理性，也包含有打击商人祖先神至上的意义。对帝辛"慢于鬼神"、"昏弃厥肆祀"的指责，也在于通过抨击商人神灵系统轻视上帝和自然神，以达到压制商人祖先神的目的，从而为周代商立寻找宗教上的理论依据。

三 国家神体系的建立

在将祖先上升为最高神的同时，商人还试图建立一个以祖先神为主体的国家神系统。甲骨文中有大量先臣受祭的记载：

> 乙亥，贞侑伊尹。
> 乙亥，贞侑伊尹，二牛。　　　《合集》33694
> 丁丑卜，侑于伊尹。
> 辛卯卜，侑于伊尹，一羌一牛。　　　《屯南》3612
> 丁巳卜，侑于十立伊又九。
> 癸丑卜，侑于伊尹。　　　《合集》32786
> 壬戌卜，侑岁于伊廿示又三。兹用。　　　《保集》34123
> 其侑蔑暨伊尹。　　　《合集》30451
> （王）占曰：其卫于黄示。　　　《合集》6354 反
> 贞于黄尹卫。

---

① 《史记·殷本纪》。
② 《尚书·牧誓》。
③ 《尚书·西伯戡黎》。

贞勿于黄尹卫。　　　　《合集》3482 正

己亥卜，殼，贞侑伐于黄尹亦侑于蔑。　　　　　　《合集》970

贞侑于爻戊。　　　　《合集》3397 反

壬寅卜，扶，后叀羊不。

丁未卜，扶，侑咸戊。

丁未卜，扶，侑学戊不。

丁未卜，扶，侑咸戊、学戊乎。

丁未，扶，侑咸戊一牛不。《甲骨缀合集》236 = 20098 + 20100

陈梦家、岛邦男、赵诚、丁山等许多学者对先臣祭祀的现象都做过研究，提出了多种意见，大多把他们当作商人的旧臣。[1] 朱凤瀚先生进一步认为，"部分在商王朝发展中有影响的旧臣，如伊尹、黄尹及部分戊（巫），虽未必属子姓，但可以认为是商民族的祖神"[2]。我们对甲骨文中有关先臣的资料进行整理，成表如下：

先臣	所受祭祀	合祭的神灵	具有权能
伊尹	侑、至、酚、勺、伐、岁、报、夸、酚、伐、宾	上甲、五示、大乙、蔑	求、耂雨、求禾、求雨
伊母	侑		
伊奭	刚		求雨
黄尹	侑、侑伐、告、燎、卫、酚、戠	蔑、伊尹	耂王、耂、求雨、（宁）风、祟、告吕方、告、求
黄母	侑		
黄奭	侑、燎、帝、戠		

　　① 参陈梦家：《殷虚卜辞综述》，科学出版社 1956 年版；岛邦男：《殷墟卜辞研究》，上海古籍出版社 2006 年版；丁山：《商周史料考证》，中华书局 1988 年版。
　　② 朱凤瀚：《商人诸神之权能与其类型》，《尽心集——张政烺先生八十庆寿论文集》，中国社会科学出版社 1996 年版。

先臣	所受祭祀	合祭的神灵	具有权能
学戉（爻戉）	侑	咸戉、戉陟	卷、祟方、际
尽戉	侑		求、祟王
咸戉	侑	学戉	卷王
陟戉（戉陟、陟）	侑、侑伐	尽戉	祟
旨千	侑	蔑	
蔑	侑、侑报、晋、岁、燎	旨、伊尹、求	

从上表可以看出，商代先臣不仅具有先王所具有的大部分权能，而且有的先臣还与商王祖先一起受到祭祀，似乎与商王祖先是同类性质的神灵。这些先臣并非商王的祖先，他们之所进入商王的祭祀系统，是因为他们曾对商王朝的发展做出过贡献，符合古代国家祭祀"夫圣王之制祀也，法施于民则祀之，以死勤事则祀之，以劳定国则祀之，能御大灾则祀之，能扞大患则祀之"的规则要求。即商代已经建立了一个以商王祖先神为主体包括先臣等他族祖先在内的国家神祭祀系统，《尚书·盘庚》所言"兹予大享于先王，尔祖其从与享之"，正是这种祭祀观念的反映。[①] 而这些先臣以国家神身份出现时，很可能只接受王朝的祭祀：

　　　　贞，呼黄多子出牛侑于黄尹。　　　　《合集》3255

裘锡圭先生认为，"黄多子跟黄尹显然有血缘关系，所以商王想让他们拿出牺牲来祭祀黄尹"[②]。从卜辞可以看出，商王命令黄多子提供牺牲而不是命令黄多子致祭。所以，黄多子虽然是黄尹的后裔，但当黄尹作为国家神出现时，黄多子拥有的只是贡献牺牲者的身份，而不是主祭者的身份。

　　商王通过国家神灵系统不仅掌握了全部的宗教资源，而且把其他部族的祖先置于这一系统的下层，取得了对其统治的理论依据；同时也包含了对其他部族的认同和接纳，获得了统治权的合理依据。

---

① 参徐义华：《从先臣之祭看古代国家祭祀与鬼神观念》，《2004 年安阳殷商文明国际学术研讨会论文集》，社会科学文献出版社 2004 年版。

② 裘锡圭：《关于商代的宗族组织与贵族和平民两个阶级的研究》，《古代文史研究新探》，江苏古籍出版社1992 年版。

四 祭祀程序成为纪时标准

与祖先神圣化和国家神系统的建成相适应，国家祭祀成为国家生活最重要的标志性事件，商王对祖先的祭祀也成为全国最重要的礼节，祭祀的日期由此成为全国的纪日标准。甲骨文和商代金文中有许多记载时间的词句，都是以祭祀程序作为纪日的标准，说明祭祀不仅高度制度化，具有严格的进程安排，而且是国人皆知的。甲骨文中和金文有：

癸巳卜，王，贞旬无囚。在四月遘示癸彡乙未彡大乙。 《合集》26486

癸巳卜，王，贞旬亡祸。在四月。遘示癸彡□乙…… 《合集》22715

癸巳，王赐小臣邑贝十朋作母癸彝。佳王六祀彡日在四月。《集成》9249

甲子，王易寝孳商，用作父辛尊彝。在十月又二，遘祖乙鲁日，佳王廿祀。 《寝孳方鼎》

丙辰，王令郔其兄□于羍，田涾宾贝五朋。在正月，遘于妣丙彡日大乙奭，佳王二祀。既郔于上下帝。 《二祀郔其卣》

（乙）亥，王……自今春至……翌人方不大出。王占曰：吉。在二月，遘祖乙彡，佳九祀。 《合集》37852

甲午王卜，贞作余酒，朕求酒，余步从侯喜征人方，上钗示受有佑，不曾弋祸，告于大邑商……在欨。王占曰：吉。在九月遘上甲鬲。佳十祀。 《合集》34682

以上都以祭祀某一祖先的某种祭祀举行的时间标志日期。也有的并不指明是祭祀哪一位祖先，只是记录所举行的祭祀日子标志日期的：

辛酉，王田于鸡彔，隻大酿虎。在十月，佳王三祀，劦日。《合集》37848

甲午王卜，在渮师，贞今日步于□。十月二，佳十祀，彡。《英藏》2563

丁巳，王易嶲戽贝，在寝，用作兄癸彝，在九月。佳王九祀，劦

日。𤔲。　　　《集成》5397

壬申，王易亚鱼贝，用作兄癸尊。在六月，隹王七祀，翌日。
《集成》9101

丁巳，王省夒且，王赐小臣艅夒贝，隹王来征人方。隹王十祀又五，肜日。　　　《集成》5990

己酉，戍铃尊宜于召，置庸，㡠九律，㡠商贝十朋，万乩用宁丁宗彝。在九月，隹王十祀，劦日五，隹来东。　　　《集成》9894

在这种纪日方式中，有准确的年、月，而日的记载是用祭祀时间来记录的。这种只有年、月份与祭祀日，即能作为历法的记时方法，显然祭日已经与当年当月中的某一确切日期相联系。这种记录方式在晚商非常普遍，尤其是殷末的青铜器中，几乎成为一种定式。可以认为，以国家祭祀时间作为纪日方式已经是商代的通例。商人通过这种通用性的纪日方式，把商王祖先的崇高地位以及商王统治的合理性传达至每一个社会成员，王权渗透于社会生活的每一个角落。同时，商代也已经出现了以王纪年的情况，除上引诸辞外还有大量类似记录：

癸丑卜，贞今岁受禾。弘吉。在八月，隹王八祀。　　　《粹》896

丁未卜，贞父丁祊，其牢。在十月又囗。兹用。隹王九祀。
《合集》37853

都是以"王某祀"的形式出现，说明王位交替成为历法计算的起点，王在位年数成为纪时的方法。除以"祀"计外，还有年：

囗戌卜，出，贞自今十年有五王丰……　　　《合集》24610

囗囗卜，贞寅至于十年。　　　《合集》35249

"'自今十年有五'也有可能是指时王在位的第十五年，其实第（3）辞（按：指《合集》35249）的'至于十年'就清楚地说明'十年'指的是时王在位之年。"[①] 可见，古人注重"朔历"，并将之作为国家政权的重要象征，自殷商时代即已经成为事实，后世所说的"改正朔，易服色"将历法作为政权的重要象征并非无源之水，无根之木。

商王权力有一个演变的过程。起初，商王只是代天行事，其本身并没有

---

① 常玉芝：《商代历法研究》，吉林文史出版社1998年版，第343页。

上升为神，而只是神灵与人间的中介，通过对神灵沟通权的独占达到掌握人间祸福的目的。"予迓续乃命于天"。这时商王依然以上帝代言人的身份出现，如盘庚迁殷就强调"先王有服，恪谨天命"、"天其永我命于兹新邑"、"肆上帝将复我高祖之德，乱越我家"，把行政决策说成是上帝的意志，商王则表现为上帝意志的执行者。与此同时商王自身也在神化，这一情况一直持续到商代后期。至文武丁时期，王神化过程可能已经完成，从商王死后称帝看，商王自身也开始成为神灵，至少在死后立即成为具有相当权能的神灵。

非王卜辞有证商代民间尊"天"为至上神[①]

董莲池

在周代以来的中国传统宗教祭祀对象中，"天"是居处首位的神祇。周代以来的古人一向信"天"为百神之君，把"天"置于至上的地位加以尊奉。

可是，周代以前的商是个什么样子，人们曾根据目前掌握的材料对其研究，得出的结论是否定性的。这方面，李绍连先生的说法最具代表性，他说：

> 在殷代卜辞中还同时存在"天"字。天的字形，也有几种。这个天字，在殷卜辞中不是专指上天，也不是天神，只含广大之义，如"天邑商"即"大邑商"之意。这就是说，殷代的"上帝"和殷代的"天"是两个完全不相干的概念。……

> 殷墟卜辞表明，殷商时期上帝是至上神，天不是神，它与"上帝"没有关系。在先秦古籍中，有关夏商时期的文句中曾出现过"上帝"和"天命"并存的现象。例如《尚书·汤诰》曰："惟皇上帝，降衷于下民……上天孚佑下民，罪人黜伏。天命弗僭。"《尚书·高宗肜日》曰："惟天监下民，典厥义，降年有永有不永。"这些篇章虽有一定的参考价值，经学者考证为晚出伪书，不可据以为实证。《盘庚》三篇虽比较可靠，亦不免有后人润饰的成分。因此，这些篇章中的"天"和

① 本文是国家社会科学基金项目"商代民间信仰研究"（批准号：98BZS010）成果之一。结项证书号：2003070

"天命"是后人所为，它们与甲骨卜辞中的"天"格格不入，大相径庭。因此，殷人的"天"和周人的"天"不是一码事。[①]

他的意思是说殷墟所出甲骨卜辞是研究商人信仰最可靠的材料，可是在这种最可靠的材料里，"天"均不表示至上神，足证这个周代以来一直居于中国传统宗教祭祀对象首位的神祇，在商代则什么也不是。它作为至上神被信仰是西周以后的事。这种认识目前已成为学术界不可动摇的结论。

如果把眼光只局限在殷墟出土的王卜辞里面，这种结论，的确不可动摇，因为在王卜辞里面，天字只有两种用法：

第一种写作 𣬣，上从"●"，下从"𡗕"，而"𡗕"实同于"大"，"大"即"大"，为人形，所以𣬣字就是见于金文𣬣形天字的俗体。《说文解字》训天之本义为"颠也"，颠就是人的颠顶，比照上举金文天字，《说文解字》的这种解说可信，字形是为了表示颠顶，连带画出了人身。卜辞一律用其本义，如：

　　庚辰，王：弗疾朕𣬣。（《合集》20975）

"弗疾朕𣬣"是说不会让我的颠顶生长疾患。

第二种写作 𣬣，只见用于"天邑商"这种专有名词中，"天邑商"，据学界研究，是商王朝的都邑之名。《说文》："有先君之旧宗庙曰都。"《释名·释州国》："国城曰都。都者，国君之所居，人所都会也。"可见都邑乃国家诸邑之首。从这个角度来发现"天"在"天邑商"中所用之义，应是"颠"义的引申，所言"天邑商"寓有此"商"为诸邑之首的意蕴。两种用法都说明在王卜辞中，"天"字所表确实跟至上神的"天"没有任何关系。

可是如果把眼光转向非王卜辞，便会发现其中的"天"字使用情况并不完全如此。

首先从所用字形上看，天字写作"𣴎"、"𣴎"，如：

　　《合集》22431：于𣴎……钟[②]

　　《合集》22055：𣴎……于囗

上举第一辞是非王无名组。第二辞是午组。

①　见李绍连：《殷的"上帝"与周的"天"》，《史学月刊》1990 年第 4 期。
②　释文根据《殷墟甲骨刻辞类纂》，中华书局 1989 年版。

或中竖上穿作"禿"，如：

《合集》22093　禿钾量。十一月

此二辞也是非王午组。决不作ヌ形。

关于它的构形，姚孝遂先生认为是从大从二（上）。① 严一萍说释其构形之由认为"人所戴为天，天在人上也。"② 从严一萍的说释来看，他是将天视为上天之"天"的专字。今考用专字表专事是商人的书写习惯，甲骨文中每每有见，如"畁邕"之"畁"写作"鼜"，陷麋之"陷"写作"齿"等等，从"禿"字在写法上上部不作头颠的象形而是改从人、二（上）会意，理解为和头颠有别而另有所指之字是合乎殷人用字规律的。根据天字形体的线条化演变及演变过程中发生的讹变等规律推之，这个形体即是天字，这一看法学界并无异议，所异是在它具体所指上。由于上举有它存在的卜辞都是残辞，无法考证其具体含义。但 1973 年小屯南地发掘，曾得午组甲骨 18 片，考察这 18 片，可以发现其中编号为 H50：211 的一骨上有这个形体，辞云：

叀钾舻牛于禿。

"叀"，卜辞用为副词。张玉金指出："它出现在谓语动词前，表示谓语动词是句子的焦点。"③ "钾"即"御"的初文，卜辞中有三种用法：一种后带"事"字构成"御事"一词组，其义为治，"御事"谓掌治事务。另一种与"丝"组成"丝御"一词组，其义为用，传统认为"丝御"犹言此用，商人占卜过后，如按所占者施行，即于卜辞后契记"丝御"（或"丝用"）。第三种为祭名，同"禦"。如"御子央于母己三小牢"（《合集》3009），"御"后的"子央"是人名，所为"御"者；"母己"是亡故的先妣，为"御"之对象神；"三小牢"是"禦"母己使用的牺牲。上举 H50：211 骨上的这条卜辞，"御"的用法上显然不会是前两种，只能是第三种，也就是说它是作为祭名出现在卜辞中的；"牛"则同于"三小牢"，作为牺牲；"舻"字不识，所表应为对"牛"的处理方式，辞中修饰"牛"；而"禿"在句法地位上显然等同"母己"，都是被御祭的对象神，由卜辞看，

① 姚孝遂先生说。详见于省吾主编：《甲骨文字诂林》天字条按语，中华书局 1996 年版。
② 见同于省吾主编：《甲骨文字诂林》，中华书局 1996 年版。
③ 见张玉金：《甲骨文虚词词典》，中华书局 1994 年版。

没有任何材料可以证明这个形体表示的是亡灵，由于它确切无疑是个"天"字，从其以大、二（上）的构形着眼，将其理解为所指即人们头上所顶戴的青天应该是可以的。我们知道，祭名"御"的厌胜功能是向所御对象攘除邪祟，则"叀卲弜牛于天"就是言用弜牛向"天"御祭。

考察非王卜辞，我们发现以人、二（上）会意的"天"作为祭祀对象的完整卜辞不只见于举小屯南地甲骨一辞，还有下列一辞：

叀屰犬于天。（《合集》22454）

此辞"天"作"天"，亦从大从二（上），屰字不识，据其后面有祭牲"犬"，则其所用为祭名无疑。"叀屰犬于天"是言以犬为牺牲对"天"举行屰祭。而上举第一条残辞"于天……卲"，也可能径读作"于天卲"，乃是卜对"天"进行禦祭。殷墟卜辞卜于某禦者习见，如"贞于羌甲禦"（《合集》709 正）即是其例。至于上举《合集》22093"天卲量"，"禦"在辞中只能解读为祭名，则"天"亦当是直接或间接被"禦"者；上举《合集》22055："天……于囚"，考虑到辞后有表示灾咎的"囚"，而此"天"构形上又从大从二（上），则辞中所指为至上神上天亦极有可能。

这样，在非王卜辞里，我们目前至少可以找到二条甚至三条把"天"作为祭祀对象并且从其构形上看是将其奉为至上神加以对待的卜辞。

我们知道，王卜辞是以商王为中心的王室占卜的记录，它所反映的是王室的日常生活；而非王卜辞是以王室之外的贵族家族族长为中心的占卜记录，它所反映的是王室之外的社会生活。王室是官方的代表，属于官方；而处于王室之外的"非王"无疑可视作相对于官方的民间团体。也就是说我们至今所发现的商代占卜其实是在官方和民间两个层面上进行的。"王卜"是官方的占卜行为，"非王卜"则是民间的占卜行为。民间的占卜行为所反映的是民间的文化习俗，这是毫无疑问的。现在，我们既然在这类民间占卜行为中发现人们有奉戴头上的青"天"为神加祭祀的现象，并且民间又在书写形式上将其与头颠字严加区分，让它从大从二（上）会意，无疑是有着尊其为至上的寓意存在里面的。

因此笔者认为商代王室之外的民间，人们曾尊"天"为至上神。

以上结论，除了可以得到殷墟非王卜辞的证明外，还可以得到周原甲骨卜辞中部分先周资料的证明，来看周原卜辞：

1. 川（？），告于꜒，囚亡咎。（H11：96）

2. 乍꜒立（位）。（H11：24）

在这二条卜辞中，所用的꜒、꜒，据篇首的举述，都是表示头颠的天字。但 1 辞中它充当"告"的对象。从殷墟卜辞看，"告"为祭名，告于某习见。本辞之用，亦属告于某者，和殷墟卜辞完全一样，且又载于贞卜材料中，表达和神事相关的行为，亦应为祭名无疑。"告"祭就是用言语与神相沟通，《说文》云"告事求福曰祷"，"告"略同于祷。如上言这种祭典在殷墟卜辞中屡屡有见，如："告于大甲、祖乙"（《合集》183）、"告于高妣己"（《合集》2383），所"告"对象均为神祇。以此例之，1 辞中所"告"对象"天"虽然使用了头颠字，但所表绝非头颠义，从"告"之对象必为神祇来看，则天必为神祇，꜒音天，头上广漠的宇宙空间称作天，天即不表头颠义，则必表上天，而"上天"被告祭，因此可以论定辞中"天"就是周人心目中的至上神上天。可是为什么没有使用"大"、"二"会意的专字，而是借用了头颠字，我们认为这当是周人的书风，即在周文化圈内，不流行使用专字，而是踵事音同相假。下面来解读这条卜辞的含义。辞云"川，告于天，囚无咎"，"囚"读同"斯"，全辞之意是卜问河川发了水患，对天告祭，就会消弭灾咎吧。2 辞"乍꜒立"，꜒是头颠的天字，已如上述，但不消说辞中所表也并非头颠义。除了头颠，头上广大的宇宙空间称作天，辞中꜒既不表头颠，则必表上天。"乍"即作的初文，"立"，"大"形下缺刻一横画，读为"位"，"作天位"，意甚明了，是言建造上天的神位。给上天建造神位，不外乎是为了方便祭享。有的学者认为其"天位"之"作"肇开后世建造天"坛"之先，其说可从。

周原甲骨大多是先周的遗物。如徐中舒指出："周原甲骨绝大部分都是文王时代的遗物。"[①] 徐锡台更具体云："有一部分相当于周王季晚期和文王早期，大部分卜甲属于文王中、晚期，极少数卜甲可能属于武王期和周公摄政时期的。"[②] 而上举二片甲骨刻辞中的"天"字，表示头颠的部分一律不采取线条化的横线写法，而是作"◡"、"◡"，保留晚商象形性书风，特别是第一个天字的颠顶形作"◡"，与晚商

[①]　见徐中舒：《周原甲骨初论》，载《古文字论集》（四川大学学报丛刊第十辑），1982 年 5 月。

[②]　见徐锡台：《周原甲骨文综论》第 154 页，三秦出版社 1991 年版。

"子"字作"ϑ"（小子耷卣）、"ϑ"（酰驭卣）的头颠形书写风格一致，属晚商书风，都可证这两片卜辞应契成在先周。而先周在当时是商的"子民"，其地位当然属于民间团体，这一点与商代"非王"的一族基本地位几无二致。所以这两条卜辞所反映的也是属于商代民间的文化习俗应该没有任何问题。

通过以上对殷墟非王卜辞和先周周原卜辞"天"字的研究，我们现在可以把整个商代社会的至上神信仰结论如下：

商代社会的至上神信仰是在王室和民间两个阶级层面上展开的，在王室这一阶级层面上，信仰的至上神是"帝"，在民间这个阶级层面上，有自己独家的信仰，这就是"天"。

因此，以往说商代"天"不是神，未受到膜拜，不符合商代整个社会的实际。

搞清了以上史实，连带可以廓清长期笼罩在商、周两个王朝至上神信仰上存在"帝"、"天"之别的迷雾：原来造成这种差别的原因是由于"天"本周人在商时处于民间"子民"地位时的信仰，革殷命后，由民间"子民"地位走上统治阶级的宝座，便把居于民间"子民"地位时的至上神信仰升格为王朝信仰，于是便形成商、周两个王朝至上神信仰的"帝"、"天"之别。

殷商制骨

孟宪武　　　谢世平

殷商时期的骨器制造，是当时手工业生产领域中的一个重要部门。

商代后期，是我国奴隶社会高度发展的一个时期。制骨手工业的进一步发展，是这一时期社会经济、宗教、文化、艺术进步发展的一个缩影。这一时期的制骨手工业作坊数量剧增，规模扩大，从业人员增多。早先，已有不少学者就商代骨器制造有过论述①。也有不少著作、报告中涉及到这方面的问题②。考古资料反映，至目前为止，仅殷墟就发现制骨场所达五处之多，部分材料已经公布③。下面我们将依据这些材料，结合殷商时期有关制骨方面的其它资料，谈一谈殷墟制骨场所的分布、工艺流程、产品种类及这一时期骨器制造业发展的意义，仅供同仁参考，不妥之处敬望斧正。

一　制骨场所的分布

殷墟发掘资料表明在殷墟中心区花园庄村存在一处规模较大的商代制骨场所（图一），其使用时间相当长。在 1986—1987 年间，中国社科院考古研究所安阳工作队在该村西南角（小屯村围沟之内）进行了一次大型发掘。发掘报告反映 H27 是一个面积超过五百平方米的大型灰坑。该灰坑主要出土物是大量破碎的兽骨，总数近三十万块。报告称："有少量带有锯切痕迹的兽骨，多为牛股骨与肱骨骨臼上段，少数为牛髋骨。锯痕断面齐直，似青

---

① 虞禺：《商代的骨器制造》，《文物参考资料》1958 年第 10 期。
② 胡厚宣、胡振宇：《殷商史》，上海人民出版社 2003 年 4 月版。
③ 李阳：《殷墟北辛庄村商代遗存考察》，《安阳历史文物考古论集》，大象出版社 2005 年 10 月版。

铜锯所为"。报告又称："如果推测可以成立的话，当时这一带可能有制造骨器的作坊，其位置必定离废骨坑不远，也许就在花园庄现在居民住宅之下。"[①]该废骨坑使用年代，报告是有明确见解的，"这个废骨坑发现于花园庄村南地、围沟西南的内侧并不是偶然的。距该坑约五、六十米的小屯南地，1973年曾发现五千多片刻辞甲骨，其中绝大多数是牛骨。还发现了一些未经占卜的完整牛肩胛骨。这批甲骨的时代从武丁到帝乙，多数属康丁、武乙、文丁时期。该遗址的时代自殷墟文化第一期至四期初，其繁荣阶段在第三期至第四期。有的研究者推测，该处是殷代中期以后（康丁以后）的占卜场所（《1973年小屯南地发掘报告》结语）。可以看出，小屯南地遗址的繁荣阶段与花园庄H27废骨堆积的时代是大致相同的。说明两者应有一定的联系。"[②]由此我们认为花园庄商代制骨场所是专为宫廷选用占卜用骨（牛肩胛骨）所设立的作坊。该作坊兼作骨器与角器等骨质产品，其中发现的Ⅱ式骨笄首部呈扁平梯形，四边各刻出两条阴线纹，头下有两对称小缺口，与《殷墟妇好墓》中Ⅳ式笄近似。另外Ⅳ式笄一件，笄首作鸟形，头大，圆眼顶上有锯齿状冠，短翅短尾通体磨光。以上两件骨笄在商代一般墓葬中是很难见到的，只有在妇好墓才能见到。这足以说明该场所是由王室直接控制的制骨场所。

上世纪五六十年代有关部门曾在殷墟薛家庄村进行过考古发掘。发现了商代制骨场所。近年来，中国社科院考古所安阳工作队于2002年、2006年两次在薛家庄村南进行了发掘。[③]发现这里是一处规模宏大的制骨场所。该地点和殷墟苗圃北地铸铜作坊紧相毗邻。发掘情况表明，该遗存分布范围大约在五千平方米左右，其内涵丰富，主要堆积有大量废弃骨料、骨质半成品及少量粗制骨质产品。笔者有幸数次到现场实地勘察，发现这处制骨场所分布范围之大，废弃骨料堆积之厚，在殷墟制骨场所是罕见的。据估算到目前为止，废骨料达数十万块。其中以牛肢骨为主，这些废骨料大部分留有锯、切、磨、锉、钻、砍等加工痕迹。锯痕断面齐直，钻孔规整，深浅不一，锉

①　中国社会科学院考古研究所安阳工作队：《1986—1987年安阳花园庄南地发掘报告》，《考古学报》1992年1期。

②　中国社会科学院考古研究所安阳工作队：《1986—1987年安阳花园庄南地发掘报告》，《考古学报》1992年1期。

③　目前尚未发表简报。

痕显明，磨痕光滑。薛家庄村南商代制骨场所及其周边的商代遗存是相当丰富的。它们的存在时段体现出这一带从殷墟早期到殷墟晚期这些商代遗存的普遍存在。从该遗存所共出的陶器看，其存在时段应该在殷墟二期偏晚至殷墟四期晚段。这一点可说明该制骨场所从初建到延续使用的漫长历史。苗圃北地铸铜作坊遗址是一处规模宏大，延续使用时间较长的大型铸铜作坊。薛家庄村南制骨场所与苗圃北地铸铜作坊紧相毗邻，说明在殷商晚期，这里曾是商王室直接掌控的一处规模宏大的手工业作坊园区。

北辛庄商代制骨作坊遗址。该地点位于殷墟西部边缘，上世纪五十年代（1959 年），中国社科院考古所曾对该遗址进行了试掘，取得了一定的收获。2003 年安阳市文物工作队和中国社科院考古所安阳工作队联合再次对该遗址进行了发掘。[1] 这对我们进一步认识北辛庄村一带商代制骨作坊的范围、时期、性质其意义十分重大。北辛庄村位于小屯村正西 2.5 公里处。制骨作坊遗址在该村西南一带。这里原是一片平坦的田地。经钻探得知，在四万五千平方米的范围内有商代骨料层和骨料坑的堆积遗存，这次发掘发现了包括夯土建筑基址、灰坑、窖穴、墓葬及祭祀坑等十分重要的商代遗存，还出土了一批作坊遗留下来的生产工具、骨器等重要文物。这次发现商代夯土建筑基址两座，F1 呈东西向，南北长 12 米，东西宽 5 米左右，两排柱础排列有序。F2 也呈东西向。推测这两座建筑当时应为制骨作坊的管理者居住的地方。这次发现商代窖穴五座，均为圆形袋状，口径在 1.3 米、底径 1.7 米左右，深 1.1—1.4 米。窖穴出土了大量的骨质废料。其中 J3 出土铜锯一件，J2 出土铜刀、铜锯各一件。灰坑中出土文物也较多，包括磨石一件、陶片和大量骨质废料。发掘殷代墓葬二十座，均未被盗掘、保存完好。其中俯身葬十座、仰身葬八座，曲肢葬两座。还有两对为夫妻并葬墓。M8 墓主男性俯身直肢，随葬品中有一件石钻扶手及一件磨石，还随葬有陶觚、爵、豆、铅器等物。该墓主生前的身份应为制骨作坊较高级的工匠。M3 和 M11 均为土坑竖穴小墓，M3 仅随葬一件陶盘，M11 未见随葬品。说明两墓主生前地位低下。圆形祭祀坑是这次发掘的一个重要现象。圆形坑内有牛骨架一具。用牛、羊在圆形坑内祭祀这种现象在殷墟是比较普遍的。如 2000 年郭家湾

---

①　李阳：《殷墟北辛庄村商代遗存考察》，《安阳历史文物考古论集》，大象出版社 2005 年 10 月版。

新村商代遗址、2003 年孝民屯商代遗址均有类似现象发现。北辛庄制骨作坊的这一祭祀用牛现象是商代祭祀神灵杀牛以供"食"的一种古老传统。①北辛庄制骨作坊遗址出土遗物相当丰富。骨质废料在地层堆积和灰坑、窖穴中十分普遍，其数量特别大。这些边角废料骨质极好，有磨、锯、切割等加工痕迹。发现制骨工具与骨器数十件。包括铜锯、铜刀、石钻扶手、磨石、骨针、骨簪、穿孔骨器等。北辛庄商代制骨作坊遗址是殷墟发现最早、规模较大的一处制骨作坊遗存。它地处殷墟最西部，在当时应是某个部族所经营的一处大型手工业制骨作坊。

殷墟除以上发现的这三处大型制骨场所外，还在大司空村②（1960 年）及小屯村附近③也曾发现小型的制骨作坊遗存。随着殷墟考古工作的进一步深入，制骨场所新资料也会不断的出现，至于殷墟内的这些小型制骨作坊遗存的性质，有待于今后进一步去认识。

从目前殷墟发现的制骨作坊遗存的分布看，位于小屯、花园庄村的制骨场所规模大、延续时间长、出土产品精美。这里的手工业作坊应是王室直接控制的。薛家庄村制骨作坊遗址位于殷墟中心区域，其和苗圃北地铸铜作坊遗址共同形成商王室所控制的手工业作坊区。而北辛庄所发现的制骨作坊遗址，地处殷墟的最西部，我们推测，它的经营权是隶属当时某一个部族的。

殷商时期手工业是相当发达的。在殷墟它不仅体现在手工业作坊的规模上，同时也体现在手工业者庞大的队伍上。这方面资料主要体现在商代墓主人的身份上。从殷墟西区墓葬统计情况看，十分之一的墓主人随葬有铜刀、铜锥、石钻扶手、石锥等手工业工具，这些墓主人生前无疑是从事手工业生产的。也可以说殷商人口的近十分之一是从事手工业生产的。这些手工业者的身份在墓葬资料中是有显示的，例如：西区墓葬 M271 随葬有铜刀、铜锥，同时也随葬铜觚爵④。说明该墓主生前身份不仅是个小贵族，而且还是一个手工业生产者。又如西区 M283 随葬有铜刀、铜锥，M1148 随葬有铜锥，M532 随葬有石钻扶手，同时这些墓主都随葬陶觚、爵，说明这些墓主

---

① 黄展岳：《中国古代人牲人殉》，文物出版社 1990 年 2 月版。
② 文物编辑委员会编：《文物考古工作三十年》，文物出版社 1981 年 10 月版，第 276 页。
③ 中国社会科学院考古研究所编：《新中国的考古发现和研究》，文物出版社 1984 年 5 月版，第 224 页。
④ 中国社会科学院考古研究所安阳工作队：《1969—1977 年殷墟西区墓葬发掘报告》，《考古学报》1979 年第 1 期。

生前是有身份的，是自由民，是手工业者。综上所述，殷商时期手工业者的身份绝大多数应属自由民身份。

二、殷商时期骨角器的制作工艺流程

殷商时期骨角器的制作工艺流程继承了前人的制骨工艺，并有新的发展。商代制骨工艺流程不外乎传统的制骨工艺过程与步骤，即：选材、脱脂、取材、制坯、成形、磨制抛光到成品的过程。

（一）选材

考古资料显示，制作骨器的动物骨骼主要有：象、鹿、牛、马、猪、羊等，以牛、鹿为多。牲畜与被捕获的野兽在被宰杀或食用后，其骨架的肢骨、肋骨、肩胛骨、角骨等被留做制骨的原料外，其余骨骼多被当做垃圾扔掉。选用这些骨料应是制骨工匠、屠夫与厨师的一项工作。

（二）脱脂

商代制骨工艺，脱脂是其工艺流程中一个必需的环节。商代骨料脱脂究竟采取什么样的方法（过程）尚不得而知。现在制骨过程中的脱脂方法有两种：一种是人工脱脂，即将骨角料放在锅内沸煮[①]，使之脱脂；另一种是自然脱脂，即将骨料埋于地下或放在自然环境中进行凉晒，促使其自然脱脂。我们推测商代制骨过程中的脱脂环节也不外乎这两种方法。

（三）取材

制骨骨料在选材、脱脂后，即进入取材环节。在殷墟发现的制骨场所，如花园庄村、薛家庄村、北辛庄村的废骨料坑中出土了大量的废骨料。其中以动物肢骨有用部分被截取后所剩留的两端关节部分（图二），还有鹿的头骨在被截取鹿角后剩下的头盖骨均被当做垃圾处理（图三）。从截断骨料的横截面看，截取骨料的工具是锯。肢骨上下两节，每节在截去两端后，中间部分就是制作骨器所选取的骨材。

（四）制坯

制坯是商代制骨工艺流程中的重要环节。在制坯过程中，除少数骨器是

---

① 沈之瑜：《甲骨文讲疏》，上海书店出版社 2002 年 10 月版。

利用骨骼的自然形状制成骨器的胚胎。如角锥、鱼钩、骨铲等。牙器也有这一现象。其中妇好墓出土的三件象牙杯的粗胎就是用中空的象牙根段制成[①]。现以殷商时期发现数量最多的骨器，如骨锥、骨针、骨笄、骨镞、卜骨、卜甲为例加以说明。骨锥，是用肢骨骨管，根据所需的形状，先将骨材锯成骨锥所要求的斜尖形骨条。一般在取材时要根据骨管即所取器物骨坯的需要进行切割（图四、五）。骨针，由于骨针成形后形状较为纤细，所以先在骨材上进行划线，并将其锯成不足半公分宽的条状形（图六）。骨笄，成形后的骨笄有两大类：一类是平顶圆锥柱体；另一类是加笄首的圆锥柱体。根据有关资料显示，第一类骨笄取材时应锯为较窄的长条形毛坯。第二类取材应锯为较宽的长条形毛坯（图七）。骨镞，做为狩猎和战争使用的飞行器，要求选材时骨质必须坚硬，所以在选材过程中选用"较厚阔的短段骨料"[②]（图六：3）。卜骨、卜甲，殷人占卜用骨绝大多数是用牛的肩胛骨与龟的腹甲。牛肩胛骨的结构比较简单，主要分骨面、肌脊（又称胛冈）、骨臼、茎块四个部分。在整治过程中，要锯去茎块、削平骨脊，然后施行切割，先把骨臼部锯去一半或三分之一，成为月牙形，把后边缘全部削平，即完成了卜骨的雏形。卜甲使用前首先要经过整治，先将甲壳从背甲和腹甲两边的结合处（叫做甲桥或甲墙）锯开，使背腹甲上各带有一半甲桥，然后修整留在腹甲上的甲桥四角，即完成卜甲基本形状的整治[③]。

　（五）成形

　　骨器毛坯制作完成后即进入了器物的深加工成形阶段。如骨锥、骨笄需要进行刮、削（锉）、磨，使之成为器物的雏形。图八、九骨锥表面的刮削痕是十分显明的。再看骨笄的成形过程，平头骨笄通体砍削，刮平成形后，就可以锯掉顶端的多余部分（图十），从去掉的多余部分看其锯、砍、削痕，十分明显。在成形的器物中需要钻孔的器物，如骨针和装饰品，骨针成孔方法应有两种：一种是将钻孔一端直接钻透，大一点的孔使用这样的做法较多；另一种是将钻孔的一端削磨菲薄，在用犀利小刀片顺着锥身方向在磨的扁平的柄端切割成孔，大部分的针孔，可看出孔是扁的，而扁的开头与针

---

①　胡厚宣、胡振宇：《殷商史》，上海人民出版社 2003 年 4 月版。
②　虞禺：《商代的骨器制造》，《文物参考资料》1958 年第 10 期。
③　沈之瑜：《甲骨文讲疏》，上海书店出版社 2002 年 10 月版。

长同一方向，针孔扁槽成斜凹形，这说明切钻穿孔的过程。我们注意到商代骨器的钻孔形成和玉石器的钻孔形成是一致的。是从正反两面钻通的，从器物的两面看孔均呈圆锥形（图十一）。殷墟出土的骨器在成形过程中表面出现了戗的痕迹（图十二），这一现象说明商代已经有了这方面的手工业工具。骨器在成形过程中除了使用锯、刀、锉、戗、钻等工具外，还使用斧、凿等其它工具。

（六）磨制与抛光

骨器雏形制成后，磨制与抛光是骨器制造工艺流程的最后一道工序。就目前殷墟出土的骨器看，多数采用了这种方法。其磨痕与抛光的痕迹是明显的（图十三）。磨制操作多用磨石，其方法有关专家做过实验，"例如磨制一个平头铲的刀，如果干磨要 10—15 分钟，如果水磨只需 3—5 分钟就成。……至于磨法有两种，一种磨成横斜纹的，有两个可能，一种可能是将器物放在磨石上磨，另一种是用磨具压在器物上磨，都能得出同样的结果，唯后者的磨痕没有前者那样整齐；还有一种磨成竖纹的，可能用磨具放在石砧上磨的"[1]。我们也做了一个简单的实验，磨具越大越细所磨制出的骨器越平越光，而使用短小粗质磨具所磨制的骨器多表面纹粗、中部微凹。形成骨器中部微凹现象应是磨制骨器时用力与磨具较小有关。操作抛光则用动物的皮革或植物果实（如葫芦皮）等物进行磨擦，使之骨器表面光滑无痕。

三、殷商骨制产品的种类

殷商时期制骨业的发展及其工艺水平可以说已经达到历史的最高峰。这一时期用骨制造的器具种类繁多，我们根据现有的资料分如下几项加以叙述：

（一）生产工具

骨刀　骨刀在殷商时期是较为少见的一种手工业生产工具。一件传世商代骨刀，呈长条状，一端有斜直的利刃，中间穿一小孔，该器应为大型动物肋骨所制成（图十四）。在原始社会，切割工具主要以石刀为主，在半坡曾

---

[1]　中国社会科学院考古研究所编：《西安半坡》，文物出版社 1963 年版。

出土过骨刀，该器一端做成斜直锋刃，柄部穿一小孔，通体磨光，制做精良，研究者认为可能是制陶的一种工具①。商代曾发现一种骨刀柄，断面呈凹形，在凹槽中镶嵌石片和铜片做割刮之用。这种工具对皮质加工最为合适。商代更由于青铜刀的出现，加上石刀工具的大量延用，所以这一时期骨刀较为少见。

骨铲　商代骨铲在郑州与安阳都有发现，是用牙床骨②、肩胛骨磨制而成的。铲应是翻土用的农业生产工具。新石器时代的辛店文化、半坡文化中均发现过骨铲。骨铲的功用不能与石铲、铜铲相比，只能是这一时期一种松土的工具。

骨锥　商代生产工具中发现量最大。因为骨锥在人们日常生产生活中广泛使用，它的锥刺功用在当时是石锥、铜锥等锥形工具所不能取代的，原因是骨质锥刺工具，在原料来源及制做工艺上，较石、铜质同类工具简便易做。商代骨锥主要是利用动物肢骨或鹿角磨尖磨光而成的工具。它的大小不等、形式多样。其用途也应该有所不同。

骨质印纹工具　商代陶质器皿上纹饰形成是一个值得探讨的工艺学术课题。陶拍在陶器制作过程中是陶器表面制做纹饰的工具，这已为学术界所认同。近期我们发现两种骨质印纹工具（安阳出土）。齿状印纹工具为两件，形状大小基本相同，呈圆柱体，表面为竖向齿状。一件长 7.2、一端径 0.81、另一端径 0.7 厘米，为九齿。另一件长 7.2、一端径 0.74、另一端径 0.71 厘米，为 11 齿。柱状印纹工具一件，呈圆柱体，表面为几何图案，分为三组，每组内容为上下各两道阴线弦纹，间饰网状阴纹。一端顶面有钻孔，器长 3.97、一端径 0.98、另一端径 0.78、孔深 0.85、孔径 0.34 厘米（图十五）。对这两种新发现的骨质印纹工具，我们在陶泥上做了初步实验，印出来的花纹和商代陶器上的细交叉绳纹模式相同。另一件在实验后也产生了同样的效果，骨质印纹工具的新发现为殷商制陶工艺进一步研究提供了新的实物资料。

（二）生活用具

骨针　人类在旧石器时代就使用了针。新石器时代以半坡遗址为例，仅

---

① 中国社会科学院考古研究所编：《西安半坡》，文物出版社 1963 年版。
② 虞禺：《商代的骨器制造》，《文物参考资料》1958 年第 10 期。

发现带孔的骨针就达 270 余件。骨针在殷商时期人们日常生活中普遍使用。殷墟出土的骨针不计其数。从实物看，殷商骨针形状较半坡时期骨针更为纤细光滑。骨针有长有短，长者十几厘米，短者仅 2.3 厘米。当时有孔针的用法和现在有所不同，估计不是直接用针把线带过去的。商代用麻葛、丝及皮革做衣服，要直接用骨针系线穿过恐怕不易，而且会折断。所以推测，与绱鞋相同，用一个锥子先在缝纫物上穿一个孔，然后把系有线的针穿过去。殷墟出土物中有一种小而细的骨锥，可能与上述这种缝纫有关。

骨匕 殷墟有一定数量骨匕出土。骨匕一端是薄片状，一般认为是吃饭用的用具。形状有多种，有的只是在一根骨管的一端削成薄片状，有的整体削成片状，有的有穿孔，有的刻有精美的图案。片状长条形骨匕一边厚一边薄，可以夹在手中进食割肉。古书中常有"鼎匕同提"，即由此之故。

骨梳 殷商时期人们日常生活已经使用骨梳。骨梳在郑州、安阳两地商代遗址中均有发现。郑州发现的骨梳呈长方形，梳柄上刻有花纹，蓖齿在十数以上[①]。妇好墓出土骨梳形制精美，同时还出土有罕见的铜镜四面[②]。说明商代皇室、贵族的女眷们对镜梳装已成为日常生活中的一件要事。

骨尺 由于商代商业贸易的高度发展，度尺在商贸市场交易活动中为人们所普遍使用。中国历史博物馆藏商代牙尺一件，传为安阳殷墟出土。该尺长 15.78，宽 1.6，厚 0.5 厘米，正面刻十寸，每寸刻十分。上海博物馆藏商代牙尺一件，传为安阳殷墟出土。该尺长 15.8、宽 1.8，厚 0.5 厘米，正面刻十寸，每寸刻十分[③]。我们近期见到殷墟出土的一段残骨尺，上刻三寸，每寸长 1.6 厘米，尺厚 0.45 厘米。以上三件骨牙尺的发现，说明商代在商品交换中尺度已成定制。一尺约合现在的 15.8 厘米左右。

（三）骨质兵器

殷商时期用骨制作的兵器包括骨镞、骨戈、骨矛等，其中骨镞发现数量最多，在狩猎和战争中使用普遍。骨戈、骨矛等武器十分罕见。骨镞的使用在新石器时代已经比较广泛。以半坡为例，发现石、骨镞共计 288 件，其中骨镞 282 件，石镞仅 6 件。骨镞可分为十三型十五式。说明新石器时代骨镞

---

① 虞禹：《商代的骨器制造》，《文物参考资料》1958 年第 10 期。
② 中国社会科学院考古研究所：《殷墟妇好墓》，文物出版社 1980 年版，第 103—104 页。
③ 见《中国度量衡图集》。

在狩猎生产活动中发挥着重要作用。青铜时代，用青铜做镞是不合算的，"矢者失也"，用一次就完了。因而，最好用其它的代用品。在商代石镞发现不多，骨镞较为流行，而它的功能不见得低于铜镞。"商代，骨镞形式很多，断面有圆形、扁平形、两棱形、三棱形、四棱形及荞麦式、带翼式等形式。前面几式明显在新石器时代能见到或多或少的相似物，最后一种带翼式却是新的形式，显然是仿铜镞制作的。商代的骨镞，很多更是柄与身段没有明显的分界线，只有一锋而少三锋。这些都是石器时代留下来的遗风"①。商代骨戈，我们仅在殷墟发现一件，其形状似铜戈形，有援有内有下栏。初步分析它是利用动物身上某一块骨骼的自然形态稍微加工后制作而成，具体出土地点在殷墟西部边缘（图十六）。

（四）骨质装饰品

殷商时期发现装饰品种类较多，大致包括骨笄、簪、骨管、骨珠、骨坠等，骨笄是装饰品中数量最多的一种，殷墟墓葬中相当数量的墓主人头部都有骨笄、骨簪存在。殷代商人束发插笄是一种普遍的生活行为。殷墟妇好墓一木盒内出土骨簪 400 余件，簪帽形式多样。说明精美的骨质装饰品在商代贵族眼中是财富的象征。发掘资料表明，墓主人身份不同束发的骨笄、骨簪也有一定的区别，自由民普遍使用不带帽的骨笄，一般贵族使用带帽骨笄，身份较高的贵族则使用笄首雕刻精美的骨笄、骨簪。而奴隶身份的人则用残断的未成形的骨笄束发②。

骨珠、骨管、骨坠等骨质装饰品多是殷人佩带在颈部的饰件。骨珠是用小骨管切成一片一片的小片，用线穿起来做为装饰品的。骨管，简言之，用一段一段的小骨管串连起来做装饰品。骨坠多制成圆柱形，上端有一小孔，用线穿起来系于颈部。

（五）骨（牙）艺术品

商代骨质艺术品种类较多，其中以"骨雕人物与动物为骨质品中有较高水准的作品，一些人物、鹿、虎、龟、蛙等制品的眼、耳、鼻、身等部位还以绿松石镶嵌，使之形象更为生动。牙器有雕刻的梳、筒、杯。象牙杯上

---

① 虞禺：《商代的骨器制造》，《文物参考资料》1958 年第 10 期。
② 中国社会科学院考古研究所编：《安阳殷墟郭家庄商代墓葬》，中国大百科全书出版社 1998 年 8 月版，第 123 页。

刻有精细的花纹并镶嵌有绿松石。其中，以殷墟妇好墓出土的象牙杯因材施艺，工艺最精。象牙杯有三件，两件高约 30 厘米，一件高 42 厘米。杯身用中空的象牙根段制成，一对夔鋬杯通体雕刻花纹四段，并镶以绿松石片；一件带流虎鋬杯通体雕刻极其精细的鸟、饕餮和夔纹，并衬以雷纹，技艺非常精湛，为殷商时代牙雕制品中具有代表性的杰作[1]。另有雕刻的花骨，也是殷商时期骨质艺术品中的精美杰作。安阳市博物馆藏一件雕刻花骨（图十七），长约十多厘米，骨质极好，正面雕刻有精美的纹饰。这些装饰十分精美的骨质艺术品为商代贵族与王室所拥有。

（六）卜骨、卜甲

牛肩胛骨、龟甲在殷商时期，作为商王室和贵族占卜用料，数量相当庞大。遗留下来的，以无文字记载者多，有文字者不足十分之一，甲以腹甲为多，背甲参用，骨以牛肩胛骨为最多，羊、鹿肩胛骨参用[2]，殷墟到目前为止卜骨卜甲有数十万件，其中带字甲骨就有十五万片之多。众所周知甲骨文已成记载殷商历史文化最重要的载体。"不独在文字源流学上开一新生面，而其效果可及于古代史之全体"[3]。因此我们完全有理由说，骨质制品卜骨、卜甲与后世的竹简、帛书、纸一样起到记载商代历史的作用。在当时它是任何物质所不可替代的。

另外，在殷商骨质制品中还有骨贝、骨埙、叉形器等物品。这些骨制品在商代货币交换、音乐、装饰艺术等领域中均起到了应有的作用。其历史、艺术诸方面的价值也是不言而喻的。

殷商时期手工业生产部门分工明细，生产规模扩大。殷墟制骨场所的考古资料显示，到目前为止，已经发现制骨场所五处。遗址面积达数万平方米。发现废骨料数上百万块。

殷商制骨用料主要取材于动物骨骼，这些动物骨骼包括牛、羊、猪、鹿、象、马等。其牛骨数量最大。商代前期还有大量用人骨制器的现象，"在（郑州商城）紫荆山北商代房基北边的一个窖穴内发现了骨器和骨料一千多块。经过鉴定，其中有人骨，约占全部骨料的半数以上"[4]。用人骨制

---

① 见《中国度量衡图集》。
② 李济：《考古琐谈》，湖北教育出版社 1998 年 2 月版。
③ 梁启超：《中国历史研究法》，上海古籍出版社 1998 年 12 月版，第 59 页。
④ 虞禹：《商代的骨器制造》，《文物参考资料》1958 年第 10 期。

器的现象反映了奴隶制度的残酷性。

殷商时期是我国青铜时代的鼎盛时期。这一时期的冶铸水平，主要反映在青铜器的制作上。包括礼乐器、兵器、手工业生产工具等诸方面。这一时期的青铜生产工具种类齐全，包括斧、锛、凿、刀、锥、锯等。殷墟制骨作坊遗址所发现的制骨工具多数为铜质的刀、锯、凿等，石质工具发现极少，说明这一时期作坊内传统的石质工具已经被铜质工具所取代。这一时期手工业作坊内青铜工具的普遍使用，是我国手工业生产领域的一次重大革命。故该时期能生产出一批新的有代表性的精美绝伦的骨牙制品。如妇好墓出土的虎鋬、夒鋬象牙杯、多种簪帽形状的骨簪以及艺术价值较高的雕花骨板。还有十余万片带有刻辞的卜骨、卜甲，足以说明这一点。

殷商时期国力十分强劲，社会一度保持了长期稳定的局面。这一时期社会人口数量猛增。人们当时不仅在生产领域对骨制产品需求量增大，而且在精神文化产品方面的需求也日趋增大。随着社会对骨制产品需求量的增加，进一步促进了制骨业的飞速发展。殷商时期制骨手工业的高速发展，对这一时期城市的发展起到了重要作用。

殷商时期的骨制品，在人们日常生产生活活动中使用比较普遍，精美绝伦的骨制品也是王室贵族所拥有的财富。殷商时期的占卜刻辞对商代艺术的贡献，主要在书法上。我们更可以看出，这些文字在中国古代美术史研究上的重大意义，是因为它把"政治、宗教、艺术"[①] 完美的结合在一起了。"殷商文明象一条大河，它是由众多小河、小溪汇聚而成"[②]。高超的制骨工艺，绚丽的装饰艺术是高度发展的殷商文明的又一写照。

---

① 张光直：《考古学专题六讲》，文物出版社 1992 年 6 月版。
② 杨宝成：《殷墟文化研究》，武汉大学出版社 2002 年 2 月版。

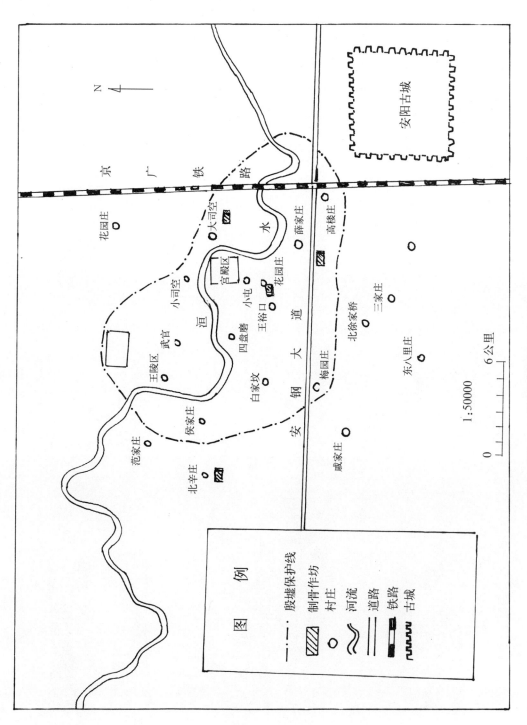

图一　殷墟制骨场所分布图

图　例

- ·—·—·　殷墟保护线
- ▨　制骨作坊
- ○　村庄
- ～～　河流
- ＝＝　道路
- ▬　铁路
- ⏛　古城

1：50000

0 ———— 6公里

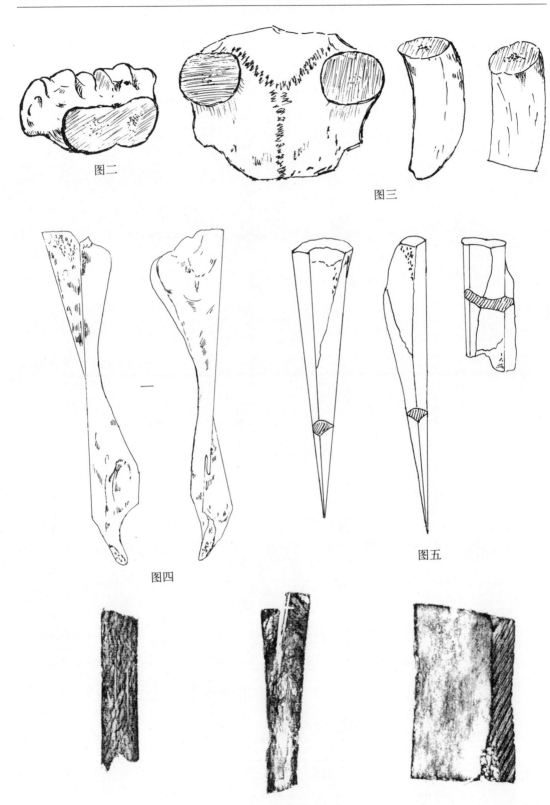

图二

图三

图四

图五

图六（划线与锯痕）

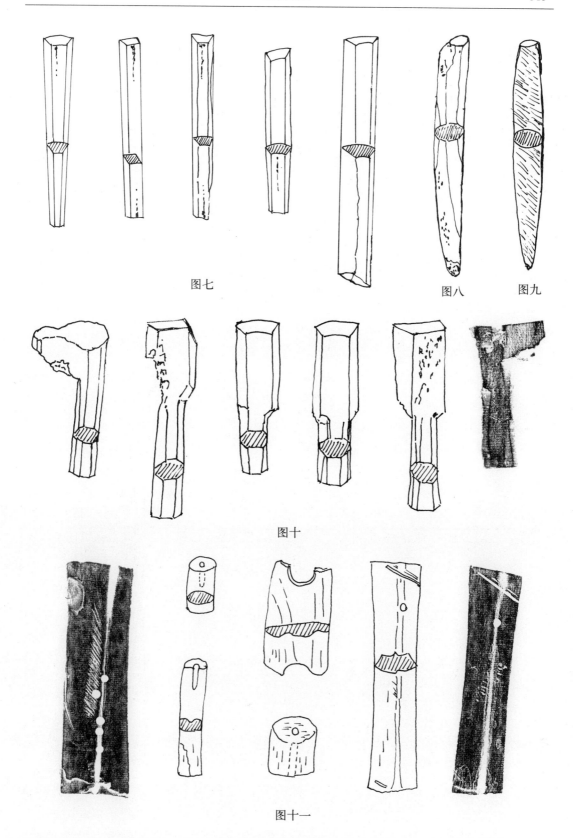

图七　　　　　　　　　　　　　　　　图八　图九

图十

图十一

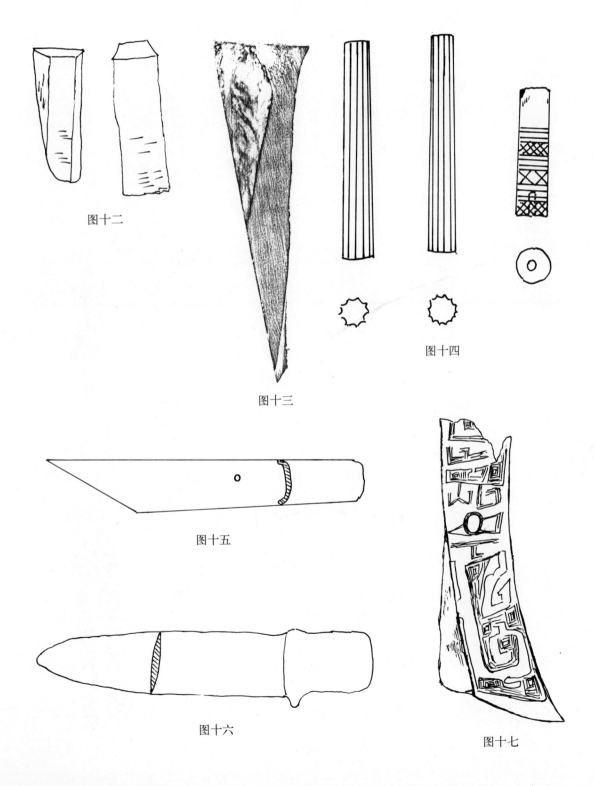

图十二

图十三

图十四

图十五

图十六

图十七

甲骨文中关于头、胸、腹病态的记述

单健民

甲骨文是我国商朝后半期殷代帝王利用龟甲、兽骨进行占卦时刻写的卜辞和少量记事文字。它是研究我国古代文字和古代史，特别是研究商代史最重要的直接史料。

祖国医学作为我国科技文化的一枝奇葩，在甲骨文中也有较为全面的记载。1944年胡厚宣先生在《甲骨学商史论丛》中发表了《殷人疾病考》后，甲骨文中的医学史料逐渐为学术界所了解，并在研究和探讨甲骨文中的医学史料和医学思想的过程中，初步形成一门新的学科——甲骨文医学。

甲骨文中的临床医学史料非常丰富，据不完全统计：殷墟卜辞中共记载了内、外、妇、儿、眼、耳、鼻、喉、传染病等临床各科疾病46种，有关卜辞达200多条。兹就手头资料，对甲骨文中关于头、胸、腹的病态作一汇集，以供研究医学史料之参考。

一　关于头部病态的记述

甲骨文记述头部病态的有：疾首、疾天、疾旋和疒。

（一）疾首　泛指头部病态，主要症状为头痛。

1. "……卜，㱿……有疾首。"（《外》268）

释：㱿卜问，有头痛病。

2. "贞：子疾首。"（《库》564）

释：贞人说，子头痛否。

3. "甲辰卜，出贞：王疾首，亡征（延）。"（《柏》23）

释：甲辰日，名叫出的人卜问，商王头痛病不会拖延下去。

4. "旬有祟，王疾首，中日，雪。"（《林》2.16.4）

释：商王的头痛病，日中就可解除。

注：疾，甲骨文为𤕫，罗振玉释为疾，并曰："象矢著人腋下。"此字是矢伤人。多指外伤。病，甲骨文写作𤕫，或𤕫，象人卧床不起，出汗淋漓之形。《说文》：曰"疒，倚也，人有疾病，象倚箸之形。"病字与疾可通用，表示疾病。延，《卜辞通纂》曰："延即延。"雪从彗，亦训除，表示用帚扫除尘灰，可引申为洗除。

（二）疾天　泛指巅顶之疮疡或外伤所引起的头痛。

1. "庚辰卜：王弗疒朕天？"（《乙》9067）

释：庚辰日卜问，商王不会是头顶痛吧。

2. "……天……疾……"（《乙》7436）

释：贞卜问，是否患了巅顶疾患。

注：天，甲骨文作𢪒𢪒𢪒，像人以头顶物之状。《说文》曰："天，巅也，至高无上。"因此，天之本义就是巅顶，巅顶处疾病则曰疾天。

（三）疾旋　指患有头昏眼花，如坐舟车之状者。

"……疾亡旋？"（《拾》12.17）

释：所患的疾病大概就是眩晕吧。

注：旋，《史记·天官书》："旋，疾也。""旋，周旋。"引申为旋转义。

（四）疫　指头或手足颤动之类的疾病。

"丙辰卜，㱿贞：妇好疫延？宠？（《合集》13712 正）

释：丙辰日，贞人㱿卜问：妇好头手颤动之病，是缠绵不解，还是得到神灵恩宠而痊愈？

注：《说文》："疫，颤也。"严章福《校议》："此从又，又者，手也，则为手颤。"《玉篇》："疫，头摇也，与颤字同。"

二　关于心胸部病态的论述

（一）疾心　泛指心烦、胸闷、心痛、心悸、怔忡及一些情志方面的疾病。

"子疾心，惟有祟。"（《花东》181）

释：卜问子患心病了，有鬼神为害吧。

注：虫（跎），跎同它，有灾害之义。

（二）疾否　指心胸痞满的疾病。

1. "壬戌卜，宕贞：御病否，妣癸？"（《乙》4540）

释：壬戌日占卜，贞问显示胸中有痞结之症，是否向妣癸行御祭以禳解之。

2. "乙亥卜，殻贞：王于生七月冬（否）"（《缀》331）

释：乙亥日殻卜武丁在七月是否会痞结形成？

注：否（冬）《甲骨文化与中医学》谓："可释为否，通痞，否、痞古通用，意即心胸痞满。"《广雅·释诂》："否，隔也。"《广韵·旨韵》："否，塞也。"《经典释文》："否，闭也，塞也。"《素问·五常政大论》："其病否。""心下否痛"。《素问·六元正纪大论》："太阳所至为聚饮痞隔"。

三　关于腹部病态的论述

甲骨文所见的腹部疾病有腹不安，疛、疾身、疾人、疾卣、疾腹、疾尿等。

（一）腹不安　多指腹痛、腹胀、腹泻等消化系统方面的疾病。

"癸酉卜，争贞：王腹不安，亡征（延）？"（《续》5.6.1）

释：癸酉日，名叫争的人卜问，商王腹中不适，会否缠绵不愈？

注：腹从身从复，甲骨文中作身，金文改作腹。《甲骨文字集释》曰："甲骨从身于义较洽。"

（二）疛　指急性腹部疼痛

1. "丙辰卜，殻贞：妇好疛征（延）？宠？"（《甲》2040）

释：丙辰日，名叫殻的人卜问，妇好患了小腹痛，是迁延？还是痊愈？

2. "贞：疛，其佳咎？"（《库》1803）

释：患了小腹痛，是否会有灾祸？

3. "丁酉卜，争贞：呼媜疛，克？"（《乙》2244）

释：丁酉日，争卜：叫女医媜来做按摩，腹痛就会好的。

注：疛，《说文》古字作朊，与朊的构义基本相同。"疛，小腹病，从

病，肘省声。"《玉篇》："疛，心腹疾也。"《吕氏春秋》有"身尽疛肿。"
"处腹则为张为疛。"《甲骨文字典》将疛释为"小腹病也"。

（三）**疾身**　泛指胸、腹、腰、背及部分脏器病态，多为胃肠病、胸闷、气塞、腰、背疼痛及外伤，痈疡诸症。

1. "疾身，隹有耆?"（《丙》473）

释：贞问，疾身能好吗?

2. "疾身，不隹有耆?"（《乙》2678）

释：贞问，疾身不会好。

3. "乙巳卜，殼贞：有疾身，宠?"（《乙》4071）

释：乙巳日占卜，疾身是否会得到鬼神的恩宠而好转。

4. "乙巳卜，殼贞：有疾身，不其宠?"（《乙》4071）

释：乙巳日，贞卜，疾身得不到鬼神的恩庞。

5. "贞：王疾身隹妣己耆?"（《乙》7797）

释：卜问：商王体病，是死去的女祖己作祟吧!

（四）**疾腹**　指下腹部有块状物的病态。

"疾彡"（《乙》5839）

释：下腹部有一肿块。

注：　《甲骨文化与中医学》谓："甲骨文中有"疾彡"（《乙》5839）一词，"彡"像人形，"C"像肿块。指的是人的下腹部有一肿块。从现在分析来看，当指疝气，因疝气之临床表现为腹内容物突出体外，与该字形极为吻合。"

（五）**疾鼠**　指腹泻一类的疾病

"甲辰卜，宾贞：其病鼠?"

释：甲辰日行卜，叫宾的贞人问，患的是腹泻吧。

注：鼠甲骨文写作"〔图〕"（一期《乙》8816、"〔图〕"二期《乙》8760）像一人蹲茅厕之形。《说文》："鼠，小阱也，从人在臼上。"《甲骨文化与中医学》曰："鼠可引申为人在厕上。"

（六）**疾尿**　指尿频、尿急、尿痛、尿不尽、尿闭、尿血等尿路疾病

"乙巳卜，有疾，王尿? 八月。"（《甲》1128）

释：乙巳日行卜，商王可能在八月有尿路疾病。

　　甲骨医学在诸多专家、学者的积极努力下，已逐步形成一门介于甲骨学和医学之间的新兴学科。为了让更多人了解甲骨医学，让中医学术界接受甲骨医学，有必要进一步开展甲骨医学卜辞的考释、研究和探讨，深入研究殷商医学史，从而使中国医学史、中医疾病史的研究更好地向前推进。

试论商前期吴人巫咸的身世和业绩

王文清

　　巫咸是中国上古时代"三皇"至殷商时期多位历史人物的共同名字。传说"三皇"之一的神农氏时期，就有"主筮"的巫咸。如《路史·后纪》说："神农时有巫咸主筮"。"五帝"的黄帝时期，又有巫咸。如《困学纪闻》引《庄子》逸篇说"黔首多疾，黄帝立巫咸以通九窍"。《太平御览》卷七九引《归藏》曰："昔黄神（帝）与炎神（帝）争斗涿鹿之野，将战，筮于巫咸。巫咸曰：果哉，而有咎。"黄帝以后的帝尧时期，又有巫咸。《世本》记载"巫咸初作医"，曰："巫咸，尧臣也，以鸿术为帝尧之医。"① 山西省安邑县南还有以巫咸命名的"巫咸山"。晋·郭璞《巫咸山赋》序说："盖巫咸者，实以鸿术为帝尧医。生为上公，死为贵神，岂封斯山而因以名之乎？"② 商代前期的吴地又有一位著名的巫咸。周代的郑国还有一位以咸为名的神巫"季咸"。③

　　古今不少学者对商前期的巫咸其人、其事做过考证。有人认为巫咸及其子巫贤在商王朝"俱大臣，必不世作巫官。"④ 有的把古代不同时期的巫咸混而为一，甚至误认周代郑之神巫季咸"即巫咸"⑤。笔者不揣冒昧，在这里试论这位巫咸的身世和业绩，以飨读者，并请有关学者指教。

---

① ［唐］李昉等：《太平御览》第三册卷七二一《方术部二·医一》，中华书局1960年影印版，第3194页。
② ［唐］欧阳询：《艺文类聚》第一册卷七《山部上·总载山》引，上海古籍出版社1965年版，第126页。
③ 《庄子·应帝王篇》说"郑有神巫曰季咸。"《列子·黄帝篇》说"有神巫自齐来处于郑，命（名）曰季咸"。《淮南子·精神训》记为"郑之神巫。"
④ ［清］梁玉绳《汉书人表考》考补　附录一，卷二，上海商务印书馆1937版，第71页。
⑤ 张怀通：《"巫咸"考—兼论良渚文化向中原的传播》，《东南文化》2000年第7期。

一　巫咸的身世

商代也称殷或殷商。商前期（公元前 1600—1300 年）的巫咸之名，始见于文献《尚书·商书序》："伊陟相大戊，亳有祥桑穀共生于朝。伊陟赞于巫咸，作《咸乂》四篇。"《白虎通·姓名》据此说"以《尚书》道殷臣有巫咸"。大戊即殷王大戊，《史记·殷本纪》称为"帝太戊"，《后汉书·杨赐传》简称为"殷戊"。他是殷商开国君王成汤之玄孙，殷商王朝第十代君王。伊陟是成汤右相伊尹之子，《史记·殷本纪》说"帝太戊立伊陟为相。"并说当时"伊陟赞于巫咸。"《集解》引孔安国曰："巫咸，臣名也。"马融注《商书序》"伊陟赞于巫咸，"也说巫咸"名咸"。到殷商王朝第十四代君王祖乙时，巫咸之子巫贤继为王臣，《史记·殷本纪》说：帝祖乙立，"巫贤任职"，今本《竹书纪年》记载祖乙三年"命卿士巫贤。"

巫咸、巫贤父子的先祖是谁呢？关于这一问题，过去鲜为人知。《元和姓纂》卷二引《风俗通》"殷有巫咸、巫贤"，说："巫咸，姬姓皋陶之后。"① 此"姬姓皋陶之后"的"姬姓"，是偃姓之讹。《帝王世纪》的确记载"皋陶生于曲阜。曲阜，偃地，故帝（舜）因之，而赐姓曰偃。"这说明皋陶偃姓，是以其出生地曲阜偃地即今山东曲阜市偃地之"偃"为姓。巫咸是偃姓皋陶的后裔。皋陶自然是他的先祖。

巫咸的先祖皋陶，是虞、夏之际的著名人物。《尚书·虞夏书·尧典》说尧舜时皋陶"作士"。《史记·五帝本纪》说"帝禹立而举皋陶荐之，且授政焉"。《史书·殷本纪》记载成汤在商都亳（今河南省商丘市）曾作《汤诰》曰："古禹、皋陶久劳于外，其有功乎民，民乃有安。东为江，北为济，西为河，南为淮，四渎已修，万民乃有居。"唐尧、虞舜、夏禹、皋陶等的后裔，逐渐由北方向南方发展。其中皋陶后裔之人，一部分在江淮之间与当地的淮夷相融合，建立了一些偃姓方国。这就是《史记·夏本纪》说的夏禹王在皋陶卒后，"封皋之后于英、六。"《帝王世纪》则说是"皋陶卒，葬之于六，封其少子于六，以奉其祀。"皋陶之后的一部分人，则居住

---

① ［唐］林宝《元和姓纂》第一册卷二，北京，中华书局 1994 年版，第 248、257 页。

于大江下游以南的吴地，与这里的土著夷蛮相融合，形成了古吴国。这里流行"断发文身，裸以为饰"的习俗，被称为"裸民之处"或"裸国"。夏禹、皋陶久劳于外，曾到达这里。《吕氏春秋·求人篇》说夏禹南至于"裸民之处"，《贵因篇》则说"禹之（往）裸国"。此"裸国"，即吴国。《论衡·书虚篇》说"禹时，吴为裸国，断发文身。"当时夏禹王尊重这里的习俗，《战国策·赵策二》说"禹袒入裸国"。《论衡·恢国篇》则说：夏禹倮入吴国。此国在夏王朝时臣服于夏王，商殷王朝时则臣服于殷王。

　　史载臣服于殷商王朝的吴、越等诸候国，应定期向商王朝献其特产以及王臣等。如《逸周书·王会解》附《伊尹朝献·商书》记载殷商初年伊尹受汤之命，命令"九夷十蛮，越沤翦发文身"等，"以魚支之鞞、□鯣之酱、鮫瞂、利剑为献"。其中的"越沤"即越，"翦发文身"即断发文身的吴。殷商后期的甲骨文还发现有"吴共（供）王臣"、"贞吴弗其昌（以）王臣"① 等卜辞。又有卜辞记载殷王征伐至"于盧（虞）"，此"盧疑即吴也"。② 在商前期为殷商王朝大戊、祖乙时王臣的巫咸、巫贤父子，就是当时江南吴国朝献殷商君王的贤良之臣。他们出生于吴地，死后也归葬故土。关于巫咸的出生地，《越绝书·越绝外传记吴地传》说："虞山者，巫咸所出也"，南朝梁昭明太子虞山《招真治碑》文也说"虞山，巫咸之所出也。"《吴郡图经续记》则说"虞山者，巫咸所居。"这座虞山，即《山海经·南山经》所说"其下多水"的"天虞（大吴）之山。"东滨海，北临江，其后也称为"海虞山"，又写作"海隅山"，即今江苏省苏州市常熟市境的虞山。《舆地纪胜》卷五《平江府·古迹》引《东汉志》吴县下有"巫咸山"此"巫咸山"，也即虞山。在虞山上的一处岩石上还发现古代人书写的"巫相岗"三个大字的遗迹。《山海经·海内四经》记载古有"操不死之药"的神医"巫相"。此"巫相"之名，可能是殷商以后的世人对殷相巫咸的简称。"巫相岗"即殷相巫咸"所出"、"所居"的山岗。

　　巫咸，巫贤父子出生于吴地虞山。他们死后也归葬于此地。其冢墓，有说就在海虞（隅）山即虞山之上。如唐代张守节《史记·殷本纪》《正义》说："巫咸及其子贤冢皆在苏州常熟县海虞山上，盖二子本吴人也。"《史

---

① 郭沫若主编：《甲骨文合集》第三册《官吏》，片号 5566，5567，北京，中华书局 1978 年版，第 807 页。

② 郭沫若：《卜辞通纂考释·征伐》，《郭沫若全集》考古编第二卷，北京，科学出版社 1982 年版，第 480 页。

记·天官书》《正义》又说："巫咸，殷贤臣人，本吴人，冢在苏州常熟海隅山上。子贤，亦在此也。"但《吴地记》、《吴郡图经续记·冢墓》和《舆地纪胜·古迹》等均说殷商贤臣巫咸的"巫咸坟"在吴城平门，（今苏州城平门）外东北（或北）三里之处。因此平门"亦号巫门"。

虞山"所出"的吴人巫咸，是不是出身于"巫"，他为殷王大戊贤臣所任的官职是不是主神为巫祝的巫官呢？《越绝书·越绝外传记吴地传》既说"虞山者，巫咸所出也"，又说"虞故神出奇怪"。这说明巫咸出生于"故（古）神出奇怪"的虞山，他也就是古代守虞山之"神"。这位古代守虞山之神的巫咸，当如同古代守封、嵎之山神的防风氏。《国语·鲁语下》记载春秋时期鲁国孔丘说："丘闻之，昔禹致群神于会稽之山，防风氏后至，禹杀而戮之，其守为神。"这位防风氏，就是"在虞、夏、商为汪芒氏"之君也，"守封、嵎之山者也"。所谓"群神"，韦昭注曰："群神，谓主山川之君，为群神之主，故谓之神也。"所谓"主山川之君，为群神之主"的神，也就是当时的"诸侯之君"。正如《韩非子·饰邪篇》记述此事为："禹朝诸侯之君会稽之上，防风之君后至，而禹斩之。"会稽山在今浙江省绍兴市境，封、嵎之山在今浙江湖州市德清县境。守封、嵎之山的防风神，也就是汪芒国的防风君。因此"故神出奇怪"之虞山"所出"的巫咸，亦即守虞山之神，可谓为巫咸神。此巫咸神，即虞山的虞（吴）君。这位巫咸神、虞（吴）君，在殷商前期臣服于殷商王朝，为大戊的贤臣。其子巫贤又在祖乙时为贤臣。他们当时担任王官的官职，正如郑玄注《商书序》"伊陟赞于巫咸"所说"巫咸，巫官。"此神巫官，应相当于周代《周礼·春官宗伯下》所说"掌群巫之政令"的"司巫"（巫官之长）。

巫咸、巫贤父子的"巫"，是巫祝之事的巫，其后也是巫姓的巫。《风俗通》解说中国古代姓氏起源说："凡氏于事，巫、卜、匠、陶也。商有巫咸、巫贤。"①《通志·氏族四》引《风俗通》商有巫咸、巫贤的巫，说是"以技为氏"即"以技术传家，因以为氏"的巫民。当时的巫咸，在江南吴地和殷商王朝亳都以巫祝、巫医和巫史等著名，所以他经常为殷王室和吴地人祈祷祝福，以祓除灾祸、疾病等。《说文·工部》说"古者，巫咸初作

---

① ［宋］郑樵：《通志》第一册卷二十八《氏族四·以技为氏·巫氏》引《风俗通》，北京，中华书局1987年版，第470页。

巫，""巫，祝也。"《论衡·言毒篇》说"巫咸能以祝延□人疾，愈人之祸者，生于江南，含烈气也。"《韩非子·说林下》引古"谚（语）曰：巫咸虽善祝，不能自祓也。"巫咸也乐于为人占梦，所以汉代张衡在《思玄赋》中还说"抨（使）巫咸以占梦兮，延贞吉之元（善）符。"①

《礼记·表记》说"殷人尊神，率民以事神"。巫咸生前就是守虞山之神，即吴君，又是殷王大戊之相，贤臣，巫官，死后更为殷人奉为神灵，备受殷人崇拜、祭祀。殷墟出土的甲骨文屡见殷人以牛羊等牺牲祭祀咸或咸戊的卜辞。如"㞢于咸"，"贞㞢彡自咸，宰"，"乙酉卜，㞢于咸，五牢"；或"贞㞢于咸戊"，"丁未卜，扶，侑咸戊牛不？""丁巳卜，㞢咸戊牛不？""㞢"、"侑"是祭名。所祭之咸或咸戊，"殆即巫咸。"② 殷商以后，这位巫咸也被世人称为巫咸神或古神巫。如周代的春秋战国时期《秦诅楚文》称为"不（丕）显大神巫咸"。战国晚期楚国屈原在《离骚》中说："吾今帝阍开关兮，倚阊阖而望予……巫咸将夕降兮，怀椒糈而要（音腰）之。百神翳其备降兮，九疑（嶷）缤其并迎。"汉代扬雄《甘泉赋》也说"选巫咸兮叫帝阍，开天庭兮延群神。"这里所说的巫咸，正如王逸注《离骚》所说："巫咸，古神巫也，当殷中宗之世。"殷中宗即殷王大戊，"当殷中宗之世"的"古神巫"巫咸，即殷王大戊之贤臣的巫咸。在人品方面，这位"古神巫"巫咸实际上与殷王大戊同等。《汉书·古今人表》就把他与大戊并列入古代九等人中的"上中（等）仁人"。

二　巫咸的业绩

身为殷王大戊贤臣，誉为"古神巫"，又与大戊同是"仁人"的巫咸，在古代政治、文化等领域立有丰功伟绩，对殷商文明贡献巨大。

（一）政治功业

巫咸是殷王大戊的相、贤臣，在政治方面与伊陟、臣扈等共同辅佐大戊实行德政，使一度中衰的殷商王朝复兴。

---

① 范晔：《后汉书》卷五十九《张衡列传》卷五十四《杨震列传》，北京，中华书局 1965 年版，第 1932、1899，19776 页。

② 郭沫若：《卜辞通纂》，《郭沫若全集》考古编第二卷，北京，科学出版社 1982 年版，第 315、374 页。

这一方面，首先是由于巫咸要求大戊按"天有六极五常"来进行政治统治。《庄子·天运篇》记载此事说：

> 巫咸祒曰："来，吾语女（汝）。天有六极五常（祥），帝王顺之则治，逆之则凶。九洛之事，治成德备，监照下土，天下戴之，此谓上皇。"

这里所说的"巫咸祒"，即巫咸。《疏》曰："巫咸""神巫也，为殷中宗相。祒，名也"《释文》引李云："巫咸，殷相也。祒，寄名也。"这说明巫咸又名巫咸祒，"祒"是巫咸的"寄名"。所谓"天有六极"的"六极"，即《尚书·洪范》的六极：一曰区短折，二曰疾，三曰忧，四曰贫，五曰恶，六曰弱。"五常"也即"五福"：一曰寿，二曰富，三曰康宁，四曰攸好德，五曰考命终。当时巫咸要求大戊顺从天六极，五常来治政。治成德备，监照下土，因而"天下戴之"可称谓"上皇"。大戊听从了巫咸的这一要求来修身处世，治政治民，所以能长期享国。《尚书·周书·无逸篇》记西周初年周公旦对周成王讲了殷王中宗这一史实：

> 我闻曰："昔在殷王中宗，严恭寅畏，天命自度，治民祗惧，不敢荒宁。肆中宗之享国七十有五年。"

殷王中宗即大戊之所以能如此，是与伊陟、臣扈、巫咸等贤臣的辅佐分不开的。关于这一方面，《尚书·周书·君奭篇》记载了周公对召公奭说了这一吏事：

> 我闻在昔……在大戊，时则有若伊陟、臣扈，格于上帝，巫咸乂王家，兹惟兹有陈（道），保乂有殷，故殷礼配天，多历年所。

这里所说的"巫咸乂王家"，《史记·殷本纪》记为"巫咸治王家有成。"这是巫咸的重大政绩。汉代张衡把巫咸的这一政绩，与成汤的贤臣咎单（音善）为商王室作《明居》（明居民之法）等同齐观，说"咎单、巫咸，实守王家"并称赞他们"厥迹不朽，垂烈后昆，不亦丕（大）欤！"[①]

由于巫咸治王家有成，由于巫咸和伊陟等劝大戊修德行善，所以殷商王朝从中衰而中兴。关于这一史事，《史记·殷本纪》记载：帝雍己时"殷道衰，诸侯或不至。"雍己崩，帝太戊立，立伊陟为相。当时"亳有祥桑穀共

① 范晔：《后汉书》卷五十九《张衡列传》、卷五十四《杨震列传》，中华书局1965年版，第1932、1899、19776页。

生于朝，一暮大拱，帝太戊惧，问伊陟，伊陟曰：'臣闻妖不胜德，帝之政其有阙（缺）与？帝其修德。'大戊从之，而祥桑枯死而去。伊陟赞言于巫咸。"此后，"殷复兴，诸侯归之，故称中宗。"《孔子家语·五仪解》和《说苑·君道篇》等诸多古籍也均记述了此事。《孔子家语·五仪解》说：

> 殷王太戊之时，道缺法圮，以致天蘖桑穀（并生）于朝，七日大拱。占之者曰："桑穀野木而不合生朝，意者国亡乎？"太戊恐骇，侧身修行，思先王之政，明养民之道。三年之后，远方慕义重译至者，十有六国。

《说苑·君道篇》则记为：

> 殷太戊时，有桑穀生于庭，昏而生，比旦而拱。史请卜之汤庙，大戊从之。卜者曰："吾闻之，祥者，福之先者也，见祥而为不善，则福不生。殃者，祸之先见者也，见殃而能为善，则祸不至。"于是乃早朝而晏退，问疾吊丧，三日而桑穀亡。

《帝王世纪》和今本《竹书纪年》也有所记载。《帝王世纪》说太戊因桑穀野木合生于朝而畏惧，于是"修先王之政，明养老之礼，三年而远方重译而至，七十六国。"今本《竹书纪年》同记载太戊元年"命卿士伊陟、臣扈"，七年"有桑穀生于朝"，十一年"命巫咸祷于山川"。又说："太戊遇祥桑，侧身修行。三年之后，远方慕明德，重译而至者，七十六国。商道复兴，庙为中宗。"

以上诸书记述，虽稍有不同，但均记述大戊因祥桑穀生于朝而畏惧，伊陟、巫咸等功其修德行善，结果妖桑自行消亡，福生，商道复兴，诸侯毕至。《史记·三代世表》说太戊"以桑穀生，称中宗"。《搜神记》卷三说"桑穀暂生，太戊以兴"。《后汉书·杨震列传·杨赐传》记载汉代杨赐说殷太戊时桑穀共生于朝、修德而桑穀死的妖消祥应"其事甚明"。[①] 这是商前期的一件重要史事，也是巫咸在政治上劝大戊修德，使殷道复兴的功业。

（二）文化功业

巫咸在殷商时期的文化功业，最杰出的是他在天文学方面的成就。他的

---

① 范晔：《后汉书》卷五十九《张衡列传》、卷五十四《杨震列传》，中华书局 1965 年版，第 1932、1899、19776 页。

这一学说，后世称为"谈乎天者"的"巫咸之说"①。《史记·天官书》记载他是殷商王朝的"传天数者"：

> 昔之传天数者，高辛之前，重、黎；于唐、虞，羲、和；有夏，昆吾；殷商，巫咸；周室，史佚、苌弘；于宋，子韦；郑则裨灶；在齐，甘公；楚，唐眜；赵，尹皋；魏，石申。

这里的所说的"传天数者"，《后汉书·天文上》说是古代"皆掌天文之官，"即"言天文，察微变"的天文学者。其中殷商巫咸"言天文"星占之言，史书上通称为"巫咸曰"或"巫咸占曰"。他的一些"巫咸曰"格言遗记，后世称为"不朽"之言，如《晋书·天文上》说"殷之巫咸，周之史佚，格言遗记，于今不朽。"《天文中》引有"巫咸曰：彗星出西方，长二三丈，主捕制"这句格言遗记。

殷商巫咸，与战国时齐之甘公（甘德）、魏之石申，后世称为"三家星官"。《晋书·天文上》说"巫咸、甘、石之说，后世所宗。"甘德著有《天文星占》八卷，石申也著有《天文》八卷，后世把这两书合称为《甘石星经》。此《星经》记载了古代一百二十颗恒星的方位和距北极星的度数。后世天文家把巫咸、甘德、石申的星经之图，合称"星图"。《晋书·天文上》记载三国时吴的太史令陈卓曾经"总甘、石、巫咸三家所著星图，大凡二百八十三官，一千四百六十四星，以为定纪。"而《隋书·天文上》则记载陈卓"始列甘氏、石氏、巫咸三家星官，著于图录，并注占赞，总有二百五十四官，一千二百八十三星，并二十八宿及辅官附坐一百八十二星，总二百八十三官，一千五百六十五星。"

唐代太史监瞿昙悉达在唐玄宗开元六年（718年）汇集了古代巫咸、甘德、石申等三家的星占资料，编成了《开元占经》②。其中关于巫咸这一家的占经资料，都标明"《巫咸占》曰"或"巫咸曰"如该书的《日占》、《月占》和《五星占》等卷，均有"《巫咸占》曰"或"巫咸曰"。此书的《甘氏外官巫咸中外官》卷和《星图》卷二十八宿，也有《巫咸中官》一目。这些关于巫咸的占星资料，反映了殷商巫咸的古天文学成就。有此成

---

① ［唐］欧阳询：《艺文类聚》第三册，卷七十五《方术部·卜筮》引梁元帝《洞庭序》和《古史考》曰，上海古籍出版社1965年版，第1286、1285页。

② ［唐］瞿昙悉达编：《开元占经》，岳麓书社1994年版。

就，也可以说"于今不朽"

巫咸的文化功业，还有卜筮之法、巫史、巫医等。

卜筮之法即筮法，也就是自古以来古人用蓍草进行占卜，以辨吉凶的一种方法。《说文·竹部》说："筮，易卦用蓍也。"《古史考》说："庖牺氏作，始有筮。其后殷时巫咸善筮。"① 庖牺氏即"三皇"之首的伏羲氏。伏羲氏"始有筮"以后，历代古人皆用筮法占卜，以辨吉凶。巫咸的先祖皋陶也曾用筮法。《归藏》易曰："昔夏后启筮享神于大陵而上钓（钧）台，枚占皋陶曰：'不吉'。"② 夏后启时的皋陶，当是指皋陶死后的皋陶神。夏启"筮享神于大陵"而"枚占皋陶曰：'不吉'"，说明皋陶在虞夏之际也"善筮"，《吕氏春秋·勿躬篇》说是"巫咸作筮"，并说巫咸是古代"尽其巧、毕其能"的官。这说明殷之巫咸是善于作筮，创作了以巫咸命名的"巫咸"筮法。这一"筮"字，《周礼·春官·宗伯下》作"簭"说：

簭人，掌三易，以辨九簭之名，一曰《连山》，二曰《归藏》三曰《周易》。九簭之名：一曰巫更，二曰巫咸，三曰巫戊，四曰巫目，五曰巫易，六曰巫比，七曰巫祠，八曰巫参，九曰巫环，以辨吉凶。凡国之大事，先簭而后卜。

这里所谓"九簭之名"中的"二曰巫咸"，应是名曰咸巫的一种筮法。近年湖北江陵王家台 15 号秦墓简记有殷商巫咸枚占的卦象。

䷣螽（卷）曰：昔者殷王贞卜其邦尚毋其咎，而枚占巫咸。巫咸占之，曰：不吉。

螽其席，投之裕（溪），螽在北，为牝□。③

这里的"䷣"中的"☷"，当是"☷"之讹。☷是古代八卦中象征"地"的卦形，卦名"坤"。☲是象征"火"的卦形，卦名"离"。䷣象是下离（☲）上坤（☷），古称《明夷》卦，象征"光明殒伤"。所以"巫咸占之曰：不吉。"

巫咸为"殷王贞卜其邦尚毋其咎"的"枚占"，当是用他的筮法所占。《史记·天官书》说"陟赟巫咸，巫咸之兴自此始"，可能是说巫咸的筮法

---

① ［唐］欧阳询：《艺文类聚》第三册，卷七十五《方术部·卜筮》引梁元帝《洞庭序》和《古史考》曰，上海古籍出版社 1965 年版，第 1286、1285 页。

② ［唐］李昉等：《太平御览》第一册卷八二引，中华书局 1960 年影印版，第 383 页。

③ 荆州地区博物馆：《江陵王家台 15 号秦墓》，《文物》1995 年第 1 期。

自巫咸为殷王大戊"贞卜其邦尚毋其咎"之时开始兴起。在巫咸的筮法兴起之时，也是巫咸为殷王大戊作史完成之时，《商书序》说"伊陟赞于巫咸，作《咸乂》四篇。"《史记·殷本纪》则记为"巫咸治王家有成，作《咸艾》，作《太戊》。"此《咸艾（乂）》、《大戊》等篇，自是巫咸所作。

当时的巫咸，是殷商王朝的司巫之官，掌群巫之政令，也即掌握巫祝、巫史和巫医等政令。他本人当然也精于巫医，《论语·子路》记载春秋鲁国孔子说："南人有言曰：'人而无恒，不可以作巫医。'善夫！"这里说南方吴越之国有恒久为医的巫医。巫咸就是南国最早的和著名的巫医。《山海经·海内西经》说古有"操不死之药"的"巫相"，此"巫相"应即殷相巫咸。《山海经·大荒西经》说古有"巫咸"等十巫，"从此升降，百药爰在"的灵山。这里的巫咸当是指殷之巫咸神，是采药作医的巫医，也就是"能以祝□延人之疾，愈人之祸者"的江南吴人巫咸。当时江南吴越之地的医药驰名于世，所以《论衡·四讳篇》说商周之际周"太伯入吴采药"。这反映商前期的吴人巫咸在古代医药文化方面也有贡献。

三人占则从二人之言——服从多数

安国钧

（台湾中华甲骨文学会）

《洪范》是书经中的篇名，箕子作洪范——洪，大也；范，法也。言天地之大法以述其事，分作九类，谓之九畴。

九畴："初一曰五行，次二曰敬用五事，次三曰农用八政，次四曰协和五纪，次六曰乂用三德，次七曰明用稽疑，次八念用庶征，次九曰向用五福、威用六极"。以上九类，为圣人治天下之大法。其中云："次七曰明用稽疑"。

节录："七稽疑，择建立卜筮人，乃命卜筮，曰雨，曰霁，——虽兆形有似雨者，有似雨止者。曰蒙——阴暗。曰驿——气络驿不连属。曰克——兆相交错。曰贞，曰悔——贞风也，悔山也。"由上可知，卜筮之事，以上七者为主要项目。

"立时人作卜筮，三人占则从二人之言。"——立是知卜筮人，作卜筮之官，其卜筮，必用三代之法，三人占之，若其所占不同，而其善钧者，则从二人之言，言以此法，考正疑事也。……故从众也。……若三人之内，贤智不等，虽少从贤，不从众也。

武王伐纣，商亡周兴，（公元前1122年）卜筮之事，服从多数，并尊贤者，记之甚详，不可不知。

殷墟甲骨拾遗·续四

焦智勤

笔者十余年来坚持做安阳民间所藏甲骨的调查选拓工作，从 1977 年起先后四次刊布甲骨材料。[①] 有的学者曾根据这些材料撰写了研究文章。[②] 去年，我们对调查材料进行了整理编辑，把千余片甲骨汇集成一册，名为《安阳民间所藏甲骨集》送文物出版社付梓。《民间》一书编完后，笔者又陆续见到一些甲骨，选拓了十片，进行了整理、释读。时值纪念 YH127 坑甲骨发现 70 周年之际，成此小文，敬请专家学者斧正：

1. 骨，2 期

　　壬寅卜，王。

　　…卜…

背面有凿痕。

2. 骨，2 期。

　　丁巳…贞…

　　…尹…

背面有灼痕。

3. 骨，2 期

　　癸…贞…

① 焦智勤：《殷墟甲骨拾遗》，《华夏考古》1997 年第 2 期；《殷墟甲骨拾遗·续》，《纪念殷墟甲骨文发现 100 周年国际学术研讨会论文集》，社会科学文献出版社 2003 年版；《殷墟甲骨拾遗·续二》，《殷都学刊·安阳甲骨学会论文专辑》，2004 年；《殷墟甲骨拾遗·续三》，《2004 年安阳殷商文明国际文明学术研讨会论文集》，社会科学文献出版社 2004 年版。

② 李学勤：《论新出现的一片征人方卜辞》，《殷部学刊》2005 年第 1 期；何琳仪：《释丽》，《殷都学刊》2006 年第 1 期。

甲戌卜…贞翌…

背面有凿痕。

4. 骨，3 期

于旦酚。

王…亡哉。　大吉

暮亡哉。　吉

王其田，不遘雨。　大吉

其遘雨。　吉

其遘大风。　吉

不遘小风。

背面有完整的凿两行 10 个，残凿 1 个，都施灼，于正面显兆。

5. 骨，3 期

…午卜，𠂤弗其…

背面有凿痕。

6. 骨，4 期

戊寅…今日…

不雨。

庚辰卜，今日雨。

不雨。

背面有凿痕。

7. 骨，4 期

乙卯…于大…其正…　三

丁巳贞，甲子酚报于上甲。　三

己巳贞，立伐。　三

立弗受佑。

四牛。　三

其夕告上甲。　三

…伯…

…上甲…

背面有完整的凿 8 个，都施灼，于正面显兆。凹字释报，历组卜辞多见。在骨的上部左侧有刮削重刻痕迹，"四牛"的左侧还可看到上甲字样。

8. 骨，5 期

　　乙未…往…

　　戊戌王卜贞，田羌，往来亡灾。王乩曰：吉。

　　…王卜…叀…来亡…乩曰…

背面有凿灼痕迹。

9. 骨，5 期

　　于盂亡戋。　　吉

　　于宫亡戋。　　吉

　　…在…罂…擒…

背面有完整的凿 1 个，残凿 2 个，都施以灼，骨面显兆。

10. 甲，5 期

　　…在齐…衣…灾

背面有灼痕。

笔者按：因某种原因，第 8 片未作墨拓，只有照片和摹写本。

1

2

3

4

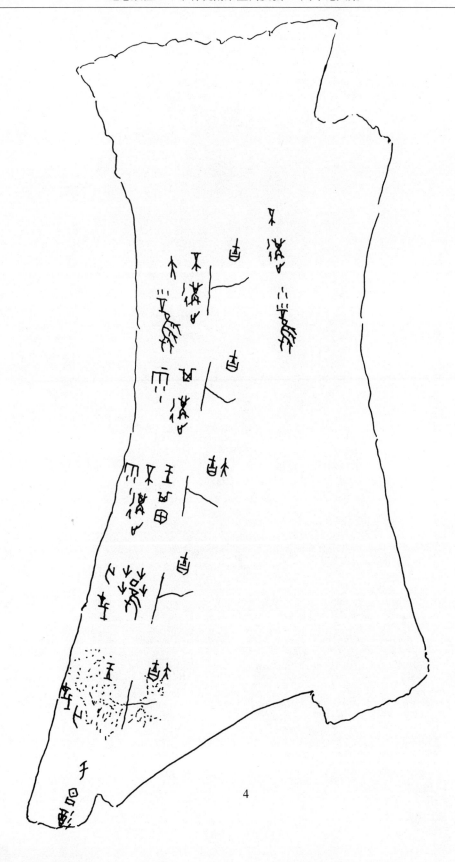

4

5

6

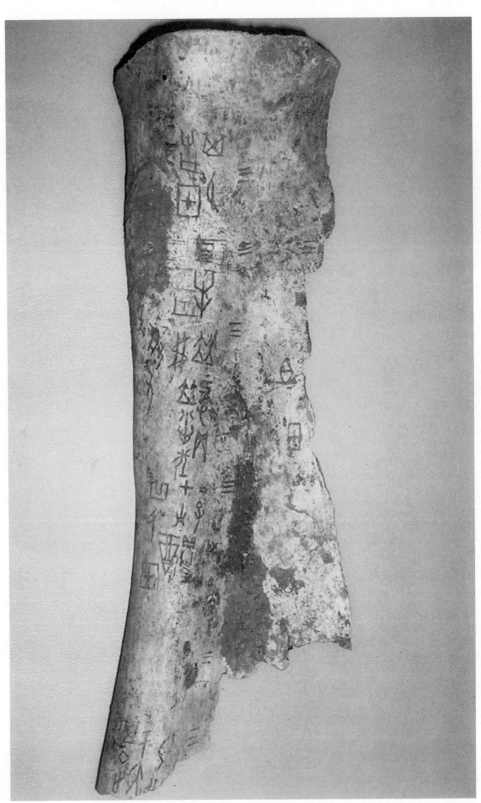

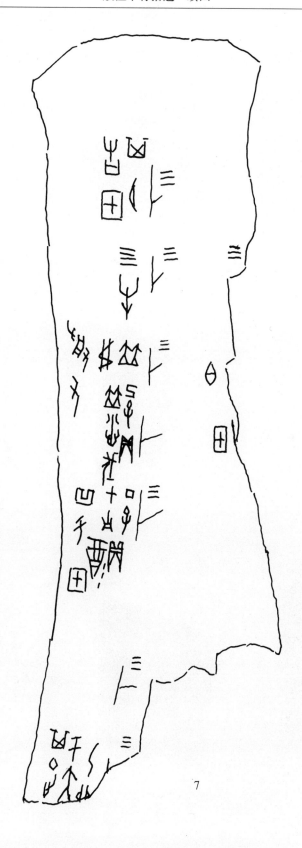

7

8

9

10

读《集殷虚文字楹帖校记》

罗　琨

　　将甲骨文引入书法艺术的园地，开始得很早，1899 年甲骨文发现，1903 年第一部甲骨著录书·《铁云藏龟》出版，1911 年以后，《殷虚书契》前编、菁华、后编等陆续出版，使人得以见到更多甲骨文资料。文字考释的第一部书是孙诒让写于 1904 年的《契文举例》，但 1917 年才出版，为世人所见，较早出版的是罗振玉《殷商贞卜文字考》（1910 年）、《殷虚书契考释》（1915 年初），柯昌济《殷虚书契补释》（1921 年）。随着甲骨文释字有了一定的积累，1921 年罗振玉出版了《集殷虚文字楹帖》的初版本，集有百联，后又有续集。1927 年再次增订出版，将章钰、高德馨、王季烈三家与自己所作，共 420 联合为一编。1985 年吉林大学古籍研究所再版了罗振玉篆《集殷虚文字楹帖》，前加 9 幅图版，后附姚孝遂《校记》及罗继祖《跋》。

　　从《楹帖》出版以来，甲骨文字的考释已有长足的进步，更有大量新资料的发现，所以正如《跋》所说，"学如积薪，后来居上"，通过《校记》"将其中错误已经被驳正，或尚在疑似之字摘出来，免贻误后学"，是很有必要的。2001 年 12 月继祖兄来函询问我对《校记》的意见，遂作了一些查核的工作，《校记》提出"在利用甲骨文字以表现书法艺术的时候，不可能与甲骨学界对甲骨文字辨识的要求完全相等"，对于尚未定论的甲骨文只要可备一说的，作为书法都可采用，但"在形体结构上都要求准确无误"。这个原则是正确的，不过甲骨文的异体字很多，具体的校改意见仍有可讨论之处。

　　《校记》对 110 联 147 处的 60 字提出订正。这些订正有不少是正确的，但也有所不足，大抵可分三种情况：第一，校改意见可从；第二，校改意见不无道理，但《楹帖》所书有据或可备一说；第三，校改意见不确或部分不确，《楹帖》所书有据，不误。而且通过核查，深感此《楹帖》所及不仅仅是甲骨文书法，还反映了老一代甲骨学者的为学态度，今将查核情况录出，就教于各位专家。

第一，校改意见正确、可从的字。

1. 羊，第 13、23 联分别作 🔾、🔾，《校记》：当作 🔾，这是正确的。《殷考》① 34 页（《考释三种》② 168 页）释"羊"，所列甲骨文字包括羊、羌、絴、🔾的各种写法。其中 🔾见于《前编》4.50.1，辞残，不能确认该字为"羊"。手校本增补 🔾，注见于《后编》下，23 联的写法与此基本相同，为羌字。

2. 牧，第 22 联作 🔾，《校记》：字当作 🔾，原书乃今"侵"字。《殷考》62 页（《考释三种》224 页）释"牧"下列有九例字形。除了 🔾、🔾、🔾、🔾等形外，还包括见于《菁华》的 🔾字。引《说文》"牧，羊牛人也"，说甲骨文从牛或从羊，"牧人以养牲为职，不限于牛羊，诸文或从手执鞭，或更增止，以象行牧，或从帚与水，以象涤牛。"除了"涤牛"之说，前面的解释是对的，🔾字早期学者也曾释牧，但从卜辞文意看，特指畜牧族侵扰虏掠的一种手段，今释"𤦎"已成为多数学者共识。

3. 洗，第 23 联作 🔾，《校记》：🔾非洗字。《殷考》60 页（《考释三种》220 页），引《说文》洗，洒足也，从水先声。认为 🔾字从水从止（即足形），置足于水中是洗也。由于在甲骨文中 🔾仅作为人名、国族名，不能证明其字为"洗"，今多释为"沚"。

4. 驱，第 36 联作 🔾，《校记》：不可据。其字见于《前》2.8.3、2.42.3、5.41.6，作 🔾。《殷考》61 页（《考释三种》223 页）释为驱。李孝定《甲骨文字集释》③ 同意此说。此字在卜辞中作动词，近些年的研究成果多释牧④，从字形看更确当一些。

---

① 罗振玉：《殷虚书契考释》初版本甲寅十二月（1915 年初）出版，简称《殷考》。
② 罗振玉：《殷虚书契考释三种》，中华书局 2006 年版（简称《考释三种》）。
③ 李孝定：《甲骨文字集释》，3041 页，台湾中央研究院历史语言研究所，1970 年（以下简称《集释》）。
④ 见于省吾主编、姚孝遂按语编撰：《甲骨文字诂林》，3254～3255 页，中华书局 1996 年版（以下简称《诂林》）。

5. 陵，第 36、56 联作█、295 联作█，《校记》认为当作█，并说"实则此类形体不得释陵"。《殷考》59 页（《考释三种》217 页）释"陵"，列有见于《前编》等书的甲骨文█、█、█三形，引《说文》陵，大自也，从自，夌声。并根据在古籍中，陵训上、训生，而"此字象人梯而升高，一足在地，一足已阶而升"，故释为陵。但是，甲骨文阜作█、█，此字不从阜，而从刀锯之形，故近人释俄、刖①。甲骨文从阜从人之字有█②，或可释陵。

《楹帖》所书字形结构不误，《校记》称"不得释陵"是对的，但校正之字的形体结构似不够准确。相似字形在甲骨文中有█或█，在《甲骨文编》、《殷墟甲骨刻辞类纂》③ 中，均不见《校记》所书之█形。

6. 伐，第 39 联作█，《校记》：当作█，█与█不得分离。此说正确，甲骨文伐作以戈断人头之形，故不能写作从人、从戈两部分。《殷考》61 页（《考释三种》221 页）下列四例甲骨文均作█或其变体。手校本增加了《后编》及其他书中的一些字形，包括人、戈分离的写法，如《后》下 10.12，从全辞看实为作人荷戈之形的"成"字，误释为"伐"。

7. 粪，第 42 联作█，《校记》：粪扫二字误，皆卜辞所无，█旧释粪不可据。

8. 扫，第 42 联作█，《校记》：此乃耤，已成定论。

二字均见《殷考》48 页（《考释三种》195 页）分别列█字两形、█字三例，有考证。但今人分别释棋、基、耤，为多数学者认同。

9. 夙，第 53 联作█，《校记》说█乃宿字，夙字当作█。《殷考》19 页（《考释三种》138 页）有释夙，列█字三例写法，说卜辞从夕、丮，与许书之█正同。手校本增加《后编》一例。又根据《说文》█字古文作█，在眉批增加见于《后编》的█、█二字。在《殷虚书契考释》增订本中列入了█形。李孝定同意罗氏对█的考订，提出在金文及卜辞其字皆从夕、从丮，

① 见《诂林》310～312 页。
② 《甲骨文合集》4782。（以下简称《合集》）。
③ 姚孝遂主编、肖丁副主编：《殷墟甲骨刻辞类纂》，中华书局 1989 年版（以下简称《类纂》）。

疑《说文》所列夙之古文为古文宿字①。此说已为多数学者认同。

10. 与，第 59 联作 ▦，《校记》：与字误，卜辞多借"于"为"与"。《殷考》56 页（《考释三种》212 页）释与，有考释，今多数学者将该字释为"兴"。

11. 风，第 78 联作 ▦，《校记》：风字形体有误。《殷考》36 页（《考释三种》174 页）释凤条列 ▦、▦、▦ 等六例甲骨文字，最后一例同 78 之"风"，下注《铁云藏龟》第 97 页②。考释说甲骨文"从 ▦ 或省作 ▦，与许书篆古二文不合耳，龙字从 ▦，凤字所从亦与龙同，此于古必有说，今无由知之矣。"手校本又增加六例甲骨文"风"字。今见《铁云藏龟》97.1 风字，冠部仍从 ▦，由于左上…为竖残，导致了误摹。《楹帖》171、179 ～ 182 等联中的"风"采用形体正确的写法。

12. 兕，第 80 联作 ▦，《校记》当作 ▦。《殷考》36 页（《考释三种》172 页）有"曰兕"下列甲骨文 ▦，据《说文》兕如野牛而青，古文从儿，推测"此殆即许书之兕字"。又《殷考》7 页（《考释三种》113 页）人名中亦列有该字。现在知道甲骨文田猎卜辞中另有兕字，如《校记》所书，此为殷人先公，字不识。

13. 称，第 123 联作 ▦，《校记》：形体不可据，当作 ▦。《殷考》50、55 页（《考释三种》200、210 页）分别释 ▦ 为称、▦ 为再。引《说文》偁，扬也，从人再声，此从再省，又此字疑与再为一字。今释再者，已为多数学者认同，并认为 ▦ 当偁字，而 ▦ 在甲骨文中仅为人名，不能确认为"称"字。

14. 行，第 83 联作 ▦，《校记》：当作 ▦，▦ 乃徉字。《殷考》20 页（《考释三种》140 页）释行，列甲骨文三例，皆为 ▦ 形的不同写法，说"▦象四达之衢人所行也，石鼓文或增人作 ▦，其义甚明。"可能受石鼓文启发，在手校本上增加了见于《后编》的 ▦、▦ 字，同释为行。今学者们多认为行与徉非一字，尤以后者释"永"之说得到较多认同③。

---

① 见《集释》2883 页。

② 即《铁云藏龟》97.1（《合集》13373）："贞其风"。

③ 见《诂林》2269 ～ 2277 页。

15. 旅，第142联作▨，《校记》：当作▨。第145联"我师我旅"之旅即作后者。《殷考》29页（《考释三种》158页）释旅，认为卜辞旅字又作▨，象人执旐，并举伯晨鼎铭文中的旅字为佐证。所列甲骨文▨，见于《前编》4.32.1，为一残辞，可据同文卜辞补为"癸未［卜，争，贞］令▨［以多子］族寇周，协［王事］。"① 辞中▨为人名，不能确认为师旅之旅。

16. 拱，第196联作▨，《校记》：可写作▨，▨乃奏字。《殷考》56页（《考释三种》212页）释▨字形"象两手絜木形，当是许书之枓，《孟子》拱把之桐梓，拱字当如此作"，当由此以▨为拱。而从大量卜辞文例看，今释其为奏已为多数学者认同。

17. 巫，第221联作▨，《校记》当作▨。《殷考》25页（《考释三种》150页）释▨为"巫"，当与该字略近于《说文》古文的巫字有关，其字见于《铁云藏龟》，考释尚无定论。但释▨为巫今已成学者共识。

18. 卣，第223联作▨，《校记》当作▨或▨。《殷考》42页（《考释三种》184页）释卣，列▨、▨、▨等形，最后一例见于《前编》5.17.3（《合集》38289），辞已残，参证同类卜辞的释读，可知▨非卣字，而是"酒"。

19. 弓，第229联作▨，《校记》：当作▨，原书是用作为偏旁的弓，且形体有误。《殷考》45页（《考释三种》190页）释弓列甲骨文▨、▨两形，《楹帖》所书基本同于前者，见《前编》5.8.3、《后编》2.13.15，卜辞分别为"戊寅卜，贞于丁征▨"、"戊寅卜，贞弹祉▨"，这是关于用夷人俘虏献祭的卜辞。▨，当为"夷"字，误释为弓。

20. 已，第240联作▨，《校记》：已当写作▨。▨实为甲骨文"亘"，《殷考》17页（《考释三种》134页）释干支字"己"下，手校本补▨形，见于《后编》1.9.2，其辞为"庚寅卜，贞于▨。十月"，参证《甲编》903有"其燎于▨水泉"，▨当为亘字。《殷考》67页（《考释三种》233页）释目，列举▨、▨两种字形，第一种写法见于《前编》1.26.6、1.24.2，均为贞人名，亦"亘"。甲骨文▨，即"以"表示挈带、致送，用作第240联

---

① 《合集》6814、6815，后者即《前编》5.7.4。

"归禾事已亡"之"已"，似也不很贴切。此外甲骨文有 [○]，用为祀，或表示已然之已①，据此，在此联中用 [○] 可能更好一些。

21. 敦，第 251 联作 ⚇，《校记》：可写作 ⚇，⚇ 乃毁字。《殷考》42 页（《考释三朴》184 页）释 ⚇ 为敲，故借为敦，而今将 ⚇ 释毁已定论，故不能借为敦。又 ⚇ 亦见于《殷考》33 页（《考释三种》166 页），释为辜，引《说文》"辜，执也"。今多直接写为"敦"。

22. 麂，第 278 联作 ⚇，《校记》：形体有误，应作 ⚇。《殷考》36 页（《考释三种》171 页）"曰麂"下，列以上两种字形的甲骨文四例。释前者"象鹿子随母形"，其后学者多认为所从为"见"，而非鹿子，隶定作"觏"。后者释麂今已成定论。

23. 相，第 332 联作 ⚇，《校记》：⚇ 乃省字，相可写作当作 ⚇。《殷考》52 页（《考释三种》204 页）将上述两形甲骨文均释为相。今将二者分别释"省"和"相"，已为多数学者的共识。

第二，《校记》提出的意见不无道理，但是《楹帖》所书字形有据，字义可备一说。

1. 御，《楹帖》002、359、399 等联御作 ⚇，《校记》按：御字当作 ⚇⚇，原篆有误。《殷考》62 页（《考释三种》223 页）"曰御"下列甲骨文六形，手校本又有所增加，其中包括以上三种写法。《楹帖》所书见于《前编》，全辞为"丁未卜，争，贞令执 ⚇ 甫乎 ⚇ 戈执"②。《甲骨文编》、《综类》、《集释》均将该字收于"御"字条下。《类纂》、《诂林》将该字释作逨，按语说："用为动词，当与征伐有关。"御字常见于征伐卜辞，异体很多，《校记》所列字形最为常见，此外还有 ⚇、⚇、⚇、⚇、⚇、⚇、⚇ 等③。⚇ 与最后一例结构最为相近，作为御字的异体可备一说。

2. 渔，第 19、242、331、341 联作 ⚇、22 联作 ⚇，《校记》认为均误，应写作 ⚇ 或 ⚇，说卜辞渔猎之鱼作 ⚇，人名子渔作 ⚇，至于 ⚇ 则为地名，从不用作渔猎之渔。《殷考》63 页（《考释三种》225 页）"曰渔"下列甲骨

---

① 见《诂林》1787～1789 页引孙海波、张政烺说。
② 《前编》6.22.6、《后编》2.12.10 同文（《合集》5899、5900）。
③ 见《合集》27972、2631、28013 等。

文包括⿰、⿰、⿰等形，手校本又增加⿰字。⿰之字形，孙海波说作"从又执竿取鱼"之形①，屈万里考订"亦即通用之渔字"②。⿰则象张网捕鱼之形，卜辞有"其⿰"、"弜⿰"③均用为动词，《诂林》按语认为此字在卜辞中"即用为渔猎之渔"④，所以《楹帖》所书应该是可从的。

3. 毕，第26、408（《校记》误为407）联作⿰，《校记》提出原书乃"禽"，毕字不可据。在甲骨卜辞中，此字多见于田猎卜辞，确如《校记》所言，表示对动物的擒获，但是《殷考》48页（《考释三种》196页）释毕引《说文》毕，田网也，以及汉画像石捕兔之网具与⿰字形同，追索其本义，释⿰为毕，可备一说。用为第26联"中林见兔毕"，并借为"月离于毕"之毕，用于408联"毕好雨箕好风"，都是有道理的。

4. 燕，第41联作⿰，《校记》认为字当作⿰，这是一个尚无定论的问题。《殷考》38页（《考释三种》176页），释燕，列甲骨文⿰、⿰两种字形。后者不仅早期释燕，其后的鲁实先、屈万里、李孝定都认为是借为燕享之宴，《楹帖》用于"燕乐"之燕可备一说。

5. 向，第237联作⿰，《校记》认为当作⿰，说甲骨文从口从⿰区分很严。在甲骨文中绝大多数向字的确从⿰，但区别似并不严格，《殷考》22页（《考释三种》145页）释向，列甲骨文两种写法，前者见于《前编》2.29.7，或推断为是残"宫"字，但尚无确证⑤。考释提出说从口象北出牖，从⿰乃由口而讹，口、⿰形近，古文往往不别。这是有道理的，成汤大乙在甲骨文中又称⿰又往往写作⿰，如武丁祭祀卜辞有"……上甲⿰大丁大甲……""己卯卜，宾……于上甲⿰大丁……"⑥，两字今分别隶定为"成"和"咸"，所指实为一人。

6. 尘，第286联作⿰，《校记》认为不可据。该字见于《前编》7.17.

---

① 《甲骨文编》458页。

② 屈万里：《殷虚文字甲编考释》，155页，台湾中央研究院历史语言研究所1961年版。

③ 见《殷契萃编》1309、《屯南》3060。

④ 《诂林》1755页。

⑤ 见《释林》1984～1985页。

⑥ 《合集》1242、1244等。

4①，《殷考》22 页（《考释三种》143 页）释 ▓ 为塵，谓鹿行而尘扬，从鹿从土，并引《说文》作三鹿一土，籀文从三鹿二土证之。另一种意见认为此字不从土，而是从鹿从士，特指牡鹿，近世支持这种观点的学者较多。在甲骨卜辞中，该字代表一个地名，两说都得不到确证，本义存疑。

7. 五千、七十，第 108 联作 ✕✦；十丨，《校记》提出均宜作合文。在甲骨卜辞中，这些数字确实皆作合文，但《楹帖》中五、千、七、十等单字均不误。

8. 九，第 185 联作 ᄀ，《校记》指出字形不准，末笔须带钩，作 ᄃ。第一笔须竖直，不能弯曲。《殷考》16 页（《考释三种》132 页）释 "九" 列有甲骨文七例，包括 ᄁ、ᄂ、ᄅ、ᄆ 等。可见甲骨文九字写法变化很多，也有第一笔弯曲、末笔不带钩的写法，如第二例原注见于《前编》卷三第二十七叶，今见 3. 27. 6 片有 "在九月"。《楹帖》所书略加变化，大体保存了基本结构。

9. 在，第 10、15、40 联作 ✝，《校记》：当作 ✝。罗氏《殷考》初版本 66 页（《考释三种》231 页）释 "在" 条，所列甲骨文包括这两种字形，作《楹帖》所书者下注《前编》2. 4. 6、2. 10. 1。

10. 七，第 364、392 联作十，《校记》提出 "七字当作 ✚，横画较长，卜辞甲字作 十，横画与竖画等长。"《殷考》16 页（《考释三种》131 页）释 "七" 列甲骨文 "十卷三第一叶"，指出，卜辞中凡十字皆作丨，七字皆作十，判然明白，汉人则十字作十，七字作 ✚ 以横画长短别之。据今所见《前编》3. 1. 1 和 3. 1. 2 甲骨上 "七月" 之七和兆序之七的两笔之长差别细微，《前编》2，20，4、《后编》2，9，7 的 "七月"、"七日" 之七亦作此形。而甲字与七字的区别不大，如《后编》下 3. 16 "羌甲" 之甲即写作十。

单就甲骨刻辞而言，有异体字，还会有简化和缺笔，写法往往多有变化，尤其是在、七、甲等形近的字，因为很容易根据行文判别字义，契刻中往往不做严格的区别。《楹帖》所书虽然有据，不能判误，但是《校记》启示我们，在今天所见甲骨文数量远远超过前人，对很多甲骨文字基本构成也有了更多的认识，作为甲骨文书法，尽量研习、采用甲骨文的规范写法，有

---

① 《合集》8233。

一些字尽量加一些区别，如"在"字尽量不采用简省作✝的写法；"七"字横画要略长于竖画；"甲"字竖画不要短于横画等，还是必要的。

第三，甲骨文异体字多，为求变化，《楹帖》采用了不同写法，《校记》指正可从者，已入前第一部分。所改不完全正确或《楹帖》不误的字，见于下。

1. 求，006、124、151 等联"有求"、"自求"之求与 047、264 联"仲裘"、"箕裘"之求均作✳，277 联"求敝帚"、"得珍裘"分别作✳、🧍。《校记》将前五联之求均改为🧍。说求当作🧍，✳乃"莱"字，277 联释文改作"莱敝帚"。

《殷考》45 页（《考释三种》189 页）释裘下列甲骨文第一个就是🧍，引《说文》释该形当为裘之初字，引申为求匄之求。并说王国维又谓卜辞又有✳字（《前编》卷一第三十五及第四十三、四十四、五十诸叶，此字甚多，略举以示例），以文谊观之，亦当为求字，惟字形稍异，附此俟考。手校本增补了甲骨文✳。此说是有道理的，甲骨文🧍从字形看应是裘的本字，047、264 联的校改是对的。但此字在卜辞中从不作祈求、追求解，求年、求雨，求于某神灵时皆用✳，早期多释"求"，或隶定为莱，但是一般仍释为祈或求，006 等联不误。

2. 宾，第 012、020、021 联分别作🧍🧍🧍，《校记》：当作🧍。这一校订不完全正确。

🧍是此字最常见的写法，《殷考》29 页（《考释三种》158—159 页）释宾首列此形，见于《前编》的四例。又列🧍，见于《前》6.15.2，又见《合集》2203 等，姚孝遂主编《殷墟甲骨刻辞类纂》、于省吾主编《甲骨文字诂林》宾字条下均列有此形。因此《楹帖》第 012 联宾字写法无误。

第 020 联的写法也见于《殷虚书契考释》，出自《前》7.31.4，文为"贞🧍旃比蒙侯寇周"，其字不是"宾"字，当为🧍（令）字的异体或误刻。021 联的写法见于手校本增补的《后》下 16.18，是残辞，字亦可能有残，不能确认为"宾"字。所以《校记》对楹帖 020、021 宾字的校改是对的。

3. 泉，第 004、015 联分别作🧍🧍，《校记》提出第 015 联"泉"字"不可据"。《殷考》21 页（《考释三种》142 页）释泉，首列 004 联的写法，下注《菁华》，手校本增加四例甲骨文，包括 015 的写法，见于《后编》2.39.75。此字自罗振玉、王襄释泉以后，多数学者没有异议，见于《甲骨文编》11.10，《殷墟甲骨刻辞类纂》785页（姚孝遂主编1989年）、《甲骨文字诂林》2071页按语有：“象泉水之形，洹泉即洹水”，可见《楹帖》不误。

4. 虎，第017、018、080、228、371等写作、，《校记》认为当作形等，说《楹帖》所书非“虎”，乃“豹”字，“象豹之有斑纹，与虎之形体有严格之区分”。而《殷考》36页（《考释三种》172页）“曰虎”下，列甲骨文虎字七，说“此象巨口修尾身有纹理，亦有作圆斑作豹状者，而由其文辞观之，仍为虎字也。”武丁卜辞有“蒙侯”其名的既有如《校记》所书带有条纹的写法，也有如《楹帖》所书带有斑纹的写法[①]，《甲骨文编》均列在虎字头下；《类纂》分别释为“蒙侯虎”和“蒙侯豹”，却都收在豹字头下，可见“严格区分”之说未能定论。

5. 邑，第031联作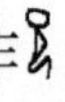，《校记》：邑字当作，上为方形，且二形不应相连。《殷考》20页（《考释三种》139页）释邑，列甲骨文二例，第一例《前编》4.15.2之邑上部几近圆形，上下两部分是分开的；第二例《前编》4.70.7上作方形，如《校记》所示。一般看来甲骨文“邑”字上部以长方形为多，但也有四边不平直而形成弧度，如《合集》6783、6798皆作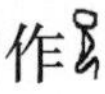，而上下两个部分虽多稍有间隔，但也有相接的，如《合集》7072、7074等。因此《楹帖》所书字形结构不误。

6. 归，第036联作，《校记》：归字当作。此二字分别见《殷考》48、58页（《考释三种》195、216页），前者释“假为归”；后者列上两形甲骨文。作为甲骨文书法，写作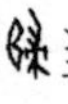当然更为规范，但是不能由此肯定《楹帖》写法有误。甲骨文常见令望乘归、沚戛归、蒙侯归等卜辞，又曾见“王其令望乘帚”[②]，当即“望乘归”，《类纂》也将此条卜辞放在“归”字头下的“望乘归”一组中[③]。甲骨卜辞中可假为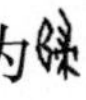，当然也可用为甲骨文书法。

7. 明，第042联作，《校记》改为，认为甲骨文“明”字不从日。

① 见于《合集》36553、6554、10055、3286等。

② 《合集》32896。

③ 《类纂》1156页。

《殷考》20 页（《考释三种》139 页）释"明"列《前编》▨、▨二例写法，手校本增加《后编》下一例。引《说文》明字古文从日，证以卜辞，囧、明皆古文。这两种写法均释"明"，见《甲骨文编》、《类纂》等，后有学者提出从日之字为"朝"[①]，有一定道理，但尚未成定论。

8. 乡，第 051 联作▨，《校记》提出"乡字形误，当作▨"。《殷考》26 页（《考释三种》152 页）释乡列《前编》▨、▨、▨等形甲骨文字六例，释其字象飨食使宾主相向之状，"古公卿之卿、乡党之乡、飨食之飨皆为一字"。《诂林》释▨为乡，释▨、▨、▨为既，按语认为从▨与从▨有别，▨字当释"既"，不得释乡[②]。然而《类纂》对▨（139 页）、▨（142 页）均释为乡、飨、向。又，▨、▨两字分别从▨、▨，《诂林》也都释为既，并未从二者有别说。卜辞有"壬辰卜，㱿，贞戉弐凐方。王占曰：惠既（▨）"；"戊戌卜，㱿，贞戉弐凐方。（王）占曰：兹二飨不佳既（▨）"[③]，两辞贞人、事类相同，时间相差可能只有六日，占辞中"惠既"、"不佳既"之既，涵义当相同，但写法有别。这些都表明"从▨与从▨有别"之说不能成为定论，也不能判定《楹帖》所书"乡字形误"。

9. 百，第 052、187、200、232 联作▨，《校记》均改为▨或▨。《殷考》17 页（《考释三种》733 页）有释百，《楹帖》所书字形雷同于《铁云藏龟》141.4、《前》2.33.2、《乙编》6864 反的百字，字形不误。而百字最常见的写法为▨，笔画要较《校记》所书圆润，下部作菱形者似较少见。

10. 师，第 064 联作▨，《校记》认为"当作▨，联语所书为金文形体"。《殷考》30 页（《考释三种》158 页）释自曰"即古文师字"，列甲骨文▨、▨等形，前者见于《前编》2.8.7，此外 2.12.5、2.13.3 均与此形相近，《楹帖》所书是有根据的。据今所见，甲骨文中师字写法通常作▨形，笔画亦较圆润。

11. 龙，第 080 联作▨，《校记》龙字当作▨。《殷考》38 页（《考释三

---

① 《诂林》1348 页释"朝"按语。
② 《诂林》373～381 页。
③ 《合集》6566、6568。

种》176 页）释龙，列甲骨文 🐉、🐉 等九例，第二例见于《前编》4.53.4 片①。甲骨文龙字多作 🐉，但《楷帖》所书有据，亦包括冠、首、身三部分，字形结构不误。

12. 蛇，第 080、094 联作 🐍，《校记》认为该字当释它，蛇字当作 🐍。《殷考》39 页（《考释三种》177 页）释 🐍 为虫、🐍 为"它"。引《说文》它，虫也。上古草居患它，故相问无它乎，或从虫作蛇。卜辞中从止（即足也）下它，或增从彳，其文皆曰'亡它'，或曰'不它'，殆即它字。小屯南地出土的甲骨卜辞有"岳 🐍 雨"和"弗 🐍 雨"的对贞②，可见在一定意义上，两字相通，《楷帖》所书不能判断为误。

13. 月，第 107、171、217 等联作 🌙，《校记》：当作 D 或 D。《殷考》79 页（《考释三种》737 页）释"月"下，列七例甲骨文字，包括 D、D、🌙 等形，第三种写法见于《前编》2.22.6、2.23.2、4.45、4.19.1 等，皆五期卜辞，《校记》判误皆据早期写法，实际上《楷帖》不误。

14. 自，第 110、178 联分别作 🔸、🔸，《校记》提出：原书结构有误，当作 🔸 或 🔸。《殷考》32 页（《考释三种》163 页）释"自"，引《说文》自，鼻也，象鼻形，古文作 🔸。🔸 形见于《前编》2.25.4，其辞为"🔸 上甲至于多后"，为自字无疑，字形与《说文》古文略似，这种写法在甲骨文中虽仅此一见，但《楷帖》所书有据。又《殷考》字头下列 🔸，见于《前编》4.14.6；又列举 8.15.1，作 🔸 形，皆与 🔸 有相似的构成部分。实际上类似结构的写法比较常见，如《合集》22459、《合集补编》2139 🔸、2330、2331 等，不能判断《楷帖》此字形结构有误。

15. 无，第 178 联作 🔸，《校记》认为其"右竖不能太长，当稍短写作 🔸。"《殷考》65 页（《考释三种》229 页）有释"匕"，列甲骨文四例，其中 🔸 形见于《前编》1.1.8、2.20.7、2.35.1 等五期卜辞，《校记》所书多见于早期写法。

16. 友，第 179 联作 🔸，《校记》改为 🔸。《殷考》30 页（《考释三种》

① 原书误为《前编》卷四第四十三页。
② 《屯南》644。

160 页）释友，列甲骨文二例，皆为⺤形的不同写法，手校本增加见于《后编》的⺤。并在增订本中补入"卜辞有作⺤者，亦友字"，近些年有学者撰文提出应是"并"的异体，《诂林》按语称"仍当以释友较妥"①。《楛帖》所书不误。

17. 子，第 179 等联作⺤，《校记》提出当作⺤，也可以借用⺤，《楛帖》所书形体不够准确。《殷考》17 页（《考释三种》134 页）释"子"下，所列的甲骨文字有⺤，见于《前编》1.6.3，作"庚子卜贞"。为细小字的五期卜辞，这种写法虽少见，但也不乏近似的字形，如⺤、⺤、⺤等②，《楛帖》所书有卜辞为据，不误。

18. 黍，第 182 联作⺤，《校记》当作⺤。《殷考》39 页（《考释三种》178 页）释"黍"列甲骨文⺤、⺤、⺤、⺤等十四例及其出处。《楛帖》所书全同《前编》4.39.8，字形不误，其辞为"贞不其⺤"，亦可知为黍。

19. 天，第 186、248 联作⺤，《校记》提出应作⺤，所从之大均作⺤不应做⺤。实则《楛帖》写法见于《前编》2.3.7、《甲编》3690 等，均为"天邑商"之天。《殷考》18、50 页（《考释三种》136、199 页）分别释天和大，都列有两种字形的甲骨文"天"和"大"及其出处。

20. 寅，第 196 联作⺤，《校记》：当作⺤或⺤。《殷考》18 页（《考释三种》135 页）释寅，所列甲骨文除同于《校记》者外，还有⺤，见于《前编》2.22.2，又 2.11.5 等也有类似写法。

21. 正，第 196 联作⺤，《校记》当作⺤。《殷考》57 页（《考释三种》214 页）释正，下列甲骨文包括以上两种字形，手校本又有增加。其中⺤见于《前编》2.40.7。虽然后者十分常见，但《楛帖》所书有据，不误。

22. 戊，第 227 联作⺤，《校记》提出钺字当作⺤。《殷考》47 页（《考释三种》193 页）释戊列甲骨文⺤、⺤等形，前者见于《前编》2.16.2，《楛帖》所书正确无误。《校记》所书为早期常见写法，但似不规范，甲骨文戊是一种大斧的象形，斧只能在器柄上端，不能在中部。

---

① 《诂林》948 页
② 《后编》2.10.10，《合集》31655，《铁云藏龟》108.1，以及《合集补编》1638，1653 等。

23. 南，第 237 联作 ，《校记》认为形误，当作 。《殷考》24 页（《考释三种》148 页）释南，列甲骨文 、 等十例。后者见于《前》1.73.7，文为 " 庚" 可见是南字无疑。考释列举南姬鬲之南写法亦同，《楹帖》所书不误。

24. 盘，第 238 联作 ，《校记》：应写作 。《殷考》43 页（《考释三种》185 页）释槃，所列甲骨文包括这两种字形，考释说 象形，旁有耳，以便手执。盘庚之盘从 ，或径作 ，殆与 字同。后者见于《前编》5.27.5（《合集》5349），文为 "庚子卜，争，贞王 其耑。之日 ，耑雨。五月。" 辞中的 作动词，应读为《五子之歌》"盘游无度" 之盘①。《楹帖》所书不误。

25. 马，第 242 联作 ，《校记》认为当写作 。二形仅头部略异，《殷考》35 页（《考释三种》170 页）释马所列甲骨文包括这两种写法，指出其字的特点为由象马的头、髦、尾之形，举出《前编》4.46.2，该片卜辞中的马字即作张口之形。第 242 联的写法与其约略相似，当不误。

26. 君，第 244 联作 ，《校记》提出当作 ， 为 "尹" 字，卜辞君与尹已分化。但至今仍有不少研究者认为甲骨文的君可能就是尹字，《诂林》释君的按语也说，卜辞中的 "多君" 在商王左右，可能可能属于尹、史之类，甚至可能就是武丁卜辞中的 "多尹"②。因此尚不能确认甲骨文中已完成 "君" 与 "尹" 的分化。《楹帖》君写作尹应是可以的。

27. 牝，第 310 联作 ，《校记》：当作 ，原篆有误。《殷考》34 页（《考释三种》168 页）释牝，列甲骨文三例，手校本补充《后编》六例，其一为 ，卜辞残，仅见 " 三牝"，但已可判断为牝字无疑。近些年曾有研究者进行过细致分析，指出甲骨文牝、牡共作 形，需要根据文义加以区别。《诂林》释牝（牡）的按语也同意两者 "其形时相混" 之说③，可见《楹帖》将此写作 ，不属于 "形体结构有误"。

综上所述，《校记》对《楹帖》的校正意见有不少是正确的，而《楹帖》

---

① 见饶宗颐：《殷代贞卜人物通考》，346～347 页，香港中文大学 1959 年版。
② 《诂林》905～907 页引李学勤、赵诚说。
③ 《诂林》1578～1580 页引陈炜湛说及姚孝遂按语。

中尽管有释错、摹错的字，但几乎所有的字都可以从最早的几部甲骨著录书中找到其来源，充分体现出《楹帖》作者认真严谨的学风，也从一个侧面反映出在甲骨学的开创阶段，所以能有"雪堂导夫先路"不是偶然的。《校记》也有相当一部分是不准确的，但无论如何八十年来对这六十个字的认识考订都有了很大的进展。今天看来，《楹帖》中所用的甲骨文字也还有一些可以讨论，例如"车"，第 039 联作 ，072 联作 。两个字都是有所本的，从《殷考》47 页（《考释三种》194 页）释车所列甲骨文字可知，这两形分别见于《前编》5.6.4、《铁云藏龟》63.2。在甲骨刻辞中数见 字，通过残辞互补，现在知道其所载大都是关于田猎发生车祸的验辞，甲骨文用 、 表示车，用 、 表示某处断裂，发生了事故的车。《铁云藏龟》63.2 文为"贞 ……其……"辞残，原书不清，摹写不够准确，该字又仅一见，尚不能确认为"车"字。《楹帖》这两个车字的使用似不够确当。

又如烝，第 176 联作 ，《殷考》26 页（《考释四种》151 页）释烝，为"卜辞从禾从米，在豆中共以进之，盂鼎与此同而省禾，《春秋繁露》四祭，冬曰烝，烝者，以十月进初稻也。""引申之，而为进"。《殷考》43 页（《考释四种》185 页）又释 ，"殆即《尔雅》瓦豆谓之登之登字"，"由其文观之，乃用为烝祀字。"如果从卜辞分期看， 主要用于一至四期，即武文及其以前，从记载烝祀祭品的卜辞可知，商代的烝祀不仅是进新稻，而包括有黍、稷、来、米、鬯等[1]。五期的烝字多增加从米的写法，如"王宾祖甲 黍亡尤"、"王宾 禾［亡］尤"[2]，而更多的使用 字，"王宾 亡尤"的句式最为常见[3]，也有用 者，如"王［宾］烝禾亡尤"、"王［宾］禾烝［亡］尤"，虽不一一标明祭品种类，但强调进献的是禾谷类作物，从这一习俗出发，启示我们 应是" 禾"的合文。

近半个世纪以来，不仅对传世甲骨的整理、出版不断取得新成果，更不断有科学发掘的成批出土，为甲骨文研究提供了更为丰富、完整的资料，随着甲骨文字研究的进展，必然为甲骨文书法艺术的发展开拓更为广阔的天地。

---

① 《合集》235、30306、27219、32542、30977。
② 《合集》35902、38694。
③ 《合集》38686～38690。

乙种子卜辞（"午组卜辞"）卜人问题的再考察

蒋玉斌

乙种子卜辞即学界旧称的"午组卜辞"，是殷墟子卜辞中重要的一类。[①]陈梦家先生在对殷墟甲骨进行断代研究时，从 YH127 坑甲骨中划出了该类卜辞。其分列该类的理由是，"一则它们字体自成一系"，如好用尖锐的斜笔，"贞"字作式五的 ⿰ 和式四的 ⿰，相对于宾组卜辞是"非正统派的"；"二则其称谓也自成一系"。在旧的断代体系中，卜（贞）人是一个重要的分类断代标准。在陈氏看来，这类卜辞有两个不系联的卜人午和屰，所以他命名此组为"午组卜辞"。（《殷虚卜辞综述》156、162 页）

如上所述，最早划出"午组"的陈梦家先生不是靠卜人而是靠字体和称谓系统等分出本类的。但该类卜辞的卜人情况，却素为学者们关心，并提出了多种说法，如分别认为午、屰、⿰、朋等为这类卜辞的卜（贞）人，等等。

学者们涉及该问题的研究文献有（以发表时间为序）：

1）陈梦家 1956　《殷虚卜辞综述》，科学出版社，1956 年。

2）张秉权 1957　《殷虚文字丙编》上辑一，中央研究院历史语言研究所，1957 年。

3）李学勤 1958　《帝乙时代的非王卜辞》，《考古学报》1958 年

[①] 子卜辞指卜辞主体为贵族家族族长"子"而不是商王的卜辞。参看林沄：《从武丁时代的几种"子卜辞"试论商代的家族形态》，316 页，载《古文字研究》第一辑，中华书局，1979 年，收入《林沄学术文集》，中国大百科全书出版社 1998 年版。

第 1 期。

4）饶宗颐 1959　　《殷代贞卜人物通考》，香港大学出版社，1959年。

5）裘锡圭 1972　　《读〈安阳新出土的牛胛骨及其刻辞〉》，《古文字论集》，中华书局，1992 年。

6）林沄 1979　　《从武丁时代的几种"子卜辞"试论商代的家族形态》，《古文字研究》第 1 辑，中华书局，1979 年。

7）肖楠 1979　　《略论"午组卜辞"》，《考古》1979 年第 9 期。

8）裘锡圭 1981　　《论"历组卜辞"的时代》，《古文字论集》，中华书局，1992 年。

9）前川捷三 1983　　《关于午组卜辞的考察》，《古文字研究》第 8 辑，中华书局，1983 年。

10）陈建敏 1985　　《论午组卜辞的称谓系统及其时代》，胡厚宣主编《全国商史学术讨论会论文集》，（《殷都学刊》增刊），1985 年。

11）彭裕商 1986　　《非王卜辞研究》，《古文字研究》第 13 辑，中华书局，1986 年。

12）裘锡圭 1987　　《读〈小屯南地甲骨〉》，《古文字论集》，中华书局，1992 年。

13）方述鑫 1992　　《论"非王卜辞"》，《古文字研究》第 18 辑，中华书局，1992 年。

14）彭裕商 1994　　《殷墟甲骨断代》，中国社会科学出版社，1994年。

15）李学勤、彭裕商　　《殷墟甲骨分期研究》，上海古籍出版社，1996 年。

16）黄天树 1998　　《午组卜辞研究》，《甲骨文发现一百周年研讨会论文集》，中央研究院历史语言研究所·台湾师范大学国文系，1998年；又文史哲出版社，1999 年。

17）魏慈德 2001　　《殷墟 YH 一二七坑甲骨卜辞研究》，政治大学中国文学系博士学位论文（指导教授：简宗梧、蔡哲茂），2001 年。

为方便起见，我们在下文称引上揭各家说法时，就直接使用论者姓名加发表年代的简称。

首先看一下诸位研究者对乙种子卜辞卜人问题总的看法。可列如下表：

论　者	关　于　卜　人　的　说　法
陈梦家 1956	午允
张秉权 1957	飞
李学勤 1958	允
饶宗颐 1959	午允　　　　　　　　　备考：舁①
林沄 1979	午、允不是卜人名
肖楠 1979	午　允　𠂤
裘锡圭 1972、1981、1987	完全不记卜人。午、𠂤不是贞人。
前川捷三 1983	有无贞人尚成问题；午、允不是贞人的说法也是成立的。
陈建敏 1985	午　允　𠂤　名　合　𤔲　死
彭裕商 1986	允　　　朋
方述鑫 1992	不存在上述贞人
黄天树 1998	不存在上述贞人。"午组"没有贞人。
魏慈德 2001	不存在上述贞人。出现过贞人名而有意除去。

下面对有关该类卜人的各种说法分别进行考察：

1. 午。

乙种子卜辞有：

　　戊申卜：午量司己。○戊申卜：午量于父戊。　　22092②

　　癸未卜：午余于且庚，羊豕艮。○于且戊钔余，羊豕艮。　　22047

　　癸酉卜：午入乙牢。　22063

　　五月。甲寅卜：午石甲牢用。　22116

陈梦家 1956 据前三版定"午"为卜人。其实，根据辞例尤其是第二版的对贞，可知"午"实为"钔"的省体（看李学勤 1957、裘锡圭 1972、林

---

① 饶宗颐：《殷代贞卜人物通考》，1127、1161、1181 页，香港大学出版社 1959 年版。按，舁字本作𦥔，从𦥑，不从廾。

② 即乙 3478，《综述》162 页引此误为"乙 2478"。

沄 1979 等。"午"是"卲"的声符）。

彭裕商 1986 是没有提到卜人"午"的，但到 1994 年他却对上面的说法表示了一定的怀疑：

> 或认为"午"不是卜人名，而是祭名"卲"字之省。在某些场合，"干支卜"后面的"午"读为"卲"确实可通。不过，我们发现该组卜辞不但已有"卲"字，而且更重要的是，除"干支卜"后面的午而外，其它地方并无用"午"为"卲"之例，如果"午"和"卲"完全是一个字，那么为什么其它地方找不到一条用"午"为"卲"的例子呢？可见将"干支卜"后面的午字解释为卲字之省，也不是完全没有问题。

根据这种理解，他尽管承认本类"未见确切的卜人"，却又把"午"作为"可供参考者"之一。

彭先生表示怀疑的主要理由，是他在"干支卜午…"外的"其它地方找不到一条用'午'为'卲'的例子"。其实这样的例子是有的，较完整的辞例如：

至小子午□母庚…○午母庚宰。　　屯南 2673

癸亥卜，贞：酚午石甲至𠬝庚，正。　　屯南 2671

壬申卜：弜于𦉯①午。②　　22186 ＋

第一辞"至"读为"致"③。比较："戊子卜：至子卲父丁白豕。"（合 22046）第二辞是为御祭而行酒祭。第三辞可比较"〔乙〕未卜：弜亚卲于父□…"（屯南 2647 ＋ 2775）、"壬寅（原为辰）卜：弜石卲于匕癸界豕。○石卲于庚。"（合 22048）、"叀卲弜牛于天。"（屯南 2241）

这进一步说明"午"的确是"卲"的省体，不可能是乙种子卜辞的卜人。

2. 兂。

---

① 𦉯字唐兰先生似乎认为是"蔡"字，见裘锡圭：《释"求"》，第 59～60 页引述，《古文字论集》，中华书局 1992 年版。

② 饶宗颐先生《通考》在认定"午"是卜人的情况下，又读此条为"壬申卜：弜于…无。午。"当作"午""署名于末者"（1160 页），亦不可据。

③ 参看裘锡圭：《读〈安阳新出土的牛胛骨及其刻辞〉》，第 333 页，《古文字论集》，中华书局 1992 年版；姚萱：《殷墟花园庄东地甲骨卜辞的初步研究》，第 167 页，首都师范大学博士学位论文（导师：黄天树），2005 年。

乙种子卜辞有：

甲午卜：兂卟于匕至匕辛。○甲午卜：兂卟于入乙至父戊牛一。
22074

庚申卜：🉑卟子自且庚𠂤至于父戊抑？22101 左 +22129

𠂤比兂多出两小横，二形乃一字异体，这里统一隶定为"兂"。在《综述》中，兂是"午组卜辞"的卜人之一，李学勤先生也一度把它当作这类卜辞的唯一贞人，并将此类卜辞更名为"兂组卜辞"。张秉权 1957、彭裕商 1986 也认为兂是贞（卜）人名。张说见《殷虚文字丙编》第九二片考释，张氏释兂为"飞"，是望文揣测，不可从。

林沄先生指出，合 22074 的两条卜辞"凡冠兂，均言'兂某自某'，似有合祭之义"（1979：334）。方述鑫先生也指出兂是祭名（1992：179）。魏慈德先生详细论证了兂是"午组卜辞中常见的一种合祭"（2001：127～128），可参看。最近陈剑先生又将此字读为"皆"，认为它表示"总括"，[①] 是十分值得重视的意见。这些研究都说明兂不是卜人名。

3. ⎸

小屯南地甲骨整理者肖楠认为午、兂之外，这类卜辞还有第三个贞人 ⎸[②]，见屯南 4177。

肖楠先生说：

值得注意的是在《屯南》4177（T31：80）见到的"丙辰［卜］，⎸贞"……这个⎸字，有两种可能，一为上一段卜辞的字，一为下一段卜辞的字，我们认为属下一段的可能性大。

若属下一段，则当为贞人。（肖楠 1979：510）

在《屯南》的前言和释文中，则不谈以前讲过的两种可能，直接将⎸作为贞人（1130 页）。[③] 事实上，肖楠先生原来说的"属下一段的可能"，是颇显牵强的，不少学者都不同意这种读法。如裘锡圭先生指出"⎸"字似属上方另一残辞，恐非贞人名（1987：324）；方述鑫（1992：179）、魏慈德

---

① 陈剑：《甲骨文旧释"𣜩"和"蠚"的两个字及金文"𩫚"字新释》，庆祝殷墟"申遗"成功暨纪念 127 甲骨坑发现 70 周年国际学术研讨会论文。

② 肖楠：《略论"午组卜辞"》，第 510 页，《考古》1979 年第 9 期；《小屯南地甲骨》前言第 27、45 页，释文第 1130 页。

③ 《殷墟甲骨刻辞摹释总集》亦将屯南 4177 释作"丙辰…⎸贞…"，可见也认为⎸是贞人。

（2001：116）也都重申了这一观点。

在乙种子卜辞中，⺊还见于22095（参看魏慈德2001：116），辞作"…⺊贞：得⺊量皿我…"。又22092有"乙巳⺊，贞：于翼丙告⺊子亚雀。○乙巳⺊：夕告⺊于亚雀。"⺊、⺊也可能是⺊字。在这些辞中⺊也都不作卜人名。

4. 名、朋

合22093有"丙午⺊⺊"，陈建敏先生释⺊为"名"，并当作贞人名（1985：362）。按，⺊不从口，释"名"无据。彭裕商先生认为这类卜辞中有⺊和朋（原注"字从二月，非朋友之朋"）两个卜人（1986：62、80）。其中的"朋"也即⺊字。方述鑫先生不同意彭氏的说法（1992：179）。[①]

李宗焜[②]、黄天树[③]、魏慈德[④]先生都认为夙是夜里的一个时段，可从。刘一曼、曹定云先生则将上引卜辞释读为："丙午夕（'夕'本作夙）⺊：⺊岁于父丁羊"（引按：辞末脱"一"字），作为记"干支夕⺊"前辞的例子。[⑤]这一思路是正确的。卜辞前辞有时具体记刻一日内的时称，如"甲子夕⺊"（合32171历一）、"壬辰夕⺊"（花东421）、"辛囧（向）[⑥]壬午王贞"（合21374丙种子卜辞）等[⑦]。"丙午夙⺊"与此例同。

综上，⺊可隶定为夙，乃夜间时段名，不是卜人名。

5. 合

陈建敏先生认为该类有贞人名"合"（1985：362）。按所谓"合"见于合22048，为"今日"之误读。原辞为"壬辰⺊：今日雨。"

6. ⺊。

陈建敏先生认为该类还有贞人名"⺊"，见于合22101片（1985：362）。该辞上文已引，"⺊"可能是"帝"字，祭名。

7. 死

---

① 但方述鑫先生否定"朋"之后并未给出正确的解释。他说："至于朋，则是《合集》七·22093'丙午：⺊⺊于父丁岁羊一'中⺊字的上半缺笔。这版卜辞字体较素弱，所谓'朋⺊'二字即'⺊'当是⺊的不完全刻写，我们从其字体大小及其所占位置看，应是一个字。"（1992：179）然而细辨拓本，"丙午"下的刻划⺊的走势与"⺊"并不相同，而且御祭一般也不与"⺊岁于父丁羊一"（方文释读顺序不确）这类的祭祀相连。

② 李宗焜：《卜辞所见一日内时称考》，《中国文字》新18期，1993年。

③ 黄天树：《殷墟甲骨文所见夜间时称考》，《新古典新义》，台湾学生书局2001年版。

④ 魏慈德2001：95。

⑤ 刘一曼、曹定云：《殷墟花园庄东地甲骨卜辞选释与初步研究》，第292页，《考古学报》1999年第3期。

⑥ 裘锡圭：《释殷虚卜辞中的"⺊""⺊"等字》，《第二届国际中国古文字学研讨会论文集》，1993年。

⑦ 参看黄天树：《殷墟甲骨文所见夜间时称考》。

　　陈建敏先生提到的另外一个贞人名是"死"，并举出处为合 22047（1985：362）。按 22047 为 22049 之误。

　　如果单纯从合 22049 前左甲"戊午"一辞来看，似乎可以读为："戊午卜，死贞：不…"。如此，"死"就是卜人。但从全版看，该版还有以下几条卜辞：

　　　　戊午卜：至（致）① 妻卯束父戊，𠂤又𠂤。

　　　　戊午卜，贞：妻又𠂤今夕。

　　　　戊午卜：卯外戊𠂤。

　　　　于子庚卯𠂤。合 22049

　　关于𠂤字，姚萱女士通过排比分析卜辞中该字的辞例，指出𠂤指疾病好转、"痊愈"一类的意思，极是。她并进一步将该字考释为表示"病愈"的"差"或"瘥"。② 上引四辞是在戊午日占卜御祭父戊、外戊、子庚等先人，以求攘除"妻"的疾病，并问这样妻是否可以"又𠂤"（病情好转）。而有"死"的那条卜辞，恰好也是戊午日占卜的。联系上引四条御疾的卜辞，可以发现这一条也应是关于疾病的，当读为："戊午卜，贞：不死。"③ 其特异之处不过是把"死"刻到了贞字上方。因此，这个"死"字不宜看作卜人名。

　　8. 可能出现过贞人名而有意除去

　　这是魏慈德先生在对上述主要的几种作了正确的反驳之后，又提出的一种推测：

　　　　所以午组卜辞中尚未见到贞人名，而唯一可能出现过贞人名的是乙4925（合 22048）这一版龟甲，在甲上有三个圆凿，而这三个圆凿正好都把干支下贞字上原刻贞人名的字给凿去了，不知其为何故，但肯定是有意的要将贞人名除去，若是由此来推测表示当时就刻意的不让贞人名出现在甲骨上，所以这一组卜辞未有贞人名。（2001：95）

　　今按，所谓"三个圆凿"，当为四个。在魏先生之前，黄天树先生也曾对这一现象作过研究，黄先生称作"拓面有全白色小圆圈"：

　　　　合 22048 是一版午组腹甲，其上"壬寅"四辞旁边都有全白的小

① 参看裘锡圭：《读〈安阳新出土的牛胛骨及其刻辞〉》，第 333 页，《古文字论集》，中华书局 1992 年版；姚萱：《殷墟花园庄东地甲骨卜辞的初步研究》，第 167 页。

② 姚萱：《殷墟花园庄东地甲骨卜辞的初步研究》，第 159～171 页。

③ 李学勤先生即有此种读法（1958：68）。

圆圈，好像是有意钻出来的圆孔。为何要这样做还不清楚。但是，有意钻出这种小圆孔的甲骨还见于其他类别的甲骨上：合20505（自肥笔类）、合19957正（𠂤类）、合20391（自小字）、合20060（自历间）。由此可见午、自肥笔、𠂤类、自小字，自历间类关系较密切。这种钻小圆孔的习惯可能是流行于武丁早、中期之交的一种风气。（1998：271）

拓本上确有四处全白的小圆圈，而且小圆圈周围有字的残划，可以推测这是将某些字除去了。仔细辨别，被除去的字就是"辰"字。而且圆圈上部的"寅"字，四处中有三处刻得较小或较偏，当是后来补刻的。靠近千里路的一条辞前辞是"壬辰卜"，未予剜改而保留着原刻。所以实际情况是，刻手把原来"壬辰卜"的"辰"字剜去（这种除去，有可能是黄先生说的钻孔，但更可能仅是剜改而并未钻透），在其上方改刻了"寅"字。壬寅在干支表中比壬辰晚一旬。殷墟甲骨上除去文字的主要方式是铲削，有时铲削的结果就是造成拓面上的这种"白色圆点"。如张秉权先生指出的，丙14（按即合6483正）拓本上"有一白色圆点，系一被铲除的序数之痕迹"（《丙编》14考证），丙63（按即合12051下）"拓本上有若干白色圆孔，是铲削的痕迹"，等等。与合22048同为乙种子卜辞的22103（乙6390）尾右甲上有▦，很有可能也是将某些笔划除去的结果。

所以，"有意的要将贞人名除去"的推测也是不能成立的。

总之，就现有材料来看，乙种子卜辞中不存在以上数种所谓的卜（贞）人名，而且也没有刻写过卜人名的现象。可以说，现有该类卜辞是不记卜人名的。

《洹宝斋所藏甲骨》238 释读

党相魁

安阳师院甲骨学与殷商文化研究中心计划出版《甲骨学与殷商文化研究丛书》，郭青萍先生的《洹宝斋所藏甲骨》（以下简称洹）即该丛书的一种①。洹于今年七月出版，著录安阳洹宝斋主人旧藏甲骨306片，其中可能读或可读其内容者约四分之一。有前所未见之新字形者若干片，洹238即其一例。辞去：

　　…卜贞：妇鼠𣲗有𥅆

𣲗字从三豕，一大豕腹下有二小豕，象母豕哺乳形，可隶作𣲗。𥅆字上从二子，下从口，可隶作㕛。𣲗、㕛二字为新见字，今试作考释。

　　合集中有一个从三豕的字作𤕭，《摹释总集》、《类纂》等书隶作𣲗。岛邦男《综类》隶作豩，孙海波《甲骨文编》收有𤕭、𤕫二字，均隶作豩②。可从。《说文》：“豩，二豕也。豳从此。阙。”段注：“谓其音义皆阙也。”《同文备考》训曰：“豕乱群也。”豩又从三豕，《字汇补》：“𤢺，同豩。”然则𤕭应隶定为𤢺，以区别于洹238的𣲗字。甲骨文𣲗与𤢺是两个不同的字，形音义皆有别。𤢺字象群豕争先追逐状，在卜辞中用作地名，合1022辞云“田于𤢺”。

　　关于𣲗字，《说文》所无。谛视其形义，可读为表示豕生二子的“师”字。《尔雅·释兽》：“豕生三，豵；二，师；一，特。”母豕一胎生二子，曰师。师有众义，《易·师》象曰：“师，众也。”《诗·大雅·韩奕》：“燕

---

　　① 《洹宝斋所藏甲骨》，安阳师院郭青萍教授编，内蒙古人民出版社2006年7月第一版。该书著录殷虚所出甲骨306片，经过著名甲骨学家王宇信、杨升南二位先生鉴定。

　　② 《甲骨文编》卷九·一一所录豩字从二豕者3例，看其摹本只有拾一·五是从二豕，而铁一〇四·一是从二犬，甲三六三四之字左右不同，左非从豕。

师所完。"毛传："师，众也。"洹 238 是卜问妇鼠是否会生双胞胎，故用𤔔字。

再说𣬈字。𣬈即《说文》之𣬈。

《说文》："𣬈，盛皃。从弄，从曰。读若虁虁。一曰：若存。𣬈，籀文𣬈从二子。一曰：𣬈即奇字晋。"王筠《句读》："口、曰同意。""不应为奇字晋矣。当阙疑。"王氏卓识，言不可刊。甲骨文有晋（晋）字作𣬈，𣬈与晋字无涉，许君误矣。古文字口、曰有通作者。𣬈即𣬈。亦即𣬈。反过来说，甲骨文𣬈即字之初文。𣬈，金文亦从孖从口作𣬈（甗𣬈妊簋）。𣬈字从口，《宋本广韵》"孖，双生子"，《方言》："陈蔡之间凡人兽乳而双产谓之釐孳。秦晋之间谓之僆子。自关而东赵魏之间谓之孪生。"其中"釐孳"一词《玉篇》作"挈孖"，"挈孖，双生也。有的甲骨文字从口或省口一词，如商、周等。𣬈字与孖字亦同义，即为双生子，俗谓双胞胎。

洹 238 的内容就是卜问妇鼠会不会生个双胞胎，或者问是否怀有"双生子"。

关于妇鼠的身份，学者有不同意见。赵诚先生认为，妇鼠当是商王之姐妹[1]。宋镇豪先生认为，妇鼠是商王室世妇。[2] 当以宋说为长。世妇就是帝王的妃嫔之类。《礼·曲礼》下："天子有后，有夫人，有世妇……"，疏："妇，服也，言其进以事君子也；以其贵，故加以世言之。"据有关卜辞分析，妇鼠应是商王的妃子，有很高的地位。有关妇鼠卜辞有二十多条。

（一）卜问妇鼠生育

　　乙酉卜王妇鼠娩其惟…　　合 13960

　　…妇鼠娩妨　五月　合 14020

　　戊辰卜王贞妇鼠娩余子　合 14115

　　贞妇鼠娩余弗其子　四月　合 14116

（二）为妇鼠之子占卜

　　钾妇鼠子于妣己允有羸　合 14118

　　贞妇鼠子不井　合 14119

　　庚申卜王余祐母庚…庚弗

---

① 参考越诚：《甲骨文与商代文化》，第 155 页，辽宁人民出版社 2000 年 1 月版。

② 参考宋镇豪：《夏商社会生活史》，第 261 页，中国社会科学出版社 2005 年 10 月版。

　　　以妇鼠子用　八月　合 14120

（三）为妇鼠祈求福祐

　　　一牛一羊钔妇鼠妣己

　　　甲申卜钔妇鼠妣己二牝牡　十二月　合 19987

（四）妇鼠主持祭祀

　　　癸未卜妇鼠侑妣己彀豕　英 1763

　　　妇鼠侑妣庚羊豕　英 1763

　　　癸未卜妇鼠侑母庚彀　英 1765

（五）为妇鼠之母祈祷

　　　己亥卜王余曰妇鼠母祖　合 2804

（六）卜问"丧妇鼠"

　　　庚戌卜贞翌壬子丧妇鼠…　合 2807

　　　庚戌卜宁贞于亘丧妇鼠…　合 2808

从以上所录卜辞可知妇鼠的身份和地位。商王盼望妇鼠为自己生个儿子，最好生个双胞胎。害怕妇鼠的儿子有病，更担心其夭折。为妇鼠及其母祈求福祐。妇鼠病危，商王更是忧心如焚，卜问会不会丧失之。于此可见商王对妇鼠的关心和重视。

洹 238 是第一期卜辞，内容为占卜妇鼠生育，此片字虽不多，但有羴、咠两个新见字，且为孪生现象，具有重要的研究价值。

YH127 甲骨坑大龟腹甲
《合集》6834 片试解

马如森　马　因

一

　　甲骨考古发掘进行到公家发掘时，是在 1928 年至 1937 年，这 10 年间，共进行 15 次。

　　第 13 次发掘于 1936 年 3 月 18 日至 6 月 24 日，共 99 天。郭宝钧主持，石璋如、王湘、尹焕章等 8 人参加工作。发掘地点是在安阳小屯村北，集中在 B、C 两区。其中发现版筑基址四处、穴窖 127 个，墓葬 181 座。

　　这 127 个穴窖中的最后一个，也就是今天所说的 YH127 坑，发现至今整 70 周年了。127 坑为圆形，直径约 1.8 公尺，上口距地面 1.2 公尺，深约 6 公尺。坑内堆积分三层，上层灰土 0.5 公尺，下层绿灰土 2.7 公尺，中间一层 1.6 公尺。这里装满了甲骨片。这就是 127 甲骨坑的由来。这些甲骨片，堆积如山，目睹喜人，各种形状，异彩可观，大小不等，正反片比比皆是。龟骨片占绝大多数。由于未能在考古现场进行甲骨的剥离工作，移至南京当时的中央研究院所在地，由一代宗师董作宾、胡厚宣先生主持完成"室内二次发掘"。胡先生在《殷墟发掘》一书中，将这批甲骨总结为 10 大特点。其中指出完整龟甲，以前只有第三次发掘所得的"大龟四版"和第九次发掘所得的"大龟七版"，现在 127 坑 17096 片中，完整龟甲将近有 300 版之多。这是殷墟发掘，甚至从甲骨出土以来，空前未有的盛事。①

127 坑所出的甲骨，董作宾先生在《小屯·殷墟文字乙编》《序》中明确指出："第十三次至第十五次，从 25 年春季到 26 年春季，这三次发掘工作，又重新回到小屯村并且集中在村北的 B、C 两区所出甲骨文字，全部收入乙编。"②

本文所收录的《甲骨文合集》（简称《合集》）第 6834 片正反版，就是 127 坑所出龟甲，著录在《小屯·殷虚文字乙编》中引用。

二

《合集》6834 片缀合复原。《小屯·殷墟文字乙编》，董作宾主编，分上、中、下三辑。巨著分别在 1948、1949、1953 年出版。当年，这版甲骨出土之时，骨片裂断而分散，《乙编》7795 有初步缀合。《甲骨文合集》又将《乙编》余下的尚未缀合的残片，又缀合成一完整的大龟腹甲。只是在左甲桥下部和后左甲下边缘处所空一小块。这样一来使之分离好几十年的大龟腹甲，又重新复原，真是可贺之幸事。此片腹甲原大为：长 30 公分，宽 23 公分。《甲骨文合集》将复原后的大龟腹甲，编号为"6834"正反片它的拼合号：

【2000 + 2358 + 2388 + 2434 + 2696 + 3377 + 7795】正

【7796 +（1915 + 2000 + 2388 + 2434 + 2696 + 3377）】反③

三

《合集》6834 片，其刻辞的全部内容，是一完整军事战争事件的刻辞。全篇占卜刻辞共有 17 条。这其中随着战时事件的不同，以刻字大小而区分，记载重大的战争胜利的军事行动，用大字契刻，并以涂朱显示重大历史事件之记录。随之相关的可以契刻小字以之叙述。这样整个版面，显得重点突

---

① 胡厚宣：《殷墟发掘》，39—101 页，学习生活出版社 1955 年版。甲骨发掘的四个历史时期，请参见拙作《殷墟甲骨文引论》，16—25 页，东北师范大学出版社 1993 年版。

② 董作宾：《小屯殷墟文字乙编》《序》上辑，1948 年版。

③ 胡厚宣主编：《甲骨文合集材料来源表》，中国社会科学出版社 1999 年版。

出，而又十分醒目，庄重而又大方。它是具有历史意义的千载不朽的名片。

商人每事必占卜，用干支记日法，记述了时间顺序和事件的全过程。

本片占卜征伐"缶"的卜辞：

（一）"庚申"日占卜，有 7 辞，用小字刻写。

  1. 庚申卜，王贞：雀弗［其］获缶？

  2. …申卜，贞：获缶

  3. 雀弗其获缶

  4. 庚申卜，王贞：余伐不？ 三月。

  5. 庚申卜，王贞：余勿伐不？ 二告

  6. 庚申卜，王贞：余伐不？

  7. 庚申卜，王贞：余勿伐不？

"庚申"日以后的第三天，就是"癸亥"日占卜。

（二）"癸亥"日占卜有四辞，亦是用小字刻写。

  8. 癸亥卜，殻贞：翌乙丑多臣戋缶？

  9. 翌乙丑多臣弗其戋缶？

  10. 癸亥卜，殻贞：我使毋其戋缶？ 二告

  11. 癸亥卜，殻贞：我使戋缶？ 二告

为了突出事件"癸亥"日后两日"乙丑"进行该日单独占卜如：

  12. 乙丑卜，殻贞：子商弗其获先？ 二告

以上 12 次占卜，是商人卜问征伐周边方国"缶"的军事行动。前 7 次"庚申"日占卜 1 至 3 辞，卜问伐"缶"能不能获得胜利？ 4 至 7 辞卜问，我征伐还是不征伐？ 后 5 次"癸亥"日占卜 8 至 12 辞，占卜派"多臣"伐"缶"而最终取得了胜利。

占卜伐"宙"[①] 的卜辞：

商代周边另一个方国"宙"，也是商的一大隐患。曾在早商时期，就有，"宙"侵扰商都"亳"的战争。在《乙编》第 5393 号大龟腹甲，就有这样的卜辞同文例：

  戊申卜，殻贞：我其乎亳宙戋？

---

① "宙"，龟版原文写作""，因打字不便，故以"宙"代之。

戊申卜，殻：我亳宙戋？

除此，还有卜辞记载：

……宙……　　乙 6320

…宙……　　乙 4345

癸丑卜，［内］我弗其伐宙　　后下 25·1

从早商到武丁时期，近于 400 多年，"宙"的侵扰是商代一大隐患，伐"宙"是大势所趋，势不可挡。终于在武丁时期，展开了征伐"宙"的大战。

本片占卜征伐"宙"的卜辞：

（三）"壬子"和"癸丑"日占卜。

13. 壬子卜，争贞：自今日我戋宙？

14. 贞：自今日我弗其戋宙？

这两辞用小字刻写。"壬子"日的第二天是"癸丑"日占卜。

15. 癸丑卜，争贞：自今至于丁巳我弗其戋宙？

16. 癸丑卜，争贞：自今至于丁巳我戋宙？王占曰：丁巳我毋其戋，于来甲子戋。旬业（有，又）一日癸亥车弗戋，之夕坣，甲子允戋。

后两辞用大字刻写。

以上 4 辞是占卜征伐"宙"的军事行动。也是本片刻辞的重点。13、14 两辞，以问答对贞方式，回答"自今日"我不能征伐"宙"国。15 辞，卜问"丁巳"日也不能征伐"宙"国。那么哪天可以征伐呢？在 16 辞的验辞中"甲子"日的"允戋"取得了胜利！

16 辞的大意是：癸丑日占卜贞人"争"卜问：从现在到第四天的"丁巳"那天，我出兵伐"宙"行不行？商王武丁占验说：丁巳那天，我不能出兵征战，等到（丁巳日以后七天）甲子那天再出兵征战。（战争进行了两个月）癸亥日那天用车战没有取胜。从这早晚又延续到"甲子"那天，用车战，果然取得了胜利。

胡厚宣先生对这次战争，作了总结论断：

"武丁时大龟腹甲，有两条占卜伐宙的卜辞，一卜正面，一卜反面。大字涂朱，知道这一事件，极为严肃。卜反面一辞，后段残缺，卜正面一辞完整，并且记有占辞验辞。验辞里记载着用车打了胜仗，是商代战争史上，一条重要的资料。"①

在漫长的历史进程中，商代多次伐"宙"，李学勤先生对此又有考证：（宙）畓或写作"畱"、"猫"、"貓"、"稻"，在武丁卜辞中作"畱"。② 在另一条卜辞中写到：

> 甲［辰］…王…伐…？在羹。一月。八日辛亥，允戋，伐二千六百五十六人，貓隧。③

"是武丁时商人曾一度战胜了畓，文武丁伐畓，经过尤及羹。一月甲辰在羹预卜胜利，八日后辛亥，果然击败了畓，一次屠杀 2656 人，于是畓就灭亡了。（"队"读为"遂"，《说文》："遂，亡也。"）④

畓、罘、羹、缶四地是邻近的。⑤ 这我们可以知道，本文论及的"宙"、"缶"的具体地理位置，从商代地理区域分析。四地均在今山西西南邻近黄河东岸。羹地处在今河津汾河的北岸。罘，在今临猗。缶，紧靠黄河东岸。对于"宙"虽说没有标明它的地理位置，亦便可知，就在其附近。

四

《合集》6834 片历史意义。

商代地域方国众多，土方、舌方、危方、鬼方、羌方、龙方、系方等等。这些方国在商周边经常发动侵扰战争。商为了巩固自己的疆域，必须进行反击。此 6834 片就是典型的保卫国土的战争记录，为研究商代战争史，提供重要依据。从而也可以看到军事家——武丁，在这次战争中判断、指挥的正确。这在"癸丑"日占卜，王的验辞中得到证实。同时也为研究商代军事方面提供了重要资料。

本片从契刻到全版布局谋篇，都十分严谨。可称之为甲骨艺术的珍品。特别是刻辞方面，体现了契刻高手、能工巧匠，大字为双锋字，结构准确，字迹完美。为商代金文字体提供依据，是金文字体发展的先河。从西周到春

---

① 胡厚宣：《甲骨续存》一册，附图七。
② 李学勤：《殷代地理简论》，89 页，台北，木铎出版社。
③ 同上，88 页。
④ 同上，89 页。
⑤ 同上，92 页。

秋，乃至战国和秦汉，这一长河的金文研究，可以从商代的甲骨文找到它们的渊源关系。特别是本片 6834 称之为典型。

　　契刻之小字，是殷墟甲骨文的主体字。此版字迹标准，真切完美，此片为研究甲骨的学者，可以视为珍宝；也为书法爱好者，提供了标准的临帖甲骨的范本。

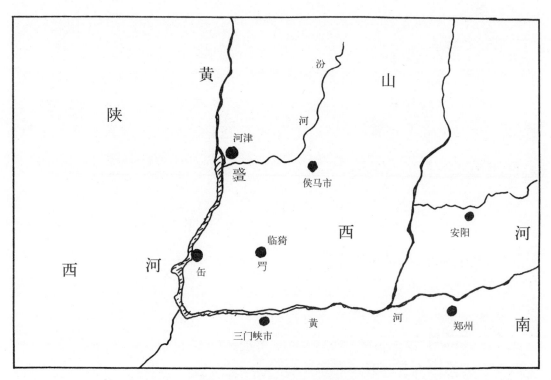

商代宙缶壴方國位置略圖

说甲骨金文中"尊宜"的意义

张玉金

一、甲骨文中动词"尊"的意义

甲骨文中的"尊"有些可作动词用，有陈设、摆放的意思。它的受事宾语有"敶"、"鬲"、"甗"、"壴"、"升"、"玉"等。① 例如：

（1）甲寅贞：来丁巳尊甗于父丁，宜三十牛？

乙卯贞：其尊甗，又羌？（《合集》32125）

"甗"是指古代的炊饪器（上体圆有两耳似鼎，下体三款足似鬲）。"尊"与"甗"明显是动宾关系，"尊"前或出现时间名词语状语，或出现副词状语。

在古代文献中，可以见到这种以器名作宾语的动词"尊"，例如：

（a）宰坐，尊中于大正之前。（《逸周书·尝麦》

（b）尊两壶于阼阶东。（《仪礼·特牲馈食礼》）

（c）司宫尊两瓶于房户之间。（《仪礼·少牢馈食礼》）

（d）侧尊一甒醴，在服北。（《仪礼·士冠礼》）

（a）中的"中"，是指盛策之器，"大正"是指主刑之官，即大司寇。"尊中于大正之前"，是说把盛策之器置放在大正的前面。（b）是说陈设两只盛酒的壶在阼阶之东。（c）是说司宫将两只盛酒的瓶陈设在房和室门之

① 本文所引的各家说法，一般都出自下引四部著作：于省吾主编《甲骨文字诂林》（共 4 册），中华书局 1996 年版；周法高主编《金文诂林》（共 16 册），香港中文大学出版 1975 年版；《金文诂林补》（共 8 册），台湾历史语言研究所专刊之七十七，1982 年；李圃主编《古文字诂林》（共 12 册），上海教育出版社，1999 年至 2004 年。本文中凡是引自上述四书的说法，都不再加注。

间的地方。（d）是说放置一尊醴酒在东房内爵弁服的北面。（a）（b）（c）（d）四个例子中的"尊"同义，都是置放、陈设之义。

前引例（1）里的"尊"，也是置放、陈设之义，"尊甗于父丁"是说向父丁牌位置放甗这种炊具。

（2）甲寅贞：来丁巳尊甗于父丁，宜三十牛？（《合集》32694）

（3）☑尊瓯，来丁巳其十牛于父丁？（《屯南》2861）

（4）于父丁其尊鬲？

丙寅贞：丁卯酒皋尊餗，又伐？（《合集》32235）

"鬲"，也是指一种古代炊具（鼎属，款足）。"于父丁其尊鬲"，是说向父丁牌位置放鬲这种炊具，这是祭祀时要使用鬲这种器具。第二条卜辞中的"餗"，意义是鼎实，但在此处用为鼎名。"酒皋尊餗"，是动宾结构，是为"皋尊餗"而举行酒祭的意思。"皋尊餗"是说皋这个人陈设"餗"。

（5）癸酉卜：邲戠至于父丁尊其鬲？

丙寅贞：☑酒皋尊餗☑卯三牢？（《屯南》1090）

卜辞中常见"王宾戠"之语，"戠"可作祭祀动词用。"邲戠至于父尊其鬲"是说等到戠祭到父丁时陈设他的鬲。

（6）☑于父丁其尊鬲？（《合集》34397）

（7）癸丑☑贞：翌☑尊新壴示？（《合集》18597）

例中的"尊新壴示"，意思是把新的鼓置放在神主前。

（8）王其饗于厅☐？

弜饗于厅，藟，尊升，有正？（《屯南》2276）

"升"在甲骨文中可作量词用，例如"其登新鬯二升一卣于☑？"（《合集》30973）。量词"升"应是源于名词"升"，例（8）中的"升"就是名词，应是指装酒的容器（这个容器可当作计量器）。"尊升"应该就是指置放"升"这种容器。

（9）乙巳卜，㔻贞：翌丁未酒皋岁于丁，尊有玉？

贞：翌丁未勿酒岁？（《合集》4059）

例中的"有玉"，即指祭祀时用的"玉"，"有"应是名词词头。"尊有玉"是指祭祀时摆放祭品"玉"。

二、甲骨文中名词"宜"的意义

甲骨文中的"宜"有些是陈肉之器、肉案的意义。例如：

（10）辛巳卜：吉牛于宜？

丁亥卜：吉牛☒于宜？

丁亥卜：吉牛皆于宜？

吉牛于宜？

吉牛其于宜，子弗艰？

丁亥卜：吉牛于宜？

吉牛于宜？

丁亥卜：吉牛于宜？

戊子卜：吉牛于示，又（有）剢，来又𤔲？

戊子卜：吉牛其于示，亡其剢于宜，若？

戊子卜：吉牛于示？

吉牛亦示？

戊子卜：又（有）吉牛，弜尊于宜？（《花东》228）

例中的"吉"，是健壮的意思，后来写作"佶"。"吉牛"即指健壮的牛。"尊"是置放、陈设之义。上例最后一条卜辞是问：有健壮的牛了，不宜陈设到"宜"上吗？把这个"宜"解释为陈肉之器，是十分恰当。若解释为菜肴或祭名或用牲法，都讲不通。台湾学者姚志豪把"尊"释为"奠"，把"宜"释为"俎"，① 这是不可从的。但他认为上例中的"吉牛于俎"就是"吉牛奠于俎"；"吉牛于示"，也就是"吉牛奠于示"，则很有启发性。笔者认为"吉牛于宜"、"吉牛其于宜"中的"于宜"前，都省去了核心动词"尊"，而"吉牛于示"、"吉牛其于示"中的"于示"前，也都省去了核心动词"尊"。"尊于宜"是说陈设到肉案上，"尊于示"，是说置放到神主前。由"尊于示"中的"示"来看，把"尊于宜"中的"宜"看成名词，也是合适的。若看成名词没有错，那么解释成陈肉之器，则适合于

---

① 姚志豪：《说"奠俎"》，甲骨学国际学术研讨会论文，台湾台中：东海大学中文系，2005 年 11 月。

上下文，更适合于“宜”字的字形。

(11) 贞：勿于宜奠？(《合集》2137)

“奠”在甲骨文中作“酉”下加一横（这可见把甲骨文中的“尊”释为“奠”是不可信的），有置、安放的意思。“于宜奠”，义即“奠于宜”，是置放到肉案上的意思。“奠”与例（10）中的“尊”为同义词。

(12) 贞：王左三羌于宜，不左，若？

贞：王左三羌于宜，不左，若？(《合集》376)

此例中的“王”后的“左”，是方位名词，用作动词，是左置的意思。“左三羌于宜”，义即左置三羌于宜，是把三羌放到左边，放到肉案上。台湾学者严一萍认为，宜祭分成左、中、右三组进行，这话大抵是可信的。在殷代，人们常把祭牲放到“宜”这种肉案上献给神灵，这就叫“宜”祭。向着祭祀对象，有时在左、中、右三个方位，都置放肉案陈设祭牲。此例的“左三羌于宜”，应该是在左边进行的祭祀，把三个羌人放在左边的肉案上献给神灵。

(13) 丙午蒸宜？(《合集》34596)

例中的“蒸”又作“烝”，有“升”的意思，指牲体进升。所以此例中的“蒸宜”，义即“蒸于宜”，是说把祭牲升到“宜”这种肉案上。

三、甲骨文中“尊宜”的意义

“尊宜”一语首先见于甲骨文，例如：

(14) 戊子卜：子尊宜一于之，若？

戊子卜：子尊宜二于之，若？(《花东》26)

(15) 辛卯卜：子尊宜，惠幽廌用？

辛卯卜：子尊宜，惠㓞［口］？不用。(《花东》34)

(16) 辛卯卜：子尊宜至二日？用。

辛卯卜：子尊宜至三日？不用。

辛卯卜：惠□宜□麀、牝，亦惠牡用？

辛卯卜：子尊宜，惠幽廌用？

壬辰卜：子尊宜，右、左惠廌用？

中惠尠用？

壬辰卜：子亦尊宜，惠尠于左、右用？

壬辰卜：子尊宜，惠隹□用？（《花东》198）

（17）□末□疝雨□尊宜□磬□？（《合集》15807）

（18）□又尊宜□十牢？（《合集》33140）

上引五个例子中，都出现了"尊宜"这个词语，"宜"是名词，指肉案。"尊宜"就是陈设、摆放肉案的意思。例（14）中的"宜"后出现了数词作后置定语，代词"之"指代妣庚。这是卜问：于是在妣庚牌位前陈设一个肉案好，还是陈设两个肉案好。例（15）中的"廌"，若根据《说文》，是指"解廌"。像山羊，长着一个角，是一种能判断疑难案件的神兽名。但是例（15）中的"廌"，是可以摆在肉案上的祭牲，并不是什么神兽。"幽"通"黝"，意思是黑色。这是卜问：子陈设肉案，在上边摆黑色的"廌"好不好。例（16）前两条卜辞，是卜问：子把肉案置放到第二天好，还是第三天好？第五、六两条卜辞问：子置放肉案，把"廌"摆在右边和左边好不好，把公廌摆在中间好不好。第七条卜辞卜问：子又置放肉案，把公廌放到左边和右边好不好。

四、殷周金文中"尊宜"的意义

"尊宜"一语也见于周代金文，例如：

（19）唯九月既死霸丁丑，作册矢令尊宜于王姜，姜商（赏）令贝十朋、臣十家、鬲百人。（《作册矢令簋铭》，《集成》8·4301）

马承源等把"尊宜于王姜"，译为"敬王姜以酒肴"[1]，这是不正确的。"尊宜"，就是陈设肉案。唐兰、谭戒甫把"尊宜"释为"尊俎"，释字虽不正确，但对意义的理解还是不错的。"作册矢令尊宜于王姜"，是说作册矢令向王姜陈设肉案，王姜是活着的人，向王姜"尊宜"，其实就是设宴招待王姜。这里是宴享，不是祭祀，但古代祭祀与宴享多是相同的，因为殷周人事死如事生。

---

① 马承源：《商周青铜器铭文选》（上、下），12页，文物出版社1988年版。

（20）己酉，戍铃尊宜于召。（《戍铃方彝铭》，《集成》16·9894）此例里的"尊宜"与例（18）中的同义。

（21）乙巳，王曰："尊文武帝乙宜。"在召大厅，遘乙翌日。（《四年𤖅其卣铭》，《集成》10·5413）

"尊文武帝乙宜"，是双宾语结构，"尊"为动词，"文武帝乙"为间接宾语，"宜"为直接宾语。这句话是说向文武帝乙陈设肉案，这是要向文武帝乙进行祭祀。"文武帝乙"即商第三十代王帝乙，帝辛（纣）之父。

古汉语中的"$V + O_间 + O_直$"式双宾语句，可变换为"$V + O_直 + O_间$"式句，例如：

（a）予大降尔四国民命。（《尚书·多士》）

（b）乃大降显休命于成汤。（《尚书·多方》）

上引（a）例为"$V + O_间 + O_直$"式句，（b）例为"$V + O_直 + 于 O_间$"式句，两种句式有变换关系。

同样，"尊文武帝乙宜"为"$V + O_间 + O_直$"式句，而"尊宜于王姜"为"$V + O_直 + O_间$"式句，两种句式也有变换关系。由句式分析也可以看出对上述语句理解是正确的。

释　卤

——兼说周原甲骨文中的验辞

王恩田

《甲骨文编》1386 西字条下收有如下字形：

A　

B　

C　

上述字形王国维均释为西[①]。唐兰指出 A 体当从孙诒让释卤，音同借为西，"不可迳释为西"。B、C "诸形者本即卤字"。"卤西声近，原止一字耳"。并找出了 B、C 演变而成为《说文》西字籀文、古文及小篆的轨迹。指出《说文》把西、卤分列为二部的错误[②]。唐说信而有徵，确不可移。

周原甲骨文也有常见字"卤"，有如下几种用法：

一、卤亡咎，凡六见：

1、H11：28

2、H11：35

3、H11：77

4、H11：96

5、H31：3

6、H31：4

二、卤克事，凡二见：

---

① 王国维：《戬寿堂殷虚文字考释》，石印本，1917 年版，46 页。

② 唐兰：《释四方之名》，《学社社刊》第 4 期，1936 年。

7、H11：6 + 32

8、H11：21

三、囟正、囟又（有）正，凡四见：

9、H11：82

10、H11：84

11、H11：114

12、H11：130

四、囟亡告

13、H11：20

五、王囟克往密

14、H11：136

六、囟不大追

15、H11：47

七、囟不妥王

16、H11：174

八、囟尚

17、H11：2

九、密囟城

18、H31：5

囟，周原考古队释更[1]，徐中舒释西[2]，李学勤、王宇信释思，读作斯，义同惟[3]，夏含夷也释思，但不同意是虚词，认为应是动词，意为"愿"，和文献中贞卜的命辞"尚"用法相同。因此认为周原卜辞的性质不完全是卜问决疑，"是卜人向鬼神表示，'心所希望'"[4]。

释更。字形不合。如上述西为囟的借字，不能迳释为西。"思"虽从囟得声，但两者并非一字。以上各家所释均有未安。此字实即囟门的囟字。俗称头囟子。婴儿一岁半以前头顶的囟门是不闭合的。《说文》："囟，头会脑盖也，象形"。息进切。囟与信双声叠韵，音同借为诚信的信。《说文》：

① 陕西周原考古队：《陕西岐山凤雏村发现周初甲骨文》，《文物》1979 年 10 期。
② 徐中舒：《周原甲骨初论》，《古文字研究论文集》，《四川大学学报丛刊》第 10 辑，1982 年。
③ 李学勤、王宇信：《周原卜辞选释》，《古文字研究》第 4 辑，中华书局，1980 年。
④ （美）夏含夷：《试论周原卜辞——兼论周代贞卜之性质》，《古文字研究》第 17 辑，中华书局，1989 年。

"信，诚也"。用作表态副词，意为诚然，果然，《史记·鲁世家》："於是乃即三王而卜，卜人皆曰：'吉'，发书视之：'信吉'"。可见"信"是周人占卜的习惯用语。

以下将在囟字音同借为信的训释基础上，对上述九种用法逐一进行验证。

一、囟亡咎

周原甲骨文中的咎作𠂤（H11：77），是咎的本字。殷墟甲骨文中的咎作𠂤，其原始字形作：

𠂤佚 758

𠂤后 2、17、13

𠂤前 4、36、5

《甲骨文编》曰"𠂤盖盛卜之器。唐兰以为即卣也。卣咎声相近，卜辞借为咎字"。按此字实象卜骨形，上面所从的口象臼形，实际上应是骨臼的臼的象形字，与卣形相去甚远。臼、咎双声叠韵，音同借为咎。亡通无，"无咎"是《周易》中常见的习惯用语。《说文》："咎，灾也。"《吕览·侈乐》："弃宝者必离其咎"，注："咎，殃也"。周原甲骨中的"囟亡咎"即"信亡咎"。如果不把囟字视为验辞而视为疑问句，把"囟亡咎"读作果然没有灾祸吗？把"囟克事"读作果然能办成此事吗？把"囟正"、"囟有正"读作果然能够应验吗？等等，这样卜辞的意思似乎不像是问疑解惑，倒像是对占卜结果提出疑问，这当然是不合情理的。周原甲骨少叙辞、命辞而多验辞，不见占辞，似乎证明周人不太看重占卜过程，相对而言，倒是比较看重占卜结果，尤为看重事实证明已经应验的占卜结果。

二、囟克事

囟克事，意为能够完成、胜任此事，《左传·宣公八年》："日中而克葬"，注："克，成也"。《国语·吴语》"夫差克有成事"，注："克，能也"。《左传·昭公二十五年》："以求克事"，注："克，胜也"。"囟克事"即"信克事"，意为果然能够完成此事。

三、囟正、囟有正

正，音近借为证验、效验的徵。《礼记·中庸》："久则徵"，注："徵，犹效验也"。《汉书·贾谊传》："既有徵矣"，注："徵，证验也"。《文选·

东京赋》："信而有徵"，注："徵，验也"。"凶正"、"凶有正"即"信而有徵"，意为果然应验了。

四、凶亡眚

《说文》："眚，目病生翳也。"引申为病。《国语·楚语》："夫谁无疾眚"，注："眚，犹灾也"。《易·说卦》《经典释文》引王廙注："眚，病也。"上引 13 辞："祠自蒿于壴，凶亡眚。"（H11：20）《尔雅·释天》："春祭曰祠。"《记·祭义》："春禘秋尝"，注："春禘者夏殷礼也，周以禘为殷祭，更名春祭曰祠"。蒿即丰镐的镐。壴以往均隶为"壴"，误。此字从止，与从支得声的岐，音近可通。应是岐周之岐的本字，13 辞是卜问（周王）从镐京到岐周去进行春祭（先王），的确不会有病灾。

五、王凶克往密

克，能也。密，国名，即被周王所灭的姬姓密国（《国语·周语》）。意为卜问周王果然可以到密国去。

六、大徟（还），凶不大追

周原考古队和徐锡台、陈全方等都认为"大还"即《淮南子·天文训》中表示下午五点以后的时间，意为"大还之时，（惟）不大适於逐兽"。非是。按殷墟卜辞中言人用"追"，言兽用"逐"。"大追"不指"逐兽"而指追人。15 辞意应是卜问（敌人）大肆撤退了，果然不用大举追击。春秋以前的战争贵仁德，讲诚信。《司马法·仁本》"古者奔逐不过百步，纵绥不过三舍，是以明其礼也。"周武王伐纣在《牧誓》中命令说："今日之事，不愆于六步、七步，乃止齐焉。"15 辞所述与《牧誓》和《司马法·仁本》中的战争观念和军事原则是一致的。

七、凶不妥王

妥，通绥。《尔雅·释诂》："绥，安也。"意为果然不会使王得到安宁。

八、凶尚

尚通当，《庄子·徐无鬼》："于五者无当也"，释文："当，合也"。本辞意为的确很适合。

九、密凶城

密即上述之密国。城，动词，即筑城。本辞意为密国果然在筑城了。

以上所列举的凶字九种用法，在周原甲骨的 18 条卜辞中，释为信均可畅通无碍。如果所释不误，则周原甲骨中的凶字用法大体相当于殷墟卜辞中的验辞。周原甲骨文虽然也有叙辞、命辞但为数不多，而验辞则较为常见，绝不见占辞。这也是周原甲骨不同于殷墟卜辞的一个特点。

论甲骨文 "㫃"、"斿"、"中"
与中国古代旗帜的由来

李作智

在商代的甲骨文中，有一些与旗帜有关的象形字和会意字。如：㫃、斿、中、旋、旅、族、㫃、冲等等。在这些甲骨文中，与旗帜关系最为密切的，当属㫃、斿、中三字。现将它们分别试述如下，并借以窥测中国古代旗帜的由来。

一、论 "㫃"

（一）㫃，是商代旗帜的象形文字，也是商代旗帜的通称。

㫃（Yǎn）字，在甲骨文中见有卜、�、卜、㫃、尸、卜等多种形体；但不论其形体如何变化，而㫃字的主体结构和形态未变，都是由卜或丨与乁所组成的一幅旗帜的图形。其中的卜和丨即表示旗杆，古时名杆、干（通竿，下同）或杠。而乁则代表呈长条形飘带状的旗子，也即古代旗子最初的雏形；古时称旗上的长条形飘带为斿，或写作游、旒、流。在甲骨文中，㫃字的形体变化，主要是表现在干上的斿数多少，及其所处的位置与飘动的方向有所不同而已，至于以干和斿所组成的，㫃字的主体结构与形态，则不会改变。

㫃字所展示的古代旗帜的形象，主题明确，形制简单。若同与旗帜有关的其他一些甲骨文字相对照，则当以㫃字所展现的古代旗帜形象为最原始。也可以说㫃字是显示商代早期旗帜形象的一个象形文字。而且在甲骨文中，凡与旗帜有关的字也大多从㫃。如㫃（斿）、㫃（中）、㫃（旋）、㫃（旅）、㫃（族）、㫃（旋）等等。以致到东汉时期许慎撰《说文解字》时，还仍将㫃字列为一个部首，凡属㫃部的字，也大都与旗帜有关。如：斿、旗、旌、旅、旄、旛、旋、旛等等。从而可知在殷墟书契中㫃字的出现，对于后世与旗帜有关的一些汉字的形成和产生，有着一脉相传的直接关系。故从"旗帜"一词的含义来说，甲骨文中的㫃字，不仅是商代早期旗帜形象的一个象形文字，也是中国古代旗帜的鼻祖。

在殷契卜辞中常见有"立中"、"立㫃"的成语。唐兰先生认为："中为斿旗旃之属……中者最初本为氏族社会之徽帜。《周礼·司常》所谓：'皆画其象焉，官府各象其事，州里各象其名，家各象其号'，显为皇古图腾制度之孑遗……盖古者有大事，聚众于旷地，先建中焉，群众望见中而趋附，群众来自四方，则建中之地为中央矣……"①。从唐先生的这一精辟论述中可知，"立中"也即立旗。故"中"字在"立中"成语里应为旗的代词，即指、㫃、㫃中等形体字的"中"字形旗而言。因此"中"字，也就成为商代"中"字形旗的一种通称。而这类中字形旗，又皆从㫃从口；故按古文字的发展规律来说，则当属于由㫃字形旗发展演变而来的一种类型。卜辞之中的"立㫃"，也和"立中"的意思一样，所以㫃字也当为商代旗帜的一种通称。

（二）㫃，并非旌旗之游

殷墟书契，是近百年来才发现的。因此古代的学者在著书立说时，也就无从见到甲骨文方面的资料，故对㫃字的注释，也只能是出于种种揣测，所在各家之说历来不一。如《说文》："㫃，旌旗之游。"《玉篇·㫃部》："㫃，旌旗之末垂者，或作游。"宋育仁《说文解字部首笺正》："㫃，旌旗之流也，即今旗上旛（飘）带。"《广韵·阮韵》："㫃，旗旌之旒。"徐灏《说文解字注笺》："㫃者，旌旗飞扬之貌，非旗游之名。"等等。

在以上所举的这些注释中，以《说文》："㫃，旌旗之游"的说法出现最早，影响也最深，直到如今所出版的一些辞书中，还仍将"㫃"字解释为旌旗之游。而这种说法，是出自许慎撰《说文》时所依据的，不知是从何处寻来的一个所谓古文"㫃"字，便在其《说文》㫃字条下的最后写道："㫃，古文㫃字如此，象旌旗之游，乃㫃之形。"故释㫃为旌旗之游的这种说法，也即由此"古文"由来。

---

① 参唐兰：《殷虚文字记》第48页《释㫃㫃》。

在清代王筠撰《说文句读》时，即已对许慎所谓的这一"古文"产生过怀疑，而在该书㫃字条下的"㫃"后注曰："此恐传讹"。①罗振玉在《殷虚书契考释》中亦云："㫃古文㫃，象旌旗之游，及㫃之形，其义颇难通。又所载古文与篆文无异。"②徐灏在《说文解字注笺》中虽已指出："㫃者，……非旗游之名。"但未说明其故。

本文作者认为《说文》："㫃，旌旗之游"的这种说法，即表明了许慎已显然将㫃、游二字混为一谈，以为㫃也和游、旒、流诸字一样，都是指古代旗帜上的长条形飘带而言的。其实，以干和㫃所组成的㫃字，是展示商代旗帜形象的一个象形文字。在这类㫃字形旗上，呈长方形飘带状的游，当为旗子的最初的雏形，是构成㫃字形旗的一个重要组成部分。因此㫃和㫃，是具有从属关系的，两个完全不同的概念。故若按许氏之说，岂不是有如"白马非马"，而将马，都说成是马尾巴了吗！所以说甲骨文中的㫃字，是一个象形文字；它所展示出来的，是商代早期的旗帜的形象，而并非旌旗之游。

㫃字形旗，既然是商代早期旗帜的形象，那么作为一种徽帜、标记来说，它是否也即处于氏族社会发展阶段时的商族图腾徽帜呢？

由此而联想到在古史传说中，关于商祖契母简狄因吞食燕卵，而怀孕生契的神话，与《诗经·商颂·玄鸟篇》："天命玄鸟，降而生商"的说法正相吻合。故此玄鸟（即燕子），也即当为商族的图腾。而㫃、燕二字双声叠韵，可以通假，并且㫃字所从之㫃，亦有如燕尾之形，因此，㫃字形旗也即应当是商族以玄鸟作为图腾的徽帜名称。

二、谈"㫃"

（一）㫃，是一个会意字，并可与游、旒、流通假。

㫃（Yóu）字在甲骨文中也见有多种形体。如：𭅱、𭅲、𭅳等等。㫃字的主体结构，是从㫃从㫃。㫃是子字，即代表人。故㫃字的形态，所显示的主题是十分明确的，即表现人在举着旗帜迎风招展的流动形象，古时称旗帜上的长条形飘带为㫃，这与甲骨文中㫃字所展示的主题是相吻合的。因为

①　［清］王筠：《说文句读》。
②　参罗振玉：《殷虚书契考释》。

只有旗帜上的长条形飘带，才能最明显地展示出旗帜迎风飘扬的生动情景。因此甲骨文中的斿字，是指古代旗上长条形飘带而言的一个会意字。故如《说文》："游，旌旗之流也。"以及《汉书·五行志下之下》："君若缀斿，不得举手。"颜师古注："应劭曰：'斿，旌旗之流，随风动摇也'。言为下所执，随人东西也。"① 等的这些注释，都是较为确切的见解。

关于在《说文》中将"斿"写作"游"的问题。罗振玉认为斿字"从子执旗，全为象形，从水者，后来所加，于是变象形为形声矣。"② 而白玉峥先生则说："罗氏谓为象形之说殊非。字盖从子执旗，推之六书，当为会意，不得谓为象形。其初意当为旅游，为动词。作斿者，乃其本形……至秦始增水，或又增辵，于是本义逐晦。字于卜辞，均为地名，且在五期中皆为田猎之区。"③

本文作者认为斿是一个会意字。在《说文》中将"斿"写作"游"，是因为斿、游、流诸字同音，均属来母幽部，故可假借。而且从斿、游、旒、流等字的音义上讲，也都与其所会意的，旗帜上的长形飘带迎风招展时的动态相符。故在古代为表示某种动态时，也可假斿为游。特别是在商代的甲骨文中，假借字的使用是很普遍的。如《佚》194 片卜辞"𢎨𤔼𩵋𤟥"，其中的𢎨（斿）字，在此既并非地名，也不是指旗上之斿而言，而是作为"游"的假借字，来表示鹿在奔跑时的一种动态。故可将该片卜辞释为"弜射游鹿"。

（二）斿在中国古代旗帜的地位、作用及其出现至消失的发展演变过程。

东汉郑玄注《周礼·春官·巾车》"建大常，十有二斿"曰："大常'九旗'之画日月者，正幅为縿，斿则属焉。"韦昭注《国语·齐语》也云："正幅为縿，傍属为斿。"按郑、韦二人的注释，也就是说，在中国古代旗帜上占据首要地位和发挥主导作用的，则应当是旗子的正幅，即所谓的"縿"，而"斿"只不过是旗上的一种饰物而已，应处于依附的傍属地位。故从此以后，关于"正幅为縿，斿则属焉"或"傍属为斿"的这种说法，也就在中国的历史上足足影响了一千八百多年之久，直到当今出版的《辞海》、《辞源》中，还仍将"斿"、"旒"二字解释为"古代旗帜下边悬垂的

---

① 班固：《汉书·五行志下之下》。
② 罗振玉：《殷虚书契考释》。
③ 参白玉峥：《契文举例校读》。

饰物"。所以自东汉以来，"旌"在中国古代旗帜上原有本来的面目，也就被郑、韦二人的这种注释，给一笔抹杀了。

其实在中国古代的旗帜上，率先出现的是旌，而不是缭。甲骨文㫃字，所展示出来的古代旗帜图形上，即只见有旌而不见有缭。这表明在商代早期，为显示其以玄鸟为氏族图腾，而在㫃字形旗上，以形如燕尾的旌，来作为旗子的主体。同时这也反映出缭，在中国古代旗帜上的出现较晚，由金文上看，大约出现在商周之际。故由此可知，在中国古代的旗帜发展史上，曾经历过以干和旌所组成的，旗帜最初雏形的漫长发展阶段。这相当于约原始氏族社会晚期，至商周出现缭之前的这一历史时期，在这一时期，旌一直是作为旗子的主体，而在古代的旗帜上占据重要地位，并发挥主导作用。而且，从《屯南》三七六四片卜辞"丁卯卜，王令取勹羌磁旌在祖丁宗……"[1]中的"立中"合文"旌"字来看，其所从的㫃字形旗上即有四旌之多，而这类旗帜乃为商王所用，与《周礼》"大常，十有二旌"为天子所用记载一样，都是王权的象征。从而可以表明旌在商代旗帜所处的地位和作用，是独一无二的。

随着古代旗帜的发展，当出现了以干、缭、旌三者相结合的旗帜形制之后，在相当长的一段历史时期内，旌在古代旗帜上原有的地位和作用都还未改变。如继商之后，在礼仪等级制度笼罩下的周代阶级社会里，作为卤簿用的旗帜上的旌数的多少，是显示其主人身份地位、区别等级差异的重要标志。从天子十二旌、王公九旌、侯伯七旌等的记载中即可看出，旌在周代旗帜上的地位和作用仍非同小可，决不会是仅仅处于从属地位的一种装饰之物。只是在进入春秋战国时期以后，随着礼崩乐溃、当旌在旗帜上已不再具备上述功能时，它才逐步退居到次要的地位，而演变成为古代旗帜上的一种饰物，这大概也就是在东汉时期，郑玄、韦昭二人作注释时所见到的情景。

此后又随着历史的发展，时代的变迁，旌在古代旗帜上所剩下来的这点装饰作用，也随之而逐渐消失了，以致发展至今，在现代的旗帜上则只见有缭，而不再有旌了。旌在旗帜上的地位和作用，已完全被缭所取代。

以上所述旌在古代旗帜上，由出现到消失的这一过程，也正是中国古代

---

[1]　参中国社会科学院考古研究所：《小屯南地甲骨》，1105 页。

旗帜发展史上，从以干和斿所组成的旗帜雏形，到干、縿、斿三者结合而成的中国古代旗帜形制，至如今以干和縿所组成的现代旗帜所经历的、发展演变的过程的一个缩影。

三、说"中"

（一）关于甲骨文"中"字考证的不同见解

甲骨文的"中"字也有多种形体。如中、中、中、中、中、中、中、中、等等。对于这些不同形体的"中"字，各家的考证见解不一，大致可归纳以下三类：

1. 中即仲、与中、中、中为中之说

罗振玉认为："卜辞凡中正字皆作中，从口从卜。伯仲作中，无斿形。史字所从中作中。三者判然不相淆混。惟中丁之中，曾见作中者，乃偶用假字也。"①

唐兰："中字，旧歧为三，以卜为㫃，以中为仲。以中、中、中为中。"②

考古所《小屯南地甲骨》："中宗祖丁：中在卜辞中有两种写法，即中与中，但二者有时并无严格界限，如中日，既可写作中日。也可写作中日（《存》下 87）；中丁，既可写作中丁，又可写作中丁（《甲》668）。"③

于省吾："古文字的通例，伯仲之仲作中，中间之中作中，后世则以仲代中，以中代中，中行而中废。"④

2. 中为测日影，测风向和测天仪之说

温少峰，袁庭栋说"'中'字在甲骨文中作中、卜、中，其作中者，象以直立柱（即表）测口（即日）之形。姜亮夫先生谓：'中者，日当午则旗影正，故作中，上卜为旗，下卜则斿之投影也……'，'立中'或'中立'，当即立表以测日影之事，此在殷人视为神圣大典，故卜辞中记述此事是由殷王亲自掌握的，即'王重中立'、'王立中'、'王勿立中'。"⑤

---

① 参罗振玉：《殷虚书契考释》。
② 唐兰：《殷虚文字记》。
③ 参中国社会科学院考古研究所：《小屯南地甲骨》，996—997 页。
④ 参于省吾：《释中祖丁和中宗祖乙》，《甲骨文字释林》，200～202 页。
⑤ 参《殷墟卜辞研究——科学技术篇》，14～16 页。

　　黄德宽："我们认为'中'可能不是'旌旗之类'，而是我国古代测风工具的象形字，……我们认为'中'是测风工具，考之于字形，……'中'所附之物，不是旗之斿，而是用于测定风之有无和方向的'綖'，'綖'用帛条或羽毛编织成带状，只是与斿类似而已。'中'字在中部加上方框，我们觉得它不是标明中间位置的指事符号，……而是代表四方，四方坐标的确定，就可以准确无误地测定八面来风了。"①

　　李圃："❦为古代测天仪，丨当为垂直长杆形之表，饰以飘带以观风向，作❦，其飘带总是飘向同一方向，或作❦，或作❦。卜辞习见'立中，亡风'，'立中，允亡风'，是其证。架以方形框架以测日影。引申为方位名词中。"②

　　3. 中为斿旗旈类之说

　　唐兰"卜辞之❦字，罗振玉云：'象四游之形，疑亦㫃字'，后人多从之。今按此字当依薛尚功释中，……"③。又云："中本斿旗之类也。以字形而言之，中与㫃相近而实异。盖㫃形见古文者作❦、❦、❦、❦、❦、❦等形，上有一斿，斿下为旗形。中字则作❦者象九斿，作❦者象六斿，作❦者像四斿，均只有斿而已，……中以四斿为最夙，故其字亦以❦为最古。凡垂直之线，中间恒加一点，又钩写之，因为❦罙❦形，而❦形盛行，由以省变，遂为中形矣……"④。并说："❦、❦、中三者即为一字，则字形之演变，可得而言，今表之如次。"⑤

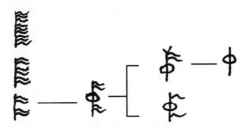

(二) 对上述"中"字考证的不同看法

1. ❦、❦、中并非一字，中也不是由❦字发展而来。

　　唐兰先生以上所列中字发展演变之表，若按古文字由繁到简的一般规律

---

①　参《卜辞所见中字本义试说》，《文物研究》第三期，112～114 页。

②　参《甲骨文选注》，68 页。

③　唐兰：《殷虚文字记》。

④　唐兰：《殷虚文字记》。

⑤　唐兰：《殷虚文字记》。

来说，则似乎应当如此。然而从甲骨文所划分的先后五期来看，在最早的第一期甲骨文中，即已见有㫃（《簠》510）和中（《乙》4507）以及㫃（《后》下40·1·1），中（《乙》420）、中（《前》61·17·7）等形体的中字。而㫃（《宁》1561）则始见于第三期，并以第四期者居多。如㫃（《粹》597）、㫃（《粹》87）、㫃（《合集》32982）等等。由此可见，在第一期的甲骨文中即已同时出现了㫃、中二字。故若以甲骨文的分期来进行排列，则唐先生所列之表也即应从其上、下两头向中间的㫃字发展。所以甲骨文中的"中"中字，并不是由㫃字发展演变而来，其原因也就在于㫃、㫃、中并非一字。

甲骨文中的㫃字从干从斿，这与从干从斿的㫃字之主体结构完全相同。其有所不同之处，也即斿在㫃或㫃上作上、下两头或上、中、下三个部位分布而已。所以㫃当属于㫃字形旗中的一种类型，而㫃即㫃字。故罗振玉疑㫃亦㫃的见解，当予以考虑。

中、㫃、㫃、中等皆从㫃从口，当为从商代㫃字形旗演变而成的一种"中"字形旗的形制，而这类旗帜所从之口，并非所谓的"缝"，也即旗子正幅。因为古时以布，帛等制作的"缝"，只能随风飘向旗杆的一边，而不可能呈静止壮态处于中央。故其所从之口，当为"中"字的一个指事符号。若按唐兰先生"盖古者有大事，聚众于旷地，先建中焉，群众望见中而趋附，群众来自四方，则建中之地为中央矣。"[①] 的见解来推测"中"字所从之口，则可作为"建中"的某一地区，或某一势力范围的一个指事符号去理解。而且这也与《玉篇·口部》："口，古围字"的解释正相符合，所以在环绕口的这一地区或势力范围之内的中央，插上作为商族图腾徽帜或王权象征的㫃字形旗，也即表示这一地区为商族的聚居之地，或为商王所统辖的地区。故"中"字所从之"口"，也即具有代表国家，地区或都城的含义在内。因此，从㫃从口的中、㫃、㫃等形体的所谓"中"字，当为以"斿"字为声的一个形声字。

从丨从口的中字，其上无斿，故显然并非旌旗之属。然从中字的形体上看，与现代的"中"字相同，当为现状"中"字之本，应该作中。但在尚未出现的"仲"字之前的殷墟书契中，也可假中为仲。这是因为中、仲二

---

① 唐兰：《殷虚文字记》。

字双声叠韵，可阴阳对转。

2. 对"中"为测日影，测风向和测天仪的之说的一点质疑。

关于认为中是测日影、测风向和测天仪的这些见解，看来虽然颇有独到之处。但在商代的天文气象学方面，是否已发展到使用专门的工具或仪器，在尚未发现实物资料之前，是难以断言的。故对这方面的研究，还只是处于一种揣测推敲的阶段。然而若只从"中"字的形体上予以臆测，那也就难免会有牵强附会之处。例如：黄德宽先生，"我们认为'中'是测风的工具，考之于字形，……'中'所附之物，不是旗之斿，而是用于测定风之有无和方向的'綂'。'綂'用帛或羽毛编织成带状，只是与斿类似而已。"可是"綂"字，在甲骨文和金文中均未见有。甚至在东汉许慎所撰的《说文解字》中，也都不见有"綂"字。而见有"綂"最早的字书，是南朝时期顾野王所撰的《玉篇·系部》："綂，候风五两也。"此后，一直到宋代陈彭年等人于大中祥符四年（1011）所完成的《广韵》："綂，古时一种测风仪，用鸡毛五两（或八两）系于高竿顶上而成，故称五两。"至此才将《玉篇》对綂的解释述说得比较清楚一些。故从上述记载中即可看出，作为候风五两的"綂"，在我国古代不仅出现的时间甚晚，并且其形制也与黄先生说法大相径庭。

而且甲骨文"中"字所从之口，也并不是什么"架以方形框架以测日影，"或"此方框是代表四方"。因为甲骨文的"中"字所从之口，并非皆为方形。如 （《粹》八七）、 （《前》3·3·2）、 （《燕》347）、 （《安》8·3）、 （《前》1·6·1）等等。其所从之口，即有◇、 、〇等诸形，由此可见它们并不能作为方形框架，去用于测日影或代表四方。而且若认为"口（即日）之形"。那么中字所从之口，又为何不皆作〇形，以象形日，而是以口形者居多呢？故此可知，从屮从口的"中"，虽然具有测风向、风力的功能，但并不是商代用于天文象学方面的专用工具或仪器。

四、结语

旗帜，是旗的通称。古代的旗帜，一般是用竹竿、木棍等来制作旗杆，这些材料可取之于大自然界，而制作旗子所用的布、帛等，早在中国新石器时代的遗址中，即发现有以丝、麻等天然纤维织成的纺织品实物，或留存在陶器上的印痕。这反映出当时已具备了制作旗帜的先决条件，而且在新石器时代人们业已定居，而此时聚落的形成，图腾的出现，也就必然会孕育着旗帜的诞生。因此，中国古代的旗帜，应当出现在处于父系氏族社会发展阶段的新石器时代。这也就是说，早在商代甲骨文问世之前，中国古代最初的旗帜即已产生。所以，商代虽以㫃字形旗为最初的旗帜即已产生。所以，商代虽以㫃字形旗为最原始，但总体来说，商代的旗帜已发展到了比较完善的成熟阶段。在金文中即见有以干、缝、㫃三者结合而成的古代旗帜形制。只不过是此时出现的"缝"，还仍受以往的旗帜上呈长条飘带状的影响，多作竖长条形而附缀在旗杆之上。例如在父己卣中的铭文"旅"字所从的旗上之缝，即为竖长方形。在商代的金文中，还见有以崇牙作为装饰的旗帜，如且（祖）乙卣铭文中的"㫃"字，从而表明与《礼记·檀弓上》"设崇，殷也"的记载是相吻合的，此外，在商代已出现在车后插旗的做法，如僭卣铭文中的"旅"字。从而为以后的周代的辂，在车后斜插旗帜作为仪仗的形制，开辟了先河[①]。

　　旗帜，是以人类社会中一种徽帜，而呈现于世的。因此，旗帜最基本的特征，也就是以它所特有的生动而又具体的实物形象，来标志其所代表的各类事物，以作为运用于各种场合之中的一种标记。如在当今世上，国有国旗，党有党旗，军有军旗……用于欢庆场合的彩旗，为表示敬意、谢意等方面的锦旗……在中国古代，用作仪仗方面的旗帜，则是显示尊卑贵贱，区别等级差异的重要标志，于军事方面，则"武者在㫃旗，是人者在兵"。[②] 在中国历史上的农民起义，也都要高举义旗，去号召民众。陈胜、吴广在大泽乡起而反案时，即"斩木为兵，揭竿为旗"。[③] 而且历来的改朝换代，也都必须首先要更换旗帜，废旧立新。故由此可见，旗帜在人类的历史舞台上，占有举足轻重的重要地位，所扮演的是个重要角色，在人类的社会生活中，它也是不可缺少的必备之物。因此，探讨中国古代旗帜的发展与演变，追溯旗帜的本源，以阐述人类文明史的发展历程，是摆在我们面前的一个值得大家去进行研究的新课题。

---

① 参孙机：《中国古舆服论丛·辂》，82—90 页。

② 付振伦：《孙膑兵法译注》，82 页。

③ 贾谊：《过秦论》。

读甲骨文札记六则

秦晓华

一、释 ⚘

在第一期卜辞中有一字形作⚘，郭沫若释为"般"，认为"象一人操舟之形"，[1] 对于郭说，李孝定认为"于义较胜，然契文般字多见，均与此殊"；[2] 张秉权释为"服"，[3] 然契文有"服"字，作⚘，与此有别。叶玉森疑为"盪"字，陈炜湛先生申论之；[4] 对释"盪"之说，从字形上看，李孝定认为"古文从凡之字篆文每多误为从舟，然未见从舟之字误作从皿者"；[5] 而从文字延续的角度看，陈炜湛先生自己也认为"金文还未见盪字，使我们考察此字的演变失去了一个中间环节，增加了一定的困难"。[6]

我们认为⚘应释为"履"。从字形上看，金文的"履"作⚘（大簋）、⚘（五祀卫鼎）、⚘（九年卫鼎）等形，象人在舟上，与甲骨文的⚘形体相近，皆会践行之义。《说文》："足所依也。从尸、从彳、从夂，舟象履形。"徐灏注笺："履，践也，行也。此古义也。"朱骏声通训定声："此字本训践，转注为所以践之具也。"

"履"训为践习见于典籍。《诗·大雅·生民》："履帝武敏歆。"毛传：

---

① 郭沫若：《殷契粹编》，科学出版社2003年版，151页。

② 李孝定：《甲骨文字集释》，台湾历史语言研究所1965年版。

③ 张秉权：《殷虚文字丙编考释》，台湾历史语言研究所，1959—1972年，470页。

④ 陈炜湛：《释甲骨文"妻"、"荡"二字》，载《中华文史论丛》增刊《语言文字研究专辑》下，上海古籍出版社1986年版。又《甲骨文论集》，上海古籍出版社，2003年版，12页。

⑤ 李孝定：《甲骨文字集释》，台湾历史语言研究所1965年版。

⑥ 陈炜湛：《古文字趣谈》，上海古籍出版社2005年版，25页。

"履，践也。"《易·履·象传》："履，柔履刚也。"孔颖达疏："谓践履之也。"

　　将卜辞中的"履"训为"践"，即足之所至，也正好合适。如：

　　（1）辛酉卜：方其履东？二告（《合集》11467）

　　（2）甲申卜扶贞：方其履于东？九月（《合集》20619）

　　（3）…申卜：方其履于东？（《合集》11468）

　　（4）己酉卜，王…履望…（《合集》11471）

　　（5）庚午卜，自贞：弜衣，履河，亡若？十月（《合集》20611）

　　例（1）是问方是否行至东部：例（5）之"履河"可以释为到河边去。

二、释 𤉣

　　𤉣，孙海波《甲骨文编》将其与𤉣并释为"佑"；[1] 金祥恒释为"寮"；[2] 于省吾释为"祭"，《甲骨文字诂林》姚孝遂按语从之。[3] 孰是孰非，莫衷一是。

　　近出的《殷墟花园庄东地甲骨刻辞》（以下简称《花东》）为解决这一问题提供了线索。在花东刻辞当中，我们经常可以见到"𤉣"与"豐"、"卣"连用的例子，如：

　　（1）甲寅：岁祖甲白豭一，𤉣豐一，卣，自西祭？（《花东》4片1辞）

　　（2）丙：岁妣庚羓，𤉣豐，告梦？（《花东》26片7辞）

　　（3）甲戌：岁机甲牢，幽𪊨，白豭，𤉣一豐？（《花东》237片7辞）

　　而"豐"、"卣"前之"𤉣"经常可以换作"又"，如：

　　（4）乙巳：岁祖乙白羖一，又卣，祖乙永？（《花东》29片5辞）

　　（5）乙：岁妣庚牡，又豐？（《花东》39片12辞）

---

① 孙海波：《甲骨文编》，7页，中华书局1965年版。
② 金祥恒：《释𤉣、𤉣》，载《中国文字》第五卷，1914—1918页。
③ 见《甲骨文字诂林》901页，中华书局1996年版。

（6）辛卜：御于舞权，𩵋一牛妣庚，晉牢，又𨠏？（《花东》181
片 24 辞）

由此可见，𥙆应足"又"的分化字，因字义与祭祀有关，是以加"示"
旁表意。因此，孙海波释该字为"佑"是有道理的，但孙氏将其与"𥛱"
混为一字，却又未妥，此点姚孝遂已辨之①，兹不赘述。

至于"佑"字在卜辞中的用法，王国维在论述"又"字时已指出："又
之言侑，《诗·楚茨》'以妥以侑'，犹言祭也。"②《正字通·人部》："侑，
劝也，相也。古者既食而劝食曰侑，祭尸告饱曰侑尸。侑有以乐者，侍食于
所尊亦曰侑食。"《资治通鉴·唐明宗天复元年》"令小儿歌以侑酒"即
"侑"用于祭祀，表示在筵席上助兴、劝食或陪侍。而花东刻辞中"佑"的
用法正与此合，"佑（侑）"的对象常常是祖乙、妣庚一类的祖先，"佑
（侑）"祭的物品则是"𨠏"、"𣇃"等酒食（例见上）。

"佑（侑）"祖先以𨠏的用法在以往发现的小屯刻辞当中也有其例，如：

（7）戊午卜贞：佑（侑）多宁以𨠏自上甲？（《合集》32113）

但是，在小屯刻辞当中，"佑"常见的用例是不与"𨠏"连用，不过用
作祭祀名称却是毫无疑问的，例如：

（8）于父己、父庚既佑，乃酌？（《合集》27416）

（9）甲申贞：佑？（《合集》34253）

（10）己卯卜王宾父己，岁佑，王受又（佑）？（《屯南》95）

而且，"又"与"佑"显然已区分为二字：

（11）…又佑…岁王…（《合集》27491）

（12）王宾又佑？（《合集》30536）

"佑"在花东与小屯中用法的区别，可能是由于花东刻辞属于武丁时期
且偏早的缘故吧。

三、释 𩵋

甲骨文有一𩵋字，或释为"萑"（如《甲骨文编》），或隶作"蓳"（如

---

① 见《甲骨文字诂林》1064 页，姚孝遂按语，中华书局 1996 年版。
② 见《甲骨文字诂林》877 页，中华书局 1996 年版。

《殷墟甲骨刻辞类纂》1433号），我认为应该是"莫"字的异体。首先，从字形上看，"🦅"为"莫"的繁体，是"日暮鸟投林"的形象表现，这一点已为大家所公认。既然"莫"可以从木（或从艹）作🦅（或作🦅），或加隹表达更形象的意义，那么也可以用"鸟投林"的🦅、🦅等表达"莫"这个概念。

从文例上看，虽然"🦅"等在卜辞未见用作时间词之例，但是其用作地名的例子确是和"莫"相似的。我们先看"🦅"等（下面以"△"替代）的文例：

　　（1）……午卜，王……在△（《合集》8184）

　　（2）王从△北（《合集》8785）

　　（3）……申卜，贞：从△……（《合集》10999）

"莫"字，也有用作地名的例子：

　　（4）贞：王勿往于莫？（《合集》8185正）

　　（5）乙丑卜，亘贞：王逐豕，获……往逐莫豕（《合集》10227）

　　（6）王其省盂，田莫，往艺，入，不雨？（《屯南》2383）

因此，🦅应释为"莫"。

四、释 🏠

甲骨文有一🏠字，罗振玉最早将其释为"宾"字，但后来学者多不从其说；《甲骨文字诂林》将其隶作定，这是正确的，但是，姚孝遂按语认为"此（案：指🏠）亦当为'各'之异构"，[①] 其说未必。从甲骨文字形多省略的角度看，当以罗振玉释"宾"为优。

首先，从字形上看，"宾"的异体繁多，作🏠、🏠、🏠、🏠、🏠、🏠、🏠等形，在众多形体中，唯一不变的就是"宀"，而"宀"下"万、卩、女、止、口"等部件或有或无，或增或减，变化多端，繁简不一，既然"宾"可以省作"🏠"，那么，省作"🏠"也是合理的。

其次，我们来看🏠出现的文例：

① 《甲骨文字诂林》784页姚孝遂按语。

（1）王𠙹？（《合集》5190）

（2）贞：王其𠙹禾𥟆于河？

　　　贞：王弜𠙹禾𥟆于河？（《合集》33288）

（3）癸亥卜：弜𠙹？（《合集》32039）

（4）弜𠙹？（《屯南》1512）①

𠙹在这里用为祭名，这与自𠂤、𠙹等作祭名的用法是相似的，例如：

（5）庚午卜大贞姚庚岁王其𠙸？（《合集》23356）

（6）弜𠙸？（《合集》34349）

（7）弜𠙹？（《合集》33769）

因此，"𠙹"可以看作是"宾"的省体。

五、"妇"与"归"

《合集》4923，《殷墟甲骨刻辞摹释总集》的释文为：

（1）辛未卜：王勿妇？

　　辛未卜：王妇？

又《合集》32896，《殷墟甲骨刻辞摹释总集》作：

（2）丁未贞：王其令望乘妇，其告于祖乙一牛，父丁一…

　　…贞：王其令望乘妇，其告于祖乙一牛？

这几条卜辞当中所谓的"妇"作"𠂔"。从字形上看，释作"妇"似乎没有什么不妥，因为甲骨文中"妇 X"（女字）之"妇"虽然常作"𠂔"，但是作"𠂔"者也不在少数。例如《合集》22253"妇多"、《合集》6480"妇好"之"妇"皆作"𠂔"。从文例上也解释得通，"王妇"我们可以理解为"王娶妇"；那么"王令望乘妇"就是"王命令望乘娶妇"。

但是，联系到以下几条卜辞，以上的释文就需要重新斟酌：

（3）贞：王归？（《合集》5193 正）

（4）戊戌卜，争贞：王归奏玉其伐？（《合集》6016 正）

---

① 《类纂》将后两例混入𠙹字条，误。

（5）令望乘先归田？（《英藏》665）

（6）贞：令沚戢归？六月（《合集》3948）

（7）贞：勿令方归？八月（《合集》6702）

例（3）至例（7）中的"归"作"𢓴"，与例（1）、例（2）中"帚"的文例相似。因此，我们认为例（1）、例（2）中的"帚"应为"𢓴"（归）之省体，而将"王帚"、"王其令望乘帚"分别理解为"王回来"、"王是否命令望乘回来"就更加文从字顺了。《殷墟甲骨刻辞摹释总集》之所以将前两例中的"帚"误释为"妇"，一方面因为"𢓴"（归）省作"帚"后，与常见的"妇"同形，另一方面，又没有拿同文例刻辞与之相互对勘，所以致使编者未将该字释作"𢓴"（归）的省体。

六、说"鬯"

"鬯"是用于祭祀的香酒，在卜辞中用为名词，但是有学者认为它在卜辞当中也用作祭祀动词，我们认为这是一种误解。

首先来看《甲骨文简明词典》所认为的"鬯"用作祭名的例子：

（1）卜何鬯祖辛？（《合集》27255）①

（2）鬯祖丁、父甲？（《合集》27364）

核对原片，我们发现《甲骨文简明词典》在引用这两条例证的时候都有些偏差，以上两例皆为残辞。例（1）应作"…卜何…鬯祖辛"；例（2）应为"…鬯祖丁、父甲"。以残辞作为论据，似乎未妥。

再来看《甲骨文字典》，该书以"贞：狄鬯于祖乙"一辞中的"鬯"为祭祀动词。② 但是，我们认为，在这条卜辞中，真正的祭祀动词省略掉了，只剩下直接宾语"狄"与"鬯"以及间接宾语"祖乙"。在花东刻辞当中，我们经常可以见到"鬯"前祭祀动词省略的情形：

---

① 赵诚：《甲骨文简明词典——卜辞分类读本》，242 页，中华书局 1988 年版。赵诚书中所用的甲骨著录号为旧著录号，为了便于核对原拓片，我们这里根据《甲骨文合集材料来源表》将旧著录号换为《甲骨文合集》的著录号。以下所引《甲骨文字典》的例子也是如此。

② 徐中舒主编：《甲骨文字典》，562 页，四川辞书出版社 1988 年版。

　　（3）丁丑卜：子御于姙甲，酚牛一，又（侑）邕一，□灾，入商
　　　　　酚？在麗。《花东》176 片 1 辞）

　　（4）丁丑卜：子御姙甲，酚牛一，邕一？用。（《花东》176 片
　　　　　2 辞）

这是一组祭祀卜辞，例（3）相对来说比较完整，而例（4）比较简略，值得注意的是"邕"前的"又（侑）"也省略了。

　　不但"邕"前的祭祀动词可以省略，其它一些词语之前的祭祀动词也可以略去，只剩下其后的双宾语，这样就会给人造成一种假象，好像其后的直接宾语变成了祭祀动词，例如：

　　（5）癸卯贞：米于祖乙？（《合集》32540）

　　（6）…贞…其蒸米于祖乙？（《合集》32542）

　　（7）贞疾于祖乙…（《合集》13850）

　　（8）贞告疾于祖乙？（《合集》13849）

　　如果单独看例（5）与例（7），我们会把"米"与"疾"误解为一个祭祀动词，但是将例（5）与例（6）、例（7）与例（8）对比来看，我们不难发现，"米"与"疾"前的祭祀动词"蒸"与"告"是省去了，而"米"与"疾"还是祭祀动词的直接宾语。

　　因此，以"邕"为祭名的观点是难以成立的。

甲骨文"乐"字之再研究

王秀萍

自安阳殷墟出土甲骨以来,甲骨文中的"乐"字就引起许多学者的广泛关注。学者们从不同的角度出发对"乐"字的涵义进行考释,得出了截然不同的结论。时至今日,虽然这一问题的争议没有继续升温,但学术界并没有达成一致的看法。目前,关于"乐"字的释义大致有以下几种观点:

1. "琴瑟之象"说

此说是由著名的甲骨学者、甲骨"四堂"之一的罗振玉先生首先提出的。罗振玉是较早对甲骨文字进行考释的学者。他根据甲骨文中"乐"字的字形,结合后世琴、瑟类乐器的形制,认为:"⁸⁸"为"蚕丝之象","乐,从丝附木上,琴瑟之象也,或增'θ'以像调弦之器,犹今弹琵琶、阮咸之有拨矣。"罗振玉在阐述自己的观点时,对东汉许慎《说文》中关于"乐"字的记载进行了批驳,认为许慎的记载有误[①]。随后,郭沫若赞同罗振玉的说法,提出了同样的观点。一时间,许多学者对罗、郭的解释纷纷持赞成的态度,并由此结论出发,引申出商代已经有了琴、瑟一类的弦乐器。

2. "悬鼓之象"说

此说由今人周武彦提出。周武彦于1973年在《音乐研究》第一期上发表《为"乐"字正义》一文,从汉代许慎《说文》关于"乐"字的记载引申其义认为:"从甲骨文'⁸'(乐)字形义来看,丝(88)悬吊着木(*),丝在木上,而不是在木下;说'木,虞也'倒不如说'木'被丝绳悬吊着。从而'乐'字初义应是'悬鼓',即悬起来敲的大鼓,木为大

---

① 罗振玉:《增订殷虚书契考释》。

鼓框。"

3. "乐舞"说

此说有音乐学者冯洁轩提出。他于 1986 年在《音乐研究》第一期上发表《"乐"字析疑》为一文从文字学和音乐学的角度对"乐"字的外延和内涵作了考订，认为商代甲骨文"乐"字的隶定，应是上部为丝，下部为木的形声字，对许慎"象鼓革鞞，木，虡也"的象形说和罗振玉"从丝附木上，琴瑟之象也"的会意说提出了不同的看法，认为商代的"乐"是一种大型的风俗性乐舞，"乐"字的初义应是"乐舞"。

4. "谷物丰收之象"说

此说是由当代音乐学家修海林先生提出的。修海林在《古乐的沉浮》一书中通过对甲骨文中与"乐"字字形构造相似的几个字（"🌿（果）"、"🌾（采）"）的字义的分析，结合对甲骨文中的其他含有"🐌"形符号的文字的对比，认为"'🌿'"为谷穗之象，"'🌾'"字的'🐌'形符号是从'🐚'字简化来的，与'🌿'字构成一个象形兼会意的字形，意为食物相关之物"，即"🌾"为谷物丰收之象，其会意为"伴随着丰收而来的生命愉悦"。

5. "奉傩神之事"说

张国安于 2005 年在《黄钟》第一期上发表《"乐"名义之语言学辨析》一文，从甲骨文中"乐"字仅作地名，与后世之"乐"字无关出发，认为甲骨文中的"乐"字是个假借字，用作地名说明"'乐'字从一开始属于某个古老的语言文化系统"。该文还从语言学的角度出发，通过对"乐"、"傩"、"糯"等字在上古时期读音上皆可通转的关系，并基于对"礼"、"乐"名义之考述，得出"乐"之初义为奉傩神之糯谷，进而为奉傩神之事，后世"二分之'礼'、'乐'，本无对立，乐即礼，礼即乐，同一于早期稻作农耕文化之祭祀活动"。只是源于长江流域稻作文化区的"傩"事是"以神鸟、苇龠、禾谷为象征的'乐礼'，与黄河流域"以钟鼓玉帛为象征的'礼'不可同日而语，当属不同性质之文化。"

6. "钟、琴之象"说

此说源自一个古老的神话传说，由中医师吴慎提出。吴慎根据自己多年来对中国古代传统音乐治疗术的研究，破译了现存最古老的中医宝典《黄帝内经》中"五音对五脏"的医疗对应关系，并在此基础上，从中国传统医药学中音乐与医药治疗的关系出发探索"药"疗的起源、"药"与"乐"的关系后指出："药"字源于"乐"字，是在"乐"字头上加草而成，"乐"字由仓颉所造。仓颉造"乐"字是受黄帝大战蚩尤故事和战后黄帝采铜铸钟、制人弦琴治疗受伤士兵故事的启发，"将本音'钟'置中间，琴弦挂两旁，置于木架上进行弹响，这才形成今天通用的'乐'字。'乐'字中间的白字是由钟的象形演变过来的。"根据吴慎的研究：'乐'字本音钟，五行中白字为'金'，'乐'字下部为木字，上部左右两侧合成丝字。"丝制的弦乐能拨动人的心弦，……人自然因病愈而喜，既是欢乐。"从"乐"字结构来看，即可判明'乐'字与人体有关，而且与治疗疾病的乐器的制作材料有关。

　　7. "哨、埙之像"说

　　持此观点者认为：甲骨文的"乐"字，是由两个并列的"δ"和"木"叠合而成。商代最早的乐器骨哨、陶哨和陶埙上，有两个或两个以上的发声孔，因此，"乐"字上半部用了两个"δ"字符号，代表骨哨、陶哨和陶埙上的发音孔，而"乐"字的下半部则是长短不等的哨交叉排列而不是木架子，所以"乐"是概念性会意字。

　　8. "结绳记事"说

　　持此观点者认为：上古时期，古人已有结绳记事的做法。《易·系辞》曰："上古结绳记事，后世圣人易之以书契。"甲骨文中的"乐"字其木上之物应为绳结，乃为上古结绳记事之遗痕。

　　纵观以上几种观点，可说是"仁者见仁，智者见智"。众家对"乐"字的解释出发点不同，方法也不尽相同，因此得出众多不同的结论也就不足为奇。大体来说，目前对"乐"字的解释，除了"哨、埙之像"说者把"乐"字的下半部分解释为长短不等，交叉排列的哨之外，其他各家的解释基本没有争议，都把它解释为"木架"，即放置乐器的木架子，是比较一致的观点。但对"乐"字上半部分的解释，争议较大，概括归纳为以下几种观点：

　　1. "丝弦"说

　　罗振玉的"琴瑟之像"说、冯洁轩的"乐舞"说均持这种观点。

2. "丝绳"说、"绳结"说

周武彦的"悬鼓之像"和"结绳记事"说者持此观点。

3. "谷穗"说

修海林的"谷物丰收之像"说和张国安的"奉傩神之事"说同持此观点。

4. "金、丝合璧"说

吴慎的"钟、琴之象"说解释为钟、琴，故且称为"金、丝合璧"说。

5. "音孔"说

"哨、埙之像"说者持此观点。

这几种观点都具有一定的代表意义，总体来说，"丝线"说最具有代表性，影响也较大，但"丝弦"说却忽略了一个问题。按照罗振玉先生的解释，"乐，从丝附木上，琴、瑟之象也。"试想：如果说以丝附在木上皆可以解释为是琴、瑟类的乐器，那么，根据琴、瑟类乐器的构造，琴、瑟等的弦是横置于木上，而不是竖着附在木上，而甲骨文"乐"字木上的丝分明是竖在木上，如果非要说"乐"字是弦乐器的象形，那么也应该是"箜篌"一类将弦竖置的弦乐器，而不是"琴、瑟"类将弦横置的弦乐器。按照今人的研究，一般认为，中国在汉代以前尚没有将弦竖置的箜篌类乐器，如果罗先生的"丝弦"解释成立的话，中国在殷商时期就应该有了箜篌类乐器，那么中国箜篌乐器的历史将要提前一千多年。无独有偶《甲骨文书法艺术大观》一书在书写"乐"字时就把"乐"字写成箜篌状，而不是琴、瑟之状，这难道是偶然的巧合吗？这就向我们提出一个新的问题——商代有箜篌一类的弦乐器吗？

"丝绳"说、"绳结"说

"丝绳"说可能是受罗振玉先生"丝弦"说的启发，但得出的结论"悬鼓之像"却与罗先生的"琴瑟之像"大相径庭。"绳结"说和"丝绳"说对"乐"字上半部分的解释观点大致相似。我们知道，结绳记事之法是古代先民在文字形成之前使用的记事方法，由于这种方法影响极大，因此，圣人造"乐"字时受其影响保留结绳记事之痕迹也不是不可能。但细细推敲，如果将"乐"字上半部分解释为绳结，那么，绳结下面必定为悬挂之物，此悬挂之物为何物？结合"乐"字下方的木字，参考殷商时期乐器的种类及奏法，由此使人推想绳结下的悬挂之物并非石质的磬，也非金质的钟，而是木质的鼓。这两种观点虽然出发点不同，对"乐"字上部的解释也不同，但却得出同样的结论，即将鼓悬挂起来进行敲击，只是系鼓用的物品的制作材料不同而已，一为丝绳，一为绳结，或许两者本是一物，即绳结是用丝制成也未尝可。归根结底，这两种解释倒是比较接近"乐"字的引申义，即古人常通过击鼓表达心中的愉悦之情，"乐"字也由此而引申出"喜悦"、"快乐"之意。

"谷穗"说

"谷穗"说或通过对甲骨文中与"乐"字字形构造相似的几个字的字义的分析，或通过对甲骨义中其他含有"ᢍ"形符号的文字的对比，或通过对"乐"、"傩"、"糯"等字在上古时期读音皆可通转的关系，得出"乐"字上半部分为"谷穗"或"糯谷"之像，其解释是有一定道理的。我们知道，黄河流域是中国古代较早开始农耕的地区，而殷商民族在经历了长期的迁徙，最终选择安阳作为最后的下都定居下来之后，和当时北方其它的游牧民族相比，殷人就成为当时最早开始定居生活的民族，因此，从事农业生产，解决温饱问题就成为殷人的头等大事，因而在祭祀天地、神灵、祖先时将辛勤劳动所获的"谷穗"进行供奉，一方面体现了人们"伴随着丰收而来的生命愉悦"[①]，另一方面，通过这样的方式也祈求天地、神灵、祖先能够保佑子孙年年岁岁风调雨顺、五谷丰登。这种活动也逐渐演变成为中国古代延续千年而不变的一种"礼乐"文化传统。《礼记·礼运篇》载"大礼之初，始诸饮食"，不难看出"饮食"在古代"礼"文化中所占据的重要地位，因此，后世的考古发掘中殷商时期的墓葬中能够出土那么多的炊具、食贝、饮具就不难理解了。然而，细细考察张国安先生立论的前提，这种"以神鸟、苇龠、禾谷为象征的'乐礼'"是源于长江流域稻作文化区的"傩"事活动，与黄河流域"以钟鼓玉帛为象征的'礼'不可同日而语，当属不同性质之文化。"[②] 既然承认"禾谷"乃长江流域"傩"事活动的重要载体，而黄河流域的"礼"则以"钟鼓玉帛为象征"，两者"当属不同性质之文

①　修海林：《古乐的沉浮》，山东文艺出版社，1989 年版。
②　张国安：《"乐"名义之语言学辨析》，《黄钟》，2005 年第一期。

化"，那么，由地处黄河流域的殷商人发明的甲骨文，其中的"乐"字为何要突出长江流域"傩"事活动中的"禾谷"，而不突出具有本民族特色的"礼"文化的主要载体"钟鼓玉帛"呢？显然，此解释值得再斟酌。

"音孔"说

"音孔"说将"乐"字的上半部解释为骨哨、陶哨和陶埙上的发音孔，下半部为长短不等、交叉排列的哨，即形象，又直观。考察骨哨、陶哨和陶埙等乐器，皆为在生产力不发达的远古社会先民们较早使用的娱乐工具，而且，根据对考古出土文物的研究，我国目前发现的最早的乐器是河南舞阳贾湖出土的骨笛，距今已有近 9000 多年的历史，因此，先人们在发明"乐"字时，选取身边携带方便、容易演奏且比较流行、普及的吹乐器骨哨、陶哨和陶埙上具有形象代表意义的发音孔作为"乐"字的造字依据，是有一定的道理的。但是，此说仅仅关注于"乐"字的上半部，却忽略了"乐"字的下半部分。此说把"乐"字下半部分的"木"解释为"长短不等、交叉排列的哨"，这解释便不符台历史的真实、我们知道，中国早期吹乐器的制作构料比较简单，大多从自然界直接提取，或人类稍作加工，如骨笛、骨哨等制作材料是人类食用过的动物的骨头，而陶哨和陶埙则是人类将土进行加工，用火烧制而成，而这些都与"木"无关或关系不大。按照中国古代的造字方法，此说对"乐"字的解释显然是牵强附会。

"金、丝合璧"说

吴慎先生根据民间传说认为仓颉受黄帝大战蚩尤故事及战后黄帝采铜铸钟、制人弦琴治疗受伤士兵故事的启发而造"乐"字，虽然具有一定的神话成分，但细细考察"乐"字的结构，其说是有一定的道理的。但是，这种解释用来解释金文中的"乐"字是非常恰当的，用来解释甲骨文中的"乐"字并不十分合适。甲骨文中的"乐"字作"❦"形，而金文的"乐"字作'樂'形，显然，两者在含义上不尽相同。甲骨文"乐"字上下部的组合突出"丝"、"木"等乐器的制作材料，而金文的"乐"字则在"丝"、"木"的基础上更突出夹在上部中间位置的"白"字。分析其原因，可能是到了周代，乐器种类增多，达七十多种，即"钟鼓管弦，乐之器也"。这大概是金文"乐"字形体的由来，因此，吴慎对"乐"字字体的解释于甲骨文之"乐"字是有一定差距的。

通过对上述几种观点的分析，可以看出甲骨文"乐"字的研究目前还存在着较大的争议。虽然众家都引经据典来充分论述自己的观点，但却往往是一家之言，难于达成共识。需要说明的是，流传下来的甲骨文献资料虽然十分丰富，但甲骨文献中的"乐"字并没有出现后世所具有的种种含义，而仅仅是借用来作为地名进行使用。况且，甲骨文中"乐"字的写法并不具有唯一性，除了写作"￥"以外，还有"￥"的写法。另外，甲骨文献中用"乐"字作为偏旁进行组字的还有"泺"（读音洛）等，因此，仅凭字形、字义等去研究"乐"字，解释"乐"字的涵义看来是不够的，还需要采用多种综合手段进行更为深入的研究。

六书转注新论

葛英会

发端于战国、兴起于汉代的小学研究，把汉字的结构形式区分为六个类型，这就是此后小学研究乃至现代文字学研究中广泛流行的六书理论。本文将要讨论的转注字，即六书之一，是汉代以来相关研究中争议最大的一种结构类型。本文的讨论，刻意摆脱以说解许慎《说文》转注条例为目的的各种争议，拟由分析、归纳汉字的结构特征入手，对转注类汉字提出一个科学合理的界定，并通过殷墟甲骨文中若干字例的辨析，对这类汉字的结构方式作出清晰、准确的说明。希望在转注字结构方式的研究上，做一点有益的工作，并征得学界同仁批评指正。

一

传统六书的转注义例，最早见于东汉许慎《说文解字叙》："转注者，建类一首，同义相受，考老是也。"由于许慎对转注的这个界定过于含混，其中所谓"类"与"首"包含着许多不确定因素，因此，后世学者歧见纷出，给出的不同解读有数十种之多。据一些学者的归纳，大致分为主形、主意、主声三类不同见解。

主形派学者主张"建类一首"是《说文》一书各部所建的部首。"同意相受"指部中字由部首而受其意。① "若松柏等字皆木之别名，皆受意于木"，② 把部首与部中字的关系看作转注。

---

① ［南唐］徐锴：《说文系传》。
② ［清］江声：《六书说》。

主意派的一些学者以释诂解说转注，如《尔雅》初、哉、首、基、肇、祖、元等字均含有"始"的意项，则"始"就是相关诸字之首。而诸字"意旨略同，义可互相灌注"就是"同意相受"。① 另有学者以词义引申阐释转注，如由命令的令引申为县令的令，由长老的长引申为正长的长，是"体不改造，引意相受"。② 前者把"数字共一用"视为转注，后者把"一字具数字之用"视为转注。

主声派学者认为，所谓"建类一首"，"类"指声类，"首"为语基。"同意相受"是指因方音、音转造成的"双声相转、迭韵相迤"的名义相同的不同字。如士与事、火与燬、畐与备、用与庸、屏与藩、亡与无等即其例。③

唐兰先生说：转注"界说不清楚，例字也不好，所以愈讨论愈糊涂"，"从唐以来，解释的人太多，大抵不是许氏的原义"。④ 如《说文解字叙》已经明言"其建首也，立一为耑"，可见书中始一终亥五百四十部首均属"建类一首"。但通观《说文》各部所辖的字，并非是同部字皆由部首而受其意。所以"同意相受"之说不能成立。主意派、主声派学者的说解，则更加远离了许氏的原意。

二十世纪三十年代，唐兰先生作《六书说批判》，首创"三书说"⑤，并承清人六书转注为用字之法而非造字之法的见解，把六书转注排斥于汉字的基本类型之外。这种作法实际上是把以往的争议掩盖起来，原有的矛盾并未得到解决。六书转注的真意是什么，至今仍是有待寻觅与探索的课题。

二

唐兰先生创立"三书说"已经七十多年了，其间很少有人提出异议。但是，当人们对汉字结构方式作分类考察时，则无论是采用传统六书还是新三书进行鉴别，都会在一部分汉字所属类型的判定上面临无所适从的尴尬。

---

① ［清］段玉裁：《说文解字叙》注。
② ［清］朱骏声：《说文通训定声》自序。
③ 文炳麟：《转注假借字》。
④ 唐兰：《中国文字学》十二《六书说批判》，上海古籍出版社 1981 年版。
⑤ 同上。

例如清代学者提出的"本无正字的假借字"①，就是对不明结构规则的一些字所作的无可奈何的解释。所谓"没有正字的假借字"是一个非常离奇的说法。既然没有正字（指被假借的字），则假借何以成立？另如"大"、"小"一类的意符字，唐兰先生在运用三书理论分类时，或归于象形，或列为象意。他所以游移不定，是由于他为新三书提出的分类标准，对这些字的结构形式同样不能给予严格限定。这说明，传统六书或新三书，都不能涵盖上述的那些字，因而都存在理论上的误区或死角。因此，摆脱传统六书与新三书的局限，认真而又切实地审视、考察相关汉字的结构形式以及结构成字的历史与文化背景，突破旧的框框，破解六书转注之谜，才能使这项研究有所前进。

三

研究汉字的结构方式，要从结构汉字的基本符号入手。《说文解字叙》用"形声相益"总括复体汉字的结构方式，是把结构汉字的基本符号区分为形符与声符两类，后世学者有时称作意符的，则与形符混同。其实，结构汉字的基本符号应区分为三类，即形符、声符以外，还应包括意符。由于结构汉字的基本符号原本就是独体或复体汉字，所以必须明确，把结构汉字的基本符号区别的形、意、音（即声）三类，与通常讲汉字三要素的形、意、音是两个不同的概念。在汉字系统中，无论是独体字还是复体字，都是一个完整的语言符号，毫无例外地都具有形、意、音三个要素。但是，在用作结构汉字的符号时，其形、意、音并不是同时发挥作用的。用作形符的，是仅取其而无关乎其意、音；用作意符的，是仅取其意而无关乎其形、音；用作声符的，是仅取其音而无关乎其形、意。从这样的认识出发，我们构拟了一套新的六书理论，相对于传统的六书转注，建立转意一书，用以统续传统六书与新三书不能含盖的那些字。由于各类汉字的结构方式不是孤立的，讨论转意字必然会涉及其它类型，所以，为了便于称述并方便读者，在进入转意字的举证论列之前，我们先把新建六书条例抄录于后。

---

① 陈澧：《书江艮庭徵君六书说后》。

1. 象物。所谓象物，即仿象万千品物。凡象物字，皆独体，为物名；

2. 象事。所谓象事，即仿象诸般世事。凡象事字，皆合体，表示物与物的关联；

3. 转意。所谓转意，即制字象物、象事，不表本意而转表它意。凡转注字，或独体，或合体，由社会文化的关联而转折其意；

4. 会意。所谓会意，即意符与意符或意符与形符的比合。凡会意字，皆合体，表示意与意或意与形的关联；

5. 谐声。所谓谐声，即以彼字之声谐和此字之声。凡谐声字，毋论独体、合体，都是音符字，用作语言虚字或意义抽象的字。

6. 形声。所谓形声，即形符与声符的复合。凡形声字，皆合体，形符表示事物的类属，声符表示事物的名称。

转意类汉字，为表达意义抽象的词而建。其构字象物、象事，其字义却依相关历史与文化背景而发生转折。与象物、象事字形、意一致不同，形与意相乖是转意字的主要特征。

在用作结构文字的基本符号时，象物字是形符，转意字是意符，谐声字是声符。形符、意符、声符三类符号相互增益，于是形成形符与形符复合的象事字，意符与意符或意符与形符复合的会意字，形符与声符复合的形声字。

在新建的六书条例中，象物、象事是形符字与形符组成的复体字；转意、会意是意符字与含意符的复体字；谐声、形声是声符字与含声符的复体字。用这个新建的六书条例分析汉字的结构方式，就可以界划分明，前述"无正字的假借"与一字象形、象意（传统的六书会意）两可的问题就迎刃而解了。

四

新建的六书转意字，是古代先民依据我国历史与文化传统所创制的意符字。根据我们的初步研究，转意字大致有下述若干种：

1. 材质字；2. 色理字；3. 性状字；4. 态势字；5. 方位字；6. 历象字；7. 姓氏字；8. 人称字；9. 身份字；10. 神鬼字；11. 吉凶字。

限于文章篇幅，以下，我们从上列各类转意字中选择数例，并按照新建六书转意条例，一一加以辨析。

1. 玉与石（材质字）

凡世间品物，必有形、有质、有色。质是物之本实，色为物之容貌。物有质，触之可得；质有色，视之可见。但色附于质，而质隐于形，故质与色皆无形象可言。考察古文字的材质字，可知是借助有形之物象来转喻其材质的。

见于殷墟甲骨的玉字，是玉琮的象形（沈之瑜说），石字是石刀的象形。玉琮、石刀是史前先民以玉、石为原料制造的人工器具。玉、石二字的创制，是根据具有固定形态的人工器具，表示不具有固定形状的天然材质，从而使仿象玉琮、石刀的象物字，转折其义用以表达两种器物的材质。

2. 日与月（历象字）

古代先民以日月星辰划分、节制并序列时令，日月星辰被视作历象。古人"日出而作，日落而息"，其一作一息是因日（太阳）一出一落节制而成的。久而久之，先民便把日（太阳）由出至落的周期称为日（一天）。同理，人们又把月相盈亏、圆缺节制而成的朔望周期称为月（一个月）。日与月由天体名称到历象名称，是先民观象授时的结果，即以天体运行节制时间的结果。日、月二字由仿象天体的象物字，转折其意成为表示时段的历象字。

3. 春与秋（物候字）

古代先贤观天象以授民时，同时又摸索出以物候标志时令的方法。所谓物候，是指不同时节中某些动物、植物或自然物出现的一些征兆。《诗·豳风·七月》"五月斯螽动股，六月莎鸡振羽"，记录了两种昆虫在五、六两月出现的征候。"八月剥枣，十月获稻"，记录了枣与稻成熟的时间是在八月、十月。夏历二十四节气如雨水、惊蛰、白露、霜降、小雪、大雪等，也是以动物、自然物的一些征候指示时令的。

殷卜辞已有春秋两个季节名称。甲骨文春字与秦篆春字一样，都是从艸（或从木）、从日、从屯的字。《说文》："屯，象艸木初生。"《说文》春字条段注："日、艸、屯者，得时艸木生也。"即以暖日照临、草木初生的时节为春。春字本是由艸、日、屯复合而成的象事字，转折其义成为表示季节的字。

殷墟卜辞的秋字，唐兰先生以为是有角龙（虬）的象形，徐中舒先生以为是蝗字初文，我以为应是某种秋虫（如秋蝗、蟋蟀等）的象形，即以秋虫为物候来标示秋季。

4. 余与我（人称字）

《尔雅·释诂》："余，我也。"余与我是中华先民创制并沿用至今的自称、自谓的用字，是没自具体形象可言、只有指代作用的人称用语。

甲骨文我字，学术界多以为是某种兵器或工具的象形。甲骨文余字，徐中舒先生以为"象以木柱支撑屋顶的房舍，为原始地上住宅。"以上就两字的说解是可以信从的。但是，学界以象武器、房舍的我、余两字假借为人称字的说法，是值得商榷的。我以为，"我"字所象原始工具或武器，"余"字所象原始住宅，因长期并固定地为原始族群的个人或家庭使用与居住，"我"与"余"就逐渐成为个人或家庭的表示物，成为自称、自谓的代名词。因此，这两个象物字从制字时开始，就是转折其义表示第一人称的用字了。

5. 王与尹（身份字）

中国自古是礼仪立邦的国度，礼仪用器在社会生活中具有重要的作用。不同等级、不同的阶层的人经常使用的礼仪用器，往往演化为人们身份的标示物。封建社会用龙形、龙纹仪仗及礼仪用器标示皇帝，称真龙天子即其例。

学界认为，金文、甲骨文的王字，是斧子的形象，而斧与钺在古代中国是王者的仪仗器，是王权与威严的象征。先贤仿象斧子制为王字，但转折其义用以表示王者的身份。

《说文解字》尹字条："尹，治也，握事者也。"伊字条："尹治天下者。"甲骨文有"多尹"之称，指各诸侯、方国的首领。尹字作以手持杖形，古代有齿杖、兵权，都是权威与身份的标志。所谓"五十杖于家，六十杖于乡，七十杖于国，八十杖于朝"，也讲杖是古代标示身份的礼仪用具。尹字本是从又（即手）、从丨（杖形）的象事字，转折其义用作表示"握事者"身份的转意字。

上面列举并讨论了新建六书转意的几组例字，一方面举证转意条例的合理性，另方面说明转意不同于单纯的字音的假借，也不同于训诂意义上的字义的引申。

　　附带说明一点，前述十一类转意字，只是初步考察所得，汉字中的转意字应当超过这个数目。此小文仅仅是在转意条例创建、转意字甄别与举证所作的初步研究，全面的研究尚待来日。

甲骨文可释字形结体例说

王蕴智

　　殷墟甲骨文的发现与发掘是中国现代学术史上的一件盛事。对于涉足甲骨学的人来说，面临的一个实际问题就是如何正确释读这些三千多年前的文字。据我们所知，许多本专业以外的学人和高校学生都有学习、利用甲骨文原始资料的初衷，但每每因其识字能力不足或缺少好的指导而事倍功半。另外还有不少现代书家有志于甲骨文书法创作，却忽略了文字结体的基本训练，所写的字往往与殷商文字构形存在一定的距离，乃至出现谬误。现今有关考释成果的整理与推广似乎还不够，有关字书的编纂与当今的释字水平之间亦有一定差距，像《甲骨文编》、《甲骨文字典》诸发行量很大、比较有影响的专门字书，都不同程度地存在着收集字形不全、摹写和隶释有误等问题。对于甲骨文以及商代文字的结体特征，专业工作者还没有做出详实的分析解说，构形规律尚有待全面总结。

　　笔者数年前曾承担完成有《甲骨文构形研究》一题。据我们的统计，迄今所见商代文字与后世字书中相对应的可释字形计约 1240 个，加上正在同源分化的字形和主要的通假用字，隶释字数可达 1490 个左右。其他另有 3000 余个字头虽然后来被淘汰，但在当时的文字系统和实际文例中亦大都是有定位、可以被解释的。本课题旨在系统发凡甲骨文构形条例，充分反映当代释字成果并归纳出科学解说字形的方法，逐一对我们所整理出来的 1490 个字目加以解说。这些字目皆见于后世字书，我们姑称之为"可释字形"。① 我们采取的

---

① 参拙作《商代文字可释字形的初步整理》，《中国文字》新 25 期（台湾），1999 年 12 月；《商代文字可释字形的初步整理》（修订稿），《纪念殷墟甲骨文发现一百周年国际学术研讨会论文集》，社会科学文献出版社，2003 年 3 月，又载《字学论集》，河南美术出版社，2004 年 9 月版。

办法是先在每一字头下摹释原篆、隶定今字今音、标示古代声韵位置，然后进行构形分析和字形演化条例的阐发。值此南京甲骨文学术研讨会，笔者不揣浅陋，谨提交卷一中的部分字目与各位同行交流、研讨。

下面的字目皆按《说文》的排序加以解说，凡标＊和（）符号者皆为重出字头，其中字头旁加＊号者主要是指与商代文字有联系的一部分通假字或同源分化字，括号中的字则为后起累增字，它们与括号前一字属于同字（古今字）关系。至于同时期正处在分化之中而尚未彻底分化的字形，如元兀、農农、月夕、小少、后司、史事等，其字头处则一般不标＊号，而是在原篆后再注明另见条。为了增加基本字形的数量，我们收纳了一部分在合体字中只充当偏旁部件的字目，如甲骨文洋字所从的芊、萑字所从的艸等，这些偏旁字在当时大致也应该是可以独立使用的，兹为了有所区别，我们将在这些字头右上皆标一个△号为志。另有个别可以补阙的西周甲骨文隶字，则在字旁用#符号表示。

一 yī ［於悉切　影　质］一

取一平画为字。古文字二、三、四皆取这种笔画的积累数。

元 yuán ［愚袁切　疑　元］𣅶　𠄟

元首字初文作𣅶（见商金文），象侧立人形而突出其头部位置。甲骨文习将上部圆点线化为一横，或再于上面追加一短横作为装饰笔画。元、兀古本同源，后因异文而别为二字。

古文字上端为横笔者，后多在其上部再别加一短横，以调整美化字形。古文字中的装饰笔画是汉字书写、演化过程中的一种特殊现象。它利用一些简单的抽象符号，在文字构形中起丰满、点缀、均衡字形的作用。这类笔画不具任何表音或表义的成分，故可称之为"饰笔符号"。

天 tiān ［他前切　透　真］𠻖　𣍘

正面人形，突出头部，本义如"颠"（头顶）。后习将头部团块简约为短横。

古文字中原来的圆点或团块结构，后来多线化为横画。

丕 ＊ pī ［敷悲切　滂　之］𣏝　𣏝

显大为丕，本与不字同源同形。晚周以后不字中下部追加点状区别符号，或再延长而写成横画，遂分化出丕字。

吏＊lì〔力置切　来　之〕🖎🖎

官吏字本从又持中（或中），与史、事、使诸字同源同形。周以后🖎字形演化为官职之史；🖎种字形于周金文中仍用为职事、遣使、官吏字，篆隶因异文而分化出事和吏，追加人旁则孳乳为使。

古文字中，字从又即为从手（又为表右手的本字）。

上 shàng〔时掌切　禅　阳〕⌒　二

初为短画在长画（或作上扬弧笔状）之上，上面的短横用来指示方位。晚周以后在下面一横笔的中部再羡加竖笔饰画，遂为隶、楷上字所本。

帝 dì〔都计切　端　锡〕🈸🈸

初文作🈸或🈸，后于上部追加短横为饰。蒂、谛、缔、啻（商）诸字本作帝。

自商代甲骨文始，古文字的间架结构多具平衡对称的基本特征，字的结体正、反写无别。

旁 páng〔步光切　并　阳〕🈴🈴

溥大曰旁。字从凡、从方，甲骨文或从凡省。周以后字形上部发生讹变，小篆讹为从上。

古文字中，一些合体的两个偏旁或都兼含有表音的因素，可以称为"双声字"。如旁、囏（艰）、翊、冒、旧、虖、差、静、句等字即是。

下 xià（胡雅切　匣　鱼）⌒　二

初为短画在长画（或弧笔）之下，下面的短横用来指示方位。晚周以后习在上一横笔的下部羡加中竖为饰，遂为隶楷下字所本。

示 shì〔申至切　船　脂〕🈯　丁

神主牌位曰示。初文作🈯，甲骨文早期亦可简化作丁形，后又写作亓或示，分别于下形的左右和上部羡加了起美化作用的饰笔。示字作表意偏旁，其在所从字中多表示与古代祭祀及御祸祈福之义相关。又古示字竖画中部追加点状或横笔而区别分化出主字。

就古文字造形而言，其取舍对象不论是人体、人体部件、动物乃至物象，往往采用纵向性的构形方式，从而与古汉字的书写习惯相默契。

豊（礼）lǐ〔灵启切　来　之〕🈴🈴

礼仪字本作豊，从壴（鼓初文）从双玉会意，周以后累增示旁。战国以后俗从乙作礼，乙为声符。

古文字从壴作者，其下部后多讹为从豆。古文字常用累增义旁的方法，将原来的一部分表意字发展为形声字。古文字从壴从玉的豊字，与从壴、丰声的豐（今简作丰）字形近易混。古文字中的一些合体字，其结构之间交叉挪让，容易给人以独体字或象形文字的错觉。

禄＊lù（卢谷切　宋　屋）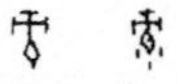

古文字或借录为福禄字。参见卷七录字。

古文字中习惯将一些字形中间的横笔类化作⊢形，以平衡、美饰文字结构。如帝、方、矞、市、帚、录等字即是。

祥 xiáng（似羊切　邪　阳）

古文字或借羊为吉祥字，甲骨文或加示旁为祥。

祉 zhǐ［敕里切　透　之］

字从示表义，从止表音，义同福。

福＊fú［方六切　帮　职］

初文如长颈盛酒器形，西周以后累加示旁。

早期从示的字，其形旁示多为累增后加。

佑＊yòu［于救切　匣　之］

古文字或借又为福佑字，秦汉文字别为从示、右声。

祇 zhī［旨移切　章　脂］

恭敬曰祇。初文写作象树木枝叶茂盛舒展状。字形上下或添加短横。金文讹作二甾相悖状，与三体石经古文祇字形近。从示、氐声之祇出现于秦汉，字或写作祗。

神＊shén［食邻切　船　真］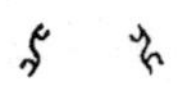

初文为申，如闪电形，西周以后习追加示旁作神。申、神、电古本一字而分化。

斋＊zhāi［侧皆切　庄　脂］

古文字或借齐（齐）为斋戒字，后追加示旁。

祭 jì［子例切　精　月］

本从手持肉会意，晚商以后累加示旁。

甲骨文中肉旁与口旁有时形近易混，商代以后肉旁与月旁容易相混。

祀 sì（详里切　邪　之）祁　祀

古文字借巳为年祀字，或借异为祀，晚商以后始追加示旁。

祖 * zǔ［则古切　精　鱼］且　且

甲金文习借且（象俎几形）为祖先字，周以后习追加示旁。且、祖古本一字。

祰 * gào［苦浩切　溪　幽］告　告

告祭曰祰。字本作告，后追加示旁。

祐 shí［常只切　禅　铎］石　祐

宗庙主曰祐。甲骨文或以石为祐，追加示旁挛乳为祐。

古石字本不从口，所从之口乃后加羡符。

祠 # cí［以兹切　邪　之］祠

春日致祭曰祠。从示，司声。字始见于周原卜辞。

禘 * dì（特计切　定　锡）帝　禘

甲骨文帝或用为禘祭字，后追加示旁作禘。上文帝字重见。

祝 zhù［之六切　章　觉］祝　祝

初文象人跪跽状，突出口部，形体与兄（站立形）字有别，后累加示旁。

古文字早期一些跪跽状的人形，周以后因书写的方便而多使下肢线条逐渐舒展成为站姿。

祈 qí（渠稀切　群　文）祈　祈

甲骨文以祈为祈求字，从单，斤声，周金文累加㫃旁。从示、斤声之祈始见于篆隶，较为晚出。

古文字中一些形声字的偏旁之间笔画粘连，似有独体字的特点。古文字中在没有近似字形参比的情况下，一些合体字的偏旁位置常常可以上下左右调动。

禦 yù［鱼举切　疑　鱼］禦　禦

禳除灾祸曰禦。初文从卩（跪跽状）、午声作卸，甲骨文或累加示旁，篆隶习作禦。古卸字另追加彳旁为御，追加止旁则别为卸字。

祜 guò［古末切　见　月］祜　祜

禳祸之祭名。卜辞习用为杀牲之法，读为砒或磔。初文本作毛，追加口旁作舌，又累加示旁。晚周以后所从舌旁讹变作昏，隶变后又同化作舌形，故后世写作祏。毛、舌、祏本一字而分化。

社 * shè（常者切　禅　鱼）　　

甲骨文以土为社，表土地之神。晚周以后追加示旁而别出社字。

祸 * huò［胡果切　匣　歌］　　

灾祸字本从凸（象占卜骨版之形）从卜会意。早期亦或以凸通祸，晚期甲骨文习羡加声旁犬作　，晚周以后始作从示、冎（与凸字同源）声。

祟 * suì［虽遂切　心　物］　　

鬼祟字本从木、从示，乃叙（叙）字之省。所从木旁篆文或讹为从出，并因异文而别叙、祟、柰（奈）三字。

三 sān［稣甘切　心　侵］三 三

积三平画为字，表示数目。

王 wáng［雨方切　匣　阳］　　

初文如斧钺形，刃部向下，后于上部追加一横笔饰画，并简省下部，遂成丨贯三状。古王字中间一横偏上，上两横或偏短，以别于玉字。

皇 huáng［胡光切　匣　阳］　　

初本象形，或以为煌之本字。晚商以后下部变形作从王，王亦兼声（见蝗觥蝗字所从）。周以后讹变上部，并于上部空廓中增加短横饰画，篆隶讹作从白。

古文字里某些表意字初文在演化过程中被人为地改变局部笔画而注入了读音成分，这种现象可称为"变形音化"。

玉 yù［鱼欲切　疑　屋］半 丰

初文象串玉形，后封闭竖画，简作丨贯三状，唯三横笔等距等长。晚周玉字隙间或加点，以别于王字。

靈 * líng［郎丁切来耕］　　

古文字借霝（古同零，从雨、从二口或三口）为靈（灵），后追加巫旁。

璞 pú［匹角切　滂　屋］　

璞玉字本象山窟下双手持锐器辛（辛）采玉状，玉下之凿形表玉之所盛。后世省凿和上部山岩形，辛变形作辈，遂演化为璞字。

古文字中，一些较繁的字形逐渐被后人所简化。古辛（辛）字上部经过羡加饰画或繁写作辈，双手持辛之形则演化成美。

珏 jué［古岳切　见　屋］玨

两串玉相并为珏，古与朋同源。另见卷六朋字。珏字后世或作瑴，从玉，殼声。

气 qì［去既切　溪　物］☰

本作三平画象征气流状，早期中横偏短，晚周以后三画上下弯曲，以别于三字。占文字中用为迄、讫、餼（气）、乞诸义。气与乞古本一字，后省减笔画，变形分化作乞。

古文字中在有相近字形参比的情况下，一般总会使彼此的字形结构和笔画区别在微末之间，不容苟且。对于古字的辨识，并不在于说明或想象它原来象什么（其实有些字和结构成分早已高度符号化，已无形可象），主要在于通过字形分析来考察、印证每个可释文字与后世文字的联系，掌握其在不同时期的构形特征及其演化轨迹。

士 shì［鉏里切　崇　之］♀　⼟

甲骨文早期象是一个直内而前锋尖锐的正面兵器形（与出土器物中的圭形或戈形相类），后习惯将♀形变写成⼟或⼟形（将♀字下部的方廓状笔画改变成三角形），抑再简作⼟或⼟形。这一书写作风开始是反映在小屯村南地出土的无名组卜辞中，进而又影响了帝乙帝辛时期的黄组字。古士字在卜辞文例中可读为"圭"。大约在西周以后，随着古士字使用频率的提高和记词义项的转移，时人又将士字双重书写而别出了圭字。"士"与"圭"乃同源字。

中 zhōng［陟弓切　端　冬］ᖰ　ᖰ

古文字时将标有游旗状之中用表正中义，无游旗之中形盖用表伯仲义，后世通用后者字形。

屮 chè［丑列切　透　月］ψ　ψ

象株草之形，古与艸（今作草）字同源。

古文字从屮与从艸每互作。在合体字中，又常与生、木、林、茻等形相通用。

屯 tún［陟伦切　定　文］ᡑ　ᡑ

初象幼芽生长貌，甲骨文读为纯、或读若春。晚周以后习将字形上部中的团点线化为横笔。

古文字中的团点或空钩其廓，在结构上没有区别。

每 měi［武罪切　明　之］𣫶 𣫸

初与女、母二字同形，后于女、母上部追加区别符号 √（或作 ᐱᐱ）而派出，古文字中习用为晦、悔、诲诸义。女、母、毋、每乃一字而分化，初文本作女。

古文字中为分化新字而在本字基础上追加某种简单笔画，这类添加笔画可称为"区别符号"。

艸△cǎo［仓老切　清　幽］屮屮

古草字。象株草相并之形。从二屮。后世俗将从艸、早声之草（皂本字）用为草木之单。

芋△yǔ［王遇切　匣　鱼］芋

叶大根实者谓芋。字从艸、于声，甲骨文洿字（见《英》1891）所从。

薛 xuē［私列切　心　月］𦭓 𦭏

本从夸（千字变体）从自，或从夸、月声，或于包字上部增添止旁，后世隶作辥，篆文追加艸旁孳乳为薛，古用如罪孽字。

萑 huán［职迫切　匣　元］𦬊 𦬇

草多貌曰萑。甲骨文从艸，隹声。

古文字中从木（或从林）与从屮（或从艸）意义相通，常互作。

苞 * bāo［布交切　帮　幽］苞 苞

草名。字从艸（或从林），勹（包、匍字初文）声。勹演化作包，苞则演化为苞。

艾 ài［五盖切　疑　月］艾

从四屮、从乂，乂亦兼声。古文从屮之多寡常无别，后世习从艸。卜辞中用表刈草、芟草之义，文献中或用表草名。

荷 * hè［徒哥切　匣　歌］荷 荷

负荷义之荷本与何、𣲟（歌）同字，象人负物形，周以后变形音化作从人（或从无旡）、可声，后世习借莲荷之荷为字。

叶 * yè［与涉切　余　叶］叶 叶

初文象树木枝头着叶状，甲金文或将表示叶状的团点线化为短横，晚周累增艸旁作叶，今以叶（本音协）和字代叶。叶、世乃一字之分化。

蓺 * yì［鱼祭切　疑　月］🜲 🜲

本从丮（或省从収）从屮（或从木），象双手种植草木形。甲金文或追加土旁，后累增艸旁作蓺，隶楷习作藝（艺）。

古文字中偏旁从丮与从収可相通作。

兹 * zī［子之切　精　之］88 88

本从二幺，象丝束相并之形。晚周字形上部追加区别符号作二玄，随后上部字头部分又讹为从艸。兹和兹、兹乃一字而分化，其同源母体本是丝字。

蕴 yùn［於粉切　影　文］◈ ◈

初文象人在◊中，昷、缊、温为其后起字。藏聚义小篆作薀，今作蕴，从艸、从缊，缊亦声。

蔡 cài［苍大切　清　月］🜲

草丰（音介）曰蔡，古多用为蔡杀义。初文从大，象下肢一处被割杀状。战国文字另有从艸、祭声之蔡。

芟 shān［所衔切　山　谈］🜲

刈草曰芟，甲文从三屮、从殳（殳之繁文）会意。

古文字中从又的偏旁，往往可以对称书写作収形。

若 ruò［而灼切　日　铎］🜲 🜲

象人跽坐双手理发状，训为顺、好。西周以后习增加口形饰笔符号口，篆隶讹为从艸、从右。古若字省变则别出《说文》六下叒字。

古文字中常常在一些原始字形的下部累加一个口符，其在构形上并没有特定的音义功能，而仅仅起均衡、衬托、装点字形的作用。

刍 chú［叉愚切　初　侯］🜲 🜲

象以手取草木状，字从又（篆隶讹为从二勹）从艸（或从林）会意。刍今简作刍。

薪 * xīn［息邻切　心　真］🜲 🜲

初文从斤，辛（繁化作亲）声，篆隶追增艸旁作薪。古训取木曰新，柴草曰薪。

蒸 * zhēng［煮仍切　章　蒸］

初文从収、从豆，或追加米旁与示旁，表双手奉豆中食品祭享之意。晚周以后形和丞字形近易混，其字形上部或追加艸旁，下部再加火旁，篆隶因异文而别出烝、蒸和卷字。

折 zhé［食列切　章　月］

本作从斤（或手持斤）断草木状，金文或于二中间添加指事符号 ＝，篆隶或将二中上下连写，讹为从手。古文折、制二字可相通作。

芿 réng［如乘切　日　蒸］

草不芟而新草生曰芿，一曰草名。甲骨文从二艸（或从二林、二生），乃声。篆从艸。

蒿 gāo［呼毛切　晓　宵］

草名。甲骨文从茻（或从茶、林），从高声。晚商所从之艸又可省写作 ++，另见周原甲骨文。

甲骨文从茻、茶、林和从中、茻者每相通作。

蓄 * xù［孔六切　晓　觉］

积蓄字初文作畜。字从田（甲骨文作⊕中加四屮或四点状）从幺（古音如玄），幺亦表音。篆隶追加艸旁。

春 chūn［昌纯切　昌　文］

甲骨文从艸、林、茻、茶不别，从屯声，或作从日、屯声，晚周以后习从日、屯，上部从艸作，遂为篆隶春字所本。

藏 * zàng［昨郎切　从　阳］

藏匿字古通作臧。甲金文从戈、从臣（或从口），晚周以后习加声旁爿（牀本字），又追加艸旁作藏。

蓐 rù［而蜀切　日　屋］

象以手（又）持辰（农器之形，辰亦兼声）于草木中，字或省手（又），从艸或作从林：甲骨文亦作形，象双手（二爪）持辰劳作状，彼此本同字而异文。后据从又、从茂之形而别出蓐字，据双手持辰形而别出晨（早晨字初文）字。金文晨形上部或再加田，则分化出農（农）字，是蓐、羇、晨古本同源。

莫 mò［莫故切，又慕各切　明　铎］

古莫字从日在茻（或森）中，亦或从二屮、二木、二禾，甲骨文繁简互见，皆表日暮之意。后世别增日旁而分化出暮字。

莽 mǎng［谋朗切　明　阳］茻　莽

甲骨文象犬在茻（或作林、森、禁）中。

葬 zàng［则浪切　精　阳］𦮙　𦸂

甲金文象𣦵（尸骨形）就𣎆（茻字初文）之状。魏《三体石经》古文从𣦵、从茻作𦸂。篆隶葬字从茻、从死。

菁 hài［胡盖切　匣　月］𦯔　𦳢

古茝苏草名之别称。甲骨文从艸（或从茻、或从林），害声。卜辞习用为地名。

对殷商甲骨文与金文
传承、演化之研究

张　展

殷商甲骨文和金文在商代晚期同时存在，都是作为记事、应用、交流、贮存信息的工具，而不存在书写、契铸者主观上的审美追求。

按曹锦炎先生编的《商周金文选》17 件商代晚期青铜器铭文分析：存字总数 538 字，剔除重复后的单字 195 字，其中每件字数多者 43 字，少者 18 字。从总体上说，绝大多数金文和甲骨文在形体上，无大的区别。

据笔者对商代晚期金文的初步研究，发现了一些和甲骨文相关的异常情况，这些情况似乎反映了甲骨文与金文相互间的传承、演化关系。现分述如下：

一、"光"字的形体演变

甲骨文的"光"字为会意字。《说文》："光，明也。从火在人上，光明意也。"甲骨文光字同字异体有 17 形。字的结构分上下两部：下部为人（ ），上部为火（ ）。火字有繁简两类，均具像化为图形，以表火势熊熊、光明之义。而商代金文出现两例用抽象化的点、线以表上部的发光火苗，下部不变。如商《小子螽卣》的光形为" "，《逦鼎》的光形为" "。为其以后将"火"形曲线衍生为直线，成为真书"光"字形体提供了前鉴。这是金文在传承、演化过程中的一大进步。还有一例更富创意。甲骨文光字 17 形下部均为中性"人"字，不示性别。但商《宰甫簋》的光字下部写成" "

（妥）字，以表"火在女人头上"，显示对女性的尊敬和崇拜，喻义新奇，十分可贵。

二、"其"字的初变

甲骨文其、箕同形。少量繁体字有"🔲"（京都 934A）、"🔲"（京都 263）等 7 种；简体为"🔲"（甲 663）等异形 30 余种。但商《六祀邲其卣》却出现"🔲"字形体，为甲骨文所未见。从汉字形体演化发展来看，也具有积极意义。

三、一个疑窦丛生的"贝"字形体

贝字在殷墟卜辞和商晚期金文中应用很广，属常见字，是商王赏赐臣工亲属的重要礼品，故在 80% 以上的商代青铜器铭文中均能见到此字形体如："🔲、🔲"。据《甲骨文编》一书，甲骨文"贝"字形体，繁体如"🔲"（甲 777）、简体如"🔲"（乙 703）等共 17 形，竟无一例如上述金文形体，令人难以理解。从此字的形构来看，明显属于比🔲字更早的繁体字，因为它笔画更繁，结构更加不稳定，不便于书写，理应为甲骨文早期的文字。但在文字形体较多、较齐全的《甲骨文编》一书中为何未见？却在商晚期金文中频频出现，而 17 件青铜器铭文中又再未见任何简体"贝"字形体，这又是为何？真是迷雾重重，令人十分困惑。

正好此时因事赴京，有幸造访了罗琨、张永生二位中国社科院历史所研究员，感谢二位先生的热忱帮助，使这一难题得以释疑解惑。原来，笔者所依据的上述二书，收录的资料仍有缺漏，故而形成以上与文字发展规律相悖的矛盾。

首先，从《甲骨文合集》武丁早期的甲骨拓片 19895 号中，见到了和金文相似的"贝"字形体🔲，由此可知，商甲骨文早期确有此形体，以后才逐步演变成其它繁简字形。其次，在《殷周金文集成释文》（中国社科院考古所编）一书 3·741《郾䍃》铭文中见到"🔲"字简体。释文："作父口彝沚光赏御贝用菜□在寝王庚寅御"和 3·944《作册般甗》铭文中，也出现"⿰"形简体。释文："王宜人方无敢咸王赏作册般贝用作父己尊来册"。这两件祭器制作于商末代王帝辛之父帝乙晚期，距商朝灭亡约三、四十年，即商代的后期了。因此，甲骨文与金文从"贝"字形体的传承、演化过程来看，脉络清晰，可以理解。

四、风格独特的"来"字

商《宰甫簋》出现了一个书风独特的"⿰"（来）字形体。这是一种奇妙的异化。因为它与甲骨文"来"字 50 形契文书风相左；也一改金文笔画肥大、圆润、弧笔较多的篆势，而成为结体工稳匀称、中锋用笔、笔画秀丽端庄、严谨整肃，类似楷法的书体，富有标新立异的创见。但由于此形是孤例，不足为据。在商代金文中，其它"来"字形体均与甲骨文"来"字同形、同风格，相互关系密切。

五、一个可喜的，令人以启迪的"与"字

在对商代金文的研究中，发现一则甲骨文至今尚未见到的"与"字。与字在上古文字中少见，最早的"与"字见于东周《中山王嚳鼎》及《侯马盟书》、《三体石经》残石等花体杂篆中，为时较晚。众多海内外书家，在甲骨文书法创作时，因搜寻不到合适的"与"字形体，不得已用"形似"的"⿰"、"⿰"（兴）字通假。而今，在商晚期《我鼎》铭文中，赫然见到"⿰"（与）字形体，能不喜出望外？此字在该鼎铭文中，喻义为："……咸与遣福……"。《说文》："与，党与也。从舁，从与。"特别是此字形构与甲骨文"兴"字类同。因此，从以上两个方面分析，甲骨文应该有和《我鼎》"与"字形体相似的文字存在，现在之所以未见，还是由于资料不全所致。但无论如何，今后在甲骨文书法创作时，不再用"兴"字通假，而用《我鼎》"与"字书写当更为确当。

六、对商代金文章法上的几点看法

一是商青铜器铭文的章法，多数是从右向左、从上向下排列记事，先记

时日，后记人名、事件、为谁（为何）作鼎、作何用等；通常有行无列，字体大小不一，笔画肥瘦不一，有跨行越列者相互揖让，疏密适度，做到整体协调、美观；其中只有一例《听鼎》的布局是从左向右、从上向下排序，留有契文章法的痕迹。

二是缘于书写载体空间的不同，金文的字形大、笔画粗壮是自然形成，非书家刻意为之。此种现象，在大型龟甲、牛胛骨上只要空间宽大，也能时常见到。

三是部分青铜器在不同部位，仍留有凸显象征氏族或人名的"亚见"、"亚受"、"亚獏"、"亚若"等图腾、族徽标帜图像，这和甲骨文的风格不同。

殷商时代简文、甲骨文、金文三者应该同时通行并存之探索

章玉祖

壹、从文字本身发展之探讨

一、中国文字发展之顺序简述

基于前人的启示，以及研读典籍文献后思考判断，认定中国文字的发展，是本于生活的需要，由无到有，日积月累，慢慢所累积者。在漫长岁月过程中由所需者之个人，率尔创造，形成符号，原先仅供帮助个人记忆或记事之所需。该形符号经使用而与他人接触，日久并经他人所认同，久而久之，在其地区约定俗成，而成为一种传达语言，表达思想的符号，具体而微具备文字之功能。该形符号随同生活所需之器物，推广到不同地区而扩大认同，经常出现又被接受，自然而然而形同流通的文字。

文字学者郑慧生先生在其《中国文字的发展》一书中，图文并茂的证诸于次："中国文字的来源究竟来自那里呢？这该追溯到陶器的出现"。"在原始的陶器上，出现了自然的纹理。陶工们受了这自然纹理的启示给它们以加工刻划与修饰，使之成为人工的花纹；甚至在陶器上独立创作，刻划描绘出更加理想的图案。从六千多年前的西安半坡原始社会遗址中，就出土了带有这种图案的陶器和陶片。与半坡文化同一类型的陕西临潼姜寨遗址中，也有这一类的陶片出土。晚于此时的甘肃临洮县的辛店遗址（距今三千多年），也出土了这样一批陶片。在上述这些图案中，有陶工绘制的人、兽、鱼、鸟，也有一些简单的刻划符号。那些带有刻划符号的陶片，出土地域分

布很广。在西北，有西安的半坡；在中原，有郑州的二里岗；甚至在东南海上的台湾，也有这种陶片出土。以上这些陶片上的图形和刻划，也许代表着一个家族的族徽或姓氏，也许标志着器物的品种或作者。今虽不能理解其意义，但从其郑重认真的制作上看，可以肯定，那是一种有意义的刻划；其所刻划的，是一种有意义的符号。"

"在我们所发现的大批青铜器铭文中，有相当数量的商周时期的族徽。这些族徽同陶器上的刻画十分相似，说明他们的关系是一脉相承的。它们原来被刻划在陶器上，由于陶工技术的交流，陶器的辗转授受，得到更多人的鉴赏，这些符号、族徽所表示的意义，就会逐渐为众人所熟悉，所统一，所接受，然后赋于语言上的单位，让它表示某一音节，代表某一词，代表语言中的某种意义。只有语言与符号相结合起来，它才可以成其为文字。所以一旦陶片上的刻划符号与语言相结合，它就成了文字的萌芽，成了文字的雏型，并且很快的成了系统的文字。而那些绘制图案，刻划符号而富有创造性的无名陶工，才有可能就是我们真正的'仓颉'。"

"《尚书·多士》说：'惟殷先人，有册有典。'甲骨文中的册字、典字，都像编集起来的板片。人们疑心那是竹简，从而认定甲骨文之前当有简书。如果是这样，那么简书也应当产生在陶器刻划之后。因为制作简书必需用刀，而刀的产生又必需在人们制陶工作中炼出了金属之后。但简文会在甲骨文产生之前是可以肯定的，因为有了刀子以后，刻写木简要比刻写坚硬的甲骨容易得多。况且，甲骨文中已有册、典等字出现，它说明在文字创造时期已经有了竹木简书制成的简册，那简册上刻写之文字当然即是简文。从这里看，陶文、简文、甲骨文、金文，这大概是我国汉字发展的顺序。"

二、简文通行于殷商时期各家之说及例证

（一）董作宾先生在其《平庐文存卷四——中国文字》一书中，曾谈到甲骨文之先应有简文，兹摘录原文如次："甲骨文是商代文化的一个角落，所记的卜辞，只是商王问卜的事项，但这一部份文字，识与不识，已有了两千年左右，因占卜事项用字之少，正足以反映出商代当时所使用的文字该更应为多。""中国的文字的排列，自始就是向下直写的，这大概是为了所使用的竹木简册都是窄的长条，直排起来，就非下行不可。为了下行，凡是横宽的字，不能不侧着写，所以虎、马、豕、象、犬、龟、鱼等字，都作向上爬行之势，这正是文字与图画之不同之处。"

"是商代文字应用的普遍，从殷虚发掘以来，我们更知道许多器物上都有刻或写的文字，像石器上朱书的字，白陶器残片上墨书的字，灰陶、石器、玉器、骨、角器上的刻文，人头、鹿头、牛头骨上的刻文，这些东西，因为不腐朽而保存至今。甲骨文中有典册二字，又偶然抄写典册上的纪录，可以证明商代确有竹木简册，不过原物已不存在罢了。"

（二）李孝定先生在其《汉字的起源与演变论丛》一书的《再论史前陶文和汉字起源问题》一文中指出："陶片数量和有字陶片的比例：A、西安半坡；D、小屯殷虚；出土陶片数与有字陶片 A、D 两种统计比较正确，百分比也很接近，我们假若以此为各期出土陶片和有字陶片百分比的代表，应与事实相去不远。这种统计方法虽很粗疏，但可以证明一点：即有字陶片所占的百分比都很低。这一现象应可做如下之解释：陶器是日常使用的器物，而非书写文字的素材，也不像殷商的甲骨，为了特定的占卜目的，有大量刻写文字的必要，因之，除了陶工和器物的使用者，为了分辨该器物在同组器物中的序数或位置，或者其他的目的，于兴之所至随意刻写一些文字外，原无大量使用文字的必要，这是陶文数量极少的主要原因，当时纪录文字所用的，必是竹木简牍，而这些都是难耐久藏的。"

（三）许进雄先生在其《中国古代社会》一书中，论及简文在殷商时代应是通行的文字，兹摘录如次："《尚书·多士》'惟殷先人，有典有册'。典、册都是用竹简编成的书册。甲骨文的册（册）字，作许多根长短不齐的竹简，用绳索编缀在一起成为书册的样子。典（典）字则用以表示重要的典籍，不是日常的记录，故像恭敬地以双手捧着的样子。"

"竹子在现今不是华北常见的植物。但在距今三千年的以前几千年间，华北的气候要较今日温暖而湿润，竹子不难生长。以竹子当书写材料有廉价、易于制作、耐用等多种好处。只要把竹子劈成长条稍为加工，就可得平坦而可书写的表面，再在火上炙干，就易著墨而不易朽蠹。在窄长的表面上书写，由上而下作纵的书写，远较横的左右的书写方便得多。因为横著书写，竹片背的弯曲会妨碍手势的运转和稳定。一般人以右手书写，也易於以左手拿着直竖的竹片，写完后以左手由右而左一一排列，故由上而下书写、由右而左排列，就成为中国特有的书写习惯。……竹片编缀後可卷成一握，故以卷称书的篇幅。……由于修整后的竹片宽度有限，不但不能作多行的书写，文字也不便写得过于肥宽。因是字的结构也自然向窄长的方向发展。以致不得不把有宽长身子的动物转向，让它们头朝上，四足悬空，尾巴在底下，如马、虎、象等字都是如此。从龟甲、兽骨上的贞卜文字已是如此安排，可以推断商代最普及的书写材料是竹简。"

（四）由卜辞内涵证明简文甲骨文同时并用例证

1. 在甲骨文卜辞中（续 1. 28. 5）采用之 🝔 字，是专供祭祀所用者，将此次祭祀之目的、内容、及求告书写成"简册"敬谨供奉之。

2. 在甲骨文卜辞中（续 3. 10. 2）采用之 🝔 字，是专供征伐所用者，将此次征伐之正当性简书成册，高举而揭示之。古代征伐异己，为示出兵有其"正当性"之通告方式：殷举册伐罪、周奉辞伐罪、秦漢传檄伐罪。

（五）殷商末期金文甲骨文同时通行并用例证

至于金文在殷代应用之情况，兹就日本学者白川静先生所著《金文的世界》一书，绪论"青铜器时代·金文之发展"一文，所提及有关金文之记述抄附如次："殷代遗迹经考古调查之结果，出土了大批殷器，从而了解了殷器之特质。这些铜器几乎都没有铭文；即使有，亦只刻上图象的标识，或祖丁、父乙之类的父祖名号。及至殷末才偶能见到几个附刻有铭文的器例。中国文字的发展，到了安阳期的开始，即武丁期，已经有了甲骨长文之刻辞。以当时之技术言，要把这些文字勒于器物，应该是轻而易举之事。然而，这些殷代铜器却几乎见不到铭文的原因何在呢？也许彝器的制作，不论对王室而言，或对各氏族而言，祭祀既属绝对之事，自然被奉为无上之命令：那么就毫不需要特意去申明作器之理由。到了殷末，若干件铭文颇长的彝器便出现了。这些铭文固然全都是记述作器之由来，以及作器之目的，然其内容，大致皆为因有功于王室而受赐与，乃志其荣宠，祭告祖灵之辞。"

现今所存殷器之中，刻识长铭的，概属殷末之作。布兰德齐氏所收藏小臣艅犀尊，虽以强有力的犀牛造形见知于世，然其铭文亦字迹硕大，气象宏达，可能为帝辛期远征东夷之际作品。

纵观前述前贤、学者研究心得，以及文献记载资料证实，殷商时代所使用之简文、甲骨文、金文三种文字，乃属同一种"文字体系"之汉字，仅因不同目的而书写于不同质材，皆为殷商社会通行并用之文字。简文记录国计民生、礼乐社教、典章制度、国防外交等日常事务；甲骨文记录王室贞卜祭祀、历法，天文气象等事务；金文记录文武大臣有功王室，志其宠荣，传之子孙等事务。其中唯独简文因质材不耐朽腐，迄无文物出土，造成论述无物之空窦断层。

三、冀望于夏商时期之简文出土

今年四月初，随中华甲骨文学会文化访问团，出席安阳"华夏情"甲骨文书艺大展期间，某日晨六时许偶从电视画面，见到新疆火焰山一坑道中，发掘出土一具回王棺墓，其棺材之质材竟然是一大型陶棺。尸体由棺材上方开口处入殓后封闭。发掘出土打开陶棺，尸体保存完好无损。

又一日无意间读到"今日安报"，豫北新闻文化版报导，中国科学院考古研究所，自 1957—1990 年，在鄂西炎黄氏族城邑雕龙碑遗址进行五次发掘，墓葬出土文物中，亦有陶瓷合成的陶棺一具。

由上述两则报导，令个人引起乐观遐想，若果夏商官方，或爱好文墨之私人，将其以竹木简册书写之档案资料或作品，偶有使用陶器保管封存之措施，岂不如同陶棺殓葬尸体，或可确保竹木不致朽腐、久存无损。另外考古发掘如能进行永续不止，它们定必有其重见天日之时。

地下发掘工作衷心祈盼不断进行，尤望于郑州、洛阳、偃师、安阳、汤阴、内黄、黄陂盘龙城等地夏商遗址进行发掘，也必能有利于三代信史之推动。更寄望书写之竹木简册豁然出现，则可将我国之信史及书艺发展史，再向前推进数百年。

贰、从列国出土金文用作傍证探讨

一、从许慎《说文解字》说起

东汉许慎所依据编写的《说文解字》材料，大概不早于战国晚期。取材于小篆和少量籀文，及六国古文字为背景。基本上小篆的字形与籀文和古文没有甚么不同。如有不同，许慎才特别加以标明。所举的古文，常异于甲骨文、金文演变下来的正规字形，比较可能是地域性或讹变后的字形。籀文则结构非常复杂，但合于传统文字组合趋势，可能与小篆来自一源。小篆可以说是秦朝整理和简省籀文，统一各国字形后的结果。

上文提到六国古文字才是本节所要探讨的重心，许慎编写《说文解字》何以要借助六国古文字？不外乎一句老词"礼失求诸野"，当然是手边参考资料不足，而大力求助外援是也。接着的问题是那时"化外之邦"的六国，又何以保有中原文化的"汉字"呢？请容稍后于"从人才制度着眼进行探讨"一文中述之。

二、谈谈战国前期的中原势力与氏族势力之情势

中国人自称中华，而把四方诸族一概视为蛮夷，名之曰东夷、南蛮、西戎、北狄。中国之神话，即本此原理而构成。中国之历史，亦以"华夷"之观念作为主轴而展开。孟子《离娄下》曰："舜、东夷之人也，文王、西夷之人也。"夏、殷、周三代都是先后自边裔之区崛起而入主中原的国家。就土器文化而言，西北的彩陶文化属夏系文化，东方的黑陶文化属夷系文化。另外，夷系文化又流行于东南部之广大地域。彩陶文化与黑陶文化势力在中原相遇，由斗争而浑融，不久即在河南地域形成了中原文化。

这时，拥有北方文化的戎狄诸族，也已活动于中国的北部一带；夷系则向南延伸至江淮之区。他们虽不曾进入中原取得支配权，但是也都自有其史前文化，形成固有之文化圈。当其势力与中原的势力冲突之时，才开始在历史上展露他们的形貌。如殷朝武丁耗时三年的北征，纣王两度的东征，以及周初的东征与康王之北征等等。至于河南西部的羌族，一部分"华化"为姜姓诸国，余则远绕西北，进入西藏。而一支最古老的南人，当与羌族斗争失败，就远徙南方，今日苗黎为其后。

《左传》载鲁昭公十七年（西元前528年），郯子访鲁。郯，可能是一支夷系的老氏族。孔子听说郯子熟知古代各氏族的传承历史。便往求见，向他学习，感佩之余，告诉人说："吾闻之，天子失官，学在四夷，犹信。"又载楚灵王有关其先王的谈话，内容是说，从前楚王之先王熊绎，与齐鲁之诸侯并事康王，但楚国却末受到与诸侯同等之待遇，故对周室表示不满。得悉夷系之族，有以自己的传统自豪的情形存在。

三、春秋时代的列国情势

春秋，乃历史上的五霸时代。西周末年以王廷为中心而进行的霸权争夺，已随周室之东迁，宗主权的名存实亡，而转为列国的斗争了。自齐桓、晋文、秦穆等华北的势力之后，继为楚庄及吴、越等南方势力的兴起。在广

大辽阔的地域上，一场争霸战于焉展开。其间，鲁僖、宋襄固亦曾图一时之霸，然结局，还是由拥有强大势力的边区诸国作最后雌雄之争。其原因可能是这些领有广漠未开发之地的国家，在发展潜力上具有优胜条件的关系。而过去一直以周王畿为中心蓬勃发展起来的青铜器文化，至此也因分裂而呈各自为政的局势。其式样大致分别为秦、晋的西北系，郑、宋的中土系，齐鲁的东土系，以及吴、楚的南土系。各个地域自己形成一个文化圈，透过彝器铭文表现他们的特质。此即许慎何以要借重六国文字之原因。

叁、从人才制度着眼进行探讨

《尚书·多士》周公告诰诫商遗多士："惟殷先人，有册有典，殷革夏命"之句，殷革夏命之前，想必是一夏属之方国豪强，革命取得政权后跃居群龙之首，要想赢得四方氏族之拥戴，除武力外，文治方面也当有所展现。立国文化非短期间一蹴可以速成，最便捷之良策当为承袭旧制，日后再行逐步修正改进。

文物出土征而有信，殷取夏而代之，对夏朝自五帝之舜帝禅让而有国，行之数千年之典章制度弃之不顾谈何容易，开国之初"萧规曹随"，唯有照单全收。

周朝崛起边陲，治国之道千头万绪，国势维持各方人才难求，想必周公诰诫商遗多士之本意，无外乎隐喻"楚才晋用"之政策，从周之官制可窥其一般。兹以白川静先生所著《金文的世界》经考证周朝官制说明之："官制，是随着国家之统治机构与行政组织的发达而逐渐趋向系统化。在周初，像拥有明保、明公称号的周公之家，以及拥有皇天尹大保、大保称号的召公之家的等圣职者，被视为掌握最高权威的人。其下有史、作册等祭祀官系统之诸职，在政治形态上，还保持着浓厚的祭祀性质。在武职方面殷代已有所谓师；至周代，庶殷部队之师长称作师，而其帅，则由伯懋父、伯辟父、伯雍父等周系的贵族膺任。当时凡称父的，大概都是周系的贵族。古者国之大事在祀与戎，政事不出祭祀与军事两端，故史、师二系成为古代官制之起始。"由上述官制了解到，周代殷之后，国之大事"祀与戎"之军事，既可放心交与殷人庶殷部队，有关祭祀更当依靠商殷之专业人员不可。盖周官制编制中设有作册一职，其职非专精善书简册者莫属。于此必须一提者，凡是钻研过甲骨文之爱好者多能认定，专司祭祀一职之"贞人"，彼等决非等闲之辈，贞人既是殷朝之史官、亦是卜辞撰写纪录及契刻者、亦可以说是大书法家；又因其在祭祀是神职人员，祭祖时必博通历史熟谙旧典，祭天时必为天文气象观测者与记录员。总之贞人具有丰富的生活阅历，以及渊博的学术素养，为社会各阶层所尊敬的大师、学者与专家，亦是周朝尔后厚立国基、兴盛文教、百年树人必当借重之倚靠与舵手。

文化传承，国事要务之记载与推动，离不开书写传达的文字，一个崛起边陲文化落后的方国，"萧规曹随"沿用其旧也是莫可奈何之事。

周代殷而雄霸中原统领华夏成为宗主大邦，为维护国势之威严，政令之推展无碍，其与方国氏族之间，势必要借重"文字"为施政媒介。氏族、方国多处偏远有待开发地域，文化水准定必落后，欲以文字沟道绝非易事。解决之道不外两条途径，其一，由宗主国派出文字语言方面之顾问，常驻友邦氏族、方国之间，协助通译、训练、教育之。其二，由友邦氏族、方国选派学生至宗主国培养学习，以储备建国兴邦人才。周与其氏族、方国间如果能实施上说措施，稍假时日，友邦间的文书往返沟通自然迎刃而解。中原文化之远播四方想必是经由此一途径，至于其成果究竟如何？竹木书简由于不耐久藏，迄无文物出现，然而此种书写方法及其书写的文字，在民间之流行至应从无间断，否则文字学者许慎编写《说文解字》，哪有需得借重六国古文字之道理；否则后来秦、汉之简册又哪有发掘出土之可能。方国学习中原文化成果能否举例子以证实呢？当可从出土的列国金文参考推断之。

四、结论

从事中国文字研究工作者，均认为甲骨文已是非常成熟之文字，其孕育成熟，必有一段漫长孳乳成长之过程，但在文字发展史料中却未见及其全貌。此一空窗期，就前述文字发展之趋势而言，推测无非是由于成熟之简文，直接应用到不同质材之甲骨、钟鼎、陶器、石器、玉器、角器等所致吧？书契于竹简即称之为"简文"，殷商用以记录国计民生、典章制度、农工生产、诸关国政要务事项；书契于甲骨即称"甲骨文"，殷商用以记录王室占卜祭祀、讨伐征战、气象天文等事项；铸刻于钟鼎彝器即称"金文"，殷商用以记录文武大臣有功王室，志其崇荣、告慰祖灵传之子孙等事项。换言之，由是而足可说明简文、甲骨文、金文三者均属同一"文字体系"，是基于不同之用途而同时使用且并存者。复可体认中国"文字"发展之总路径，是经由陶文、简文、甲骨文，大篆、小篆，隶书、楷书、行书、草书，源远流长，一脉相承的。

我等从人才官制中，捕捉到夏、商、周三代"萧规曹随"以及人才留用的必然性。文化传承之文字为其不可或缺之媒介，夏商周使用通行的文字统统为"简文"，甚而影向所及臣属的氏族、方国皆能使用通行之"简文"。如是诸般现象，当可由列国出土的钟鼎彝器铭文之面貌反映而获得证实，用竹木为素材书写"简文"之方式，及其所使用之文字，一直是在列国之间保留奉行不背的。"简文"的确善尽了它对中国文字的"承上启下"之功能。源远流长，一脉相承，"简文"厥功宏伟也。

从形到意：20 世纪甲骨文书法实践谫论

姜　栋

20 世纪的甲骨文书法实践，是百年书法拓进的一部分，也是上个世纪书法研究中值得关注的一个内容。这个由诸多知名学者和书家参与的历程，是经过了一个由形向意逐渐转变的过程。这里的形，是指字体本身的形而言，意则有多层不同的解析。

一、早期：关注字形

甲骨文书法实践的开启者是罗振玉（1866.8.8—1940.5.14），1921 年 2 月由他撰并书的《集殷虚文字楹帖》的出版，成为甲骨文书法实践发轫的标志。其时已在甲骨文发现后的第 22 个年头。罗氏集联的初衷是什么？他在《集殷虚文字楹帖》的自记中这样说："昨以小憩尘劳，取殷契文字可识者集为偶语，先后三日夕，遂得百联，存之巾笥，用佐临池。"他自己叙述的这个起因颇有点偶然性。短时间的兴致使他共得四、五、六、七、八言联计 99 对。这在当时识字尚少的情况下，是颇为不易的。

罗振玉的初衷实际是想增加一种文字格式来作为他自己对联书写的辅助。这是一种不同于以往小篆和金文的字体，了解它的人本就不多，能够熟练使用的人就更少。丁佛言（1878.12.21—1931.1.19）），[①] 书写于 1926 年 12 月的"同姓为日异为月，众人若草君若风"甲骨联（图 1），边款很长，

① 关于丁佛言的卒年，拙文采用的是《近代印人传》中的说法。一说 1930 年 12 月 1 日，见陶钧《关于丁佛言的四个印象》，载《中国书画》第九期，北京，2003 年 9 月。

其中着重是对"众"字字形的考辨，这说明了他当时的眼光更多的是放在字形研究和辨析上。

出现这种现象并不奇怪。作为新发现字体，甲骨文书法实践的前提是正确地认识和把握其构形。[①] 罗氏所引领的初期书写实践，一个明显的特征就是对于甲骨文字构形的重视，他编的《集殷虚文字楹帖》就是自己手写的，这本字帖假如原字放大来写的话，其线条的臃肿与夸大，早已超出了美观的范畴。他的《集殷虚文字楹帖》目的是提供字形作为参考，关键词是在"用佐临池"的"佐"上。

西泠印社创始人之一丁仁（1879.8.14—1949.7.12）在 1937 年由墨缘堂出版的甲骨游纪诗长卷《集甲骨文观水游山诗》卷首自记中云："集商卜文，限于字，工拙所不计也。"[②] 此固谦虚之语，但确实也反映了其意在文字构形，不在书法造型（"工拙"）的心态。在草创阶段的甲骨文书法实践，工和拙的标准是比较模糊的。

二、对书写笔意的追求

笔意的抒发是书法艺术语言表达中的重要部分，任何一种书体都有其特殊的笔墨意味。甲骨文书法实践的笔法和笔意足借鉴既有的古文字书写经验来展开的。

从艺术特色上来说，罗振玉首开了甲骨文书风古雅厚重的风格，这与他的小篆风格是一致的。书写于 1923 年 10 月的这件"宝马珍裘乐年少、和风甘雨卜西成"七言联属于他的早期作品（图 2），线条的起讫一致，均匀的字距与纵势伸展的章法运用，通篇追求的是"雅"与"正"，皆是小篆格局。这种小篆格局成为罗振玉被今人所指摘处，论者认为直接用小篆的方法未免失之简单，并没有写出甲骨真正的味道。但是，此亦是罗氏在彼时的一种选择。甲骨原字皆小字，因工具的原因，甲骨文的许多笔画呈尖锐状，小字放大来写，所用的笔法与通篇之布局都要有很多相应的调

---

① 构形是文字学术语。它指采用哪些构件、数目多少、拼合的方式、放置的位置等。见王宁：《汉字构形学讲座》，页 27，上海教育出版社 2003 年 3 月版。

② 丁仁：《丁辅之集甲骨文观水游山诗》页 2，上海书画出版社 2003 年 7 月版。

整才行。罗氏书写的对联都非小件，由小到大的转变当是他书写时必须要考虑的。

类似的尝试还有以金文笔法写甲骨文的丁佛言。丁佛言擅篆刻，书法以篆书最为特出。其金文秀雅活泼，尤喜拟盂鼎，其书作圆中有方，挺劲绝伦。他把这些既有之心得带到甲骨文书写中，能得温润含蓄之美。丁氏常以硬毫粗纸作字，每次笔蓄墨少，出锋处每见渴笔飞白，略显干涩。他曾对人说："作此需用浓墨、硬毫、粗纸，方能显其雄强本色。"① 其甲骨文作品有金文的朴厚和优雅的笔意，线条浑穆、整齐，用笔凝重、严肃，几乎没有明显的线条变化，只有一些墨色的对比。这些，都是从他自身擅金文的基础出发进行的书写实践。

三、对刀意的模拟

因为甲骨文字是锲刻出来的文字，所以对于那种瘦硬、峭拔的风格的追求自然被看成是对刀意的一种模拟。写和刻，或曰刀和笔，是围绕甲骨文字的一个问题，这也是碑学影响下的书家取径模式的一种反映。

叶玉森（1878—1939）比罗振玉更加关注甲骨文"契刻"的特点，或许是因为他擅长篆刻且自己有过甲骨文入印的实践。人们常常会说是叶玉森在追求刀意，但是这种论断不免笼统。严格说，叶玉森对刀意的追求只是表现在对于转折方角的处理上。在转折的处理上，他一律使用折笔，而非转笔，这是纯粹的玉筋篆的写法。从结字来看，他确实写出了甲骨文原刻的那种凝练与谨饬，也不乏流动感，在这一点上，他比罗振玉往前走了一步，应该强调的是，叶玉森对甲骨文象形意味的关注是这一时期最好的一个，很多字有如原刻。

但他的缺点也是显而易见的，在他 1933 年书赠蒋彝的一件甲骨文作品中（图 3），可以看到部分字的处理机械呆板几如规整之多边形。有时甚至为了使字能够达到上下齐整的布局要求，还将本来造型上非常活泼、以欹侧为美的字强行勘正过来，从而失去了甲骨文的自然美。

---

①　马国权：《近代印人传》，页 18，上海书画出版社 1998 年 8 月版。

　　比叶玉森稍稍晚一些的董作宾（1895.3.20——1963.11.23）在对刀意的追求上取得了更进一步的成就。谈及董作宾与甲骨文书法，人们会马上想到他擅长摹写。诸家论文时都会引用石璋如（1900—2004.3.18）[①] 先生的回忆：董先生认为研究甲骨，摹写是一件很重要的工作，他先用玻璃纸蒙在拓片上，勾出轮廓，再与原版甲骨对照着摹写上面的卜辞[②]。

　　董作宾临摹卜辞，首先是与他的工作性质有关。为了准确地复制、记录甲骨文，他使用了类似书法中的摹写法。长期不懈的摹写锻炼了观察能力和表现能力，也使他对甲骨文从感性认识，过渡、发展到理性认识，从而达到一个很高的层次。董作宾对于甲骨文刻写线条粗细的变化更加地注重，往往起笔粗，收笔却很细，在面目上很接近甲骨文原貌。起、收笔皆尖锐，无疑是在模拟甲骨锲刻状。他对线条变化的追求比柳诒徵更加明显；较叶玉森而言，似乎两人的趣尚相似，但所处时代和条件不同，董做得更加深入了。

　　与董作宾基本同时的简经纶（1888.12.1—1950.3.31），也是对刀刻意味进行追求的实践者。简经纶着力希望在甲骨文字体的造型上有所突破。

　　简经纶的书风简洁怡淡，造型上空阔疏朗，这与前人迥异。他试图再现甲骨文所特有的瘦硬的特点，他所书写的工具也不同，是钝嘴钢笔（见《近代印人传》），这是一种很大的冒险。为了适应自己的书风，他将甲骨文的某些字形进行了加工和改造。造险、挪位等艺术方法大量出现在同样是集联的《甲骨集古诗联》（上编）中。

　　有时候为了章法的需要，简经纶可以更自如地对字形进行改造和变化，且保持原字字形和"味道"不变。在这一点上，他高于叶玉森。

　　简经纶是较早的以一个艺术家的眼光去看待甲骨文并进行他的艺术加工的人。这与罗、丁（佛言）、叶诸人都有不同。但简氏在他不懂甲骨的情况下进行创作，这有着很大的冒险性。虽然他在甲骨文书写上显得颇有新意，但是今天看来，彼时所评价他的"摹写之工，后来居上"，大多是因为他用钢笔写出了锲刻的那种瘦硬感，加之其笔法的简净、线条的匀净、结体的变

---

　　① 石璋如，出生于河南偃师，1928 年考入河南大学史学系，1932 年入中研院史语所为研究生，1931 年起至 1937 年间参加过 12 次殷墟发掘。1948 年底至台湾省，是我国著名考古学家、历史学家。

　　② 刘振宇：《古朴典雅　遒丽天成——记一代甲骨宗师董作宾及其书法》，《收藏家》2002 年第 10 期。

化等方面，都体现出一个"简"化形象，让人耳目一新，可若和董作宾的比较起来，无论是从笔意，还是从象形意味上，都要稍逊一筹。董作宾主张甲骨文风格向原始刻写回归的理念和他从临摹到创作的方法，在甲骨文书写史上所产生的深远影响是简经纶无法比拟的。

四、写意之风的开张

（一）其他书体的影响和介入

对于书写笔意的追求导致了从其他书体中借鉴笔法成为了现实。萧蜕（1876—1958）书于1922年冬的"宫室初成乃树桑苣、农田既毕用牧鸡豕"七言联（图4），字的笔意更充足，线条的流动性更强了。他在落款中说：

"求篆法于秦，弁髦唐之所谓《三漕》、《缙云》、《三坟》，古矣？犹未也！必求诸周，于是《颂鼎》、《颂敦》、《虢白子盘》、《毛鼎》、《散盘》乃大张，《石鼓》附庸，竟执牛耳，至矣？犹未也！龙蛇发陆，龟牛腾耀，商虚大文，升明堂、朝诸侯矣。集而书之，所以骄周也。"①

萧蜕的口号是"骄周"，他在这里并不是在鼓吹大家都去写甲骨文，而是提倡习篆要以周为圭臬。萧蜕的篆书化传统的长篆为方篆，但方之后尚能保持圆劲的用笔与体势。此幅甲骨文，带有类似吴昌硕的一些痕迹，虽然他并不以学吴自居。我们可以看出笔墨个性的强化。

具有强烈个性语言的甲骨文书法作品出自胡小石（1888—1962）。在书法上，胡小石受清道人（李瑞清）影响很深，书写甲骨文既是因为他研究甲骨文，也是他实践乃师"习书从篆开始"的主张。他的书法由帖入碑，无论作篆、隶都讲求金石气和篆籀气。其书顿挫生涩、古朴瘦劲。运笔和线条的质感都与清道人相似。

胡小石是从较为纯粹的（书法）艺术的角度去看待甲骨文的。他把甲骨文作为可以拿过来借鉴的一种字体，似乎并不重视对其"原点"的开掘。在这一点上，与和他同庚的简经纶颇相似。胡小石从书法自身的生存、发展去对甲骨文这种新材料进行为我所用的一种内部机制的转换。在构形准确的

---

① 见王澄主编：《中国书法全集78·近现代编·康有为梁启超罗振玉郑孝胥卷》，彩页，荣宝斋1993年3月版。

前提下，从艺术造型出发的书家只是把甲骨文字作为一种可自由书写的文字材料，如简经纶根据己意的改造、胡小石是从笔法上对甲骨文的解散。

胡小石书风的一大特色，是继承了李瑞清的运用涩笔而能顿挫。[①] 李瑞清受到何绍基用笔的影响，加上自己对碑的多年的笔墨理解，创造了以涩笔临金文的书风，而胡小石又把这种涩笔书写带到了甲骨文的书写实践中。他这种书写方法的平移起到了效果，这使得甲骨文书法的实践在取径帖学小篆、金文系统外，又多了一个向碑学书风拓展的选择。胡小石把本来秀丽、匀称的甲骨文变成了是粗头乱服的异类美。

胡小石大大强化了甲骨文书法的个性风格特征，由是导致了甲骨文写意风格的开启。他 1936 年 5 月为阿庆所书的《临甲骨文金文长卷》中的作品是其甲骨文代表作（图 5）。

比胡小石稍晚一些的潘天寿、陆维钊、诸乐三、沙孟海等，本身的甲骨文书法作品并不多，但却是董作宾之后至 1978 年以前甲骨文书法实践中不多的亮点。

潘天寿（1897.3.14—1971.9.5）[②] 的甲骨文书写，用笔老辣苍润，结体峻拔奇肆。他在 1948 年的"人有土田周邦成喜，邕佳明德春日载阳"八言联的落款中说："集卜文参以猎碣意致"（图 6）。可以认定，民国初年吴昌硕以《石鼓文》为创作对象的取法观念仍然深深地影响着潘天寿的甲骨文书法实践。"参以猎碣意致"已然不同于先前的用小篆笔法或金文笔法了，而是书家提出了更为明确的参考范本，将这个范本的笔法移用过来书写甲骨文。这是一个不小的变化。

陆维钊（1899—1980）是文、艺兼通的学者，亦是碑派重要书家，他的行笔之生辣猛利令人惊叹，在不对称之美、残破支离之美乃至悖乱狞厉之美的开掘上，已超越了胡小石。陆维钊所用的方笔及对骨力的强调，把甲骨文书法实践的雄强之风推到了极致。（图 7）

诸乐三（1902.2.14—1984.1.29）在 1978 年所书"好花放初日，归鸟带斜阳"联中（图 8），比吴氏《石鼓文》的意味更加充足，线条却稍显凝

① 侯镜昶：《书学论集》，页 132，华东师范大学出版社 1982 年 12 月版。
② 林乾良在《西泠群星》中说记载潘天寿生于 1987 年 2 月 12 日，实际上所记是农历，马国权《近代印人传》中 3 月 14 日的记载是前后一致的。

重，落款的样式简直与吴昌硕别无二致。诸乐三的这种写法重抒写，不重描摹，线条的流动性很强，笔意非常充足。其作品的意义已不在对甲骨文字的拟似上，其实践开张了 20 世纪 90 年代甲骨文写意之风。

（二）多元状态下的写意风格

20 世纪 80 年代中期出现在甲骨文书写中的那些强调率性用笔和运用线条及墨色变化来制造矛盾的书写，要表现的内容似乎已经超出笔墨本身，这都构成了写意之风的探索。

在这些探索中，李骆公（1917—1991）力求用图画文字的形式表现甲骨文字的象形意味，秦士蔚（1922—1999）则主要通过率意豪放的金文用笔来表现。后者的作品线条有非常强烈的流动感，这很容易联想起诸乐三的甲骨文线条。他制造出了很多对矛盾，如粗和细、浓和淡、光与涩、方与圆等，使作品具有复杂的意味。（图 9）。

刘江（1926.7 —）的甲骨文书法实践从 1980 年一直延续至今，在他的作品里，看到的更多的是潘天寿的影响。刘江比潘天寿更注意了甲骨文的象形性，用笔参以石鼓文笔法，笔墨雄浑、厚重刚健。（图 10）

1978 年以后的书法活动，并不是一种单向度的发展状态，随着 1981 年中国书法家协会成立和第一届全国书法展览的举办，各种书法专业报刊纷纷出现，书斋式、师徒传承式的书家活动方式越来越被书协组织的活动、报刊的导向乃至高等教育的介入所影响，观念变化和实践变化都十分剧烈。中国书法的发展进入 20 世纪 90 年代以后，已经多元化了。

如果是罗振玉时期的小篆用笔还是一种保守性探索的话，那么写意风格的出现便意味着对用笔的另一种新的尝试，这是一种必然。联想到金文的发展，即使同样是学《石鼓》和《散盘》，众多书家笔下流露出来的气息和风格又各有不同。不再局限于契刻或是还原，只是用自己擅长的笔法、成型的线条写出构形上属于甲骨文但造型多样的字来，这是一批书家的创作心态。这时的笔法，既可以是北碑的，也可以是石鼓的，甚至可以是水墨的，比起罗、董时代的用笔，都要丰富得多了。1990 年第三届中青年书法展中，山东刘建峰在落款中说："昔人作甲骨，每参以篆法，然则殷先于周秦，其安得篆籀之法耶？"既明确表达了一种疑问，也说明笔法求变的思想已深入人心。这种求变，大抵有行草笔意和金文笔意两类。

1. 行草笔意

行草笔意也可以理解为所谓的"逸笔草草"。这在当代书法创作中已经相当普遍。按照白谦慎的说法，碑学的引入是将帖学原来疾速的节奏改变了，替之以舒缓的审美韵致。那么，这种逸笔草草手法的流行也可以看作是帖对于碑的一种反动。应该说，这种影响相当广泛，在几乎所有的书体、包括篆刻，都可以见到行草笔意的加入。

王友谊（1949.6.2—）对于这种写法用得较多。在 1990 年第三届中青年书法展的一幅金文对联作品中，王友谊在落款中说："集散盘文为联，参以行草笔意成之"。明确提出他的这种写法的来源。1994 年 10 月出版的《篆书浅鉴》一书，王友谊执笔了甲骨文部分。他详细分析了甲骨文的线条，针对不同的线条性质，提出顺锋法、裹锋法的笔法，又将线条细分为直、曲、弧等不同的类型。这些细致的划分既体现了整个书学研究的深入，也说明了他作为书家的一种认识程度。在他的作品中看到了他的这种主张的具体体现（图 11）。与他类似的，还有甘肃书家翟万益。

2. 金文意味

用写金文的方法写甲骨文可以追溯到王襄、胡小石，而后者对当代的影响其实要更大些。在王个簃、诸乐三、朱复戡、蒋维崧这些历经民国的金文书家的传布之后，当代的金文书写在结体和风格上都有了很大的变化，与吴昌硕的书风有了较大差别。结构上的夸张、移位成为常用手法，风格上也以苍茫古朴为主，强调张力。那些线条光洁圆润、以含蓄古雅为风尚的金文则占据了展览的少数。这种风格的苍茫线质和粗率也影响到了甲骨文的书写。1987 年第三届国展中，河南尚仁义引《散盘》入甲骨文，他在落款中说："殷虚甲骨文字集联，钟鼎笔意成之"，特别强调了"钟鼎笔意"。这种苍茫古茂的甲骨文写法，在 1990 年三届中青年书法展中，安徽邹富秋也做了尝试。在这些书家中，刘顺的探索取得了一定的成就（图 12）。

金文意味的一味加强导致了书体概念的相对模糊。1996 年第二届楹联展，北京阎揆的"猿陟为人原同一祖，父传于子乃曰二王"八言联作品，初看甚至会误以为甲骨文。1998 年第一届扇面展的时候，河南韩伟的作品"甘雨和风、天降之祥"，本是罗振玉的集联，他书写的笔意和字势却与金文无异。如果说它是一幅金文作品，也许会有人相信。

这种字体概念的模糊是相对的，并不是绝对分不清。我们可以进一步设想：假如书家所选用的都是甲金相通的字，那又如何去判别？艺术的标准从哪里得到体现？可不可以容许用甲骨文写法去书写的金文作品？相近书体之间笔法的互易对书家创作的影响和对创作模式带来的改变，还需要进一步探索。

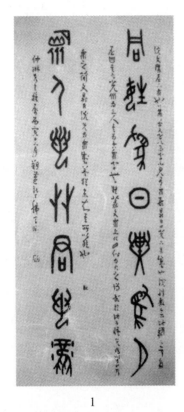

1

2

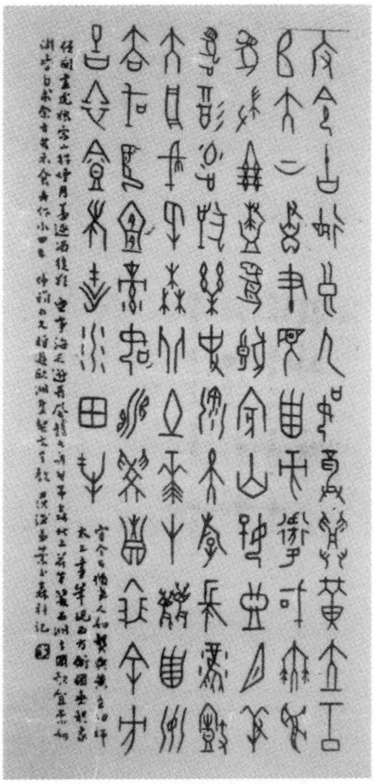

3

4

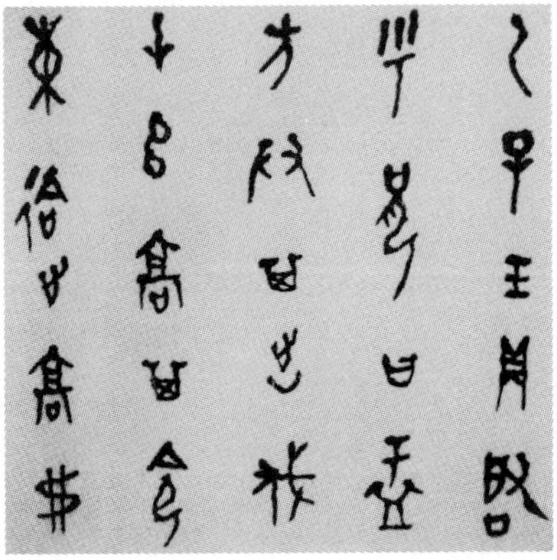

5

图 1　丁佛言 1926 年 12 月作品
图 2　罗振玉 1923 年 10 月作品
图 3　叶玉森 1933 年赠蒋彝甲骨文轴
图 4　萧蜕 1922 年作品
图 5　胡小石 1936 年临甲骨文卷（局部）
图 6　潘天寿 1948 年作品

6

7　　　　　　　　8　　　　　　　　9

10

图 7　陆维钊 1963 年作品
图 8　诸乐三 1978 年作品
图 9　秦士蔚 1986 年作品
图 10　刘江 1997 年扇面作品（局部）
图 11　王友谊 1992 年作品
图 12　刘顺 1995 年作品

11　　　　　　　　12

论甲骨文书体的八种类型

王本兴

甲骨文亦称"契文"、"卜辞"、"贞卜文"、"殷墟文字"、"龟甲文字"等。甲骨文在不同时代有不同的艺术风格。这些纵横交叉的线条，变化多端的字体结构，显示出甲骨文非凡的艺术底蕴与技巧。笔者以甲骨文字的结体、线条等不同特点为依据，将甲骨文字分成八种不同风格的书体类型，他们分别是：（一）奇肆雄浑型；（二）宽绰疏朗型；（三）峻秀遒丽型；（四）尖利奔放型；（五）方正内敛型；（六）婉转流畅型；（七）挺拔修长型；（八）率性随意型。

一　奇肆雄浑型甲骨文书体

董作宾先生说："甲骨文本身有过 273 年的历史，它的书契有肥、有瘦、有方、有圆、有的劲峭刚健，有顽廉儒立的精神；有的婀娜多姿，有潇洒飘逸的感觉。特别是殷代中兴名王武丁时代的史臣们书契文字，气魄宏放，技术娴炼，字里行间充满了艺术的自由精神。"（董玉京《大家一起来学习甲骨文》）。由此而知甲骨文书风与殷商的历史时代有关。各个时期以某种书风为主体，组成了一个多姿多彩的书法群体。奇肆雄浑是指甲骨文字的点画粗壮浑厚，线条肥而有肉，具有全文点画的特色，从结体上看，大小不一，长短不一，大多趋向于正方稍显修长的特征。气势开张，精神饱满。给人以天然无雕、朴实无华的感觉。根据董作宾的断代分期，这类书体在第一期（武丁时代）较为多见。这类书体的点画可归纳为：点、直笔、曲笔等三类。点：在甲骨文中表现比较短小，而且含蓄朴实，犹如橄榄形状，两头呈尖圆，中间比较圆满饱实。直笔：直笔包括横、竖、斜画，平直利索，像拉长了的点画，两头呈尖圆为主，中间部位比较浑厚粗实。曲笔：指带弯曲的弧形之笔，回环自然，婉转流畅，实际上曲笔犹似拉长了的直笔画。最早的甲骨文字有象形性、绘画性，随着文字的发展与大量应用，其象形、绘画性逐渐减退，书写实用性增强。除一些动物字、器物字、植物字具象形特点外，甲骨文字的结体已基本离开了表露事物的象形特点。有了书法艺术的用笔、章法、结体的主要要素。结体亦叫"结字"，聚点画，按照疏密、松紧、开合、挪让等原则组成单个字形，殷人善视刀取势，随类赋形，绳之规矩而不为规矩所缚，展示了点画与点画之间具有一定规律的组成关系，展示了活泼自由又高度概括的特有面貌。贞人从大自然生生不息的万物采纳精华，将对称、均衡、对比、呼应等美学规律，置于文字结体之中，合理有度的布局，支撑起整个文字形体，同一个字可以有多种写法，多一笔少一笔不甚严格，这给创作甲骨文书法有更多的选择余地。奇肆雄浑型甲骨文字的形态，有正方、扁方、长方不一；方折圆转运用亦很灵活自由，可以说是写意性的书体。贞人在刻写中注意到点画轻重对比，曲笔穿插，刀随锋下，线条畅达不加修饰，刻出了写意。

二　宽绰疏朗型甲骨文书体

宽绰疏朗型甲骨文书体的特点，是大开大合，骨架张扬博大，中宫放松，字心部位留白较多，点画爽直挺拔。整个结体显得萧散宽展、气度不凡。这类书体在武丁、祖庚、祖甲、廪辛、康丁时期较为多见。宽绰疏朗型书体的线条，是以直线为主，曲线为辅，点画则被淡化了。而直线的线条，从头至尾粗细平稳和谐，比较一致。两头尖中间粗的状态已基本消失。能见到头部粗一些，尾部稍许细一些的直笔，则显得刀意浓重，斩钉截铁，干净利落。而曲线的线条自然流畅之中还带有稚质憨态，充满意趣。有些圆曲之处则用了方折，以方代曲。疏放型书体独具一格，开张的气势，纵贯上下的笔力，雄健挺拔的点画，一泻千里，呈现出阳刚之美、《续书谱》云："有缓、有急、有有锋、有无锋，缓以仿古，急以出奇，有锋以耀其精神，无锋以令其气味，横斜曲直，钩环盘曲，皆以势为主。"此甲骨文书法亦已如此。

三　峻秀遒丽型甲骨文书体

峻秀遒丽型甲骨文书体，多见于董作宾断代分期的第一期、第四期书风之中。所以称它字体峻秀，是指它的字体大小适中，行款整齐，契刻工整，线条娟雅细巧，峻峭妍美。无论是单字还是整篇文字，给人的感觉是规范精美，工稳之中显露出静穆遒丽的神采。甲骨文大多是用刀契刻出来的，运刀与使笔终究不一样，何况龟甲相当坚硬，故方折直笔系甲骨文字中的主要笔画。除了方折直笔外，甲骨文中也有圆曲之笔，圆笔的配合与兼用，以一种特有的婉畅流美之势穿插在方折的卜辞之中，显得格外秀丽动人。曲笔不能称"自然流畅"。因为是以刀代笔，在契刻圆曲的笔画时，总是一波三折。能见到"线不转刀转"的硬痕。曲笔的粗细与直笔相仿。这样就保持了全篇书体不温不火、不激不励的娟稚气息、书体的结体偏长。竖画比较垂直，横画比较平稳，曲画虽然带曲，但亦足以纵取势。它的遒劲秀丽，得到了诸多书家的青睐与喜欢。概言之，峻秀遒丽型甲骨文书体，其主要特点是二个字：韵与势。韵是指文字结体、线条的品质。韵味不是孤立的，它与文字的客观本体所独具的美妙势态，与契刻者情性抒发、审美意趣有机结合。势即笔势，荆浩《笔法记》云："凡笔有四势：谓筋、肉、骨、气。笔绝而断谓之筋，起伏成实谓之肉，生死刚正谓之骨，迹画不败谓之气。"通俗而言，笔势谓之线条的势态。势态包括方向感、运动感、节律感等。峻秀遒丽型甲骨文字方正平稳，静中有动，以纵取势。点画呼应，笔断势连，律韵内含，势韵互合，充分展示干净利落、峻秀遒丽的特色。

四　尖利奔放型甲骨文书体

尖利奔放型甲骨书体，顾名思义，即甲骨文字的点画露锋出尖，棱角分明，这些点画且向四周有一定的辐射性，毫无顾忌，毫无约束，自由纵放伸展。而它的结体有的松散，有的紧敛。字体的大小、点画的方向、纵横的位置似乎缺乏规律性，因字而宜。这类书体主要分布于董作宾断代分期的第一期、第三期及第四期书风中。甲骨文大多用刀契刻而成，其点画的头尾带尖圆之状，吻合刀意削凿的意趣。在各种风格的甲骨文书体中，或多或少都有这种笔意。而在尖利奔放型书体中，则强化了这种笔触。有的点画两头呈尖状，有的点画只是一头呈尖状。无论是起笔还是收笔，都侧重于尖意。现在我们从直笔、曲笔、结体三方面来看其特点：直笔：头部稍细，中部浑厚稍显粗壮，末端露锋出尖，出尖处呈含蓄嫣润之状。于此必须强调：两头尖中间粗的点画不能写得像"柳叶"一般呆板、僵死。江苏省甲骨文学会曾举办过四次全国性的甲骨文书法大展，不乏佳作。但其中亦有一些作品，就是用这种两头尖中间粗的"柳叶"笔画创作的，写得千篇一律，毫无生气与变化，极为陈式，非常难看。最糟糕的是市场上有自描自仿的"柳叶"状甲骨文字帖出售，造成了一定的负面影响与误导作用。所以从原拓片上观察、临摹、学习甲骨文书法是正确途径。实际上凡是露尖的笔画，尖得很有变化，中间稍粗亦很自然平稳。刚健瘦劲，有锐气。并不是越尖越好。曲笔：书体小有一部分是曲笔，多数曲笔带有折意。其形态非常自然精到，充满刻意。结体：文字的结体大小、长短变化微妙。有的字体呈扁方，有的呈正方，有的呈长方，有些文字部位都写成了一个一个三角形。而这些三角形为整篇又增加了许多尖气锐意。无论是横竖直画，还是斜曲之笔，都极尽伸展、奔放、飘逸之态，无形之中顾盼呼应的情趣徒增。

五　方整内敛型甲骨文书体

方整内敛型甲骨文书体的文字，整齐划一，纵横有列，行款井然有序。无论是文字的大小，还是点画的长短，都没有过度的伸展放纵；平稳端庄，显得非常工致方正。与其它甲骨文字相比，确实别具风貌。这一类书体在断代分期中，各期均有所见，而在第二期、第三期、第五期书风中尤为突出。贞人在整饬工致方面下了功夫，不仅契刻十分精到，而字体细巧、温润，充满着书卷气息。可见贞人使刀如使笔，既有高超的书法水平，又有高超精湛的契刻技巧。有人认为，这类书体过于规矩工正，缺乏个性，缺乏变化。其实不然，这正是它的特长与优点。个性化的书体可以在甲骨文艺苑里争新斗艳，整齐规范的书体也可以在甲骨文艺苑里独标风标。只有这样才能共同进入百花齐放的意境，罗振玉，潘天寿的甲骨文书法即脱胎于此。方整内敛型的甲骨文字，实际上属于"一根线条"书法，这和金文的"一根线条"有相同之处。这根线条匀整、粗细比较一致平稳自然，无太大的起伏与反差。它的点画、斜画、撇捺画既无波势又无其它特别的形态，只是随弯而弯，在文字的曲折、交叉中改变着自己的方向与形态。无论纵横斜曲，线条一般不太长，一般不向左右伸展延拓，相反都向中宫靠拢收敛，结体大多呈正方或长方。故它的书体特点定格在静穆、秀丽、端庄、凝练的基本格调上。但并不是每个甲骨文字正襟危坐，千篇一律、概念化与程式化。仔细观察，每个文字俯仰倾斜，左顾右盼，低首昂胸，变化相当微妙有趣，这正是我们要学习与吸取地方。

六　婉转流畅型甲骨文书体

甲骨文字以圆笔为主，以直笔为辅的书体，称为婉转流畅型甲骨文书体。不言而喻，在甲骨文字中，圆笔、曲笔、弧形之笔画多了，每个文字都在圆的韵律包围之中，自然就显得流光溢彩，婀娜多姿。给人以灵活、柔丽、飘动的美感。在董作宾的断代分期中，多见于第一期、第四期书风。一期殷商盘庚至武丁时期，有许多位贞人，他们在契刻时均刚劲有力，纵横开阖得宜，用刀灵活多变，有些点画甚至以曲代直。四期武乙至文丁时期的书风，属于推陈出新，争奇斗艳时期，他们企图从用刀的爽直、从点画直笔中走出来，突出了用刀契刻难度较大的圆笔，力主刚健飘逸、圆曲流丽的风韵。从这些婉转流畅的文字线条中，可见贞人契刻的用刀更臻成熟。由于契刻技巧的进步与提高，故多姿瑰丽具圆曲之美的甲骨文书体出现了抢笔势、多见曲笔的体势。曲笔在文字结体中占多数，系文字的主体笔画，变化较多，因字而宜。随弯顺势，遇折转锋，婉而畅通。线条的粗细反差亦较为平稳协调。有些曲笔的尾部稍许细一些。有些圆曲之笔中部粗壮一些。有些曲笔并不圆转，在曲处带有波折与硬痕，这就是最明显的"刀意"。贞人用刀的果断与大胆，使字体中的每根线条刀意、笔意尽情得以发挥。

七　挺拔修长型甲骨文书体

挺拔修长型甲骨文书体，字型瘦劲修长，方正遒丽，爽直畅达，以纵取势。并且具有直笔多，圆笔少，刚劲挺拔的特点。这类书体多见于断代分期的第一期、第四期书风中。从图片中可以看到，它的点画线条粗细比较匀称一致，用刀痛快淋漓。第一期的卜辞契刻者，大多走雄伟劲健、严整、峻厉一路，圆线条在书体中很少见。第四期亦青睐奇峭险峻、气势凌厉、刀笔瘦劲的书风。尤其是在文丁时代，刀笔意趣与第一期的某些格调接轨。挺拔修长型甲骨文书体，重点在于一根直画线条上。直画线条包括横、竖、斜、点等基本笔画。其次是折画，即横与竖或斜撇、转折、相接的笔画。至于圆曲之笔在这类书体中不是绝对没有，但毕竟为数很少。因此圆笔淡化了，成了辅助性的线条。直笔两头尖中间粗的笔致于此已基本不复存在，多数直画呈头部粗一些，往后渐渐变细，或者是呈前后粗细比较一致的形态。由于直画线条的本身比较一致，而相邻的直画，上下、左右间的直画，则粗细不一、形态不一，变化十分灵活微妙。折画是有诸多直画转折、连接而成。契刻时不可能一刀到底，所以折笔的刀意十分浓厚。转折处的形态也不是千篇一律，有的平坦温和，一似圆曲之笔，有的圭角分明，锐气森森，刀痕毕现，变化是非常丰富多彩的，故此类书体最明显的特点，一是挺拔，二是修长。左右横向的笔画线条不事放纵与伸展，都以紧敛为主，均向中宫靠拢，统一服从在挺拔修长的整体格局之下。

八　率性随意型甲骨文书体

率性随意的甲骨文书体，是指带草意的甲骨书体。一些是出于契刻的仓促草率，急于求成，甚至没有墨稿的情况下，随刀挥洒而成。还有一些是习刻作品。习刻即练习时的契刻。有的则是在正式契刻之前，试刻的草稿。古人这种草率的习刻，在今天看来，无疑是一种创新之举。它点画的粗细，文字的大小，布白的疏密，都很不经意，亦不刻意，而是用一种草书的手法，"率性随意"而书。犹似"乱石铺路"却又不是乱涂乱抹，仍在同一个甲骨书体的基本格凋之中。可以说是契刻者心迹的写真，胸臆的直露与抒发。也可以说是契刻者探索与尝试的结晶。在断代分期的第三期廪辛、康丁时期，甲骨文字曾一度讹误倒退，粗糙颓靡。然而，这类率性随意的甲骨书体则与之不同，它广泛见诸第一期、第二期、第三期、第四期。它的主要特点是：文字大小错落、长短相间，方圆兼顾，纵无行横无列，呈星罗棋布之状。细细品味，却乱中有序，别具一格，生趣迭出，有的将文字中某一部首夸张放大，或将某一点画拉长，极尽舒展纵放之姿。每个文字俯仰歪斜，都各展形貌。此类书体点画的特点是，直笔的种类很多，有粗直画、有细直画、有头粗尾细的、有两头细中间粗的、有粗细一致的直画等等。曲笔呈"一根线条"之状，显得粗拙浑厚，大都较为自然流畅。大圆大曲之笔更具写意的特色。有的曲笔则曲中带折，曲、折衔接处的过渡妥贴完美。折笔即横、竖、斜、曲的连接或转折之笔，它的刀意很浓厚，干净利落爽直无比。转折处不"换笔"，很含蓄自然而朴实。转折处"换笔"则圭角分明，锋芒毕现。有的折笔，往左折往右折往下折，折来折去有五六折以上，这种多折之笔，变化丰富，没有雷同。结体的特点主要是充满着憨厚稚质的气息，不见狂野与夸张，所谓"随意"，即谓"有意"。其字之大不觉太空，其字之小不觉过紧。

众所周知，甲骨文书体与卜辞内容如何分类，是学者对甲骨文研究、认识、理解程度的一种反映，是学者对殷商文明认识的展现，因而这是一个动态的发展过程。在甲骨学发展的初期，它是一堆断残、破烂的骨板，"浑沌"一片，分类无从谈起。1903 年，刘鹗著录的第一本甲骨专集自序云："龟板可识只有天干而已。"1904 年，孙诒让凭治古文字、大篆 40 年，见识彝器款识两千种之学养，大胆开创了甲骨学之先河，辑成第一本考释甲骨文之专著《契文举例》（上下卷，1917 年出版）。此书虽有诸多失误，但首次提出卜辞 10 项分类：月日、贞卜、卜事、鬼神、卜人、官民、方国、典礼、文字、杂例。1915 年，罗振玉发愤潜研 40 余日，"雷霆不闻，寝馈或废"（自序语），考释卜文 485 字，能识读出卜辞 1000 多条，辑成《殷虚书契考释》一书，提出 9 项分类：祭、告、敦、出入、田猎、征伐、年、风雨、杂卜。1933 年，郭沫若《卜辞通纂》有七项分类：干支、数字、世系、天象、食货、征伐、畋游。董作宾《甲骨文断代研究例》，提出了著名的"五期论"和"十项标准"学说。董氏的断代分期是宏观、微观兼顾，纵向横向交叉，是比较科学的，因而亦是大家公认的。综合上述，卜辞分类的演进与学术研究的深化密切相关，是主观认识上的客观求索。从无到有，从粗到细，从局部到系统，专业到普及，从低级到高级，由表及里，这是符合科学认识规律的。因此，徐自学先生在《甲骨文拓片精选·序言》中评述云："王氏本兴君'八型'说与'五期'论两者并不矛盾，而是一种发展与补充。系前者的某些方面的延伸。董氏书风的'五期'论佐证了历史断代分期，表现了纵向性的学术范畴；王氏书体的'八型'说，是卜辞形态的艺术分类，表现了横向性的艺术范畴。两者既有不同又有相同的内在联系，是一种一般与特殊的关系，是一种相辅相成的互补关系。"

一、奇肆雄浑型

二、宽绰疏朗型

三、峻秀遒丽型

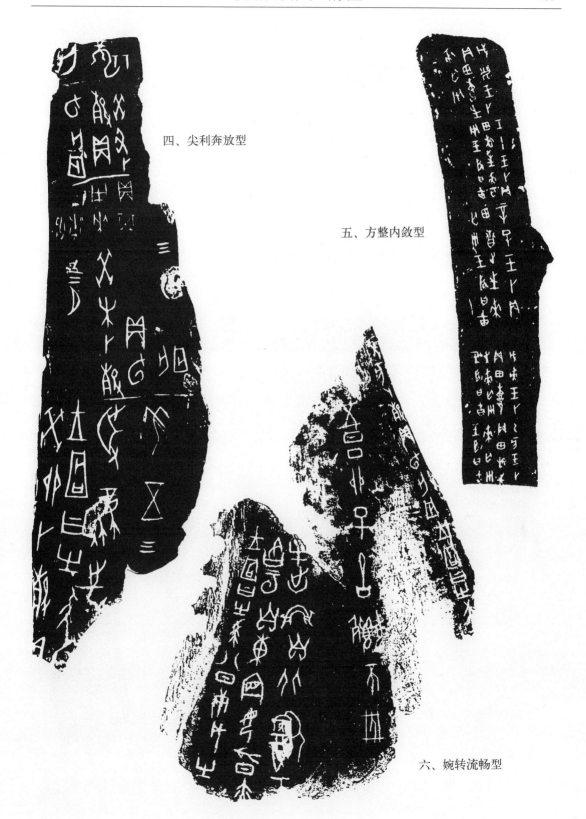

四、尖利奔放型

五、方整内敛型

六、婉转流畅型

八、率性随意型

七、挺拔修长型

甲骨文书体识别与摹写

杨鲁安

自 20 世纪 80 年代以来，国内研究甲骨文书法的人日众，探索其书风，心追手摹，掀起一股"写甲骨、搞创作"的热流。其实，郭沫若同志早在 1937 年旅日时所著《殷契粹编》自序中对甲骨文书体曾有论述："卜辞契于龟骨，其契之精而字之美，每令吾辈数千载后人神往。文字作风且因人世而异，大抵武丁之世，字多雄浑；帝乙之世，文咸秀丽。细看于方寸之片，刻文数十，壮者其一字之大，径可运寸，而行之疏密，字之结构，回环照应，井井有条。固亦间有草率急就者，多见于廪辛、康丁之世，然虽潦倒而多姿，而亦自成一格。凡此均非精于其技者绝不能为。技欲其精，则练之须熟，今世用笔墨犹然，何况用刀骨耶？……足知存世契文，实一代法书，而书之契之者，乃殷世之钟王颜柳也。"

1932 年董作宾《甲骨文断代研究例》，创立了按照"世系"、"称谓"、"贞人"、"坑位"、"方国"、"人物"、"事类"、"文法"、"字形"、"书体"等十个项目，做为断代依据的学说。主要凭借着"贞人"和"书体"两项，据以排列时代的先后，这就是鉴定甲骨文书体时代的基本标志。

依据董氏的论断，甲骨文书体演变风格，可分为五个时期来辨识：第一期为盘庚至武丁之世，以武丁一代为多。这一期的贞人有"宾"、"㱿"、"争"、"韦"、"内"、"亘"、"古"、"永"等。他们所契的大字气势雄伟，挺峭峻厉，有大江东去之概；中、小书体更是庄严瑰丽。贞人"㱿"是个大家，一些大字长篇的重要卜辞多出自他手。"宾"、"争"、"韦"三人亦时有佳作可观。这四位都是武丁王室贞人中的杰出代表。我早年摹写甲骨文就以他们几位的刻辞做范本。第二期为祖庚、祖甲之世，兄终弟继，这是殷代继承王位的传统家法，不同于西周。此期贞人有"出"、"大"、"行"、"兄"、"尹"、"喜"、"即"等。他们的书体趋于工整谨饬，端凝秀雅，有庙堂气。第三期为廪辛、康丁之世，主政年代较短。贞人有"何"、"口"、"彭"、"狄"等。此期书体趋向颓靡、欹侧、草率，很不讲究。而且在所契文字中常有讹夺、颠倒、重衍之误。第四期为武乙、文丁之世。此期卜辞最为简略，往往不记贞人之名，且常省去"卜"字。武乙时的大字粗犷疏厉，一扫前期颓靡书风。文丁时作品推陈出新，奇变多姿。迄文丁时已蝉联三世的贞人"何"多用方笔，得劲峭纵逸之势。此期书风虽较前期有所改善，但仍不及武丁时那么古朴浑厚。第五期为帝乙、帝辛之世，重新复古，卜辞文字严正隽美，一丝不苟。其大字丰茂峻伟，下启西周金文，小字秀丽晶莹，有如蝇头小楷，足见殷世励精图治的精神。此期贞人有"泳"、"黄"等，殷王每亲贞，并系以月，别开一面。

综观甲骨文的书体风格，经历 270 多年的演变，能够得出一个明确的概念，它是循着一条由简而繁，繁而又简，既复古又创新的规律，而错综推进的。这就如同西周至战国的金文，先秦至两汉的隶书，以及魏晋至隋唐的楷书，都是顺应时代潮流而产生并逐渐成熟的。精美的甲骨文，凝聚着古代劳动人民的心血结晶，它既是考察殷代社会历史的重要资料，又是留给后代的殷人法书菁英。

九十多年来我国摹写甲骨文的前辈学者，如罗振玉、王襄、叶玉森、丁佛言、丁辅之、柳诒徵、容庚、商承祚、董作宾、陈邦怀诸公，各具独特风格，异彩纷呈。当代沙曼翁、潘主兰、康殷、刘江诸老也都拙巧相生，倜傥可观。最早以甲骨文入印者，当属王襄之弟王雪民。王家收藏甲骨甚富，平时耳濡目染，自清宣统末年开始以甲骨文入印，到 1920 年前后日益成熟，并以甲骨文刻边款，迄 1942 年已臻出神入化之境，杨仲子、简经纶用甲骨文刻印远远晚于王氏，约在 1930 年以后。当代苏金海、孙家潭二家所刊甲骨文印较为精美，胜于一般印人。

摹写甲骨文切莫数典忘祖。研究甲骨文的学者不一定都能把甲骨文写得好，直追殷人契刻之功。而擅写甲骨文的书法家，理应懂得一点文字学，了解甲骨文来历，明乎造字法则，窥其刀法，不能胡拼乱凑写错字。康殷就是一位既研究又擅写甲骨文的好手。1937 年商务印书馆出版简琴斋（名经纶）

所写《甲骨集古诗联》一书中，由于辨识上的不准，而写错了一些字，有待于匡正。如"春秋"二字的"春"本应作 ▦▦▦，却写成 ▦，"秋"本应作 ▦，却写成 ▦，"无"字本应柞 ▦，与"亡"通用，却写成 ▦（巫、舞）。"古"字应作 ▦，却写成 ▦。"宁"字应作 ▦，却写成 ▦。"大"字体应曲膝作 ▦，却写成大，等等。甲骨文的古为今用，万不可滥用，凑成多字长幅，错字连篇，以讹传讹，导致后人传写失误。

我在 1941 年从先师王襄老人（他长我 60 多岁）攻习甲骨文，他教我从识读《说文解字》入手，研习小篆，上溯到商周两代金文，再究甲骨文结字，明其"以刀代笔"之法。六十多年来，探索不已，而略有所悟。方今之世，有些青年人，摹写甲骨文或过于潦草慌率，或过于工整拘谨，各造其极，以致失真，与甲骨文书体背道而驰。笔者认为，若想体察甲骨文书体的精髓和真趣，需要从四个方面入手：首先，要争取更多的机会到北京、天津、上海、南京、辽宁、河南、安阳、青岛等地博物馆，去观摩甲骨原片，细看它的字迹和刀工，在一瞬间把字神收入眼底，永不忘掉。其次，设法搜集一些甲骨拓本，能从拓本上凹凸不平的字口里，辨识契刻轻重徐急的刀法变化，记在心里，日后再运用到毫端，取其凌厉爽峭之势，发挥"以笔代刀"的作用。第三，收购和借阅一些甲骨影印本，如罗振玉《殷虚书契菁华》，容庚《殷契卜辞》，郭沫若《殷契粹编》和《卜辞通纂》，以及新出的《甲骨文合集》等。现在，这些书都花钱太多，负担不起。期望出版部门能编几本物精价廉的《甲骨文选集》，以便推广和应用。事实上，看影印本比看原拓本又隔了一层，捕捉文字的神气就差了许多。前些年出的那几本《集联》，只可参考，不能摹写，如简琴斋那本书中的甲骨文是用钢笔写的，不能表达甲骨文的原韵。第四，买几部工具书，如《甲骨文编》、《古文字类编》、《甲骨文字诂林》和《甲骨文字集释》等放在手边，便于查考，经常翻阅也有好处。《甲骨文编》中所收的单字与合文，摹写得比较近乎原型，大体上不失本来面目。上述四个方面都是摹写甲骨文的必要前提。

我主张要用今人的眼光去审视古文字，把甲骨文写出"活、健、美"的效果来，让人看着舒服，悦目赏心。摹写它要花费许多力气，从字内功夫和字外功夫双重下手。

先讲字内功夫，侧重在"存底版，强笔力，得韵味，明心画"十二字诀的要领上。所谓"存底版",照成语说叫"成竹在胸"。"底版"就是深印在大脑里的甲骨原片、拓本和照片的原型。这些"底版"储存越多越好,是通过博览强记得来的,存起来以备来日应用。我少年时得到优厚待遇,王襄老师当年收藏大量甲骨,经常拿出让我仔细看,并教我《传古别录》所传积墨拓骨之法,数年间曾为老师拓过千余片,拓到纸面黑亮闪光,纸背没有透墨的效果。在精拓骨片的过程中,使我有充分时间细致地体察到原片上不同时期贞人所施的各种刀法,表现其长、短、粗、细、曲、直、深、浅各种线条的变化。看清了刀法,也就领会了笔法。有些骨片看过和拓过多遍,留下更深的印象,成为牢牢印在大脑里的"底版"。

强笔力,是指摹写甲骨文要使笔如刀,凌厉得势,线条运行中表现出强劲的力感来。欣赏书迹的笔力,首先要看在字的点画形质上,通过人手控制笔锋的技巧,其力度在一点一画上表现出来。而甲骨文书迹的力感,主要运用"万毫齐力"的中锋笔法来表现出点画的强劲,个别处可以夹带侧锋。我们今天写甲骨文,不可能像当年殷人那么从心所欲,而是往往脱离不了原来所习楷书和其他书体的功底,欧(阳询)体那种坚实瘦劲、猛锐长驱的阳刚笔势是可以借鉴的。汉蔡邕有笔势"疾涩"之论,不疾就不能表现"以笔代刀"的锋利爽快劲头,不涩就会使点画失之轻浮。深明篆刻"个中刀法"的书法家自然能够笔下见力、线中透情。因此,在参用欧体笔势时,就不能按写楷书行笔徐缓着力的笔势,而要用在快速行笔中见到点画入木三分的强烈效果。现在有人写甲骨文,行笔缓慢而把笔画的两端写成尖尖的,追求刀刻趣味,细看则线条柔软,力感不强。篆书虽用中锋,但自唐以来写小篆成"铁线"型的笔法不能用,因其笔画僵直缺活力。而商周金文中的《司母戊鼎》、《利簋》,《大丰簋》、《大盂鼎》等重器笔画刚劲坚挺的韵味,可以融化到写甲骨文的笔画中,这是当年王襄先生的切身体会。丁佛言写甲骨文是用"甲六金四"韵味的比例去写,显得瘦劲神爽。总之,需要长期体验甲骨文点画的规律和变化,把既见生机灵动又显节奏性强的力感展现出来。只有细心领悟并反复实践,才能收到笔如刀的预期效果。例如 (中)字,中间长竖象征着旗杆,是主笔,要写得挺直强劲;上下四条长横可以写得灵活一些,给人以飘带随风摇摆的感觉,这样整个中字就能取得既稳定又多姿的艺术效果。又如 (女)字,主笔表现头、身、臀、腿、足的中间一长画，行笔时用中锋有提有按，转折处须轻提，直画中须重按，这一长画在曲直变化中一气呵成，不能在行笔中间断了气势；第二、三两笔交插表现两臂相交，不能写得生硬直挺，而要写得活动一些，以表示一个神态活现的人坐在那里迎客。写甲骨文每个字有每个字的特点，其点画使转要在微妙变化中求生动，各得其所。得韵味，是指要从甲骨文书体造型的整体中领悟其神理，而融会于书者笔意之中。宋黄庭坚云："书者，能以韵观之，当得仿佛。"苏轼也讲："书必有神、气、骨、肉、血，五者阙一，不成为书也。"书体造型，不是只靠单一线条去表现，而是由线条组合得当而构成的整体美来形成的。因此，写甲骨文只凭着点画的力感，而不讲求其结构和章法的巧妙安排，其一字、一行乃至通篇的和谐多姿风采就难以显露出来。甲骨文的单字结构和通篇章法，点画之间，字字之间，行行之间，都是有联系、有照应、有生气的，而不是脱节的、孤立的、呆板的。这就需要注意到对于呼应和对比这两种手法的灵活运用。由此，得以理解商代先民结字的妙造自然。唐孙过庭《书谱》云："草以点画为情性，使转为形质。"是指草书中的呼应是有形的。又云："真以点画为形质，使转为情性。"则是指真书中的呼应是无形的。而甲骨文的写法要求真中带草（即指点画工致中见迅疾之势），笔势呼应，当在有形与无形之间。例如：王襄收藏一片"旬壬申夕月有食"的骨版上的 ⌇（旬）字，由两笔组成，主笔运行圆转中带方折，又见草势，一个大回弯钩 ⌇，曲折回环，其起笔处又拐一小折笔相交呈 ⌇ 式，巧妙地衔接起来，而又与下边的回弯钩相呼应。笔画对比的作用，在于产生变化，形成耐人寻味的节奏和韵律。清刘熙载说："作字者必有主笔，为余笔所拱向。主笔有差，则余笔皆败。故善书者必争此一笔也。"请看王襄旧藏帝辛时所契"唯王三祀"牛骨刻辞中的 王（王）字，主笔为中间竖画，坚实有力，岿然不动，而横画三笔有长有短，有弯有直，同竖画交接后，反衬出中间一竖的刚直挺立。刘熙载又云："结字疏密须彼此互相乘除，故疏不嫌疏，密不嫌密也。"对照早骨文中：⼃（亡）、杴（何）、⼷（争）、杰（亦）、卌（投）等字，在结字中已有了虚实疏密和黑白相间的变化与节奏。甲骨文中的某些字在不同时期不同贞人刀下有着不同的写法，不同的韵味，那个"王"字就有 王、王、王 几种写法，如同东晋王羲之《兰亭序》中"之字最多无一似"的神来之笔。

明心画，意在师古人之心，融今人之思，务使古为今用，无刻意做作，发胸中真趣，才能构成佳作。东汉扬雄早有"书者，心画也"之说。南齐王僧虔谓："书之妙道，神采为上，形质次之，兼之者方可绍于古人。"书法这门艺术，能把书家的品德修养、思想感情、精神气质的感觉表达出来，而又能使观者产生共鸣和美感，促成双方的神思会合。作为造型艺术的书法艺术，它既反映物，又反映人，而以表观人为主，最基本的是表现其"心画"。今人摹写甲骨文必须从打基础入手，经过不断提高的"量变"到能写出自我风格的"质变"的漫长过程。要靠"水磨石"的耐心，不可"抄近路"，急于求成，单靠仿效潘主兰、刘顺等人写的甲骨造型，容易钻进去走不出来，而"作茧自缚"。奉劝诸君最好还是照甲骨片上的字型去摹写，先求"形似"，再求"神似"，进而"不似之似"，达到"外师造化，中得心源"的境界。了解有成就的画家作画也是如此。他们常是触景生情，情由兴来，有所感，有所思，而后才行之于笔墨，方能构成美好的画图。甲骨文佳作的"妙得"，也须经过"迁想"。既师古人之心，体察殷人用心结字"法天然、无造作"的妙处，得"外师造化"之功，又要融今人之思，思必有方，从表现当代人的精神、气质和情趣着眼，慨当以慷，抒激情发于笔下，写出健笔凌云、书以咏志的书迹来，这是出自"中得心源"之用。善于思维而明心画的最终目的，就是要求由里及表地展现出甲骨书迹内涵丰富的造型艺术美。十二字诀是一个整体，互为补用。

再转到字外功夫，着重通过勤读书，广闻见，陶冶性灵，涵养学问，胸罗万有，自能形成自我风度而溢于翰墨。当年吴玉如师曾告诫我说，"习字读书须骨气"、"书法可以养心"。宋黄山谷讲："学字既成，且养于心中无俗气，然后可以作。"所谓"无俗气"，就是要提高学识修养，加深书法造诣。我们摹写甲骨文也不例外，除需要掌握一些必须具备的技法以外，还应善于用辩证观点去析解书法理论、美学和文史知识等各门学问，并扩大艺术欣赏面，从绘画、篆刻、摄影、雕塑、音乐、舞蹈、戏曲各种艺术中吸取有益的养分，触类旁通，以活跃自己的形象思维，激发创作热情，使感性得来的印象，溶化到艺术构思中去，从而丰富和强化甲骨书迹的艺术表现力，把它写得更活、更健、更美。

摹写甲骨文的至高境界，必须趋向无缰骏马任意驰骋的"自由王国"。

近年来我每逢夜深万籁俱寂之际，定下心来，凝神静虑地去写甲骨文，大彻大悟，在不经意间写出得心应手的书迹来，方信吴玉如师所讲"不自矜持见精神"的箴言，终身受用。唐刘禹锡《问大钧赋》指出："以不息为体，以日新为道。"我年近八旬，身体尚健，愿将一得之见，奉告世人，莫入误区，以不负前人传道之德。

如何规范甲骨文书法

洪家义

1984 年秋，河南安阳举办首次"甲骨文还乡书法大展"，标志着甲骨文书法（包括篆刻）已从"象牙之塔"走向了"十字街头"。1995 年江苏率先成立了省级甲骨文学会。十年间，举办了甲骨文书法篆刻展，其中一次是海峡两岸联合展出的，影响颇大，令人鼓舞。去年 10 月无锡市成立了甲骨文学会。接着 11 月南京市也成立了甲骨文学会。时下正在筹备甲骨文书法展。甲骨文书法呈现出一派欣欣向荣的景象。

可是，就在这欣欣向荣的景象中，也出现了一些混乱现象。无论在形体用笔，还是在风格神韵各方面，都各行其是，没有一套相对统一的规范。这对甲骨文书法艺术的发展是不利的。究其原因，不外三点：一是甲骨本身字数少，不敷书写内容的需要，不得不求助于通假，而通假又没有设置必要的规则，很容易造成混乱。二是对甲骨文发展变化的背景把握不够。一期甲骨文为什么宏伟雄健洒脱有力？三期甲骨文书法为什么柔弱颓靡纤细幼稚？有些甲骨文书法爱好者不加深究，只凭自己的眼光进行推评，或以为是贞人卜者个人技艺的高低不同，或以为是时王的喜好不一，形成种种歧说。三是不满足于临摹仿写，急于创新，而又缺乏一个明确的方向。这也容易造成混乱。

要消除这些混乱现象，应从三方面下手。

首先，通假问题。《说文·叙》说："假借者，本无其字，依声托事，令长是也。"早在春秋时代，商鞅变法，秦国正式设立县制。但是，县的头头，却无名号，于是便假借"令"、"长"二字为之，万户以上的县叫"县令"，不足万户的县叫"县长"。从这里我们可以看出，不但借形借音，也借了义。这是严格意义上的假借。还有一种并无意义上的联系，只是借形借音。例如：原义为乌鸦的"乌"，被借为感叹词的"乌"，久之，索性造出一个专字"呜"。于是"乌""呜"便可通假。莫和暮，责和债，景和影，均属此类。还有一种只是借音的。如"亡"和"无"，"谣"和"由"，字形上没有什么联系，也可以通假。至于本有其字，一时忘了，用一个音同或音近的字代替一下。久之，也可以通假。如"早"和"蚤"，"背"和"倍"等等，实际上是象现在所说的"别字"了。这些都是广义上的通假。

那么，从书法角度看，应该怎样假借呢？

书法是一种艺术，是以形为载体的。美，体现在字形上，神韵蕴涵在字体内。没有字也就没有书法。这是书法艺术的主要特征。根据这个特征，我们认为，甲骨书法中的假借，主要是假借字形。最近的是在甲骨文内部借。殷墟甲骨文分为五期（按董作宾的分法）。各期的字形和字体都有自身的特点。如：一期有"𦐟"，"𠃌"，"𤯢"；二期有"𠂤"，"𧑙"，"𣏟"；五期有"𤣩"，"𤛙"，"𠈌"。一期的"雨"作"𠕲"，"灾"作"≋"，"其"作"⊠"，二期三期的"灾"作"𢇳"，四期的"灾"作"𤰃"，五期的"雨"作"𠕲"等等。这些都可以互相通假。

较远的可以借用金文石刻，包括钟鼎铭文和石鼓文等。最远的可以借用小篆"古文""籀文"。如无整字可借，还可以借用偏旁拼凑新字。如把𠔼（穴）和𤜁（犬）拼成𥨑（突）字。把𠬝（叉）和𧈧（虫）拼成𧉋（蚤）等等。甲骨文、金文、小篆都是同一家族文字，所以能够通假。即使如此，也要设置两条规则。第一，凡属被借之字一律以甲骨文字体书写，不得保留原字痕迹。第二，不得越雷池（篆书）一步，旁及楷书、隶书等。

不得已，也可借音，但必须是约定俗成，且有前人用例的字，不能随心所欲的假借。

其次，字体问题。董作宾把字体作为分期断代的十项标准之一，可见，甲骨文字是有发展变化的，而且与殷商王朝的发展变化息息相关。我们以第一期和第三期为例说明一下这种关系。

一期主要是武丁时代，这是殷商王朝的极盛时代。此期甲骨文字体宏伟雄健、洒脱有力，正是这个时代的产物。孟子说："由汤至于武丁，贤圣之君六七作。……武丁朝诸侯有天下，犹运之掌也。"（《孟子·公孙丑上》）

不难看出，一期的字体与当时的历史实况是多么吻合。三期相当干廪辛、康丁时代。这是殷商王朝由盛而衰的时代。周公说："其在高宗（武丁），时旧劳于外，……作其即位，……不敢荒宁，嘉靖殷邦，至于小大，无时或怨。自时厥后（指祖甲以后）立王，生则逸，不知稼穑之艰难，不闻小人之劳，唯耽乐之从。自时厥后，亦罔或克寿。或十年，或七八年，或五六年。"（《尚书·无逸》）而本期甲骨文字体柔弱颓靡、纤细幼稚，这简直是当时历史的写照。

上述二例充分说明：某种字体的出现和变化，虽与书写者或契刻者的素质、技艺、喜好有关，但决定因素却是历史背景。甲骨文书法习练者应该很好把握这一点，遵循这一规律，忠实于原字的风格和神韵，不能把个人的好恶羼杂其间。

最后，创新问题。创造是事物发展的直接动力。创新就是推陈出新。甲骨文书法爱好者常常不满足于临摹、仿写，急于创造，勇于创新。这是无可厚非的。但是，创造必须具备稳固的基础，创新要有扎实的功夫。否则，很容易流于猎奇取巧，炫人耳目。前辈甲骨学家如董作宾、徐中舒、张政烺等人在书写甲骨文时总是命笔唯谨，唯恐出格。这是值得我们效法的。

甲骨文五期中有各种字体：有的宏伟雄健，洒脱有力；有的谨饰修长，行款整齐；有的峭拔锐折，纤细刚劲；有的细小严整，清秀有力。一般认为，最具代表性的是武丁时代的字体，宏伟雄健，洒脱有力。它更多地表现出健美的风格，蕴涵着开放的精神。当然，你也可以根据自己的喜爱，选定其它字体。但是，一经选定，就要锲而不舍、耐心地练下去。功到自然成。练到一定程度，自然会有创新。当然，这里所说的创新是有一定前提的，即不能越出甲骨字体的范围。前文说过，无论你是借自甲骨，或是金文，或是小篆，都要把借来的字"甲骨化"，形成统一的甲骨文体的风格。否则，非驴非马，驳杂不纯，那就不成体统了。好在《甲骨文书法鉴真》已经出版了，甲骨文书法爱好者把它作为典范习练，必能收到事半功倍的效果。

甲骨文字岂能如此"编造"?

严东篱

近年来,甲骨文书法被越来越多的人所喜爱。但是,值得关注的是,"编造"甲骨文的现象也屡见不鲜。唐诗、宋词数百首,论语、千文、兰亭序,几乎无一字不能编,无一字不能造。照这样的势头编造下去,说不定哪一天甲骨文《二十四史》、甲骨文《四库全书》亦会面世的。当然,造字的书家熟谙《说文解字》,宣称所造的"甲骨文"有根有据,"无一字无来历"。不过,笔者仍然担心,您所臆造的符号能叫"甲骨文字"吗?

有一种论点认为,3000多年前的先人在创造、发明甲骨文时(其实古文字的创造、发明应该是一个更远的年代),运用了象形、会意、指事、形声等造字方法,我们为何不能用同样的方法"新造"一个甲骨文字呢?这里有一个理解的误区。走出这个误区需要研读一段大学教材里的观点:"应当认识到,这种象形、指事、会意、形声造字方法,是后人归纳出来用以能释汉字结构的,而不是古人先规定了方法再来造字的。既然方法是后人根据所见到的文字材料整理出来的,而文字又是在发展变化的,那么,所依据的材料时代不同就可能归纳出不同的结果,同一个字的形体有了变化就可以属于不同的造字方法。"(胡裕树主编《现代汉语》修订本)笔者认为,这段论述对于甲骨文字是适用的,何况甲骨文还有其特殊之处,那就是已出土的5000多个符号中,只有1000余被破译出来,即使归纳的造字方法全能解释这千余字,又安知能解释、概括其余的4000字?再说,现在归纳的造字方法解释这千余字也是捉襟见肘的。如"闻"字,甲骨文书作"",似已有定论,试想如果已经破译出的千余字中没有这个"闻"字,而由我们当代人去用"造字方法"造一个"闻"字的话,那最大的、甚至是唯一的可能就是写成⿰。那么，你能说新造的"闻"字没有依据吗？再如"饮"字，甲骨文书作⿰。如果让当代人发挥想像力，创造一个甲骨文的"饮"字的话，恐怕十人会"造"出十个"饮"字，而且个个都会宣称有根有据的。笔者认为，如果一种"造字"的理论或方法，仅能解释你自己造的字有根有据，而无法解释已经破译出的文字，那么这种理论或方法是不准确的，至少是蹩脚的。

还有一种说法是"通假"。通假或曰假借，古已有之，甲骨文中更是多见。但使用通假，一定要掌握两点。一点是音同或音近的字相混用称通假，即写出的是"别字"；而因形近似而混写的字，当是"错字"了。如借"公"为"功"，借"仁"为"仍"等，此为"通假"。而如果将"篮"写成"蓝"，写成"监"，写成"滥"，则是错字无疑了。另一点就是，一定要"古已有之"，即在古书典籍上能查到出处，真正"有根有据"，方可通假，如果查无出处，"此字通假由我始也"，那样会乱套的。只有同时俱备以上两点，才能称为通假，不是任何两个音近、音同的字写出来都称通假的。

还有一种说法叫"写出字根"。即如果多个字中有一个偏旁或部件相同，就以这个偏旁或部件来代替这些所谓有"共同字根"的字。如"津"、"建"、"肆"中都有"聿"，而"聿"可写成⿰（笔，似已定论），于是这三个字统统写成⿰，有的为了有所区别，便添加自定的偏旁或符号，如"津"写成⿰，"建"写成⿰，"肆"写成⿰。那么有所谓"共同字根"的这三个"甲骨文字"便"有根有据"地被造了出来。其实，如此写出的这三个"甲骨文字"只能是书写者的自说自话而已，缺乏信服力。因为甲骨文字中除所谓"字根"之外的添加部分是复杂多变的，不仅仅是已知偏旁的简单相拼、相加。如甲骨文的"面"中有"目"即⿰，"面"写成⿰。如果臆造者抓住"目"这个字根来造"面"字或"缅"字的话，那么他会添加些什么样的偏旁或部件呢，"面"，恐怕能造出一些"五官大全图"的，再在"五官图"之外再加一个"⿰"旁，来代表"缅"，显然是不合适的。

甲骨文字是汉字的"鼻祖"。人们在学习、探究的同时，试图"多写"出一些甲骨文字，以弥补已释甲骨文字过少的缺憾，其用心可嘉。但是，如果自认为读了《说文解字》以后，就可以"编造"出任意多的甲骨文字，且付梓出版，流传后世，那么就会出现相当的混乱，这是不言而喻的。特别是那些或在某一领域，或在某一地区颇有影响力的人士，下笔书写甲骨文或"编造"甲骨文时一定要三思而后行。有一位名家写的甲骨文"寒"字为🔣，被识者认为是"错"字，遗憾的是笔者不才，也曾学写过这个字且送给一位道友，又被他用在他的《印存》一书上。笔者在汗颜的同时谨向这位友人道歉，因为我写了一个错字。还有一位名家，"起"字编造成🔣，似乎也有根据；但比照被释为"起"字的甲骨文符号"🔣"，似乎后者更该释为"起"。也就是说，甲骨文里本来就有个"起"字，只是那位先生未见到罢了。遗憾的是"🔣"字已被辑录出版，流传颇广。

有的甲骨文书写者，很为甲骨文可释字的过少而大伤脑筋。字少，就不能进行书法创作吗？否。罗振玉等前辈，仅依靠当时可释的区区几百字，不是创作出400多副楹联吗（当然其中也有"不可据"的写法）？如果学识不及前辈，那少写几个字，不也可以创作出一幅甲骨文书作吗？日本友人的甲骨文"独"字书法颇受欢迎便是一例。当前的甲骨文书坛上，佳作当然很多，但有的书作或"千年一律"，状若算子，或两头尖尖，状如牙签的堆积且无变化，实在难以恭维。书写者还是应该在书艺上多下点功夫才是正道。如果实在要"新编新造"的话，笔者建议在落款处注明何为新编字，以免混淆视听。

对于新造"甲骨文"字进入书法艺术，确有一些甲骨学的专家学者给予"宽容"、"理解"，认为那是"艺术"，而不是"考据"，但我们不能把别人的宽容当作自己的放纵，随意写来。即使名家也不能写错字，在炎黄先祖的伟大创造面前，作为炎黄子孙只有学习、探究、继承光扬的责任，而无随意编造的"自由"。姚孝遂先生在给罗振玉撰写的《集殷虚文字楹帖》校记中有一段话，说得是相当深刻而有见地的。笔者引用过来，作为自勉、自警，也希望同道能接受：

> "书法属于艺术的范畴。人们在利用甲骨文字以表现书法艺术的时候，不可能与甲骨学界对甲骨文字辩识的要求完全相等。我们认为，某些尚无定论的甲骨文考释只要可备一说的，作为书法，都可不妨采用。但是，书法艺术也有其科学性的要求。不论写古字还是写今字，所有的真草隶篆同样都不能写错别字，在形体结构上都要求准确无误。"

"用形字"：甲骨文书法
填补缺字的新概念

张振声

一

自雪公（罗振玉）首倡用毛笔书写甲骨文以来，甲骨文书法以一种新的书体跻身于书艺之林，在海内外得到长足的发展。改革开放以来，随着世界对甲骨学、甲骨文文字学研究的深化，甲骨文书法更向广深发展，形势喜人。

甲骨文从诞生之时起就拥有很多假借字。当时语言虽已发达，但社会发展渴望一种超越直面语言交流的更高的信息手段——文字。由于造出的字数远远少于语言，于是先人们按照有言无字的语音，找来同音的字以代之，藉以表达无字语音之义，同时把借来之字的义置于不顾。这就是"本无其字，依声托事"。当时这种办法广为施行，对社会发展起到了积极的信息传导作用。据专家统计测算，甲骨文中的假借字约占字总数的50%以上。到了西周依然如此。比如毛公鼎铭文中就有91个假借字，一般每个句子有3个假借字。商周的这种情况反映在古文字史上叫假借字（借音字）阶段。

许慎在"六书"理论中讲到假借字，与殷商的文字情况是吻合的。假借字内部情况有过变动。先秦诸家之论述活动风起云涌，他们图方便，本有其字也依声托事，所以假借字中新出了一种"本有其字"的类型。现在，在字典上录出先秦借字与本字总数为3139对。按上古音三十韵部编排，"之部"180个假借字中就有30个以上是本有其字的。这样，依声托事的假借字就包含本无其字和本有其字两种。

秦朝开始，汉字字数激增，又因选定假借字有一定的学术前提，遂促使假借字的使用逐步衰落了。

二千年后的今天，甲骨文书法兴起，国学资深的贤哲们自然地用假借字来填补因甲骨文现有字形数量不足的空缺。这样甲骨文书法的艺术光华与古文字科学风采结合一处，相得益彰，大大增强了甲骨文书法的高雅魅力。

八十年来甲骨文书法蓬勃发展的事实，证明其中填补进缺字额的不完全是假借字。笔者数年来搜集到十四种甲骨文书法集（刊），将其中一个个填补进缺字额的字形加以考查，判明它们充当填补者的条件和根据，从而制成《十四种甲骨文书法集（刊）缺字的填补字数分类统计表》（附于文后），发现填补进缺字额的不都是假借字。经统计，假借字占填补字总数的55.234%，而另一部分占44.76%。这另一部分也是一个汉字大群体。

二

其实这后一部分是一个庞大的、繁杂的、也是诸星璀璨的群体。现略划分，可定为三类。

其一，新创造的字形组合字。赵诚教授说："我们可以根据甲骨文构形系统的原则，利用已有的偏旁，适当组合成一些字。如甲骨文中无汤字，我们就可以用'易'，加上水旁合成……"。按说，这种创造，在甲骨文书法初兴时尚未出现，在罗《楹帖》中尚未见到。丁辅之的作品中也只寥寥几个。到了刘江的卜文书法百幅中就用了80个，占全部填补字的40%。这种新创造的好处在于从感觉上产生和谐，因为，它与甲骨文字形一致。只是这种创造只有在特定条件下才能实现，其作用在甲骨文书法中是无可替代的。但我们应该强调，这种字只能在甲骨文书法里使用，且不能滥用，更不能走出甲骨文书法另作它用。

其二，合理利用了甲骨片上的残辞和已有的异释及多释字。比如《合》20974、《合》13159（反）有"⺈"，似地名，更无音和义。作者用它作巴，代葩。鱼帮、鱼滂，音极近，用之正当。这一类残辞，字数少，多为地名人名，除有字形外，很少能解读字音和释出字义的。

《甲骨文编》的附录有𣎵，作者据形借为扶。如果借为拉、挽也是可以的。

甲骨文的释定，是约定俗成的。胡厚宣大师说，要得到大家"信从"才好。可是好多字是一字二释、三释，诸如𦥑、𥄗等多释字为数不少。也有个𡵈字形，大家释岳，郭老释华，这就多了个甲骨文的华字，有利于书法用字了。还有一个𠂤，竟有矛（武器）、茅、包、冢、匹、秋、笺、全、屯等多种释法，各家有论有据。这也利于甲骨文书法用字。

以上这些情况表示，甲骨文书法选用大量的填补字，着眼点在于利用其形。

其三，因时间迁移、载体有异、初生和成长等原因，改变了形体，形成的各种字。这一类，队伍既大，形态多异。《十四集刊》中见到的有金、古钵（玺、鉨）、楚帛书、三体石经、石鼓文、睡虎地简、秦匋、秦虎符、诅楚文、说文籀文、说文古文、小篆、马王堆帛书及汉简等十多种，还有初文、本字、分别字、古今字等。广大甲骨文书法家持"好古敏求"态度，在古文字领域尽先用古老些的。金文以外，其他字形品种多虽多，但使用数量相对较少。据统计，金文字形一共用了 171 个。刘江在《百幅》中就用了 57 个。

诚如陈第所说："地有南北，时有古今，字有更革，音有转移"，在许多变化中，甲骨文书法家着眼的还是"用其字形"。虽然时间跨度大，涉及整个古文字阶段约二千年，字形变化多，但千面如锦，十分可爱。虽有时使人感到太杂太繁，但抓住了字形演变的历史，明确了字体因时而异，字形变来变去，仅在外形上变化，其字自身并没有变。犹如不同的衣服里面藏着的还是本人。

此外，还有 7 个义同义近的字。对它们，笔者亦已一一查出了与本字在韵纽上的关系。结论是韵与韵、纽与纽相距都远，没有近的。它们充当填补者是凭义的关联。因数量太少，不便另立一类。

三

上述三类的共同特点在于"用形"。

第一类和第二类用的是甲骨文字形，同已释定的字形一样形态。但它们只是在甲骨文书法中才被创造性使用了。由于它们本来就属甲骨文，所以入甲骨文书法天经地义。第三类，虽然跨时长，变形多，但还是自我。试看马字，卜文、金文、古籀、古玺、秦匋形体都不同，却是同一个马。古罙，今深，还是深。至于分别字，只是从一个兼二字的字分流出另一个字，原本是一个字。

以形补缺，这是八十年的甲骨文书法历史地形成的，是广大甲骨文书法家凭藉深厚的国学基础、发挥了聪明才智创造性使用起来的，是以悠久的华夏文化和丰富的汉字内涵为坚实基础的，其群体虽然庞杂，却是我国数千年文字史上的玑珠，在甲骨文书法中竞放异彩。

综上所述，我们可以得出这样的结论：八十年来，广大甲骨文书法家在解决因释定的甲骨文字数少而需要大量填补字形这一困难时，或利用一部分可利用的甲骨文字形，或采用古文字不同时期的形体，创造性地表现了甲骨文的本字，形成了独有的"用形字"这一群体。形成了"用形字"与假借字共同解决了甲骨文书法缺字的两大字群。

可能有人说，既然如此，今后我们对填补进去的字注意区别即可。何必在假借字之外再另立一个"用形字"呢？

我们认为，"用形字"的名份，妥贴明了，字形脉络、纲目清晰，引入这个新概念，对此类庞大的字形队伍可起统摄作用，有利于正确把握这些汉字的相互关系，增强对古文字学知识的学习兴趣，同时，也体现了我们在甲骨文书法学习、研究中应取的务实精神与进取态度。

还可能有人说，"用形字"其意尚可，但不如"借形字"更好。

其实，借者，所借之物应来自另一方。用形字，并无任何取自另一方之情况。甲骨文书法用了甲骨文字形（即第一类和第二类），何来其借？古文字，千变形，万变貌，还是自我，何来其借？

笔者不避浅陋，愿抛"用形字"这个新概念，以求教于甲骨文书法方家，更期盼甲骨文理论家之学术认定。

十四种甲骨文书法集（刊）缺字的填补字数分类统计表

字 类 数 别 名 称	假借字 [假音字]	甲组合骨文字字形	等字形异释及甲骨文未多释	古文字形阶段及隶书 [除卜文]	初文分别字、今字等、本字、古	不音字具同、义有的义同字音近近字	合计
集殷虚文字楹帖（罗振玉等 5 人）	53		9	5	14		81
国际甲骨文书法篆刻家大辞典（多人）	146	58	24	47	32	2	309
安阳国际海峡两岸甲骨文书法还乡展选刊	13			6	1		20
安阳市小康颂书画作品晋京展选刊	3	3			1		7
商卜文集联（丁仁）	15	5	7	6	8		41
集甲骨文观水游山诗（丁仁）	17	4	16	3	9	1	50
何崝甲骨文习字帖、甲骨文字歌	239	26	5	42	15		327
潘主兰甲骨文书法	140	43	32	23	17		255
甲骨文集联（刘兴隆）	11	7	4		2		24
刘江甲骨文书法百幅	14	80	5	85	5		189
刘江甲骨文篆刻百印	2	26	2	9	2		41
自学甲骨文书法选（徐迟笑）	73	25	19	17	3	2	139
胡锦涛纪念俄卫国战争胜利 60 周年庆典讲话（节录）（周占人）	22	7	2	2	7	1	41
集甲骨文书七绝四十首（张半梅）	303	17	19	24	13	1	377
填入字总数	1051	301	144	269	129	7	1901
各类占总数 1901 字的百分比	55.23%	16.0%	7.57%	20.36%		0.37%	99.99%
		44.76%					

甲骨文入印中的"一字多形"问题

童　迅

1899 年于河南安阳小屯村发现甲骨文至今已逾一百年，出土甲骨十五六万片，所记商代历史历经八世十二王，时间长达 273 年之久。商代虽非创造文字的时代，其文字亦在不断创造、不断发展过程之中，文字字形还没有完全固定。它经历了由繁而简，再由简而繁、由象形到抽象、再由抽象到统一定型的这样一个复杂的过程，但甲骨文字已是具备相当完善的文字体系的一种文字。其线条化、符号化、规范化的要求，以及甲骨文的契刻形式（无论是先书后刻还是直接契刻），都为我们进行印章创作提供了很好的借鉴。

甲骨文字考释自罗振玉以来，整理出的甲骨文字约四千余个，已释一千余个，然常用的亦不过五六百字，以区区五六百字之数来应付丰富的印章内容，真有点难为"巧妇"了。这也是从事于印章创作，特别是甲骨文印章创作的印人们所面临的一大难题。其表现之一在于，甲骨文能入印的文字甚少且不敷使用。因此使得绝大多数印人采取退而求其次的方法，以大篆甚至小篆来替代，甚或以现代汉字之字形来推测甲骨文之字形。如果仅从印章创作的角度来说，这未偿不可，但甲骨文字与现代文字毕竟有很大的区别，它不是以简单的增、省偏旁、符号或用偏旁拼凑就能解决得了的。其表现之二在于，甲骨文入印文字使用不规范。甲骨文虽是发展过程中且处于早期的文字，其象形、初文、异构、多形等参杂使用，有些字形相近极易混淆，表面看起来很混乱，但实际上它在使用过程中也有其严谨性和不可类推的一面，如笔划的长短、偏旁的位置、符号笔画的增省等差异，都将导致甲骨文字的千差万别。其表现之三在于，甲骨文入印与金文、古玺文、缪篆文字入印相比，没有可比性，也没有现成的印章范本作参考（虽然它是契刻文字，但它所契刻的材料与印章的材料不同，形式也不同），一切要靠自己的探索。但是，甲骨文字所具有的奇崛、自然、质朴的艺术风格，深深地吸引着广大的印人。

下面仅从甲骨文入印文字的选择、而非古文字研究的角度，以肖丁的《甲骨文字形总表》以及徐中舒的《甲骨文字典》为基础，罗列一些常用甲骨文文字中"一字多形"即"异体字"的基本构形，其意在熟悉甲骨文字的基本构形与了解甲骨文字构形中增省变化，从中寻找出一些有用的规律，为甲骨文印章的创作提供一些帮助。

所谓"一字多形"亦称"异体字"，是表示同一语素的汉字，其音、义完全相同而甲骨文结构成份不同，或结构成份虽然相同，但其结构部位、结构关系不同的视为"一字多形"或"异体字"。"一字多形"在甲骨文字构形中较为突出，它是早期文字尚未成熟的表现。甲骨文字在其发展过程中由于孳乳、分化的需要，在原有形体上增、减一些符号所产生的异体字，即繁化或简化等的过程。这些异体字具有通用性，而且时代越早通用性越普遍，然而在它们之中总有一个能表达该字字意的基本的构形——即甲骨文字的主构形，而其余构形则我称之为副构形（包括形符、意符、指示性符号、装饰性符号等等）。主构形在甲骨文字中只能简化或繁化、孳乳或分化，但不可以省略，而副构形在文字的发展变化过程中则可以增省而不影响字义，但最终要归为统一。在已释的一千多个甲骨文字中，我罗列出三百多个常见、常用的异体字，了解、分析这些异体字的主、副构形，对入印文字的选择有一定的参考作用。从甲骨文字的主、副构形的特点来看，如果仅从甲骨文入印文字的选择上来考虑，而非从古文字研究的角度来分类，则大致可分为以下几种类型。

（一）构形的繁简

构形中的繁化或简化，这在甲骨文中经常出现，它既有从繁到简的变化，又有从简到繁的变化。（见附表一）

如"福"字，以"尊"（一种盛酒器具）为主构形，用于祭祀，其字形有一百多种，繁简不一，后简化为从"示"。

再如"饮"、"进"、"虎"等字，带有象形意味，因而繁简不一，随着甲骨文字的抽象化程度越来越高，大部分都已被简化了。

再如"岁"字，它是以"斧钺"之形为主构形，中部增"点"或增"止"之形是为表达某种意思的结果，反而把文字繁化了。

繁化与简化是甲骨文字发展中早期构字的重要方法之一。繁化主要是对意义不明、读音不清时增加形符或声符进行进一步确认；而简化则主要为书写简单、便捷而简化成简单符号、或省去构形中重复的部分，目的是更清晰、更准确地表达字义。如"正"字上部"口"形，因刻画不便而简省为"一"等即是如此。

（二）构形中的饰符

在甲骨文字中除主构形之外，还有部分仅具有装饰性、符号性或象形性的构形，其笔画的增、减并不影响字义。（见附表二）

如"东"、"单"、"作"等字，刻画的纹饰可多可少，仅起示义或装饰的作用。

再如"车"字，是以两"轮"之形为主构形，车中的舆、辕、轭、衡、轵等形，皆已成为装饰之部件。

构形中饰符的增、省与构形中的繁化和简化不同，前者是文字构形意义明确而增、省一些不影响字义的符号，而大多数的这些符号或饰符是重复的。如"文"字正面人形中间刻画纵横交错的纹饰多寡并无区别。再如"齿"字口中表示象形"齿"的点画多寡也是如此。

（三）构形的位置

构形位置上下、左右互换及构形或正或反或倒，在甲骨文字中并不少见，如此变换并不影响字义，这也是甲骨文字的特点之一。（见附表三）

如"中"字，因风向的不同，其旗的飘的方向也不同。

再如"止"、"取"、"途"等字，似乎与方向无关，所以正、反无别。

再如"采"用左、右手；"梦"所睡的床："并"两人并立等等，在日常生活中并无限制，因此左右、正反亦无区别。

甲骨文中偏旁写法不固定，上下、左右无别，是其构字的特点之一。正是由于偏旁的不固定而造成了甲骨文中一大批异体字。如"韦"字共有8个异体字，其中一期7个、五期1个，其构形中的"止"置于"口"的上下、左右，位置并不固定，最后才统一成上下结构。

但甲骨文中并不是所有的偏旁位置变化而不影响字义的，有部分或者说少数甲骨文字偏旁构形位置不能易位，它恰恰是靠位置的正反和方向来区别它的字义，入印时要特别加以注意。如"北"和"从"字，其"人"字的相向和相背就分属不同的甲骨文字，即两人相向的为"从"字、两人相背的为"北"字，注意识别。特别值得一提的是甲骨文中的"女"字，"女"字构形中其跪姿正、反无别，但其双手交叉置前置后则大不一样，并影响到由"女"字组成其它字，如"如"、"讯"字的区别。

（四）构形中同类部件的混用（见附表四）

1. 在构形中从"豕"、"牛"、"羊"、"鹿"、"兔"、"马"等以同类动物为构形的甲骨文字，在早期使用上较为混乱，之后以突出射猎、圈养等特点及其在当时农业中的地位不同而逐步确定其中之一型。在入印文字的选择上，应尽量选择其常见的、已定型的字形，以避免产生歧义。

如"逐"、"牧"、"牢"、"沈"等字，从"豕"、"鹿"、"马"、"牛"、"兔"等无别，但最终各自都要定型，归为统一。

2. 在构形中从"又"、"权"、"爪"、"示"等，表示持物或祭祀时，其"又"、"収"、"爪"、"示"等可增省，甚至全部省略而并不影响字义。

如"索"、"孚"、"执"等字，从"示"、"収"、"又"、"米"等无别，再如"福"字在《甲骨文大字典》中就收有一百三十二个异体字。其"示"、"収"、"又"、"米"等皆可增、省，但最后只保留了"示"。

3. 在构形中从"止"、"彳"、"行"、"走"与行走有关的甲骨文字，其"止"、"彳"、"行"、"走"可增、省，并不影响字义。

如"涉"、"遇"、"通"等字，从"彳"、"走"，表示行走之义，甲骨文中从"彳"、从"走"之形无别，可增、省。

4. 作偏旁构形时，从"木"、"屮"、"禾"、"林"、"艸"之形皆属同类，在甲骨文中并无区别。

如"农"、"暮"、"楚"、"艺"等字，从"林"、"艸"、"屮"、"木"等之形皆属同类，在甲骨文中并无区别。

5. 偏旁中构形从"人"、"女"、"子"、"大"（人之正面之形）皆属同类，在甲骨文中并无区别。

如"坠"、"光"、"鬼"、"奚"等字，从倒"人"、倒"子"，"人"、

"女"、"大"等无别。

6. 在偏旁构形中从"攴"、"殳"、"支"、"攵"，都表示手持长形打击器之形，皆属同类，因而在甲骨文中经常混用。

如"鼓"、"教"、"般"、"新"等字，从"殳"、从"支"、"攵"等并无区别。

7. 偏旁混用型。除构形中用同类（如动物）作偏旁的在早期可以混用外，还有不同类的偏旁构形也可混用，但不多见。

如"麓"字，有从"鹿"（动物象形）、也有从"录"（井架辘轳）之形为主构形，"鹿"、"录"不同类，可混用。

再如"伐"字，以"戈"（兵器）之形为主构形，表示以"戈"架于"人"或"兽"颈上之义，偏旁从"人"、从"羌"、从"某兽"之形无别，最后定型于从"人"。

甲骨文中同类部件混用的情况比较复杂，但亦可分为动物偏旁类、表示持物或祭祀类、与行走有关的偏旁类、草木偏旁类、与正面人形有关的偏旁类等，这些同类偏旁部件可以混用，甚至还有少数不同类偏旁亦可混用，但不多见。唯随着甲骨文字发展的和完善，同类部件混用现象逐渐减少，最终各自定型。如"逐"字字形共有 10 个异体字，一期从"豕"5 个、从"鹿"1 个、从"兔"2 个；二期从"豕"1 个；三期从"豕"1 个等，足见其在使用上的混乱。因"豕"每常为射猎、追逐的对象，故后定型从"豕"字。再如"牧"字共 18 个异体字，一期从"牛"7 个、从"羊"8 个，二期从"牛"2 个、从"羊"1 个，几无区别。除因"牛"在当时农业中地位重要以外，更因"牛"字构形简单而定型从"牛"，等等。

以上分类中，也有例外的例子，但不多见。

如"旅、游"字，从"子"、"人"虽属同类，但"旅"从"人"、"游"从"子"则不能混用。

如"相、省"字，从"木"、"中"虽属同类，但"相"从"木"、"省"从"中"，亦不能混用。

如"般、朕"字，从"又"、"収"属同类，表示单、双手持物，但"般"从"又"、"朕"从"収"，不可混淆使用。

总之，甲骨文中的繁简变化、构形饰符的增减、偏旁位置的不固定、同类偏旁的混用等等都是甲骨文字发展尚未定型的表现，因而甲骨文中的"一字多形"则是其必然的产物。我们将甲骨文中的"一字多形"进行分类，从其共性和个性入手分析，了解它的变化规律及造字构形特点，这样有助于我们在甲骨文印章创作中能够加以变化而能灵活地运用它。甲骨文印章的创作受到越来越多的印人的关注，不仅仅是因为甲骨文字的少见、奇特，更在于它的构形变化多端、丰富多彩。它亦为甲骨文入印提供了可供借鉴的素材。

常用甲骨文字字形构形

附表一

字例	主构形	字形	形　义
福			以盛酒器之形为主构形，繁简不定，表示手捧"尊"于"示"前，有祭祀之义。从"示"、"收"无别，后定型从"示"。
社			以封"土"之形为主构形，其"点"表示扬尘之义。简化、演变为"土"字，借为"社"字。
玉			以"玉"成串之形为主构形，上部串玉之丝形不定，三玉、四玉无别。
召			构形不明。（从"臼"、"匕"之形为主构形，"尊"繁简不定，后简化为"召"，通"绍"字。）
唯			从"口"、"隹"之形为主构形，"隹"为短尾鸟之形，繁简不定，通"惟"、"唯"字。
吉			构形不明。（从"士"、"口"之形为主构形，上部"斧"［兵器］形繁简不定。）
周			象被分割农田形为主构形，中间"点"饰表示田中稼禾之形，繁简不定。

字例	主构形	字形	形　义
喪（丧）			从"口"、"桑"之形为主构形，"口"（为采桑之器）之多少无别，借为"丧"字。
歲（岁）			以"斧戉"（兵器）之形为主构形，两点、两"止"乃繁化的结果，正反无别，可增、省。借为"岁"字。
正			从"口"、"止"之形为主构形，其"口"表示城邑，从"止"表示走向城邑之义。上部"点"、"一"为"口"字省写，下部"止"正反无别。借为"足"字。"征"字之本字。
進（进）			从"止"、"隹"之形为主构形，"隹"形繁简不定。下部"止"正反无别。
御			从"卩"、"午"之形为主构形，表示跪而迎迓于道之义。"彳"表示道也，可增、省。"午"字繁简不定。
齒（齿）			以张口见齿之形为主构形，口中齿之多少无别，象形。
龠（仑）			以编管乐器"笙"之形为主构形，上端为乐器"孔"之形以和众声。
和			从"禾"、"龠"之形为主构形（龠为编管乐器之形，省"口"），表示音调也。
善			从"羊"、"目"之形为主构形，古人以"羊"为美味。下部"目"繁简不定，通"膳"字。
異（异）			从"人"举"子"为形为主构形，表示祭祀之义。"子"渐伪变为"祀"之初文。
學（学）			构形不明。

字例	主构形	字形	形　义
贞			以"鼎"之形为主构形,"卜"表示用为问卜之义,可增、省。繁简变化不定。
羊			以"羊"角正面特征之形为主构形,双眼突出羊首特征。象形。
美			以"人"首之上加饰物之形为主构形,饰物有羽毛、羊首等繁简不定,古人以此为美。
凤（风）			以飞"鸟"顶有毛冠之形为主构形,象形,增"凡"表音,通"风"字。
死			从侧"人"、"歺"之形不和构形,表示"人"拜于朽骨旁,人形繁简无别。
腹			从"身"、"复"之形为主构形,表示"人"之腹部。从"身"、"人"乃简化之结果。
奠			从"酉"、"兀"之形为主构形,表示置酒"尊"于"兀"上之义。"酉"繁简不定。
虎			以侧面"虎"之形为主构形,象形,突出其嘴以别于其它动物。繁简不定。
皿			以食之用器之形为主构形,象形。繁简不定。
益			以"皿"溢"水"之形为主构形,上部为水滴之形。借为"溢"字。
血			以"皿"中有"点"之形为主构形,上部以皿盛血之义。
爵			上象柱、中象腹、下象足之酒"器"之形为主构形,象形,繁简不定。

字例	主构形	字形	形　义
食			以"食"物在"器"中之形为主构形。上部盖形繁简不定。
乡（乡）			从"卯"、"皀"之形为主构形，表示二人相对坐共食之义，"人"形繁简不定。通"卿"、"食"字。
矢			以"箭"有"镞"之形为主构形，繁简不定。
來（来）			以小"麦"之形为主构形，借为"来"字，麦之穗繁简不定。
舞			以"手"持"牛尾"之形为主构形，尾毛之数不定，增足，并定形为从足部。通"无"字。
樂（乐）			从"丝"附"木"上之形为主构形，象调弦之器。从"木"乃繁化。
南			以"绳"悬倒置之"瓦器"之形为主构形，瓦器繁简不定，借为"南"字。
鼎			以两"耳"腹"足"之形为主构形，象形。上部增"卜"为"贞"字、增"口"多"员"字。
禾			以"禾苗"之形为主构形，象形。
糠			从"庚"之形为主构形，其"点"表示乐器之声，上部繁简不定，借为"糠"字。通"康"字。
秋			以"蟋蟀"之形为主构形，象形。借为"秋"字。
黍			从散"穗"、"水"之形为主构形，"穗"之多少无别，"水"形繁简不定。

字例	主构形	字形	形　义
宜			从"且"、"肉"之形为主构形，中部为祭"肉"之形，表示祭肉置于架上之义，繁简不定。
宫			以"屋"下通气"窗孔"之形为主构形，其孔数之多少不定。
何			以"人"负"荷"之形为主构形，人形繁简不定。借为"荷"字。
壬			从"人"在土上之形为主构形，下部"土"形繁简不定。
老			以"人"倚"杖"之形为主构形，头戴饰物表示老者，饰物繁简不定。
飲（饮）			以"人"俯首吐"舌"捧"尊"就饮之形为主构形，俯首吐舌之形省变、简化。
龐（庞）			从"广"、"龙"之形为主构形，"龙"形繁简不定，"收"可增、省。
而			象"颌"下"须"毛之形为主构形。
馬（马）			象"马"之侧面之形为主构形，突出头、尾、两足之形，繁简不定。
鹿			以"鹿"侧之形为主构形，象形。突出歧、胫部、角，繁简不定。
狩			从"犬"、"干"（捕兽之器）之形为主构形，表示狩猎之义。"干"繁简不定，通"兽"字。
夾（夹）			以大"人"腋下夹持小"人"之形为主构形，从一人、二人无别。
水			以"水"之形为主构形，象形。从水流、水滴无别。

字例	主构形	字形	形 义
河			以"水"、"丂"之形为主构形，从"丂"、"何"无别。
衝（沖）			从"水"、"中"之形为主构形，繁简不定。
冬			从"丝"绳两端束语之形为主构形，繁简不定。
龍（龙）			以"辛"头巨"口"长"身"龙之形为主构形，繁简无别。
弋			以下端尖锐木"橛"之形为主构形，繁简不定。
彝			以"手"捧"鸟"之形为主构形，表示祭祀之义。繁简不定。
蜀			从"目"、"虫"之形为主构形，甲骨文中多以"目"代"首"，繁简不定。
蠱（蛊）			从"虫"、"皿"之形为主构形，从"虫"、二"虫"无别。
龜（龟）			象"龟"正、侧之形为主构形，象形。
田			以"田猎"、"战阵"之形为主构形，外部"口"象其防，内部表示划分守猎区域之义，繁简不定。
黄			以"人"佩"玉"环形为主构形，中部环形繁简不定。
降			以双"足"下阶之形为主构形，其"足"繁简不定。
禽			以长柄有"网"捕鸟工具之形为主构形，繁简不定。

字例	主构形	字形	形　义
萬（万）			以"蝎"之形为主构形。象形，繁简不定。借为"万"字。
丁			象窗"孔"之形为主构形，繁简不定。"顶"字本字。
庚			以有耳可摇"乐器"之形为主构形，繁简不定。
寅			构形不明（以"弓"、"矢"之形为主构形，繁简不定）。
未			以"木"重枝"叶"之形为主构形，繁简不定。
酒			象"酒"从"尊"中溢出之形为主构形，"水"繁简不定。

常用甲骨文字字形构形

附表二

字例	主构形	字形	形　义
天			以正面"人"之形为主构形，从"二"、"口"（丁）无别，人之上、人之顶（丁），谓天，以示天在人上也。
帝			构形不明（以束薪积柴之形为主构形，表示祭天，引伸为天帝、帝王之义，上部"一"可增、省）。
示			以"木"、或"石柱"（象形主牌位）之形为主构形，其"点"为洒酒之后留有酒滴之形，及上部"一"皆为饰形，可增、省。
祭			以手持"肉"之形为主构形，中部"点"象肉之点，为饰符，表示祭祀之义。

字例	主构形	字形	形　义
王			以无柄斧"钺"之形为主构形，象征权力，上部"一"为饰符，可增、省。
單（单）			以捕兽"干"（工具）之形为主构形，中部"一"、"口"等表示枝下缚绳使其牢固之义。
徒			从"土"、"止"之形为主构形，表示步行，其"点"表示尘土，可增、省。下部"止"正反无别。
舌			以"舌"伸出于口之形为主构形，表示舌头。其"点"表示口液，可增、省。与"告"、"言"同源。
言			以"舌"之形为主构形，舌上加"一"以表示言从舌出。与"告"、"舌"同源。通"音"字。
訊（讯）			以"口"讯反缚"人"之形为主构形，其"系"强调被缚之义，可增、省。与"如"字有别。
競			以"人"接踵竞走之形为主构形，上部"一"、"▽"为头饰。正反无别。
妾			从"辛"、"女"之形为主构形，上部"▽"为头饰，左右无别。
弄			以双"手"持"玉"事神之形为主构形，上部表示岩穴之形，可增、省。
鬥（斗）			象两"人"相争之形为主构形，上部头发似冲冠之状，可增、省。
百			以古"容器"之形为主构形，中部加"∧"表示"百"与"白"区别。
贵			以"手"持田器（工具）于"土"上之形为主构形，表示耨田之义。田器可增、省。

字例	主构形	字形	形　　义
晶			从"星"罗列之形为主构形，饰符多少并无区别。"星"之本字。
星			从众"星"罗列之形为主构形，"生"为声符，可增、省。
録（录）			以井"辘轳"之形为主构形，下部"点"表示水滴之形，可增、省。
宗			从"宀"、"示"之形主构形，其"点"、"一"为饰符，可增、省。
羅（罗）			以"人"张手罗鸟之形为主构形，"隹"可增、省。
作			构形不明（以未成"衣领襟"之形为主构形，手持针形、缝纫之迹形皆表示持针颖线于衣领襟之上，可增、省。通"乍"字）。
文			从"人"正面之形为主构形，中部为饰纹，可增、省。
大			以"人"的正面之形为主构形，上部从"口"（丁）、"一"、"二"无别。
演			从"水"、"寅"之形为主构形，其"点"表示水滴之状，可增、省。
澎			从"水"、"彭"之形为主构形，从"彭"、"壴"无别。
女			以屈膝、双手交叉置于胸前之形为主构形，中部"点"表示"乳"之形，上部头饰可增、省。通"母"字。
土			象封"土"之形为主构形，为契刻方便成空心，其"点"表示扬尘之义，可增、省。通"社"字（用土为社）。

字例	主构形	字形	形 义
封			从"土"植"木"之形为主构形，表示疆界之义，下部因契刻方便成空心。通"丰"字。
車（车）			以车两"轮"之形为主构形，从"舆"、"辕"、"轭"、"衡"无别，可增、省。

常用甲骨文字字形构形

附表三

字例	主构形	字形	形 义
中			以建中"旗"之形为主构形，中部"口"可增、省，"旗"形左右无别。
吹			从"口"、"欠"之形为主构形，表示吹嘘之义，正反、左右无别。
名			从"口"、"夕"之形为主构形，"口"在夕之上下、左右无别。
命			构形不明（从倒"口"、跪姿之形为主构形，表示命令之义，正反无别。通"令"字）。
咸			构形不明（从"口"、"戌"之形为主构形，正反无别）。
止			以足"趾"之形为主构形，象形，表示脚、趾之义。左右无别。
步			以双"足"一前一后之形为主构形，正反无别。
此			从"止"、"匕"之形为主构形，左右、正反无别。
途			从"止"、"余"之形为主构形，通"屠"字。

字例	主构形	字形	形　义
延			从"彳"、"止"之形为主构形，正反无别。通"延"字。
品			从三"口"之形为主构形，表示众庶之义。"口"字上二下一，上一下二无别。
千			从"人"、"一"之形为主构形，表示以"一"加于"人"为一千，正反无别。
为			以"手"牵"象"之形为主构形，正反无别。
尹			以"手"持"丨"（杖）之形为主构形，表示握有权力，左右无别。
秉			以"手"持"禾"之形为主构形，左右无别。
服			以"手"压抑人跪服之形为主构形，表示制服之义，正反无别。
取			以"手"拿"耳"之形为主构形，表示获取之义，正反无别。
叔			从"人"手持"弓"之形为主构形，借"弔"为"叔"字。
友			以二"又"之形为主构形。表示相交友。正反无别。
及			以"手"逮"人"之形为主构形，表示追及之义，正反无别。
臣			以竖"目"之形为主构形，正反无别。
臧			以"戈"击"臣"之形为主构形，正反无别。

字例	主构形	字形	形　义
卜	├	├ Y ㄣ	以龟甲兽骨经烧灼而显现的兆象之形为主构形，象形。左右无别。
相	相	相 相 相	从"目"、"木"为主构形，"木"、"目"位置上下无别。
省	省	省 省 省	从"屮"、"目"之形为主构形，表示视察之义。正反无别。
獲（获）	獲	獲 獲 獲	以"手"捕"隹"（鸟形）之形为主构形，左右无别。
雀	雀	雀 雀 雀	从"小"、"隹"之形为主构形，正反无别。
羌	羌	羌 羌 羌	以"人"头戴羊角之形为主构形，中部绳索表示羁绊之义，可增、省。下部侧人之形正反无别。
幼	幼	幼 幼 幼	从"力"、"幺"之形为主构形，"力"之位置不定。
爰	爰	爰 爰 爰 爰	象二"人"以物相援之形为主构形，正反无别。"援"之初文。
受	受	受 受 受	以"手"持"盘"之形为主构形，表示二人奉丞"盘"相授之义。正反无别。
朕	朕	朕 朕 朕	从"舟"、"｜"、"收"之形为主构形，左右无别。
乃	乃	乃 乃 乃 乃	象女侧"乳"之形为主构形，正反无别。通"奶"字。
彭	彭	彭 彭	以"壴"之形为主构形，其"点"表示鼓声，左右无别。
嘉	嘉	嘉 嘉	构形不明（从"女"、"力"之形为主构形，左右无别）。

字例	主构形	字形	形　义
盡（尽）			以"手"持物在"皿"中之形为主构形，表示器之空可洗涤也。所持之"物"左右无别。
与			以"爪"在"皿"中之形为主构形，表示在皿中澡手也。左右无别。其"点"为水滴之形，可增、省。
即			以"人"就"食"之形为主构形，左右无别。
既			以"人"就"食"已毕掉头之形为主构形，左右无别。
倉（仓）			从"合"、"丩"之形为主构形，"丩"表声，左右无别。
侯			构形不明（从"矢"、"厂"之形为主构形，正倒无别）。
麥（麦）			从"来"、反"夂"之形为主构形，反"夂"象麦根之形，左右无别。
韋（韦）			从"口"、"止"之形为主构形，"口"表示城邑，从"止"表示巡逻之义，位置不定。
杞			从"己"在木下之形为主构形，下部"己"正反无别。
采			从"爪"、"木"之形为主构形，上部"爪"形左右无别。
休			从"人"依"木"之形为主构形，表法休息之义。左右无别
東（东）			以绳约括"橐"主构形，橐（有底橐为囊）中实物之形不同，不影响字义。

字例	主构形	字形	形　义
才			构形不明。从"丨"，上贯"一"（地面）之形为主构形，表示草木之初也。
之			从"止"之形为主构形，表示人"足"于地上有所径也，左右无别。
往			从"止"、"王"之形为主构形，上部左右无别。"往"之本字。
師（师）			从"自"之形为主构形，正反无别，借"自"为师。
國（国）			从"戈"、"口"之形为主构形，"口"象征城郭，表示守国之义。正反并无区别。"国"、"或"本一字。
買（买）			以"网"取"贝"之形为主构形，上下无别。
貯（贮）			以纳"贝"于"宁"（贮器）中之形为主构形，其"贝"位置不定。
邑			从"口"（丁）、"人"跪姿之形为主构形，人跪姿正反无别。
昱			从"日"、"羽"之形为主构形，表示明日之义，左右无别。
游			从"子"、"旗"之形为主构形，表示"子"执旗之义，正反无别。
旅			从"人"聚焦于"旗"下之形为主构形，表示旗下致众之义，正反无别。
族			从"旗"、"矢"之形为主构形，表示一族为一战斗单位。正反无别。

字例	主构形	字形	形　义
月			从"月"半圆之形为主构形，早期中间无"丨"，晚期中间加"丨"，以区别于"夕"字。正反无别。
明			以"日"、"月"之形为主构形，"日"为"窗"之原形，左右、正反无别。
夕			构形与"月"夜有关，故从"月"半圆之形，早期中部有"丨"，晚期中间无"丨"，以区别于"月"字。
多			从二"夕"之形为主构形，重"夕"为"多"，正反无别。
函			以"矢"在"囊"中之形为主构形，"囊"中"矢"之正倒无别。
片			从"牀"之形为主构形，象形，正反无别。"牀"之初文。
克			以"人"躬身负重"物"之形为主构形，上部所负重"物"不同。下部人形正反无别。
年			从"禾"、"人"之形为主构形，表示头顶谷物，正反无别。
秦			以抱"杵"舂之形为主构形，"杵"之形从"午"，实心，空心无别。
寶（宝）			以屋中置"贝"、"玉"之形为主构形，"贝"、"玉"上下位置不定。
寑（寝）			构形不明（从"宀"、"帚"之形为主构形，"帚"正反无别）。
夢（梦）			以"人"卧而手舞足蹈之形为主构形，人形以突出眼部而繁化。其"爿"左右无别，"又"可增、省。

字例	主构形	字形	形　义
疾			从"大"、"矢"之形为主构形，"矢"在人腋下，左右无别。
人			从"人"侧立之形为构形，正反无别。
保			以"人"背"子"之形为主构形，表示保护之义，左右无别。
企			以"人"突出下部"足"之形为主构形，表示举踵之义，后分化为从"止"。正反无别。
伊			从"人"、"尹"之形为主构形，左右无别。
依			从"人"在"衣"中之形为主构形，表示人着衣之义，中间"人"形正反无别。
任			从"人"、"壬"之形为主构形，左右、正反无别。
化			从"人"一正一倒之形为主构形，正反无别。
并			从二"人"侧身并"立"之形为主构形，下部"一"、"二"表示连结二人并立之义。左右、正反无别。
众			从三"人"在"日"下之形为主构形，表示从事农业生产或当兵打仗之义。"人"形可增减，正反无别。
身			以"人"隆其"腹"之形为主构形，腹中"子"形正反无别，可增、省。通"孕"字。
衣			以"襟衽"相互掩角之形为主构形，左右无别。

字例	主构形	字形	形　义
兒（儿）			从小"儿"头大而脑门未合之形为主构形，下部人形正反无别。
兄			从"口"、"人"之形为主构形，下部"人"形正反无别。"人"形为跪姿则为"祝"字。
先			从"人"、"止"字形为主构形，表示走在"人"前之义，左右无别。
欠			以"人"跪而张"口"之形为主构形，正反无别。
印			从"爪"、"卩"之形为主构形，表示以"手"抑"人"使跪之义，正反无别。
色			从"刀"、"人"跪姿之形为主构形，正反无别。
石			从"厂"之形为主构形，正反无别，"口"可增、省。
易			构形不明（正反无别）。
象			以突出长鼻"兽"之形为主构形，象形，正反无别。
駁（驳）			从"马"、"爻"之形为主构形，左右无别。
兔			以长"耳"短"尾"之"兔"形为主构形，象形。正反无别。
臭			从"自"、"犬"之形为主构形，上部"自"为鼻之初文，表示"犬"善嗅，下部"犬"正反无别。

字例	主构形	字形	形　义
狄			从"犬"、"大"之形为主构形，正反无别。
汝			从"水"、"女"之形为主构形，左右无别。
淮			从"水"、"隹"之形为主构形，左右无别。
洹			从"水"环绕之形为主构形，上下、左右无别。
涉			从"止"迹在"水"旁之形为主构形，"止"、"彳"、"水"滴表示徒行于水中之义。
永			"彳"、"人"之形式为主构形，其"点"表示人潜行水中之义。正反无别，通"泳"字。
雪			从"雨"、"彗"之形为主构形，正反无别。
霾			从"雨"、某"兽"之形为主构形，下部正反无别。
至			从倒"矢"、"一"之形为主构形，表法矢有所止之义，象形。正倒无别。
户			从单"扉"之形为主构形，正反无别。
耳			象"耳"之形为主构形，象形，左右无别。
聖（圣）			从"人"、"耳"突出耳之形为主构形，表示人有所听闻之义，"口"可增、省。"人"形正反无别。通"听"字。

字例	主构形	字形	形　义
撣（掸）			从"又"、"单"之形为主构形，左右无别。
姜			从"羊"、"女"之形为主构形，下部"女"形正反无别。
妹			从"女"、"未"之形为主构形，正反无别。
婦（妇）			从"女"、"帚"之形为主构表，"帚"挈乳为"妇"，左右无别。
娥			从"女"、"我"之形为主构形，正反无别。
好			从"女"、"子"之形为主构形，正反无别。
媚			从"女"、"眉"之形为主构形，突出"眉目"，表示女美在眼，正反无别。
委			从"女"、"禾"之形为主构形，正反无别。
如			从"女"、"口"之形为主构表，双手交叉置于胸前，正反无别。与"讯"字有别。
妝（妆）			从"女"、"爿"之形为主构形，左右无别。
戍			从"人"在"戈"下之形为主构形，"人"立于戈下表示戍守之义。正反无别。
或			从"囗"、"戈"之形为主构形，"囗"为城邑，表示以"戈"守城之义，左右无别，通"国"字。

字例	主构形	字形	形　义
戊			象“钺”之形为主构形，正反无别。
我			象兵器之形为主构形，正反无别。
义			从“羊”、“我”之形为主构形，正反无别。
引			从“人”持“弓”之形为主构形。正反无别。
發（发）			从“弓”弦颤动之形为主构形，正反无别。
孫（孙）			从“子”、“系”之形为主构形，以绳结表示其世系之义，左右无别。
紹（绍）			从“系”“刀”之形为主构形，表示以刀断丝之义。正反无别。
極（极）			从“人”立于“地”上之形为构形，上部“一”表示顶极之义。左右无别，孳乳为“极”。
恒			从“舟”在“二”之间之形为主构形，正反无别。
男			从“力”、“田”之形为主构形，“力”之上下无别。
力			以“耒”（原始工具）之形为主构形，正反无别。
館（馆）			从“宀”、“阝”之形为主构形，下部“阝”正反无别。
陟			从“止”、“阝”之形为主构形，表示由下而上登高之义。左右分别。

字例	主构形	字形	形　义
九			从曲"钩"之形为构形，正反无别。
戉			以"钺"（兵器）之形为主构形，正反无别。借为"戉"字。
辰			以手持石"镰"（农具）之形为主构形，表示耕作之义。正反无别。
申			象"电"耀屈折之形为主构形，象形。正反无别。
尊			从"酉"、"収"、"阝"之形为主构形，表示手捧"尊"登进之义，正反无别。
戌			象古兵器之形为主构形，正反无别。

常用甲骨文字字形构形

附表四

字例	主构形	字形	形　义
凸			以卜骨呈兆之形为主构形，"犬"旁可增、省。借为"祸"字。
牡			构形不明（以"士"之形为主构形，表示雄性家畜或兽类，从"鹿"、"牛"、"马"、"羊"无别，后定型为从"牛"。左右无别）。
牝			构形不明（以"匕"之形为主构形，表示雌性家畜或兽类，从"牛"、"马"、"羊"无别，后定型为从"牛"。左右无别）。

字例	主构形	字形	形　义
牢			以栏养牲畜之形为主构形，从"牛"、"马"、"羊"等无别，后定型为从"牛"。
逐			从"止"于某动物后之形为主构形，表示追逐之义。从"豕"、"鹿"、"兔"无别。
養（养）			从"攴"、"羊"之形为主构形，从"攴"、"殳"无别、从"牛"、"羊"无别。"养"、"牧"同源。
家			从"宀"、"豕"之形为主构形，"宀"表示门内屋室之义，从"豕"、"犬"无别。
沈			以"牛"沉入水中之形为主构形，中部从"牛"、"羊"无别。
福			以盛酒器之形为主构形，繁简不定，表示手捧"尊"于"示"前，有祭祀之义。从"示"、"収"无别，后定型从"示"。
祀			以"子"或以子省之形为主构形，象征神主之子，人举双手表祭祀之义，"示"可增、省。
祖			以盛肉之"俎"（为载肉之器也）之形为主构形，本为断木侧视之形。从"示"表示祭祀，可增、省。
祝			以"人"侧跪之形为主构形，从"示"、从人伸双手跪于神前，为祷告之状，可增、省。

字例	主构形	字形	形　义
璞			构形不明（于山下以手举"辛"扑玉于畄中之形为主构形，从"収"、"又"无别）。
登			以捧"豆"（某种器物）升阶之形为主构形，表示敬神之义，"収"可增、省。
得			以"手"持"贝"之形为主构形，从"彳"表示行有所得，可增、省。从"又"、"収"无别。
戒			以"手"持"戈"之形为主构形，从"又"、"収"无别。
興（兴）			以"手"抬"盤"之形为主构形，从"収"、"臼"无别。
史			以"手"持"干"（捕获工具）之形为主构形，从"又"、"収"无别。通"事"、"吏"、"使"字。
專（专）			从"手"纺砖旋转之形为主构形，"又"、"収"无别。"转"字本字。
離（离）			从"隹"之形为主构形，下部为捕猎工具。"又"表示以"手"擒之义，可增、省。
典			从"収"、"册"之形为主构形，表示以"手"献册之义。从"又"、"収"无别。
索			以"手"执绳"索"之形为主构形，从"又"、"爪"无别，可增、省。
束			以"绳"束"木"之形为主构形，从"又"、"収"表示持"帚"驱牛之义，"又"可增、省。

字例	主构形	字形	形　义
侵			构形不明（从"牛"、"帚"之形为主构形，表示持"帚"驱牛之义，"又"可增、省）。
使			以"手"持"干"（捕兽之器）之形为主构形，下部从"又"、"収"无别，通"事"、"吏"字。
俘			以"手"逮"人"之形为主构形，上部从"又"、"収"、"爪"无别。"彳"表示驱俘虏以行之义，可增、省。
埶（执）			从"幸"、"丮"之形为主构形，象"人"两手加"梏"之形，从"丮"、"収"无别。
妻			构形不明（从"女"、"屮"之形为主构形，上部形如长发，从"又"、"収"无别，表示古有掠女为妻之义）。
妥			从"爪"、"女"之形为主构形，表示以"手"抑"女"止坐之义，从"爪"、"又"无别。
系			从"手"持"丝"之形为主构形，从"又"、"爪"无别。
徉			从"行"、"羊"之形为主构形，"羊"形繁简不定，从"行"、"彳"无别。
前			以"止"在盘中之形为主构形，表示洗足之义。从"行"有示行进，可增、省。借为"前"字。"湔"字原字。
會（会）			从"行"、"合"之形为主构形，表示脚步之义，"止"可增、省。

字例	主构形	字形	形　义
逆			以倒"人"之形为主构形，从"止"、"彳"表示人从对方走来，或表示行于道而迎之。
通			从"用"、"彳"之形为主构形，甲骨文中从"彳"、"止"、"走"无别。正反无别。
追			从"止"、"自"之形为主构形，从"彳"、"走"无别。
後（后）			构形不明（从倒"止"系绳之形为主构形，偏旁"彳"可增、省）。
德			从"彳"、"直"之形为主构形，表示循环视察之义，从"彳"、"行"无别。借为"德"字。
衛（卫）			从"行"、"口"、"止"之形为主构形，从四"止"、"方"表示巡行于城邑之义。
牧			以"手"持"鞭"、"棍"之形为主构形，从"牛"、"羊"无别，"止"、"彳"表示游牧之义，可增、省。
遇			以两"物"对立之形为主构形，"彳"、"止"、"走"表示行走之义，可增、省。通"萴"字。
復（复）			构形不明（从倒"止"、"亞"之形为主构形，表示往返出入之义）。
旋			从"足"、"旗"之形为主构形，表示旗下周旋之义。从"足"、"止"无别。
從（从）			从二"人"一前一后之形为主构形，表示两人相随之义，"止"、"彳"可增、省。

字例	主构形	字形	形　义
衍			从"行"、"川"之形为主构形，表示百川归海之义，"川"字繁简不定，从"彳"、"行"无别。
折			以"斤"断"木"之形为主构形，从"木"、"屮"无别，"又"可增、省。
蒿			从"林"、"高"之形为主构形，从"林"、"艸"无别。
春			从"屯"之形为主构形，表示春时生也，从"林"、"艸"无别。"日"可增、省。
莫			以"日"落草木中之形为主构形，从"禾"、"林"、"艸"无别。从"隹"表示鸟归林以示日暮之义。
農（农）			从"辰"（农具）、"林"之形为主构形，表示"辰"在草丛中。从"林"、"艸"无别。
藝（艺）			以"手"持"木"之形为主构形，从"木"、"屮"无别。
柏			从"木"、"白"之形为主构形，从"木"、"林"无别，"木"、"白"位置上下不定。
栅			以编竖"木"之形为主构形，从"屮"、"木"无别。
麓			从"鹿"之形为主构形（或从"录"），从"艸"、"林"无别，表示田猎或山麓。
楚			从"林"、"正"之形为构形，从"林"、"艸"、"木"和"足"、"疋"无别。

字例	主构形	字形	形　义
朝			从"日"、"月"、"木"之形为主构形，表示日月在草丛中之义，从"木"、"艸"无别。
眉			以"目"上增眉毛之形为主构形，下部"人"、"女"乃繁化。
姬			从"每"、"阝"为主构形，下部"每"、"女"通用无别。
墜（坠）			从倒"人"、"阝"之形为主构形，表示下行之义。从倒"人"、倒"子"无别。
每			从"女"之形为主构形，上部"筭"为头上饰物，从"女"、"母"无别。通"晦"字。
若			构形不明（以手理顺"发辫"之形为主构形，下部曲膝之形为左右无别）。
介			以"人"着"甲"（联革）之形为主构形，其"点"表示甲片之形，可增、省，"人"形正反无别。
嗣			从"册"、"子"之形为主构形，从"大"表示长子也。
蔑			从"眉"、"人"、"戈"之形为主构形，表示以戈击人之义，下部从"人"、"女"无别。
賓（宾）			以"屋"下"人"之形为主构形，从"人"、"女"无别，"止"表示人自外而至，可增、省。"宾"、"嫔"一字。
安			从"宀"、"女"之形为主构形，从"女"、"母"无别。

字例	主构形	字形	形　义
宿			从"人"、"席"之形为主构形，从"女"、"人"无别，位置不定。"宀"表示在屋中宿止之义，可增、省。
望			以"人"立举"目"（竖目）相望之形为主构形，从"人"、"壬"无别。
見（见）			从"人"突出眼部之形为主构形，表示人"目"平视有所见之义，下部"人"形立跪不定。
鬼			以"人"身巨"首"之形为主构形，巨"首"表示与"人"有异。"人"形侧、立、跪、正面之形无别。下部从"女"则通"畏"字。
長（长）			以"人"之长"发"之形为主构形，"人"形下部"止"可增、省。
光			以"火"在"人"头上之形为主构形，表示光明之义，从"人"、"女"无别。
奚			象"人"头上"发辫"之形为主构形，"爪"、"收"表示牵扯发辫之义，可增、省。从"人"、"女"无别。
浴			从"人"、"皿"之形为主构形，"水"滴表示人浴"盘"中。从"人"、"企"无别。
艱（艰）			从"壴"、"堇"之形为主构形，从"堇"、"人"、"卩"无别。
孕			从"人"腹中有"子"之形为主构形，从"人"、"女"无别。若从"女"可省腹中之子形，若从"人"省子则为"身"字。

字例	主构形	字形	形　义
育			从"女"、倒"子"之形为主构形，从"女"、"人"无别。通"后"字。
教			构形不明（从"攴"、"爻"之形为主构形，繁简不定，与"学"字同）。
鼓			以"手"持鼓锤击"鼓"之形为主构形，"攴"繁简不定，左右无别。
敝			构形不明（从"巾"、"攴"之形为主构形，其"点"表示败巾之义，可增、减）。
效			从"爻"、"攴"之形为主构形，正反无别。
攸			从"从"、"攴"之形为构形，正反无别。
枚			从"木"、"攴"之形为主构形，表示操舟之义，左右无别。
般			从"凡"、"攴"之形为主构形，"凡"表示高圈足"槃"，左右无别。
敗（败）			从"口"、"贝"之形为主构形，从"口"、"攴"无别。
埋			以"凵"坎穴之形为主构形，从"人"、"牛"、"羊"、"鹿"、"豕"无别，从"人"少见。通"薶"字。
膏			从"高"、"肉"之形为主构形，下部从"肉"不从"月"。"口"可增、省。
伐			以"戈"形兵器之形为主构形，从"人"、"羌"、"兽"形无别。

字例	主构形	字形	形　　义
湄			从"水"、"眉"之形为主构形，下部"人"、"口"无别，可增、省。
新			以"斤"斫"木"之形为主构形，从"辛"、"辛、木"无别。"薪"之本字。
唐			从"口"、"庚"之形为主构形，"庚"为古代乐器"钲"和"铙"之形。从"口"、"凵"无别。
各			从"口"、倒"止"之形为主构形，"彳"、"止"表示行来之义，可增、省。从"口"、"凵"无别。
歸（归）			构形不明（"自"之形为主构形，"帚"上部从"止"无别，借为"归"字）。
曼			从"手"、"目"之形为主构形，表示以"手"张目之义。从"目"、"面"无别。
利			以"耒"梨地种"禾"之形为主构形，点表示翻起的泥土。从"土"、"又"可增、省。
卣			象圜底容器之形为主构形，下部从"口"、"凵"无别。
旨			从"匕"、"甘"之形为主构形，"甘"、"口"无别。
盧（卢）			以兽"革"覆屋顶之形为主构形，"火"表示室内之火塘，可增、省。
阱			从"鹿"陷于"凵"坎中之形为主构形，从"凵"、"井"无别。其"点"表示"凵"中有水，或增、省。

字例	主构形	字形	形　义
高			高地穴居覆遮盖物之形为主构形，"口"表示穴居之室，可增、省。
啬（嗇）			以"禾"堆积之形为主构形，从"田"、"亩"表示田禾成熟可收藏之义。从"禾"、"麦"无别。
出			"止"、"凵"坎穴之形为主构形，表示"人"出洞穴之义。从"彳"、"行"表示出行。从"凵""口"无别。
香			从"黍"、"口"之形为主构形，表示盛"黍"于器之中，从"黍"、"来"无别。
室			从"宀"、"至"之形为主构形，表示居屋或祭祀地之义。从"至"、"矢"无别。
辟			从"卩"、"辛"之形为主构形，"口"可增、省。

常用甲骨文字字形构形

附表五

字例	主构形	字形	形　义
曾			构形不明（以釜鬲之箅、蒸气逸出之形为主构形，为"甑"之初文）。
公			构形不明（象"瓮"口之形为主构形，下部从"口"、"口"（丁）无别。借为"公"字）。
牛			以"牛"角、首之形为主构形，象形。
物			以"耒"（农具）之形为主构形，表示耒田起土之义，借为"物"字。

字例	主构形	字形	形　　义
告			以"舌"之形为主构形,上部增"丨"表示告诉之义。与"言"、"舌"同源。
君			以"尹"之形为主构形,同"尹"字。
启			以"手"开"门户"之形为主构形,"日"表示云开见日之义。
遗			从"臼"、"阝"之形为主构形,下部从"口",可增、省。
古			构形不明(通"故"字)。
丞			从"収"、"人"之形为主构形,表示人陷于阱内从上拯救之义。"拯"之初文。
隹			以"禽"类在羽毛之形为主构形,为禽类通称。作偏旁时与"鸟"通用。象形。
雉			从"矢"、"隹"之形为主构形,从"夷"有伤亡之义,与"矢"无别。
舊(旧)			从"萑"、"凵"之形为主构形,借为"旧"字。
集			构形不明。从"隹"(鸟)之形为主构形。
朋			以线绳穿"贝"之形为主构形,从"丨"表示数字"十",意为十朋,合文。
幽			从"火"、"幺"之形为主构形,表示颜色,不从山。
工			构形不明("口"当为刻画之便,借为"贡"字,献其典册,表示贡献之义)。

字例	主构形	字形	形　义
喜			构形不明。从"壴"（鼓形）、"口"之形，表示以"口"盛"壴"之义。
豐（丰）			以盛玉"豆"器之形为主构形，串玉之形不定。
良			构形不明（以"豆"形盛食物之香气飘出之形为主构形；或以穴居"口"两侧出之通道之形为主构形）。
乘			以"人"乘"木"之形为主构形，表法升、登之义。
因			从"口"、"大"之形为主构形，"茵"之初文。
貝（贝）			象海"贝"之形为主构形，象形。
齐			构形不明（象"禾麦"吐穗之形为主构形，表示"禾麦"参差而实齐之义）。
帚			以"帚"（某种植物）之形为主构形，象形。借为"妇"字。
觀（观）			以"隹"戴毛角之形为主构形，"口"表示眼睛突出之状，借为"观"字。
苟			以"狗"蹲距警惕之形为主构形，引伸为"敬"义，"警"之初文。
犬			以"狗"侧面瘦腹拳尾之形为主构形，尾上翘为"犬"，以区别于"豕"字。
火			以"火"焰上升之形为主构形，下部为弧形为"火"字，与"山"有别。
溺			从"人"、"氵"之形为主构形，表示遗溺之义。"尿"之初文。

字例	主构形	字形	形　义
湿			构形不明（从"水"、"㬚"之形为主构形，"止"表示足湿之义，可增、省）。
雩			从"雨"、"于"之形为主构形，"于"、"舞"无别，表示乐舞降神祈雨之义。
云			从"二"、"亘"之形为主构形，象形，表示云气回转之义。
渔			以"鱼"之形为主构形，象形。网形，垂钓形、手捕形无别，表示捕鱼之方式也。
不			以"草根"（或花萼）之形为主构形，象形。借为"不"字。
門（门）			以二"扉"关闭之形为主构形，象形。上部"一"（键、楣）可增、省。
聽（听）			从"口"、"耳"之形为主构形，表示从口有所言、从耳有所闻也。"口"可增、减。
聲（声）			以"殳"击"磬"之形为主构形，表示"声"闻于"耳"之义。"殳"可增、省。
聞（闻）			以"手"掩"口"而"听"之形为主构形，掩口之形可增、省。
武			从"止"、"戈"之形为主构形，表示征伐之义。从"行"表示持"戈"行于道，可增、省。
亡			构形不明（左右无别。通"无"字）。

字例	主构形	字形	形　义
系			以束"丝"之形为主构形，象形。上、下部"屮"之形表示束丝之义。
叀			象水中漩涡回转盘旋之形为主构形，上部"一"可增、省。
堇			以两"臂"反缚之形为主构形，下部"火"表示焚以祭祀之义，可增、省。借为"艰"字。
成			从"戊"、"口"（丁）之形为主构形，其"点"为"口"（丁）之省。若从"口"则为"咸"字。
薛			构形不明。（从"辛"、"自"之形为主构形，正反无别。）
子			以孺"子"之形为主构形，地支"子"作"□"之形，借为"子"字。

浅议甲骨文书法的研究与培训

贾书晟

一、问题的提出

1899 年，殷商甲骨文被学者所发现，是文化史上震惊世界的一件大事。经过几代学者百余年的研究，甲骨学现已成为世界性的一门显学。

甲骨文的发现，不仅为史学、考古学、古文字学乃至天文、医药、科技等学科提出了一系列崭新的研究课题，对中国书法也产生了巨大的影响。尽管现在学者们从书法史的角度，对甲骨刻辞能否称得上是"书法"，尚有不同的看法。但甲骨刻辞具有后世书法的诸多要素，以及许多今文字书法和其他古文字书法所没有的独特书法美学因素，却是大家所公认的。

正因为如此，具有深厚书法底蕴的"甲骨四堂"之一的雪堂罗振玉先生，在 20 世纪 20 年代初，率先将甲骨文移植到笔墨书法中来，并于 1921 年出版了《集殷墟文字楹帖》。1927 年罗氏又将章钰、高德馨、王季烈所集及己作增补后汇集出版了《集殷墟文字楹帖汇编》。1928 年西泠印社创始人之一的丁仁出版了《商卜文集联（附诗）》。1936 年简琴斋又有《甲骨集古诗（上编）》问世。

与此同时，"甲骨四堂"中的彦堂董作宾先生于 1933 年出版的划时代著作《甲骨文断代研究例》中，将"字形"和"书体"列为十项标准中的两项。毫无疑问，这两项也属于书法的范畴的。1950 年，董作宾先生又与汪怡先生合著《集契集》（后由欧阳可亮书写在日本出版），并且留下了大量甲骨文墨宝，成为一代大家。

1937 年，"甲骨四堂"中的鼎堂郭沫若先生在其《殷契萃编》的自序中，有一段对研究甲骨文契刻书法极为重要的精彩推断，往往被引述者所删去。他说，"读者请试展阅第一四六八片焉。该片原物当为牛胛骨，破碎仅存二段，而文字幸能衔接，所刻乃自甲子至癸酉之十个干支。刻而又刻者数行，中仅一行精美整齐，余则歪刺几不能成字。然于此歪刺者中，却间有二三字与精美整齐者之一行相同。盖精美整齐者乃善书善刻之范本，而歪刺不能成字者乃学书学刻者之摹仿也。刻鹄不成，为之师范者从旁捉刀助之，故间有二三字合乎规矩。师弟二人蔼然相对之态，恍如目前，此实为饶有趣味之发现。且有此为证，是知存世契文实一代法书。而书之契之者乃殷世之钟王颜柳也"。

由此可见，甲骨学的奠基者，都对甲骨文书法给予了足够的重视，并且都是甲骨文笔墨书法的大师。

1952 年，著名甲骨学家胡厚宣先生，在其《五十年甲骨学论著目》中，于"汇集"类下专设"诗联"一项，将前述罗、丁、简等的集著收入。其意义至为深远！这标志着甲骨文笔墨书法的研究，已经成为甲骨学研究中的一个新的分支。

上世纪 80 年代以来，在老一辈甲骨学家的垂范、推动和鼓励下，甲骨文笔墨书法有了很大的发展。表现在甲骨文书法家和爱好者的队伍迅速扩大，各级各类甲骨文书法的群众组织纷纷建立，各种形式的甲骨文书法篆刻展赛逐年增多，各类甲骨文书法的资料和作品集大量问世。特别值得提出的是江苏省、安阳市的有识之士，率先将甲骨文书法队伍组织起来，并且搭起了海峡两岸交流的桥梁，其功绩将永载史册。

正如我们要充分肯定既往的成绩一样，为了甲骨文书法艺术的进一步发展，我们也必须清醒地看到，甲骨文书法，虽然经历了八十多个年头，但与其他书体的书法相比，我们对其固有的艺术规律的认识和把握，还远远不够。甲骨刻辞中蕴含的诸多书法美学因素，有许多还未被我们发现和充分认识。尽管有不少学者间或有所论及，但不论是深度还是广度都还相当肤浅，更没有上升到理论的高度。

对于前辈甚至一些大师级的书家的成功经验，包括他们的某些不足，也缺乏严肃的、认真的总结。称颂者多停留在赞扬、艳羡的层面上，对后学者缺少启迪作用，仍然是"徒见成功之美，不悟所致之由"。贬抑者又往往采取"一棍子打死"的态度。比如对罗振玉除其开创之功无法否认之外，对其书法，则以"只能算是以甲骨文字形写成的篆书或钟鼎文"一句话，予以全盘否定。

至于目前的甲骨文书法队伍，基本上来源于两个方面，一部分专业是从事甲骨文研究，同时兼及书法创作者；另一部分是书法家或书法爱好者，转攻甲骨文书法。这两部分人，与罗振玉、董作宾这些大师相比，各有其先天的不足。应当肯定，今天专业的甲骨学者，在前人研究的基础上，在资料日益丰厚的条件下，通过个人的刻苦钻研，在学术造诣上多已超过前辈，但在笔墨功底上，却不能与老一辈相比。加之，他们的科研与教学任务十分繁重，即使有这种兴趣和愿望，也没有足够的时间。所以这部分人的书法功底就显得比较薄弱。另一部分人，原有书法功底较好，后转攻甲骨文书法，大多甲骨学基础不够。加之，甲骨学对于非专业者来说，是比较艰深的。特别是年青一代，他们是学简化字长大的，连繁体字都认识不多，更不用说古文字了。对于这些人来说，学习甲骨文几乎等于又学一门新的专业，其困难是可想而知的。笔者看到有的人临习甲骨拓片，由于不懂甲骨文，竟将右行的卜辞从右向左写，又不按原作换行，结果无法属读。连卜辞的行款都弄不清楚，又怎能把握其艺术规律呢。于是有些人就找捷径，即照别人的作品集来模仿，结果当然就不可能有殷人的刀笔趣味。甲骨文书法作品中错字不绝，与此也不无关系。笔者曾会见过一位小有名气的甲骨文书法家，其自称从未临过甲骨拓片。可见这绝不是个别现象。

上述种种现象，潜伏着很大的危机，这就是正不知不觉地将已经列为甲骨学研究分支的甲骨文笔墨书法，逐步边缘化。如仍不警觉，任其发展下去，极有可能为甲骨学所抛弃，成为一种不伦不类的异化的"怪胎"。

因此，深入开展甲骨文书法的研究和探索甲骨文书法队伍的培训，就成为关系到甲骨文书法健康发展的刻不容缓的大事了。

二、必须加强对甲骨文书法的研究

秦永龙先生在为拙作《汉字书法通解·甲骨文》写的序文中，以高度的责任感和极大的热情，强烈呼吁应加强对整个先秦古文字书法的研究。该文后以《书法史应加强对古文字书法的研究》为题为《书法丛刊》所转载。文章在指出魏晋以来的书法史存在厚"今"薄"古"倾向后指出，"博大精深的中国汉字书法艺术，是一个顺着历史纵向延伸的开放型的大系统，在这个大系统中，古文字书法和今文字书法所能体现的审美范畴，所能造就的艺术意境，是完全不同的，更是不能相互替代的。同样的道理，古文字书法中不同字体的书法也是这样。因此，如果缺少了历史上任何一种成熟字体（比如古文字中的甲骨文、金文、楚简帛文等）的书法，这个系统就是不完美的，中国书法这座'东方艺术的最高峰'就不能那么雄伟壮丽了"。接着，作者还对具体的研究方法提出了建议。

我们所要讨论的就是古文字书法中的甲骨文书法。

这里所说的甲骨文书法，实际上包含两层意思，一是指古人用刀刻在龟甲兽骨上的刻辞所表现出来的艺术效果，即契刻书法。另一层意思就是我们现在用毛笔在纸上书写的甲骨文书法，我们称之为笔墨书法。后者是从前者移植过来的，是对前者的提炼和升华。所谓甲骨文书法的研究，就是要从这两个层面进行深入的考察、分析、提炼、总结，从中找出其艺术因子，艺术特色和艺术规律，最后上升到理论的高度。这些问题，在前人的论述中，零星地偶有涉及，但全面的、系统的进行理论探讨，还有大量的工作需要有志于此的有识之士去做。

对于契刻书法，我们对它研究得很不够。由于甲骨文难学难认，许多人特别是非古文字专业的书法工作者，往往将主要精力放在认字和用笔上，很少去注意从总体上来把握其艺术特色和艺术规律。这方面的研究，确实不是轻而易举的。存世的殷商甲骨，多达十余万片，仅国内著录的《甲骨文合集》、《甲骨文合集补编》、《小屯南地甲骨》和《殷墟花园庄东地甲骨》即有近六万片，如何准确、恰当地从中遴选出具有代表性、典型性的拓本，作为个案分析的样本，就是一项浩大的工程。当然，以什么为出发点，如何划分样本的类型，研究者的标准和观点也不可能完全相同。董作宾在研究断代时，根据甲骨文刻辞的时代特征，划分了五个时期，将这五期的书风作了概括的描述。郭沫若的看法与董氏基本一致，但对董氏认为"颓靡"的第三期书风，则认为"虽潦倒而多姿，而也自成一格"。2000 年张宗方先生

《甲骨文书法例说》一文中，将甲骨文分为"工楷、行草、劲峭、雄浑、疏放、紧固、流线、凝结"八个类型；2002 年顾音海先生在《甲骨文·发现与研究》一书中，则把甲骨文分为"劲健雄浑型"、"秀丽轻巧型"、"工整规矩型"、"疏朗清秀型"、"丰腴古拙型"等五种类型；2004 年王本兴先生又将甲骨文分为"奇肆雄浑型"、"宽绰疏朗型"、"俊秀遒丽型"、"尖利奔放型"、"方整内敛型"、"婉转流畅型"、"挺拔修长型"、"率性随意型"等八个类型。笔者认为，这些分类虽略有不同，但他们都试图从整体风格上来把握甲骨文契刻书法的美学特征，都是对契刻书法的研究走向深入的表现，其意义的重要性也都是不言而喻的。应当承认，甲骨刻辞的书法风格，几乎每一片都有其独特之处，不论是五类还是八类，都不可能将数万片甲骨划分得各归其类，而且分类越细，类与类之间的界限越不易划清。我们建议，持有不同分类标准的作者，尽可以在各自分类的基础上，将各类样本进一步进行全面的分析和品鉴，揭示出其审美范畴、艺术意境和表现手法，从而总结出带有规律性的法则和实现这些法则的技巧。

宗白华先生在其《中国书法中的美学思想》一文中，全面引述了唐代欧阳询真书结体的三十六法，在分析"管领"与"接应"时，以甲骨文的特征作为例证，他说，"殷初（按：原文如此，应为商代中晚期）的文字中往往间以纯象形文字，大小参差、牡牝相衔，以全体为一字，更能见到相管领与接应之美"。这段话既给了我们研究甲骨文书法美学的启示，也等于给我们留下了研究甲骨文书法美学的一个课题，如何处理"大小参差"，怎么才叫"牡牝相衔"，怎样才能做到"以全体为一字"？如能就这些问题总结出一些具体的表现手段、处理法则、典型规律。无疑对我们欣赏、借鉴甲骨文契刻书法的艺术精华是大有裨益的。

当然，在甲骨文契刻书法的研究中，还可以对有名的几位贞人的书法个性进行分析，寻找其个性的特征和表现手法。

甲骨文书法研究的另一个层面，就是对其笔墨书法的研究。这应当包含两方面的内容。

一个方面就是对八十多年来几代优秀的甲骨文书法家的艺术实践和他们的得失，进行全面的、历史的、客观的总结。这些老一辈的艺术家，在探索如何将契刻书法提炼到笔墨书法中来，都作了各自的努力，他们的经验，包括他们的"得"和"失",都是一笔宝贵的财富。他们留下的一些论述甚至只是一些只言片语,都是重要的资料,不论今天看来是"对"还是"错",都是前人探索的轨迹。他们留下的墨迹,更是最宝贵的第一手资料,他们艺术实践中的"得"和"失",全都蕴含在其中。对于过去一些评论家对他们的评论,只能看作是重要的"参考资料",既不可忽视,也不能盲从。应当承认,有些评论确实是切中肯綮的,很有借鉴价值。也有一些评论,只是泛泛之论,甚至是不负责任的吹捧或感情用事的贬抑。这就要认真地进行实事求是地梳理,将真正有价值的经验流传和发扬下去。

另一个方面就是对当前个人实践中的心得、体会,特别是在甲骨文书法创作中如何既能体现殷人的刀笔意趣,又能展现笔墨的丰富表现力的经验,及时地加以总结。这同样也是一项十分艰辛的工作。书法这种艺术门类,有它的特殊性。这就是有些东西,很难用语言描述出来,这就是古人说的"得意而忘言"。这就要求当代的甲骨文书法家,在进行艺术实践的同时,还要多开动脑筋,牢记"学而不思则罔,思而不学则殆"的古训,随时注意总结、提炼,将自己的成功经验上升到理论的高度。

在甲骨文书法的研究中,还有一个严格来讲并不属于"书法",却又是书法所"躲不过、绕不开"的问题。这就是识字和用字的问题。当然,这个问题在其他古文字书法中也是存在的,但远没有甲骨文这样尖锐和严重。小篆,许慎在《说文解字》中收字 9353 字,宋代大徐增补至 9431 字,足够书法家使用。西周金文和战国文字若严格按时间或地域划分,每一类字数也不敷用,但由于距秦篆时间较近,大多可以借小篆略加改造羼入使用,清代吴大澂书写的《论语》和《孝经》就是这样做的。甲骨文则大不相同。一方面甲骨文发现较晚,距已识的古文字年代又较远,考释起来困难自然就更大。目前虽然号称已经认识了一千五百字左右,其实其中有些字在文字学界尚未取得一致的看法,一字两释乃至数释的现象还存在不少。还有一些字,过去考释错了,在学术界虽已得到纠正,但由于过去的书法作品的流传,至今还在不断扩散。更有甚者,在老一辈书法家中,有人以"书法是美术品之一,不能够用学术的立场加以限制"为由,任意使用误释字,从理论到实践,给后代滥用错字的人提供了依据。在这种混乱的局面中,更有人"浑水摸鱼",主观地据形释义,为我所用,甚至"杜撰"一些甲骨文中根本没有的字形。目前在甲骨文书法界，说用字是"一片混乱"恐怕并不为过。因此，尽快整理出一部供书法界使用的科学、准确的常用字甲骨文字形表，就是刻不容缓的了。这项工作看似容易，因为并不要求整理者自己去考释，只要将迄今为止学术界已经考释出来的字汇集起来就可以了。但是，事情并不像想象的那么简单。因为这类汇总工作，总是要滞后于考释工作的，可能今天刚刚交稿，明天又有新的考释成果出来了。目前，我们所能看到的字书或字表，如姚孝遂、肖丁编纂的《甲骨文字形总表》（于省吾主编的《甲骨文字诂林》就是以该表为序的集释），徐中舒主编的《甲骨文字典》都是上世纪 80 年代的成果。沈建华、曹锦炎编著的《新编甲骨文字形总表》出版于 2001 年，虽然对姚、肖的《总表》进行了校订，并增补了近800 字，但对今天的常用字并无多大的变动，近 20 年来新考释出来的字吸收并不多。郑州大学王蕴智先生发表的《商代文字可释字形的初步整理》（初稿写成于 1996 年，据作者讲 1999 年提交时增补了部分可以补缺的金文字头），收字（基本上都是现代可用的字）1235 字，可以说是最新、最全的一份字表。但是詹鄞鑫先生 2001 年发表于《华夏考古》对"华"和"夏"的考释，也未及收入。而出现于《合集》36418 的"临"字，《类纂》已释，《总表》未收，上述其他各表也均未收。可见，要编制一份最新的比较完善的字表，不但要广泛收集散见于各种书刊的考释文章，还要有一定的古文字学造诣能够决定取舍，才能完成，所以这绝不是几个人所能胜任的。

　　笔者认为，除了从正面编制科学完善的字形表以外，还有一项重要的刻不容缓的工作要做，这就是对目前流行于书法界的那些错字（不包括通假字）进行"消毒"，把那些冒充甲骨文的"伪劣产品"，一个个"揪"出来，予以"枪毙"。不进行彻底地清扫，它们是不会自动退出历史舞台的。这也不是一件轻松的工作。首先要具有鉴别能力，而且能举出"宣判"的"法律依据"。此外还要排除相当大的阻力，因为有的"书法家"，正是依靠它们"混饭吃的"。

　　除了"消毒"之外，还有一项"甄别"工作要做。这就是甲骨文中有一些字隶定下来，容易与今天的简化汉字相混淆。这些字对于学简化字成长起来的年青人很容易产生误解，以至于编书的人自己也弄不清楚。比如甲骨文中有一字形，就是"送"、"朕"等所从的"灷"，习惯上隶定为"关"，此字读"zhuàn"，并非"關"字。又如甲骨文中有一个隶定为"圣"的字，这个"圣"不是"聖"的简化字，《说文》谓："汝颖之间谓致力于地曰圣"，读"kū"而不读"shèng"。再如甲骨文中有一个类似手铐形的象形字，本是"執"和"圉"所从的读作"niè"的字，隶定后与幸福的"幸"字形混同，有人就当作幸福的幸字来用。还有，隶定为"權"、"膠"、"親"等字，也与"权"、"胶"、"亲"无涉。限于篇幅，此处不再一一举例。这些问题，如不及时进行甄别，将会造成意想不到的混乱。

三、关于甲骨文书法队伍的培训问题

这里所说的"培训"，是泛指包括所有学习形式的书法学习。

任何书体的书法，都需要学习，而且各种书体的书法之间，都有可以相互借鉴之处。但是，不同书体的书法，又各有自己的特殊之处。特别是古文字与今文字，其差别就更大。而甲骨文更是迄今为止我们所认识的汉字之祖，学习甲骨文书法，自然就与我们所熟知的真、草、隶、篆的学习方法有较大的差别。

怎样才能学好甲骨文书法，甲骨学界的专家们，有不少精辟的论述。严一萍先生在其《甲骨学·甲骨文字之艺术》章中提出，"是必深于甲骨之学，精制'小学'之功，富有文学才华，书法修养，方能臻于上乘。……集契必须正识契文，临池挥毫，必先揣摹墨拓形象，庶几取法乎上，而后名家可期也。"

王宇信先生在他的《甲骨学通论》一书中，也专门用一章的篇幅来讨论《甲骨文和甲骨书法》，他用简练和通俗的语言，提出对甲骨书法"准备"和"求精"两个层次的要求。在"准备"的层面，提出必须具有一定的文学修养，具有一定的甲骨学知识和扎实的"临帖"训练。这与严先生提出的"深于甲骨之学，精制'小学'之功，富有文学才华，书法修养"是一致的。

笔者在近十年的甲骨文书法教学实践中，深深体会到上述专家的意见是十分正确的。下面结合自己教学实践中的体会，提出一些具体的实施方法，以就教于方家。

学习甲骨文书法，首先对甲骨学要有比较深入的了解。这一点往往被相当多的初学者所忽视，他们的注意力往往只注重技法和字的结构。他们不了解打好甲骨学的基础，正是有利于识字和技法的学习。对于甲骨学，我们说的是"了解"，并不是要求书法家都成为甲骨学家，用王宇信先生的话来说，就是要粗通甲骨学。根据书法的需要，特别要"夯实"古文字学的基础，知道研究古文字的方法，目的不是要求书法家去考释甲骨文，而是能将甲骨学者在甲骨文字学领域的研究成果，接收过来。不仅能认识学者已经考释出来的甲骨文字，还要多读一些考释文章，加深对甲骨文字的认识和理解。除了读一些甲骨学方面的论著外，系统地学习一下邹晓丽编著的《基础汉字形义释源：〈说文解字〉部首今读本义》（北京出版社1990年版）是大有益处的。该书将《说文解字》的540个部首，按人体（197）、器用（180）、动植物自然界（129）和数字干支（34），重新分类，进行了解说并用汉语拼音标注了今读，特别是利用甲骨文、金文为例证，正确地解释了其形义，纠正了许慎的错误，在每一部首下，列举了相当一部分甲、金文的已识字作了详解。该书不仅可以帮助读者识读大批甲骨文（不包括近年考释的字），而且可以对于王宇信先生在"求精"部分提出的用"偏旁分析法"合情合理地拼造"新字"，打下比较好的基础。

在打下一定的古文字学的基础之后，最好通读一下于省吾先生主编的《甲骨文字诂林》，该书汇集了甲骨文发现80多年来研契专家对甲骨文字的考释成果，对于书法家和书法爱好者来说，可以有选择地先读常用字部分，有些生僻的今后也不可能用的字可以跳过去。此外，还要经常关心浏览《古文字研究》、《文物》、《考古》、《殷都学刊》等刊物，遇有新的考释成果随时记录下来，不断充实可识字的数量。

第二，就是书法本身的学习。

学习甲骨文书法，丝毫也不要轻视和放松对楷、行书的学习。一方面甲骨文笔墨书法作品中的释文和落款，是离不开楷、行书的。另一方面，楷、行书的笔墨技巧也有利于增强甲骨文笔墨书法的表现能力。可以说楷、行书也是学习甲骨文书法的必要基础。楷、行功底较好的人，在学习甲骨文书法的过程中，一定不要放松楷、行书的研习。楷、行书功底较弱的人，更要加强对楷、行书法的学习。

对于甲骨文书法本身的学习，在拙作《汉字书法通解·甲骨文》三、四、五章中已有较详细的论述，其中一些规律的总结与概括，是笔者自己学习中的探索，尚希得到专家和读者的补充和修正，此处不拟重复。

在甲骨文书法的学习中，最大的问题就是"临帖"问题。甲骨文的"帖"，当然就是拓片，它与任何其它书体的字帖都不同。以楷书为例，初学者往往从欧、颜、柳、赵诸家入手。但是欧体的《皇甫碑》和《九成宫》的风格还有差异，颜体的差异更大，《多宝塔》、《勤礼碑》、《家庙碑》、《麻姑仙坛记》等更不相同，其他各家也是如此。学习者总是从中先选择一种来临。打下一定基础后，再广泛涉猎。西周金文也有各个时期的具有代表性的长篇铭文，如《大盂鼎》、《史墙盘》、《颂鼎》、《毛公鼎》、《散氏盘》、《白盘》，等等，都可像学习楷书那样当作字帖来临习。甲骨文则不同。数以万计的甲骨片，其刻辞的风格各不相同，同一时期众多贞人的的风格也不同，即使同一贞人，在不同时间，不同场合的刻辞，风格也有差异。每一条卜辞多数只有寥寥数字，长者只有几十字，达到百余字者可谓凤毛麟角。而且一片之中可用字只有有限几个。于是，许多人另辟蹊径，他们不去临拓片，而是找一本字书，选可用的己识字对照临习。这是一种不正确的学习方法。不论字书是摹本还是拓本，其结果就如同学楷书欧、颜、柳、赵不同风格的字愣往一起拼凑。不但各字风格不同，由于脱离了其所在的"环境"，其体势的变化也失掉了根据。《集王圣教序》无法与唐代的《兰亭序》摹本相匹敌，就是这个缘故。

正是由于这个原因，2000 年以来不断有学者提出将甲骨拓片按书法风格分类，如前面提到的张宗方、顾音海、王本兴诸先生。特别是王本兴先生于 2005 年编著出版了《甲骨文拓片精选：书体分类及临摹指要》，标志着对甲骨文书法的临习，开始走上了科学的道路。尽管还有人对他们的类别划分和某些拓片的归类有不同的看法，这也是很正常的。相信通过讨论、补充和修正，将会使它更科学、更完善。学习者可以根据个人的爱好，选择其中某一类的部分拓片，作为"字帖"来临摹。笔者认为，在学习的过程中，最好忠实地按拓片的分行和排布形式来临习，并注意思考、挖掘原作中的书法美学因素。打好一定基础后，可旁及别类，浸淫既久，定会逐渐形成自己的风格。

最后，关于提高文学修养问题。文学修养对于书法家来说，其重要性是人所共知的。不论是古文字书法还是今文字书法，所书内容还是文言文居多，或诗词，或联语，都离不开古汉语和古典文学。这一点对于甲骨文书法家来说尤其重要。写今文字，可以随意抄录已有的诗词，但甲骨文却没有那么方便，许多字甲骨文中找不到，最好的办法就是自己撰写创作诗词。这就要求书法家应有较厚实的文学底蕴，还要懂得诗词对联的格律，即使用普通话新韵，也要符合诗词对联的基本"游戏规则"。这一点也应当列为学习甲骨文书法的必修科目。

综上所述，只要重视对甲骨文书法的研究，并遵循科学的学习方法，提高甲骨文书法队伍的素质，甲骨文书法这朵汉字书法园地的新花，一定会开放得更加艳丽。

科学与艺术之间

刘铁平

甲骨文的研究是属于社会科学的范畴，甲骨文的书写是属于艺术的范畴，然而科学和艺术之间并非遥不可及，正如爬山，科学从山左攀登顶峰，艺术从山右攀登顶峰，等到了最高峰，二者就会师了。

作为一个书写甲骨文的书法家，并不一定需要成为一个甲骨文专家，但是如果对甲骨文知之甚少或一无所知，仅仅靠依样画葫芦，无疑不会有所成就。

首先，我们必须接受新的研究成果，如"𢼸"字（社科院考古所编《甲骨文编》卷三·七）以往都释为"共"字，学术界并无疑义。而徐中舒先生主编的《甲骨文字典》却将它释为"弁"字。编者说："从口从'𠬞'（𠬞象两手捧弁之形）。或从'⌀'从'𠬞'，与《说义》籀文略同，殷墟妇好墓出土石人有头戴圆形束发之冕者，其冕即'𢼸'，字中之口形，作方形者，便于契刻之故。"（参见《甲骨文字典》下册 973—974 页）因为"共"是个常用字，而"弁"并不常用，如果认为《甲骨文字典》的编者说法正确的话，那么，在书写甲骨文作品遇到共字时，确实是个麻烦。

学术界意见分歧是很正常的事，作为书法家，却要择善而从，甲骨文中什么字即今之什么字，当不能含糊，应当作出合乎逻辑的判断。

比如"異"字，《甲骨文编》收录了三类字型——头部从田字形、从由字形、从倒三角形。而《甲骨文字典》又增加了从子的字形（𢀖）并说，"'𢀖'象人举子之形，子即祭祀中象征神主之小儿，即所谓'尸'，举尸即会意为祀，在书写使用中，'𢀖'所从之'𢀖'由头与臂相连渐渐为'甲'、'申'遂讹作'異'、'異'等形，为《说文》禩（祀别体）字所本，即祀之初文"。同时《甲骨文字典》的编者认为，祀字"从示从'卩'，'卩'之初文当为'卩'。"（参见《甲骨文字典》二字"解字"）

我们初看这些说法颇为合情合理，但是我们参照"戴"字，《甲骨文字典》的解释就不太讲得通了。因为戴字从"戈"得声，异字无疑是一个意符。从甲骨文的字形看，就象一个人双手往头上戴一个"田"字或"由"字形的东西，比照甲骨文"鬼"手、"畏"字，这个东西应该就是上古的面具（或头盔）一类的东西。这个异字是戴字的初文。至于异字为什么会和"禩"字发生联系，这可能是因为先民头戴面具祭祀上天鬼神，我们可以从傩戏表演中窥见一斑。

甲骨文中有些字似乎和现代汉字相同，但仔细考究，它们并不具有现代汉语的字义，比如"好"字。这是武丁诸妇之一的"妇好"的"好"。甲骨文字从女从子，与《说文》中好字篆文同形。《说文》："好，美也，从女子。"这是会意字，而甲骨文好字是女姓，即商人子姓之本字，是形声字，此好非彼好，妇好当读为妇子，而非妇好（hǎo），至于能否将妇好之"好"用为"美好"之"好"，则另当别论。

有篆刻家将无锡的锡字刻成"㲋"，我的好友潘振中先生认为这是错误的。甲骨文学者认为"易"的原字象两酒器倾注承受之形（㲃）。后截取倾注酒器一部分减省为"㲋"，经传作锡（与铜锡之锡无关），而赐是后起字。

当然，在实际书写中，存在的学术问题还是比较多的。比如，甲骨文韦（韋）字从囗，囗旁从从二止或三止，囗为城邑，止表足迹，为巡逻护卫城邑之意，是卫（衛）字的初文。那么"保卫"一词是写"保韋"呢？还是写"保衛"？我觉得还是从文字发展的规律，写成"保衛"为好。再比如"隻"和"获"之间的关系就更明显了。

甲骨文的通假问题比较复杂，我们在书写过程中应当尊重前人研究的成果，遇到在学术上有争议的地方最好能在作品的尾跋中加以简要地说明，其他学术上的问题，也应该采用这个方法。

前年安阳师范学院举办一个展览，要求应邀的甲骨文书家所写的作品中的甲骨文要有"出处"。我觉得这个办法不错，这样可以杜绝一些所谓的大家胡编乱造。虽然目前可识读的甲骨文字超过了一千，但其中相当多的已经属于历史。过去有些专家将甲骨文字编纂成楹联，给后学者甚多便利。但这些楹联的内容相当陈旧，缺少时代气息，在文字的考辨方面也非十全十美。在一次拥军活动上，我由感而发，写了"栉风沐雨卫家国，逐月追星为众人"一副对联。安阳师范学院邀请我写甲骨文作品参展时，我就写了这一幅，自我感觉还可以。

说到书写甲骨文，就不能不提到甲骨文本身的结体、用笔之类。首先要说笔画顺序。董作宾在《殷虚文字乙编》序言中说，"（有一块背甲）正面：卜兆均经刻划，左上角一辞'壬申卜，争贞：帝命雨？'是刻过的，笔画细而劲；反面：右上角与壬申一辞相对处，写着'贞：帝不其命雨？'未经契刻，笔画肥而柔，这分明仍是史臣争的手迹，可以看得出他用笔由上而下，由左而右，简直与现在的写字笔顺无异；而契刻的方法，则是刻每字的直画后刻它们的横画，和书写是迥然不同的"。考古发现，甲骨文字的契刻者为了节省时间和刀刻的方便起见，先刻竖画然后侧过来用刻竖画的手势补刻横画。同处于甲骨文时代，笔和刀的写字笔画顺序不同。刀刻只有竖画（点是缩短的竖画，弧是弯曲的竖画，撇捺是斜的竖画），而没有折的笔画。折是一竖画加上转过九十度的一竖画。甲骨文的笔画原始、古朴，这就是契刻韵味所在，而当代许多书家用楷书的笔画去写甲骨文，这就有削足适履、圆凿方枘之嫌。其次说到书与甲骨文字的用笔，潘振中先生认为应当自然收落，运笔的过程象单刀篆刻，先抑再顿挫而后扬，首尾宜轻缓而中间宜重急。遇有转折，宜笔连而"意"断（如写口字宜四画，先竖后横，而非三画），正与楷书相反。

当代甲骨文作品几乎没有鸿篇巨制，其原因是显而易见的。章法也囿于对联，小品之类。甲骨上卜辞的刻写，完全不同于其他，不是自上而下然后自右而左的"下行而左"的章法顺序，而改为"下行而左"与"下行而右"相对称的章法，这与我们写"龙门对"有相似之处。卜辞的这种特殊文例——章法，并不是为了书写的便利，而是与占卜所得卜兆分不开的。卜兆一般左右对称，因此刻在卜兆旁边的卜辞，也就向内对贞，迎兆刻辞。龟腹甲卜兆内向对称，右面的卜兆向左，卜辞右行：左面的卜兆向右，卜辞则左行。龟背甲一分为二，其卜兆、卜辞的情况与腹甲相同，右半卜兆向左，卜辞右行；左半卜兆向右，卜辞左行。之所以说到甲骨文的文例问题，是旨在说明它为我们创作或书写甲骨文时，章法上提供更为广阔的空间。

最后说一说甲骨文的临摹。甲骨文没有所谓"法帖"可供临摹，目前临摹甲骨文只有依靠拓片。以郭沫若先生《卜辞通纂》为例，临摹者要大致懂得阅读甲骨拓片的常识，占卜有一定的程序，所以刻写卜辞也有一套固定的格式或体例。一般是某日卜，某史官（也有是殷王自己）贞问，要做某事，是吉？是不吉？某月。如果以后应验了，还要将应验的情况补刻上去。通常一条完整的卜辞，由叙辞、命辞、占辞、验辞四部分构成。但并非每次占卜都记全，而是常有省略。甲骨文中有些句型是比较固定的，这可以与上古汉语语法比较，还是比较容易理解的。关于"书体"（风格）也是一个重要内容，作为书法家来说，不可不知晓。学术界一般认为，第一期武丁时期史官书写的文字显示出壮伟又豪放的精神；第二、三期两世共四王时期史官书法比较拘谨，而末流所至趋于颓废；第四期武乙时文字字形简陋，文丁时锐意复古，力振颓风；而第五期帝乙、帝辛时贞卜之事王必亲躬，书契文字极为整齐且制作一新。

《卜辞通纂》著录甲骨文是按照干支、数字、世系、天象、食货、征伐、畋游等顺序排列的，这对于系统了解甲骨文是有好处的。在阅读甲骨文时要注意契刻时有单刀法、双刀法、复刀法之分。小字用单刀，大字用双刀，宽笔用复刀。建议用复印的方法将小字拓印稍作放大——过大则失真。

中日韩新甲骨文书法之比较

陈爱民

20 世纪 80 年代以来，随着中国政治、经济和文化的改革开放逐步扩大和深入，甲骨文书法领域也发生前所未有的变化。其中最令人瞩目的变化之一就是甲骨文书法展览交流的独立和走向国际化。

以 1984 年中国安阳举行殷墟笔会、甲骨文还乡书法展为先声，甲骨文书法摹刻艺术作品国际大展（1994 年中国安阳）、江苏省甲骨文学会首届书法展（1996 年中国南京）、首届中日甲骨文书法展（1997 年中国南京）、首届海峡两岸甲骨文书法联展 1998 年中国南京）、纪念甲骨文发现 100 周年——海内外甲骨文书法大展（1999 年中国北京）、祝贺第六届中国艺术节·海内外甲骨文书法大展（2000 年中国南京）、新世纪国际甲骨文书艺大展（2001 年新加坡）、第二届海峡两岸甲骨文书法联展（2002—2004 年中国南京、安阳、台湾）、《第一届华夏情甲骨文书法篆刻大展作品集》（2006 年中国安阳）等各类甲骨文书法国内国际交流展相继推出，在海内外兴起了学习和研究甲骨文书法的热潮，甲骨文书法呈现出国际化发展态势。在甲骨文书法国际化发展进程中，中国、日本、韩国和新加坡（以下简称中日韩新）四国的甲骨文书法之间"同源异流"的现象尤为引人关注。由于同属汉字文化圈，中日韩新四国甲骨文书法既有许多相似之处而又有各自的特色。但我们还一直缺乏用新视角从国际文化艺术的范围内对其进行比较研究。这种状况既增加了中日韩新甲骨文书法文化、艺术等层面交流的难度，也不利于甲骨文书法的可持续发展。本文试以中日韩新甲骨文书法作品集为切入口，从创作队伍、作品内容、形式技巧和艺术风格诸方面，对中日韩新四国甲骨文书法的共性与差异进行比较和描述，并在此基础上进一步揭示中日韩新四国甲骨文书法的文化底蕴。

一、中日韩新甲骨文书法之比较

（一）创作队伍之比较

对于中日韩新甲骨文书法创作队伍的比较，我们主要借助于展览作品集中所提供的信息。这里主要将一般读者不易获见而本文涉及的日韩新三国甲骨文书法作者（篆刻作者除外）之来源具体列举如下：

1993 年《甲骨文书法艺术大观》（近代除外）中，中国有胡厚宣等约270 人。日本有欧阳可亮、渡边寒鸥、北岛瑞峰、池田末利等四人；新加坡有丘程光、杨昌泰等二人。

1998 年《江苏省甲骨文学会首届书法展作品集》（《书法艺术》增刊）中，中国有马亚等约270 人。韩国有郑道准、许会泰、李梦岘、崔焕明等四人。

1998 年《中日首届甲骨文书法展览选集》中，中国有赵绪成等76 人。日本有高桥苍、成家彻郎、吉冈尧子、浅野真生、安田又薰、末永贵子、冈林桂子、小宫幽水、堀久夫、望月翠山、中縠宏子、稻叶千博、岩井信子、浦野俊则、田村一江、鹿岛伯玉、佐藤圭、泽田子白、铃木礼文、石田华、中滨慎昭、高野康山、工藤美佐等二十四人。

2000 年《国际甲骨文书法篆刻大辞典》（甲骨文书法先贤部分除外）中，中国有翟达三等约180 人。日本有梅舒适、渡边寒鸥、中岛春绿、木村善风、浅野真生、佐藤海山、山口重喜、陈茗屋等八人；韩国有郑道准、崔明焕、许会泰、李钟宣、李殷卨、林钟铉、李清华、金载俸、郑惠英等十人；新加坡有丘程光、杨昌泰、邹戴英等三人。

2002 年《第二届海峡两岸甲骨文书法联展作品集》中，中国有徐自学、安国钧、党相魁等约200 人。新加坡有丘程光、杨昌泰、邹戴英、陈美娟、沈观汉、廖宝强、潘永强、曾广纬、陈建坡、关免璀、洪钰珠、顾建平、吴耀基、黄明宗、刘素君等十五人。

2006 年《第一届华夏情甲骨文书法篆刻大展作品集》中，中国有靳绥东、徐自学、安国钧等约250 人。日本有段冰一人。新加坡有丘程光、杨昌泰、邹戴英、陈美娟、沈观汉、廖宝强、潘永强、曾广纬、吴耀基、洪笃恭等十人。

根据上列数据，可以大致看出 20 世纪 90 年代至今中日韩新四国甲骨文书法创作队伍的基本情况：1、作者数量。依次为中国、日本、新加坡、韩国。2、作者层次。四国作者既有书法名家也有普通书法爱好者，尤其是 20 世纪 90 年代后期以来，普通书法爱好者渐增，反映出甲骨文书法大众化的趋势。

上述情况基本符合历史、地缘因素对甲骨文书法的影响规律。中国乃甲骨文之故乡，自罗振玉先生将甲骨文引入现代书法后，经几代书法家的努力，特别是在江苏省甲骨文学会、台湾省甲骨文学会和安阳甲骨文学会等组织的推动下，甲骨文书法接纳范围已逐步扩大。中国作者大都来自甲骨文团体如江苏省甲骨文学会、台湾省甲骨文学会和安阳甲骨文学会。日本于 1951 年就已率先成立了甲骨文学会，对甲骨文书法的关注与学习起步也比较早。新加坡起步虽晚，但甲骨文书法家主要是华人，因而对甲骨文书法有较强的认同感。1992 年中韩建交后，中韩书法交流才日渐频繁。韩国作者几乎皆为韩国书法名家，甲骨文书法在韩国的接受范围还有一定局限。韩国文化艺术研究会在创立 20 周年之际，举办 1992 年亚细亚美术招待展，特邀台湾甲骨文学会组团参展。安国钧先生率团赴韩，该会甲骨文书法展览在韩国引起轰动，颇获嘉誉。随着甲骨文书法在世界范围内的不断传播，我相信以韩国书法界对甲骨文书法的热情，其创作队伍的扩大亦指日可待。

（二）作品内容之比较

中日韩新四国甲骨文书法作品的具体文字内容，可参阅相关作品集。这里试从集联、集诗词、集短文、集少字及临抄卜辞等方面，对相关作品集中的甲骨文书法作品内容作初步统计如下：

在《甲骨文书法艺术大观》中，中国作者集联约 180 人、集诗词约 40 人、集短文约 10 人、集少字约 25 人、临抄卜辞约 5 人。日本作者集联 1 人、集诗词 2 人、集少字 1 人；新加坡作者集联 1 人、集诗词 1 人。

在《江苏省甲骨文学会首届书法展作品集》中，中国作者集联 49 人、集诗词 9 人、集少字 13 人、临抄卜辞 1 人。韩国 4 位作者皆为集联。

在《中日首届甲骨文书法展览选集》中，中国作者集联约 35 人、集诗词约 23 人、集短文约 1 人、集少字约 17 人。日本作者集联 3 人、集诗词 2 人、集短文 1 人、集少字 16 人、临抄卜辞 2 人。

在《国际甲骨文书法篆刻大辞典》中，中国作者集联约 125 人、集诗词约 48 人、集短文约 5 人、集少字约 26 人、临抄卜辞约 3 人。韩国作者集联 6 人、集诗词 1 人、集短文 3 人。日本作者集联 1 人、集诗词 1 人、集短文 1 人、集少字 5 人。新加坡作者集联 1 人、集诗词 1 人、集少字 1 人。

在《第二届海峡两岸甲骨文书法联展作品集》中，中国作者集联约 115 人、集诗词约 40 人、集短文约 4 人、集少字约 15 人、临抄卜辞 1 人。新加坡作者集联 6 人、集诗词 3 人、集少字 6 人。

在《第一届华夏情甲骨文书法篆刻大展作品集》中，中国作者集联约 120 人、集诗词 5 人、集短文 15 人、集少字 25 人、临抄卜辞 15 人。日本作者集联 1 人。新加坡作者集联 4 人、集诗词 2 人、集短文 2 人、集少字 2 人。

由上述数据，对于中日韩新四国甲骨文书法作品内容，我们可以大致推出如下结论：1、中日韩新四国甲骨文书法创作内容大部与中国传统文化相关联。2、中新以集联、集诗词为主，日本以集少字居多，韩国则以集联占先。3、甲骨文书法作品中以文字数量论，中国最多，次为新加坡、韩国、日本。

20 世纪以来，经学者考释并被学界认同的甲骨文仅有 1000 多字。由于受到字数限制，在中日韩新四国的甲骨文书法创作中，作品内容亦同中有异。四国的甲骨文书法作品内容大都以传统文化为内涵，精炼而内蕴丰富，反映了甲骨文书法这一古老艺术形式对内容的要求。集联内容大都为甲骨文书法先贤所集，如韩国作者的对联几乎皆出自罗振玉先生所编《集殷虚文字楹帖汇编》。中国台湾作者的作品内容大都为集联和集诗词，可见台湾地区因董作宾先生的倡导，集联集诗已成风气，表现出极高的传统人文修养。需要指出的是，数本作品集中虽然绝大多数的集联、集诗词是罗振玉、丁辅之、简经纶、董作宾、徐无闻等先贤所集，但少有人注明出处。惟李刚田、焦智勤等少数作者在作品题款中作出说明，体现出对先贤劳动成果的尊重，值得提倡。由于现代西方文化的影响，中日韩新四国作者的传统文化修养已出现不同程度的缺失，反映在作品中以抄录他人集字为主，字数亦相对减少，以日本少字作品最为突出。这里并非有意贬低少字在甲骨文书法创作的价值，而只是说明甲骨文书法的发展与传统文化息息相关，作品内容也应该丰富多彩、雅俗共赏。

（三）形式技巧之比较

从作品形式布局来看，中国、新加坡的作者无论是对联，还是条幅、横幅大都处理成行列有序，平衡对称，正文、落款处理得比较规范。而以对联的形式进行甲骨文书法创作可以说是中国作者的主流。对联作为中国传统楹联文学与书法艺术的结合体，有着悠久的历史文化传统，是中国人喜闻乐见的一种艺术形式。在中国作者看来，甲骨文书法创作不光可以表现艺术情趣，同时还可以表现作者的文化修养。正是因为如此，中国甲骨文书法作品往往更多地呈现出浓郁的书卷气息。

日本甲骨文书法以条幅、斗方为主，这适应了日本书法家以少字创作甲骨文书法作品的艺术趣味。如日本作者梅舒适的"尘不动"为斗方，渡边寒鸥的"一目之罗"、木村善风的"望月"、陈茗屋的"一念万年"均为条幅。在 20 世纪 50 年代，日本现代书法就已进入展厅时代。在少字创作实验方面，日本作者已积累了丰富经验。因此，日本少字甲骨文书法作在形式上往往比较精致，充分适应了展览的需要，具有强烈的视觉冲击力。

我们知道中国传统标准的楹联格式一般是上、下联分开进行创作。有趣的是，韩国有些作者如许会泰、李梦岘、崔明焕、金载俸、李殷高等虽以集联为内容，但在创作中却并非采用标准的楹联格式，而是采用条幅、横幅、斗方等格式。这种现象出现的原因，可能是因近现代化西方文化的传播，韩国作者对中国传统楹联书法形式逐渐产生了疏离感。但从作品效果来看，也有可能是出于艺术的目的。或许，在他们看来，创作甲骨文书法完全是一种艺术行为，在形式上采用这种错落参差的布局远比楹联的平衡对称更有变化、更有艺术魅力，能恰到好处地表现甲骨文书法自由跌宕的艺术空间特征，有效地刺激观赏者的审美兴趣。此即便是抄录前贤甲骨文集联，也要注重作品的形式构成，尽可能放大其艺术性成分。当然，这种情况在中日新的作者中亦有存在，只是不如韩国表现得那样集中。颇有意味的是，韩国作者金载俸以韩文题款的甲骨文书法作品亦别出心裁，作者试图调和汉字书法和韩文书法的努力，反映出韩国作者书法民族化的倾向。这与日本发展起来的假名书法一样，都是书法民族化、本土化的产物。这种探索对于拓展甲骨文书法的艺术空间具有重要价值。

笔者以为原生态甲骨文书法的艺术空间特征总体表现为：因形生势、随机变化，自由跌宕而又自然天成，字里行间，充满了艺术的自由精神。从这个角度来考察，日韩新三国的甲骨文书法作品中对空间构成的追求与原生态甲骨文书法的艺术精神是相契合的，而中国作者在这方面尚有广阔的空间等着进一步开掘。

众所周知，殷商甲骨文的刻写技巧十分精美。契刻往往有单刀，有双刀，有复刀。刻划内常常大字涂朱，小字涂墨，红黑相间，相映成趣。这些技巧也逐渐被中日韩新作者，尤其是日本作者借鉴活用到现代甲骨文书法创作中来。中日韩新四国的甲骨文书法作品在用笔上，有的取法甲骨文书法契刻效果，有的直接取法甲骨文朱书墨迹，有的借鉴金文、石鼓文、小篆、隶书、魏碑、行草书等书体笔法，有的已不限于书写而运用画、做等手段，有的使用色纸，甚至制作龟甲形态或甲骨表面的肌理效果，用朱砂书写甲骨文正文，用墨书写落款，追求朱黑白相间的丰富层次感，在中日韩新甲骨文书法展览中已不鲜见。可见中日韩新甲骨文书法的表现技巧日益丰富起来。

日本自古以来，深受中国传统文化的影响，近现代以来又受到西方文化影响。日本少字派现代书法即是东西方文化交融的产物。这是时代的要求，也是日本民族性的必然选择。日本甲骨文书法少字派甲骨文书法重于自由表现，注重人的感情的表达。在创作上不惜采用各种技巧，没有太多的约束，用笔往往率真直露，整幅作品充盈着一种张力，具有较强烈的现代气息。韩国作者在甲骨文书法创作中，着意在点画、结构形态中贯注力量，体现出骨力之美，透露出韩国作者性格的刚毅。其甲骨文书法较多地表现出类似魏碑之笔法，故而显得厚重、雄强、超迈，有一股睥睨群雄的气概。新加坡作者的甲骨文书法，有的用笔灵活，点画隽美，有的较多地关注于殷商甲骨文契刻效果，用笔简捷明快，点画单纯，别有一种意趣。

相对日韩新三国来说，中国甲骨文书法有可以借鉴的丰富的笔墨技巧资源，如历代各种书体的笔墨技巧、殷商甲骨文书法刻写技巧、现代甲骨文书法的笔墨技巧，这得益于中国传统书法文化深厚的底蕴。同时，日本现代书法、西方抽象绘画的笔墨技法也给中国甲骨文书法提供了重要的参照系。中国甲骨文书法从 20 世纪 90 年代初至今，作者书法功力日见提高，笔墨技巧日趋丰富，作品布局日趋合理，整体水平逐渐提高。

（四）艺术风格

倘若从传统与现代的关系上来看中日韩新四国甲骨文书法风格，我以为总体上可分为传统风格与现代风格两大类。在传统与现代的碰撞与交流中，中日韩新四国甲骨文书法或侧重表现鲜明的现代性，或注重展示传统的魅力，或寻求传统与现代的多元融合，呈现出"同源异流"的氛象。

对于日本甲骨文书法的风格，我们可以从展览交流、作品集等多种渠道中获得比较清晰的印象，其流派大致有两类：传统派、少字派。日本甲骨文书法更多地是受西方现代抽象艺术的影响，表现出对甲骨文空间构成的迷恋，在创作中讲究形式构成，在特定空间中表现激情与冲动。日本甲骨文书法以少字派现代风格为主体，带有鲜明的民族个性。有的作品甚至以朱砂或绘画色彩来创作甲骨文书法，风格前卫，极具强烈的现代气息。例如 2005年"中国古文字起源——中日甲骨文书法展"中，日本作者小豆泽真佐美、北室南苑的作品。董玉京先生在其《甲骨文书法艺术》一文中曾将甲骨文书法流派归纳为三派：罗派、董派和游于艺派，而将日本甲骨文书法家的作品归入游于艺派，这是颇耐人寻味的。当然对于甲骨文书法装饰美的追求，殷商先民早已有之，如甲骨的涂朱涂墨现象。这足以说明，原始与现代之间有某种相通之处。

韩国甲骨文书法从作品集中的情况来看，是属于传统型的。韩国作者的甲骨文书法笔法有力而和谐，追求作品布局的功力、骨格、神韵等等。这可以说是向传统优秀书法作品学习的结果。而统观作品集中韩国甲骨文书法作品在整体风格上体现出惊人的相似，共同表现出的质朴苍劲、厚重雄强的艺术趣味和艺术风格具有鲜明的民族独特性。

新加坡的甲骨文书法受中国台湾甲骨文书法的影响比较明显，特别是董氏甲骨文书法风格的影响，书风典雅清秀，比较传统。与韩国甲骨文书法相似的是，新加坡甲骨文书法作品整体风格也比较接近。这或许是因为取法路径相同或接近的缘故。韩国、新加坡的甲骨文书法虽都比较传统，但风格上的差异却比较明显，可谓韩雄新秀，韩质新文，韩刚新柔。

当代中国甲骨文书法风格多样，流派纷呈。当代中国甲骨文书法以传统风格为主体，或学习罗振玉先生以金文小篆笔法入甲骨文，或追模叶玉森先生以毛笔模拟甲骨文契刻效果，或效仿董作宾先生取法甲骨文朱书墨书，或借鉴秦士蔚先生以行草书笔法入甲骨文……路径各异，精彩纷呈。而现代风格的中国甲骨文书法则主要受西方抽象绘画和日本现代派书法的影响，亦以少字创作为主。与日本稍有不同的是，中国甲骨文书法的创作笔墨技巧比较丰富，布局亦追求和谐、规范，并没有走得太远。20世纪90年代以来，当代中国甲骨文书法形成了传统与现代多元风格并存的局面。

二、中日韩新甲骨文书法的文化底蕴

（一）汉字文化圈是中日韩新甲骨文书法共同的文化基础

众所周知，殷商的甲骨文是迄今发现最早的有一定系统的中国古文字。距今3000多年前的甲骨文，主要分布在现今中国河南安阳一带。这里曾是中国古代政治、经济和文化的中心。在漫长的岁月中，汉字伴随着灿烂的中国文化，从这里向四方传播，传遍整个中国，传到四邻国家，逐渐形成了"汉字文化圈"。汉字输入朝鲜、日本、新加坡，虽然在历史上各有先后，也各有特点，但因汉字是儒学、佛教等文化的传播载体，而使中日韩新等国有很接近的文化基础，形成了共同的汉字文化传统。同属汉字文化圈的中日韩新四国在不同历史时期，虽因政治、军事等方面的争端而时受交流阻碍，但文化艺术方面的交流却因为汉字文化而未断脉。汉字文化乃是四国自古以来书法交流乃至现代甲骨文书法交流的共同文化基础。

中国书法是东方抽象艺术的代表，跟汉字文化的发展是一脉相承的。从甲骨文、金文、石鼓文到小篆，隶书再到楷行草书诸体，中国书法演变绵延数千年并形成了各种书体的艺术规范。从先秦、秦汉经魏晋南北朝、隋唐五代再到宋元明清，直至近现代，书法风格纷呈，名家辈出，形成了底蕴深厚而光辉灿烂的汉字书法文化传统。日本、韩国、新加坡书法正是从中国书法上汲取营养而不断发展起来的。虽然20世纪50年代，借助于西方文化的刺激，日本就已经出现了现代派书法，但20世纪80年代以来，随着中国政治、经济和文化的改革开放，中国书法从传统的实用性和艺术性并重发展到当代纯艺术性表现，书法艺术领域呈现出前所未有的新气象，这也给日本、韩国和新加坡等国的书法发展带来了良好的动力，产生了深远的影响。

日本书法源于中国。日本书法家从大和时代（相当于西晋）即开始学习中国书法，在奈良、平安时代（相当于唐代、北宋）达到高潮，模仿王羲之以及唐代书法而卓然成家的代表人物有"三笔（空海、嵯峨天皇、桔逸势）三迹（小野道风、藤原佐理、藤原行成）"。在平安时代中晚期逐渐衍生出假名书法。镰仓时代（相当于宋代、元代）黄山谷、张即之和苏东坡的宋代书法和元代书法备受推崇，形成了"禅宗风格"，代表人物有临济宗僧人妙造等。至近代，由于受西方绘画影响，出现了"现代派书法"，主要有少字派、近代诗文派和前卫派。韩国书法则自三国时代（1—7 世纪）的高句丽、百济、新罗就不断有与汉唐书法家交往的记载。其后新罗时代（7—10 世纪）书法多受唐代影响，尤其是欧阳询的影响很大。高句丽时代（10 世纪）书法继续受唐代诸家影响，后期赵孟頫的书法传入。朝鲜（15 世纪以来）建国后，王羲之、赵孟頫书法影响了整个 15 世纪。16—17 世纪，严谨的石峰体书法与明代草书、文征明体鼎足而立。18—19 世纪，东国真体成为朝鲜书法主要风格。19 世纪后半期金正喜的阮堂体影响书坛。20 世纪 20 年代左右日本书法的影响开始出现，60 年代以来的新趋势是书法使用韩国字母书写，近年来与中国的交流日趋频繁。

新加坡书法并没有中日韩那样悠久的历史。新加坡于 1965 年独立，1968 年由新加坡内政部注册成立了新加坡书法家协会。当时正是华文教育处于急剧衰退的时候，而新加坡书协却制订了"爱我中华"的会训。他们坚信，"中华文化五千年，各类文学艺术的遗产是人类取之不尽、用之不竭的精神粮食，其中书艺是独一无二的瑰宝"。正是这种执著的信念，在一定程度上挽救了新加坡走入低潮的华文教育。而新加坡政府对于汉字教育的提倡与推广，也为书法的生存发展营造了较好的文化氛围。新加坡华人较多，对于汉字书法具有较强的认同感。在华人书法家的共同努力下，起步较晚的新加坡书法却显示出特有的生机。

以汉字为载体的甲骨文书法虽为艰深的古文字书法，但其象形性因素以及单纯、质朴的原生形态却有易接受性和现代性，成为超越时空进入汉字文化圈不同民族、国家的审美基础。也正因为如此，当古老的甲骨文以其特有的亲和力进入现代书法创作领域时，才有可能迅速在中日韩新四国传播，为四国的书法家共同接纳。

通过中日韩新甲骨文书法作品的比较分析，我们不难发现四国甲骨文书法之间有许多相似之处，这主要是因中日韩新四国同处汉字文化圈，共享着汉字文化而又不断进行着甲骨文书法交流、对话，相互影响，相互借鉴的缘故。

（二）本土文化底蕴是形成中日韩新甲骨文书法"同源异流"的内在动力

由于历史、地缘关系，中日韩新虽然共处汉字文化圈，但不同的社会、政治背景、本土文化意识和艺术观念也会导致对甲骨文书法认知、接纳的差异，反映在甲骨文书法的取法学习与创作表现上亦是异彩纷呈，虽"同源"而"异流"，从而形成了丰富多彩的甲骨文书法风格。这种现象的出现也决非偶然，而是基于各自深刻的本土文化底蕴。

中国为大陆国家，日本为岛屿国家，韩国为半岛国家，而新加坡则是马来群岛的一部分。不同的地理环境形成了不同的历史和文化，而作为甲骨文书法创作基础的艺术想象力自然也不尽相同。中国人对于自己的文化总是怀有一种强烈的自尊，在中国人心目中中国文化是世界上最为先进的文化之一。受这种观念的影响，大多数中国作者传统书法文化意识根深蒂固。这也是当代中国传统型甲骨文书法作者数量众多的主要原因。随着时代的发展，西方抽象绘画和日本现代书法的影响也开始出现，但毕竟不是主流。因此，当代中国甲骨文书法是以传统为主体的多元并存，不再是单纯的传统风格。这种局面的形成，还得益于中国改革开放的国策和"百家争鸣，百花齐放"的文艺政策，因而既具有鲜明的民族特征，又更具有强烈的时代特色。

日本特殊的地理位置和自然环境，形成了与中国迥然不同的文化。日本人崇拜强者文化并善于选择、改造，以塑造自己的本土文化。日本的假名书法、现代派书法就是这种文化观念的产物。出于这种观念，日本作者对甲骨文书法进行了变异，最终与中国作者的甲骨文书法形成了差异。韩国是一个被分割的半岛国家，民族主义意识气氛比较强烈，形成了较强的单一民族文化观念。从自身的利益出发，有限制地选择有利于本民族发展的外来书法成为韩国书法文化观念的重要特征。例如，由于政治背景的关系，明代中后期韩国使臣从中国引进的大都是比较稳定、平实的书风。后来，韩国人认为中国的书法风格逐渐不适应韩国书坛的发展，于是韩国开始走自己的民族化道路。韩国书法民族化的突出结果便是韩文书法的出现。虽然日韩书法教育也重视书法传统，但这种对传统的重视更多地体现在学缘关系上。因而日韩甲骨文书法具有鲜明的民族风格，整体上比较稳定，但又往往在各自内部出现单一雷同的倾向。

新加坡拥有沟通中西的特殊地理位置，被称为"兼存东西方、汇合百家文、流传千国语、容纳万种宗教"的多元文化国家，充分体现了东西方文化的完美结合。20 世纪 70 年代末兴起的新加坡华语运动为华人提供了文化认同的根源。在这样的文化背景下，新加坡华人积极主动地从传统书法中汲取营养，积极参与并组织甲骨文书法展览、交流活动，在甲骨文书法方面也取得了可喜的成绩。新加坡以一小国而在 21 世纪之初举办国际甲骨文书法大展，实令世人刮目相看。我们期望，甲骨文书法在新加坡如同经济一样崛起，为甲骨文书法国际化作出更大贡献。虽然艺术的变迁发展不能说完全取决于政治、经济，但艺术变迁发展也时刻离不开社会政治经济影响。

由于各自本土文化的差异，同属汉字文化圈的日韩新作者在深入接受甲骨文书法传统方面，与中国作者相比仍然不可避免地存在着一定的障碍，因而在继承传统上就不会象中国作者那么全面、纯粹、深入。或许正是由于缺少一份传承甲骨文书法传统的重负，日韩新作者更容易产生一种变新，使他们能在创作上不拘手段、敢于独造，借甲骨文书法形式宣泄情感、张扬个性，最终拓展了甲骨文书法的艺术世界。日韩新甲骨文书法方面的成功经验，是中国甲骨文书法发展不可多得的艺术资源，对其合理借鉴、吸收与利用，无疑对中国甲骨文书法的可持续发展具有重要意义。

总之，相同的汉字文化圈和各自的本土文化氛围构成了中日韩新甲骨文书法"同源异流"现象的文化底蕴。正是因为共享汉字文化圈，中日韩新四国甲骨文书法之间的对话、交流才有可能。正是由于本土文化的渗透，形成了中日韩新四国甲骨文书法"同源不同流"的差异，中日韩新四国甲骨文书法之间的对话、交流才变得更有必要、更有价值，中日韩新四国甲骨文书法之间在对话、交流中才会充满色彩、充满刺激。

纪念殷墟 YH127 甲骨坑南京室内发掘 70 周年国际学术研讨会总结

宋镇豪

各位同仁，各位朋友：

大会组委会让我做一个总结，我难以胜任，因为我总结不了大家的精彩发言，我只能谈一谈自己这两天来听了大家发言的一些感受和收获，如果有不到的地方，请各位批评。

今年是安阳殷墟 YH127 坑甲骨南京室内发掘七十周年，也是江苏省甲骨文学会成立十周年，在纪念这两件大事之际，由江苏省哲学社会科学联合会、江苏省甲骨文学会等多家发起，中国社会科学院甲骨学殷商史研究中心和中国殷商文化学会相配合，共同举办了这样一次学术会议（徐自学会长插话：不是配合是指导），大家齐心协力，共襄盛举，众多学者能够济济一堂，在大会快要结束的时候仍有 85 位代表到会，确实令人振奋。出席代表有来自国内甲骨文研究机构及文博科研单位的学者，有大学的，有民间组织的，也有来自海峡彼岸的台湾学者，还有来自于俄罗斯、日本等国的学者，所以称它为一次国际性学术会议，我想是不为过的。另外，从这次会议所收到的论文来讲，将近 70 余篇，成果丰硕。

下面，着重来谈谈我对本次大会的感受和收获，基本上归纳为六个方面。第一个方面，是围绕着 127 坑甲骨发现的回顾、研究现状及对该坑甲骨研究课题所展开的讨论。这方面有两篇文章是值得我们反复读的，一篇是王宇信先生关于 127 坑发现在甲骨学史上的意义的纪念性文章；还有一篇是台湾史语所蔡哲茂先生的，讲述他们现在正在对 127 坑甲骨整理缀合的工作和研究的情况。王先生关于 127 坑甲骨过去取得的成绩，以及对 127 坑今后怎样展开研究的课题提出了很好的意见。他认为，对 127 坑甲骨整体性的、综合性的、大型的、高水准的学术研究迄今还是非常薄弱的。我也有同感。127 坑甲骨洋洋大观 1 万 7 千多片，整体研究要达到什么水平，什么叫整体呢？我认为，最终结果恐怕至少应该把 127 坑甲骨能够排谱的材料基本排出来，把发生的事件、程式、具体日期搞一搞，但是恐怕目前来讲，前期工作仍有未到位，全部材料还有遗漏发表的。听说有的还是字较多的大片，缀合的甲骨也有没有公布的。127 坑甲骨今后也是引领我们学者如何去探索的视焦所在。

围绕 127 坑研究成果来说，实际上，我们也不能妄自贬低，看不到已有成绩，因为从 1936 年 127 坑发现迄今的七十年中，有关 127 坑甲骨的文章和专著还是有一批的，而且有的影响也是很大的。比如说，整体性的整理与研究，张秉权缀合的 127 坑大龟数百片，结集为《殷虚文字丙编》，分上、中、下辑共六册，至 1967 年才出到前五册，一年后即有香港中文大学语言研究所李达良的博士论文《龟版文例研究》稿成通过答辩，是自 1928 年南京胡光炜《甲骨文例》问世后首部以 127 坑甲骨文例为研究对象的专门性著作。中国社会科学院历史所胡厚宣先生的研究生刘学顺，他的博士论文是《YH127 坑宾组卜辞研究》（1998 年）。他最后的结论性意见是 127 坑 1 万多片甲骨的占卜内容包括了武丁在位时期前后约三十年间发生的事情。另一位今在台湾花莲东华大学魏慈德，他是蔡哲茂的门生，写出一部《殷墟 YH127 坑甲骨卜辞研究》的博士论文，2001 年通过了答辩，按台湾的惯例，也等于发表了，所以我们也把这部很厚的论著视为已公布的成果。他的结论与刘学顺博士不太一样，他的研究的一方面是对 127 坑发掘中的重大事情做了回顾，并且追索了 127 坑有少量甲骨流散到外面的一些旧事，另外又讲述了碎片缀合及部分卜辞的排谱，他研究的结果是 127 坑发生在武丁时期的十五年时间之内。他的结论与刘学顺博士的结论相差了 15 年左右，刘学顺认为是三十年中发生的事。魏慈德本来准备要来参加这次会议的，由于教务繁忙，没有来，所以我顺便将此向大家介绍一下。其次，这次会议上有学者像中国社会科学院考古所亲手挖花东 H3 甲骨坑的刘一曼教授，她把 127 坑与花东 H3 坑出土甲骨的特点作了比较，对比了相同的地方，也比较了不同的地方。相同的是大龟多，卜骨很少，均有涂朱、墨的现象。甲骨整治方面两坑也有很多共同点，不同的地方她总结了九点。如坑位不同，127 坑离宫殿区近，花东甲骨坑离宫殿区稍远。再就是坑形不同，另外从 H3 刮字甲骨不再重刻的现象来看，可知 H3 坑甲骨利用率并不是很高，H3 坑有些甲骨刮掉字的原因，是占卜者刻错之后抹掉；或者说有些避讳，占卜者怕人家知情，所以把甲骨上面的有关的字刮掉了。刮掉字以后的这种甲骨，如果是 127 坑的，那肯定还会再占卜，再在上面刻字，而 H3 坑是没有这种现象的。还有 127 坑占卜主体属于商王，身份高，所以龟很大，长度在 30 厘米以上，最大的龟腹甲达 44 厘米、宽 35 厘米，但是花东 H3 坑的卜龟比较小，一般在 30—32 厘米之间。

127 坑甲骨提供了大量的史料，赵诚先生根据一片甲骨最后判定羌甲为大示，这很有启示意义。另外，赵诚先生还提出汉字的演变在于书写，它基于两个条件，一个是书写工具的运用和适应，第二个是社会需要的适应，这两者是决定汉字字体演变的关键性因素。大会收到论文里有最令人感慨的关于 127 坑历史的回顾，这也是一个沉重的心结。当年由于兵荒马乱的原因，这么一坑甲骨不可能在田野上完成。有的学者说，当年考古搞错了，不应该费大力把它搬移到室内。我坚决不同意这种说法。如果这样说，花东 H3 坑也不应该运到室内清理。把里头有关信息一点一点仔细找出来，田野不可能。当年殷墟挖掘，旁边有大兵守着，晚上土匪在暗处虎视眈眈，如果说你每天取几百上千片，那要取到哪一天？又不安全，而且天又炎热，人蹲在坑里那么容易清理吗？所以把它整体移出来，是中国考古学家创造出来的一种考古学方法。仅仅因为是有点遗憾，运输过程中间当时的起运设备落后——起重机不具备，最后运到目的地后手忙脚乱，把整坑甲骨弄了个底朝天，反了。这不是考古学家的错，有各种原因在里头，不能因之去全盘否定。所以我们认为 127 坑室内发掘这个功绩不应该抹杀掉，在中国考古学史上应该大书特书的。

第二个方面，是对于前辈甲骨学者的评介和追思。127 坑甲骨在清理研究工作中间就有许多学者参与，比如说，甲骨学大师、也是王宇信与我的导师胡厚宣先生，一生贡献给甲骨。他是 127 坑当年室内考古清理的一位。甲骨四堂之一的董作宾先生，利用 127 坑甲骨写《殷历谱》，在煤油灯下把脸都熏黑了，鼻孔里头都是黑黑的，而且是在用毛笔写，你知道当时不象我们现在可以用钢笔、铅笔或电脑撰写，那个时候用毛笔，一个字一个字绳头小楷，需要一种何等样的锲而不舍的执着精神。所以我们对前辈学者在学术上所做出的贡献，可以说怀着无限崇敬的心情，我们对他们所取得成果，第一是学习，第二是学习，第三还是学习，我们对他们只有尊敬。

安阳师范学院郭胜强先生谈到甲骨学者队伍中有不少是河南籍学者。这里我也要举出一批为 127 坑甲骨做出了重大贡献的学者，我曾经查了一下，127 坑甲骨整坑原封不动框入大木箱，从安阳殷墟小屯搬运入南京北极阁史语所，参与室内剔剥清洗、登记编号、绘图和初步拼合工作的，有这么几位：董作宾、梁思永、胡厚宣、李光宇、魏善臣、关德儒、徐禄、杨延宾、李连春等。1938 年史语所避战乱搬迁到云南昆明城北龙泉镇棕皮营龙头村，1941 年又迁到四川南溪县李庄板栗坳，期间又先后有高去寻、潘悫、屈万里、李孝定、张秉权、杨若芝等参加工作。杨若芝负责甲骨椎拓。127 坑甲骨去台湾后又有刘渊临等负责甲骨椎拓。研究队伍中不要忘记拓甲骨的人，我是比较尊重这一点的。光提学者不提拓工不行，靠他们的辛勤工作留下了很好的拓片，也应该记住他们。这些人有的都不在了，我们这里提他们，也还是在表明我们对他们的尊重，不忘他们对甲骨学所做出的贡献。

这里我再谈一点关于流散出去的 127 坑甲骨。127 坑是一个生坑，坑口深埋地下 1.7 米，照理说整坑甲骨应该没有流落出去的，可是 127 坑出土甲骨确有在社会上流传的，为什么出现这种情况呢？现在已弄不清楚了。可是确实发生了，流到北京的琉璃厂古董市场上去了。我们注意到，北京中国国家博物馆今藏大龟六版，与 127 坑甲骨有关，不妨留意一下其中的来龙去脉。最早发现 127 坑甲骨流落在外的是胡厚宣先生，1945 年他在《甲骨六录》书中收录于省吾所藏三版龟腹甲，发现与 127 坑为同坑出土之遗落者，甲骨相同点有六：（一）时代相同，皆属于武丁时期；（二）大小相同；（三）文例相同；（四）大半完整；（五）契刻卜兆；（六）卜序井然；（七）事类相同；（八）可相缀合。1947 年他又加上从古董市场花大价钱买下的数龟，撰成《战后殷虚出土的新大龟七版》，连刊八文在上海《中央日报·文物周刊》，明确指出此批龟甲当出自 127 坑。唐兰先生在北京解放前夕也买到两版 127 坑流落出来的大龟。上述大龟中的六版，今天归藏进了国家博物馆库房。另外，曾毅公《论甲骨缀合》又提到过，1958 年国家文物局拨交给北京图书馆保管的一批甲骨文中，有布匣三函 73 片卜甲的纹理、色泽与 127 坑甲骨相同，可与 127 坑甲骨缀合，也是一坑所出。今天我们纪念 127 坑室内发掘 70 周年，透过时代的伤感，微微唤起了我们无限的沉思，更多少有着饱含苦涩的庆幸。

张永山先生宣讲了《罗振玉与淮安》，他早年怎么从求学到治学一系列经历，以及在淮安写的很多东西。赵诚先生补充提到中国社会科学院近代史所的一份材料，是雪堂罗振玉晚年一篇对自己一生的回顾文稿，他对自己参加伪满州国的那件事情有一个很深刻的反省。这份史料非常好，希望赵诚先生费心一找，能够发表出来，那就使我们对罗先生的评价可以更加准确客观。1968—1976 年台湾大通书局影印有《罗雪堂先生全集》，共七编 140 余册，小本普通装订，使用十分便利。近来大连图书馆编《罗振玉合集》，分装 30 大函 160 余册，其中第四和第六大类属于甲骨文和古文字学，华宝斋宣纸精印线装本发行，可惜价格 5 万元，太贵，一般图书馆恐怕也买不起。

第三个方面，是有关甲骨早期论著的讨论。叶正渤先生提交了一篇《叶玉森与甲骨文研究》的论文，介绍了镇江博物馆珍藏的《殷虚书契前编集释》等一批叶玉森的甲骨著作。我们知道，叶玉森是镇江人，也是一位甲骨学史上的重要学者，他的甲骨著作很多，今南京图书馆藏有他的未刊甲骨文书法集《天衣集》，集联 100 对，很珍贵，最主要的一点，他在世的时候为了不让甲骨流传到国外去，用自己微薄的薪金把刘鹗《铁云藏龟》流散在社会上的一些甲骨买下来，编著出版了《铁云藏龟拾遗》，这是很可贵的，足以看出一位中华赤子之心。唯一遗憾的是这本甲骨著录书里，出版商误把陈邦怀的肖像印装订为扉页，有必要提示大家知道这不是叶玉森的照片。还有很多学者，特别是上午史树青先生谈到的许敬参，他也是早年参加殷墟发掘的一位河南学者，又是《殷虚文字存真》八册的编纂者，我们所里因编《甲骨文合集》，剪裁得只剩下两册完整，这八册不是印的，是拓本集，本子非常好，现在要找全这一套非常不容易。2003 年我应美国加利福尼亚大学洛杉矶分校中国研究中心邀请，搜访了该校东方图书馆藏甲骨早期的论著，发现只有前四册，不全。日本成家彻郎先生向大会提交了《关于日本人的第一篇甲骨文论作》，准确地说是日本著名学者林泰辅早年写的一部稿本《中国古代史上的汉字之源流》，有五册，其中有一篇是对甲骨文的考述。这部书现在藏在日本东京都立中央图书馆"诸桥文库"，由于是林先生的遗族寄存在那里的，所以不让摄影与整本复印，只能在那里看，这是很遗憾的事情，今后如能把这部书公布出来该多好。我们对成家彻郎先生有一个希望，希望他能早日写出一部日本甲骨学史。

第四个方面，谈一谈甲骨学研究领域中有关甲骨断代的问题。今天上午俄罗斯人文学院的刘克甫先生，宣讲了《甲骨文断代研究的回顾和展望》，他认为在甲骨断代史上，董作宾先生的五期说提出以后出现两种不同意见和不同思潮：第一种是 1959 年由香港中文大学饶宗颐提出的卜人同辞关系说，他认为饶氏抹掉了五期中间的一些基本关系，不能成立；另一种是 1978 年代以来李学勤提出的两系说，也靠不住。当然这些学术问题还在争论中。刘克甫先生提到的两个问题，也是我们要重视的，一个是断代理论应该加强，如所谓相对年代和绝对年代概念内涵的提法，是否稳妥，另外在甲骨分类方面，字体属性是否是唯一的，标准应该具有科学性，不可因人而立，这些都有待在理论上严格把握。再一个是刘先生对在学术讨论中间的一些方法论和处理方式，提出了一些质疑，他认为学术讨论不能武断，更不能扣与学术无关的政治帽子，要重视建立断代理论体系，立足考古和甲骨分类学基本标准，来好好地研究甲骨断代。我认为这个意见是非常中肯的，我们的学者应该接受过去的教训，把学术争鸣搞好。

第五个方面，是商史领域的一些探讨。杨升南教授对于商代的水上交通运输工具——舟，以及当时舟的使用范围和用舟的发达程度作了很好的阐述。关于舟涉及到运输、交易、游玩还有水上作战等等，这是对于商史社会生活史特别是衣、食、住、行之行的研究，有新的推进。安阳师范学院李雪山宣讲了商代晚期的分封途径，有册命、奠置和建立封邑等。大会期间，我们本来还安排了两到三位青年学者作几个专题发言，可惜时间不够，不能如愿，我只好在此略作介绍。其中有中国社会科学院考古所严志斌对商代"戍"的研究，有历史所徐义华对商代王权与神权的研究。孙亚冰对商代铜路的考察，指出商代青铜原料应有四大来源，一是就地取材，二是来自滇东川南，三是产自河北、辽宁和山东，四是产自长江中下游的湖北大冶、江西瑞昌和安徽铜陵，而根据目前的考古材料，能够确定的只有长江中下游地区，此即商代铜路提出之由来。

第六个方面，是有关甲骨文书法的问题。过去大多数治甲骨文的学者，对甲骨文书法都是很有览涉的，郭董罗王，甲骨四堂，既是学者，又是甲骨书家，精湛书艺，生辉书坛，堪为后来表率。有人在问，学者不等于书家，今天的学者们为什么不也翰墨濡毫，搞搞甲骨文书法，我倒不全认同这一质疑。我们有不少学者，其实也很精通甲骨书法。比如北京大学葛英会教授，他的甲骨书法作品我看在座的未必都抵得上。他是典型的甲骨学者，到哪里就写到哪里，甲骨书法真是一流的。广州华南师范大学张桂光教授，是容庚和商承祚先生弟子，著有《古文字论集》，精研甲骨文，同时还是中国书协理事及广东省书协副会长，这不是学者也搞甲骨书法嘛。王宇信先生文化大革命期间抄大字报，也练出了一手好字，他退休后在家也写写甲骨文，你们可以向他求一纸甲骨书法。学者的字价不菲嘛。所以说，讲今天的甲骨学者不写毛笔字，不是普遍现象，有的可能只是因为专致治学，无暇旁顾。我在想我以后退休了肯定要写甲骨的，那是甲骨缘，退休后捏笔挥墨，不就是重操旧好吗？我青少年时候，父亲每天早上 5 点钟让我起床练毛笔字，天天练，成为嗜好，后来读研究生时就顾不上了，不写了，所以说不定以后还会拿起来。现在不少学者不写毛笔字，是有各种各样的原因的。至少说来学者的甲骨书法错字会少一些，会多一点甲骨神韵。不过，我们的学者可能应该和搞甲骨书法的人多展开一些交流。甲骨书家对于用笔、结字、布局、章法往往很专注，落款钤印也多具传统意蕴，可以说有的是非常高明老到的，但存在着造字滥而无法的问题，字体构形上确实从学者的角度讲有很多是不敢恭维的。刚才有人讲临摹甲骨是学步，自己书作才是走路，不对啊。董作宾的甲骨文书法很多就是临摹的作品，有大片的甲骨文字，言辞很长的，经他临摹一过，装裱挂在墙上美极了。东北师范大学马如森教授，写甲骨也是很多临自甲骨大片，他实际上抒入了较具个性的书艺底蕴在里头。所以甲骨不要不临，搞甲骨书法的如不去做认真的甲骨文临摹，那你写出来的是什么，不接触真甲骨文，竟然提出什么新概念——甲骨书体，你跟甲骨结合不上，怎么叫甲骨书体呢？你必须通过甲骨本身来生化，如果不从甲骨文上生化，就谈不上甲骨书体，只能讲那是自造与甲骨书法无关的门路，这门路能不能有生命力，我看不见得。我是也许严厉了一点。我以前写过一篇《甲骨文书学发展简说》的文章，后来发表在文物出版社出的《第一届中日书法史论研讨会论文集》，文中谈到甲骨书法在中国书学史上的地位和应重视发展甲骨书法的问题。王宇信先生的《甲骨学通论》，也有专门一章谈甲骨书法。在座的甲骨书家，你们在用笔、结字、章法方面的书法素养和造诣，确实是值得我们学习的，但是你们既然醉心甲骨书法，恐怕还是要接触一点甲骨原片或甲骨拓本，这样可以增强你们的后劲，要发展，要创新，你不能停留在现有水平上，要从源流上吸收营养，和甲骨深深接触以后你就有营养了。

　　以上，是我两天与会的一点感受和体会，就谈到这里，不妥之处，请大家指正。总而言之，这次纪念 127 坑甲骨室内发掘七十周年研讨会达到了充分的交流，取得了圆满的成功，大家通过报告宣讲，通过书法作品观摩，从不知到相知，从知之不多到相知很多，成为了好朋友，希望我们今后加强各方面的联系。

　　最后我想用宋朝朱熹诗的名句作为结束语："旧学商量加邃密，新知培养转深沉。"谢谢大家！谢谢徐会长！

（根据录音整理/童迅）